K. Lieb (Hrsg.)

Fünferband Konservative Fächer GK 3

K. Lieb (Hrsg.)

Fünferband Konservative Fächer

GK3

Kurzlehrbuch
mit Einarbeitung der wichtigsten
Prüfungsfakten

Naturheilkunde / Homöopathie	**Matthias Augustin**
Notfallmedizin	**Michael Bedall**
Klinische Pharmakologie	**Dorothee Bergfeld**
Anästhesiologie / Intensivmedizin	**Thomas Cegla**
Therapie chronischer Schmerzen	**Jan Hildebrandt**
Klinische Pharmakologie	**Klaus Lieb**
Naturheilkunde / Homöopathie	**Volker Schmiedel**

Jungjohann Verlagsgesellschaft
Neckarsulm · Lübeck · Ulm

Zuschriften und Kritik an: Jungjohann Verlag, Lektorat Medizin, Pf. 3870, 89028 Ulm

Die (pharmakotherapeutischen) Erkenntnisse in der Medizin unterliegen laufendem Wandel durch Forschung und klinische Erfahrungen. Autoren, und Herausgeber dieses Werkes haben große Sorgfalt darauf verwendet, daß die Angaben (insbesondere hinsichtlich Indikation, Dosierung und unerwünschten Wirkungen der Medikamente) dem derzeitigen Wissensstand entsprechen. Das entbindet den Benutzer dieses Werkes aber nicht von der Verpflichtung, anhand der Beipackzettel zu verschreibender Präparate die hier gemachten Angaben zu überprüfen und seine Verordnung in eigener Verantwortung zu bestimmen.

CIP-Titelaufnahme der Deutschen Bibliothek

Fünferband Konservative Fächer: Kurzlehrbuch zum Gegenstandskatalog 3 mit Einarbeitung der wichtigsten Prüfungsfakten / Klaus Lieb (Hrsg). Matthias Augustin...

1. Auflage. - Neckarsulm, Lübeck, Ulm: Jungjohann 1995

ISBN 3-8243-1302-2

NE: Lieb, Klaus [Hrsg.]; Augustin, Matthias

Gedruckt auf elementar chlorfrei gebleichtem Papier

1. Auflage Januar 1995

Satz und Umschlag: S, R & P GmbH, Niederlassung Ulm
Grafiken: Susanne Adler, Lübeck, Gerda Raichle, Sabine Weinert-Spieß, Ulm

Druck: Druckhaus Schwaben, Heilbronn

Printed in Germany

Vorwort

Der vorliegende Band schließt eine Lücke in der Reihe der Kurzlehrbücher zum 2. Abschnitt der Ärztlichen Prüfung.

1993 wurden erstmals die Fächer **Anästhesiologie und Intensivmedizin, Notfallmedizin, Therapie chronischer Schmerzen** und **Naturheilverfahren und Homöopathie** in den Gegenstandskatalog aufgenommen.

Diese Fächer und das traditionell große Fach **Klinische Pharmakologie** werden hier ausführlich dargestellt, wobei nicht nur der Besprechung aller bisherigen Prüfungsinhalte, sondern auch einer an der späteren Berufspraxis orientierten Darstellung Rechnung getragen wurde.

Zur schnellen Orientierung über die Mainzer Prüfungsschwerpunkte wurde jedem Kapitel der Pharmakologie und der Notfallmedizin eine **„IMPP-Hitliste"** vorangestellt. Eine Hitliste für die anderen Fächer ist aufgrund der geringen Anzahl der gestellten Fragen noch nicht sinnvoll.

Bei allen fünf Fächern wurden die wesentlichen bisher abgefragten IMPP-Prüfungsinhalte mit einem ✔ gekennzeichnet.

Für die Prüfung wünschen wir viel Erfolg!

Herausgeber, Autorin und Autoren

Gesamtinhalt

Klin. Pharmakologie

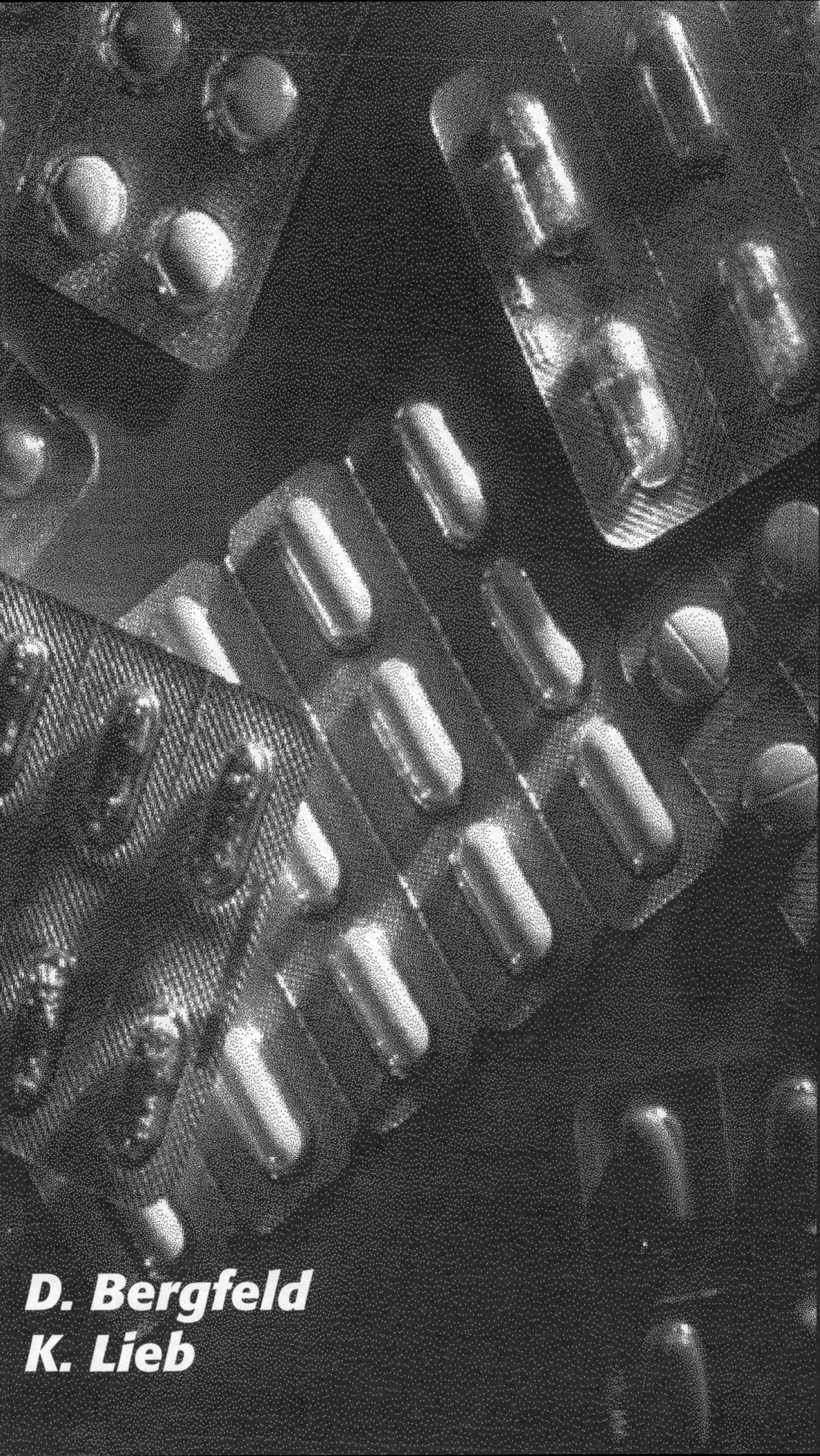

D. Bergfeld
K. Lieb

Inhaltsverzeichnis

1 Pharmakotherapie der arteriellen Hypertonie

IMPP-Hitliste
✔✔✔ Dauertherapie der arteriellen Hypertonie (☞ 1.2)
✔✔ Kontraindikation der β-Rezeptorenblocker (☞ 1.2.2)
✔ Antihypertensiva mit sedierender Wirkung

Eine *normotone Blutdrucklage* besteht gemäß Definition der WHO bei Werten zwischen 100 und maximal 140 mmHg systolisch und kleiner als 90 mmHg diastolisch. Vom Vorliegen einer *Hypertonie* spricht man bei Blutdruckwerten größer als 160 mmHg systolisch bzw. 95 mmHg diastolisch. Blutdruckwerte zwischen diesen beiden Bereichen werden als *Grenzwerthypertonie* bezeichnet.

Der **Schweregrad der Erkrankung** wird anhand der diastolischen Blutdruckwerte beurteilt:

- Leichte Hypertonie: Werte von 95 – 104 mmHg
- Mittelschwere Hypertonie: Werte zwischen 105 – 114 mmHg
- Schwere Hypertonie: Werte über 115 mmHg.
- Maligne Hypertonie: Dauerhaft erhöhte diastolische Blutdruckwerte über 120 mmHg (unbehandelt Lebenserwartung unter 5 Jahren).

Die Ursachen sind nur bei den **sekundären Hypertonieformen** (weniger als 10% der Fälle), also Hypertonien infolge anderer Erkrankungen, bekannt.

Ursachen sekundärer Hypertonien sind:

- Renale Hypertonie bei renovaskulären oder -parenchymatösen Erkrankungen
- Endokrine Störungen, z.B. Phäochromozytom, Conn-Syndrom, Cushing-Syndrom, Hyperthyreose
- Aortenisthmusstenose mit isolierter Blutdruckerhöhung in der oberen Körperhälfte
- Medikamente, z.B. β-Mimetika
- Neurogene Ursachen, z.B. Schädel-Hirnverletzungen
- Sonstige Ursachen, z.B. Fieber, Gravidität.

Sind nach Anwendung entsprechender diagnostischer Maßnahmen sekundäre Hypertonieformen ausgeschlossen, muß vom Vorliegen einer **primären oder essentiellen Hypertonie** ausgegangen werden. Ihre Entstehung ist multifaktoriell: Auf dem Boden einer genetischen Disposition kommt es, begünstigt durch endokrine Faktoren sowie exogene Noxen (Ernährungsgewohnheiten, Streß, Rauchen), initial zur Steigerung des Herzminutenvolumens mit konsekutiver Blutdruckerhöhung. Während sich das Herzminutenvolumen im weiteren Verlauf der Erkrankung wieder normalisiert, nimmt der periphere Widerstand zu, der nun das Blutdruckverhalten bestimmt.

Der Verlauf der Erkrankung und die Prognose der Patienten ist abhängig von:

- Akuten Exazerbationen des Hypertonus, z.B. hypertensiven Krisen (☞ 1.3)
- Komplikationen als Folge der chronischen Blutdruckerhöhung (hypertensive Retinopathie, hypertensive Enzephalopathie, Hirnmassenblutungen, arteriosklerotische Schrumpfniere, Bauchaortenaneurysma, Ausbildung einer koronaren Herzkrankheit)
- Linksherzinsuffizienz durch chronische Druckbelastung.

Die kardialen Komplikationen stellen 2/3 der Todesursachen aller Hypertoniker dar.

1.1 Therapieprinzipien

Die genannten Komplikationen führen zu einer deutlich eingeschränkten Lebenserwartung der Patienten. Daher muß durch frühzeitiges thera-

Auswahl der Antihypertensiva nach den Begleiterkrankungen	
Herzinsuffizienz	Diuretika oder Dihydralazin, ACE-Hemmer, Prazosin. *Vermeiden:* Ca-Antagonisten außer Nifedipin, β-Blocker
KHK	β-Blocker, Ca-Antagonisten, ACE-Hemmer
Bradykardie	Dihydralazin, Prazosin, Nifedipin, ACE-Hemmer
Tachykardie	β-Blocker, Clonidin, Verapamil, Diltiazem
Diabetes mellitus	ACE-Hemmer; *Vermeiden:* β-Blocker, Thiaziddiuretika
Hyperlipoproteinämie	Prazosin, Ca-Antagonisten, ACE-Hemmer. *Vermeiden:* β-Blocker (erhöhen Blutfette), Thiaziddiuretika
Hyperurikämie	β-Blocker, Ca-Antagonisten; ACE-Hemmer. *Vermeiden* oder mit Allopurinol kombinieren: Diuretika
Niereninsuffizienz	Schleifendiuretika, Dihydralazin, Prazosin, Ca-Antagonisten. *Vermeiden:* Thiazid- und K^+-sparende Diuretika, ACE-Hemmer
pAVK	Ca-Antagonisten, Dihydralazin, ACE-Hemmer. *Vermeiden:* β-Blocker, Diuretika
Obstruktive Atemwegserkrankungen	Ca-Antagonisten, ACE-Hemmer, α_1-Blocker. β-Blocker *sind kontraindiziert!*
Impotenz	ACE-Hemmer, Prazosin, Verapamil, Diltiazem, Dihydralazin. *Vermeiden:* Clonidin, Nifedipin, Thiazide, β-Blocker
Osteoporose	Thiazide
In der Gravidität	β_1-selektive Rezeptorenblocker, α-Methyldopa, Dihydralazin ☞ 23.4

peutisches Eingreifen eine dauerhafte Senkung erhöhter Blutdruckwerte auf unter 140 mmHg systolisch bzw. unter 90 mmHg diastolisch erreicht werden.

✔ Vor Behandlungsbeginn müssen durch wiederholte Blutdruckmessungen die Diagnose gesichert und sekundäre Hypertonieformen ausgeschlossen werden, da in diesen Fällen die Therapie des Grundleidens erfolgen muß (z.B. Beseitigung einer Nierenarterienstenose). Trotzdem ist auch hier häufig eine begleitende medikamentöse Hypertoniebehandlung erforderlich. Bei der Behandlungsindikation muß das Alter des Patienten berücksichtigt werden. Die nur im langjährigen Verlauf auftretenden Komplikationen zwingen v.a. bei jüngeren Patienten zur konsequenten Blutdruckeinstellung im normotonen Bereich. Bei älteren Patienten sollte keine zu straffe Blutdruckeinstellung erfolgen (☞ 24.2).

Die Medikamente richten sich heute v.a. nach bestehenden **Begleiterkrankungen:** (☞ Tabelle)

1.1.1 Allgemeinmaßnahmen

Bei Vorliegen einer essentiellen Hypertonie stehen diese an erster Stelle der Therapie:

- Gewichtsreduktion, Nikotinverzicht, weitgehender Verzicht auf Alkohol
- Kochsalzarme Ernährung (< 5g NaCl/die)
- Körperliches Training
- Erlernen von Antistreßtherapien
- Reduktion bzw. Behandlung weiterer kardiovaskulärer Risikofaktoren (z.B. Diabetes mellitus, Hyperlipoproteinämie, Hyperurikämie)

Das konsequente Befolgen dieser Maßnahmen kann bei Grenzwerthypertonie und leichten Hypertonieformen den Blutdruck bereits normalisieren.

1.1.2 Medikamentöse Therapie

Die **medikamentöse Therapie** erfolgt je nach Schwere der Erkrankung als Mono- bzw. als Kombinationstherapie. Indikation zur medikamentösen Therapie ist jeder Blutdruck > 105 mmHg diastolisch.

Es können fast alle Antihypertonika miteinander kombiniert werden. Zu vermeiden sind Kombinationen aus ACE-Hemmern mit kaliumsparenden Diuretika, da durch Hyperkaliämie die Entstehung von ACE-Hemmer-Nebenwirkungen gefördert wird, sowie von β-Blockern und Kalziumantagonisten vom Verapamil- oder Diltiazemtyp aufgrund ihres synergistischen negativ dromotropen Effektes.

Stufenschema der medikamentösen Therapie		
leichte Hypertonie RR$_{diastolisch}$ 90-104 mmHg	**mittelschwere Hypertonie** RR$_{diastolisch}$ 105-114 mmHg	**schwere Hypertonie** RR$_{diastolisch}$ >114 mmHg
Monotherapie β-Blocker oder Diuretikum oder Ca-Antagonist oder ACE-Hemmer	**Kombinationsther.** • Diuretikum und • β-Blocker oder Ca-Antagonisten oder ACE-Hemmer oder Prazosin oder Clonidin • Ca-Antagonist und • β-Blocker oder ACE-Hemmer	**Kombinationsther.** • Diuretikum und • β-Blocker oder Clonidin und • Ca-Antagonist oder ACE-Hemmer oder Dihydralazin oder Prazosin oder Minoxidil

Die **Auswahl des Präparates** richtet sich zunächst nach dem **Alter** des Patienten. Bei ansonsten gesunden Hypertonikern unter 55 Jahren setzt man β-Blocker ein, da in diesem Alter häufig ein Herzzeitvolumenhochdruck besteht. Bei älteren Patienten findet sich hingegen zunehmend ein Widerstandshochdruck, der gut auf Diuretika anspricht.

1.1.3 Präparateunspezifische Nebenwirkungen

Bei der Behandlung der Hypertonie muß beachtet werden, daß sich neben präparatespezifischen Nebenwirkungen folgende generell nachteiligen Effekte einstellen können:

- Auftreten einer orthostatischen Dysregulation
- Verschlechterung einer vorbestehenden Nierenfunktionseinschränkung durch Senkung der GFR (Ausnahme: Vasodilatatoren und Schleifendiuretika)
- Reflektorische Retention von Natrium und Wasser (Ausnahme: Diuretika und α-Blocker).

1.2 Dauertherapie der arteriellen Hypertonie

1.2.1 Diuretika (☞ auch 15.4)

Wirkmechanismus
Die blutdrucksenkende Wirkung der Diuretika beruht in den ersten Behandlungswochen auf Reduktion des Plasmavolumens. Im weiteren Behandlungsverlauf erreichen die Natriumausscheidung und mit ihr das Plasmavolumen wieder ihre Ausgangswerte. Der blutdrucksenkende Effekt wird nun durch Erniedrigung des peripheren Widerstandes bewirkt. Man vermutet einen indirekten Effekt der initialen Natriurese auf den Gefäßtonus, da die glatten Gefäßmuskelzellen unter Diuretikatherapie schwächer auf vasokonstriktorische Reize reagieren.

Weiterhin wird eine Down-Regulation von sympathischen α-Rezeptoren sowie eine Erhöhung der Prostaglandinsynthese diskutiert.

1.2.2 Sympatholytika

Peripher wirkende Sympatholytika (β-Rezeptorenblocker)

Wirkmechanismus
Durch kompetitive Blockade der β-Rezeptoren des sympathischen Nervensystems wird die Wir-

Medikamente zur Dauerbehandlung der arteriellen Hypertonie			
Substanz	**Präparat (Bsp.)**	**Dosierung/die**	**Wirkungsmechanismus**
Diuretika			
Benzothiadiazide, z.B. • Xipamid	 Aquaphor®	 10 – 40 mg	Erniedrigung von Plasmavolumen und peripherem Widerstand
Schleifendiuretika, z.B. • Piretanid • Furosemid	 Arelix® Lasix®	 6 – 2 mg 20 – 40 mg	Erniedrigung von Plasmavolumen und direktem Vasodilatation
Sympatholytika			
β-Rezeptorenblocker, z.B. • Metoprolol • Atenolol • Bisoprolol • Acebutolol • Oxprenolol • Pindolol • Propranolol	 Beloc® Atenolol® Concor® Prent® Trasicor® Visken® Dociton®	 50 – 100 mg 25 – 50 mg 5 – 10 mg 400 – 600 mg 80 – 160 mg 15 – 30 mg 80 – 160 mg	Erniedrigung HMV durch negativ ino- und chronotropen Effekt, Senkung der Reninausschüttung
α- und β-Rezeptorenblocker, z.B. • Labetalol	 Trandate®	 200 – 800 mg	☞β–Rezeptorenblocker und periphere Vasodilatation
Postsynaptische α_1-Rezeptorblocker, z.B. • Prazosin • Terazosin • Urapidil	 Minipress® Heitrin® Ebrantil®	 4 mg 2 – 5 mg 60 mg	Arterielle Vasodilatation durch zentrale α_1-Blockade
Zentral wirkende Sympatholytika, z.B. • Clonidin • α-Methyldopa	 Catapresan® Presinol®	 150 – 300 mg 250 – 375 mg	Arterielle Vasodilatation durch periphere α_1-Blockade
ACE-Hemmer			
• Captopril • Lisinopril • Enalapril	Lopirin®, Tensobon® Acerbon®, Coric® Pres®, Xanef®	50 – 150 mg 10 – 20 mg 10 – 20 mg	Hemmung der Angiotensin II-Bildung, Senkung des Plasmavolumens und Erhöhung vasodilat. Kinine
Kalziumantagonisten			
• Nifedipin • Nitrendipin • Diltiazem	Adalat® Bayotensin® Dilzem®	30 – 60 mg 20 mg 180 – 360 mg	Relaxation der Gefäßmuskulatur mit Senkung des peripheren Widerstandes
Vasodilatatoren			
• Dihydralazin • Minoxidil	Nepresol® Lonolox®	25 mg 5 – 10 mg	Direkte periphere Vasodilatation

kung der Katecholamine an den Erfolgsorganen aufgehoben.

Effekte der β_1-Rezeptorenblockade:
- Herz: Negativ ino-, chrono-, dromo- und bathmotrop
- Gefäße: Arteriolenkonstriktion.

Effekte der β_2-Rezeptorenblockade:
- Bronchialmuskulatur: Konstriktion mit Erhöhung des Atemwegswiderstandes
- Niere: Hemmung der Reninsekretion
- Stoffwechsel: Hemmung der Lipolyse und Glykogenolyse, Hemmung der Insulinfreisetzung.

Der Mechanismus der blutdrucksenkenden Wirkung der β-Rezeptorenblocker ist noch nicht vollständig geklärt.

✔ Zumindest initial führen sie durch Überwiegen der α-Rezeptorenstimulation sogar zur Zunahme des peripheren Widerstandes, weshalb orthostatische Dysregulationen nicht auftreten.

Mögliche Mechanismen der Blutdrucksenkung sind:
- Abnahme des Herzminutenvolumens durch negativ ino- und chronotrope Wirkung
- Verringerung der Reninausschüttung mit herabgesetzter Aldosteronausschüttung und dadurch Abnahme des Plasmavolumens
- Blockade präsynaptischer β-Rezeptoren mit verminderter Noradrenalinfreisetzung
- Verminderung zentraler sympathischer Impulse.

Gemäß ihrer Rezeptorselektivität unterscheidet man heute **drei Klassen** von β-Rezeptorenblokkern, wobei zu beachten ist, daß alle Klassen in gewissem Umfang β_2-blockierende Effekte und entsprechende Nebenwirkungen zeigen.
- **β_1-selektive Blocker (sog. „kardioselektive" Blocker)**, z.B. Atenolol (Tenormin®), Bisoprolol (Concor®), Metoprolol (Beloc®).
  Die Selektivität dieser Präparate ist nur relativ, sie geht bei hohen Dosierungen verloren
- **β-Blocker mit partiell agonistischen Eigenschaften (Partiell agonistische Aktivität=PAA),** z.B. Acebutolol (Prent®), Oxprenolol (Trasicor®), Pindolol (Visken®).
  Die partiell agonistischen Eigenschaften vermindern den negativ chronotropen Effekt, dadurch ist der Einsatz auch bei bradykarden Rhythmusstörungen möglich
- **β-Blocker mit unspezifischer Membranwirkung,** z.B. Propranolol (Dociton®).
  Aufgrund ihrer Lipophilie reichern sich diese Substanzen in biologischen Membranen an. Die hierdurch ausgelöste Herabsetzung von Depolarasitionsvorgängen trägt zu den Effekten (z.B. negative Inotropie) bei.

Indikationen
- Arterielle Hypertonie
- Koronare Herzkrankheit
- Tachykarde Herzrhythmusstörungen
- Funktionelle Herz-Kreislaufbeschwerden (z.B. hyperkinetisches Herzsyndrom)
- Essentieller und Parkinsontremor
- Phäochromozytom (hier gemeinsam mit α-Rezeptorenblockern).

Nebenwirkungen
- Zunahme des Atemwegswiderstandes
- Negativ inotrope Wirkung am Herzen
- Verstärkung bradykarder Rhythmusstörungen und Reizleitungsstörungen
- Herabsetzung der peripheren Durchblutung
- Erhöhung der Blutlipide.

Zu den unspezifischen Nebenwirkungen zählen:
- Gastrointestinale Symptome
- Müdigkeit und Leistungsminderung
- Kopfschmerzen
- Selten allergische Reaktionen.

Bei **Diabetikern** verschlechtert sich durch die herabgesetzte Insulinfreisetzung die Glukosetoleranz, durch Hemmung der Glykogenolyse besteht gleichzeitig jedoch auch eine erhöhte Hypoglykämieneigung. Dies ist gefährlich, da Hypoglykämien infolge fehlender sympathikusinduzierter Warnsymptome häufig unbemerkt auftreten.

Cave: Unter Langzeittherapie mit β-Rezeptorenblockern nimmt die Zahl der β-Rezeptoren auf den Erfolgsorganen reaktiv zu. Beim plötzlichen Absetzen besteht daher die Gefahr eines sog. **Rebound-Phänomens** (z.B. Auslösung eines

Herzinfarktes), daher sollte immer eine langsame Dosisreduktion erfolgen.

Kontraindikationen
Aufgrund der geschilderten Nebenwirkungen zählen hierzu:

✔ • Obstruktive Atemwegserkrankungen
✔ • Bradykarde Rhythmusstörungen
✔ • Höhergradige AV- Blockierungen (> II. Grades)
• Dekompensierte Herzinsuffizienz
• Periphere arterielle Verschlußkrankheit.

Diabetes mellitus zählt nicht zu den absoluten Kontraindikationen, aufgrund der genannten Effekte auf den Glukosestoffwechsel sollte die Anwendung jedoch mit entsprechender Vorsicht erfolgen.

Gleichzeitige α- und β-Rezeptorenblocker z.B. Labetalol (Trandate®)

Wirkmechanismus
Der β-blockierende Effekt überwiegt deutlich (5x stärker als die α-blockierende Wirkung). Im Gegensatz zu den reinen β-Rezeptorenblockern kommt es nicht zur Erhöhung des peripheren Widerstandes, wodurch der Einsatz bei peripheren Durchblutungsstörungen nicht eingeschränkt ist. Ansonsten treten die gleichen Nebenwirkungen auf, weiterhin selten Krämpfe, Sehstörungen und Ikterus.
Hinweis: α- und β-Rezeptorenblocker befinden sich nicht mehr im Handel.

Postsynaptische α_1-Rezeptorenblocker

z.B. Prazosin (Minipress®), Terazosin (Heitrin®), Urapidil (Ebrantil®).

Wirkmechanismus
Durch Blockade von Alpharezeptoren der Gefäßmuskulatur wird eine Vasodilatation und dadurch eine Blutdrucksenkung bewirkt. Die α_1-Selektivität gewährleistet, daß es nicht zur Blockade präsynaptischer α_2-Rezeptoren kommt, die für die negative Rückkopplung und damit Limitierung der Noradrenalinfreisetzung verantwortlich sind. Urapidil entfaltet zusätzlich auch eine zentrale blutdrucksenkende Wirkung.

Indikationen
• Arterieller Hypertonus
• Akute Herzinsuffizienz (☞ 3.3)
• Morbus Raynaud.

Nebenwirkungen
Zu Therapiebeginn kann eine orthostatische Dysregulation auftreten („first dose effect"), es empfiehlt sich daher eine einschleichende Dosierung. Weiterhin kann es zu reflektorischen Tachykardien sowie zu zentralnervösen Störungen (Schwindel, Kopfschmerzen, Sedation) kommen.

Zentral wirkende Sympatholytika

Zentrale α_2-Stimulatoren, z.B. Clonidin (Catapresan®)

Wirkmechanismus
Aufgrund seiner Lipophilie dringt es rasch ins ZNS ein. Dort bewirkt es durch Stimulation postsynaptischer α_2-Rezeptoren eine Abnahme sympathischer Impulse im Vasomotorenzentrum sowie eine generelle Abschwächung des Sympathikotonus. Durch Angriff an peripheren präsynaptischen Alpharezeptoren kommt es darüber hinaus zur verminderten Noradrenalinfreisetzung.

Nebenwirkungen
Neben orthostatischer Dysregulation können am Herzen bradykarde Rhythmusstörungen und AV-Überleitungsstörungen auftreten.

✔ Weiterhin kann es durch Überwiegen des Parasympathikotonus zu Sedierung, Mundtrockenheit und Obstipation kommen. Beim plötzlichen Absetzen von Clonidin wurden krisenhafte Blutdruckanstiege beobachtet.

Wechselwirkungen
α_2-Rezeptoragonisten verstärken die Wirkung von Neuroleptika, Hypnotika sowie Alkohol. Ihr blutdrucksenkender Effekt kann durch trizyklische Antidepressiva aufgehoben werden.

α-Methyldopa (Presinol®)

Wirkmechanismus
Nach Aufnahme im Gehirn erfogt die Umwandlung dieser Substanz in α-Methylnoradrenalin. Dieses stimuliert als falscher Transmitter eben-

falls zentrale α_2-Rezeptoren, entfaltet also die gleiche Wirkung wie die oben beschriebenen α_2-Stimulatoren.

✔ **Nebenwirkungen**
Es treten die gleichen Nebenwirkungen wie bei den direkten α_2-Stimulatoren auf, zusätzlich kann es zu einer hämolytischen Anämie, einem akutem LE-Syndrom sowie Leberschäden kommen.

✔ **Kontraindikationen**
Als Kontraindikationen gelten Lebererkrankungen, Depressionen und Phäochromozytom.

1.2.3 Vasodilatatoren

Z.B. Dihydralazin (Nepresol®), Minoxidil (Lonolox®), Nitroprussidnatrium (Nipruss®)

Wirkmechanismus
Die Blutdrucksenkung wird durch direkte vasodilatatorische Wirkung v.a. an kleinen Arterien und Arteriolen mit Senkung des peripheren Widerstandes ausgelöst.
Minoxidil kommt nur bei schweren Hypertonieformen zum Einsatz, Nitroprussidnatrium nur vorübergehend in der Behandlung der hypertensiven Krise. Lediglich Dihyralazin hat größere Bedeutung in der Dauertherapie der Hypertonie.

Nebenwirkungen
Langsamazetylierer sind von diesen stärker betroffen.
- Reflektorische Tachykardie (Auslösung von Angina-pectoris-Anfällen möglich)
- Zentralnervöse Störungen (Schwindel, Kopfschmerzen)
- Magen-Darmbeschwerden (Übelkeit, Durchfall)
- Reversibler systemischen Lupus erythematodes nach längerer Anwendung
- Parästhesien und Neuritiden durch Antivitamin-B_6-Wirkung (durch Gabe von Vitamin B_6 behandelbar).

1.2.4 Angiotensin-Konversionsenzymhemmer (ACE-Hemmer)

Z.B. Captopril (Lopirin®, Tensobon®), Lisinopril (Acerbon®, Coric®), Enalapril (Pres®, Xanef®).

Wirkmechanismus
ACE-Hemmer hemmen das Angiotensin-Konversionsenzym, das Angiotensin I in Angiotensin II umwandelt. Angiotensin II wirkt über direkte Vasokonstriktion sowie indirekt durch vermehrte Katecholaminfreisetzung und Steigerung des zentralen Sympathikotonus normalerweise stark blutdrucksteigernd.

Der blutdrucksenkende Effekt wird weiterhin durch herabgesetzte Aldosteronfreisetzung mit resultierender schwacher Diurese verstärkt. Ferner wird der Abbau vasodilatierend wirkender Kinine gehemmt, die durch die dem Angiotensin-Konversionsenzym identische Kininase II umgewandelt würden.

✔ Die Wirkung ist daher nicht auf Patienten mit erhöhten Reninwerten beschränkt.

Indikationen
Neben dem Hypertonus gilt inzwischen v. a. die Herzinsuffizienz als Indikation für ACE-Hemmer (☞ 3.2).

Da Hinweise dafür bestehen, daß sich unter einer Therapie mit ihnen Myokardhypertrophien zurückbilden, werden sie bevorzugt bei Patienten mit Hypertrophie und begleitender Insuffizienzsymptomatik eingesetzt, bei denen sie zur Verbesserung der Prognose beitragen können.

Kontraindikationen
Absolut kontraindiziert sind ACE-Hemmer bei:
- Beidseitiger Nierenarterienstenose
- Primären Hyperaldosteronismus
- Z.n. Nierentransplantation
- Schwangerschaft und Stillzeit.

Relative Kontraindikationen sind schwere Autoimmunerkrankungen und Kollagenosen.

Nebenwirkungen
Häufigere Nebenwirkungen sind:
- Reizhusten (bis zu 15% der Behandelten)
- Kopfschmerzen, Schwindel
- Übelkeit, Durchfälle
- Geschmacksstörungen
- Allergische Hautreaktionen
- Muskelkrämpfe und Myalgien.

Seltene schwerwiegendere Komplikationen in Form eines akuten Nierenversagens, angioneurotischen Ödems oder Leukopenien treten v. a. bei Patienten mit eingeschränkter Nierenfunktion auf. Selten wurde auch ein cholestatischer Ikterus und Leberzellschädigung beobachtet.

Bei Patienten mit aktiviertem Renin-Angiotensin-Aldosteron-System (z.B. nach vorausgegangener Diuretikabehandlung) kann es initial zu massivem Blutdruckabfall kommen. In diesen Fällen sollte daher einschleichend dosiert werden.

Wechselwirkungen
Wegen Hyperkaliämiegefahr sollten ACE-Hemmer nicht mit kaliumsparenden Diuretika kombiniert werden. Ihre Wirkung kann durch Prostaglandinsynthesehemmer wie z.B. Indometacin abgeschwächt werden.

1.2.5 Kalziumantagonisten (Kalziumkanalblocker)

Substanzklassen und Wirkmechanismus
Kalziumantagonisten sind Substanzen, die den Kalziumeinstrom in die Zelle durch Blockade der sog. langsamen Kalziumkanäle blockieren.

Aufgrund des Angriffs an drei verschiedenen Bindungssstellen werden folgende **Klassen** unterschieden:
- Kalziumantagonisten vom Nifedipintyp
- Kalziumantagonisten vom Verapamiltyp
- Kalziumantagonisten vom Diltiazemtyp.

Alle drei Klassen zeigen negativ inotrope Wirkung am Herzen und über eine Erschlaffung der glatten Gefäßmuskulatur vor- und nachlastsenkende Effekte. Kalziumantagonisten vom Verapamil- und Diltiazemtyp beeinflussen weiterhin die Erregungsbildung am Herzen und wirken dadurch negativ chrono- und dromotrop.

Indikationen
Kalziumantagonisten sind indiziert bei:
- Arterieller Hypertonie
- Koronarer Herzkrankheit (☞ 5.1.2)
- Verapamil- und Diltiazemtyp: Supraventrikuläre tachykarde Rhythmusstörungen (☞ 4.2)

Zur Behandlung der Hypertonie werden in der Regel Kalziumantagonisten vom Nifedipin- oder Diltiazemtyp eingesetzt, z.B. Nifedipin (z.B. Adalat®, Duranifin®), Nitrendipin (Bayotensin®), Diltiazem (Dilzem®).

Nebenwirkungen
Bei Kalziumantagonisten vom Nifedipintyp steigt über die reflektorische Sympathikusaktivierung bei fehlendem Einfluß auf das kardiale Erregungsleitungssystem die Herzfrequenz. Als Folge der Vasodilatation kann es weiterhin zu Blutdruckabfall, Schwindel, Flush-Symptomatik und Kopfschmerzen kommen. Weitere Nebenwirkungen sind Hautrötung, Knöchelödeme und gastrointestinale Störungen. Kalziumantagonisten vom Verapamil- und Diltiazemtyp haben einen negativ dromotropen Effekt, der zu AV-Überleitungsstörungen führen kann (☞ 4.2).

Kontraindikationen
Hierzu zählt für alle Substanzen eine höhergradige Herzinsuffizienz. Substanzen vom Nifedipintyp sind bei Schock und höhergradiger Aortenstenose aufgrund ihres stark blutdrucksenkenden Effektes kontraindiziert. Kalziumantagonisten vom Verapamil- und Diltiazemtyp sind bei sinuatrialem und AV-Block II. und III. Grades kontraindiziert.

1.2.6 Die Noradrenalinspeicherung beeinflussende Substanzen

Reserpin (ReserpinSaar®)

Wirkmechanismus
Reserpin hebt das Speichervermögen der Granula für Noradrenalin auf und führt sowohl peripher als auch zentral zur Freisetzung von Noradrenalin ins Zytoplasma der Nervenzelle,

wo es abgebaut wird. Durch fehlende Stimulation der α-Rezeptoren kommt es zur Vasodilation mit anhaltender Blutdrucksenkung.

Nebenwirkungen
Sie resultieren in erster Linie aus dem Überwiegen des Parasympathikotonus (Mundtrockenheit, Obstipation, bradykarde Rhythmusstörungen). Weiterhin kann es zu Depressionen, Parkinsonismus und Potenzstörungen kommen.

Kontraindikationen
Hierzu zählen aufgrund vermehrter Säureproduktion Ulcus ventriculi bzw. duodeni sowie obstruktiven Atemwegserkrankungen, die sich durch den erhöhten Parasympathikotonus verschlechtern.

✔ Auch bei Depressionen besteht Kontraindikation.

Aufgrund der ausgeprägten Nebenwirkungen sollte es heute nicht mehr eingesetzt werden.

1.3 Hypertensive Krise

Bei der hypertensiven Krise kommt es durch plötzlichen massiven Butdruckanstieg zu zentralnervösen Störungen (Hochdruckenzephalopathie mit Bewußtseinsstörung, Kopfschmerzen, Erbrechen und Krämpfen) sowie akuten kardialen Erscheinungen (akute Linksherzinsuffizienz, Angina pectoris).

Therapeutisches Ziel ist die rasche, jedoch nicht zu abrupte Blutdrucksenkung.

Behandlung der hypertensiven Krise

Ambulante Behandlung

- ✔ Nifedipin (z.B. Adalat®) 10 mg sublingual, evtl. nach 10 Min. wiederholen
- ✔ Clonidin (Catapresan®) 0,15 mg in 10 ml NaCl langsam i.v.
- Furosemid (z.B. Lasix®) 20 – 40 mg i.v., wenn Zeichen der Linksherzinsuffizienz und keine Anzeichen einer Dehydratation vorliegen.

Stationäre Maßnahmen

Fortsetzung der obengenannten Maßnahmen, bei nicht ausreichendem Erfolg kommen weitere Präparate zum Einsatz:

- ✔ Dihydralazin (Nepresol®) 6,25 – 12 mg i.v.
- ✔ Diazoxid (Hypertonalum®) 150 – 300 mg rasch i.v. (Rasche Injektion ist aufgrund der starken Plasmaeiweißbindung dieser Substanz nötig)
- Urapidil (Ebrantil®) 25 mg i.v, anschließend über Perfusor 3 – 10 ml/h.

Falls diese Maßnahmen auch nach Wiederholung keinen Erfolg zeigen und ein Phäochromozytom nicht sicher ausgeschlossen ist, sollte ein Therapieversuch mit einem α-Blocker unternommen werden:

- Phentolamin (Regitin®) 5 mg i.v.

In therapieresisten Fällen kann unter Intensivüberwachung als ultima ratio fortgefahren werden mit:

- Nitroprussidnatrium (Nipruss®) 3 μg/ kgKG/ min. Dieses bewirkt durch NO-Freisetzung eine Vasodilatation. Die Wirkungsstärke ist streng dosisabhängig, der Blutdruck kann auf jeden beliebigen Wert eingestellt werden, durch kurze Wirkungsdauer besteht bei Infusion gute Steuerbarkeit. **Nebenwirkungen**: Bei zu rascher Infusion resultiert zu starker Blutdruckabfall. Da neben NO auch Zyanid freigesetzt wird, welches normalerweise durch die Rhodanid-Synthetase der Leber abgebaut wird, kann es bei Überdosierung oder Leberfunktionssstörungen zur Cyanidvergiftung kommen.

1.4 Arterielle Hypertonie während der Schwangerschaft

☞ Kap. 25

2 Pharmakotherapie der Kreislaufinsuffizienz

IMPP-Hitliste

✔ Therapie des Volumenmangelschocks (☞2.1)

Eine Kreislaufinsuffizienz liegt vor, wenn es infolge erniedrigter Blutdruckwerte zu einer Verminderung der Organdurchblutung kommt. Derartige Zustände können als chronisch hypotone Kreislaufregulationsstörungen (☞ 2.4) oder akut als Kreislaufschock mit lebensbedrohlicher Minderperfusion der Peripherie auftreten.

Schockformen

- *Volumenmangelschock:* Verminderung des zirkulierenden Blutvolumens durch Blutungen oder andere Flüssigkeitsverluste (z.B. Operationen, Verbrennungen, Erbrechen)
- *Kardiogener Schock* : Herabgesetzte Pumpleistung des Herzens mit Abfall der Auswurffraktion durch akute Insuffizienz (☞3.3)
- *Anaphylaktischer Schock*, *Septischer Schock* und *Neurogener Schock*.: Versagen der peripheren Kreislaufregulation mit abnormer Weitstellung der Gefäße und dadurch vermindertem venösem Rückstrom zum Herzen (☞ 9.3 und 2.3).

Im Anfangsstadium führt der akute Blutdruckabfall zur Sympathikusaktivierung mit Katecholaminausschüttung. Diese verursacht einen Herzfrequenzanstieg sowie eine Blutumverteilung zugunsten lebenswichtiger Organe durch periphere Vasokonstriktion (Zentralisation des Kreislaufs). Bei rechtzeitig einsetzender Therapie sind die Veränderungen dieses Anfangsstadiums voll reversibel. Erfolgt jedoch keine Therapie, schreitet das Schockgeschehen fort. Durch Störung der peripheren Mikrozirkulation kommt es zur Ausbildung von Mikrothromben mit Organschäden, z.B. der Nieren (Nierenversagen mit Oligo-/Anurie) und Lunge (Ausbildung hyaliner Membranen, „Schocklunge").

Ziel der Schockbehandlung ist daher in erster Linie die Wiederherstellung der peripheren Durchblutung, um den Übergang in das irreversible Stadium des Schockgeschehens zu vermeiden. An zweiter Stelle stehen Maßnahmen zur Behebung der auslösenden Ursache.

Therapieprinzip bei allen Schockformen

- Schnelle Behandlung ist entscheidend für die Prognose!
- **Lagerung:** Pat. hinlegen, Beine hochlagern (Ausnahme: ausgeprägte kardiale Insuff. und Blutungen im Bereich von Kopf, Lungen und oberem GI-Trakt: hier Oberkörper hochlagern)
- **Sicherung der Atmung** (Intubation, Beatmung), O_2-Zufuhr (4 – 6 l/Min.)
- Legen von 2 – 3 großlumigen venösen **Zugängen, evtl. ZVK**
- Großzügige **Flüssigkeitszufuhr** bei Hypovolämie (unter ZVD-Kontrolle, nicht bei kardiogenem Schock!)
- Korrektur von E'lytstörungen und metabolischer Azidose
- Schmerzbekämpfung., Sedierung bei Unruhe (z.B. Diazepam 2 – 10 mg, i.v.)
- Hypothermie (Körperkerntemperatur <35° C): warme Decken

Bei Verlust < 30% des Blutvolumens (☞ 2.1.1): 500 – 1500 ml kolloidale Plasmaersatzlösung, z.B. Hydroxyäthylstärke. Kristalloide Lösungen (z.B. Ringer, 0,9% NaCl), wenn neben Blutverlust Dehydratation oder Störung im E'lyt-Haushalt vorliegt.

Bei Verlust von > 30% des Blutvolumens zusätzlich Blut ersetzen (auf ca. 2 – 3 Ery-Konzentrate 1 FFP). Transfusionstherapie ☞ 2.1.1

Therapiekontrolle bei Schockgeschehen

Dieser dienen klinische Zeichen (Bewußtseinaufklarung, rosiger werdende Haut), kontinuierli-

Lösungen zum primären Volumenersatz				
Substanz	**Präparat (Bsp.)**	**Dosierung**	**Volumeneffekt relativ zur Infusionsmenge**	**Wirkdauer**
Plasmaersatzmittel				
• Dextran 40 10 %	Rheomacrodex®	max. 15 ml/kg/die	ca. 150 %	ca. 3 h
• Dextran 60 6%	Macrodex®	max. 15 ml/kg/die	ca. 120 %	ca. 6 h
• Hydroxyethylstärke 6 %/8%	Plasmasteril®	max. 20 ml/kg/die	ca. 120 %	ca. 4 h
• Gelatine 3 %	Gelifundol®	max. 30 ml/kg/die	ca. 70 %	ca. 2 h
Humanalbumin 5%/20%		max. 30 ml/kg/die	ca. 100 %	ca. 3 h
Elektrolytlösungen				
• z.B. Ringerlaktat		Keine Beschränkung	ca. 25 %	ca. 1 h

che Puls- und Blutdruckkontrollen, Messung des zentralen Venendrucks sowie Kontrolle der Urinproduktion als Anhalt für die Nierenfunktion.

2.1 Akuter Volumenmangel

Prinzipien der Therapie des Volumenmangelschocks sind:
- Volumensubstitution unter ZVD-Kontrolle
- Kolloidale Plasmaersatzmittel
- Homologe Plasmaersatzmittel
- Elektrolytsubstitution
- O_2-Gabe, ggf. Intubation und Beatmung
- Bei ungenügendem Blutdruckanstieg Einsatz von Katecholaminen (z.B. Dopamin 250 mg auf 50 ml NaCl 0,9% über Perfusor 6 – 12(-18) ml/h)
- Bei Blutungsschock Bluttransfusion.

2.1.1 Kolloidale Plasmaersatzmittel

Wirkung

Aufgrund ihres hohen Molekulargewichtes zeigen sie eine lange intravenöse Verweildauer mit Zunahme des intravasal zirkulierenden Blutvolumens. Dieser Effekt wird dadurch, daß die meisten Präparate hyperosmolar sind, durch onkotisch ausgelösten Flüssigkeitseinstrom aus dem Gewebe in die Gefäße verstärkt, weshalb sie auch als „Plasmaexpander" bezeichnet werden. Bei Anwendung aller Plasmaexpander können anaphylaktoide Reaktionen sowie bei übermäßiger Zufuhr Hypervolämie und Linksdekompensation auftreten.

Kontraindikationen für alle Plasmaexpander:
- Hyperhydratationszustände
- Schwere Linksherzinsuffizienz
- Bekannte Allergien gegen das jeweilige Präparat.

Dextrane

Es handelt sich um Polysaccharide, die nach ihrem unterschiedlichen mittleren Molekulargewicht in hochmolekulare (MG 60 000 - 70 000) und niedermolekulare (MG 40 000) Substanzen unterteilt werden.

✔ Bis zu einem Molekulargewicht von 50 000 können sie durch direkte Filtration über die Nieren ausgeschieden werden. Höhermolekulare Verbindungen müssen zuvor enzymatisch gespalten werden und zeigen daher eine längere Verweildauer im Blut. Je nach Molekulargewicht ergeben sich unterschiedliche Indikationen:
- MG 40 000: Therapie und Prophylaxe von Mikrozirkulationsstörungen, Thromboseprophylaxe
- MG > 60 000: Therapie des hypovolämischen Schocks.

Nebenwirkungen

Durch eine Hemmung von Gerinnungsfaktoren kann es zu Störungen der Blutstillung kommen. Daher dürfen die in der Tabelle aufgeführten Dosierungsrichtlinien nicht überschritten werden.

Besonders größere Mengen niedermolekularer Dextrane können nephrotoxisch wirken. Bei Nierenfunktionsstörungen muß die Dosis entsprechend reduziert werden.

Anaphylaktische Reaktionen treten in 0,3% der Anwendungen auf. Da schwere Verläufe möglich sind, muß vor Infusionsbeginn ein Dextran mit einem MG von 1 000 vorinjiziert werden (Promit® 20 ml), welches als Hapten evtl. vorliegende Antikörper blockiert. Die Beeinflussung klinisch-chemischer Untersuchungen (BSG, Glukose, Fettsäure, Cholesterin, Fruktose und Protein) ist möglich. Aufgrund der relativ häufigen allergischen Reaktionen sind Dextrane nur Mittel der zweiten Wahl.

Kontraindikationen
Zusätzlich zu den oben genannten gelten auch intrakranielle Blutungen als Kontraindikation.

Hydroxyethylstärke

Das Molekulargewicht variiert zwischen 20 000 (z.B. Onkohäs®), 200 000 (z.B. HAES-steril®) und 450 000 (z.B. Plasmasteril®). Der Abbau erfolgt durch die Serumamylase mit anschließend sowohl renaler als auch enteraler Ausscheidung. Der hämodilutierende Effekt ist schwächer ausgeprägt als bei Dextranen.

Nebenwirkungen
Schwere anaphylaktische Reaktionen treten selten auf. Die Beeinflussung von Laborparametern ist möglich: Erhöhung von BSG, Serumamylase und Cholesterin, Beeinflussung der Eiweißbestimmung im Urin. Bei Niereninsuffizienz ist eine Dosisreduktion erforderlich.

Gelatinepräparate

Das mittlere Molekulargewicht der Präparate liegt bei ca. 35 000. Im Vergleich zu Dextranen zeigen sie eine kürzere Verweildauer in den Gefäßen und eine geringere Wasserbindungskapazität.

Nebenwirkungen
Anaphylaktische Reaktionen treten häufiger auf als bei Dextranen (bis zu 16% der Fälle), verlaufen in der Regel aber weniger schwer. Bei digitalisierten Patienten kann aufgrund des Kalziumgehalts eine Wirkungsverstärkung des Glykosids auftreten. Bei Niereninsuffizienz ist die Ausscheidung verzögert.

2.1.2 Homologe Plasmaersatzmittel

Als homologe Plasmaersatzmittel können eingesetzt werden:
- 5%ige oder 20%ige Humanalbuminlösungen
- Plasmaproteinlösungen.

Vorteile gegenüber Frischblut
Da sie weder Antikörper noch Agglutinine enthalten, können sie ohne vorangehende Blutgruppenbestimmung angewandt werden. Außerdem sind sie länger haltbar und beinhalten nicht die Gefahr einer Hepatitisübertragung. Selten kommt es zu allergischen Reaktionen. Aufgrund ihres hohen Preises sollten sie erst nach Versagen einer Therapie mit kolloidalen Mitteln eingesetzt werden.

2.1.3 Blutkonserven

Nur wenn ein Blutverlust von mehr als 30% eingetreten ist, wird eine Transfusionstherapie zur Substitution von Sauerstoffträgern durchgeführt.

Nachteile der Frischbluttransfusion:
- Infektionsrisko (HIV, Hepatitis, CMV, EBV)
- Zeitverlust durch Blutgruppenbestimmung und Auskreuzen der Konserven
- Unverträglichkeitsreaktionen
- Azidoseverstärkung bei älteren Blutkonserven aufgrund hohen Kaliumgehalts aus zerfallenden Erythrozyten
- Zitratinduzierte Hypokalzämie bei Massentransfusionen und Leberfunktionsstörungen.

2.1.4 Elektrolytlösungen

✔ Zum Einsatz kommen z.B. 0,9%ige Kochsalzlösung oder 5%ige Glukoselösungen.
Aufgrund ihrer geringen intravasalen Verweildauer führen sie nicht zur Erhöhung des zirkulierenden Volumens, sondern dienen dem Ausgleich eines begleitend bestehenden interstitiel-

len Flüssigkeitsdefizits sowie der Korrektur von Elektrolytstörungen.

2.2 Anaphylaktischer Schock

(☞ 9.3)

2.3 Septischer Schock

(☞ auch GK Grundlagen intensivmedizinischer Behandlung 2.2.2, 2.2.3)

Ätiologie

Im Rahmen von Bakteriämien kann es durch Erregertoxinfreisetzung zur peripheren Vasodilatation mit Schockgeschehen kommen. Klinisch folgt einem hyperzirkulatorischen Anfangsstadium mit erniedrigtem peripheren Gefäßwiderstand bei gesteigertem Herzminutenvolumen ein hypozirkulatorisches Spätstadium. Bei erniedrigtem Herzminutenvolumen und erhöhtem peripheren Widerstand kommt es dann meist zu einer ausgeprägten Verbrauchskoagulopathie

Prophylaxe und Therapie der Verbrauchskoagulopathie (☞ auch GK Grundlagen intensivmedizinischer Behandlung 2.2.3)..

Therapie

- Bei erniedrigtem ZVD: Volumensubstitution zum Ausgleich der relativen Hypovolämie durch Gefäßweitstellung
- Bei erhöhtem ZVD: Katecholamine über Perfusor (Dopamin 250 mg auf 50 ml NaCl mit 4 – 8 ml/h laufen lassen, Dobutamin 250 mg auf 50 ml Glukose 5% mit 5 – 10 ml/h laufen lasssen)
- Azidosekorrektur (☞ 15.2)
- Einleitung einer Antibiotikakombinationstherapie (☞ 16) nach Abnahme von Blutkulturen zur Erregerbestimmung

2.4 Hypotone Kreislaufregulationsstörungen

Als untere Normgrenze des systolischen Blutdrucks gilt bei Erwachsenen ein Wert von 100 mmHG. Trotz erniedrigter Blutdruckwerte können Patienten mit **chronisch hypotonen Kreislaufregulationsstörungen** vollkommen beschwerdefrei sein (*asymptomatische chronische Hypotonie*). Nur wenn die Hypotonie mit Symptomen wie Schwindel, Kältegefühl oder Müdigkeit einhergeht (*chronische Hypotonie mit hypotonem Symptomenkomplex)* besteht eine Behandlungsindikation.

Man unterscheidet:

- **Primäre oder essentielle Hypotonie**, die bevorzugt bei Frauen auftritt
- **Sekundäre Hypotonien** auf dem Boden einer anderen Primärerkrankung (z.B. endokriner Störungen wie M. Addison) oder infolge Medikamentennebenwirkungen (z.B. Antihypertensiva, α-Rezeptorenblocker, Arzneimittel mit Wirkung auf das ZNS). Diese müssen differentialdiagnostisch ausgeschlossen werden, da sie einer kausalen Therapie bedürfen.

Von **orthostatischer Dysregulation** spricht man bei Unvermögen des Kreislaufs, die Folgen einer raschen Blutumverteilung durch sympathische Gegenregulationsmechanismen aufzufangen. Hypotone Blutdruckwerte werden also nur bei entsprechenden Belastungen (z.B. rascher Lagewechsel, langes Stehen) registriert.

Je nach Blutdruck- und Pulsverhalten unterscheidet man:

- **Sympathikotone Form der Kreislaufregulationsstörung:** Bei normaler Sympathikusaktivität findet sich ein vermindertes Ansprechen der Kapazitätsgefäße auf die Katecholaminausschüttung. Bei stark erhöhter Herzfrequenz kommt es zur Abnahme des systolischen Blutdrucks und Zunahme des diastolischen Blutdrucks.
- **Asympathikotone Form der Kreislaufregulationsstörung:** Hier besteht eine mangelnde Aktivierbarkeit des Sympathikus unter Orthostasebedingungen mit Abnahme des systoli-

schen und diastolischen Blutdrucks. Die Herzfrequenz bleibt gleich.

2.4.1 Chronische Hypotonie und orthostatische Dysregulation

Allgemeinmaßnahmen

- Kreislauftraining durch Sport und physikalische Maßnahmen (Wechselduschen, Kneipp-Anwendungen)
- Erhöhung der täglichen Kochsalzzufuhr
- Koffeinhaltige Getränke
- Vermeiden langen Stehens oder rascher Lagewechsel.

Medikamentöse Therapie
Bei persistierender Symptomatik kommen zur Anwendung:

Dihydroergotamin (Dihydergot®)

Wirkung
Neben einer Steigerung des Venentonus mit Erhöhung des venösen Rückstroms zum Herzen ist das Mutterkornalkaloid in der Lage, die Wirkung der vermehrt ausgeschütteten Katecholamine teilweise zu antagonisieren.

Indikation
Sympathikotone Form der Kreislaufregulationsstörung mit bereits erhöhter Katecholaminausschüttung (Sympathomimetika sind hier kontraindiziert) und chronische Hypotonie mit begleitender Tachykardie.

Nebenwirkungen
Gastrointestinale Störungen und bei längerer Anwendung periphere Durchblutungsstörungen wurden beschrieben. In der Schwangerschaft ist es aufgrund seiner uteruskontrahierenden Wirkung kontraindiziert.

Mineralkortikoide
z.B. Fludrocortis (Astoin®)

Wirkung
Sie beruht auf einer Natriumretention mit Erhöhung des zirkulierenden Plasmavolumens.

Indikation
Der Einsatz erfolgt nur in schweren, anderweitig nicht therapierbaren Fällen.

Nebenwirkungen ☞ Glukokortikoide, 10.2.2.

α-sympathomimetisch wirkende Stoffe
z.B. Norfenefrin (Novadral®)

Wirkung
Über Stimulation der vaskulären α-Rezeptoren erfolgt eine Erhöhung des peripheren Widerstandes.

Indikation
Diese sind die asympathikotone Form der Kreislaufdysregulation und chronische Hypotonie mit bradykarder Herzfrequenz.

Nebenwirkungen
Tachykarde Rhythmusstörungen, pektanginöse Beschwerden und Miktionsstörungen (***Cave***: Prostatahyperplasie) können auftreten.

Um die durch α-Stimulation bedingte Nachlasterhöhung zu überwinden, kann der Einsatz von Präparaten mit zusätzlich β-agonistischen, positiv inotropen Eigenschaften erfolgen, z.B. Etilefrin (Effortil®) oder Oxilofrin (Carnigen®).

3 Pharmakotherapie der Herzinsuffizienz

IMPP-Hitliste

✔✔✔ Pharmakokinetik der Digitalistherapie (☞ 3.2.1)

✔✔ Überdosierung von Digitalisglykosiden (☞ 3.2.1)

✔ Therapie des kardialen Lungenödems (☞ 3.3.1)

Eine Herzinsuffizienz liegt vor bei Unvermögen des Herzens, das peripher benötigte Blutvolumen unter Erhalt eines normalen enddiastolischen Ventrikeldrucks zu fördern.

Nach betroffenem Herzabschnitt bzw. zeitlichem Verlauf unterscheidet man:
- **Rechts-, Links- bzw. Globalinsuffizienz**
- **Akute bzw. chronische Herzinsuffizienz.**

Die **chronische Herzinsuffizienz** ist Folge einer bleibenden Pumpschwäche des Herzens mit erniedrigtem Herzminutenvolumen. Ursachen hierfür sind:
- Eingeschränkte Globalfunktion, lokal (z.B. nach Infarkt) oder diffus (z.B. bei Kardiomyopathien)
- Chronische Druck- oder Volumenbelastung (z.B. infolge Klappenfehler oder Hochdruck)
- Behinderung der Ventrikelfüllung (z.B. bei konstriktiver Perikarditis)
- Herzrhythmusstörungen.

Als Folge des erniedrigten Herzminutenvolumens werden verschiedene **Kompensationsmechanismen** aktiviert:
- Der Sympathikotonus steigt und führt zum Anstieg der Herzfrequenz und der Myokardkontraktilität
- Die herabgesetzte Nierendurchblutung führt zur Aktivierung des Renin-Angiotensin-Aldosteronsystems, welches das Plasmavolumen erhöht.

Beide Kompensationsmechanismen beeinflussen durch Erhöhung der Vor- und Nachlast den Verlauf der Erkrankung durch vermehrte Belastung des Herzens negativ. Durch die ständige Überlastung des Herzmuskels nimmt die Pumpleistung kontinuierlich weiter ab, bis nach Überforderung der Kompensationsmechanismen myokardiale Insuffizienzzeichen auftreten. Eine **Rechtsherzinsuffizienz** führt durch Rückwärtsversagen zur venösen Stauung in der Peripherie, durch Vorwärsversagen mit erniedrigtem Herzminutenvolumens zu Schwäche und peripherer Zyanose. Bei **Linksherzinsuffizienz** äußert sich das Vorwärtsversagen in gleicher Form, während das Rückwärtsversagen zu zunehmender Lungenstauung und hierüber langfristig auch zur Schädigung des rechten Ventrikels führt (**Globalinsuffizienz**).

3.1 Therapieprinzipien

Die Therapie der Herzinsuffizienz richtet sich primär nach den zugrundeliegenden Erkrankungen, die soweit möglich therapiert werden sollten (z.B. operative Sanierung von Klappenfehlern). Bei koronarer Herzkrankheit kommt es durch Infarkte mit resultierender Überlastung des Restmyokards zur Insuffizienz. Die arterielle Hypertonie führt erst nach langjährigem Bestehen zur Myokardhypertrophie mit Überschreiten des kritischen Herzgewichtes und damit zu einer Myokardinsuffizienz und relativen Koronarinsuffizienz. Die Entstehung einer Herzinsuffizienz kann bei diesen Erkrankungen durch rechtzeitiges therapeutisches Eingreifen verhindert werden.

Bei klinisch manifesten Insuffizienzzeichen kommen zunächst das Herz entlastende **Allgemeinmaßnahmen** zum Einsatz:
- Gewichtsreduktion

- Flüssigkeitsrestriktion
- Kochsalzarme Diät (< 5g NaCl/die)
- Körperliche und seelische Schonung.

Medikamentöse Therapiemöglichkeiten bestehen in:

- Steigerung der Myokardkontraktilität durch positiv inotrope Substanzen:
  - Digitalisglykoside
  - β-Sympathomimetika
  - Phosphodiesterasehemmer
- Entlastung des Myokards durch Vor- und Nachlastsenkung:
  - Überwiegende Vorlastsenkung (Diuretika, Nitrate)
  - Vor- und Nachlastsenkung (ACE-Hemmer)
  - Überwiegende Nachlastsenkung (Dihydralazin, α-Rezeptorenblocker).

Medikamente bei chronischer Herzinsuffizienz			
Substanz	**Präparat (Bsp.)**	**Dosierung**	**Wirkungsmechanismus**
Digitalisglykoside			
• Digoxin • β-Acetyldigoxin • Methyldigoxin • Digitoxin	Lanicor® Novodigal® Lanitop® Digimerck®	0,25 – 0,35 mg/die 0,2 – 0,3 mg/die 0,1 – 0,2 mg/die 0,07 – 0,1 mg/die	Positiv inotrop
Diuretika			
Benzothiadiazide • Hydrochlorothiazid • Xipamid	 Esidrix® Aquaphor®	 12,5 – 25 mg/die 10 – 20 mg/die	Vorlastsenkung
Schleifendiuretika • Piretamid • Furosemid	 Arelix® Lasix®	 3 – 6 mg/die 40 – 80 mg/die	
Kombinationspräparate mit kaliumsparenden Diuretika • Amilorid + Hydrochlorothiazid • Triamteren + Bemethizid	 Moduretik® Diucomb®	 Amilorid 2,5 – 5 mg/die Hydrochlorothiazid 25 – 50 mg/die Triamteren 10 – 25 mg/die Bemethizid 20 – 50 mg/die	
ACE-Hemmer			
• Enalapril • Captopril	Xanef® Lopirin®	10 – 20 mg/die 10 – 20 mg/die	Vor- und Nachlastsenkung
Nitrate			
• Isosorbidmononitrat • Isosorbiddinitrat	MonoMack® Isoket®	40 mg/die 40 mg/die	Vorlastsenkung
α-Rezeptorenantagonisten			
• Prazosin • Terazosin • Urapidil	Minipress® Heitrin® Ebrantil®	4 mg/die 10 mg/die 30 – 180 mg/die	Nachlastsenkung
Dihydralazin			
• Dihydralazin	Nepresol®	50 mg/die	Nachlastsenkung

3.2 Chronische Herzinsuffizienz

Je nach Schwere der Erkrankung erfolgt eine Mono- oder Kombinationstherapie. Neuere Untersuchungen empfehlen eine primäre Kombinationstherapie mit entsprechend niedrigeren Dosen der Einzelpräparate.

- **Monotherapie**
  - ACE-Hemmer oder
  - Diuretikum oder
  - Digitalisglykosid
- **Initiale Kombinationstherapie**
  - ACE-Hemmer und Diuretikum
  - ACE-Hemmer und Digitalis
  - Digitalis und Diuretikum
- **Erweiterte Kombinationstherapie**
  - ACE-Hemmer und Digitalis und Diuretikum
  - ACE-Hemmer und Digitalis und Diuretikum und Nitrat und/oder Nachlastsenker (α-Rezeptorenblocker, Dihydralazin).

3.2.1 Positiv inotrope Substanzen: Digitalisglykoside

Bei chronischer Herzinsuffizienz werden von den unter 3.1 genannten positiv inotropen Stoffen nur Digitalisglykoside eingesetzt.

Wirkmechanismus
Durch Bindung des Herzglykosidmoleküls an die Na^+-K^+-Pumpe der Herzmuskelzelle wird deren Blockade und damit eine Unterbrechung des Ionentransportes bewirkt. Die hieraus resultierende Steigerung der intrazellulären Na^+-Konzentration führt zur Aktivierung des membranständigen Na^+-Ca^{2+}-Austauschsystems. Die Folge ist eine Erhöhung der Konzentration freier Ca^{2+}- Ionen in der Myokardzelle mit positiv inotroper Wirkung. Durch Steigerung des Schlagvolumens kommt es zur Abnahme der enddiastolischen Ventrikelfüllung mit Nachlassen der Wandspannung. Hierdurch verbessern sich die Arbeitsbedingungen des Myokards, für die gleiche Herzarbeit wird weniger Sauerstoff benötigt (*Ökonomisierung der Herzarbeit*). Weiterhin kommt es zur vermehrten Nierendurchblutung mit Anstieg der Diurese und Ödemausschwemmung.

Neben dem *positiv inotropen Effekt* entfalten Herzglykoside folgende weitere Wirkungen am Herzen:

- *Positiv bathmotroper Effekt:* Die genannten Ionenverschiebungen fördern über eine Destabilisierung des Membranpotentials die Arrhythmiebereitschaft
- *Negativ chronotrope Wirkung:* Infolge des gesteigerten Schlagvolumens sinkt der reflektorisch erhöhte Sympathikotonus
- *Negativ dromotroper Effekt:* Herzglykoside senken die Erregungsleitungsgeschwindigkeit im Reizleitungssystem und verlängern die Refraktärzeit im AV-Knoten.

Indikationen für Herzglykoside

- Haupteinsatzgebiet sind heutzutage supraventrikuläre Tachykardien und Tachyarrhythmie bei Vorhofflattern, -flimmern
- Herzmuskelinsuffizienz meist in Kombination mit anderen Präparaten.

Kontraindikationen

- Schwere Rhythmus- und Erregungsleitungsstörungen (höhergradige SA- und AV-Blockierungen mit Bradykardien, Kammertachykardien)
- Elektrolytstörungen (Hypokaliämie, Hyperkalzämie)
- Koronare Herzkrankheit ohne Insuffizienzzeichen
- Hypertrophisch-obstruktive Kardiomyopathie
- Digitalisintoxikation.
- Frischer Herzinfarkt
- Unmittelbar vor und nach Kardioversion.

Pharmakokinetik
Alle Herzglykoside wirken pharmakodynamisch gleich. Sie unterscheiden sich nur in der Kinetik. Diese wird für die verschiedenen Glykoside durch folgende Parameter bestimmt:

- **Resorptionsquote:** Die Aufnahme bei oraler Gabe ist abhängig von der Lipophilie der jeweiligen Substanz
- **Ausscheidungsmodus:** Digoxin und Strophantin werden ausschließlich renal eliminiert. Digitoxin wird normalerweise zu 60% renal und zu 40% biliär über die Leber ausgeschieden. Die biliäre Ausscheidung kann bei Vorliegen

einer Nierenfunktionsstörung jedoch gesteigert werden, so daß keine Dosisreduktion des Präparates notwendig ist. 25% des ausgeschiedenen Digitoxins werden über einen enterohepatischen Kreislauf rückresorbiert.

✔ Bei Vorliegen einer Niereninsuffizienz muß Digoxin daher in der Dosis dem Insuffizienzgrad entsprechend angepaßt werden, während Digitoxin in unveränderter Weise verabreicht wird. Bei Lebererkrankungen ist hingegen nur Digoxin indiziert.

- **Halbwertzeit:** Bei normaler Nierenfunktion beträgt die Halbwertzeit für Digoxin 2 Tage. Digitoxin hat auch bei gesunder Leber infolge hoher Plasmaeiweißbindung (> 85%) und enterohepatischer Rezirkulation eine deutlich längere Halbwertzeit von 6 – 7 Tagen und damit eine erhöhte Kumulationsgefahr
- **Vollwirkdosis:** Dieser Begriff beschreibt die Menge eines Herzglykosids, welche die maximale Wirkung am Myokard entfaltet
- **Erhaltungsdosis:** Hierunter versteht man die zur Aufrechterhaltung der Vollwirkdosis täglich zuzuführende Glykosidmenge.

Dosierung
Herzglykoside haben eine geringe therapeutische Breite von 1,5 bis 2, wobei Wirkung und Toxizität der Glykoside starken inter- und intraindividuellen Schwankungen unterworfen sind.

Die Dosierung kann durch Kontrolle der Plasmaspiegel überprüft und gegebenenfalls angepaßt werden. Da aber toxische Erscheinungen schon im therapeutischen Dosisbereich auftreten können, richtet man die Dosierung zusätzlich nach der klinischen Symptomatik (kardiale Rekompensation) und achtet auf beginnende Intoxikationserscheinungen.

Neben Unterschieden in der Resorption können eine Reihe von Faktoren zur unterschiedlichen Glykosidtoleranz beitragen.

Die Glykosidempfindlichkeit ist erhöht bei:
- Zunehmender Herzmuskelschädigung
- ✔ Koronarer Herzkrankheit und frischem Infarkt
- Myokarditis
- ✔ Höherem Lebensalter, niedriger Muskelmasse
- ✔ Nieren- bzw. Leberfunktionseinschränkungen
- ✔ Hypothyreose
- Interaktionen mit anderen Pharmaka (z.B. Sympathomimetika, Chinidin)
- Elektrolytstörungen: Hypokaliämie, Hyperkalziämie, Hypomagnesiämie.

Die Glykosidempfindlichkeit ist herabgesetzt bei:
- Fieber
- ✔ Hyperthyreose
- Interaktionen mit anderen Pharmaka (Phenylbutazon, Antazida).

Pharmakokinetik der Herzglykoside

Enterale Resorption	Ausscheidung	Vollwirkdosis	Therapeutischer Serumspiegel	Abklingquote/die
Digoxin (Lanicor®) 70 %	renal	0,8 – 1,2 mg	0,7 – 2 ng/ml	20 %
β-Acetyldigoxin (Novodigal®) 80 %	renal	0,8 – 1,2 mg	0,7 – 2 ng/ml	20 %
Methyldigoxin (Lanitop®) > 90 %	renal	0,8 – 1,2 mg	0,7 – 2 ng/ml	20 %
Digitoxin (Digimerck®) 90 – 100 %	60 % renal 40 % biliär	0,8 – 1,2 mg	10 – 25 ng/ml	7 %

✎ **Merksatz:** Die Digitaliswirkung wird durch Kalzium gesteigert, daher einem digitalisierten Patienten nie Kalzium i.v. geben. Kalium schwächt alle Digitaliswirkungen ab, mit Ausnahme des Effektes auf die AV-Überleitung, die es ebenfalls verlängert. Die Digitalisverträglichkeit kann daher außer bei Störungen der AV-Überleitung durch Anheben des Kaliumspiegels verbessert werden.

Dosierungsschemata

- **Schnelle Aufsättigung:** Aufgrund des hohen Intoxikationsrisikos sollte diese nur bei dringender Indikation zur Anwendung kommen. Durch Gabe von 3 x 0,25 mg Digitoxin i.v. bzw. 3 x 0,4 mg Digoxin i.v. über zwei Tage wird die Vollwirkdosis erreicht
- **Mittelschnelle Aufsättigung:** Digoxinpräparate über drei Tage in doppelter Erhaltungsdosis, Digitoxin über drei Tage in vierfacher Erhaltungsdosis. Aufgrund der langen Halbwertzeit für Digitoxin zweckmäßig
- **Langsame Aufsättigung:** Bei Digoxinpräparaten wird aufgrund des niedrigeren Risikos im allgemeinen die langsame Sättigung bevorzugt, bei der von Anfang an nur die Erhaltungsdosis gegeben wird. Die Vollwirkdosis wird nach ca. zwei Wochen erreicht.

Wechselwirkungen

- ✔ Verminderung der Glukoridesorption: Antazida, Kohle, Colestyramin, Laxantien, Neomycin
- Erhöhung des Digoxinplasmaspiegels durch Verdrängung aus Plasmaeiweißbindung und Senkung der Clearance: Chinidin, Ca-Antagonisten, Levodopa
- Erhöhte Ektopieneigung durch Senkung des Kaliumspiegels: Laxantien, Diuretika, Kortison
- ✔ Direkte Verstärkung der positiv bathmotropen Wirkung am Herzen: Sympathomimetika, Methylxanthine (Theophyllin), TSH, Kalzium
- Verstärkung der negativ dromotropen Wirkung: β-Blocker, Ca-Antagonisten vom Verapamil-Typ, Kalium
- Beschleunigter Digitoxinabbau durch Enzyminduktion: Phenylbutazon, Phenobarbital, Phenytoin, Rifampicin.

✔ **Herzglykosidintoxikation**

Intoxikationserscheinungen können schon vor Erreichen des Vollwirkspiegels auftreten.

Zu den Intoxikationszeichen zählen:

- Arrhythmien: Während im therapeutischen Bereich die Na^+-K^+-Pumpe nur partiell gehemmt wird und daher die intrazelluläre Ionenkonzentration unbeeinflußt bleibt, kommt es im toxischen Bereich durch Ionenverschiebung zur Destabilisierung des Membranpotentials. Außerdem wird die Erregungsleitung gesenkt
- In der Folge können alle Formen von Arrhythmien entstehen (Erregungsleitungsstörungen, Reizbildungsstörungen, Extrasystolien). Charakteristisch für die Glykosidintoxikation sind supraventrikuläre Tachykardien mit AV-Block
- Zentralnervöse Störungen (Halluzinationen, Delirien, Kopfschmerzen, Müdigkeit, Schlafstörungen)
- Visuelle Störungen (Farbensehen, Gelbsehen)
- Gastrointestinale Störungen (Übelkeit, Erbrechen, Durchfälle).

Die **Therapie der Glykosidintoxikation** besteht in leichten Fällen zunächst im Absetzen des Glykosids. Bei ausgeprägten Vergiftungserscheinungen werden unter Monitorkontrolle folgende Maßnahmen ergriffen:

- Anheben des Serumkaliumspiegels auf hochnormale Werte (Ausnahme: AV-Block). Regelmäßige Kontrollen des Kaliumspiegels sind erforderlich, da bei massiver Intoxikation initial eine Hyperkaliämie bestehen kann
- ✔ Behandlung von Rhythmusstörungen: Bei ventrikulären Rhythmusstörungen Gabe von Lidocain (initial 100 mg i.v., anschl. über Perfusor 2 – 4 mg/kgKG/h) oder Phenytoin (initial 125 mg über 5 Min.i.v., Wiederholung nach 20 Min. bis max. 500 – 750 mg). Bei Bradykardien oder höhergradigen AV-Blockierungen Atropin (0,5 – 2 mg i.v.), evtl. ist eine vorübergehende Schrittmachertherapie notwendig. ***Cave***: Sympathomimetika, da sie die Extrasystoleneigung weiter erhöhen können
- Übliche Entgiftungsmaßnahmen zur Verhinderung der Resorption sowie Beschleunigung der Elimination (Magenspülung, Darmentleerung). Bei Digitoxinvergiftung ist zur Durch-

✔ brechung des enterohepatischen Kreislaufes die Gabe von Austauscherharzen (Colestyramin) sinnvoll

- ✔ Antidotbehandlung mit Digitalisantitoxin z.B. Digitalis-Antidot BMR (= Fab-Antikörper vom Schaf, die Digoxin und Digitoxin binden). *Cave:* Gefahr des anaphylaktischen Schocks bei wiederholter Anwendung
- ✔ Nur bei Digitoxinvergiftung kann die Hämoperfusion eingesetzt werden
- Die Hämodialyse hat keinen Sinn bei Patienten, die regelmäßig mit Glykosiden behandelt werden. Bei akuter Vergiftung kann sie innerhalb der ersten 8 h vor Bindung des Glykosids ans Gewebe zur Elimination beitragen.

3.2.2 Vor- und Nachlastsenker

Bei der Vorlastsenkung kommt es durch Verminderung des venösen Rückstroms zum Herzen zur Abnahme der enddiastolischen Ventrikelfüllung und zum Nachlassen der Wandspannung. Nach dem Laplaceschen Gesetz sinkt damit die Herzarbeit. Nachlastsenker senken durch Vasodilatation den peripheren arteriellen Widerstand gegen den der Herzmuskel anpumpen muß.

Diuretika

(Wirkmechanismus, Nebenwirkungen und Kontraindikationen ☞ 15.4)

Folgende Diuretikaklassen kommen bei Herzinsuffizienz zum Einsatz:

- Benzothiadiazine
- Schleifendiuretika
- Kombinationspräparate aus Benzothiadiazinen und kaliumsparenden Diuretika.

✔ Osmotische Diuretika (Mannit®) sind aufgrund der Volumenbelastung bei allen Formen der Herzinsuffizienz kontraindiziert.

Benzothiadiazine

Z.B. Hydrochlorothiazid (Esidrix®), Xipamid (Aquaphor®).

Sie werden bei chronischer Herzinsuffizienz mit erhaltener Nierenfunktion zur langsamen Ödemausschwemmung eingesetzt. Dabei genügt häufig die intermittierende Gabe (jeden zweiten oder dritten Tag). Aufgrund der häufig auftretenden begleitenden Hypokaliämie empfiehlt sich die Kombination mit einem kaliumsparenden Diuretikum, v.a. wenn der Patient gleichzeitig digitalisiert ist.

Schleifendiuretika

Z.B. Furosemid (Lasix®), Piremanid (Arelix®).

Da sie im Gegensatz zu den Thiaziden die glomeruläre Funktion nicht beeinträchtigen, können sie bei Herzinsuffizienz mit begleitender Einschränkung der Nierenfunktion eingesetzt werden.
Aufgrund ihres raschen Wirkungseintritts innerhalb weniger Minuten kommen Schleifendiuretika auch bei akuter Herzinsuffizienz zum Einsatz (☞ 3.3).

Kombinationspräparate mit kaliumsparenden Diuretika

Z.B. Spironolacton und Furosemid (Osyrol50-Lasix®), Triamteren und Bemethizid (diucomb®), Amilorid und Hydrochlorothiazid (Moduretik®).

Sowohl der Aldosteronantagonist Spironolacton als auch die aldosteronunabhängigen kaliumsparenden Diuretika Triamteren und Amilorid werden in Form von Kombinationspräparaten bei der chronischen Herzinsuffizienz eingesetzt.

Nitrate

Z.B. Isosorbidmononitrat (MonoMack®), Isosorbiddinitrat (isoket®).

Das Haupteinsatzgebiet der Nitrate ist die koronare Herzkrankheit (☞ 5.1). Sowohl bei akuter (☞ 3.3) als auch bei chronischer Herzinsuffizienz kommen Nitrate in Kombination mit anderen Stoffklassen aufgrund ihrer überwiegend vor- und geringer ausgeprägt auch nachlastsenkenden Wirkung zur Anwendung.

Dosierung bei chronischer Herzinsuffizienz: Je nach Schwere des Krankheitsbildes 10 – 40 mg täglich.

ACE-Hemmer (☞ 1.2)

Z.B. Enalapril (Xanef®), Captopril (Lopirin®)

Wirkmechanismus

ACE-Hemmer zeigen durch Hemmung der Angiotensin-II-Bildung und der damit verbundenen Senkung des arteriellen Widerstandes überwiegend nachlastsenkende Effekte. Diese werden verstärkt durch eine Verminderung der Sympathikusaktivität und gleichzeitige Vermehrung vasodilatativ wirkender Prostaglandine. Die vasodilatierende Wirkung bleibt auch bei Langzeittherapie erhalten. Durch verringerte Aldosteronfreisetzung kommt zusätzlich ein schwach diuretischer, vorlastsenkender Effekt zustande.

Indikationen

Diese initial zur Behandlung der Hypertonie entwickelten Mittel gehören heutzutage zu den wichtigsten Therapeutika bei Herzinsuffizienz und werden aufgrund ihres den Verlauf und die Prognose günstig beeinflussenden Effektes schon früh in die Therapie miteinbezogen. Bei der Behandlung fortgeschrittener Stadien der Herzinsuffizienz konnte gezeigt werden, daß sie die Mortalität der betroffenen Patienten signifikant senken.

Nebenwirkungen, Kontraindikationen, Wechselwirkungen ☞ 1.2

α-Rezeptorantagonisten (☞ 3.3, ☞ 1.2)

Z.B. Prazosin (minipress®), Terazosin (Heitrin®), Urapidil (Ebrantil®).

α_1-Rezeptoren vermitteln in der arteriellen Gefäßmuskulatur eine Vasokonstriktion. Daher kann durch ihre Blockade eine arterielle Vasodilatation erreicht werden, die zur Nachlastsenkung am Herzen führt. Da diese Wirkung nur kurze Zeit anhält (HWZ 3h), eignen sie sich nur zur vorübergehenden Therapie bei Herzinsuffizienz.

Nebenwirkungen:

- Exantheme, Ödeme
- Zentralnervöse Störungen (Schwindel, Kopfschmerzen)
- Übelkeit, Erbrechen
- Kreislaufkollaps, Orthostase, Tachykardie.

Kontraindikation: Herzinsuffizienz durch mechanische Behinderung, z.B. Lungenembolie.

Dihydralazin

Z.B. Nepresol®

Dihydralazin bewirkt durch direkten Angriff an der Gefäßmuskulatur eine arterielle Vasodilatation und wird auch zur Behandlung der Hypertonie eingesetzt (☞ 1.2).

Auch der Einsatz dieses Präparates ist infolge Wirkungsabnahme zeitlich begrenzt. Aufgrund eines Steal-Phänomens ist es bei begleitender koronarer Herzkrankheit kontraindiziert.

Nebenwirkungen:

- Reflextachykardie, Orthostase
- Ödeme
- Medikamentös induzierter Pseudo-Lupus erythematodes.

3.3 Akute Herzinsuffizienz

Ursache der **akuten Rechtsherzinsuffizienz** sind in der Regel Lungenembolien (☞ 6.3.2) oder eine Dekompensation des linken Ventrikels.

Die **akute Linksherzinsuffizienz** kann z.B. entstehen bei:

- Großen Infarkten
- Dekompensierter Hypertonie
- Anhaltenden malignen Rhythmusstörungen
- Akuter Ventrikelfüllungsbehinderung durch Herzbeuteltamponade.

Soweit möglich muß die genaue Ursache diagnostiziert und gezielt behandelt werden.

Initial stehen akute Kreislaufsymptome durch Vorwärts- und Rückwärtsversagen im Vordergrund. Das akute **Vorwärtsversagen** äußert sich durch Blutdruckabfall mit Gefährdung der Organdurchblutung, im Extremfall als kardiogener Schock. Das **Rückwärtsversagen** des linken Herzens führt zum Lungenödem, das des rechten Herzens zur Einflußstauung.

Zum Einsatz kommen:

- Positiv inotrope Substanzen wie Katecholamine, Phosphodiesterase-Hemmer und evtl. Digitalis
- Vor- und Nachlastsenker wie Nitrate und α-Rezeptorantagonisten zur Entlastung des Herzens.

Katecholamine

Alle Katecholamine zeigen durch Stimulation kardialer β_1-Rezeptoren positiv inotrope und chronotrope Wirkung. Aufgrund ihres begleitenden proarrhythmogenen Effektes sind sie entsprechend vorsichtig zu dosieren.

Zur Behandlung der akuten Herzinsuffizienz kommen v. a. Dopamin und/oder Dobutamin zum Einsatz.

Dopamin

Dopamin bewirkt dosisabhängig in abgestufter Reihenfolge eine Stimulation der Dopamin-, der β- und erst im hohen Dosierungsbereich der α-Rezeptoren.

✔ Über die Dopaminrezeptoren vermittelt kommt es im niedrigen bis mittleren Dosisbereich (2 – 6 μg/kg/Min) zur gesteigerten renalen und mesenterialen Durchblutung sowie über die kardialen β-Rezeptoren zur erhöhten Inotropie. Begleitend zeigt Dopamin auch eine indirekte sympathomimetische Wirkung über Noradrenalinfreisetzung.

In hohen Dosen (8 – 12 μg/kg/Min) kommt es durch Stimulation von α-Rezeptoren zur Vasokonstriktion. Dieser Effekt kann bei starkem Blutdruckabfall infolge kardiogenen Schocks erwünscht sein.

Dobutamin

Dobutamin hat im Gegensatz dazu kaum vasokonstriktorische Eigenschaften, der blutdrucksteigernde Effekt kommt durch die positiv inotrope Wirkung infolge Stimulation kardialer β-Rezeptoren zustande.
Andere Sympathomimetika wie *Orciprenalin* oder *Isoprenalin* werden aufgrund ihrer ausgeprägten frequenzsteigernden Wirkung, die bei Myokardinfarkten zur Vergrößerung des Infarktareals durch erhöhten Sauerstoffverbrauch beitragen kann, nur zur Behandlung von Bradykardien eingestzt.

Phosphodiesterase-Hemmstoffe

Wirkmechanismus

Durch Blockade der Phosphodiesterase kommt es zum Anstieg des zyklischen AMP in der Herzmuskelzelle mit vermehrtem Kalziumeinstrom und dadurch positiv inotroper und chronotroper Wirkung. Begleitend führt ein Kalziumausstrom aus den Gefäßwandzellen zur Vasodilatation und Nachlastsenkung.
Die Phosphodiesterase IV-Hemmstoffe **Amrinon** (Wincoram®) und **Enoximon** (Perfan®) sind bei Patienten mit schwerer, anderweitig nicht zu beherrschender Herzinsuffizienz unter Monitorkontrolle geeignet. Während die Wirkung der β-Sympathomimetika infolge Down-Regulation der β-Rezeptoren nachläßt, bleibt die Wirkung dieser Substanzen bestehen. Allerdings werden sie nur kurzfristig in der Akuttherapie eingesetzt, da Studien bei Langzeittanwendung eine erhöhte Mortalität ergaben.

Nebenwirkungen

Es können Rhythmusstörungen, Hypotonie, Thrombozytopenien, Fieber, Myalgien und Transaminasenanstieg auftreten. Bei Amrinon sind Störungen des Geruchs- und Geschmacksinns möglich.

Digitalisglykoside

Herzglykoside wurden früher häufig bei akuter Insuffizienzsymptomatik zur Förderung der Inotropie eingesetzt. Beim akuten Myokardinfarkt besteht aufgrund ihrer proarrhythmogenen Wirkung sowie der Gefahr der Vergrößerung des Infarktareals eine relative Kontraindikation für ihren Einsatz. Indiziert sind sie heute mit entsprechender Vorsicht bei Auftreten einer Tachyarrhythmia absoluta.

Nitrate (☞ 3.2.2, 5.1)

Aufgrund des raschen Wirkungseintritts kommt in der Akuttherapie Glyceroltrinitrat als Spray oder sublingual (z.B. Nitrolingual®) zum Einsatz. In schweren Fällen wird es perfusorgesteuert parenteral gegeben (z.B. Perlinganit®).

Medikamente bei akuter Herzinsuffizienz			
Substanz	**Präparat**	**Dosierung**	**Wirkmechanismus**
• *Katecholamine* Dopamin Dobutamin	 Dopamin Nattermann® Dobutrex®	 niedrig 2 – 6 μg/kg/min mittel 4 – 8 μg/kg/min hoch 8 – 12 μg/kg/min 4 – 8 μg/kg/min	 Stimulation Dopaminrezeptoren Stimulation β_1-Rezeptoren Stimulation α-Rezeptoren Stimulation β_1-Rezeptoren
• *Phosphodiesterasehemmer* Amrinon Enoximon	 Wincoram® Perfan®	 5 – 15 μg/kg/min 5 – 20 μg/kg/min	Blockade der Phosphodiesterase mit Steigerung der Inotropie
• *Nitrate* Glyceroltrinitrat (Nitroglycerin)	 Nitrolingual Spray® Perlinganit®	 2 Hübe 14 – 84 μg/kg/min	Venöse Vasodilation mit Vorlastsenkung
• *α-Rezeptorenblocker* Urapidil	 Ebrantil®	 9 – 30 μg/kg/h	Arterielle Vasodilation mit Nachlastsenkung

α-Rezeptorenblocker

Bei akuter Herzinsuffizienz können in schweren Fällen zur Nachlastsenkung Urapidil (Ebrantil®) oder der nicht selektive α-Blocker Phentolamin (Regitin®) parenteral eingesetzt werden.

3.3.1 Kardial bedingtes Lungenödem

Das Lungenödem ist Folge des Rückwärtsversagens bei akuter Linksherzinsuffizienz, das zur Stauung im kleinen Kreislauf mit Flüssigkeitsaustritt in die Alveolen führt. Klinisch äußert es sich durch massive Dyspnoe, Spastik, Tachypnoe, Zyanose, Rasseln über der Lunge, Husten und schaumiges Sputum.
Die **Therapiekontrolle** erfolgt anhand der klinischen Symptomatik mit Rückgang der Dyspnoe, Verbesserung des Auskultationsbefundes und der Blutgase. Weiterhin wird die Flüssigkeitsbilanz kontrolliert. In der Thoraxröntgenaufnahme verschwinden die Stauungszeichen.

✓Maßnahmen beim kardial bedingten Lungenödem:

- Sitzende Lagerung
- Sauerstoff per Nasensonde (2 – 8 l/Min.), evtl. Sekretabsaugung
- Sedierung mit Diazepam (2 – 10 mg i.v.) oder Morphin (10 – 20 mg i.v.); ***Cave:*** Atemdepression
- Vorlastsenkung durch:
  - Schleifendiuretika vom Furosemidtyp (z.B. Furosemid 20 – 80 mg i.v.). Die rasche Wirkung bei akuter Herzinsuffizienz beruht auf einer noch vor dem diuretischen Effekt einsetzenden Venendilatation, die über Prostaglandine vermittelt wird.
  - Nitroglycerin (Dosierung ☞ Tabelle): Kann je nach Schweregrad als Spray, sublingual oder per infusionem verabreicht werden
- Unblutiger Aderlaß
- Einsatz positiv inotroper Substanzen (☞ 3.3)
- Evtl. kontrollierte Beatmung bei Ateminsuffizienz.

4 Pharmakotherapie von Herzrhythmusstörungen

IMPP-Hitliste

✔✔✔ Wirkungen und Nebenwirkungen von Chinidin (☞ 4.1.1)

✔✔ Therapie supraventrikulärer Tachykardien (☞ 4.2)

✔ Therapie der Sinusbradykardie (☞ 4.3)

Herzrhythmusstörungen lassen sich in Störungen der Erregungsbildung und der Erregungsleitung unterteilen.

Erregungsbildungsstörungen

Nomotope Rhythmusstörungen betreffen den Sinusknoten, den physiologischen Schrittmacher der Herzaktion:
- Sinustachykardie (>100 Schläge/min)
- Sinusbradykardie (< 50 Schläge/min)
- Sinusarrhythmie.

Von *heterotopen Rhythmusstörungen* spricht man, wenn es zur Erregungsbildung in Myokardarealen außerhalb des Sinusknoten kommt. Diese werden je nach Entstehungsort ober- bzw. unterhalb des His-Bündels in *supraventrikuläre* bzw. *ventrikuläre Rhythmusstörungen* eingeteilt.

Zu den **supraventrikulären Störungen** zählen:
- Paroxysmale supraventrikuläre Tachykardie
- Supraventrikuläre Extrasystolen
- Vorhofflattern und -flimmern.

Ventrikuläre Rhythmusstörungen sind:
- Ventrikuläre Extrasystolen
- Kammertachykardie
- Kammerflattern und -flimmern.

Erregungsleitungsstörungen

Sie liegen vor, wenn die Ausbreitung der Depolarisation verzögert oder blockiert ist. Derartige Störungen können auftreten zwischen Sinusknoten und Vorhofmyokard (*Sinuatrialer Block*) zwischen Atrioventrikularknoten und Ventrikelleitungssystem (*Atrioventrikulärer Block*) und während der Erregungsausbreitung im Ventrikel (*Intraventrikulärer oder Schenkelblock*).

Herzrhythmusstörungen können ohne direkt erkennbare Ursache idiopathisch auftreten. Meist liegen ihnen jedoch kardiale oder extrakardiale Erkrankungen zugrunde wie z.B. Myokarditis, koronare Herzkrankheit, Schilddrüsenfunktionsstörungen, Elektrolytentgleisungen oder Medikamentennebenwirkungen (z.B. Digitalis, β-Blocker).

Therapieprinzipien

Störungen der Herzschlagfolge können ohne Symptome und ohne Krankheitswert auftreten (z.B. zeigen zahlreiche Herzgesunde Extrasystolen).

✔ Weiter hat sich gezeigt, daß Antiarrhythmika ihrerseits bei ca. 20% der Behandelten Rhythmusstörungen auslösen können (*proarrhythmogene Wirkung der Antiarrhythmika*). Diese Beobachtungen haben in den letzten Jahren zur zunehmend strengen Indikationsstellung bei der antiarrhythmischen Behandlung geführt.

Indikationsstellungen zur antiarrhythmischen Therapie

Man geht heute davon aus, daß eine **relative Behandlungsindikation** dann besteht, wenn die Rhythmusstörungen starke subjektive Beschwerden verursachen.

Eine **absolute Behandlungsindikation** ist gegeben, wenn lebensbedrohliche Arrhythmien („plötzlicher Herztod") zu erwarten sind. Inwieweit die Gefahr der Entstehung derartiger Arrhythmien besteht, entscheidet man anhand des **Malignitätsgrades** der beobachteten Störungen:

- Supraventrikuläre Arrhythmien haben prinzipiell eine gute Prognose, nur bei ausgeprägten Tachykardien mit Absinken des Herzminutenvolumens besteht eine zwingende Behandlungsindikation
- Der Risikoabschätzung ventrikulärer Rhythmusstörungen dient zum einen die Einteilung nach *Lown*, bei der Häufigkeit, Polymorphie und der Zeitpunkt des Einfallens ventrikulärer Extrasystolen beurteilt werden.

Entscheidend für die Prognose und damit auch für die Behandlungsindikation sind darüber hinaus begleitend vorliegende kardiale Erkrankungen. Ein hohes Risiko für die Entstehung von lebensbedrohlichen Arrhythmien besteht bei:

- Frischem Herzinfarkt
- Zustand nach Reanimation
- Schlechter linksventrikulärer Funktion nach Infarkten oder bei Kardiomyopathie
- Koronarer Herzkrankheit mit rezidivierenden Kammertachykardien.

Vor Behandlungsbeginn der Rhythmusstörungen ist darauf zu achten, daß extrakardiale Ursachen und Begleiterkrankungen ausgeschlossen sind (z.B. Schilddrüsenstörungen, Digitalisintoxikationen). Der Elektrolythaushalt muß ausgeglichen sein, besonders ist auf die Kalium- und Magnesiumwerte zu achten.

4.1 Antiarrhythmika

Die zur Therapie von Rhythmusstörungen zur Verfügung stehenden Antiarrhythmika werden nach *Vaughan* in die Klassen I – IV eingeteilt (☞ Tabelle).

- ✔ Alle Antiarrhythmika zeigen als Nebenwirkung einen negativ inotropen Effekt, der auch zum Absinken des Blutdrucks führen kann
- ✔ Die Wirksamkeit eines Antiarrhythmikums muß durch Verlaufskontrollen (Langzeit-EKG) überprüft werden, dabei ist insbesondere auf proarrhythmogene Effekte zu achten.

Antiarrhythmika				
	Substanz	**Präparat**	**mittlere Dosierung/die**	**Indikation**
Klasse IA	Chinidin Ajmalin Prajmalin Disopyramid Procainamid	Chinidin Duriles® Gilurytmal® Neogilurytmal® Rytmodul® Procainamid Duriles®	0,4 – 0,8 g 0,5 – 1 mg/kg 60 – 80 mg 400 – 600 mg 1,0 – 1,5 g	Vorhofflattern/-flimmern, supraventrikuläre und ventrikuläre Extrasystolen sowie Tachykardien
Klasse IB	Lidocain Tocainid Mexiletin Phenytoin	Xylocain® Xylotocan® Mexitil® Phenhydan®	2 – 4 mg/min 1200 mg 600 mg 125 – 250 mg einmalig	Ventrikuläre Rhythmusstörungen, Rhythmusstörungen bei Digitalisintoxikationen
Klasse IC	Flecainid Propafenon	Tambocor® Rytmonorm®	100 mg 450 – 600 mg	Ventrikuläre und supraventrikuläre Rhythmusstörungen
Klasse II	Atenolol Metoprolol Acebutolol	Tenormin® Beloc® Prent®	50 – 100 mg 100 – 200 mg 400 mg	Supraventrikuläre Extrasystolen und Tachykardien
Klasse III	Sotalol Amiodaron	Sotalex® Cordarex®	160 – 320 mg 200 mg nach Sättigung	Ventrikuläre und supraventrikuläre Rhythmusstörungen
Klasse IV	Verapamil Gallopamil Diltiazem	Isoptin® Procorum® Dilzem®	240 – 480 mg 150 – 200 mg 180 – 270 mg	Supraventrikuläre Extrasystolen und Tachykardien

4.1.1 Klasse I: Natriumantagonisten

Sie bewirken eine Blockade der Natriumkanäle mit Hemmung des raschen Natriumeinstroms zu Beginn des Aktionspotentials. Dadurch kommt es zur Verringerung der Leitungsgeschwindigkeit, Erhöhung der Depolarisationsschwelle (Membranstabilisierung) und Zunahme der Gesamtrefraktärzeit. Aufgrund unterschiedlich ausgeprägter Wirkung auf den repolarisierenden Kaliumausstrom mit Beeinflussung der Aktionspotentialdauer erfolgt eine weitere Einteilung in die Unterklassen A – C.

Klasse IA = Chinidintyp

Antiarrhythmika dieser Klasse *verlängern das Aktionspotential.*

Präparate
Chinidin (Chinidin-Duriles®), Ajmalin (Gilurytmal®), Prajmalin (Neogilurytmal®), Disopyramid (Rythmodul®), Procainamid (Procain-Duriles®).

Indikationen
Durch Angriff an Vorhöfen und Kammern sind sie bei supraventrikulären Rhythmusstörungen, Vorhofflattern und -flimmern sowie bei ventrikulären Tachykardien und Extrasystolien indiziert.

Pharmakokinetik
Chinidin und Disopyramid werden nach oraler Gabe gut resorbiert und nach einer Halbwertzeit von 5 Stunden renal eliminiert.

✔ Da die renale Ausscheidung von Chinidin mit der des Digoxins interferiert, wird die Digoxinwirkung bei gemeinsamer Gabe erhöht. Während Ajmalin nach oraler Gabe starken Resorptionsschwankungen unterliegt, wird Prajmalin gut resorbiert. Eine Procaintherapie wird bei akuten Rhythmusstörungen meist intravenös begonnen und anschließend oral fortgesetzt.

Nebenwirkungen
- Allergische Reaktionen bei Chinidin, Disopyramid und Procainamid (Hautreaktionen, evtl. Thrombozytopenie und Agranulozytose)
- Anticholinerger Effekt bei Chinidin, Procainamid und am stärksten ausgeprägt bei Disopyramid
- ✔ Durch Verbesserung der AV-Überleitungszeit kann dadurch die Herzfrequenz bei Vorhofflattern oder -flimmern initial paradoxerweise ansteigen. Außerdem bewirkt der anticholinerge Effekt gastrointestinale Störungen, Mundtrockenheit, Miktions- und Akkommodationsstörungen
- Nebenwirkungen des Chinidins: „Cinchonismus" bei Überdosierung von Chinidin mit zentralnervösen Störungen bis hin zu Delirien, Seh- und Hörstörungen und Erbrechen. Auslösung einer sog. „Chinidin-Synkope" durch ventrikuläre Torsade de pointes-Tachykardie. Kardiotoxische Nebenwirkungen mit Verbreiterung des QRS-Komplexes und Verlängerung der QT-Zeit (bei Verlängerungen über 25% Absetzen des Präparates).

Kontraindikationen
- Schwere Herzinsuffizienz
- Sinusknotensyndrom, Bradykardie
- Höhergradige Erregungsleitungsstörungen
- Neigung zu Harnverhalt und Engwinkelglaukom
- Leber- und Niereninsuffizienz
- QT-Syndrom (= vorbestehende Verlängerung der QT-Strecke)
- Bei Chinidin: Digitalisüberdosierung.

Interaktionen
- Verstärkung der Wirkung von Anticholinergika
- Abschwächung der Wirkung durch Rifampicin und Phenytoin (Enzyminduktion)
- Chinidin verstärkt die Wirkung von Reserpin, kurareartigen Mitteln, Kumarinderivaten.

Klasse IB = Lidocaintyp

Antiarrhythmika dieser Klasse *verkürzen das Aktionspotential.*

Präparate
Lidocain (Xylocain®), Tocainid (Xylotocan®), Mexiletin (Mexitil®), Phenytoin (Phenhydan®).

✔ **Indikationen**
Durch vorwiegenden Angriff an den Kammern erfolgt der Einsatz bei ventrikulären Extrasystolen und Tachykardien. Lidocain wird bevorzugt bei ventrikulären Rhythmusstörungen nach Herzinfarkten oder bei herzchirurgischen Eingriffen eingesetzt. Aufgrund seiner guten Verträglichkeit ist es Antiarrhythmikum der 1. Wahl bei ventrikulären Rhythmusstörungen. Phenytoin, das seine Hauptindikation bei der Epilepsiebehandlung hat, kommt bei Herzglykosidintoxikationen zur Anwendung.

✔ **Pharmakokinetik**
Lidocain zeigt bei intravenöser Gabe einen raschen Wirkungseintritt und eine gute Steuerbarkeit, während es aufgrund eines hohen first pass-Effektes zur oralen Therapie nicht geeignet ist. Hier können Tocainid und Mexiletin, die ein ähnliches Wirkprofil zeigen, eingesetzt werden. Um bei Phenytoin rasch die erforderlichen Plasmaspiegel zu erreichen, wird initial ein intravenöser Bolus von 125 mg (evtl. Wiederholung nach 30 Min.) gegeben, bevor auf eine orale Erhaltungstherapie übergegangen wird. Aufgrund der hohen Plasmaeiweißbindung und einer Enzyminduktion in der Leber kann es zu zahlreichen Wechselwirkungen mit Begleitmedikamenten führen (☞ 22.2).

Nebenwirkungen
Ähnlich den Lokalanästhetika kann es bei Lidocain nach hohen Dosen zu zentraler Erregung, Benommenheit und Krämpfen kommen. Bei Nieren- und Leberinsuffizienz ist eine Dosisreduktion erforderlich. Nebenwirkungen von Phenytoin (☞ 22.2.)

Kontraindikationen
- Schwere Herzinsuffizienz
- AV-Block II. und III. Grades
- Bradykardie
- Überempfindlichkeit gegenüber Lokalanästhetika.

Klasse IC

Antiarrhythmika dieser Klasse *beeinflussen die Aktionspotentialdauer nicht.*

Präparate
Flecainid (Tambocor®), Lorcainid (Remivox®), Propafenon (Rytmonorm®).

Indikationen
In einer Postinfarktstudie wurde für Flecainid-behandelte Patienten im Vergleich zur Placebogruppe eine erhöhte Mortalität festgestellt. Daher ist der Einsatz von Flecainid und dem pharmakodynamisch ähnlich wirkenden Lorcainid heute auf besonders schwere supraventrikuläre Tachykardien und lebensbedrohliche ventrikuläre Arrhythmien beschränkt und darf nur unter strengster Kontrolle erfolgen. Der Einsatz erfolgt bei supraventrikulären und ventrikulären Rhythmusstörungen.

Pharmakokinetik
Flecainid wird nach oraler Gabe rasch resorbiert und zeigt eine hohe Bioverfügbarkeit. Die Halbwertzeit beträgt 20 Stunden, die Ausscheidung erfolgt renal. Lorcainid zeigt bei Therapiebeginn einen hohen First-pass-Effekt, der nach wiederholter Gabe durch Sättigung des abbauenden Enzymsystems abnimmt. Bei Propafenon bleibt der First-pass-Effekt erhalten, was dazu führt, daß nach guter enteraler Resorption nur ca. 50% der Substanz verfügbar sind.

Nebenwirkungen
- Blutdruckabfall, Herzinsuffizienz
- Bradykardie, ausgeprägte Leitungsverzögerung
- ZNS-Störungen: Schwindel, Kopfschmerzen, Verwirrtheit
- Cholestatische Hepatose.

Kontraindikationen
- Z.n. Myokardinfarkt
- Sinusknotensyndrom, AV-Blockierungen
- Herzinsuffizienz.

4.1.2 Klasse II: β-Adrenozeptorenblocker

Präparate
Z.B. Atenolol (tenormin®), Metoprolol (Beloc®), Acebutolol (Prent®).

Antiarrhythmische Wirkung
Durch Blockade der kardialen β-Rezeptoren wird der positiv chronotrope, dromotrope und bathmotrope Effekt der Katecholamine abgeschwächt.

Indikationen
Diese sind Sinustachykardien, supraventrikuläre Tachykardien und Extrasystolie.

✔ Da Rhythmusstörungen bei Hyperthyreose durch eine gesteigerte Katecholaminempfindlichkeit begünstigt werden, sind β-Blocker zu ihrer Behandlung Mittel der Wahl.

Nebenwirkungen und Kontraindikationen ☞ 1.2.

4.1.3 Klasse III

Präparate
Sotalol (Sotalex®), Amiodaron (Cordarex®).

Wirkmechanismus
Durch Blockade der Kaliumkanäle kommt es zur Hemmung des repolarisierenden Kaliumausstroms und damit zur Verlängerung des Aktionspotentials.

Indikationen
Klasse III-Antiarrhythmika sind zur Behandlung von supraventrikulären und ventrikulären Rhythmusstörungen und WPW-Syndrom geeignet.

Pharmakokinetik
Sotalol ist der einzige β-Blocker, der durch starken Einfluß auf die Kaliumkanäle zusätzlich Klasse III-Eigenschaften besitzt. Nach vollständiger enteraler Resorption beträgt die Bioverfügbarkeit 100%. Die Initialdosierung von 160 mg kann bis 480 mg gesteigert werden.
Amiodaron zeigt eine extrem langer Halbwertzeit von 14 –28 Tagen mit schlechter Steuerbarkeit. Die Behandlung wird mit Sättigungdosen (600 mg pro Tag über eine Woche) begonnen. Anschließend wird nach Plasmaspiegel auf eine Erhaltungsdosis (ca. 200 mg/die) übergegangen.

Nebenwirkungen
Sotalol zeigt β-Blockernebenwirkungen (vgl. 1.1.2). Bei Amiodaron können zahlreiche schwere Nebenwirkungen auftreten: Gelblichbraune Hornhautablagerungen, Photosensibilisierung, Hypo- und Hyperthyreose, Lungenfibrose, Erythema nodosum und periphere Neuropathie. Aus diesem Grund wird Amiodaron nur als Reservepräparat bei ansonsten therapierefraktären Arrhythmien eingesetzt.

Wechselwirkungen
Der Effekt von Digoxin und Cumarinderivaten kann durch Amiodaron verstärkt werden.

Kontraindikationen
- Sotalol ☞ 1.2
- Amiodaron: Sinusbradykardie, Sinusknotensyndrom, AV-Block, Lungen- und Schilddrüsenerkrankugen, Jodallergie, gleichzeitige Einnahme von MAO-Hemmern.

4.1.4 Klasse IV: Kalziumantagonisten

Es handelt sich hierbei um Kalziumantagonisten mit antiarrhythmischer Wirkung (Verapamil- und Diltiazem-Typ)

Präparate
Verapamil (Isoptin®, Veramex®), Gallopamil (Procorum®), Diltiazem (Dilzem®).

Wirkmechanismus
Durch Hemmung des Kalziumioneneinstroms kommt es zur Abnahme der Depolarisationsgeschwindigkeit im Sinus- und Atrioventrikularknoten mit Verlängerung der AV-Überleitungszeit. Die Refraktärzeit wird verlängert, Nachpotentiale werden unterdrückt.

Indikationen
Supraventrikuläre tachykarde Rhythmusstörungen.

✔ **Pharmakokinetik**
Nach fast 100%iger enteraler Resorption unterliegen die Präparate einem hohen First-pass-Effekt, so daß die Bioverfügbarkeit nur bei 20-50% liegt.

Nebenwirkungen
AV-Blockierungen, Bradykardien, Blutdruckabfall, Obstipation, Hautrötung und allergische Hautreaktionen können auftreten. Für Diltiazem wurde im Tierversuch eine teratogene Wirkung nachgewiesen.

Kontraindikationen
- Schwere Herzinsuffizienz
- Sinusknotensyndrom
- Höhergradige SA- und AV-Blöcke
- Vorhofflimmern und -flattern bei WPW-Syndrom (durch schnellere Überleitung über akzessorisches Bündel sind Kammertachykardien möglich).

> ✎ **Merksatz:** Es sollte möglichst nur ein Antiarrhythmikum zur Anwendung kommen. Falls eine Kombinationsbehandlung notwendig ist, sollten nie zwei Antiarrhythmika aus der gleichen Klasse kombiniert werden.
> ✔Bei Kombination von Klasse II und IV können sich die negativ chronotropen und dromotropen Eigenschaften verstärken und zu höhergradigen AV- Blockierungen und Bradykardien führen.

4.2 Tachykarde Herzrhythmusstörungen

4.2.1 Supraventrikuläre tachykarde Rhythmusstörungen

Sinustachykardien

Sie treten meist symptomatisch als Folge anderer Krankheiten (z.B. Anämie, Herzinsuffizienz, Hyperthyreose) auf, so daß primär nach der zugrundeliegenden Ursache gefahndet und diese beseitigt werden muß. Beim sog. **hyperkinetischen Herzsyndrom** mit erhöhter Herzfrequenz bei Überwiegen des Sympathikotonus können niedrig dosierte β-Blocker eingesetzt werden, z.B. Metoprolol (Beloc®) 25 – 50 mg/die.

Supraventrikuläre Extrasystolen
Sie bedürfen in der Regel keiner Therapie, bei starken subjektiven Beschwerden können auch hier β-Blocker gegeben werden.

Paroxysmale supraventrikuläre Tachykardie
Es treten rezidivierende Attacken von Herzrasen mit Herzfrequenzen zwischen 150 - 200/Min auf, die unterschiedlich lang anhalten (Minuten, Stunden, selten Tage) und von Schwindel oder Synkopen begleitet sein können.

Vorkommen bei:
- Herzgesunden
- Kardialen oder extrakardialen Erkrankung (z.B. Koronare Herzkrankheit, Myokarditis, Hyperthyreose)
- Präexzitationssyndrom mit akzessorischem Bündel zwischen Vorhöfen und Kammern (z.B. Wolff-Parkinson-White-Syndrom).

> **Maßnahmen bei akuter supraventrikulärer Tachykardie**
> - Ausübung eines Vagusreizes, z.B. durch Massage des Karotissinus oder Valsalva-Preßmanöver
> - Bei Erfolglosigkeit unter EKG-Kontrolle:
>
> ✔Verapamil (Isoptin®) 5 mg i.v. oder β-Blocker (z.B. Propranolol 1 mg i.v., Sotalol 20 mg i.v.). ***Cave:*** Manifeste Herzinsuffizienz.
> - Digitalis 0,2 – 0,4 mg i.v., Kontraindikation: Vorhoftykardie mit Block als möglicher Hinweis auf Digitalisintoxikation
> - In therapieresistenten Fällen: Propafenon 30 – 70 mg i.v., als ultima ratio Amiodaron 5 mg/kgKG i.v

> ✎ **Merksatz:** Sowohl Verapamil als auch Digitalis sind bei Präexzitationssyndromen kontraindiziert, da sie die physiologische Überleitung im AV-Knoten blockieren und daher die Überleitung über das akzessorische Bündel begünstigen. Tachykardien bei Präexzitationssyndromen sprechen gut auf Ajmalin an.

Treten häufig supraventrikuläre Tachykardien auf, kann zur Prophylaxe eine **Dauertherapie** mit Verapamil, β-Blocker oder Propafenon durchgeführt werden. Bei Präexzitationssyndromen kann neben der Gabe von β-Blockern oder Prajmalin die elektrische Ablation des akzessorischen Bündels indiziert sein.

Vorhofflattern und -flimmern

Beim **Vorhofflattern** liegt die Vorhoffrequenz bei 200 – 300/Min. Die Kammerfrequenz ist meist durch einen begleitend bestehenden AV-Block II. Grades mit 2:1 oder 3:1-Überleitung niedriger. Vorhofflattern liegt in der Regel eine herzorganische Ursache (z.B. Mitralvitien, Myokarditis) zugrunde.

Beim **Vorhofflimmern** liegt die Flimmerfrequenz bei 300 – 600/Min. Die Überleitung auf die Kammern erfolgt unregelmäßig, es besteht also eine *absolute Arrhythmie*. Diese kann normofrequent, brady- oder tachykard sein. Vorhofflimmern kann sowohl chronisch vorliegen (häufig auf dem Boden von Mitralvitien oder koronarer Herzkrankheit, in ca. 30% idiopathisch) sowie intermittierend auch bei Herzgesunden auftreten (z.B. nach Alkoholexzessen).

Die **Behandlungsindikation** ergibt sich bei beiden Formen aufgrund subjektiver Beschwerden sowie zu befürchtender Komplikationen:

- Bei Vorhofflattern Gefahr des Übergangs in eine 1:1-Überleitung mit entsprechender Kammertachykardie
- Thrombenbildung in den Vorhöfen als Folge der fehlenden Vorhofkontraktion mit Entstehung arterieller Embolien
- Absinken der Auswurfleistung durch die fehlende Vorhofkontraktion um 20%
- Erniedrigung des Herzminutenvolumen durch ausgeprägte Tachy- oder Bradyarrhythmie.

Medikamentöse Rhythmisierung

Um das Ausschleudern von Vorhofthromben durch die Rhythmisierung zu verhindern, muß vorausgehend bei fehlender Kontraindikation eine **Antikoagulation** durchgeführt werden.

Bei der **Rhythmisierung** wird in zwei Stufen vorgegangen:

- Normalisierung der Kammerfrequenz: An erster Stelle wird hierzu eine Digitalisierung durchgeführt. Vorhofflattern wird durch Digitalis meist in das stabilere Vorhofflimmern überführt. Selten kommt es bereits durch Digitalisierung zum Umspringen in den Sinusrhythmus. Bei begleitender Tachykardie wird zusätzlich Verapamil (Isoptin®) oder ein β-Blocker (z.B. Beloc®) gegeben
- Rhythmisierung: Chinidin wird in steigender Dosierung (3 x 200 mg bis 3 x 600 mg) verabreicht. Durch die vorherige Digitalisierung wird der zu Behandlungsbeginn mögliche anticholinerge Effekt, der zur Beschleunigung der AV-Überleitung führen kann, verhindert. Die mögliche Erhöhung des Digoxinspiegels unter Chinidingabe ist zu beachten. Um allergische Reaktionen auf Chinidin auszuschließen, wird vor Behandlungsbeginn eine Testdosis verabreicht. Weitere Antiarrhythmika, die erfolgreich zur Rhythmisierung eingesetzt werden, sind Disopyramid (Rytmodul®), Sotalol (Sotalex®) und als Reservepräparat Amiodaron (Cordarex®).

Gelingt die medikamentöse Rhythmisierung nicht, kann eine **elektrische Kardioversion** durchgeführt werden. Digitalis muß eine Woche zuvor abgesetzt werden.

Nach erfolgreicher Kardioversion muß eine **medikamentöse Rezidivprophylaxe** mit Digoxin (z.B. Lanitop®), Chinidin (z.B. Chinidin-Duriles®), Propafenon (Rytmonorm®) oder Disopyramid (Rytmodul®) erfolgen, evtl. sind auch Kombinationen notwendig. Die Dosierung erfolgt individuell nach Wirksamkeit unter Kontrolle der Plasmaspiegel. Konnte die Ursache des Vorhofflatterns bzw. -flimmerns beseitigt werden (z.B. Therapie einer Schilddrüsenfunktionsstörung), kann nach 6 Monaten ein Auslaßversuch unternommen werden. Meist ist eine lebenslange Therapie notwendig. Bei Scheitern des Kardioversionsversuches muß die Indikation zur Dauerantikoagulation überprüft werden, um Thrombenbildung zu verhindern.

4.2.2 Ventrikuläre tachykarde Rhythmusstörungen

Ventrikuläre Extrasystolen

▒ Einfache ventrikuläre Extrasystolen

Eine Therapie ist meist nicht nötig. Nach Sicherung eines ausgeglichenen Kaliumhaushaltes kann bei Beschwerden Magnesium (z.B. Magnesium Verla®) 90 - 240 mg/die oder Sotalol (Sotalex®) in niedriger Dosierung (80 mg/die) gegeben werden.

▒ Potentiell maligne Rhythmusstörungen

(Höhergradige Lown-Klassifizierung, schwerwiegende kardiale Grundkrankheit).

Hier haben sich Sotalol (Sotalex®) in einschleichender Dosierung (☞ 4.1) sowie Mexiletin (Mexitil®) initial 400 mg, anschl. 600 mg bewährt. Bei nicht ausreichender Wirkung kann eine Kombination von Sotalol mit Mexiletin oder Mexiletin mit Disopyramid (Rytmodul®) 600 mg verabreicht werden. Flecainid und Amiodaron bleiben aufgrund ihrer Nebenwirkungen therapieresistenten Fällen vorbehalten.

Ventrikuläre Tachykardien

✔ Vor allem bei schweren organischen Herzerkrankungen, aber auch als medikamentös-toxische Nebenwirkung (z.B. Digitalis, Chinidin) können lebensgefährliche längeranhaltende **ventrikuläre Tachykardien** auftreten. Die Kammern werden von einem ektopen ventrikulären Schrittmacher erregt und schlagen dissoziiert von den Vorhöfen mit einer Frequenz von 120-200/Min. Je nach Schweregrad und Dauer kann die Symptomatik von Herzrasen bis hin zum kardiogenen Schock reichen. Gefürchtet ist der Übergang in Kammerflattern oder -flimmern.

Medikamentöse Therapie

✔ Bei **akuter ventrikulärer Tachykardie** ist Lidocain Mittel der Wahl, welches nach initialem Bolus (100 mg i.v.) per Perfusor (100 mg/h) verabreicht wird. Bei erfolgloser Lidocainbehandlung kann vor einer elektrischen Kardioversion noch Amiodaron (Cordarex®) initial als Kurzinfusion (300 mg in 250 ml Glukose über 20 Min, Erhaltungsdosis 10 mg/kgKG) eingesetzt werden. Zur Rezidivprophylaxe sind Klasse I- und III-Antiarrhythmika geeignet. Treten trotzdem rezidivierende Kammertachykardien auf, muß die Implantation eines antitachykarden Schrittmachers oder die Entfernung des ventrikulären Tachykardieherdes (z.B. durch Elektrokoagulation) erwogen werden.

Kammerflattern und -flimmern

Hier liegen ventrikuläre Reentrymechanismen zugrunde. Auslöser sind z.B.:

- Ventrikuläre Extrasystolen höherer Lown-Klassifizierung
- Früh einfallende Extrasystolen mit sog. „R-auf-T-Phänomen"
- Hypoxie
- Elektrolytstörungen (v.a. Hypokaliämie mit $K^+ < 3{,}5$ mmol).

Während bei Kammerflattern evtl. noch ein minimaler kardialer Auswurf besteht, wird beim Flimmern infolge der vollkommen unkoordinierten Myokardkontraktionen kein Blut mehr gefördert (hyperdyname Form des Kreislaufstillstandes).

Maßnahmen bei Kammerflattern und -flimmern:

- Reanimation mit Herzmassage und Beatmung
- Defibrillationsversuch (200 bzw. 300 J)
- Adrenalin (z.B. Suprarenin®) 0,5 mg auf 10 ml NaCl verdünnt i.v. vor erneutem Defibrillationsversuch
- Lidocain (z.B. Xylocain®) 1 mg/kgKG i.v.

Nach erfolgreicher Defibrillation wird Lidocain 100 mg/h über Perfusor als Rezidivprophylaxe verabreicht.

4.3 Bradykarde Herzrhythmusstörungen

Eine **Sinusbradykardie** ist meist die Folge eines erhöhten Vagotonus (z.B. bei Sportlern), sie bedarf in diesem Falle keiner Behandlung.

Therapiebedürftig ist eine Sinusbradykardie, wenn sie als Ausdruck einer Erkrankung des Sinusknotens (Sick-Sinus-Syndrom) z.B. bei koronarer Herzkrankheit oder Degeneration des Erregungsbildungssystems auftritt und zu Symptomen (z.B. Synkopen) führt. Evtl. zugrundeliegende extrakardiale Faktoren (z.B. Hypothyreose, Elektrolytstörungen, Medikamente) müssen abgeklärt werden.

Weiter treten bradykarde Rhythmusstörungen als Erregungsleitungsstörungen bei höhergradigen **sinuatrialen** oder **atrioventrikulären Blokkierungen** auf.

Zur medikamentösen Behandlung eignen sich:

✔ • m-Cholinozeptorantagonisten (Parasympatholytika)

✔ • β-Adrenozeptoragonisten (β-Sympathomimetika).

Parasympatholytika

Präparate: Atropin (Atropinsulfat®) 0,5 –1 mg i.v., Ipratropiumbromid (Itrop®) 3 x 10 mg/die p.o.

Wirkmechanismus
Als kompetitive Antagonisten der muskarinartigen Rezeptoren postganglionärer parasympathischer Nervenfasern heben sie die negativ chrono- und dromotrope Wirkung des Parasympathikus am Herzen auf.

Nebenwirkungen
Da zum Erreichen kardial wirksamer Spiegel hohe Dosen erforderlich sind, treten neben Tachykardien systemische Nebenwirkungen wie Mundtrockenheit, Akkomodationsstörungen, Darmatonie und Miktionsstörungen auf. Bei Glaukom oder Prostatahypertrophie sind sie kontraindiziert.

β-Sympathomimetika

Präparate
Orciprenalin (Alupent) 0,5 -1 mg i.v. bzw. 3 –6 x 20 mg p.o./die.

Wirkmechanismus
Sie führen durch Erregung kardialer β-1-Rezeptoren zur Steigerung der Herzfrequenz, der Erregungsleitungsgeschwindigkeit sowie der Kontraktilität.

Nebenwirkungen
Durch Steigerung der Automatiebereitschaft können tachykarde Rhythmusstörungen bis hin zum Kammerflimmern ausgelöst werden. Auch Tremor, Schweißausbrüche und Angstzustände können auftreten.

Aufgrund ihrer ausgeprägten Nebenwirkungen sind beide Stoffklassen nur eingeschränkt zur Langzeittherapie geeignet, sie werden daher v.a. zur Behandlung akuter Bradykardien sowie zur Überbrückung bis zur Implantation eines **Schrittmachers** eingesetzt. Dieser ist bei rezidivierenden oder chronischen symptomatischen Bradykardien Mittel der Wahl. Auch bei höhergradigen sinuatrialen und atrioventrikulären Blockierungen sollte eine Schrittmacherimplantation durchgeführt werden, da hier bei Auftreten eines totalen Leitungsblocks vor Einspringen eines Ersatzerregungszentrums Asystolie besteht (Morgagni-Adams-Stokes-Anfälle).

5 Pharmakotherapie der koronaren Herzkrankheit

IMPP-Hitliste

✔✔ Therapie des akuten Angina pectoris-Anfalls (☞ 5.1.1)

✔ Langzeitbehandlung der Angina pectoris (☞ 5.1.2)

Häufigste Ursache der koronaren Herzkrankheit sind arteriosklerotische Wandveränderungen in den Herzkranzgefäßen, die zur Lumeneinengung und Minderung des koronaren Blutflusses führen. Seltenere Ursachen sind Entzündungen oder Spasmen der Herzkranzgefäße. Das resultierende Mißverhältnis zwischen Sauerstoffbedarf und -angebot am Herzen wird als *Koronarinsuffizienz* bezeichnet.

Als Folge von Durchblutungsstörungen am Myokard können auftreten:

- Angina pectoris-Anfälle
- Herzinfarkt
- Rhythmusstörungen
- Myokardinsuffizienz.

Vor Beginn einer Behandlung müssen extrakoronare Faktoren, die zum Sauerstoffmangel am Herzen führen (z. B. Anämien, Lungenerkrankungen), beseitigt werden.

Arteriosklerose-Risikofaktoren

Rauchen, Diabetes mellitus, Hypertonie, Hypercholesterinämie, Hyperurikämnie, Übergewicht, Bewegungsmangel und Streß. Diese sollten bei der arteriosklerotischen Form der koronaren Herzkrankheit primär beseitigt werden. **Die medikamentöse Therapie** versucht, das bestehende Ungleichgewicht zwischen Sauerstoffbedarf und -angebot zu beseitigen. Das ist möglich durch Senkung der Herzarbeit oder Erhöhung der koronaren Perfusion.

Je nach Schweregrad der Symptomatik können Koronartherapeutika als Mono- oder Kombinationstherapie eingesetzt werden.

Reinen Arteriendilatatoren wie z.B. Dipyridamol kommt keine therapeutische Bedeutung zu. Die poststenotisch gelegenen Gefäßbezirke sind bereits maximal dilatiert. Aufgrund ihrer generellen Arteriendilatation führen diese Präparate daher zur Blutumverteilung zugunsten gesunder Areale, womit die Ischämie im Stenosebereich noch verstärkt werden kann *(steal-Phänomen)*.

Medikamente bei koronarer Herzkrankheit			
Substanz	**Präparate (Beispiele)**	**Dosierung**	**Wirkungsmechanismus**
Nitrate Glyceroltrinitrat (= Nitroglycerin) Isosorbiddinitrat Isosorbidmononitrat	 Nitrolingual® Perlinganit® Isoket®, Isomack® Ismo®, Corangin®	 0,8 mg (Spray/Kapsel) 2 – 8 mg/h (Infusion) 20 mg/die 20 – 40 mg/die	Vorlastsenkung
Molsidomin	Corvaton®	4 – 8 mg/die	Vorlastsenkung
β-Rezeptorenblocker (Bsp.) Metoprolol Bisoprolol	 Beloc® Concor®	 50 – 100 mg/die 5 – 10 mg/die	Senkung Herzfrequenz und Kontraktilität
Kalziumkanalblocker (Bsp.) Nifedipin Nitrendipin	 Adalat® Bayotensin®	 30 – 60 (–120) mg/die 20 mg/die	Vor- und Nachlastsenkung

5.1 Angina pectoris

Die Angina pectoris ist klinische Manifestation einer akuten, meist reversiblen Myokardischämie.

5.1.1 Therapie des Angina pectoris-Anfalls

Therapie des Angina pectoris-Anfalls
- ✔ Rasch wirksame Nitrate, z.B. Nitroglycerin 0,8 mg sublingual
- ✔ Bei persistierenden Beschwerden Kalziumantagonisten, z.B. Nifedipin 10 mg sublingual
- Evtl. Sedierung, z.B. Diazepam 2 – 5 mg oral
- Bei bleibenden Beschwerden bzw. EKG-Veränderungen Verlegung auf Intensivstation (Infarktausschluß).

Nitrate

Substanzen
- **Glyceroltrinitrat (Nitroglycerin)** zeigt einen sehr hohen first-pass-Effekt durch Biotransformation in der Leber. Die Anwendung im *akuten Angina pectoris-Anfall* erfolgt daher als Spray oder sublingual als Zerbeißkapsel mit direkter Resorption über die Mundschleimhaut. Zur *Anfallsprophylaxe* ist auch die perkutane Applikation mit Nitratpflastern (z.B. Nitroderm TTS®) geeignet. Aus diesen wird der Wirkstoff über einen längeren Zeitraum freigesetzt und gelangt unter Umgehung der Leber direkt in den großen Kreislauf.
- **Isosorbiddinitrat** wird nach oraler Gabe in der Leber biotransformiert, hierbei entstehen biologisch aktive Mononitrate (Isosorbid-2- und -5-mononitrat). Der Einsatz erfolgt sowohl zur Anfallsprophylaxe als auch im akuten Anfall.
- **Isosorbidmononitrat** ist aufgrund seines langsamen Wirkungseintritts nur zur Anfallsprophylaxe geeignet (☞ 5.1.2).

Wirkmechanismus
Nitrate sind Ester der Salpetersäure, aus denen im Organismus durch SH-Gruppen-abhängige Reduktion die eigentliche Wirksubstanz Stickstoffmonoxid NO freigesetzt wird. Dieses entspricht dem vom gesunden Gefäßendothel gebildeten „endothelium derived relaxing factor" (EDRF), welcher eine Vasodilatation bewirkt. Diese ist besonders an den venösen Kapazitätsgefäßen ausgeprägt, wodurch die Vorlast am Herzen gesenkt wird. Die Abnahme des enddiastolischen Füllungsdrucks bewirkt eine Verringerung der myokardialen Wandspannung. Geringer ist die durch arterielle Vasodilatation ausgelöste Nachlastsenkung. Gemeinsam führen die genannten Effekte zur Verminderung der Herzarbeit und damit des Sauerstoffverbrauchs.

✔ Hierdurch kommt es zum Absinken des Koronarwiderstandes und verbesserter Perfusion, die durch eine leichte Koronarspasmolyse noch unterstützt wird, mit Erhöhung des Sauerstoffangebotes an den Herzmuskel.

✔ **Indikationen für Nitrate**
- Akuter Angina pectoris-Anfall
- Prophylaxe des Angina pectoris-Anfalls
- Schwere Herzinsuffizienz ☞ 3.2
- Gallenkolik (Verminderung eines Spasmus des glattmuskulären Sphincter oddi).

Pharmakokinetik
Bei gleicher Pharmakodynamik unterscheiden sich Nitrate vor allem in Wirkungseintritt und -dauer.

Bei längerer sowie wiederholter Anwendung ist auf die Entwicklung einer **Nitrattoleranz** innerhalb von Stunden mit Abnahme der Wirksamkeit zu achten. Diese beruht darauf, daß zur Bildung des Wirkstoffs Stickstoffmonoxid reduzierende SH-Gruppen benötigt werden, deren Pool bei längerer oder hochdosierter Anwendung erschöpft wird. Eine Regeneration der SH-Vorräte ist binnen weniger Stunden möglich, was bei der Dauertherapie in Form der Nitratpause beachtet werden muß (☞ 5.1.2).

Pharmakokinetik der Nitrate			
Substanz	**Wirkungs-eintritt**	**Wirkungs-dauer**	**Indikation**
Glycerol-trinitrat	Sekunden – Minuten	10 – 30 Minuten	Anfallskupierung
Isosorbid-dinitrat	Minuten	180 – 360 Minuten	Anfallskupierung und Anfallsprophylaxe
Isosorbid-mononitrat	10 – 20 Minuten	300 – 360 Minuten	Anfallsprophylaxe

Nebenwirkungen

Sie sind überwiegend Folge der Vasodilatation. V.a. bei Behandlungsbeginn kann es zu Flush, Kopfschmerzen, Schwindel und Schwäche bis hin zur sog. Nitratsynkope kommen. Eine durch den Blutdruckabfall ausgelöste reflektorische Tachykardie kann zur Verstärkung der Angina pectoris-Symptomatik führen (Paradoxe Wirkung).

Kontraindikationen

- Ausgeprägte Hypotonie und Schock
- Hypertrophe obstruktive Kardiomyopathie.

5.1.2 Anfallsprophylaxe bei Angina pectoris

Länger wirksame organische Nitrate

Im Rahmen der Anfallsprophylaxe kommen zum Einsatz:

- **Isosorbiddinitrat** (☞ 5.1.1)
- **Isosorbidmononitrat:** Es besitzt die längste Wirkungsdauer aller Nitrate, allerdings auch den langsamsten Wirkungseintritt. Um der Entwicklung einer Nitrattoleranz vorzubeugen, empfiehlt es sich, bei Dauertherapie eine nächtliche Nitratpause einzulegen (Dosierung z.B. Ismo 20® 1-1-0). Bei nächtlichen Angina pectoris-Beschwerden kann es mit Molsidomin kombiniert werden (z.B. Ismo 20® 1-1-0 und Corvaton retard® 0-0-1).

Molsidomin (Corvaton®)

Wirkmechanismus

Die eigentliche Wirksubstanz ist wie bei den Nitraten Stickstoffmonoxid NO, so daß die gleichen hämodynamischen Veränderungen resultieren.

Pharmakokinetik

Die Resorption erfolgt nach oraler Gabe vollständig. Im Gegensatz zu den Nitraten sind zur NO-Bildung keine reduzierenden SH-Gruppen erforderlich, so daß keine Toleranzentwicklung auftritt.

Nebenwirkungen

Sie entsprechen denen der Nitrate. In sehr hohen Dosen wurde im Tierversuch eine kanzerogene Wirkung nachgewiesen, die in therapeutischen Dosen wahrscheinlich jedoch keine Rolle spielt.

β-Rezeptorenblocker (☞ 1.2)

Wirkmechanismus bei koronarere Herzkrankheit

Sie senken den myokardialen Sauerstoffbedarf durch Senkung der Herzfrequenz und der Kontraktilität.

Nebenwirkungen(☞ 1.2)

✔ β-Blocker erhöhen den Koronargefäßwiderstand. Liegt der Koronarinsuffizienz eine vasospastische Komponente zugrunde, dürfen sie daher nur in Kombination mit einer vasodilatierenden Substanz (z.B. Kalziumantagonisten) verabreicht werden.

✔ Da es unter β-Blockertherapie zur up-Regulation von β-Rezeptoren kommt, kann es bei plötzlichem Absetzen zu rebound-Phänomenen mit vermehrter Ischämie bis hin zum Myokardinfarkt kommen. Es muß daher stets ausschleichend abgesetzt werden.

Kalziumkanalblocker (Kalziumantagonisten) (☞ 1.2)

Wirkmechanismus bei koronarer Herzkrankheit

✔ Durch Vor- und v.a. Nachlastsenkung vermindern sie die Herzarbeit und führen so zur Minderung des myokardialen Sauerstoffverbrauchs.

✔ Durch ihren erschlaffenden Effekt auf die glatte Gefäßmuskulatur haben sie eine direkt koronardilatierende Wirkung.

✔ Substanzen vom Verapamil- und Diltiazemtyp bewirken zusätzlich eine Senkung der Herzfrequenz.

ACE-Hemmer haben sich bisher in der Standardtherapie der koronaren Herzkrankheit nicht durchgesetzt. Aufgrund ihres Wirkungsprofils (Vor- und Nachlastsenkung, Senkung der myokardialen Wandspannung) und inzwischen eingeleiteter Studien kann sich dies in Zukunft jedoch ändern.

5.2 Myokardinfarkt

Geht infolge einer länger anhaltenden Ischämie Herzmuskelgewebe zugrunde, spricht man von einem Herzinfarkt. Ursächlich ist in der Regel eine thrombotische Auflagerung auf vorbestehende atheromatöse Gefäßwandveränderungen mit endgültigem Verschluß der Koronararterie.

5.2.1 Akuttherapie des Myokardinfarkts

Allgemeinmaßnahmen

Hierzu zählen **Lagerung** mit erhöhtem Oberkörper, **Sauerstoffgabe** über Nasensonde und Legen eines **venösen Zugangs.**

Medikamentöse Grundversorgung

- Nitroglycerin sublingual oder als Spray (☞ 5.1.1) zur akuten Vorlastsenkung, anschließend unter Blutdruckkontrolle über Perfusor 2 – 6 ml/h
- Leichte Sedation (z.B. Diazepam ☞ 5.1.1)
- Opioidanalgetika (z.B. Morphin 10 – 20 mg i.v.).

Thrombolyse

Da dem Infarktereignis meist ein akuter thrombotischer Gefäßverschluß zugrunde liegt, sollte diese bei entsprechenden Voraussetzungen und fehlenden Kontraindikationen durchgeführt werden. Angewendet werden hierzu **Fibrinolytika** (☞ 6.1.1), die durch direkte oder indirekte Plasminaktivierung eine Thrombusauflösung bewirken können.

Bei Herzinfarkt gelten folgende Dosierungen:

- **Streptokinase**: Initial 250 000 IE über 20 Min, anschließend 1,5 Mio. IE/h.
- **Urokinase:** Initial 1,5 Mio.IE/5 Min. i.v., anschließend 1,5 Mio.IE/90 Min.
- **rt-PA** (*recombinant tissue type plasminogen activator*) 100 mg über 3 h
- **APSAC** (*Azetylierter Plasminogen-Streptokinase-Komplex)* 30 mg über 5 Min. i.v.

Die Rekanalisationsrate ist bei direkt intrakoronarer Anwendung am größten, sie gelingt insgesamt in 60 – 80% der Fälle. Durch eine erfolgreiche Fibrinolyse kann die Prognose von Herzpatienten deutlich verbessert werden. Sie sollte möglichst frühzeitig, spätestens jedoch 12 Stunden nach Beginn des Infarktereignisses bei typischen EKG-Veränderungen erfolgen.

Kontraindikationen für eine koronare Lysetherapie

- Frische Operationen und Traumen (< 3 Wochen)
- Hämorrhaghische Diathese
- Endokarditis oder Sepsis
- Z.n. Reanimation mit Rippenserienfrakturen
- Nachgewiesenes frisches Magenulkus oder Tumoren mit erhöhter Blutungsgefahr
- Medikamentös nicht beherrschbare Hypertonie
- I.m. Injektionen in der letzten Woche.

Der Erfolg einer fibrinolytischen Therapie kann durch gleichzeitige Gabe von **Azetylsalizylsäure** (100 – 300 mg/die) verbessert werden.

Hinweise für eine erfolgreiche Reperfusionstherapie sind das Verschwinden der Angina pectoris-Symptomatik sowie der EKG-Veränderungen. Das Auftreten von Reperfusionsarrhythmien ist zu beachten.

Nach erfolgreicher Lysetherapie wird zur Verhütung von Rethrombosen eine **gerinnungshemmende Therapie** mit Heparin in full-dose (☞ 6.3.1) begonnen. Liegen Kontraindikationen gegen eine Lysetherapie vor, kommt Heparin primär zur Verhinderung des weiteren Thrombuswachstums mit 30 000 – 35 000 I.E./die zum Einsatz. Bei erhöhter Blutungsgefahr wird low-dose heparinisiert (2 x 7 500 I.E./die).

Behandlung von Komplikationen

▒ Rhythmusstörungen

Sie stellen die häufigste Komplikation dar (95% der Infarktpatienten).

Therapierefraktäre **Kammertachykardien** bedürfen der EKG-gesteuerten Kardioversion.

Bei **Kammerflattern und -flimmern** sowie **Asystolie** gelten die üblichen Reanimationsregeln:

- Atemwege freimachen
- Beatmung
- Zirkulation (extrathorakale Herzdruckmassage)
- Medikamente und EKG: Medikamentöse Therapie Kammerflattern,-flimmern ☞ 4.2.2.

Medikamentöse Therapie bei Asystolie: Adrenalin (Suprarenin®) 0,5 – 1 mg auf 10 ml NaCl verdünnt alle 5 Min., falls erfolglos Atropin 1 mg alle 5 Min.

Beim Auftreten **ventrikulärer Rhythmusstörungen** ist Lidocain Mittel der Wahl (Bolus 100 mg, dann 3 mg/Min.), bei ausgeprägter Tachykardieneigung kann auch Sotalol eingesetzt werden. Bei ungenügendem Ansprechen kommen Klasse IB- oder IC-Antiarrhythmika oder Amiodaron zum Einsatz. Dosierungen ☞ 4.2.2.

✔ Bei **Bradykardien bzw. Überleitungsstörungen** wird Atropin (0,5 – 1 mg i.v.) eingesetzt. Sympathomimetika sollten wegen der Gefahr der Auslösung tachykarder Rhythmusstörungen vermieden werden. Bei erfolgloser Atropingabe sowie höhergradigen AV- oder SA-Blockierungen empfiehlt sich das frühzeitige Legen eines temporären Schrittmachers.

▒ Die akute Linksherzinsuffizienz

Die akute Linksherzinsuffizienzmit Lungenstauung und Blutdruckabfall bis hin zum kardiogenen Schock ist eine weitere häufige Komplikation (Therapie ☞ 3.3).

5.2.2 Rezidivprophylaxe

Nach entsprechender Mobilisationsphase (ca. 4 Wochen) muß überprüft werden, inwieweit Hinweise auf eine persistierende Myokardischämie bestehen (pathologisches Belastungs-EKG, Angina pectoris-Symptomatik). In diesen Fällen sollte durch Koronarangiographie das Vorliegen einer Indikation für eine Ballonkatheterdilatation oder eine koronare Bypass-Operation geprüft werden.

In der Sekundärprophylaxe nach Herzinfarkt muß ein Fortschreiten der arteriosklerotischen Gefäßprozesse verhindert werden. Für keine der eingesetzten Medikamentengruppen konnte ein derartiger Effekt bisher bewiesen werden.

✔ Wichtigste Maßnahme stellt daher die **Einstellung und Behandlung aller koronaren Risikofaktoren** (☞ Kapitelanfang) dar. Hierzu zählen optimale Blutzuckereinstellung bei Diabetes mellitus sowie Einstellung erhöhter Harnsäure- und Cholesterinwerte, absoluter Nikotinverzicht, regelmäßige Bewegung, z.B. in einer Koronarsportgruppe.

Bestehen keine Kontraindikationen wie z.B. erhöhte Blutungsneigung, sollte eine Langzeittherapie mit **Thrombozytenaggregationshemmern** (z.B. Aspirin® 100) durchgeführt werden (☞ 6.2.1). Bereits in einer Dosierung von 50 – 100 mg/die senken sie die Thrombozytenaggregationsfähigkeit und wirken so der Entstehung koronarer Thromben entgegen.

Eine Antikoagulantientherapie mit Cumarinen (Marcumar®), die mit erhöhtem Blutungsrisiko einhergeht, ist nur bei besonderen Indikationen notwendig. Hierzu zählen Herzwandaneurysmen oder sehr stark dilatierte Herzen mit der Gefahr der intrakardialen Thrombenbildung.

✔ Durch Gabe von β-Blockern (z.B. Atenolol-Tenormin® 25 – 100 mg/die) nach Infarkt kann die Gefahr des Auftretens lebensgefährlicher Arrhythmien gesenkt und damit die Prognose der Patienten gebessert werden. Eine Dauertherapie mit β-Blockern wird daher bei fehlenden Kontraindikationen empfohlen ☞ 1.2.2.

Bei persistierenden Zeichen koronarer Minderdurchblutung nach Infarkt, Operation oder Dilatation wird die Therapie mit **Substanzen zur Verhinderung von Myokardischämien** (länger wirksame Nitrate, Molsidomin, β-Blocker und Kalziumantagonisten) in Mono- oder Kombinationstherapie fortgeführt. Kalziumkanalblocker werden v.a. nach Dilatationsbehandlung aufgrund ihrer vasospasmolytischen Wirkung eingesetzt.

In einer großen Studie konnten inzwischen Hinweise erbracht werden, daß durch Gabe von **ACE-Hemmern** nach großen Herzinfarkten die Entwicklung einer Ventrikeldilatation verhindert und die Postinfarktmortalität gesenkt werden kann.

6 Pharmakotherapie arterieller und venöser Durchblutungsstörungen

IMPP-Hitliste

✔✔ Heparin (☞ 6.1.2)
✔ Cumarinderivate (☞ 6.3.1)

Arterielle und venöse Durchblutungsstörungen können chronisch auf dem Boden langjähriger Gefäßveränderungen oder akut als Folge eines plötzlichen Gefäßverschlusses durch Thrombose oder Embolie auftreten.

Bei jedem **akuten Gefäßverschluß** muß primär geprüft werden, ob die Indikation zur operativen Behandlung (z.B. Thromb- oder Embolektomie) vorliegt. Nur wenn ein operatives Vorgehen nicht möglich ist, wird ein medikamentöser Wiedereröffnungsversuch des Gefäßes unternommen.

Bei **chronischen Formen** dagegen steht der konservative Therapieversuch mit medikamentösen und physikalischen Maßnahmen an erster Stelle. Bei Scheitern der konservativen Maßnahmen kann operativ vorgegangen werden (z.B. Varizenstripping, Bypass).

6.1 Akuter Arterienverschluß

Die Klinik des akuten peripheren Arterienverschlusses ist gekennzeichnet durch die sog. 6P: pain = Schmerz, paleness = Blässe, pulslessness = Pulslosigkeit, paralysis = Bewegungslosigkeit, paresthesia = Gefühlslosigkeit, prostration = Schock. V.a. bei längerem Bestehen können lebensbedrohliche Komplikationen entstehen, am häufigsten ein Volumenmangelschock durch Flüssigkeitsverlust in die betroffene Extremität.

Maßnahmen bei akutem Arterienverschluß

- Betroffene Extremität tief lagern und weich einpacken
- Schmerzbehandlung mit Opioidanalgetika, z.B. Pethidin (Dolantin®) 50 mg i.v.
- Volumensubstitution mit kolloidalen Lösungen (z.B. HAES®) zur Verhinderung eines Volumenmangelschocks
- Verhinderung der Entstehung von Appositionsthromben durch Gabe von Heparin 5 000 – 10 000 IE
- Innerhalb der ersten 6 Stunden Embolektomie, wenn dies nicht möglich ist, Fibrinolyse
- Falls Kontraindikationen gegen Lysetherapie vorliegen, Antikoagulation mit Heparin.

6.1.1 Fibrinolytika

Wirkmechanismus

Sie aktivieren das körpereigene Plasminogen (indirekte Fibrinolyse). Das entstehende Plasmin führt durch Spaltung von Fibrin in seine Monomere zur Auflösung von Thromben. Daüberhinaus spaltet es auch Fibrinogen, wobei die entstehenden Fibrinopeptide Thrombin und damit wiederum die Gerinnung hemmen.

Anwendung

Die Fibrinolyse kann systemisch als Dauerinfusion oder lokal über Katheter direkt vor oder in den Thrombus erfolgen. Die lokale Lyse ist bei Anwendung geringerer Mengen effektiver und es treten weniger Nebenwirkungen auf.

Substanzen

Urokinase

Die physiologische Bildung findet in den Nieren statt. Die Gewinnung erfolgt heutzutage gentechnologisch aus humanen Nierenzellkulturen. Die Plasminogenaktivierung erfolgt direkt durch

Fibrinolytika				
Substanz	**Handelsname (Bsp.)**	**Dosierung Myokardinfarkt**	**Dosierung akuter Arterienverschluß**	**Dosierung Bein-/ Beckenvenenthrombose/ Lungenembolie**
Urokinase	Actosolv®	Bolus 1,5 Mio. IE/2 min, dann 1,5 Mio. IE/90 min	10000 IE/h plus Heparin 8000 – 10000 IE/h	*Mittelhohe Dosierung* Bolus 250000 IE/20 min dann 2000 IE/KgKG/h über 7 – 14 d *Hohe Dosierung* Bolus 500000 IE/20 min dann 4000 IE/KgKG/h über 4 – 8 d plus Heparin
Streptokinase	Streptase®	Bolus 250000 IE/20 min, dann 1,5 Mio. IE/60 min	150000 IE/h plus Heparin 8000 – 10000 IE/h	*Standarddosierung* Bolus 250000 IE/20 min dann 100000 IE/h 6 d *Ultrahohe Dosierung* Bolus 250000 IE/20 min dann 1,5 Mio. IE/h für 6 h evtl. Wdh. an 3 Tagen
rt-PA	Actilyse®	100 mg/180 min plus Heparin 5000 IE	nicht zugelassen	nicht zugelassen
APSAC	Eminase®	30 mg/5 min	nicht zugelassen	nicht zugelassen

Spaltung einer Aminosäurenbindung. Urokinase löst keine Antikörperbildung aus und kann daher wiederholt eingesetzt werden.

Gewebsplasminogenaktivator

(= rekombinierter Plasminogenaktivator, rt-PA): Dieser körpereigene physiologische Plasminogenaktivator wird ebenfalls gentechnologisch gewonnen. Da er seine Wirkung erst nach Bindung an Fibrin entfaltet, besitzt er große Affinität zu Thromben und geringere systemische Wirkungen

Streptokinase

Es handelt sich um ein von ß-hämolysierenden Streptokokken gebildetes Koenzym. Im Organismus bewirkt es nach Bildung eines Aktivatorkomplexes mit Plasminogen die Freisetzung von Plasmin aus Plasminogen

APSAC

(= Azetylierter Plasminogen-Streptokinase-Aktivatorkomplex): Hier liegt der als Plasminogenaktivator wirkende Komplex aus Streptokinase und Plasminogen fertig vor. Die fibrinolytische Aktivität beginnt erst nach Aktivierung des katalytischen Zentrums durch Esterhydrolyse. Dadurch ist die Wirksamkeit gegenüber dem freien Streptokinase-Plasminogenkomplex verlängert. Es besteht außerdem eine hohe Affinität zu Fibrin und dadurch eine hohe lokale Plasminaktivität in fibrinreichen Thromben.

Indikationen

- rt-PA und APSAC sind nur bei Herzinfarkt zugelassen (☞ 5.2.1)
- Streptokinase und Urokinase:
  - Akuter Myokardinfarkt
  - Akuter Arterienverschluß
  - Tiefe Bein- und Beckenvenenthrombose
  - Lungenembolie.

Nebenwirkungen

Die gefährlichsten Nebenwirkungen sind Blutungen. Streptokinase und APSAC können allergische Reaktionen bis hin zum anaphylaktischen Schock auslösen.

Kontraindikationen

Alle Begleiterkrankungen, die mit einem erhöhten Blutungsrisiko einhergehen, wobei im Einzelfall der Nutzen der Lysetherapie gegenüber dem Risiko abgewogen werden sollte.

Als **absolute Kontraindikationen** gelten in der Regel:

- Hämorrhagische Diathese
- Endokarditis und Sepsis
- Frische Operationen (< 3 Wochen)
- Apoplex (< 3 Monate)
- Arterien- und Organpunktionen (< 10 Tage)
- Intramuskuläre Injektionen (< 7 Tage)
- Schwangerschaft
- Erkrankungen mit Gefahr evtl. Gefäßsystembeteiligung, z.B. Malignome, Magen-Darmulzera, Urolithiasis, Bronchiektasen
- Bei Streptokinase und APSAC vorausgegangener Streptokokkeninfekt (eitrige Angina) oder Streptokinasetherapie innerhalb der letzten 6 Monate wegen Gefahr der Antikörperbildung.

Relative Kontraindikationen sind:

- Alter > 70 Jahre
- Aortenaneurysma
- Ausgeprägte Hypertonie.

Antifibrinolytika

Bei Hyperfibrinolyse mit erhöhter Blutungsneigung kann die Wirkung von Fibrinolytika durch **Aprotinin** (Trasylol®), das die Plasminbildung und -wirkung hemmt, aufgehoben werden. Weitere Antifibrinolytika mit langsameren Wirkungseintritt sind **Tranexamsäure** (Anvitoff®) und **p-Aminomethylbenzoesäure** (Gumbix®). Die synthetische Aminosäure ε-Aminocapronsäure hemmt ebenfalls die Plasminogenaktivierung.

6.1.2 Antikoagulantien

▒ Heparin

Substanzen

Standardheparine, z.B. Heparin-Natrium (Liquemin®) und niedermolekulare Heparine, z.B. Heparin-Kalzium (Fraxiparin®)

☞ Tabelle Medikamente zur Thromboseprophylaxe (6.3.1).

Wirkmechanismus

Heparin wird im Organismus von Mastzellen und basophilen Granulozyten gebildet.

✔ Es wirkt als Kofaktor des Antithrombin III und ist in seiner Wirksamkeit daher an dessen Anwesenheit gebunden. Der Heparin-Antithrombin III-Komplex inaktiviert die Blutgerinnungsfaktoren IX – XII und verhindert dadurch die Thrombinbildung. Darüberhinaus hemmt er die Wirkung von bereits gebildetem Thrombin. Ein weiterer Heparineffekt ist die Freisetzung einer Lipoproteinlipase. Die Wirkung setzt sofort nach Applikation ein.

Indikationen

- Bei Embolien und Thrombosen begleitend zur Lysetherapie oder als alleinige Maßnahme zur Verhinderung von Appositionsthromben sowie als Rezidivprophylaxe nach operativem Vorgehen oder Lysetherapie
- Bei akutem Myokardinfarkt zur Verhinderung thrombembolischer Komplikationen
- Zur Thromboseprophylaxe
- In der Frühphase einer disseminierten intravasalen Gerinnung
- Bei extrakorporaler Zirkulation.

Dosierung

✔ Heparin wird nach oraler Gabe nicht resorbiert, weshalb es parenteral oder subkutan verabreicht werden muß.

- Therapeutische Dosierung = *Full dose Heparinisierung.* Initial Bolusgabe von 5 000 IE i.v., dann 15 – 20 IE/kgKG/h (entspricht etwa 20 000 – 30 000 IE/die). Die Überwachung der Dosierung erfolgt anhand Kontrolle der partiellen Thromboplastinzeit (PTT). Diese sollte bei Vollheparinisierung auf das 1,5 – 2fache der Norm (= 30 – 45 Sekunden) gesteigert sein.
- Prophylaktische Heparinisierung = *Low dose Heparinisierung* (☞ 6.3.1).

Nebenwirkungen

- Blutungen
- Allergische Reaktionen
- ✔ Reversible Haarausfälle
- Hemmung von Wundheilung und Kallusbildung

- Selten heparininduzierte Thrombozytopenien (Gefahr der paradoxen Thrombosierung unter Heparintherapie)
- ✔ Bei Langzeittherapie Osteoporose
- Erhöhte Thrombosegefahr nach Absetzen von Heparin.

✔ Bei Blutungskomplikationen kann *Protaminchlorid* (Protamin „Roche"®) gegeben werden (1ml antagonisiert 1 000 IE Heparin).

Kontraindikationen für Vollheparinisierung
- Erkrankungen, die mit erhöhter Blutungsgefahr einhergehen (Hämorrhagische Diathese, Thrombopenie)
- Apoplex oder ZNS-Trauma in den letzten 6 Monaten
- Erkrankungen, bei denen der V.a. Läsionen des Gefäßsystems besteht (z.B. Magen-Darmulzera, Malignom, Tuberkulose, Bronchiektasen, Endokarditis, Nephrolithiasis)
- Schwere Leber- und Nierenerkrankungen.

Da Heparin die Plazentaschranke nicht durchdringt und nicht in die Muttermilch übergeht, kann es zur Antikoagulation in Schwangerschaft und Stillzeit verwendet werden, bei Abortus imminens ist es allerdings kontraindiziert.

Interaktionen mit anderen Medikamenten
- Verstärkte Blutungsneigung bei gleichzeitiger Gabe von Thrombozytenaggregationshemmern, Penicillinen oder Cephalosporinen i.v.
- Verstärkte Heparinwirkung bei Therapie mit nichtsteroidalen Antiphlogistika
- Herabgesetzte Heparinwirkung bei Therapie mit Tetrazyklinen, Antihistaminika und Digitalisglykosiden.

Cumarine ☞ **6.3.1.**

6.2 Chronische arterielle Durchblutungsstörungen

Am häufigsten führen **organische Gefäßveränderungen,** die in 90% der Fälle durch Arteriosklerose bedingt sind, zu peripheren Durchblutungsstörungen.

Typische Manifestationsorte arteriosklerotischer Gefäßveränderungen sind:
- Herzkranzgefäße (Koronare Herzkrankheit ☞ 5.1)
- Bein- und Beckenarterien (Periphere arterielle Verschlußkrankheit, pAVK, Einteilung nach Fontaine, ☞ Tabelle)
- Extrakranielle Hirnarterien (Zerebrovaskuläre Insuffizienz, Apoplex).

Fontaine-Stadien			
I	Keine Beschwerden, aber nachweisbare Veränderung (Stenose, Verschluß)		
II	Claudicatio intermittens	a	Schmerzfreie Gehstrecke > 200 m
		b	Schmerzfreie Gehstrecke < 200 m
III	Ruheschmerz in Horizontallage		
IV	Ruheschmerz, Ulkus bzw.Nekrose/Gangrän		

Die Therapie erfolgt in Abhängigkeit von Lokalisation und Schweregrad. Wie bei allen arteriosklerotischen Prozessen müssen zunächst die Risikofaktoren beseitigt werden (☞ 5).

Chronische arterielle Durchblutungsstörungen können auch als **funktionelle Störungen** der Gefäßregulation auftreten (Morbus Raynaud und Akrozyanose).

✔ Die Therapie besteht in diesen Fällen in der Vermeidung auslösender Noxen (Kälte), beim Morbus Raynaud zusätzlich in der Gabe von Kalziumantagonisten, z.B. Nifedipin (Adalat® 10 mg p.o.) und α_1-Adrenozeptorantagonisten, z.B. Prazosin (Minipress® 1 mg p.o.).

6.2.1 Verbesserung der lokalen Durchblutung

✔ Bei peripherer arterieller Verschlußkrankheit ist in den Anfangsstadien ein konsequentes Geh- und Gefäßtraining mit dem Ziel der Kollateralisierung Mittel der Wahl. In fortgeschrittenen Stadien muß die Möglichkeit operativer Revaskularisationsverfahren überprüft werden.

Bei Stenosen extrakranieller Gefäße muß im Hinblick auf das Hirninfarktrisiko frühzeitig die Operationsindikation abgeklärt werden.

Bei fehlender Operationsindikation kommen verschiedene medikamentöse Maßnahmen in Frage.

Mittel zur Verbesserung der Fließeigenschaften des Blutes

Thrombozytenaggregationshemmer

Azetylsalizylsäure

Die aggregationshemmende Wirkung beruht einerseits auf einer Azetylierung der Thrombozytenmembran. Andererseits wird durch Hemmung der Zyklooxygenase die Bildung des aggregationsfördernden Thromboxan A vermindert. Zur Thrombozytenaggregationshemmung genügen geringe Dosen (100 mg/die), so daß Nebenwirkungen (Magen-Darmulzera) selten auftreten. Mikroverkapselte Präparate, z.B. Colfarit®, führen aufgrund eines verzögerten Freisetzungsmechanismus weniger häufig zu Magenbeschwerden.

Nebenwirkungen, Kontraindikationen, Wechselwirkungen ☞ 18.1

Sulfinpyrazon

Es hemmt ebenfalls die Zyklooxygenase. Es wird auch in der Gichttherapie als Urikosurikum eingesetzt (☞ 10.4).

Nebenwirkungen: Diese sind allergische Hautreaktionen, Leuko- und Thrombopenie, gastrointestinale Störungen.

Kontraindikationen: Nieren- und Leberfunktionsstörungen, gastrointestinale Ulzera.

Wechselwirkungen: Es erhöht die Wirkung oraler Antikoagulantien, Antidiabetika, Penicilline, Sulfonamide.

Dipyridamol

Durch Hemmung der Thrombozytenphosphodiesterase unterdrückt es die thrombozytäre Mediatorfreisetzung. Weiterhin wird die aggregationshemmende Wirkung von Prostaglandin und Adenosin verstärkt. Der Einsatz erfolgt meist in Kombination mit Azetylsalizylsäure (Asasantin®: Dipyridamol 75 mg + Azetylsalizylsäure 330 mg, 3 – 4 x 1 Kapsel/die), ein Vorteil gegenüber reiner Azetylsalizylsäure ist jedoch nicht gesichert.

Nebenwirkungen: Zentralnervöse Störungen (z.B. Schwindel, Kopfschmerzen), Blutdruckab-

Präparate zur Therapie arterieller Durchblutungsstörungen

Substanz	Präparat (Beispiele)	durchschnittliche Dosierung/die	Indikation
Thrombozytenaggregations-hemmer			Koronare Herzkrankheit; pAVK; zerebrovaskuläre Insuffizienz
Azetylsalizylsäure	Aspirin®, Colfarit®	100 – 300 mg	
Sulfinpyrazon	Anturano®	800 mg	
Dipyramidol	Persantin®	200 mg	
Rheologika			pAVK; zerebrovaskuläre Insuffizienz
Pentoxifyllin	Trental®	600 – 1200 mg	
Naftidrofuryl	Dusodril®	300 – 600 mg	
Kalziumüberladungsblocker			Zerebrovaskuläre Insuffizienz
Cinnarizin	Stutgeron®	150 mg	
Flunarizin	Sibelium®	10 mg	
Prostaglandine			pAVK
Alprostadil	Prostavasin®	60 μg	
Hämodilutantien			Zerebrovaskuläre Insuffizienz; pAVK
Hydroxethylstärke	HAES®	250 – 500 ml	
Niedermolekulare Dextrane	Rheomacrodex®	500 ml	
Defibrogenisierung			pAVK im fortgeschrittenen Stadium
Ancrod	Arwin®	70 IE s.c.	
Batroxobin	Defibrase®	20 IE s.c. oder i.v.	

fall, Verstärkung einer Angina pectoris (☞ 5), allergische Hautreaktionen.

Kontraindikationen: Frischer Herzinfarkt, dekompensierte Herzinsuffizienz, Rhythmusstörungen, erhöhte Blutungsneigung.

Rheologika

In klinischen Studien wurde ein positiver Effekt von Pentoxifyllin (Trental®)und Naftidrofuryl (Dusodril®) auf die Erythrozytenfluidität, eine aggregationshemmende und gefäßerweiternde Wirkung nachgewiesen. Im Stadium II der pAVK konnte außerdem eine Verbesserung der Gehstrecke gezeigt werden. Trotzdem ist die klinische Wirkung oft nicht überzeugend und ihr Einsatz umstritten. Zu den seltenen Nebenwirkungen zählen allergische Hautreaktionen, Unruhe, Kopfschmerzen, Schwindel, Tachykardien und Blutdruckabfall.

Kalziumüberladungsblocker

Cinnarizin und Flunarizin verhindern die bei Ischämie auftretende Kalziumüberladung der Zellen und verbessern die Erythrozytenfluidität. Ihr klinischer Nutzen ist nicht gesichert.

Mittel zur lokalen Gefäßerweiterung

Vasodilatatoren werden nur lokal eingesetzt, da aufgrund des Blutdruckabfalls sowie einer Blutumverteilung in gesunde Gefäßareale die Gefahr besteht, die poststenotische Durchblutung noch weiter abzusenken (steal-Phänomen). Bei Inoperabilität kommt im Stadium III und IV der pAVK **Prostaglandin E_1** (z.B. Alprostadil prostavasin®), zum Einsatz. Die Gabe kann intraarteriell oder intravenös erfolgen. Neben dem gefäßerweiternden Effekt wirkt es aggregationshemmend auf Blutzellen. Wahrscheinlich ist auch ein hemmender Einfluß auf die Proliferation glatter Gefäßmuskelzellen (wichtiger pathogenetischer Faktor bei der Entstehung der Arteriosklerose). Die Behandlungsdauer beträgt zwei bis drei Wochen. Häufige lokale Nebenwirkungen sind Schmerz, Erythem und Ödem. Zu den systemischen Nebenwirkungen zählen Flush, Kopfschmerz, Übelkeit, Durchfall, sehr selten wurde ein Anstieg der Leberwerte und akute myokardiale Dekompensation beobachtet.

Hämodilutantien

Durch Infusion kolloidaler Lösungen z.B. Hydroxyethylstärke (HAES® 10% 500 ml/die ☞ 2.1) kann der Hämatokrit und damit die Blutviskosität gesenkt werden. Die Behandlung erfolgt bei pAVK in den Stadien IIb bis IV über zwei bis drei Wochen.

Bei der *hypervolämischen Hämodilution* werden 500 ml Plasmaexpander infundiert. Um die hieraus resultierende Volumenbelastung zu vermeiden, wird bei herzinsuffizienten Patienten eine *isovolämische Hämodilution* mit begleitendem Aderlaß durchgeführt.

Defibrinogenisierung

Die Schlangengifte Ancrod und Batroxobin senken die Plasmaviskosität durch Fibrinogenspaltung. Die Anwendung sollte aufgrund zahlreicher Nebenwirkungen stationär erfolgen. Gefährlichste Nebenwirkungen sind flächenhafte Blutungen sowie allergische Reaktionen.

Pflanzliche durchblutungsfördernde Mittel

Sie sollen die zerebrale Durchblutung verbessern. Ihre Wirksamkeit ist nicht bewiesen.

6.2.2 Prophylaxe arteriosklerotischer Veränderungen

Um die Entstehung arteriosklerotischer Gefäßveränderungen zu verhindern, sollten alle Risikofaktoren (☞ 5) optimal eingestellt bzw. unterbunden werden. Besonderer Wert ist dabei auch auf die Einstellung der Blutfette zu legen. Beim Scheitern diätetischer Maßnahmen muß hierbei medikamentös eingegriffen werden (☞ 12).

6.3 Thrombo-embolische Erkrankungen

6.3.1 Thromboseprophylaxe

Medikamente zur Thromboseprophylaxe			
Substanz	**Präparat (Bsp)**	**Dosierung**	**Indikation**
Standard-Heparin (mittleres MG 12 000-15 000)			
• Heparin-Natrium • Heparin-Calcium	Liquemin® Calciparin®	full dose ca. 30000-35000 IE/die	Thrombotischer und embolischer Gefäßverschluß
		low dose ca. 15000 IE/die	akuter Myokardinfarkt, extrakorporale Zirkulation, Thromboseprophylaxe, Disseminierte intravasale Gerinnung
Niedermolekulare Heparine (mittleres MG 4000-6000)			
Heparin-Natrium	Fragmin®	0,3 ml/die	Perioperative Thromboseprophylaxe
Heparin-Calcium	Fraxiparin®	0,3 ml/die	
Cumarinderivate			
Phenprocoumon	Marcumar®	Nach Quickwert	Langzeitprophylaxe thrombo-embolischer Ereignisse
Acenocoumol	Sintrom®		
Coumadin	Warfarin®		
Azetylsalizylsäure			
Azetylsalizylsäure	Aspirin®, ASS-ratiopharm®	100 mg/die	Arterielle Durchblutungsstörungen (KHK, pAVK, extrakranielle Gefäßstenosen)

Die Langzeitprophylaxe thrombembolischer Erkrankungen kann erfolgen durch Gabe von:

- Heparin
- Cumarinen
- Azetylsalizylsäure.

Low dose-Heparin

Eine prophylaktische subkutane Heparinisierung in niedriger Dosierung wird mit **Standard-Heparin** (z.B. Liquemin®) 3 x 5 000 IE/die oder 2 x 7 500 IE/die durchgeführt.

Sie wird in folgenden Fällen empfohlen:

- Perioperativ beginnend 2 Stunden präoperativ bis zur Mobilisierung
- Posttraumatisch bei längerer Ruhigstellung
- Bei längerer Bettlägrigkeit durch andere Erkrankungen
- Bei hohem Hämatokrit, z.B. nach forcierter Diuretikatherapie.

Durch low dose-Heparinisierung kann hier die Rate thrombembolischer Ereignisse gesenkt werden ohne daß die Gerinnung stark beeinflußt wird.

Zur perioperativen Thromboseprophylaxe findet häufig eine **Kombination aus Heparin und dem Mutterkornalkaloid Dihydroergotamin** (Embolex® 1 Amp. s.c./die) Anwendung. Dieses bewirkt durch Tonisierung der Venen einen vermehrten venösen Rückstrom, der zusätzlich zur Senkung des Thromboserisikos beiträgt.

✔ Nebenwirkungen können allerdings Vasospasmen mit Gefahr arterieller Durchblutungsstörungen bis hin zur Gangrän sein.

Geeignet sind auch **niedermolekulare Heparine** (z.B. Fraxiparin®) 1 x 2500 bis 5000 IE /die. Sie werden durch Fraktionierung aus Standardheparinen gewonnen und hemmen v.a. den Faktor Xa, weniger die Thrombinwirkung. Vorteile gegenüber einer Therapie mit Standardheparinen sind ein verringertes Blutungsrisiko sowie eine längere Wirkungsdauer durch größere Bioverfügbarkeit, so daß eine einmal tägliche Gabe ausreichend ist. Außerdem wirken sie weniger allergen, sind allerdings teurer als Standardheparine.

Cumarinderivate

Wirkmechanismus

✔ Cumarinderivate verhindern als Vitamin-K-Antagonisten in der Leber die Karboxylierung der Gerinnungsfaktoren II, VII, IX und X, die dadurch nicht funktionstüchtig sind. Auf diese

Weise wird die extrinsische Blutgerinnung gehemmt.

Dosierung
Cumarinderivate werden nach oraler Gabe gut resorbiert. Die Wirkung setzt mit zeitlicher Latenz von ca. 3 Tagen ein, da zunächst die bereits gebildeten Gerinnnungsfaktoren noch wirksam sind. Zum kontinuierlichen Thromboseschutz sollte die Cumarintherapie daher überlappend mit einer noch laufenden Heparinisierung eingeleitet werden.

Die Dosierung erfolgt unter regelmäßiger Kontrolle des Quickwertes (=Thromboplastinzeit, Norm 70 – 120%). Zu Beginn der Behandlung werden die Präparate relativ hoch dosiert, bis ein *therapeutischer Quickwert* von 15 – 25% erreicht ist (z.B. Marcumar®: am ersten Tag 4, zweiten Tag 3, dritten Tag 2 Tabletten). Anschließend wird nach Quickwert die Dosierung individuell angepaßt.

Indikationen
Cumarine werden zur Prophylaxe thrombembolischer Erkrankungen in der Langzeittherapie eingesetzt. Die Behandlungsdauer schwankt je nach Indikation von ca. 6 Monaten (z.B. nach einmaliger tiefer Beinvenenthrombose) bis lebenslänglich (z.B. bei großem Herzwandaneurysma).

Nebenwirkungen
Neben der erhöhten Blutungsneigung kommt es in seltenen Fällen zu Hautnekrosen, reversiblem Haarausfall und Leberparenchymschäden.

Aufgrund der langen Wirkungszeit (Latenz bis zur Neubildung der Gerinnungsfaktoren) muß im Gegensatz zu Heparinen bei Blutungskomplikationen Prothrombinkomplex (PPSB) zur raschen Substitution der Gerinnungsfaktoren verabreicht werden.

✔ Weiterhin wird auch Vitamin K (Konakion®) i.v. gegeben, welches die Cumarinwirkung durch Neusynthese der Gerinnungsfaktoren mit einer Latenz von ca. 12 – 24 h aufhebt.

Kontraindikationen
Sie entsprechen denen des Heparins (☞ 6.1.2)

✔ Cumarine sind in Schwangerschaft und Stillzeit kontraindiziert, da sie die Plazentaschranke durchdringen und in die Muttermilch übergehen.

Interaktionen

✔ Cumarine haben eine sehr hohe Plasmaeiweißbindung von 99%. Dadurch wird ihre Wirkung durch Medikamente, die zur Verdrängung aus der Plasmaeiweißbindung führen, verstärkt.

✔ Hierzu zählen z.B. nichtsteroidale Antiphlogistika, Sulfonamide, Fibrate, Tolbutamid, Chloramphenicol und Allopurinol. Durch direkten Einfluß auf die Blutstillung können Salizylate, Chinidin und Tetrazykline synergistisch wirken und das Blutungsrisiko erhöhen.

✔ Enzyminduktoren wie z.B. Barbiturate oder Rifampicin vermindern die Cumarinwirkung.

✔ Abgeschwächte Cumarinwirkung kann auch die Folge Vitamin-K-reicher Ernährung (Salat, Gemüse) oder verminderter Resorption z.B. bei gleichzeitiger Einnahme von Colestyramin sein. Cumarine können ihrerseits die Wirkung von Sulfonylharnstoffen sowie Phenytoin erhöhen.

Azetylsalizylsäure ☞ 6.2.1

Sie wird aufgrund ihrer thrombozytenaggregationshemmenden Wirkung zur Vermeidung arterieller Thrombosen und Embolien eingesetzt, im venösen Gefäßsystem wird die Thrombenbildung nicht beeinflußt.

Indikationen
Koronare Herzkrankheit, extrakranielle Gefäßstenosen, periphere Verschlußkrankheit, Z.n. Thrombendarteriektomie und Bypassoperationen. In höheren Dosen (625 mg/die) erfolgt der Einsatz bei chronischem Vorhofflimmern zur Vermeidung atrialer Thromben.

6.3.2 Therapie von Thrombose und Embolie

Therapie arterieller Embolien und Thrombosen ☞ 6.1

Venöse Thrombosen

Sie entstehen am häufigsten im Bein-Beckenvenenbereich.

Die Therapiestrategie richtet sich nach Lokalisation, Ausdehnung und Alter der Thrombose. Eine Thrombektomie ist bei Beckenvenenthrombosen bis zum 14. Tag und bei Oberschenkelthrombose bis zum 7. Tag möglich.

Bei nicht zu ausgedehnten **frischen Thrombosen** (bis zu 7 Tagen) sowie bei peripher liegenden Thrombosen kann bei fehlenden Kontraindikationen eine mehrtägige **Lysetherapie** durchgeführt werden. Zur Anwendung kommen Streptokinase in Standard- oder ultrahoher Dosierung oder Urokinase in mittelhoher oder hoher Dosierung (☞ 6.1 Tabelle Fibrinolytika).

Bestehen Kontraindikationen für eine Lysebehandlung, wird zur Vermeidung von Appositionsthromben eine **Heparinisierung** durchgeführt. Nach initialer Bolusgabe von 5 000 IE erfolgt Dauerinfusion von ca. 30 000 IE/die über 7 Tage. Auch hier ist auf Kontraindikationen bezüglich einer Vollheparinisierung zu achten (☞ 6.1.2) und evtl. auf eine niedrigere Dosierung überzugehen.

Zur **Rezidivprophylaxe** wird überlappend zur Heparintherapie eine Cumarintherapie für durchschnittlich 6 Monate eingeleitet. In Ausnahmefällen, z.B. bei Allergie auf Cumarine, kann eine Langzeitantikoagulation mit einmal täglicher Gabe eines niedermolekularen Heparins durchgeführt werden (z.B. Fraxiparin® 1 x 5000 IE./die).

Komplikationen tiefer Venenthrombosen treten bei mangelhafter Rekanalisierung des Gefässes als *postthrombotisches Syndrom* (Varikosis, trophische Störungen, Ödeme ☞ 6.3.3) auf. In der Akutphase kann es zum Abreißen von Thrombusanteilen kommen. Da diese im nächsten engeren Stromgebiet hängenbleiben, resultieren in der Regel *Lungenembolien.*

Lungenembolie

Bei der Lungenembolie kommt es zur Verlegung der Lungenstrombahn durch thrombotisches Material. Die Lungenembolie ist die häufigste Ursache eines akuten Rechtsherzversagens (☞ 3.3). Klinisch äußert sie sich durch akute Thoraxschmerzen, Dyspnoe, Zyanose, Husten und Tachykardie, im Extremfall auch als kardiogener Schock.

Maßnahmen bei akuter Lungenembolie

- Sitzende Lagerung
- Sedierung mit Diazepam 5 – 10 mg i.v.
- Analgesie mit Opioidanalgetika, z.B. Fentanyl 0,1 mg i.v.
- Zentralvenöser Zugang
- Nitrate zur Senkung des Pulmonalarteriendruckes z.B. Perlinganit® 1 – 6 mg/h i.v.
- Zur Schockbehandlung: Dobutamin 6 – 12 µg/kgKG/min, bei schwerem Verlauf auch Dopamin 2 – 6 µg/kgKG/min (kann evtl. den Pulmonalarteriendruck erhöhen)
- Lysetherapie bei größeren Embolien
  - Urokinase: Bolus 250 000 IE, anschließend 50 000-100 000 IE/h über 5 h
  - Streptokinase: 250 000 IE/ 30 min, anschließend 100 000IE/h über 3 – 6 Tage
  - rt-PA: Bolus 10 mg in 1 – 2 min, dann 20 mg über 2 h, dann 10 mg über 5 h.
- Bei Versagen der konservativen Maßnahmen evtl. operative Thrombektomie (Trendelenburg-OP)
- Bei Kreislaufstillstand Reanimation (durch Herzmassage evtl. Fragmentation des Embolus)
- Bei respiratorischer Insuffizienz Intubation und Beatmung.

Nach Behandlung der Akutphase muß zur **Rezidivprophylaxe** die Emboliequelle gesucht und, wenn möglich, beseitigt werden. Weiterhin sollte eine Langzeitantikoagulation mit Cumarinen (☞ 6.3.1) für 12 Monate erfolgen. Bei rezidivierenden Lungenembolien als Folge tiefer Bein-Beckenvenenthrombosen erfolgt lebenslange Antikoagulation, evtl. kann ein sog. Vena-cava-Schirm implantiert werden.

6.3.3 Chronisch venöse Insuffizienz

Die chronisch venöse Insuffizienz kann einerseits auf dem Boden einer Varikosis mit Behinderung des venösen Rückstroms entstehen, andererseits kann sie die Folge eines postthrombotischen Syndroms sein. Sie geht mit Ödemen und trophischen Störungen bis hin zu Ulcera cruris einher.

Therapie der Wahl sind **physikalische Maßnahmen** mit Vermeiden von Stehbelastungen, Aktivierung der Muskelpumpe durch entsprechende Gymnastik, regelmäßiges Hochlagern der Beine und das Tragen von Kompressionsstrümpfen. Bei starken Beschwerden kann eine operative Sanierung der Varizen indiziert sein.

Bei ausgeprägten Ödemen werden **medikamentös** vorübergehend **Diuretika** eingesetzt, z.B. Furosemid 20 – 40 mg/die.

Zur Tonisierung der Venen wird auch **Dihydroergotamin** eingesetzt, aufgrund seiner arteriellen Vasokonstriktion kann es jedoch zur Verschlechterung trophischer Störungen führen (☞ 2.4).

Sog. **Venenmittel** sollen die Kapillarpermeabilität und damit die Ödemneigung senken und zur Verbesserung des venösen Rückstroms beitragen. Hierzu zählen z.B.:

- Extrakte aus Aesculus hippocastanum (z.B. Venostasin®) oder des daraus isolierten Aescine (Reparil®)
- Kalziumdobesilat (Dexium®)
- Flavonderivate und daraus gewonnene Glykoside (z.B.Venoruton®).

Obwohl ihre Wirksamkeit umstritten ist, konnten inzwischen in kontrollierten Studien Erfolge gezeigt werden. Die genannten Präparate können eine Kompressionsbehandlung ergänzen, jedoch nicht ersetzen.

Umstritten ist auch die Wirkung **heparinhaltiger Salben** (z.B. Thrombophob®-Salbe), die außer bei Sportverletzungen, Hämatomen und oberflächlichen Thrombophlebitiden auch beim varikösem Symptomenkomplex eingesetzt werden. Es konnte bewiesen werden, daß Heparin aus entsprechenden Salbengrundlagen auch in tiefere Hautschichten eindringen kann, zur Bewertung der Konsequenzen für den klinischen Einsatz sind noch weitere kontrollierte Studien abzuwarten.

7 Pharmakotherapie von Erkrankungen der Atmungsorgane

IMPP-Hitliste

✔✔✔ Therapie des Asthma bronchiale (☞ 7.2)

✔✔ Wirkungen und Nebenwirkungen von Theophyllin (☞ 7.2.1)

✔ Medikamente mit bronchokonstriktiver Nebenwirkung

Zu den Atmungsorganen zählen die luftleitenden Atemwege (Nasenhöhlen, Rachen, Trachea) sowie die dem eigentlichen Gasaustausch dienenden Lungen. Erkrankungen der Lungen werden nach der vorherrschenden Störung in obstruktive und restriktive Ventilationsstörungen eingeteilt. Obstruktive Atemwegserkrankungen sind durch Erhöhung des Bronchialwiderstandes gekennzeichnet, zu ihnen zählen Asthma bronchiale und Bronchitis. Restriktiven Ventilationsstörungen liegt eine Verminderung des funktionstüchtigen Lungengewebes zugrunde, z.B. Lungenfibrosen.

7.1 Rhinitis

Es handelt sich um einen infektiös oder allergisch ausgelösten Katarrh der Nasenschleimhaut.

7.1.1 Akute Rhinitis

Sie ist meist Folge eines akuten viralen Infektes (z. B. Rhinoviren). Klinisch äußert sie sich durch seröse, nach bakterieller Superinfektion auch eitrige Sekretion. Durch die entzündliche Nasenschleimhautschwellung kann eine v. a. nachts störende Atembehinderung eintreten. In diesen Fällen sowie bei Behinderung des Sekretabflusses aus den Nebenhöhlen kann die Anwendung schleimhautabschwellender Präparate indiziert sein.

α-Sympathomimetika

Substanzen: Naphazolin (Privin®), Tetryzolin (Rhinopront®), Oxymetazolin (Nasivin®), Xylomethazolin (Otriven®).

Wirkung

✔ Durch Stimulation der α-Rezeptoren der Gefäße vermitteln sie eine Vasokonstriktion. Hierdurch kommt es zur Schleimhautabschwellung und Abnahme der Hypersekretion.

Anwendung

Als Kapseln oder lokal als Tropfen oder Spray.

✔ Der Einsatz sollte auf eine bis zwei Wochen beschränkt werden, da bei längerdauernder Anwendung ein „Rebound“-Effekt mit verstärkter Anschwellung der Mukosa und vermehrter Sekretion durch reaktive Hyperämie (*Medikamenten-Rhinitis*) auftreten kann. Der chronische Gebrauch kann darüberhinaus zur Schädigung der Nasenschleimhaut führen.

Nebenwirkungen

Systemische Nebenwirkungen können v. a. bei vorbestehender Hypertonie oder Hyperthyreose (Rhythmusstörungen, pektanginöse Beschwerden, Blutdrucksteigerungen) auftreten.

✔ Besondere Vorsicht muß bei der Anwendung bei Säuglingen und Kleinkindern gelten. Hier sollten nur stark verdünnte Tropfen angewendet werden, da durch Resorption Atemstörungen und komatöse Zustände auftreten können. Auch Todesfälle sind beschrieben.

7.1.2 Chronische und allergische Rhinitis

Die **chronische Rhinitis** entsteht bei chronischer Irritation bzw. Entzündung der Nasenschleimhaut, z.B. Rhinitis sicca mit Bildung trockener Borken. Die Behandlung der chronischen Rhinitis besteht in der Anwendung von Nasenspülungen und Nasensalben, z.B. Dexpanthenol (Bepanthen®).

Die **allergische Rhinitis** gehört zu den allergischen Reaktionen vom Typ I (☞ 9.1). Typisches Krankheitsbild ist der Heuschnupfen. Hier kommt es nach Allergenexposition (z.B. Blütenstaub oder Pollen) mediatorvermittelt zu Hypersekretion, Schleimhautschwellung und Juckreiz.

Bei der allergischen Rhinitis kommen folgende Medikamentengruppen zum Einsatz:

- Antihistaminika (H_1-Rezeptorantagonisten) z.B. Terfenadin (Teldane®) 2 x 1 Tbl. a 60 mg/die (☞ 9.2)
- ✔ Cromoglicinsäure, z.B. Intal® Dosieraerosol 4 x 1 Hub = 80 mg/die ☞ 7.2.1
- ✔ Glukokortikoide. Zur Vermeidung ihrer systemischen Nebenwirkungen können Glukokortikoide in Form von Pulver oder Aerosol lokal an der Nasenschleimhaut angewendet werden, z.B. Budesonid (Pulmicort nasal®) oder Beclometason (Beconase®) je 0,2 mg/die. Durch Hemmung der Entzündungsreaktionen senken sie die Hypersekretion. Nebenwirkungen ☞ 7.2 und 10.2.2

7.2 Asthma bronchiale

Durch Hyperreagibilität des Bronchialsystems kommt es nach Einwirkung bestimmter Auslöser zum Auftreten einer Bronchialobstruktion mit Atemnot. Nach neueren Untersuchungsergebnissen kommt bei der Entstehung der Hyperreagibilität neben genetischen Faktoren auch chronischen Entzündungsvorgängen in der Mukosa eine wichtige Rolle zu. Im Anfall findet sich ein Spasmus der Bronchialmuskulatur, eine ödematöse Schleimhautschwellung sowie eine gesteigerte Produktion von zähem Schleim.

Man unterscheidet zwei Formen des Asthma bronchiale:

- **Exogen-allergisches (Extrinsic) Asthma:** Ihm liegt eine allergische Typ-I-Reaktion (☞ 9.1) zugrunde. Allergene wie z.B. Blütenpollen oder Tierhaare induzieren bei den Betroffenen die Bildung von IgE-Antikörpern. Bei erneutem Allergenkontakt kommt es durch Mastzelldegranulation in der Bronchialschleimhaut zur Mediatorfreisetzung und Auslösung der genannten Reaktionen.
- **Nicht-allergisches (Intrinsic) Asthma:** Auf dem Boden einer genetischen Disposition (spezielle Rezeptoren in der Bronchialschleimhaut) kommt es nach Einwirkung unspezifischer Reize wie z.B. feuchter Luft, Luftverschmutzung oder auch bei körperlichen Anstrengungen zur Erregung efferenter Vagusfasern. Die hierdurch ausgelöste Acetylcholinfreisetzung führt zum Asthmaanfall

In der Therapie des Asthma bronchiale unterscheidet man grundsätzlich:

- Maßnahmen zur Anfallsprophylaxe (☞ 7.2.1)
- Therapie des akuten Asthmaanfalls und Status asthmaticus (☞ 7.2.2)

7.2.1 Anfallsprophylaxe bei Asthma bronchiale

Zur Anfallsprophylaxe werden folgende Maßnahmen ergriffen:

- Vermeidung auslösender Noxen (Allergenkarenz)
- Bei allergischer Komponente Versuch der Hyposensibilisierung
- Einsatz von Medikamenten nach einem 4-Stufen-Plan:
  - Stufe 1: Inhalative Glukokortikoide, evtl. begleitend Mastzellprotektion mit Cromoglicinsäure oder Ketotifen
  - Stufe 2: Zusätzlich Sympathomimetika inhalativ bzw. bei mangelndem Ansprechen auch als orale Retardpräparate

- Stufe 3: Zusätzlich retardierte Theophylline oder inhalative Parasympatholytika
- Stufe 4: Zusätzlich systemische Glukokortikoidtherapie.

Glukokortikoide

Wirkung

Kortikoide unterdrücken die Bildung von Entzündungsmediatoren und verhindern damit die Proliferation, Migration und Aktivierung von Entzündungszellen.

Auf diese Weise können bronchial ablaufende Entzündungsreaktionen unterdrückt werden und das begleitende Schleimhautödem bessert sich. Durch Rückgang der entzündlichen Veränderungen sinkt die bronchiale Hyperreagibilität. Weitere Effekte sind eine Verminderung der Schleimbildung und Erhöhung der mukoziliaren Clearance.

✔ Glukokortikoide führen außerdem zur vermehrten Expression von β-Adrenozeptoren und erhöhen so die Sensibilität gegenüber Sympathomimetika.

Medikamente zur Anfallsprophylaxe bei Asthma bronchiale				
Substanz	**Präparat (Bsp.)**	**Applikation**	**Dosierung/die**	**Wirkung**
β-Adrenozeptor-agonisten				Bronchospasmolyse durch Stimulation bronchialer β_2-Rezeptoren
• Salbutamol	Sultanol®	Tabletten Inhalationspulver Dosieraerosol	8 – 20 mg 0,6 – 1,2 mg 3 x 1 – 2 Hübe (ges. 0,6 – 1,2 mg)	
• Fenoterol	Berotec®	Tabletten Inhalationspulver	7,5 – 15 mg 3 x 2 Hübe (ges. 0,6 mg)	
• Terbutalin	Bricanyl®	Tabletten Dosieraerosol	15 mg 3 x 1 Hub (ges. 0,75 mg)	
• Reproterol	Bronchospasmin®	Tabletten Dosieraerosol	30 – 60 mg 3 x 1 – 2 Hübe (ges. 3 – 6 mg)	
Theophyllinderivate				Bronchospasmolyse durch Erhöhung des intrazellulären cAMP-Gehalts
• Theophyllin	Bronchoretard® Afonilum®	Retardkapseln	500 mg	
• Theophyllin-Ethylendiamin	Euphyllin® Aminophyllin®	Tabletten	300 – 600 mg	
Parasympatholytika				Bronchospasmolyse durch Stimulation bronchialer Acetylcholin-rezeptoren
• Ipratropiumbromid	Atrovent®	Dosieraerosol	3 x 1 – 2 Hübe (ges. 0,06 – 1,12 mg)	
• Oxytropiumbromid	Ventilat®	Dosieraerosol	3 x 1 – 2 Hübe (ges. 0,3 – 0,6 mg)	
Glukortikoide				Entzündungshemmung
• Prednisolon	DecortinH®	Tabletten	Erhaltungsdosis < 10 mg	
• Beclometason	SanasthmaxH®	Dosieraerosol	2 – 3 Hübe (ges. 1 – 1,5 mg)	
• Budesonid	Pulmicort®	Dosieraerosol	2 – 4 Hübe (ges. 0,4 – 0,8 mg)	
Cromoglicinsäure	Intal®	Inhalationspulver Dosieraerosol	4 x 20 mg 4 x 2 Hübe (ges. 8 mg)	Mastzellmembran-stabilisierung
Ketotifen	Zaditen®	Kapseln	2 mg	Mastzellmembran-stabilisierung

Anwendung
In Form von Dosieraerosolen topisch angewandte Glukokortikoide sind aufgrund ihrer antientzündlichen Wirkung Mittel der Wahl zur Langzeitprophylaxe von Asthmaanfällen. Eine systemische Kortikoidgabe ist schweren, anderweitig nicht beherrschbaren Verläufen vorbehalten und sollte begleitend zur inhalativen Therapie erfolgen. Hohe Dosen intravenös kommen beim akuten schweren Asthma-Anfall zum Einsatz (☞ 7.5).

Nebenwirkungen
Bei lokaler Anwendung treten keine typischen systemischen Nebenwirkungen (☞ 10.2.2) auf, es kann jedoch zur Candidose kommen, die die Anwendung von Antimykotika erforderlich macht. Das Pilzinfektionsrisiko wird durch regelmäßige Mundspülung nach Sprayanwendung gesenkt.

Cromoglicinsäure und Ketotifen

Wirkmechanismus
Beide Präparate stabilisieren die Mastzellmembran.

✔ Sie dienen daher bei allergischen IgE-vermittelten Reaktionen der prophylaktischen Behandlung mit dem Ziel, die Mediatorfreisetzung aus den Mastzellen zu verhindern. Ketotifen besitzt außerdem auch einen H_1-antihistaminischen Effekt. Zu beachten ist, das Cromoglicinsäure nur bei einem Teil der Patienten wirkt (Responder).

Indikationen
✔ Prophylaxe der allergischen Konjunktivis, Rhinitis und des allergisch bedingten Asthma bronchiale. Cromoglicinsäure kann auch bei Nahrungsmittelallergien eingesetzt werden.

Anwendung
Cromoglicinsäure wird schlecht resorbiert und ist daher nur zur lokalen Anwendung geeignet. Ketotifen ist oral einsetzbar.

Nebenwirkung
✔ Eine lokale Reizung des Bronchialtraktes mit Spasmus nach Inhalation des Cromoglicinpulvers ist möglich. Ketotifen zeigt die typisch zentral-dämpfende Nebenwirkung der Antihistaminika (☞ 9.2).

β_2-Adrenozeptoragonisten (β_2-Sympathomimetika)

Wirkmechanismus
Sie führen zur direkten Erregung bronchialer β_2-Rezeptoren und vermitteln dadurch eine Relaxation der Bronchialmuskulatur. Durch Hemmung der Mediatorfreisetzung haben sie auch anfallsprophylaktische Wirkung.

Anwendung
Diese kann als Spray lokal, oral als Tablette oder parenteral (☞ 7.2.2) erfolgen. Bei häufiger Anwendung kann es zur Tachyphylaxie kommen.

Nebenwirkungen
Durch Entwicklung weitgehend β_2-selektiver Substanzen konnten die über β_1-Rezeptoren vermittelten kardialen Nebenwirkungen deutlich verringert werden.

✔ Da es sich jedoch nur um eine relative Selektivität handelt, kann es trotzdem zu tachykarden Arrhythmien, Blutdrucksteigerung und Hyperglykämien kommen. Bei Koronarpatienten ist eine Auslösung von Angina pectoris-Anfällen möglich. Darüber hinaus kommen Tremor, Schwächegefühl und Angstzustände vor.

Theophyllinderivate

Wirkmechanismus
Durch Hemmung der Phosphodiesterase und damit Steigerung des intrazellulären cAMP-Gehaltes wirken sie bronchospasmolytisch und können wie die β-Adrenozeptoragonisten die Mediatorfreisetzung hemmen.

Auch am Herzen entfalten sie vergleichbare Effekte (positiv inotrop, chronotrop und bathmotrop)

Anwendung
Zur Asthmaprophylaxe kommen retardierte Präparate in Tabletten- oder Kapselform zur Anwendung. Parenterale Gabe im Anfall (☞ 7.2.2).

Pharmakokinetik
Nach oraler Gabe beträgt die Bioverfügbarkeit ca. 70%.

Die Wirkung setzt nach 5 – 15 Min. ein und hält für ca. 6 Stunden an. Zu beachten ist die geringe therapeutische Breite bei gleichzeitig großen interindividuellen Unterschieden in der Plasmahalbwertzeit, z.B. erfolgt bei Rauchern die in der Leber stattfindende Metabolisierung schneller. Zur sicheren Dosierung empfehlen sich daher Plasmaspiegelkontrollen, wobei die Wirkspiegel zwischen 10-20 μg/ml liegen sollen.

Nebenwirkungen
Die Auslösung tachykarder Rhythmusstörungen, gastrointestinaler Beschwerden sowie zentralnervöser Störungen (Unruhe, Kopfschmerzen, Krämpfe) ist besonders bei zu rascher intravenöser Gabe möglich.

Interaktionen mit anderen Pharmaka
✔ Durch gleichzeitige Gabe von Cimetidin, Ciprofloxacin oder Enoxacin kann der Theophyllinspiegel erhöht, durch Gabe von Enzyminduktoren wie Barbiturate erniedrigt werden.

Parasympatholytika

Wirkmechanismus
Die über den Parasympathikus vermittelte Zunahme der Schleimproduktion und Bronchokonstriktion werden gesenkt.

Anwendung
Sie erfolgt meist lokal in Form von Dosieraerosolen. Außerdem sind Inhalationspulver und -lösungen auf dem Markt. Da sie nur eine milde bronchospasmolytische Wirkung zeigen, werden Parasympatholytika meist in Kombination mit β-Adrenozeptoragonisten verabreicht z.B. Berodual® (Ipratropiumbromid und Fenoterol).

Nebenwirkungen
Bei lokaler Anwendung kann es zu Mundtrokkenheit kommen, während systemische Nebenwirkungen, z.B. tachykarde Rhythmusstörungen, kaum auftreten.

7.2.2 Akuter Asthmaanfall und Status asthmaticus

Der akute Asthmaanfall ist gekennzeichnet durch:

- Atemnot mit exspiratorischem Stridor
- Herz-Kreislaufbegleitreaktionen (Tachykardie, schwankende Blutdruckwerte)
- Lungenüberblähung (hypersonorer Klopfschall)
- Quälenden Hustenreiz und zähes Sputum
- Blutgasveränderungen (O_2-Abnahme und CO_2-Anstieg).

Vom Status asthmaticus spricht man, wenn die genannten Symptome über Stunden bis Tage anhalten. Es handelt sich um einen lebensbedrohlichen Zustand.

Therapie des akuten schweren Asthmaanfalls und des Status asthmaticus

- Sitzende Lagerung, frische Luft, venöser Zugang
- Sauerstoffgabe 4 – 6 l/min über Nasensonde (***Cave:*** bei chronischer Hyperkapnie)
- Bronchospasmolyse:

✔Bei Vorbehandlung mit β-Adrenozeptoragonisten Gabe von Theophyllin i.v., z.B. Euphyllin® 1 – 2 Amp. (0,24 – 0,48 g) als Kurzinfusion über 30 Min. Bei Vorbehandlung mit Theophyllinpräparaten Gabe eines β-Adrenozeptoragonisten i.v., z.B. Reproterol (Bronchospasmin®) 1 Amp. (0,09mg) langsam i.v.

- Sekretolyse: Intravenöse Gabe eines Sekretolytikums z.B. Ambroxol (Mucosolvan®)(☞ 7.3) sowie reichlich Flüssigkeitszufuhr
- Rückbildung der entzündlich-allergischen Schleimhautreaktion:

✔Glukokortikoide z.B. Prednisolon (SoluDecortinH®) 100 – 250 mg i.v. In diesen hohen Dosen kommt außerdem der direkt bronchodilatatorische Effekt der Kortikoide zum Tragen

- Bei begleitendem Infekt antibiotische Behandlung
- Bei zunehmenden Blutgasveränderungen Indikation zur Beatmung, begleitend evtl. Bronchiallavage.

Nach Beherrschung des akuten Anfalls ausschleichende Kortikoidmedikation bei Fortführung einer Dauertherapie mit den unter 7.2.1 genannten Maßnahmen.

✔ Dosieraerosole, z.B. inhalative Kortikoide oder Parasympatholytika sind keine Medikamente zur Behandlung akuter Asthmaanfälle.

Im Anfall sollte aufgrund atemdepressiver Effekte möglichst keine Sedierung erfolgen. Wenn eine solche notwendig ist, kann sie z.B. mit Prometazin (Atosil® 15 Tropfen) durchgeführt werden.

7.3 Akute und chronische Bronchitis

Als Bronchitis bezeichnet man eine Entzündung der Bronchialschleimhaut. Klinische Symptome sind Husten, Auswurf und evtl. Fieber. Die *akute Bronchitis* ist häufig Folge viraler Infektionen oder kann durch Einwirkung von Reizstoffen entstehen. Bestehen Husten und Auswurf in zwei aufeinanderfolgenden Jahren über mindestens drei Monate, spricht man von *chronischer Bronchitis*. Die Entstehung einer chronischen Bronchitis wird durch exogene Faktoren wie Zigarettenrauchen mit erhöhter Infektanfälligkeit sowie Klima und Luftverschmutzung begünstigt.

Therapieprinzipien

- Ausschaltung exogener Noxen
- Expektorantien und Inhalationen zur Schleimlösung
- Antibiotika zur gezielten Infektbehandlung
- Bronchospasmolytika bei obstruktiver Komponente
- Antitussiva bei quälendem Hustenreiz.

Die gleichzeitige Anwendung von Expektorantien und Antitussiva, wie sie in einigen Arzneimitteln auch als fixe Kombination angeboten wird, sollte vermieden werden, da der unter der Wirkung von Expektorantien gelöste Schleim sonst nicht ausgehustet werden kann.

Expektorantien (Sekretolytika, Mukolytika)

Unter dem Begriff Expektorantien werden Substanzen zusammengefaßt, die die Entfernung des Bronchialschleims durch Verflüssigung fördern. Für die Wirkung aller Präparate dieser Gruppe ist eine ausreichende Flüssigkeitszufuhr entscheidend.

Sekretolytika

Substanzen

Kaliumjodid, ätherische Öle und Pflanzenextrakte (z.B. Bronchicum®), Saponine (z.B. Aspecton®).

Wirkmechanismus

Sie führen reflektorisch über eine Irritation der Magenschleimhaut (Vagusreizung) oder direkt zur Steigerung der Bronchialsekretion.

Nebenwirkungen

Kaliumjodid kann bei längerer Anwendung zur Jodvergiftung führen. Ätherische Öle können bei kleinen Kindern zum Laryngospasmus führen.

Mukolytika

Substanzen

Bromhexin (Bisolvon®), Ambroxol (Mucosolvan®), Acetylcystein (Fluimucil®), Carbocistein (Mucopront®).

Wirkmechanismus

Bromhexin senkt die Viskosität des Bronchialschleims durch Abbau saurer Mucopolysaccharide, seröse Drüsenzellen werden stimuliert. Ambroxol als Hauptmetabolit des Bromhexins senkt zusätzlich noch die Oberflächenspannung des Schleimes, wodurch dieser leichter löslich wird. Acetylcystein führt zur Viskositätserniedrigung des Schleims durch Spaltung von Disulfidbrükken. Carbocistein bewirkt intrazellulär die Bildung eines niederviskösen Sekretes.

Anwendung

Neben oraler Anwendung als Sirup oder Kapsel ist auch eine parenterale Verabreichung möglich, außerdem eine Aerosol- und Inhalationstherapie.

Nebenwirkungen

Nach inhalativer Anwendung können Hustenanfälle auftreten. Gastrale Reizungen wurden beobachtet.

Antibiotika bei Bronchitis (☞ 16.1.2)

Sie kommen bei akuter Bronchitis mit bakterieller Beteiligung zum Einsatz. Der Verlauf der chronischen Bronchitis wird durch rezidivierende Infektionen negativ beeinflußt, daher muß bei Hinweisen auf einen bakteriellen Infekt (gelbliches Sputum) rasch antibiotisch eingegriffen werden.

Bronchospasmolytika

β-Mimetika und Parasympatholytika ☞ 7.2.1
Akute und chronische Bronchitis können mit einer Erhöhung des bronchialen Widerstandes einhergehen. Bei Zeichen einer Obstruktion kann die Lungenfunktion durch Gabe von Bronchospasmolytika verbessert werden.

Antitussiva

Sie unterdrücken den Hustenreiz. Indiziert sind sie bei quälendem unproduktiven Reizhusten sowie bei Schlafstörungen durch Hustenreiz. Eine generelle Unterdrückung des Hustens ist nicht sinnvoll, da er physiologischerweise zur Expektoration des Bronchialschleims führt.

Zu den Antitussiva zählen:
- **Opioide**, z.B. Codein (Codipertussin®) oder Dihydrocodein (Paracodin®)
  - Sie hemmen zentral das Hustenzentrum im Stammhirn. Die Dosierung beträgt 20 – 60 mg/die
  - Die suchterzeugende Wirkung ist gering. An Nebenwirkungen können Übelkeit und leichte Obstipation auftreten (☞ 18.1)
- **Ephedrin** in Kombinationshustensäften, z.B. Dorex®. Es handelt sich um ein indirekt wirkendes Sympathomimetikum.
  ✔ Durch β-mimetische Bronchospasmolyse wirkt es peripher antitussiv. Die Dosierung liegt bei 30 – 50 mg/die. An Nebenwirkungen sind Herzrhythmusstörungen, Muskeltremor und zentrale Erregung beschrieben.

7.4 Chronische respiratorische Insuffizienz

Von einer respiratorischen Insuffizienz spricht man, wenn es infolge einer pulmonalen oder extrapulmonalen Erkrankung zur gestörten Atmung mit Veränderung der Blutgase kommt. Bei der sog. *Partialinsuffizienz* besteht nur eine erniedrigte Sauerstoffsättigung, bei der *Globalinsuffizienz* zusätzlich auch eine Retention von CO_2. Klinisch äußert sich die respiratorische Insuffizienz durch Dyspnoe, Zyanose, Bewußtseinsstörungen und Tachykardie.

Sauerstoffgabe bei respiratorischer Insuffizienz
Diese ist bei Vorliegen einer Partialinsuffizienz ohne Gefahr möglich. Bei Globalinsuffizienz ist infolge des chronisch erhöhten CO_2-Gehaltes des Blutes der Sauerstoffmangel der einzige Atemantrieb. Wird dieser durch unkontrollierte O_2-Gabe beseitigt, kann dies zum Atemstillstand führen.

Gabe von Antitussiva, Opioiden und Sedativa bei respiratorischer Insuffizienz
Ihre zentral dämpfende Wirkung erstreckt sich auch auf das Atemzentrum, so daß es durch Herabsetzung der Atmung zur weiteren Verschlechterung der Blutgase kommen kann. Sie sollten daher möglichst vermieden werden.

8 Pharmakotherapie von Erkrankungen des Blutes

IMPP-Hitliste
✔ Therapie der Eisenmangelanämie (☞ 8.1)

Eine **Anämie** liegt bei Verminderung der Erythrozytenzahl oder der Hämoglobinkonzentration unter die Norm vor. Für Männer besteht eine Anämie bei Hämoglobinwerten < 130 g/l bzw. einer Erythrozytenzahl < 4,3 /pl, für Frauen < 110 g/l bzw. < 3,9 /pl.

Ursachen von Anämien sind:
- Verlust von Erythrozyten durch akute oder chronische Blutungen
- Verminderte Bildung von Erythrozyten durch Knochenmarkserkrankungen oder Mangel an „Baustoffen" (Eisen, Vitamin B_{12}, Folsäure)
- Vermehrter Untergang von Erythrozyten durch Hämolyse (z.B. bei Hämoglobindefekten).

Klinisch äußert sich die Anämie durch Blässe, Schwäche, Atemnot und Tachykardie.

8.1 Eisenmangelanämie

Sie stellt mit 80% aller Fälle die häufigste Anämieform dar.

Eisenmangel kann entstehen durch:
- Blutverlust, z.B. bei chronischen gastrointestinalen Blutungen
- Gesteigerten Bedarf, z.B. in der Schwangerschaft
- Mangelhafte Resorption, z.B. nach Magenresektion
- Mangelhafte Zufuhr, z.B. bei Vegetariern.

Die Resorption des Nahrungseisens erfolgt im Duodenum oder oberen Jejunum.

Medikamente bei Anämien			
Substanz	**Präparat (Beispiele)**	**Dosierung**	**Indikation**
Orale Eisenpräparate • Fe(II)-Gluconat • Fe(II)-Sulfat • Fe(II)-Glycinsulfat	Lösferron® Eryfer® ferro sanol®	100 – 300 mg/die	Fe-Mangelanämie
Parenterale Eisenpräparate • Fe(III)-Gluconat	Ferrlecit®	20 – 40 mg/die	Fe-Mangelanämie mit Resorptionstörungen
Vitamin B_{12} • Hydroxolcobalamin	Aqua-Cytobion®	100 μg/Woche	Vitamin B_{12}-Mangel
Folsäure	Folsan®	10 – 20 mg/die oral 1 – 5 mg/die parenteral	Folsäuremangel
Erythropoetin	Erypto-2000®	2000 – 10000 IE/Woche	Renale Anämie
Prednisolon	DecortinH®	initial 1 – 2 mg/kg/die Erhaltungsdosis 12 – 15 mg	Autoimmunhämolytische Anämien
Azathioprin	Imurek®	80 mg/m²KOF/die	Autoimmunhämolytische Anämien
Cyclophosphamid	Cyclostin®, Endoxan®	100 mg/m²OF/die	Autoimmunhämolytische Anämien

✔ Eisen wird dabei fast ausschließlich in seiner zweiwertigen Form resorbiert, da dreiwertiges Eisen aufgrund der in diesen Darmabschnitten herrschenden sauren pH-Verhältnisse als schwerlösliches Hydroxid vorliegt. Nach Transport des Eisens in die Darmmukosazellen wird je nach Bedarf ein Teil nach Aufoxidierung zur dreiwertigen Form ins Blut abgegeben und an *Transferrin* gebunden ins Knochenmark transportiert. Aktuell nicht benötigtes Eisen wird als *Ferritin* in Mukosazellen, Leber und Knochenmark gespeichert. Der Serumferritinspiegel dient als Maß für den Eisenbestand des Körpers (normal 3,5 – 5 g).

Indikation

Für eine Eisensubstitution ist ein deutlich erniedrigtes Hämoglobin mit entsprechenden klinischen Symptomen. Der Grund des Eisenmangels muß unbedingt abgeklärt werden.

✔ Bei Eisenverwertungsstörungen (z.B. bei chronischen Entzündungen oder Malignomen) mit erhöhtem Speichereisen (Ferritin) ist eine Eisentherapie trotz erniedrigter Werte für Eisen im Serum nicht indiziert.

Eine Eisensubstitution kann oral oder parenteral erfolgen.

Orale Eisensubstitution

Dosierung

✔ Von den täglich verabreichten 100 – 300 mg zweiwertigen Eisens werden nur 10 – 20% resorbiert. Die erforderliche Gesamtdosis um auch die Eisenspeicher zu füllen, ergibt sich aus der Formel:

Gesamtbedarf Fe = Hämoglobindefizit in g/l x 25.

Die Resorption ist bei Gabe auf nüchternen Magen am besten, allerdings treten hierbei häufiger Magen-Darmbeschwerden auf.

Nebenwirkungen

✔ Übelkeit, Erbrechen, Durchfälle, Verstopfung. Bei Depotpräparaten können Magen-Darmulzera entstehen.

Wechselwirkungen

Bei gleichzeitiger Einnahme von Tetrazyklinen, Antazida, Cimetidin und Colestyramin kann die Resorption wechselseitig reduziert werden.

Parenterale Eisensubstitution

✔ Diese ist aufgrund häufiger Nebenwirkungen nur bei gestörter Resorption indiziert, z.B. bei Malabsorption oder bei schweren Nebenwirkungen der enteralen Gabe.

Dosierung

Sie erfolgt durch langsame i.v. Injektion mit 20 – 40 mg dreiwertigem Eisen pro Tag.

Nebenwirkungen

- Überdosierungsgefahr mit evtl. akuter Eisenvergiftung
- Thrombophlebitisgefahr
- Kopfschmerzen, Hitzegefühl, Metallgeschmack
- Blutdruckabfall (evtl. Kollaps), Herzrhythmusstörungen
- Muskel- und Gelenkbeschwerden
- Allergische Reaktionen bis hin zum anaphylaktischen Schock.

Intramuskuläre Eiseninjektionen sind nur in Ausnahmefällen indiziert, wenn die orale oder parenterale Gabe nicht möglich ist. Sie sind schmerzhaft und können an der Injektionsstelle zur Hautverfärbung führen.

Eisenvergiftung

Zu einer Eisenvergiftung kann es v.a. bei Kindern nach akzidenteller Einnahme größerer Mengen Eisen kommen. Die letale Dosis für Kleinkinder liegt bei 1 – 3 g.

Vergiftungserscheinungen

- 1 – 6 h: Erbrechen, Durchfälle, Koma, Blutungen in den Gastrointestinaltrakt, Schock
- 6 – 24 h: Fieber, Leukozytose, metabolische Azidose, Blutgerinnungsstörungen, Leber- und Nierenschaden
- Wochen: Vernarbungen im Gastrointestinaltrakt.

Entgiftungsmaßnahmen bestehen in:

- Gabe von Milch und rohen Eiern (Bildung von Eisenproteinkomplexen)

- Magenspülung mit 1% Natriumhydrogencarbonatlösung
- Gabe von Deferoxamin (Desferal®): Oral 5 – 10 g zur Verhinderung der weiteren Eisenresorption, parenteral 1 – 2 g zur Bindung bereits resorbierten Eisens mit Ausscheidung über die Nieren.

8.2 Megaloblastäre Anämien

Durch Mangel an Vitamin B_{12} oder Folsäure kommt es zur Synthesestörung von Desoxyribonukleinsäuren im Knochenmark mit Störung der normalen Teilungsschritte bei der Erythrozytenbildung. Es entstehen vergrößerte Erythrozyten mit erhöhter Hämoglobinbeladung (makrozytäre, hyperchrome Anämie).

8.2.1 Vitamin B_{12}-Mangel

Vitamin B_{12} ist ein wichtiges Koenzym bei der DNA-Synthese. Der Bedarf wird über tierische Nahrungsbestandteile gedeckt. Die Resorption von Vitamin B_{12} ist an die Anwesenheit des *intrinsic factors* gebunden, einem Glykoproteid, das von den Parietalzellen der Magenschleimhaut gebildet wird. Der Komplex aus Vitamin B_{12} und intrinsic factor wird im terminalen Ileum durch Endozytose in die Mukosazellen aufgenommen. Nach Austausch des intrinsic factors gegen das Transportprotein Transcobalamin wird Vitamin B_{12} zu rasch proliferierenden Geweben sowie zur Leber transportiert.

Der tägliche Bedarf beträgt nur 1 μg, in den Leberdepots befinden sich normalerweise 1 – 2 g . Bei Unterbrechung der Zufuhr stellt sich ein Vitamin B_{12}-Mangel daher mit einer zeitlichen Verzögerung von bis zu 5 Jahren ein.

Ursachen eines Vitamin B_{12}-Mangels können sein:
- Verminderte Zufuhr, z.B. bei Vegetariern
- Mangel an intrinsic factor, z.B. nach Magenresektion oder durch Auto-Antikörperbildung gegen Parietalzellen (M. Biermer, Perniziöse Anämie)
- Malabsorption, z.B. bei entzündlichen Darmerkrankungen.

Vitamin B_{12}-Mangel äußert sich klinisch durch:
- Hämatologische Symptome (Anämie, evtl. auch Leuko- und Thrombopenie)
- Gastrointestinale Symptome (trophische Schleimhautveränderungen, bei perniziöser Anämie atrophische Autoimmungastritis)
- Neurologische Symptome (Markscheidenschwund der Hinterstränge und Pyramidenbahn mit Ataxie und spastischer Lähmung, Parästhesien).

Therapie des Vitamin B_{12}-Mangels

Da bei bis zu 70% der Patienten Antikörper gegen den intrinsic factor vorkommen, ist die Resorption bei oraler Gabe unsicher.

✔ In der Regel wird die Substitution daher parenteral mit Hydroxycobalamin durchgeführt. Bei Anämie werden über zwei Wochen täglich 100 μg intramuskulär verabreicht, anschließend bis zur vollständigen Normalisierung des Blutbildes 2 mal 100 μg pro Woche. Bestehen neurologische Ausfälle, wird über zwei Wochen 1 mg pro Tag i.m. gegeben, anschließend 1 mg pro Woche. Die Therapiedauer beträgt mindestens 10 Wochen. Kann die Ursache des Vitamin B_{12}-Mangels nicht beseitigt werden, muß die Therapie lebenslang fortgesetzt werden. Bei schweren Formen sollte die Injektionshäufigkeit und nicht die Dosis pro Injektion gesteigert werden, da bei Verabreichung hoher Dosen ein großer Teil rasch wieder über den Urin ausgeschieden wird.

Mit Ansteigen der Blutbildung kann sich ein Eisenmangel durch den erhöhten Bedarf einstellen.

Zur Behandlung der makrozytären Anämien werden daher auch Kombinationspräparate angeboten, die Eisen, Cyanocobalamin und Folsäure enthalten (z.B. Ferlixir®). Wie bei allen fixen Kombinationen besteht einer der Nachteile dieser Präparate in der mangelnden Anpassung der substituierten Stoffe an den tatsächlichen Bedarf. Zu beachten ist außerdem, daß sich das Blutbild durch Folsäuregabe bei noch bestehendem Vitamin B_{12}-Mangel normalisieren kann, die neurologischen Schädigungen durch Folsäure jedoch nicht behoben werden.

8.2.2 Folsäuremangel

Folsäure gehört ebenfalls zu den Vitaminen der B-Gruppe. Nach Reduktion zur Tetrahydrofolsäure dient es bei biochemischen Reaktionen der Übertragung von C_1-Fragmenten. Bei Folsäuremangel ist die Zellteilungsrate herabgesetzt.

Ursachen eines Folsäuremangels können sein:
- Mangelernährung, z.B. bei Alkoholikern
- Erhöhter Bedarf, z.B. in der Schwangerschaft
- Malabsorption
- Behandlung mit Folsäureantagonisten z.B. Methotrexat.

Klinisch finden sich eine makrozytäre Anämie sowie bei längerem Bestehen gastrointestinale Symptome.

Therapie
Bei oraler Zufuhr werden bis zwei Wochen nach Normalisierung des Blutbildes täglich 10 –20 mg Folsäure substituiert. Bei Malabsorption beträgt die parenterale Tagesdosis 1 – 5 mg i.v. oder i.m.

Wechselwirkungen
Hohe Folsäurespiegel können die antiepileptische Wirkung von Barbituraten, Primidon und Phenytoin abschwächen.

✔ Andererseits kann unter Phenytointherapie sowie bei Gabe von Folsäureantagonisten und oralen Kontrazeptiva eine folsäuremangelbedingte Anämie auftreten.

8.3 Renale Anämie

Bei chronischer Niereninsuffizienz kann sich eine normochrome Anämie aufgrund folgender Ursachen entwickeln:
- Verminderte Blutbildung durch Mangel an Erythropoetin sowie Schädigung des Knochenmarks durch die retinierten harnpflichtigen Stoffe
- Verkürzte Erythrozytenüberlebensdauer infolge Stoffwechselstörungen
- Hämolyse bei Dialyse.

Die Hauptursache ist der Mangel an **Erythropoetin**. Dieses ist ein in den Nieren gebildetes Polypeptidhormon, welches die Erythrozytenbildung im Knochenmark stimuliert. Durch bis zu dreimal wöchentliche i.v.-Gaben von gentechnologisch gewonnenem rekombinantem humanen Erythropoetin (z.B. Erypro®) kann der Hämatokrit auf den jeweils gewünschten Wert (zwischen 30 – 35%) angehoben werden. Die Menge wird individuell angepaßt und liegt pro Injektion zwischen 2 000 und 10 000 IE.

Nebenwirkungen der Erythropoetinsubstitution können eine dosisabhängige Entstehung oder Verstärkung eines Bluthochdrucks sein. Dabei kann es durch Blutdruckentgleisung auch zu Herzinfarkten und zentralnervösen Störungen (z.B. Kopfschmerzen, Verwirrtheit, generalisierte Krämpfe, Hirninfarkt) kommen. Durch Anstieg der Thrombozytenzahl können thrombembolische Komplikationen, z.B. Verschluß des arterio-venösen Shunts, auftreten. Anaphylaktoide Reaktionen und akneähnliche Hautveränderungen wurden beobachtet.

Begleitend wird die Anämie bei Niereninsuffizienz durch Entfernung der harnpflichtigen Substanzen mittels Dialyse, durch eventuelle Eisen- und Folsäuresubstitution und bei stark erniedrigtem Hämoglobin durch Bluttransfusionen behandelt.

8.4 Hämolytische Anämie

Hämolytische Anämien mit verkürzter Erythrozytenüberlebensdauer finden sich:
- Bei angeborenen Erythrozytenmembran-, -enzym- oder Hämoglobindefekten

- Antikörpervermittelt bei Transfusionszwischenfällen oder infolge von Autoimmunreaktionen
- Induziert durch Medikamente, Infektionskrankheiten, physikalische oder chemische Noxen.

Angeborene Erythrozytenstörungen

Therapie: Regelmäßige Gabe von Erythrozytenkonzentraten. Behandlung einer etwaigen Eisenüberladung mit Deferoxamin. Splenektomie bei überwiegendem Zellabbau in der Milz.

Autoimmunhämolytische Anämien

Sie können durch Wärme- oder Kälteantikörper ausgelöst werden. Die Antikörperbildung kann in beiden Fällen Ausdruck einer anderen Primärerkrankung sein (z.B. malignes Lymphom oder postinfektiös), in ca. 30% der Fälle tritt sie idiopathisch auf.

Kälteagglutininkrankheit

Bei dieser kommt es meist erst bei hohen Antikörpertitern (1:1000) zur Hämolyse. Erste Behandlungsmaßnahme stellt das Vermeiden von Kälte dar. Kortikoide zeigen meist keine Wirkung, versuchsweise kann Azathioprin (Imurek®) 50 – 150 mg/die oder Cyclophosphamid (Endoxan®) 50 – 100 mg/die verabreicht werden. Nebenwirkungen Immunsuppressiva ☞ 17.2.

Bei ausgeprägter Hämolyse kann der Antikörpertiter durch Plasmapherese vorübergehend gesenkt werden.

Autoimmunhämolyse durch Wärmeantikörper

Bei einem Hb unter 6 g% wird zunächst Prednisolon (DecortinH®) 100 – 250 mg i.v. über zwei Tage gegeben. Begleitend wird die orale Kortikoidtherapie mit Prednisolon oral 100 – 200 mg/kg/die über zwei Wochen begonnen. Bei Ansteigen der Hb-Werte wird die Dosis reduziert und allmählich auf eine Erhaltungsdosis von 12 – 15 mg/die übergegangen. Nebenwirkungen Kortikoide ☞ 10.2.

Erst nach Scheitern der Glukokortikoidmedikation kommen Immunsuppressiva zur Anwendung, z.B. Azathioprin (Imurek®) oder Cyclophosphamid (Endoxan®).

Hämolyse durch exogene Noxen

Die Therapie besteht in der Beseitigung der auslösenden Noxe.

Pharmaka, die eine hämolytische Anämie auslösen können, sind:

- Penicilline in hohen Dosen
- Sulfonamide
- Phenacetin
- Pyramidon
- Chlorpromazin
- Primaquin
- Methyldopa
- Chinidin.

9 Ursachen und Pharmakotherapie von Überempfindlichkeitsreaktionen

IMPP-Hitliste

✔ Therapie des anaphylaktischen Schocks (☞ 9.3)

Eine Überempfindlichkeitsreaktion liegt vor, wenn durch Kontakt mit einem Fremdstoff (Allergen) eine gesteigerte Immunantwort mit Krankheitsymptomen auftritt.

9.1 Ursachen von Überempfindlichkeitsreaktionen

Allergische Reaktionen können durch zahlreiche Substanzen z.B. Hausstaub, Pollen, Industriechemikalien, Schwermetalle sowie durch Medikamente ausgelöst werden. Ihr Auftreten erfolgt im Gegensatz zu toxischen Nebenwirkungen dosisunabhängig nach vorausgegangener Sensibilisierung mit Antikörperbildung.

Von einer *pseudoallergischen Reaktion* spricht man, wenn allergische Symptome ohne vorangehende Sensibilisierung auftreten. In diesen Fällen führen die Arzneistoffe direkt zur Mediatorfreisetzung. Die meisten Medikamente können als niedermolekulare Substanzen keine direkte Antikörperbildung induzieren. Diese sog. *Haptene* werden erst nach Bindung an körpereigene Strukturen zum Vollantigen.

Medikamente, die häufig Allergien auslösen, sind:

- Typ I: Acetylsalicylsäure, Penicilline, Jod (Röntgenkontrastmittel), Lokalanästhetika, kolloidale Plasmaersatzmittel
- Typ II: Methyldopa, Sulfonamide, Penicilline
- Typ III: Penicilline
- Typ IV: Ampicillin, Gold, Sulfonamide.

Einteilung der Überempfindlichkeitsreaktionen

Typen	Zugrundeliegende Ag-Ak-Reaktionen	Überempfindlichkeit auslösender Pathomechanismus	Zeitliches Auftreten	Typische Krankheitsbilder
Typ I Anaphylaktische Reaktion	Gesteigerte Bildung von IgE-Ak nach Allergenexposition (z.B. Blütenpollen)	Ak-vermittelte Mediatorfreisetzung aus Mastzellen bei erneutem Ag-Kontakt	Minuten	Heuschnupfen, Urtikaria, Anaphylaktischer Schock (☞ 9.3)
Typ II Zytoxische Reaktion	Bindung von IgG- oder IgM-Ak an Körperzellmembranen	Zytolyse körpereigener Zellen durch Komplement und Killerzellen	Minuten – Stunden	Transfusionszwischenfälle, Autoimmunerkrankungen
Typ III „Arthusreaktion"	Ablagerung präformierter Ag-Ak-Komplexe im Gewebe	Entzündliche Gewebsschädigung durch Komplementaktivierung	Stunden – Tage	Allergische Vaskulitis Allergische Alveolitis
Typ IV Verzögerte Reaktion	Vermehrung einer Population sensibilisierter T-Lymphozyten nach Allergenkontakt	Lymphokin-vermittelte Makrophagenaktivierung und entzündliches Infiltrat	Stunden – Tage	Transplantatabstoßung, Kontaktallergie

9.2 Chronisch verlaufende Überempfindlichkeitsreaktionen

„Chronisch" verlaufende Überempfindlichkeitsreaktionen treten bei allen Formen der Überempfindlichkeit auf. Beispiele sind: Allergisches Asthma bronchiale (Typ I, ☞ 7.2), wärmeantikörperinduzierte hämolytische Anämie (Typ II, ☞ 8.4), „Farmerlunge"= allergische Alveolitis (Typ III), Kontaktekzem der Haut (Typ IV). Ihr Verlauf ist durch rezidivierende Schübe sowie meist Entzündungsreaktionen mit Organveränderungen gekennzeichnet.

Therapie

H_1-Rezeptorantagonisten (H_1-Antihistaminika)

Histamin kommt als Abbauprodukt der Aminosäure Histidin in allen menschlichen Geweben vor. Es greift als Transmitter an drei verschiedenen Rezeptoren an (H_{1-3}). An H_1-Rezeptoren kommt Histamin bei der Auslösung allergischer Reaktionen vom Soforttyp eine zentrale Bedeutung zu. Stimulation der H_1-Rezeptoren führt zu:

- Vasodilatation von Arteriolen
- Erhöhung der Venolenpermeabilität
- Kontraktion der Bronchial-, Uterus- und Darmmuskulatur.

Substanzen

z.B. Dimetinden (Fenistil®), Bamipin (Soventol®), Clemastin (Tavegil®), Terfenadin (Teldane®).

Wirkmechanismus

H_1-Rezeptorantagonisten heben die oben beschriebenen Reaktionen auf und verhindern damit allergietypische Symptome z.B. Schleimhautschwellung oder vermehrte Sekretion.

Indikationen

- Typ I-Überempfindlichkeitsreaktionen
- Lokal bei Reaktionen mit vermehrter Histaminfreisetzung, z.B. Insektenstiche oder Pruritus
- Allergisches Asthma bronchiale (☞ 7.2)
- Behandlung oder Prophylaxe einer Anaphylaxie (z.B. vor Anwendung jodhaltiger Röntgenkontrastmittel)
- Zentral ausgelöstes Erbrechen (☞ 14.2).

Anwendung

Lokal als Salben oder Gel (z.B. Clemastin) oder oral in Tablettenform (z.B. Terfenadin).

Nebenwirkungen

Häufig kommt es zur ausgeprägten Sedation, die die Fahrtüchtigkeit beeinflussen kann. Die Wirkung anderer zentral dämpfender Substanzen (z.B. Hypnotika, Analgetika) kann verstärkt werden. Einige Verbindungen zeigen anticholinerge Effekte, die zu Mundtrockenheit und Magen-Darmstörungen führen können.

Glukokortikoide

Da es sich in jedem Fall um eine überschießende Reaktion des Immunsystems handelt, können immunsuppressiv wirkende Glukokortikoide in der Behandlung eingesetzt werden. Die Indikation für ihren Einsatz und Dosierung hängt von der jeweiligen Erkrankung ab (☞ 8.4, 7.2) und erfolgt meist erst nach Scheitern kausaler oder nebenwirkungsärmerer Therapieansätze.

Dosierungen, Nebenwirkungen und Kontraindikationen ☞ 10.2.2.

Dermatologische Manifestation der chronisch verlaufenden Überempfindlichkeitsreaktion

Das **chronische Kontaktekzem** entsteht z.B. durch Kosmetika, Nickel oder Chrom. Nach Erkennung des allergisierenden Agens steht an erster Stelle die Expositionsprophylaxe.

Die Lokaltherapie besteht in der Anwendung von Salben, die Glukokortikoide (z.B. CelestanV®), Harnstoff (z.B. Hydrodexan®) oder Teersubstanzen enthalten. Nur in therapieresistenten Fällen werden Glukokortikoide systemisch eingesetzt, z.B. Prednison (DecortinH®) beginnend mit 30 – 50 mg/die in absteigender Dosierung (☞ 10.2).

9.3 Anaphylaktischer Schock

Der anaphylaktische Schock stellt die extremste Variante der Typ I-Reaktion dar. Das Schockgeschehen ist Folge der mediatorvermittelten Vasodilatation sowie des Flüssigkeitsverlusts durch erhöhte Kapillarpermeabilität. Klinisch werden verschiedene Schweregrade unterschieden:

I:	Allgemeinsymptome (z.B. Schwindel, Kopfschmerzen) und Hauteraktionen (z.B. Flush, Urtikaria)
II:	Blutdruckabfall mit Tachykardie, Übelkeit und Erbrechen
III:	Bronchospasmus, selten Larynxödem
IV:	Kreislaufstillstand.

✔ **Adrenalin** hemmt die Mediatorfreisetzung. In hohen Dosen bewirkt es eine Kontraktion aller Gefäße und wirkt damit der bestehenden Vasodilatation entgegen. Es kommt zum Blutdruckanstieg. Durch β_1-Wirkung wird das Herzminutenvolumen gesteigert, durch β_2-Wirkung resultiert eine Bronchospasmolyse. ***Cave***: Kardiale Nebenwirkungen (Rhythmusstörungen).

Glukokortikoide und Kalziumglukonat bewirken eine Abdichtung der Kapillaren.

Therapie des anaphylaktischen Schocks

- Weitere Allergenzufuhr unterbrechen
- ✔ Adrenalin (Suprarenin®) 0,25 –1 mg verdünnt in 10 ml 0,9%iger NaCl langsam i.v.
- Rasche Volumenzufuhr von 1 – 2 l z.B. Ringerlactat oder kolloidale Plasmaersatzlösung (z.B. Humanalbumin 5%)
- Glukokortikoide, z.B. Methylprednisolon (Urbason®) 100 – 500 mg i.v.
- H_1-Antihistaminika, z.B. Clemastin (Tavegil®) 2 – 4 mg i.v.
- Kalziumglukonat 10% 10 ml i.v.
- Bei Bronchospastik Theophyllin (z.B. Euphyllin®) 10 ml i.v., bei Larynxödem Intubation.

10 Pharmakotherapie rheumatischer Erkrankungen und der Gicht

IMPP-Hitliste

✔✔✔	Wirkung und Nebenwirkungen der Glukortikoide (☞ 10.2.2)
✔✔	Goldtherapie bei chronischer Polyarthritis (☞ 10.2.3)
✔	Therapie des akuten Gichtanfalls (☞ 10.4.1)

Bei den Erkrankungen des rheumatischen Formenkreises handelt es sich um eine heterogene Krankheitsgruppe. Dazu gezählt werden:

- Akute entzündliche Gelenkserkrankungen, z.B. rheumatisches Fieber
- Chronische entzündliche Gelenkserkrankungen, z.B. chronische Polyarthritis
- Degenerative Gelenkserkrankungen.

Bei den chronisch entzündlichen Formen bestehen Übergänge und Überlappungssyndrome mit chronisch entzündlichen Erkrankungen des Bindegewebes, den sog. Kollagenosen. Diesen liegen Autoimmunprozesse zugrunde.

10.1 Akutes rheumatisches Fieber

Das rheumatische Fieber tritt als Zweiterkrankung zwei bis drei Wochen nach einem akuten Infekt mit β-hämolysierenden Streptokokken der Gruppe A auf. Der Erkrankung liegen immunpathologische Reaktionen vom Typ II (Bildung von Antikörpern gegen Herzmuskel als Folge einer Kreuzreaktion mit Streptokokkenantigenen) und Typ III (Ablagerung von Immunkomplexen in Kapillaren) zugrunde.

Die Klinik ist gekennzeichnet durch:

- Hohes Fieber
- Akute wandernde Polyarthritis der großen Gelenke
- Pankarditis
- Hauterscheinungen (Erythema nodosum, Erythema anulare rheumaticum)
- Zentralnervöse Störungen (Chorea minor).

Gefürchtet sind v.a. bleibende Herzklappenfehler durch die Endokarditis.

Da die Symptome Ausdruck der immunologisch vermittelten Entzündung sind, stehen an erster Stelle der Behandlung entzündungshemmende Maßnahmen. Außerdem wird eine antibiotische Therapie durchgeführt, da in der Akutphase eine persistierende floride Streptokokkeninfektion nicht immer sicher auszuschließen ist.

Antiphlogistische Therapie

Salizylate (☞ 18.1)

Z.B. Azetylsalizylsäure (Aspirin®, Godamed®)

Wirkmechanismus

Durch Hemmung der Zyklooxygenase und damit der Prostaglandinsynthese wirken sie entzündungshemmend und antipyretisch. Sie beeinflussen daher die Gelenk- und Herzmuskelentzündung günstig.

Dosierung

Sie werden in möglichst hoher Dosis verabreicht, beginnend mit 1 g/die bis zu 3 g/die oral. Limitierend sind die Nebenwirkungen (☞ 18.1).

Bei schlechter Verträglichkeit von Salizylaten kann auf andere Antiphlogistika z.B. Indometacin (Amuno®) oder Phenylbutazon (Butazolidin®) übergegangen werden (☞ 10.3, 10.4, 18.1).

Glukokortikoide (☞ 10.2.2)

Z.B. Prednisolon (DecortinH®), Methylprednisolon (Urbason®).

Indikation
Sie werden v.a. bei schwerer Herzbeteiligung gegeben, um die Entzündungsreaktion zu unterdrücken. Allerdings wird die Ausbildung endokarditischer Klappenfehler hierdurch nicht sicher verhindert.

Dosierung
✔ Über zwei Wochen Prednisolon 40 – 60 mg/die oral mit schrittweiser Reduzierung.

Nebenwirkungen ☞ **10.2.2**

Antibiotikatherapie (☞ 16)

▒ Penicillin

Mittel der Wahl bei allen Streptokokkeninfekten ist Penicillin. Alle Streptokokken sind penicillinempfindlich, während gegen zahlreiche andere Antibiotika Resistenzen vorliegen. Penicillin G ist wirksamer als halbsynthetische Penicilline.

Dosierung
Penicillin G (Megacillin®) 5 Millionen IE/die i.v. über 10 Tage.

▒ Cephalosporine

Bei leichter Penicillinallergie werden Cephalosporine eingesetzt. Bei ausgeprägterer Penicillinallergie muß das mögliche Vorliegen einer Kreuzallergie bedacht werden (☞ 16).

Dosierung
Cefaclor (Panoral®) 3 x 0,5 g/die oral über 10 Tage.

▒ Erythromycin

Liegen gegen Cephalosporine Kreuzallergien vor, gilt Erythromycin als Ausweichpräparat.

Dosierung
Erycinum® 4 x 250 mg/die oral über 10 Tage.

Rezidivprophylaxe

Da das rheumatische Fieber eine Hypersensitivitätsreaktion gegenüber Streptokokken bei entsprechender Veranlagung darstellt, muß eine Rezidivprophylaxe zur Verhütung einer erneuten Streptokokkeninfektion durchgeführt werden. Neben einer sorgfältigen Herdsanierung (Zähne, Tonsillen) zählt hierzu eine prophylaktische Dauertherapie mit Antibiotika:

- ✔ Benzathinpenicillin (z.B. Tardocillin®) 1,2 Mill IE i.m. alle vier Wochen
- ✔ Säurestabiles Penicillin z.B. Propicillin (Baycillin®) oral 1 Mill IE/die
- Erythromycin oral 2 x 250 mg/die.

Die Prophylaxe sollte mind. fünf Jahre, bei besonderen Risikopatienten (z.B. Ärzte, Lehrer) lebenslang durchgeführt werden.

10.2 Chronische Polyarthritis (Rheumatoide Arthritis)

Sie stellt die häufigste chronisch-entzündliche Systemerkrankung dar. Die genaue Ätiologie ist nicht geklärt. Vermutet wird, daß durch einen vorangehenden Infekt auf dem Boden einer bestimmten genetischen Disposition eine Autoantikörperbildung ausgelöst wird. Entstehende Antigen-Antikörperkomplexe lagern sich u.a. in der Synovialis der Gelenke ab und führen hier zur chronischen Entzündung mit Gelenkdestruktion. Auch ein viszerale Beteiligung (z.B. Myokarditis, Lungenfibrose) ist möglich.

Allgemeinmaßnahmen
Ihnen kommt in allen Stadien der Erkrankung als alleinige Therapie oder begleitend zu medikamentösen Behandlungsstrategien große Bedeutung zu. Hierzu zählen Ruhigstellung des betroffenen Gelenkes im akuten Schub, gezielte krankengymnastische Übungsbehandlung um Fehlstellungen und Atrophien zu verhindern und entsprechende balneophysikalische Maßnahmen.

Indikationen zur medikamentösen Behandlung
Medikamente kommen in Abhängigkeit von Verlauf und Schwere der Erkrankung zum Einsatz.

- Bei stabilem Zustand zur Behandlung von Beschwerden: Nichtsteroidale Antiphlogistika
- Bei chronisch progredientem Verlauf: Basistherapeutika (Gold, Penicillamin, Chloroquin) und Immunmodulatoren
- Im akuten Schub: Glukokortikoide

Medikamente bei chronischer Polyarthritis			
Substanz	**Präparat**	**Dosierung**	**Wirkung**
Nichtsteroidale Antiphlogistika			
Salicylate	Aspirin®, Colfarit®	3 – 4 g/die	Analgetisch und antiphlogistisch durch Hemmung der Bildung von Entzündungsmediatoren
Arylessigsäurederivate			
• Indometacin	Amuno®	50 – 200 mg/die	
• Diclofenac	Voltaren®	50 – 200 mg/die	
Oxicame			
• Piroxicam	Felden®	20 mg/die	
Arylpropionsäurederivate			
• Ketoprofen	Orudis®	150 – 300 mg/die	
Glukokortikoide			
• Prednisolon	DecortinH®	40 – 60 mg/die Erhaltungsdosis: 2,5 – 5 mg/die	Entzündungshemmung Beeinflussung immunologischer Reaktionen
• Methylprednisolon	Urbason®	60 – 80 mg/die Erhaltungsdosis: 4 – 16 mg/die	
Basistherapeutika			
Goldsalze			Hemmung der Bindegewbsproliferation; Modulation immunologischer Reaktionen
• Aurothioglucose	Aureotan®	Erhaltungsdosis: 20 – 50 mg/Woche	
Antimalariamittel			
• Chloroquin	Resochin®	250 mg/die	
• D-Penicillamin	Metalcaptase®	600 mg/die	
Immunsuppressiva			
Alkylantien			Unterdrückung entzündlicher Reaktionen
• Cyclophosphamid	Endoxan®	1 – 3 mg/kg/die	
• Chlorambucil	Leukeran®	2 – 8 mg/kg/die	
Antimetabolite			Vermehrungshemmung entzündungsvermittelnder Zellen
• Azathioprin	Imurek®	1,5 mg/kg/die	
• Methotrexat	Methotrexat®	10 – 15 mg/Woche	

- Bei schwerem Verlauf mit Komplikationen: Immunsuppressiva.

Bei Versagen konservativer Behandlungsstrategien kommen als ultima ratio auch chirurgische Eingriffe in Frage (z.B. Synovektomie, Arthroplastik).

10.2.1 Nichtsteroidale Antiphlogistika

Bei chronischer Polyarthritis kommen sie in Phasen mit nur leichten Entzündungszeichen als Monotherapeutika zum Einsatz.

Wirkmechanismus
Die Bildung der als Entzündungsmediatoren wirkenden Prostaglandine und Leukotriene wird durch Hemmung der Zyklooxygenase bzw. Lipooxygenase verhindert. Die Substanzen wirken innerhalb von Stunden analgetisch und antiphlogistisch.

Substanzen
- Salizylate z.B. Azetylsalizylsäure (Aspirin®), Diflunisal (Fluniget®) ☞ 10.1
- Arylessigsäurederivate z.B. Indometacin (Amuno®), Diclofenac (Voltaren®)
- Oxicame z.B. Piroxicam (Felden®)
- Arylproprionsäurederivate z.B. Ketoprofen (Orudis®).

Aufgrund häufiger und gefährlicher Nebenwirkungen (u.a. tödlich verlaufende Agranulozytosen) wurde die Indikation der früher ebenfalls eingesetzten *Pyrazolidine* (z.B. Phenylbutazon) auf akute Schübe des M. Bechterew und Gichtanfälle (☞ 10.4) beschränkt.

Indikationen
- Erkrankungen des rheumatischen Formenkreises
- Schmerzzustände (☞ 18.1).

Nebenwirkungen
Als gemeinsame Nebenwirkungen gelten Entstehung oder Aktivierung von Ulzera im Gastrointestinaltrakt, gastrointestinale Blutungen, Auslösung von Nierenfunktionsstörungen mit Natrium- und Wasserretention, Störung der Blutbildung. Besondere Nebenwirkungen der einzelnen Substanzgruppen:
- Salizylate: Allergische Reaktionen, Bronchospasmus, zentralnervöse Störungen (z.B. Schwindel, Kopfschmerzen, Hörstörungen). Bei Vergiftungen Hyperventilation mit primär respiratorischer Alkalose. Durch Atemlähmung bei fortschreitender Vergiftung dann metabolische Azidose
- Oxicame: Kumulationsgefahr aufgrund langer Plasmahalbwertzeit (40 h)
- Arylproprionsäurederivate: Besonders häufig gastrointestinale Störungen. Außerdem zentralnervöse Störungen (Schwindel, Sehstörungen).

Kontraindikationen
Bei Magen-Darmulzera sowie hämorrhagischer Diathese sind nichtsteroidale Antiphlogistika aufgrund der erhöhten Blutungsgefahr kontraindiziert. Bei schweren Leber- und Nierenschäden, Hypertonie und Atemwegserkrankungen darf der Einsatz nur mit größter Vorsicht erfolgen.

Wechselwirkungen
- Erhöhung der Gefahr gastrointestinaler Blutungen durch Glukokortikoide
- Verringerung der Wirkung von Diuretika, Antihypertonika und Urikosurika
- Verstärkung der blutzuckersenkenden Wirkung oraler Antidiabetika
- Erhöhung der Plasmaspiegel von Digoxin und Lithium
- Verstärkung der Wirkung oraler Antikoagulantien.

10.2.2 Glukokortikoide

Glukokortikoide gehören zu den in der Nebennierenrinde (Zona fasciculata) gebildeten Steroidhormonen, deren wichtigster natürlicher Vertreter das Kortisol ist.

✔ Durch synthetische Abwandlung des natürlichen Kortisols gelang die Herstellung von Verbindungen mit stärker ausgeprägten antiphlogistischen Eigenschaften und geringer ausgeprägter mineralokortikoider Nebenwirkung.

✔ Die anderen Kortikoidnebenwirkungen nehmen jedoch parallel zur antiphlogistischen Wirkung zu.

Indikationen
Aufgrund der entzündungshemmenden und immunsuppressiven Wirkung werden Kortikoide bei zahlreichen Erkrankungen eingesetzt:
- Allergische Reaktionen (☞ 9)
- Autoimmunerkrankungen
- Rheumatoide Arthritis
- Systemtumoren wie Leukämien
- Verhinderung der Abstoßungsreaktion nach Transplantationen
- Hirnödem.

Glukokortikoide				
Substanz	**Präparat**	**Dosierung/die bei akuten Indikationen**	**Dauertherapie (Cushing-Schwelle)**	**Relative mineralokortikoide Potenz (Cortison = 1)**
Prednison	Decortin®	40 – 100 (200) mg	< 15 mg	0,8
Prednisolon	DecortinH®	40 – 100 (200) mg	< 7,5 mg	0,8
Methylprednisolon	Urbason®	80 – 160 mg	< 12 mg	–
Fluorcortolon	Ultralan®	40 – 80 mg	< 15 mg	–
Paramethason	Monocortin®	40 – 60 mg	< 3 mg	–
Dexamethason	Fortecortin®	16 mg	< 1,5 mg	–

✔ Sie dienen außerdem der Substitutionstherapie bei Nebenniereninsuffizienz (Kortisol 30 mg/die).

Anwendung

Beim Einsatz von synthetischen Glukokortikoiden sollte die zirkadiane Rhythmik der physiologischen Kortisolproduktion berücksichtigt werden. Der maximale Blutspiegel findet sich dabei morgens zwischen 6 und 9 Uhr, Tiefstwerte werden ungefähr um Mitternacht erreicht.

✔ Um die Nebennierenfunktion so wenig wie möglich durch Rückkopplungsmechanismen zu hemmen, erfolgt die Gabe der Gesamttagesdosis daher einmalig morgendlich. Falls möglich, kann auch eine alternierende Therapie mit Einnahme jeden zweiten Tag erfolgen.

✔ Da eine funktionelle Atrophie der Nebennierenrinde sowie der übergeordneten Zentren nach längerer Anwendung trotzdem möglich ist, sollte die Behandlung ausschleichend beendet werden.

Dosierung (☞ Tabelle)

Die Erhaltungdosis sollte bei Dauertherapie in jedem Fall unter der sog. *Cushingschwelle* liegen, d.h. unter der Dosis, die zu systemischen Nebenwirkungen führt.

Glukokortikoidwirkungen

- Förderung der Glukoneogenese aus Eiweiß (kataboler Effekt)
- Unterdrückung entzündlicher Prozesse durch Hemmung der Leukozytenmigration und Phagozytose (antiphlogistischer Effekt)
- Herabsetzung der Aktivität des lymphatischen Gewebes mit Lymphopenie und verminderter Antikörperbildung (immunsuppressive Wirkung)
- Unterdrückung der Fibroblastenaktivität mit herabgesetzter Kollagensynthese (antiproliferativer Effekt)
- Aktivierung des Fettstoffwechsels: Fettmobilisation in der Peripherie, Umverteilung des Fettgewebes (Stammfettsucht), Hyperlipidämie
- Hemmung der enteralen Kalziumresorption (hypokalziämische Wirkung).

Nebenwirkungen

Aufgrund der zahlreichen Nebenwirkungen sollte die Anwendung der Glukokortikoide entsprechend zurückhaltend und nur bei dringender Indikation erfolgen.

- Cushing-Syndrom: Dieses tritt nach Dauertherapie auf und ist gekennzeichnet durch Stammfettsucht, Stiernacken, Vollmondgesicht und Striae
- ✔ Störung der Glukosetoleranz bis hin zum sog. Steroiddiabetes
- ✔ Retention von Natriumionen und Wasser und erhöhte Ausscheidung von Kaliumionen (Mineralokortikoider Effekt)
- Zentralnervöse und psychische Störungen (Euphorisierende Wirkung bei Behandlungsbeginn in 50% der Fälle, bei Langzeittherapie Verstimmungen, Depressionen und manifeste Psychosen v.a. bei anamnestisch vorbelasteten Patienten)
- ✔ Osteoporose durch Proteinabbau, erhöhte renale Kalziumausscheidung und Hemmung der enteralen Kalziumresorption
- Erhöhte Infektanfälligkeit durch die immunsuppressive Wirkung
- Blutbildveränderungen: Verminderung von Lymphozyten und Eosinophilen, Vermehrung der Thrombozyten und Erythrozyten
- Entstehung von Magen-Darmulzera
- Wachstumshemmung bei Kindern
- Störung der Wundheilung
- Steroidakne
- ✔ Glaukomentstehung und Katarakt.

Kontraindikationen

Diese ergeben sich aus den genannten Wirkungen und Nebenwirkungen:

- Ulkusanamnese (falls die Anwendung unumgänglich ist, sollte sie unter entsprechendem Magenschutz, z.B. mit H_2-Antihistaminika erfolgen)
- Psychiatrische Erkrankungen in der Anamnese
- Ausgeprägte Osteoporose und schwere Hypertonie
- Schwer einstellbarer Diabetes mellitus
- Infektionskrankheiten, insbesondere einige Viruserkrankungen (z.B. Varizellen).

Wechselwirkungen
- Erhöhte Gefahr der Entstehung gastrointestinaler Ulzera bei gleichzeitiger Einnahme von nichtsteroidalen Antiphlogistika
- Durch kaliumsenkende Wirkung erhöhte Glykosidwirksamkeit
- Verminderung der Wirkung von Antikoagulantien und oralen Antidiabetika
- Abgeschwächte Kortikoidwirkung aufgrund Enzyminduktion durch Barbiturate, Phenytoin und Rifampicin.

Einsatz bei chronischer Polyarthritis
Die Wirkung der Kortikoide beruht auf ihrem entzündungshemmenden Effekt und der Beeinflussung immunologischer Reaktionen. Sie können zur dramatischen Besserung des klinischen Krankheitsbildes führen, sollten aber aufgrund ihrer Nebenwirkungen nicht als Dauertherapeutikum eingesetzt werden. Ihr Einsatz erfolgt daher als Stoßtherapie bei hochakuten Schüben oder systemischen Komplikationen (z.B.Vaskulitis). Bei akutem Gelenksbefall kann eine lokale Applikation als peri- oder intraartikuläre Injektion durchgeführt werden.

Früher angewandte *fixe Kombinationen* nichtsteroidaler Antiphlogistika und Glukokortikoide werden nicht mehr eingesetzt. Zum einen sollten Glukokortikoide hochdosiert und kurzfristig und nicht als entzündungshemmdende Dauermedikation zum Einsatz kommen. Zum anderen haben nicht-steroidale Antiphlogistika kürzere Halbwertzeiten, so daß ihre Gesamtdosis im Gegensatz zu den Kortikoiden sinnvoller auf Gaben mehrmals täglich verteilt werden sollte.

10.2.3 „Basistherapeutika“

Es handelt sich um eine heterogene Gruppe von Arzneimitteln, deren genauer Wirkungsmechanismus nicht geklärt ist. Ihre Wirkung tritt erst nach Wochen bis Monaten ein. Sie werden in möglichst niedrigen Dosen zur Dauertherapie eingesetzt.

Goldsalze

Z.B. Aurothioglucose (Aureotan®)

Indikation
✔ Chronische Polyarthritis mit stärkerer entzündlicher Aktivität, jedoch ohne bereits fortgeschrittene Gelenkdestruktion.

Wirkmechanismus
Diskutiert wird eine Abnahme der Bindegewebsproliferation sowie eine Hemmung der Immunkomplexphagozytose und eine Stabilisierung der Phagolysosomenmembran. Ein Behandlungserfolg wird bei 70% der Patienten beobachtet.

Dosierung
Steigende Dosierung beginnend mit 10 mg i.m. in der ersten Woche bis zu 50 mg i.m. pro Woche. Nach Erreichen einer Gesamtdosis von 800 mg Übergang auf Erhaltungsdosis (25 – 50 mg monatlich).

✔ Der Behandlungserfolg setzt erst nach mehreren Wochen ein.

Nebenwirkungen
Sie treten in 20 – 30% der Fälle auf.

✔ Betroffen sind Blut (Leuko- und Thrombopenie), Haut und Schleimhäute (Exantheme, Stomatitis), Leber (cholestatische Hepatitis) und die Nieren (Immunkomplexnephritis). Unter der Therapie sollten daher regelmäßige Blutbild- und Urinkontrollen sowie Kontrollen der Leberwerte durchgeführt werden.

✔ Bei starken Komplikationen ist eine Therapie mit Dimercaprol oder D-Penicillamin zur Beschleunigung der Elimination möglich.

Antimalariamittel

Z.B. Chloroquin (Resochin®)

Indikation
Sie kommen bei chronischer Polyarthitis mit geringer Progredienz, im Intervall zwischen „Goldkuren“ oder bei vorliegenden Kontraindikationen gegen eine Goldtherapie zum Einsatz. Nur 40% der Behandelten sprechen auf die Therapie an.

Wirkmechanismus
Auch hier wird eine Hemmung der Bindegewebsproliferation und eine Stabilisierung der

Lysosomenmembran angenommen. Der Wirkungseintritt erfolgt nach Wochen bis Monaten.

Dosierung

In der Langzeittherapie wird über 6 – 12 Monate täglich 250 mg Chloroquin verabreicht.

Nebenwirkungen

Exantheme, gastrointestinale Störungen und Sehstörungen durch eine reversible Akkomodationsparese, eine Hornhauttrübung oder eine irreversible Retinopathie (Wirkstoffeinlagerung in die Netzhaut) können auftreten. Daher müssen regelmäßige ophthalmologische Kontrollen durchgeführt werden.

D-Penicillamin (Metalcaptase®)

Indikation und Wirkung

Durch Hemmung der Synthese von Hydroxyprolin und Blockade der Quervernetzung von Faserproteinen wirkt es supprimierend auf die Bindegewebsproliferation. Durch Sprengung von Disulfidbrücken kann es Makroglobuline wie z.B. den Rheumafaktor (= Antikörper gegen IgG-Antikörper, der bei ca. 50% der Patienten mit pcP nachweisbar ist) spalten. Daher ist es v.a. bei Verlaufsformen mit hohem Rheumafaktortiter und daraus resultierenden Komplikationen (Hyperviskosität des Blutes) indiziert.

Dosierung

Beginnend mit 150 mg/die bis auf maximal 600 mg/die steigern.

Nebenwirkungen

✔ Neurologische Störungen (Sehnervenentzündung, Geschmacksverlust, Myastheniesyndrom), gastrointestinale Störungen, Exantheme, Immunkomplexnephritis mit nephrotischem Syndrom und Knochenmarksschädigungen sind möglich. Durchführung regelmäßiger Urinkontrollen und sofortiges Absetzen des Präparates bei Auftreten einer Albuminurie.

10.2.4 Immunsuppressiva und Immunmodulatoren

Der Einsatz immunsuppressiv wirkender **Zytostatika**, wie z.B. Cyclophosphamid oder Methotrexat, erfolgt aufgrund starker Nebenwirkungen (☞ 17.2) erst nach Versagen der anderen Therapiemöglichkeiten bei anhaltend akuten, progredienten Krankheitsverläufen. Die entzündungsvermittelnden Zellen werden an Wachstum und Vermehrung gehindert.

Unter der Vorstellung, daß der Erkrankung eine gestörte Immunreaktion zugrunde liegt, wurden Präparate mit einem **regulativen Einfluß auf das Immunsystem** eingesetzt. Hierzu zählen γ-Interferon und Cyclosporin A (Sandimmun®). Ihre Wirksamkeit in der Dauertherapie ist noch nicht endgültig bewiesen.

10.3 Degenerative Gelenkveränderungen

Degenerative Gelenkveränderungen (Arthrosen) entstehen durch Abnutzung des Gelenkknorpels, was reaktiv auch zu Veränderungen an den gelenkbildenden Knochen führen kann (z.B. Hyperostosen, Geröllzysten). Die **Klinik** ist gekennzeichnet durch Bewegungseinschränkung und Schmerzen, sekundär kann es zu Muskelverspannungen kommen. Nach starken Anstrengungen kann es zur Aktivierung der Arthrose mit Auftreten von Entzündungszeichen (Schwellung, Rötung, Überwärmung) kommen. In Spätstadien sind Gelenkversteifungen möglich.

Therapie der Wahl sind krankengymnastische Maßnahmen zur Verbesserung der Gelenkfunktion und des Muskelzusammenspiels. Begleitend können balneophysikalische Maßnahmen zur Linderung des Schmerzes beitragen.

Chirurgische Maßnahmen umfassen Umstellungsosteotomien bei Gelenkfehlstellungen bzw. den Gelenkersatz oder die Gelenkversteifung bei fortgeschrittenen arthrotischen Veränderungen.

Medikamentöse Maßnahmen bei Arthrose:
- Nichtsteroidale Antiphlogistika
- Muskelrelaxierende Substanzen
- Lokal hyperämisierende Substanzen.

✔ Da es sich um ein degeneratives und nicht primär entzündliches Geschehen handelt, kommen **Glukokortikoide und Basistherapeutika** nicht systemisch zum Einsatz. Bei aktivierter Gelenksarthrose ist die intraartikuläre Gabe von Glukokortikoiden möglich. Dabei sind mögliche Komplikationen (Infektionsgefahr, Auslösung einer lokalen Osteoporose bei gehäufter Anwendung) zu beachten.

Nicht bewiesen ist der Effekt sog. **Chondroprotektiva.** Es handelt sich um Präparate, die Knorpelaufbaustoffe wie Mucopolysaccharidschwefelsäureester oder D-Glucosamin enthalten und nach oraler oder intraartikulärer Gabe die weitere Knorpelabnutzung verhindern sollen. Als Nebenwirkung wurden allergische Reaktionen beobachtet, so daß ihr Einsaz entsprechend kritisch zu bewerten ist.

10.3.1 Nichtsteroidale Antiphlogistika

(☞ auch 10.2.1)

✔ Z.B. Indometacin (Amuno®), Diclofenac (Voltaren®), Piroxicam (Felden®).

Indikation und Wirkung
Bei nicht aktivierter Arthrose steht der analgetische Effekt im Vordergrund, während bei aktivierter Arthrose mit begleitenden Entzündungszeichen auch die antiphlogistische Wirkung zum Tragen kommt.

Anwendung
V.a. aufgrund ihrer ulzerogenen Nebenwirkungen im Gastrointestinaltrakt sollte eine Daueranwendung vermieden werden. Deshalb ist auch eine Anwendung als Suppositorien oder lokal als Salben oder Emulgel (z.B. Rheumon®, Voltaren®) vorzuziehen. Aufgrund des analgetischen Effektes besteht die Gefahr, daß die Patienten unter der laufenden Medikation das Gelenk zu stark belasten und es dadurch zur Aktivierung der Arthrose kommt.

10.3.2 Muskelrelaxierende Substanzen

Z.B. Chlormezanon (MuskelTrancopal®), Tetrazepam (Musaril®).

Wirkung
Sie wirken zentral muskelrelaxierend und können zur Schmerzerleichterung durch Besserung der muskulären Verspannung beitragen. Besonders zu Beginn einer krankengymnastischen Übungsbehandlung ist ihre Gabe sinnvoll.

10.3.3 Lokal hyperämisierende Substanzen

Substanzen
Sie enthalten ätherische Öle und Nikotinsäuren, z.B. Rubriment®, Finalgon®.

Wirkmechanismus
Durch lokale Durchblutungssteigerung können sie zur Beseitigung der bestehenden Myogelosen beitragen.

10.4 Gicht

Der Gicht liegt ein erhöhter Harnsäurespiegel > 6 – 7 mg/dl (Hyperurikämie) zugrunde. Bei der **primären Gicht** besteht eine angeborene Störung des Harnsäurestoffwechsels (Überproduktion oder Sekretionsstörung). Eine **sekundäre Gicht** kann bei allen Erkrankungen auftreten, die mit erhöhter Harnsäurebildung (z.B. Tumoren durch Zelluntergang) oder verminderter Ausscheidung (z.B. Nierenerkrankungen) einhergehen.

Stadieneinteilung der Gicht
- Stadium I: Asymptomatische Hyperurikämie
- Stadium II: Akuter Gichtanfall
- Stadium III: Interkritisches Stadium, d.h. klinisch asymptomatisch bei fortschreitenden Folgen der Stoffwechselstörung
- Stadium IV: Chronische Gicht mit bleibenden Organschäden (Gelenkdestruktionen, Gichtnephropathie).

Allgemeinmaßnahmen bei der Behandlung einer Hyperurikämie sind:

- Purinarme Diät (z.B. durch Verzicht auf Innereien)
- Normalisierung des Körpergewichtes
- Alkoholabstinenz.

10.4.1 Therapie des akuten Gichtanfalls

Der akute Gichtanfall äußert sich als schmerzhafte Monarthritis (häufig des Großzehengrundgelenkes). Er entsteht durch Ausfallen von Harnsäurekristallen im Gewebe mit anschließender Phagozytose durch Leukozyten. Die Kristalle führen zur Verletzung der Phagolysosomenmembran mit Austritt von lysosomalen Enzymen ins Gewebe und nachfolgender Entzündungsreaktion.

Zur Behandlung werden neben Allgemeinmaßnahmen (Ruhigstellung der Extremität, kühlende Umschläge) folgende Medikamente eingesetzt:

- ✔ Colchicin
- ✔ Nichtsteroidale Antiphlogistika
- Glukokortikoide.

Colchicin (Colchicum-Dispert®)

Wirkmechanismus
Durch Angriff an den Mikrotubuli des Zellapparates wirkt Colchicin mitosehemmend. Die Phagozytosefähigkeit der Leukozyten wird herabgesetzt und damit die zur Entzündung führende Freisetzung lysosomaler Enzyme verhindert. Bei prophylaktischer Gabe kann es das Auftreten eines akuten Gichtanfalls verhindern.

Dosierung ☞ Tabelle
Pharmakokinetik
Colchicin wird nach oraler Gabe gut resorbiert und zum großen Teil an Plasmaeiweiße gebunden. Daher erfolgt die aktive Sekretion über Galle und Darmschleimhaut nur langsam. Weil Colchicin außerdem einem enterohepatischen Kreislauf unterliegt, besteht Kumulationsgefahr.

Nebenwirkungen
Auch in therapeutischen Dosen kann es zu Erbrechen und Durchfällen kommen. Colchicin ist stark toxisch, die tödliche Dosis liegt bei 20 mg/die. Bei Colchicinvergiftung kommt es zu Durchfällen, Schluckbeschwerden und Koliken sowie Tachykardien. Der Tod kann als Folge eines Kreislaufversagens oder durch Atemlähmung eintreten. Bei chronischer Anwendung kann es zu Knochenmarksdepressionen und Haarausfall kommen.

Nichtsteroidale Antiphlogistika

Ersatzweise für Colchicin oder bei schwerem Verlauf ergänzend werden in der Regel Indometacin (Amuno®) oder seltener auch Phenylbutazon (Butazolidin®) gegeben. Bewährt haben sich außerdem Diclofenac (Voltaren®) und Piroxicam (Felden®) ☞ 10.2.

Wirkmechanismus ☞ 10.2
Dosierung ☞ Tabelle
Nebenwirkungen
Es können Kopfschmerzen, Schwindel, Benommenheit und Übelkeit auftreten. Strenge Indikationsstellung bei Patienten mit anamnestisch psychiatrischen Erkrankungen, Nierenleiden oder gastrointestinalen Ulzera.

Phenylbutazon (Butazolidin®)

Wirkmechanismus
✔ Es kann den akuten Gichtanfall durch seine antiphlogistische Wirkung unterbrechen und wirkt gleichzeitig urikosurisch.

Nebenwirkungen
✔ Die schwerwiegendste Nebenwirkung ist das Auftreten einer Agranulozytose. Darüberhinaus können Haut-und Schleimhautveränderungen, Natrium- und Wasserretention und bei akuten Vergiftungen Krämpfe auftreten. Bei jedem dritten Patienten treten Nebenwirkungen auf, die zum Absetzen zwingen, weshalb die Indikation auf den akuten Gichtanfall und Schübe bei Morbus Bechterew beschränkt wurde.

Glukokortikoide ☞ 10.2.2

Dosierung bei Gichtanfall ☞ Tabelle
Sie werden eingesetzt, wenn mit Colchicin und nichtsteroidalen Antiphlogistika allein keine Besserung der Symptomatik erreicht wird.

Medikamente bei Gicht			
Substanz	**Präparat (Beispiele)**	**durchschnittliche Dosierung/die**	**Indikation**
Colchicin	Colchicum-Dispert®	*1. Tag:* 1 mg/h über 4 h, anschl. 1 mg/2 h *2. Tag:* halbe Dosis *3. Tag:* 1,5 mg	Akuter Gichtanfall
Nichtsteroidale Antiphlogistika • Diclofenac • Piroxicam • Indometacin • Phenylbutazon	 Voltaren® Felden® Amuno® Butazolidin®	 150 mg/3 die 40 mg/4 – 6 die 50 mg i.m. oder 100 mg oral alle 6 h 400 – 800 mg/3 die	Akuter Gichtanfall
Glukokortikoide • Prednisolon	 DecortinH®	 30 – 50 mg/2 die	Akuter Gichtanfall
Urikostatika • Allopurinol	 Zycloric®, Foligan®	 150 – 600 mg/die	Intervalltherapie
Urikosurika • Benzbromaron • Sulfinpyrazon	 Narcaricin® Anturano®	 50 – 200 mg/die 100 – 600 mg/die	Intervalltherapie

10.4.2 Intervalltherapie

Bei mäßig erhöhten Harnsäurespiegeln kann purinarme Diät allein ausreichend sein.

Die medikamentöse Therapie der Hyperurikämie umfaßt:

- **Urikostatika** zur Reduktion der Harnsäurebildung
- **Urikosurika** zur Förderung der Harnsäureausscheidung.

Urikostatika

Allopurinol (Zyloric®, Foligan®)

Wirkmechanismus

✔ Allopurinol hemmt die Xanthinoxidase, die Harnsäure aus den Vorstufen Xanthin und Hypoxanthin bildet, der Harnsäureanfall wird vermindert. Diese Substanzen sind besser löslich und werden nun vermehrt über die Nieren ausgeschieden. Außerdem führt es zur Feedbackhemmung der Purinsynthese. Bei längerer Therapie können Harnsäuredepots abgebaut werden.

Pharmakokinetik

Bei eingeschränkter Nierenfunktion besteht aufgrund einer Halbwertszeit von 14 h Kumulationsgefahr, so daß die Dosierung entsprechend angepaßt werden muß.

Nebenwirkungen

Insgesamt ist die Verträglichkeit gut, zu den seltenen Nebenwirkungen zählen Hautausschläge, Überempfindlichkeitsreaktion, Alopezie, Pruritus, gastrointestinale Störungen, Bildung von Xanthinsteinen in den ableitenden Harnwegen, Leukopenie und Eosinophilie.

✔ Zu Behandlungsbeginn ist die Auslösung akuter Gichtanfälle möglich.

Wechselwirkungen

✔ Die Elimination von Azathioprin und Mercaptopurin, die durch die Xanthinoxidase biotransformiert werden, kann gehemmt werden. Die Wirkung von Antikoagulantien wird verstärkt.

Urikosurika

Benzbromaron (Narcaricin®), Sulfinpyrazon (Anturano®), Probenecid (Probenecid®)

Wirkmechanismus

Durch Hemmung der tubulären Rückresorption von Harnsäure wird deren Ausscheidung erhöht. Die Entwicklung von Gichttophi wird verhindert, zum Teil bilden sich Tophi sogar zurück.

✔ Im Anfangstadium der Therapie kann eine Erhöhung des Serumharnsäurespiegels auftreten, da in niedrigen Dosen eine begleitende Hemmung der Harnsäuresekretion überwiegen kann. Daher kann initial die zusätzliche Gabe von Colchicin oder Indometacin indiziert sein.

✔ Um das Ausfallen von Uratkristallen in den Tubuli und damit die Harnsäuresteinausbildung zu verhindern, ist erhöhte Flüssigkeitszufuhr (mindestens 2,5 l /die) sowie eine Alkalisierung des Urins (pH > 6,5), z.B. mit Kaliumnatriumhydrogencitrat (UralytU®) zu empfehlen.

Kontraindikationen
Aufgrund der möglichen Steigerung des Harnsäurespiegels zu Therapiebeginn dürfen Urikosurika nicht im akuten Anfall gegeben werden. Weitere Kontraindikationen sind eine eingeschränkte Nierenfunktion oder eine Urolithiasis. Sulfinpyrazon ist bei Leberfunktionsstörungen kontraindiziert.

Wechselwirkungen
Gleichzeitige Gabe von Salizylaten (z.B. Azetylsalizylsäure), die die urikosurische Wirkung hemmen, kann die initiale harnsäureretinierende Wirkung verstärken.

Nebenwirkungen
Selten werden gastrointestinale Störungen, Durchfälle und Exantheme beobachtet. Bei Benzbromaron können Kopfschmerzen, bei Sulfinpyrazon Thrombo- und Leukopenien auftreten.

Kombinationspräparate von Allopurinol und Benzbromaron

Z.B. Allomaron®

Durch additive Wirkung bewirken sie eine raschere Elimination der Harnsäuredepots. Die Wirkung von Allopurinol kann durch die urikosurische Wirkung von Benzbromaron abgeschwächt werden.

10.5 Osteoporose

Der Begriff der Osteoporose beschreibt eine Abnahme der funktionstüchtigen Knochenmasse, die das altersentsprechende Maß überschreitet.

Ätiologisch unterscheidet man:
Generalisierte Osteoporosen
Primäre Formen:
- Idiopathische Osteoporose bei jungen Patienten
- Postmenopausale Osteoporose (Typ I), häufigste Form
- Senile Osteoporose (Typ II).

Sekundäre Formen:
- Bei endokrinologischen Erkrankungen (Hyperkortisolismus, Hyperthyreose)
- Medikamentennebenwirkung (z.B. Kortison)
- Plasmozytom (M. Waldenström)
- Bei Kalziumverlusten.

Lokalisierte Osteoporose
Bei Immobilisation oder neurovaskulären Stögungen (M. Sudeck).

Während physikalische Maßnahmen bei allen Formen zur Stimulierung des Knochenwachstums zum Einsatz kommen, unterscheiden sich die medikamentösen Strategien je nach Genese der Osteoporose. Bei sekundären Formen steht die Therapie der Grundkrankheit im Vordergrund.

Medikamentöse Behandlungsversuche der primären Formen umfassen:
- Östrogene zur Präventivtherapie der postmenopausalen Osteoporose
- Therapie mit Kalzitonin
- Ausreichende Zufuhr von Kalzium und Kalzitriol (Vit. D)
- Evtl. Anabolika zur Förderung des Knochenaufbaus
- Symptomatische Schmerztherapie und Muskelrelaxation.

Da Fluoride trotz Anstiegs der Knochenmasse zu einer erhöhten Frakturrate führen, sollten sie nicht mehr zur Behandlung der Osteopoose eingesetzt werden.

Richtlinien für die Behandlungsindikation sind die Bestimmung der Knochenmasse und jährliche Verlaufskontrollen, z.B. mittels der quantitativen Computertomographie.

Symptomatische Schmerztherapie und Muskelrelaxation
Zur Analgesie werden eingesetzt:

- Paracetamol 3 x 500 mg.
- Acemetacin, z.B. 2 x 1 Tbl. Rantudil®.

Die Muskelrelaxation kann durchgeführt werden mit Diazepam 2 mg abends.

10.5.1 Östrogene

Die Entstehung der postmenopausalen Osteoporose kann durch eine frühzeitige Östrogentherapie verhindert werden. Eine Knochenneubildung ist nach erfolgtem Abbau jedoch nicht möglich.

Substanz
Estradiolvalerat (z.B. Progynon Depot®)

Anwendung und Dosierung
Bei oraler Gabe werden 1 – 2 mg Estradiol täglich gegeben. Bei transdermaler Gabe genügt durch Umgehung des First-pass-Effektes in der Leber eine Dosis von 25 – 100 μg/die.

Nebenwirkungen
Östrogene können das Thrombembolierisiko erhöhen sowie zu Wasserretention, Hyperpigmentierung der Haut und Gewichtszunahme führen. Um das Risiko für die Entstehung eines Endometriumskarzinoms nicht zu erhöhen, wird eine zyklusgerechte Substitution mit begleitender Gabe von Gestagenen empfohlen, z.B. Klimonorm® (Estradiol und Levonorgestrel) oder Duoluton® (Ethinylestradiol und Norgestrel).

Kontraindikationen

- Hormonabhängige Uterus- und Mammatumoren
- Endometriose
- Schwere Leberfunktionsstörungen
- Anamnestisch thrombembolische Erkrankungen.

10.5.2 Kalzitonin

Substanzen
Humanes Kalzitonin (Cibacalcin®), Lachskalzitonin (Karil®).

Wirkmechansimus
Kalzitonin ist ein Peptidhormon, das physiologischerweise in der Nebenschilddrüse gebildet wird. Durch partielle Antagonisierung der Parathormonwirkung und Osteoklastenhemmung hemmt es die Freisetzung von Kalzium und Phosphat aus dem Knochen und fördert den Knochenaufbau. Es senkt durch gleichzeitige Förderung der renalen Kalziumausscheidung rasch den Kalziumserumspiegel. Begleitend zeigt es eine analgetische Wirkung.

Indikationen
Außer bei Osteoporose ist Kalzitonin auch bei Hyperkalzämien, Sudecksyndrom und Schmerzen infolge Knochenmetastasen indiziert.

Dosierung und Anwendung
Die Gabe muß parenteral erfolgen (meist s.c.). Es werden 100 – 200 IE/Woche verabreicht.

Nebenwirkungen
Selten treten Übelkeit oder Flush auf. Bei Lachskalzitonin sind allergische Reaktionen möglich. Durch zu starke Absenkung des Kalziumspiegels kann ein sekundärer Hyperparathyreoidismus ausgelöst werden.

10.5.3 Kalzium

Der Patient sollte täglich mind. 1 000 mg Kalzium in Form von Milchprodukten oder durch zusätzliche Kalziumsubstitution zu sich nehmen.

Substanzen
Z.B. Kalziumlactoglukonat und Kalziumcarbonat (CalciumSandoz®), Kalziumlaktat (Ospur®).

Wirkmechanismus
Die Substitution von Kalzium ist bei begleitender Kalzitonin- und Vitamin D-Therapie sinnvoll, um genügend Substrat für den geförderten Kalziumeinbau in den Knochen zur Verfügung zu stellen. Eine isolierte Kalziumgabe dagegen ist nicht sinnvoll.

Nebenwirkungen
Bei Überdosierung ist eine Hyperkalzämie möglich.

10.5.4 Vitamin D

Substanzen
Calcitriol = Dihydroxycolecalciferol (Rocaltrol®), Cholecalciferol (Vigantoletten®).

Wirkmechanismus
Vitamin D bewirkt durch Steigerung der Kalziumresorption aus dem Darm sowie Erhöhung der Kalziumrückresorption in der Niere eine Erhöhung des Kalziumserumspiegels. Durch den erhöhten Spiegel wird die Mineralisation der Knochenmatrix und damit die Bildung funktionstüchtigen Knochens gefördert. Dieser Effekt überwiegt eine begleitende knochenabbauende Wirkung durch Vitamin D-induzierte Steigerung der Osteoklastenaktivität.

Dosierung
Bei Osteoporose wird eine niedrig dosierte Zusatzbehandlung mit Vitamin D bzw. seinen Hydroxylierungsprodukten empfohlen (Dihydroxycolecalciferol 0,25 – 0,5 μg/die, Colecalciferol 0,05 – 0,1 mg/die), obwohl der therapeutische Effekt nicht gesichert ist.

Nebenwirkungen
Bei Überdosierungen entstehen Symptome einer Hyperkalzämie (Übelkeit, Erbrechen, zentralnervöse Störungen, Nierenversagen).

10.5.5 Anabolika

Substanzen
Metenolacetat (Primobolan®), Closebolacetat (Steranabol®).

Wirkmechanismus
Es handelt sich um Derivate des Testosterons, bei denen die androgene Wirkung bei Steigerung des eiweißaufbauenden anabolen Effektes gesenkt wurde. Weiterhin bewirken sie eine Retention von Kalzium- und Phosphationen. Ihr Effekt und Einsatz bei Osteoporose ist umstritten.

Dosierung
Die Gabe erfolgt als Depotpräparat intramuskulär (Steranabol® 80 mg pro Woche) oder durch tägliche orale Gabe (Primobolan® 10 mg). Die Dosierung muß individuell angepaßt werden.

Nebenwirkungen
Anabolika bewirken eine Virilisierung bei Frauen (vermehrter Haarwuchs, Stimmveränderungen). Bei längerer Anwendung besteht die Gefahr eines cholestatischen Ikterus.

11 Diabetes mellitus

IMPP-Hitliste

✔✔✔ Ursachen für einen erhöhten Insulinbedarf (☞ 11.1.2)

✔✔ Orale Antidiabetika (☞ 11.2)

✔✔ Therapie des ketoazidotischen diabetischen Komas (☞ 11.3.1)

11.1 Insulinmangel-Diabetes (Typ I-Diabetes)

Dem Typ-I-Diabetes, der sich meist vor dem 40. Lebensjahr manifestiert, liegt ein absoluter Insulinmangel aufgrund zerstörter β-Zellen im Pankreas zugrunde.

Die Therapie besteht aus folgenden Elementen:

✔ • Genau abgestimmte Diät: Die Nahrungsaufnahme soll auf 3 große und 3 kleine Mahlzeiten verteilt werden, wobei sich die Nahrung zu 50 – 60% aus Kohlenhydraten, zu 15 – 20% aus Eiweiß und zu 25 – 30% aus Fett zusammensetzen sollte
• Körperliche Aktivität: Sie bewirkt eine Steigerung der Glukoseutilisation des Muskels

✔ • Insulinsubstitution
• Schulung, Planung der Lebensweise und Selbstkontrolle.

11.1.1 Insulin-Substitutionstherapie

Zur Substitution von Insulin werden vorwiegend hochgereinigte Humaninsuline oder Schweineinsulin eingesetzt.

Beide unterscheiden sich bei gleichem blutzuckersenkenden Effekt nur in einer endständigen Aminosäure in der B-Kette.

Grundsätzlich unterscheidet man:

- **Normalinsuline** (Altinsulin) mit einem raschen Wirkungseintritt nach ca. 30 Min., einem Wirkungsmaximum nach 1 – 3 h und einer Wirkdauer von 5 – 8 h
- **Depotinsuline** (Intermediär-, Langzeitinsuline): Durch den Zusatz von Protamin oder Zink wird Insulin verzögert freigesetzt. Die Wirkung setzt nach 0,5 – 1,5 h ein, das Maximum ist nach 4 – 12 h erreicht, und die Wirkdauer beträgt 12 bis max. 24 h
- **Kombinationen** von rasch und verzögert wirkenden Insulinarten in verschiedenen Mischungsverhältnissen (z.B. 10/90, 20/80, 30/70, 40/60, 50/50). Ihr Wirkungsmaximum liegt bei 4 – 6 h, ihre Wirkdauer bei 8 – 12 h.

Insulin wird vornehmlich s.c. mit Einmalspritzen appliziert (bei Stoffwechselentgleisungen Normalinsulin auch i.v., ☞ 11.3). Als Injektionshilfen stehen heute sog. „Pens" zur Verfügung, d.h. Spezialampullen, aus denen jeweils eine einstellbare Insulindosis abgegeben wird, sowie Insulinpumpen.

Bei der Neueinstellung eines Typ-I-Diabetikers gibt es zwei mögliche Therapieschemata:

- **Intensivierte Insulintherapie (Basis-Bolus-Konzept):** Hier wird mit einem Depot-Insulin (2 x tgl.) der basale Insulinbedarf und mit Normalinsulin (3 x tgl.) der mahlzeitenabhängige Insulinbedarf abgedeckt. Diese Therapie erlaubt eine flexible Gestaltung des Tagesablaufs, erfordert aber die ständige Selbstkontrolle und Therapieanpassung durch den Patienten
- **Insulinpumpentherapie:** Hier wird durch eine Pumpe kontinuierlich eine Basalrate von Normalinsulin s.c. verabreicht, zu den Mahlzeiten wird vom Patienten je nach Bedarf Normalinsulin als Bolus über die Pumpe gespritzt.

Die **konventionelle Therapie**, bei der meist in Form einer täglich zweimaligen festen Mischung (30/70) aus Normal- und Depotinsulin 2/3 der Dosis morgens und 1/3 abends verabreicht werden, kommt für eine Neueinstellung wegen der schlechten Resultate seltener in Frage.

Besonderheiten bei der Einstellung

Insulinbedarf

Er beträgt bei absolutem Insulinmangel 0,2-0,7 IE/kgKG und ist erhöht bei Infektionskrankheiten, Hyperthyreose, Insulinresistenz durch Antikörperbildung und diabetogen wirkenden Pharmaka. Erniedrigt ist der Insulinbedarf bei körperlicher Aktivität und Pharmaka, die den Blutzucker senken (☞ 11.1.2).

Insulinverteilung über den Tag

Sie richtet sich nach dem Tagesablauf. Ca. 1/2 bis 2/3 des Gesamtinsulinbedarfs wird als Basalinsulin gegeben. Der Insulinbedarf unterliegt einer zirkadianen Rhythmik und ist morgens höher als abends.

Spritz-Eß-Abstand

Er ist abhängig von der Insulinart und vom gemessenen Blutzuckerwert. Bei Normalinsulin beträgt er 0 – 30 Min., wobei die Faustregel gilt: Beträgt der BZ 60 mg%, wird gespritzt und sofort gegessen, bei 80 mg% nach 15 Min., bei 120 mg% nach 30 Min. Bei Depotinsulinen beträgt der Spritz-Eß-Abstand 30 – 60 Min.

Injektionsort

Die Injektionen sollten am Tag in den Bauch, die letzte des Tages in den Oberschenkel gegeben werden, weil hier die Resorption langsamer erfolgt. Um Verhärtungen und dadurch einen Einfluß auf die Wirkkinetik zu verhindern, muß die Injektionsstelle systematisch gewechselt werden.

11.1.2 Komplikationen der Insulintherapie

Hypoglykämie

Sie stellt die häufigste Komplikation einer Insulintherapie dar und kann durch folgende Umstände verursacht sein:

- Zu hohe Insulindosis und Verwechslung von Insulinart oder -konzentration (z.B. 40 IE/ml und 100 IE/ml)
- Irrtümliche i.v.- oder i.m.-Injektion
- Hyperämie am Injektionsort (heißes Bad, Wärmflasche)
- Zu späte oder zu geringe Kohlenhydratzufuhr
- Vermehrte körperliche Arbeit
- Gleichzeitige Einnahme blutzuckersenkender Pharmaka (s.u.) und Alkohol.

Symptomatik

Zunächst treten harmlose *adrenerg-vegetative Symptome* wie Tachykardie, Unruhe, Schweißausbrüche, Hungergefühl auf, auf die *neuroglukopenische Symptome* wie Konzentrationsstörungen, Stupor, Somnolenz, Sprach- und Sehstörungen, Krämpfe bis hin zum Koma folgen können.

Therapie

Therapeutisch müssen sofort Kohlenhydrate zugeführt und jede körperliche Betätigung unterlassen werden. Ist das Schluckvermögen eingeschränkt, hilft die i.m.-Injektion von Glukagon (*cave:* nur kurzzeitiger Effekt) oder die Infusion einer 40%igen Glukoselösung.

✔ Sind die Hypoglykämien Symptome eines *Insulinoms*, kann die Insulinfreigabe durch Diazoxid (Proglicem®: 5 mg/kgKG oral oder Hypertonalum®: 75 mg i.v.) gehemmt werden.

Immunogene Nebenwirkungen

Durch bessere Reinigung der Insuline und häufigeren Einsatz von Humaninsulin sind Antikörperbildungen auf Insuline zurückgegangen. Antikörper können sowohl gegen das Insulinmolekül als auch gegen Stabilisatoren und Depothilfsstoffe in der Insulinlösung gebildet werden. *Insulinallergien vom Soforttyp* mit lokalem Erythem bis hin zu lebensbedrohlichen anaphylaktoiden Reaktionen sind selten. Häufiger sind *Allergien vom verzögerten Typ* mit lokalen Hautreaktionen über Tage (Schwellung) oder mit zirkulierenden Antikörpern gegen Insulin. Diese können bewirken, daß der Insulinbedarf auf über 200 IE/die ansteigt – man spricht dann von einer **immunogenen Insulinresistenz.** Bei einem Bedarf von 100 – 200 IE/die besteht eine relative Insulinresistenz. Diese ist jedoch häufiger durch eine Überdosierung von Depotinsulinen bedingt und dann mit einer Gewichtszunahme verbunden.

✔ Bei allen Unverträglichkeitsreaktionen muß die Therapie mit einem nicht-allergenen Insulin (meist Humaninsulin) fortgeführt werden, das durch Intrakutantestung ermittelt werden kann. Der einzige allgemein anerkannte Vorteil von Humaninsulin gegenüber Schweineinsulin liegt in seinem geringeren allergenen Potential.

Durch die Injektionen kann es zur sog. atrophischen Lipodystrophie kommen, d.h. Gewebsverluste des subkutanen Fettgewebes, die im Zusammenhang mit zirkulierenden Antikörpern stehen sollen.

Wechselwirkungen

✔ Folgende Substanzen können durch blutzuckersteigernde Wirkung den *Insulinbedarf erhöhen*: Kortikoide, hormonale Antikonzeptiva, Sympathomimetika, Schilddrüsenhormone, Thiaziddiuretika, Heparin, Diazoxid, Nicotinate und Psychopharmaka (Chlorpromazin, Lithium, Antidepressiva).

✔ Der *Insulinbedarf* kann *vermindert* sein bei Gabe von α- und β-Blockern, α-Methyldopa, Tetrazyklinen, Fibraten, MAO-Hemmern und Alkohol (bis zu 25 %).

11.2 Nicht-Insulin-abhängiger Diabetes (Typ II-Diabetes)

11.2.1 Therapieprinzipien

Beim Typ II-Diabetes (90% aller Fälle) liegt häufig kein Insulinmangel, sondern vielmehr eine Hyperinsulinämie vor, die durch eine periphere Insulinresistenz und/oder durch Überernährung verursacht ist. Hohe Insulinspiegel vermindern dann die Rezeptorenzahl, wodurch die Insulinwirkung abnimmt, was wiederum zu einem erhöhten Insulinbedarf führt. Wenn die Kapazität der β-Zellen des Pankreas schließlich erschöpft ist, manifestiert sich der Diabetes.

Aus diesen pathophysiologischen Grundlagen ergeben sich folgende therapeutische Ansatzpunkte:

- Gewichtsreduktion und dadurch Senkung der Insulinspiegel und Erhöhung der Rezeptorenzahl
- Senkung des Blutzuckerspiegels durch orale Antidiabetika und Insulin.

11.2.2 Orale Antidiabetika

Orale Antidiabetika sollten grundsätzlich erst eingesetzt werden, wenn eine diätetische Behandlung sowie Schulungsmaßnahmen und Selbstkontrolle über 6 – 8 Wochen erfolglos waren.

Bei der Behandlung mit oralen Antidiabetika ist zu beachten:

- Man beginnt zunächst mit schwächer wirksamen Präparaten wie Tolbutamid und steigt erst bei deren Versagen auf stärkere wie z.B. Glibenclamid um
- Die Therapie sollte einschleichend mit niedrigen Einzeldosen am Morgen begonnen werden, eine Dosiserhöhung sollte nur erfolgen, wenn über ca. 2 Wochen keine Besserung eingetreten ist
- Die Dosis sollte jeweils max. um 1/2 – 1 Tbl. bis zu einer Maximaldosis von 3 Tbl. (Tagesverteilung 2 – 0 – 1) gesteigert werden
- Nach 1 – 2 Monaten guter Einstellung nimmt der Tablettenbedarf oft ab, weshalb eine Dosisreduktion notwendig werden kann
- Immer wieder sollte durch Auslaßversuche geprüft werden, ob nicht doch durch Diät allein eine gute Einstellung gelingt
- Die Selbstkontrolle des Patienten mit dem Ziel eines glukosefreien Urins besteht in der täglichen Untersuchung einer Harnprobe oder der Untersuchung mehrerer Harnproben an einem Wochentag.

Sekundärversagen

Im weiteren Krankheitsverlauf kann es zu einem sog. Sekundärversagen der oralen Antidiabetika kommen.

Therapeutisch kommen folgende Maßnahmen in Betracht:
- Versuch der Ausschaltung auslösender Ursachen, z.B. Motivation und Schulung zur Verbesserung mangelhafter Diät, Umsetzen antiinsulinär wirkender Medikamente und Behandlung von Begleiterkrankungen wie z.B. Hyperthyreose oder Infektionen
- Kombinierte Therapie mit Insulin, wobei man zunächst die morgendliche Dosis durch 4 – 6 IE eines Verzögerungsinsulins ergänzt und die Dosis schrittweise um 2 – 4 IE erhöht
- Wenn mehr als 28 IE Insulin benötigt werden, empfiehlt sich eine kombinierte Therapie meist nicht mehr, und man beginnt eine Monotherapie mit Insulin. Man kann davon ausgehen, daß insulinpflichtig werdende Sekundärversager im Mittel einen Bedarf von 40 IE/die haben.

Substanzen

Sulfonylharnstoffderivate

Sulfonylharnstoffderivate erhöhen den Insulinspiegel durch Stimulierung der Insulinausschüttung aus den β-Zellen des Pankreas sowie durch Verdrängung von Insulin aus der Plasmabindung. Sie wirken nur, wenn noch eine Insulinrestproduktion vorhanden ist (also nicht bei Typ I-Diabetikern).

Nebenwirkungen
Die wichtigste Nebenwirkung ist die **Hypoglykämie**, die v.a. bei stark an Plasmaproteine gebundenen und damit langwirksamen Präparaten wie Glibenclamid lange dauern kann und wegen der Gefahr von Rückfällen eine stationäre Behandlung über mehrere Tage erforderlich macht.

Weitere, seltener auftretende Nebenwirkungen sind:
- Knochenmarksschädigungen (Agranulozytose)
- Allergische Hautreaktionen (Pruritus, Erytheme, exfoliative Dermatitis)
- Übelkeit, Erbrechen, Dyspepsie
- Cholestatischer Ikterus
- Wasserretention durch schwache antidiuretische Wirkung
- Störung der Schilddrüsenhormonbildung und Strumaneigung
- Alkoholunverträglichkeit
- Bei langdauernder Therapie mit Tolbutamid soll das Herzinfarktrisiko erhöht sein.

Kontraindikationen
Sulfonylharnstoffderivate sind bei Kindern bzw. bei Typ I-Diabetes, Coma diabeticum, bei Niereninsuffizienz und bei Leberfunktionsstörungen sowie während der Schwangerschaft kontraindiziert.

Wechselwirkungen
Folgende Medikamente können Sulfonylharnstoffderivate aus der Plasmaeiweißbindung verdrängen und somit die blutzuckersenkende Wirkung verstärken: Cumarine, Sulfonamide und Tetrazykline, Phenylbutazone und Salizylate, Allopurinol, Clofibrat, Guanethidin und Probenecid.
β-Blocker verstärken die Wirkung durch Hemmung der adrenalin-vermittelten Glykogenolyse

Orale Antidiabetika			
Substanz	**Handelsname**	**Dosis/die**	**Besonderheiten**
Sulfonylharnstoffderivate			stark wirksam
• Glibenclamid	Euglucon®	1,75 – 10,5 mg	evtl. geringere Nebenwirkungen
• Glibornurid	Glutril®	12,5 – 75 mg	auch bei Niereninsuffizienz
• Gliquidon	Glurenorm®	15 – 120 mg	Kurze HWZ
• Glisoxepid	Pro-Diaban®	2 – 16 mg	gut verträglich,
• Tolbutamid	Rastinon®	0,5 – 2 g *	schwächer wirksam
Biguanide			Laktatazidosegefahr
• Metformin	Glucophage®	0,5 – 2,5 g	
Kohlenhydratresorptionshemmer			mit viel Flüssigkeit einnehmen
• Guarmehl	Glucotard®	1 – 3 x 5 g	
• Acarbose	Glucobay®	150 – 600 mg	
* Einstiegsdosis – Maximaldosis			

in der Muskulatur und können gleichzeitig die Symptome einer Hypoglykämie abschwächen.

Die Wirkung von Sulfonylharnstoffderivaten wird vermindert durch antiinsulinär wirkende Substanzen (☞ 11.1.2). Mit Sulfonamiden besteht eine Kreuzallergie.

Biguanide (Metformin)

Biguanide steigern die Insulinfreisetzung im Pankreas **nicht**. Diskutiert werden folgende Wirkungsmechanismen:

- Hemmung der Glukoseresorption im Darm
- Verbesserte Glukoseutilisation durch Steigerung der Zellpermeabilität
- Steigerung der anaeroben Glykolyse (Laktatbildung)
- Hemmung der Gluconeogenese in der Leber.

✔ Im Gegensatz zu den Sulfonylharnstoffderivaten wirken sie beim Gesunden nicht blutzuckersenkend.

Biguanide können bei stark übergewichtigen Patienten eingesetzt werden, da sie keine Appetitsteigerung verursachen und so die Gewichtsabnahme erleichtern. Die Monotherapie mit Biguaniden ist in Deutschland allerdings nicht erlaubt.

Nebenwirkungen

Am meisten gefürchtet ist das Auftreten einer *Laktatazidose*, die häufiger bei den heute vom Markt genommenen Substanzen Phenformin und Buformin auftrat, bei Verwendung von Metformin unter Beachtung der Kontraindikationen jedoch sehr selten ist. Außerdem können Hypoglykämien, selten Übelkeit, Erbrechen und Diarrhoe oder Blutbildveränderungen auftreten.

Kontraindikationen

Sie entsprechen denen der Sulfonylharnstoffderivate. Hinzu kommen noch Zustände, die das Auftreten einer Laktatazidose begünstigen können, z.B. Schock, Sepsis, Herzinsuffizienz, respiratorische Insuffizienz und Hypoxie, Niereninsuffizienz, Pankreatitis, Alkoholabusus und Operationen.

Kohlenhydratresorptionshemmer

Diese induzieren ein medikamentöses Malabsorptionssyndrom und führen dadurch zu einer eindeutigen Hemmung des Glukose-Anstiegs ohne Verstärkung der Insulinämie. Das wird bei dem pflanzlichen Polysaccharid und Quellstoff *Guar* durch eine längere Verweildauer der Nahrung im Magen und eine schlechtere Aufschließbarkeit der Nahrungsbestandteile erreicht, bei *Acarbose* durch eine Hemmung der α-Glucosidasen, die Stärke und Rohrzucker spalten und Glukose für die Resorption freisetzen. Beide Substanzen sind relativ schwach wirksam und können keine Hypoglykämie auslösen. Sie werden zur „Glättung" stark schwankender Blutzuckertagesprofile gegeben.

Nebenwirkungen

Leichte Nebenwirkungen wie Flatulenz, Meteorismus, Magenbeschwerden und Diarrhoen sind dosisabhängig, rasch reversibel und durch einschleichende Dosierung meist vermeidbar.

11.3 Stoffwechseldekompensation: Therapie und Prophylaxe

11.3.1 Coma diabeticum

Die diabetische Stoffwechseldekompensation kann grundsätzlich 2 Formen annehmen, die fließend ineinander übergehen:

- **Ketoazidotisches Koma:** Es tritt bei absolutem Insulinmangel z.B. als Manifestationskoma eines Typ I-Diabetes oder bei erhöhtem Insulinbedarf z.B. bei Infektionen auf. Die Folgen des Insulinmangels sind:
  - Hyperglykämie (BZ meist nicht höher als 700 mg%)
  - Exsikkose durch osmotische Diurese (hypertone Dehydratation)
  - Starke Lipolyse mit der Folge von Ketonkörperbildung und Azidose
- **Hyperosmolares Koma:** Es tritt oft als Erstmanifestationskoma bei älteren Menschen mit einem Typ II-Diabetes auf. Da noch eine Restinsulinproduktion vorhanden ist, wird die

Lipolyse gehemmt, so daß sich keine Azidose entwickelt.

Eine **Laktatazidose** ist selten und kann sich bei der Therapie mit Biguaniden (☞ 11.2.2) entwickeln.

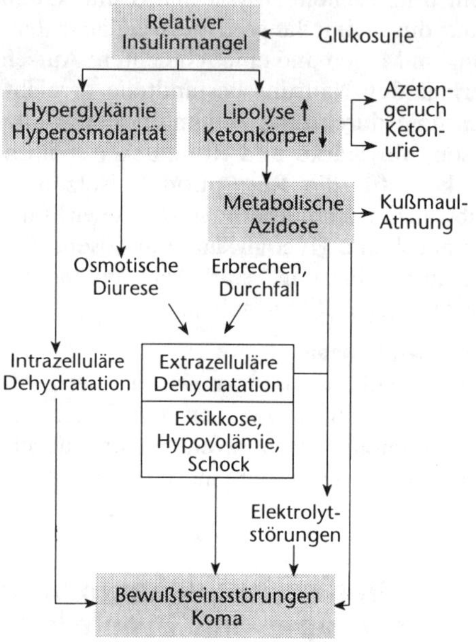

Die Therapie des Coma diabeticum besteht in folgenden Maßnahmen:

✔ • **Flüssigkeitsersatz:** In den ersten 12 h werden bis zu 6 l isotoner 0,9 %iger NaCl-Lösung infundiert, wodurch die Exsikkose ausgeglichen wird. Daneben werden die Konzentrationen von Glukose und kontrainsulinären Hormonen relativ gesenkt. Hypotone Lösungen sollten wegen der Gefahr eines Hirnödems oder eines Schocks bei zu schneller intrazellulärer Rehydratation nicht eingesetzt werden. Bei Na > 150 mmol/l kann jedoch auch eine 0,45%ige NaCl-Lösung infundiert werden
• **Normalinsulin:** Initial werden 10 IE i.v. gespritzt, dann 4 – 8 IE/h über einen Perfusor. Der Blutzucker sollte nicht schneller als 100 mg%/h gesenkt werden, da sonst die Gefahr eines Hirnödems besteht. Beim hyperosmolaren Koma wird eine niedrigere Insulindosis benötigt
✔ • **Azidoseausgleich** ☞ 15.2
• **Kaliumsubstitution:** Trotz der Kaliumverluste durch die osmotische Diurese ist der Kaliumspiegel bei gleichzeitig bestehender Azidose meist im Normbereich. Während der Insulintherapie und dem Azidoseausgleich jedoch kann sich eine Hypokaliämie entwickeln, so daß Kalium substituiert werden muß (☞ 15.1.1).

11.3.2 Diabetes und Schwangerschaft

Die Therapie erfolgt wegen der potentiell teratogenen Wirkung von Sulfonylharnstoffderivaten in der Schwangerschaft grundsätzlich mit Insulin. Bei guter Einstellung und guter perinataler Überwachung ist das Risiko von Spontanaborten sowie perinataler Mortalität und Morbidität kaum höher als bei nichtdiabetischen Müttern.

✔ Die angestrebten mittleren Blutzuckerwerte von 85 – 90 mg% bei einer Schwankungsbreite von 60 – 120 mg% (auf jeden Fall < 160 mg%) liegen deutlich niedriger als außerhalb der Schwangerschaft. Es sollte beachtet werden, daß der Insulinbedarf im ersten Schwangerschaftsdrittel meist erniedrigt, in den letzten zwei Dritteln dagegen erhöht ist.

11.3.3 Diabetes und operative Eingriffe

Bis einschließlich zum Tag vor der Operation bekommen Diabetiker ihre gewohnte Kost und Medikation, evtl. muß die Einstellung verbessert werden. Mit oralen Antidiabetika behandelte Patienten bleiben am OP-Tag präoperativ nüchtern, während der OP werden die Blutzuckerspiegel regelmäßig kontrolliert, und die Medikation wird dann weitergeführt, wenn die orale Nahrungsaufnahme wieder möglich ist. Gelingt so nur eine schlechte Einstellung, muß wie bei Typ I-Diabetikern eine Infusionstherapie mit 5%iger Glukose-Lösung kombiniert mit Altinsulin und evtl. Kalium über Perfusor durchgeführt werden. Am Abend der ersten postoperativen Nahrungsaufnahme kann dann die Infusionstherapie beendet und die Hälfte der gewohnten Insulindosis s.c. verabreicht werden.

12 Pharmakotherapie von Fettstoffwechselstörungen

Fettstoffwechselstörungen stellen einen wesentlichen Risikofaktor bei der Entstehung arteriosklerotischer Gefäßveränderungen dar und tragen somit zu einem erhöhten Risiko für kardiovaskuläre Erkrankungen bei. Ein erhöhtes Risiko besteht bei einer Erhöhung des Gesamtcholesterins > 200 mg% oder des LDL-Cholesterins > 160 mg% bzw. bei einer Erniedrigung des HDL-Cholesterins < 35 mg%. Bei einem Gesamtcholesterin bis 250 mg% ist das Risiko von der HDL-Cholesterin-Konzentration abhängig. Erhöhte Serumtriglyzeride stellen insbesondere bei niedrigem HDL-Cholesterin einen unabhängigen Risikofaktor dar.

Hinsichtlich der Ätiologie von Fettstoffwechselstörungen unterscheidet man:

- **Primäre Formen** (ca. 3% der Bevölkerung) mit Störungen des Stoffwechsels der Lipoproteine (5 Typen, ☞ Tab.)
- **Sekundäre Formen** (ca. 20% der Bevölkerung) als Folge von
  - Alkoholkonsum, Adipositas
  - Endokrinen Störungen: Diabetes, Hypothyreose, M. Cushing
  - Lebererkrankungen, Pankreatitis und nephrotischem Syndrom
  - Medikamenten: Diuretika, β-Blocker, Antikonzeptiva, Glukokortikoide.

12.1 Therapieprinzipien

Prinzipielle Grundlage jeder Therapie ist eine durch Fettrestriktion und Fettmodifikation charakterisierte Ernährungsumstellung, die eine Normalisierung des Körpergewichts und eine Senkung der Plasmalipide auf Normwerte zum Ziel hat. Zusätzlich müssen (wenn möglich) alle Pharmaka, die Plasmalipidspiegel erhöhen, wie z.B. Diuretika oder β-Adrenozeptorantagonisten, abgesetzt werden. Reichen diese Maßnahmen nicht aus oder besteht eine Cholesterinerhöhung > 250 mg%, muß eine medikamentöse Therapie erfolgen.

Grundsätzlich beginnt man die Therapie mit einer Monotherapie. Steht eine deutliche *Hypercholesterinämie* im Vordergrund, beginnt man mit einem HMG-CoA-Reduktase-Hemmer oder einem Anionenaustauscher.

Bei einer *Hypertriglyzeridämie* und gemischten Hyperlipoproteinämien empfiehlt sich die Gabe von Fibraten. Bei Versagen der Monotherapie muß die Substanz gewechselt oder eine Kombinationstherapie durchgeführt werden (z.B. senken Lovastatin und Cholestyramin zusammen den Cholesterinspiegel um 50 – 60 %).

Hyperlipoproteinämien nach Fredrickson

Typ	Häufigkeit	Erhöhte Lipoproteine	Cholesterin	Triglyzeride	Arteriosklerose-risiko
I	< 1 %	Chylomikronen	normal	leicht erhöht	nicht erhöht
IIa	30 %	LDL	erhöht	normal	hoch
IIb	10 %	LDL, VLDL	erhöht	erhöht	hoch
III	< 1 %	β-VLDL	erhöht	erhöht	erhöht
IV	60 %	VLDL	normal	erhöht	erhöht
V	< 1 %	Chylom., VLDL	normal	erhöht	nicht erhöht

Gelingt bei einer schweren Hyperlipoproteinämie eine ausreichende Senkung des Cholesterin- und Triglyzeridspiegels durch Diät und medikamentöse Therapie nicht, ist eine **Plasmapherese** zur LDL-Entfernung oder das sog. **HELP-Verfahren** (**h**eparinvermittelte **e**xtrakorporale **L**DL-**P**räzipitation) angezeigt. Im experimentellen Stadium steht die Lebertransplantation bei schwerer familiärer Hypercholesterinämie.

12.2 Substanzen

HMG-CoA-Reduktase-Hemmer

Die HMG-CoA-Reduktase-Hemmer Lovastatin, Simvastatin und Pravastatin sind die stärksten cholesterinsenkenden Medikamente auf dem Markt. Sie hemmen kompetitiv das Schlüsselenzym der intrazellulären Cholesterinsynthese, die HMG-CoA-Reduktase. Durch die intrazellulär verminderte Cholesterinsynthese kommt es dann zu einer vermehrten Expression von LDL-Rezeptoren an der Zelloberfläche, wodurch mehr LDL-Cholesterin in die Zelle aufgenommen und verarbeitet werden kann.

Indikation
Mittel der 1. Wahl bei allen Formen der Hypercholesterinämie.

Nebenwirkungen
Neben gastrointestinalen Störungen (Blähungen, Diarrhoen, Übelkeit), Kopfschmerzen, Schlaflosigkeit und Hautausschlägen kann es in selteneren Fällen zu passageren Transaminasenanstiegen, Linsentrübungen und Myalgien kommen.

Anionenaustauscher

Die cholesterinsenkende Wirkung von Cholestyramin und Colestipol ist schwächer als die der HMG-CoA-Reduktase-Hemmer. Es handelt sich um nichtresorbierbare Substanzen, die im Dünndarm Gallensäuren binden und so deren enterohepatischen Kreislauf unterbrechen. Die Folge ist eine verminderte enterale Resorption von Cholesterin und eine gesteigerte Gallensäurensynthese in der Leber auf Kosten der Cholesterinsynthese.

Indikation
Mittel der 1. Wahl bei der Behandlung der Hypercholesterinämie.

Medikamente zur Therapie von Hyperlipoproteinämien

Substanz	Präparat	Dosis/die	Senkung von		Indikation
			Cholesterin	Triglyzeriden	
HMG-CoA-Reduktase-Hemmer • Lovastatin • Simvastatin • Pravastatin	 Mevinacor® Denan® Zocor® Liprevil®	 2 x 20 – 40 mg 10 – 40 mg 10 – 40 mg 10 – 40 mg	30 – 40 %		Typ IIa,b
Anionenaustauscher • Cholestyramin • Colestipol	 Quantalan® Colestid®	 8 – 24 g 15 – 30 g	20 – 25 %		Typ IIa
Nikotinsäure • Nikotinsäure • Pyridylmethanol	 Niconacid® Ronicol®	 2 – 9 g 1 – 1,5 g	10 – 20 %		Typ II-V
Clofibrinsäurederivate (Fibrate) • Bezafibrat • Etofibrat • Fenofibrat • Etofyllinclofibrat • Gemfibrozil	 Cedur® Lipo-Merz® Normalip® Duolip® Gevilon®	 400 – 600 mg 500 – 900 mg 250 mg 500 – 750 mg 900 mg	10 – 20 %	40 %	Typ IIb, III-V

Nebenwirkungen
Blähungen, Obstipation und Völlegefühl bilden sich im Lauf der Therapie meist wieder zurück. Bei längerer Therapie können die Serumtriglyzeride ansteigen.

Wechselwirkungen
Die Resorption fettlöslicher Vitamine und Medikamente (Herzglykoside, β-Blocker, Thiazide, Cumarine) wird vermindert. Die Hemmung der Fettresorption kann zu einer Steatorrhoe führen.

Nikotinsäure

Der Wirkungsmechanismus von Nikotinsäure und Pyridylmethanol, das in der Leber zu Nikotinsäure oxidiert wird, ist nur teilweise bekannt und beruht vorwiegend auf einer Hemmung der Lipoproteinsynthese (LDL und VLDL).

Indikationen
Nikotinsäure kann zwar bei Hypercholesterinämie und Hypertriglyzeridämie eingesetzt werden, stellt aber wegen häufiger Nebenwirkungen ein Mittel der 2. Wahl dar.

Nebenwirkungen
Nikotinsäure wird meist schlecht vertragen: Fast immer kommt es zu einem „Flush-Syndrom" mit Rötung, Jucken und anderen Mißempfindungen der Haut. Gelegentlich treten Blähungen, Durchfälle und Erbrechen auf, die Glukosetoleranz kann verschlechtert, eine Hyperurikämie verstärkt werden. Störungen der Leberfunktion mit Transaminasenanstieg und cholestatischem Ikterus kommen vor.

Clofibrinsäurederivate (Fibrate)

Bezafibrat, Etofibrat, Fenofibrat, Etofyllinclofibrat und Gemfibrozil sind Clofibrinsäurederivate, die die Fettmobilisation im Fettgewebe und die VLDL-Synthese in der Leber hemmen. Dadurch kommt es zu einer starken Verminderung der Serumtriglyzeride. Das LDL-Cholesterin wird geringer gesenkt, HDL-Cholesterin dagegen gesteigert.

Indikationen
Alle Formen der Hypertriglyzeridämie.

Nebenwirkungen
Im Vordergrund stehen gastrointestinale Störungen und ein grippeähnliches Bild mit Myalgien, Arthralgien, Urtikaria und Juckreiz. Selten kommt es zu Leukopenien, Haarausfall, Hepatomegalie oder Schädigungen von Herz- und Skelettmuskel.

Da in einer Studie eine um 25% erhöhte allgemeine Mortalität bei der Behandlung mit Clofibrat (Regelan®) feststellt wurde, kann dieses Medikament, im Gegensatz zu seinen Derivaten, heute nicht mehr empfohlen werden.

Andere Therapeutika der 2. Wahl

Sitosterin (Sitolande®): Es hemmt kompetitiv die Resorption von Cholesterin aus dem Darm.

Probucol (Lurselle®): Es senkt das LDL-Cholesterin, aber überproportional stark auch das HDL-Cholesterin. Darüberhinaus wirkt es antioxidativ.

13 Pharmakotherapie von Erkrankungen der Schilddrüse

IMPP-Hitliste
✔✔ Therapie der euthyreoten Struma (☞ 13.2.1)
✔ Nebenwirkungen der Thyreostatika (☞ 13.3.1)

13.1 Hypothyreose

Hypothyreosen sind meist erworben, selten angeboren. Den erworbenen Formen liegt meist ein Jodmangel oder eine unerkannt abgelaufene Thyreoiditis mit Zerstörung von Schilddrüsengewebe zugrunde. Häufig sind sie auch iatrogen bedingt durch Thyreostatika, Lithiumtherapie, Schilddrüsenresektion oder Radiojodtherapie.

13.1.1 Therapie der Hypothyreose

Die Therapie einer Hypothyreose erfolgt durch Substitution von Schilddrüsenhormonen.

Heute werden dafür nur noch Levothyroxin-Präparate (z.B. Euthyrox®, L-Thyroxin®) eingesetzt, die bei täglich einmaliger Gabe langsam in das biologisch aktive und 4 – 20 x wirksamere Trijodthyronin umgesetzt werden, was damit konstante Plasmaspiegel gewährleistet.

Meist reicht eine Erhaltungsdosis von 100 – 150 μg L-Thyroxin/die für die Substitution aus. Wegen der Gefahr von Herzrhythmusstörungen und Angina pectoris-Anfällen sollte die Therapie einschleichend begonnen werden: Bei Patienten mit KHK beginnt man mit 25 μg/die (bei Herzgesunden mit 50 μg/die) und steigert die Dosis alle 2 – 3 Wochen um 25 μg (50 μg) bis die Erhaltungsdosis erreicht ist.

Die Einstellung auf die erforderliche Dosis muß immer individuell erfolgen. So ist der Bedarf an Schilddrüsenhormonen bei über 60-jährigen um 30% niedriger als bei Jüngeren, während der Schwangerschaft ist er um 40% erhöht. Bei der Einstellung richtet man sich nach dem klinischen Zustand des Patienten (normaler Puls, keine Kälteintoleranz und keine übermäßige Müdigkeit) und dem TSH-Spiegel: Die optimale L-Thyroxin-Dosis zeigt sich durch eine Normalisierung des basalen TSH-Spiegels an. Ist die Dosis zu hoch, ist das basale TSH erniedrigt, ist sie zu niedrig, bleibt es erhöht.

Unter der Monotherapie mit L-Thyroxin liegen die Plasmaspiegel für T4 und fT4 meist im Normbereich, die Werte für T3 etwas darunter. Daher ist bei der Substitutionseinstellung die Bestimmung von T3 überflüssig. Kontrollen sollten während der Einstellung alle 3 – 6 Wochen erfolgen, nach Erreichen der Euthyreose zunächst alle 6 Monate, dann in 12-monatigen Abständen.

Eine **subklinische Hypothyreose** ist meist nicht behandlungsbedürftig. Eine Behandlung ist nur indiziert bei Entwicklung einer klinischen Symptomatik, wenn gleichzeitig eine Struma besteht oder diese bereits entfernt wurde sowie bei Schwangeren, Neugeborenen und Kindern in der Pubertät.

Nebenwirkungen und Wechselwirkungen von L-Thyroxin
Eine zu hohe Dosierung kann hyperthyreotische Symptome hervorrufen. L-Thyroxin vermindert die Wirkung von Insulin und verstärkt die Wirkung von Cumarinen. Aus der Bindung an thyroxinbindendes Globulin kann es durch Cumarine, Phenytoin oder Acetylsalicylsäure verdrängt werden.

13.2 Blande (euthyreote) Struma

Die blande oder euthyreote Struma ist bei weitem die häufigste Schilddrüsenerkrankung. Als Ursachen kommen in Frage:

- Ein exogener Jodmangel (am häufigsten, ca. 15% der Bevölkerung) – Zustände mit erhöhtem Schilddrüsenhormonbedarf (Pubertät, Schwangerschaft, Klimakterium)
- ✔ Eine Therapie mit strumigenen Medikamenten wie Thyreostatika, Lithium, Theophyllin, Sulfonamiden und Sulfonylharnstoffen oder Aminoglutethimid.

Durch den Mangel an Schilddrüsenhormonen kommt es zu einer kompensatorisch vermehrten TSH-Produktion und damit zu einer diffusen oder knotigen Anpassungshyperplasie der Schilddrüse.

Primärprophylaxe der euthyreoten Struma
Eine Primärprophylaxe mit jodiertem Speisesalz ist bes. in Jodmangelgebieten wie Süddeutschland indiziert. In Zuständen mit erhöhtem Jodbedarf (Schwangerschaft, Pubertät) reicht diese Prophylaxe jedoch oft nicht aus, so daß Jodid in einer Dosis von 100 – 200 μg/die indiziert ist.

13.2.1 Therapie der euthyreoten Struma

Zur Therapie der Struma stehen medikamentöse, operative und radiologische Maßnahmen zur Verfügung.

Medikamentöse Therapie

Die medikamentöse Therapie verfolgt zwei Ziele: Zum einen soll sie die Struma verkleinern, zum anderen soll sie verhindern, daß die Struma nach vorausgegangener Verkleinerungstherapie wieder größer wird (Rezidivprophylaxe).

Eine Verkleinerung der Struma um etwa 30% ist durch folgende Maßnahmen möglich:

- ✔ Gabe von 75 – 200 μg L-Thyroxin/die, um eine TSH-Suppression zu erreichen
- Gabe von 300 – 500 μg Jodid/die, um den Jodmangel auszugleichen
- Kombination von L-Thyroxin und Jodid.

Mit einer Schilddrüsenverkleinerung ist in den ersten 6 Monaten der Therapie zu rechnen, nach etwa 12 – 18 Monaten kommt es zu keiner weiteren Größenabnahme. Dann muß man die Therapie abbrechen und mit der Rezidivprophylaxe beginnen.

Für eine Rezidivprophylaxe eignen sich:

- Ausgleich des Jodmangels durch 100 - 200 μg Jodid/die
- Substitution von 50 – 150 μg L-Thyroxin/die.

Der TSH-Spiegel sollte niedrig sein, Kontrollen sollten jährlich erfolgen.

Schilddrüsenhormone und Jod			
Substanz	Handelsname	Dosis/die: Beginn	Dosis/die: Erhaltungsdosis
Levothyroxin	Euthyrox®, L-Thyroxin®,	25– 50 μg	100 – 150 μg
Kaliumjodid	Jodid® 100/200, Jodetten®		100 – 200 μg

Nebenwirkungen von Jodid
Bei einer Jodidintoxikation können sich Schleimhautreizungen (Jod-Schnupfen, Bronchitis), Jod-Akne, schmerzhafte Schwellungen der Speicheldrüsen und Verdauungsstörungen durch Pankreasinsuffizienz einstellen. Selten sind Überempfindlichkeitsreaktionen.

Operative Therapie

Eine meist subtotale Strumektomie kommt in Betracht, wenn eine medikamentöse Therapie keinen Erfolg verspricht, erfolglos war oder kontraindiziert ist. Meist handelt es sich um Strumen mit mechanischen Komplikationen, malignomverdächtigen Bezirken (kalte Knoten) oder um kosmetische Gründe.

Da durch die Entfernung von Schilddrüsengewebe die TSH-Sekretion noch weiter stimuliert wird, muß postoperativ in den meisten Fällen eine lebenslange Substitutionstherapie mit L-Thyroxin durchgeführt werden. Ist die Stoffwechsellage euthyreot, kann man auch ca. 200 μg Jodid/die geben.

Radiojodtherapie

Bei einer Radiojodtherapie wird i.v. oder Radiojod (131 J, 60 – 150 Gy) gegeben, das sich in der Schilddrüse anreichert und mit seiner Strahlung etwa 1 mm tief eindringt, so daß es Schilddrüsengewebe zerstört, ohne Nachbarorgane zu schädigen. Für diese Therapie kommen nur Patienten in Frage, die älter als 40 Jahre sind. Die Symptome bessern sich ca. 3 – 6 Monate nach Applikation, eine klinisch manifeste Hypothyreose ist in ca. 1-5% der Fälle die Folge. Eine vorübergehende Strahlenthyreoiditis läßt sich durch Glukokortikoide behandeln.

Indikationen
Strumen mit mechanischer Behinderung bei Operationskontraindikation sowie Rezidivstrumen mit erhöhtem Operationsrisiko.

Kontraindikationen
Gravidität, Laktation und schwere Hyperthyreosen, die nicht thyreostatisch vorbehandelt sind. Das Risiko der Induktion von Schilddrüsenkarzinomen und Leukämien ist verschwindend gering, so daß die Radiojodtherapie auch zunehmend bei jüngeren Patienten eingesetzt wird.

13.2.2 Euthyreote Struma und Schwangerschaft

✔ Während einer Schwangerschaft sollte jede Patientin mit euthyreoter Struma mit Jod oder Jod und Levothyroxin behandelt werden, da bei Schilddrüsenhormonmangel das Mißbildungsrisiko steigt und es über eine TSH-Überproduktion der Mutter auch zur Kropfbildung beim Feten kommen kann. Levothyroxin ist nicht oder nur zu einem geringen Teil plazentagängig.

13.3 Hyperthyreose und thyreotoxische Krise

Hyperthyreosen sind in über 50% immunogen bedingt (M. Basedow durch Autoantikörper gegen TSH-Rezeptoren), in 30 – 50% durch eine multifokale Autonomie und in ca. 10% durch autonome Adenome. Selten sind passagere Hyperthyreosen im Rahmen einer Thyreoiditis oder bei einem Schilddrüsenkarzinom oder eine übermäßige TSH-Sekretion durch ein HVL-Adenom. Eine durch übermäßige Schilddrüsenhormonzufuhr ausgelöste Hyperthyreose bezeichnet man als *Hyperthyreosis oder Thyreotoxicosis factitia*.

Die Therapie einer Hyperthyreose kann medikamentös, operativ oder durch Radiojodtherapie erfolgen.

13.3.1 Medikamentöse Therapie

Grundsätzlich werden heute alle Patienten, auch wenn eine frühzeitige Operation oder Radiojodtherapie vorgesehen ist, zunächst thyreostatisch behandelt, bis eine euthyreote Stoffwechsellage vorliegt. Zur Verfügung stehen:

- Die Thioharnstoffderivate Carbimazol, Thiamazol und Propylthiouracil
- Natriumperchlorat
- Lithium (☞ 13.3.4).

Therapieprinzipien
Mittel der ersten Wahl sind Carbimazol und Thiamazol. Propylthiouracil und Natriumperchlorat werden meist erst dann eingesetzt, wenn es unter Carbimazol oder Thiamazol zu allergischen oder toxischen Nebenwirkungen kam.

Ist ein **autonomes Adenom** oder eine **disseminierte Autonomie** die Ursache der Hyperthyreose, wird die Therapie kurzzeitig durchgeführt, bis unter euthyreoten Bedingungen eine Operation bzw. Radiojodtherapie durchgeführt werden kann. Bei **immunogen bedingten Hyperthyreosen** dagegen wird oft eine Langzeittherapie durchgeführt, da nach 12 – 18monatiger Behandlungsdauer in bis zu 50% eine Remission der Hyperthyreose eintritt, die keine weitere Therapie erforderlich macht. Tritt nach einem Auslaßversuch ein Rezidiv ein (die Rezidivrate ist mit über 50% im ersten Jahr sehr hoch), muß man je nach Alter des Patienten und Krankheitsbild zwischen Langzeittherapie, Operation oder Radiojodtherapie wählen.

Thyreostatika werden zunächst in einer relativ hohen Dosis gegeben, die dann entsprechend der Schilddrüsenfunktion reduziert wird. Der therapeutische Effekt tritt erst nach 1 – 2 Wochen ein, da zwar die Hormonsynthese gehemmt, aber nicht die Ausschüttung bereits synthetisierten Hormons gehemmt wird.

Bei einer Langzeittherapie können neben den Thyreostatika Schilddrüsenhormone (bis zu 100 μg L-Thyroxin/die) gegeben werden, wenn die Hormonspiegel in den euthyreoten Bereich abgesunken sind. Diese sollen den infolge der thyreostatischen Therapie erhöhten TSH-Spiegel senken und damit die Bildung einer Struma verhindern.

Bei jodinduzierten Hyperthyreosen kann auch eine Therapie mit Lithium (☞ 20.5.1) erfolgen.

Bei **akuten Hyperthyreosen** werden zur unterstützenden symptomatischen Therapie β-Blokker zur Senkung der Herzfrequenz, Digitalis-Glykoside zur Kompensierung einer Herzinsuffizienz, Diazepam zur Sedierung, Opiatderivate zur antidiarrhoischen Therapie und Infusionen zur Substitution von Wasser- und Elektrolytverlusten gegeben.

Die Verlaufskontrolle besteht in einer regelmäßigen Untersuchung von Lokalbefund und klinischer Stoffwechsellage sowie von T4 und fT4.

Thioharnstoffderivate

Thiamazol und Carbimazol, das nach Resorption im Darm schnell in Thiamazol umgewandelt wird, sowie Propylthiouracil hemmen die Jodierung von Tyrosin. Propylthiouracil hemmt auch die periphere Konversion von T4 zu T3. Außerdem sollen sie das Immunsystem hemmen und dadurch auch den Titer von Thyroidea-stimulierenden Immunglobulinen senken.

Nebenwirkungen
In 5 – 10% treten leichte, reversible Nebenwirkungen auf, die konzentrationsabhängig sind:
- Allergische Exantheme und andere Hauterscheinungen
- Kopf-, Gelenk- und Muskelschmerzen
- Arzneimittelfieber
- Cholestase
- Geschmacksstörungen.

Extrem selten, aber lebensgefährlich sind:
- Allergische Agranulozytosen, die konzentrationsunabhängig sind
- Toxische Agranulozytosen, die konzentrationsabhängig sind.

Thyreostatika			
Substanz	Handelsname	Dosis/die	
		Beginn	Erhaltungsdosis
Carbimazol	Carbimazol® Neo-Thyreostat®	30 – 40 mg	2,5 – 5 mg
Thiamazol	Favistan®	20 – 30 mg	5 – 10 mg
Propylthiouracil	Propycil®	3 x 150 – 200 mg	2 x 50 – 100 mg
Natriumperchlorat	Irenat®-Tropfen	40 – 50 Trp. (☞ Text)	10 – 20 Trp.

Während allergische Agranulozytosen unvermittelt auftreten und daher nicht vermeidbar sind, kündigt sich die toxische Form meist durch eine zunehmende Leukopenie an, weshalb regelmäßige Blutbildkontrollen zumindest in der Anfangsphase wichtig sind.

✔ Wichtigste Symptome einer Agranulozytose, über die der Patient aufgeklärt werden muß, sind Infekte, Halsschmerzen und Fieber.

Natriumperchlorat

Perchlorat hemmt kompetitiv die Aufnahme von Jodid in die Schilddrüse. Daher darf bei einer Perchlorattherapie nicht gleichzeitig Jodid gegeben werden. Da Perchlorat auch die Aufnahme von radioaktiv markiertem Jod in die Schilddrüse hemmt, kann es bei radiologisch-diagnostischen Eingriffen gegeben werden, um z.B. bei Vorliegen eines autonomen Adenoms eine hyperthyreote Entgleisung zu verhindern: z.B. 15 Min. vor Kontrastmittelapplikation 40 Trp. Natriumperchlorat, 2h später 20 Trp. und dann für 1 Woche 3 x 15 Trp./die.

Nebenwirkungen
Wird Natriumperchlorat unverdünnt oder auf nüchternen Magen eingenommen, wird es schlecht vertragen. Neben harmlosen unerwünschten Wirkungen wie Erythemen, Lymphadenopathien und Oberbauchbeschwerden können auch hier Agranulozytosen und aplastische Anämien auftreten.

13.3.2 Operative Therapie und Radiojodtherapie

Indikationen für eine **operative Therapie** sind ein Versagen der medikamentösen Therapie, große Strumen mit lokalen Komplikationen, fokale oder disseminierte Autonomien sowie schnell wachsende Strumen oder Strumen mit Malignitätsverdacht.

Präoperativ muß durch Thyreostatika eine euthyreote Stoffwechsellage gewährleistet sein, postoperativ können sie sofort abgesetzt werden. Besteht postoperativ eine Hypothyreose, muß L-Thyroxin substituiert werden. Es wird kontrovers diskutiert, ob die sog. *Plummerung* mit z.B. 100 – 200 mg Jodid/die über 10 Tage tatsächlich die Operationsbedingungen bei M. Basedow durch eine Drosselung der Durchblutung und Verhärtung des Organs verbessert.

✔ Für eine **Radiojodtherapie** kommen Patienten über 40 Jahren in Frage, bei denen Kontraindikationen für eine operative Therapie bestehen bzw. ein Rezidiv nach Operation aufgetreten ist (☞ 13.2.1)

13.3.3 Hyperthyreose in der Schwangerschaft

Eine Hyperthyreose während der Schwangerschaft verläuft meist mild. Da sie aber während der Geburt oder postpartal exazerbieren kann und eine nichtbehandelte Hyperthyreose erhöhte Mißbildungsraten mit sich bringt, besteht die Therapie der Wahl in einer möglichst niedrig dosierten thyreostatischen Therapie (bevorzugt wird Propylthiouracil). Da alle Thyreostatika die Plazentaschranke überwinden, ist grundsätzlich mit einem strumigenen Effekt auf den Feten zu rechnen, der jedoch bei niedrigen Dosen zu keiner wesentlichen Schilddrüsenvergrößerung führt. Thyreostatika haben kein teratogenes Potential; da sie aber in die Muttermilch übergehen, sollten betroffene Mütter nicht stillen.

Reichen niedrige Thyreostatikadosen nicht aus, ist eine Strumaresektion im 2. Trimenon durchzuführen. Wegen der erheblichen Zunahme des thyroxinbindenden Globulins in der Schwangerschaft eignet sich zur Verlaufskontrolle nicht die Bestimmung des Gesamt-T4, sondern die des freien T4 (fT4).

Therapie bei thyreotoxischer Krise
- Thiamazol in hoher Dosis (160 – 240 mg/die i.v.) zur Hemmung der Hormonsynthese
- Jodid in hohen Dosen (1000 mg/die). Bei Jodkontamination alternativ Lithiumchlorid (ca. 1500 mg/die i.v., Spiegel: 0,8-1,2 mmol/l) zur Blockierung der Jodausschüttung
- Glukokortikoide (z.B. 100 – 200 mg Prednisolon i.v.) zur Hemmung der Schilddrüsenhormon ausschüttung und T4-T3-Konversion
- β-Blocker wie Propranolol (Dociton®) bei Herzrhythmusstörungen und Tachykardie, evtl. Digitalisierung
- Sedierung, z.B. mit Diazepam
- Allgemeinmaßnahmen: Reichliche Gabe von Flüssigkeit, Substitution von Elektrolyten und Kalorien (Hypermetabolismus!) sowie Fiebersenkung, Sauerstoffgabe und Infektprophylaxe
- In schweren Fällen totale Thyroidektomie oder Peritonealdialyse bzw. Plasmapherese.

13.3.4 Thyreotoxische Krise

Die thyreotoxische Krise ist ein schweres Krankheitsbild mit einer Letalität zwischen 30 und 50%. Oft liegt ihr eine Jodgabe, Operation oder Sepsis bei unbehandelter Hyperthyreose zugrunde.

Hier reicht die alleinige Gabe von Thyreostatika nicht aus.

Katecholamine wie Ephedrin und Sympathomimetika wie Orciprenalin (Alupent®) sollten bei der Therapie der thyreotoxischen Krise vermieden werden, da für sie eine erhöhte Empfindlichkeit besteht.

14 Pharmakotherapie von Störungen im Bereich des Gastrointestinaltraktes

IMPP-Hitliste	
✔✔	Wirkung und Nebenwirkung von Antazida (☞ 14.3.2)
✔	Behandlung der Diarrhoe (☞ 14.6)

14.1 Motorische Störungen

14.1.1 Spasmen im Gastrointestinaltrakt

Spasmen im Magen-Darm-Trakt sowie Koliken der Gallen- und Harnwege kommen durch starke Kontraktionen der betroffenen glatten Muskulatur zustande und können mit starken Schmerzen einhergehen. Therapieziele sind:

- **Spasmolyse**
  - Neurotrope Spasmolytika, z.B. N-Butylscopolamin oder Atropin
  - Muskulotrope Spasmolytika, z.B. Papaverin (selten verwendet)
- **Schmerzlinderung** durch starke Analgetika, z.B. Metamizol oder Pethidin.

Neurotrope Spasmolytika (m-Cholinozeptorantagonisten)

M-Cholinozeptorantagonisten entfalten ihre spasmolytische Wirkung durch eine Parasympathikolyse.

Geeignet sind quartäre Amine wie *N-Butylscopolamin*, da sie im Gegensatz zu Atropin die Blut-Hirn-Schranke nicht überschreiten können und daher keine zentralen Nebenwirkungen haben.

✔ Da N-Butylscopolamin oral schlecht und sehr schwankend resorbiert wird, sollte bei akuten Spasmen die Gabe i.v. erfolgen.

Medikamente zur Behandlung von Spasmen			
Substanz	**Handelsname**	**Dosis/die**	**Maximaldosis/die**
Neurotrope Spasmolytika (m-Cholinozeptorantagonisten)			
• N-Butylscopolamin	Buscopan®	3 – 5 x 1 – 2 Drg. 20 – 40 mg i.v.	100 mg i.v.
• Atropinsulfat	Atropinsulfat®	0,5-1 mg i.v.	
Muskulotrope Spasmolytika			
• Papaverin	Optenyl®	2 x 1 Kps.	
Analgetika			
• Metamizol	Baralgin® Novalgin®	1 – 2,5 g i.v. 0,5 – 1 g oral	5 g i.v. 4 g oral
• Pethidin	Dolantin®	25 – 100 mg i.v.	500 mg i.v.
Kombinationspräparate			
• Propyphenazon+ Drofenin	Spasmo-Cibalgin®	2 – 3 x 1 Drg.	
• N-Butylscopolamin+ Paracetamol	Buscopan plus®	3 x 1 – 2 Tbl. 3 x 1 Supp.	

Nebenwirkungen
Anticholinerge Nebenwirkungen wie z.B. Mundtrockenheit, Tachykardie, Mydriasis oder Miktionsstörungen können auftreten.

Muskulotrope Spasmolytika

Papaverin entfaltet eine direkt relaxierende Wirkung an der glatten Muskulatur des Magen-Darm-Traktes, der Gallen- und Harnwege, der Gefäße und der Bronchien. Es kann oral, rektal oder i.v. gegeben werden.

Nebenwirkungen
Am Herzen hat es eine chinidinartige Wirkung. Bei Überdosierung können Blutdruckabfall und Arrhythmien auftreten.

Analgetika

Bei Spasmen sind als Analgetika bes. Pyrazolonderivate wie z.B. *Metamizol* geeignet, da sie nicht den Tonus der glatten Muskulatur erhöhen und keine suchterzeugende Wirkung besitzen. Morphinartige Analgetika wie z.B. Pethidin entfalten eine tonussteigernde Wirkung, weshalb sie bei Spasmen immer zusammen mit m-Cholinozeptor-Antagonisten gegeben werden müssen.

Häufig sind Analgetika in Kombinationspräparaten mit m-Cholinzeptor-Antagonisten kombiniert (☞ Tab.).

Neben- und Wechselwirkungen
Metamizol kann zu allergischen Reaktionen (Asthma, allergische Agranulozytose), Magenschleimhautschädigungen, Übelkeit und Blutdrucksenkung führen. Wegen seiner hohen Plasmaeiweißbindung kann es andere Medikamente wie Cumarine aus der Eiweißbindung verdrängen. Nebenwirkungen der Opiate ☞ 18.1.

14.1.2 Verzögerte Magenentleerung, Darmatonie, paralytischer Ileus

Verzögerte Magenentleerung

Entleerungsstörungen des Magens können zu Völlegefühl, Druck im Oberbauch, Aufstoßen und Singultus führen.

Um die Magenentleerung zu beschleunigen, eignet sich das Procainamidderivat *Metoclopramid (Paspertin®)*, das seinen prokinetischen Effekt über eine Blockade zentraler Dopaminrezeptoren entfaltet. Es kann als Tablette, in Tropfenform oder als Suppositorium in einer Dosis von 3 x 10 mg/die gegeben werden.

Metoclopramid kann bes. in hohen Dosen zu Refluxösophagitis, extrapyramidalmotorischen Nebenwirkungen, Unruhe, Müdigkeit und Blutdrucksenkung führen.

Bei Magenentleerungsstörungen infolge einer diabetischen Gastroparese hat sich *Cisaprid (Propulsin®)* als günstig erwiesen.

Darmstimulantien zur Therapie des paralytischen Ileus

Substanz	Handelsname	Dosis
Metoclopramid	Paspertin®	6 Amp. à 10 mg in 500 ml NaCl über 12 h
Dexpanthenol	Panthenol® Bepanthen Roche®	6 Amp. à 500 mg in 500 ml NaCl über 12 h
Neostigmin	Prostigmin®	3 Amp. à 0,5 mg in 500 ml NaCl über 12 h
Ceruletid	Takus®	1 Amp. à 40 µg in 50 ml NaCl über 4 – 8 h

Darmatonie und paralytischer Ileus

Ursachen
- Metabolisch: Hypokaliämie, Hyponatriämie, Diabetes mellitus
- Toxisch: Mesenterialinfarkt, ischämische Kolitis, Sepsis

- Reflektorisch: Postoperativ, Koliken, Pankreatitis, Trauma, Myokardinfarkt.

Neben der Behandlung der Grundkrankheit, Entlastung des Darmes durch Sonden, Ausgleich von Elektrolytstörungen und Anregung der Darmperistaltik durch hohe Einläufe können auch Darmstimulantien **(Prokinetika)** eingesetzt werden, um die Darmperistaltik anzuregen.

Substanzen

Metoclopramid (Paspertin®) s.o.

Dexpanthenol (Panthenol®)

Der Vitamin-B-Komplex Dexpanthenol bewirkt eine direkte Darmstimulation.

Wechselwirkungen und Kontraindikationen
Die gleichzeitige Verabreichung von Antibiotika, Narkotika und Barbituraten kann selten allergische Reaktionen bewirken. Da es die Blutungszeit verlängert, darf es nicht bei Hämophilie eingesetzt werden.

Neostigmin (Prostigmin®)

Das indirekte Parasympathomimetikum Neostigmin bewirkt eine Darmstimulation durch reversible Hemmung der Cholinesterase.

Nebenwirkungen
✔ An parasympathischen Nebenwirkungen sind Bradykardie, Bronchospasmus, Schweißausbrüche, Speichelfluß, Übelkeit und Erbrechen möglich.

Wechselwirkungen
Neostigmin kann die Wirkung von Morphinderivaten und Barbituraten verstärken.

Ceruletid (Takus®)

Ceruletid hat eine cholecystokininartige Wirkung und führt daher zu einer Kontraktion der glatten Muskulatur des Magen-Darm-Traktes, v.a. der Gallenblase und der Gallenwege.

Nebenwirkungen und Kontraindikationen
Es kann zu Übelkeit, Erbrechen, Schweißausbrüchen und Blutdruckabfall führen. Während der Schwangerschaft sowie bei Pankreatitis, Choledocholithiasis, mechanischem Ileus und schwerer Niereninsuffizienz ist es kontraindiziert.

14.2 Übelkeit und Erbrechen

Übelkeit und Erbrechen sind keine eigenständigen Erkrankungen, sondern Symptome eines endogenen Grundleidens oder toxischer bzw. schädigender exogener Einwirkung.

Häufige **endogene Ursachen** sind:
- Störungen des Gastrointestinaltrakts, z.B. Gastritis, Ulkus oder gastrointestinale Neoplasien
- Zerebrale Prozesse, z.B. Migräne, Commotio cerebri oder Hirntumoren
- Gravidität (Hyperemesis gravidarum)
- Leberinsuffizienz, Urämie und Keto- und Laktatazidose

Häufige **exogene Ursachen** sind:
- Intoxikationen, z.B. durch Alkohol, Medikamente oder bakterielle Toxine
- Reisekrankheiten (Kinetosen)
- Emetogene Medikamente, z.B. Chemotherapeutika, DOPA, Bromocriptin, Herzglykoside, Mutterkorn-Alkaloide und Opiate.

14.2.1 Medikamentöse Therapie

Eine antiemetische Therapie ist nur erforderlich, wenn eine Behandlung der zugrundeliegenden Erkrankung Übelkeit und Erbrechen nicht beseitigen kann.

Substanzgruppen
- M-Cholinozeptor-Antagonisten: Sie hemmen Sekretion, Tonus und Motilität des Magens
- H_1-Rezeptor-Antagonisten: Ihr zentraler Wirkmechanismus ist noch nicht bekannt
- Dopamin-Rezeptor-Antagonisten: Sie blockieren zentrale Dopamin-Rezeptoren in der Area postrema und der Formatio reticularis, den Triggerzonen für das Erbrechen
- Serotonin-Rezeptor-Antagonisten: Sie blockieren zentrale 5-HT_3-Rezeptoren in der Area postrema.

14.2.2 Spezielle Therapieprobleme

Kinetosen

Hier werden vornehmlich die schwach wirkenden *m-Cholinozeptor- und Histamin-Rezeptor-Antagonisten* eingesetzt, wobei diese ca. 1 Stunde vor Reiseantritt eingenommen werden sollten. Bei den Antihistaminika kann je nach Dosis Müdigkeit auftreten und das Reaktionsvermögen herabgesetzt sein.

Zentral ausgelöstes Erbrechen

Hier kommen die stärker wirksamen *Dopamin-Rezeptor-Antagonisten* (Neuroleptika und Metoclopramid) zum Einsatz.

Nebenwirkungen ☞ 20.1.1.

Gastrointestinal bedingtes Erbrechen

Hier eignen sich *Metoclopramid*, da es sowohl Chemorezeptoren der Triggerzone blockiert, als auch die Magenaktivität stimuliert sowie *Domperidon*, das ebenfalls peristaltikanregend wirkt.

Zytostatikainduziertes Erbrechen

Zu den schwersten und für den Patienten unangenehmsten Nebenwirkungen einer Chemotherapie (v.a. mit Cisplatin, Darcarbacin, Cytarabin und Cyclophosphamid) gehören Übelkeit und Erbrechen, die nicht in jedem Fall vollständig kontrolliert werden können.

✔ Zur Therapie stehen folgende Substanzen zur Verfügung: *Metoclopramid* in hohen Dosen bis 150 mg/die und alternativ *Alizaprid* sowie neuerdings auch das sehr teure *Ondansetron*, das bei geringeren Nebenwirkungen (milde Kopfschmerzen und Mundtrockenheit) deutlich besser wirkt als Metoclopramid.

✔ Bei deren Nichtansprechen können nieder- und hochpotente Neuroleptika eingesetzt werden.

✔ Die Substanzen werden in schweren Fällen mit Kortikosteroiden (Dexamethason oder Methyl-

Antiemetika			
Substanz	**Handelsname**	**Dosis/die**	**Indikation**
m-Cholinozeptor-Antagonisten			
• Scopolamin	Scopoderm TTS®	1 Pflaster	Kinetosen
H_1-Rezeptor-Antagonisten			
• Meclozin	Bonamine® Peremesin®	1 – 2 x 25 mg 1 Supp.	Kinetosen
• Dimenhydrinat	Dramamine® Vomex A®	1 x 50 mg 3 – 4 x 200 – 400 mg	Kinetosen Verschiedene Ind.
Dopamin-Rezeptor-Antagonisten			
Phenothiazine und Butyrophenone			zentrales und zytostatikainduziertes Erbrechen
• Perphenazin	Decentan®	1 – 2 x 4 mg	
• Triflupromazin	Psyquil®	3 x 10 – 20 mg	
• Thiethylperazin	Torecan®	1 – 3 x 10 mg	
• Haloperidol	Haldol®	1 – 3 x 1 – 3 mg	
Andere			
• Metoclopramid	Paspertin®	5 – 10 mg (bei Zytostatikatherapie bis 150 mg)	gastrointestinales und zytostatikainduziertes Erbrechen
• Alizaprid	Vergentan®	50 – 200 mg	zytostatikainduziertes Erbrechen
• Domperidon	Motilium®	3 x 10 – 20 mg	gastroint. Erbrechen
Serotonin-Rezeptor-Antagonisten			
• Ondansetron	Zofran®	2 x 4 – 8 mg	zytostatikaind. Erbrechen

prednisolon) kombiniert, um ihre Wirksamkeit zu erhöhen. Die Gabe von Benzodiazepinen (Diazepam oder Lorazepam) kann die Chemotherapie leichter erträglich machen, und Antihistaminika (Diphenhydramin) können die z.T. erheblichen extrapyramidalmotorischen Nebenwirkungen von Metoclopramid und Neuroleptika reduzieren.

Schwangerschaftserbrechen

In schweren Fällen einer Hyperemesis gravidarum sind *Antihistaminika* wie Dimenhydrinat und Meclozin sowie mit sehr vorsichtiger Indikationsstellung auch *niederpotente Neuroleptika* wie Triflupromazin nicht zu vermeiden.

Bei sehr starkem Erbrechen müssen in jedem Fall Elektrolytverluste und eine evtl. auftretende metabolische Alkalose ausgeglichen werden.

14.3 Magen- und Duodenalulkus

Als Ursache der Ulkuskrankheit wird ein Ungleichgewicht zwischen aggressiven, schleimhautschädigenden Faktoren (Säure, Pepsin, refluierende Gallenbestandteile und Lysolezithin) und protektiven, schleimhautschützenden Faktoren (Schleim- und Bikarbonatsekretion, endogene Prostaglandine, Zellregeneration und Mukosabarriere) angesehen.

Verschiedene exogene Faktoren können die Ulkusentstehung begünstigen:

- Rauchen
- Acetylsalicylsäure und andere nichtsteroidale Antiphlogistika wie Phenylbutazon (Hemmung der Prostaglandinsynthese), Kortikoide und Reserpin
- Infektion mit Helicobacter pylori (führt zu einer Gastritis, die Wegbereiter eines Ulkus ist)
- Streß (z.B. „mentaler“ Streß oder schwere körperliche Arbeit; *„Streßulcera“* im engeren Sinne treten bei schweren Erkrankungen wie Polytrauma, Verbrennung oder einer großen Operation auf).

14.3.1 Therapieprinzipien

Therapieziele sind:

- Schmerzfreiheit des Patienten
- Abheilung des Ulkus und damit Vermeidung von Komplikationen
- Verhütung von Rezidiven.

Diese Ziele können prinzipiell durch folgende medikamentöse Maßnahmen erreicht werden:

- Säurereduktion
  - H_2-Rezeptor-Antagonisten
  - Protonenpumpenhemmer vom Typ des Omeprazols
  - Antazida
  - m-Cholinozeptorantagonisten (Pirenzepin)
- Verstärkung des Schleimhautschutzes
  - Sucralfat
  - Prostaglandin-E_1-Derivate (Misoprostol)
  - Wismutverbindungen
- Elimination von Helicobacter pylori
  - Wismutverbindungen.

Zusätzlich müssen immer die o.g. exogenen ulzerogenen Faktoren vermieden und eine ausgeglichene Lebensweise angestrebt werden. Eine spezielle Ulkus-Diät ist nicht erforderlich, unregelmäßige und voluminöse Mahlzeiten sind jedoch zu vermeiden. Kaffee und Alkohol sind in Maßen erlaubt.

Wie aus der Tabelle ersichtlich, werden die Therapieziele am besten durch H_2-Blocker und Protonenpumpenhemmer erreicht, die daher bei der Therapie des akuten Ulkus Mittel der 1. Wahl darstellen.

Die anderen Medikamente haben sich wegen der schwächeren Wirkung als Monosubstanzen bei der Akutbehandlung nicht durchgesetzt, werden oft aber unterstützend eingesetzt.

Die **Akutbehandlung** wird 6 – 12 Wochen durchgeführt. Unter folgenden Bedingungen kann eine **Langzeittherapie** erforderlich werden, für die H_2-Blocker in halber Dosierung über mindestens 2 Jahre das Mittel der Wahl sind:

- Chronisch rezidivierendes Ulkusleiden (mind. 2 – 3 Ulcera in 1 – 2 Jahren)
- Leidensdruck (starke Beschwerden während des Ulkusschubs)

- Blutendes Ulkusrezidiv, das nicht zur Operation führt
- Erhöhtes Operationsrisiko.

14.3.2 Substanzen

H_2-Rezeptor-Antagonisten

✔ Cimetidin, Ranitidin, Nizatidin, Roxatidin und Famotidin blockieren Histamin-2-Rezeptoren und hemmen dadurch die basale und die stimulierte Säure- und Pepsin-Sekretion. Sie sind Mittel der Wahl zur Akuttherapie und Rezidivprophylaxe von Ulzera. H_2-Blocker werden als Einmaldosis am Abend gegeben.

Nebenwirkungen
V.a. bei Cimetidin können allergische Reaktionen, Müdigkeit, Schwindel, Verwirrtheitszustände, Gynäkomastie, Libidoverlust und Impotenz auftreten, die Transaminasen und das Kreatinin können ansteigen, bei i.v. Gabe kann es zu Blutdruckabfall und Bradykardie kommen.

Wechselwirkungen
Nur Cimetidin hemmt arzneimittelabbauende Enzyme in der Leber, wodurch Antiepileptika, Antikoagulantien, Antiarrhythmika, Theophyllin, Tranquilizer und orale Antidiabetika länger und verstärkt wirken können.

Protonenpumpenhemmer

Das Benzimidazolderivat Omeprazol ist ein Prodrug, das erst im sauren Magenmilieu in seine aktive Form umgewandelt wird. Es hemmt irreversibel die Protonenpumpe (H^+/K^+-ATPase) und führt dadurch zu einer sehr starken Suppression der Säuresekretion.

Medikamente zur Ulkustherapie					
Substanz	Handelsname (Beispiele)	Wirksamkeit		Dosis/die	
		Schmerz	Heilung	akut	Rezidivprophylaxe
H_2-Rezeptor-Antagonisten					
• Cimetidin	Tagamet®	+	++	1 x 800 mg	1 x 400 mg
• Ranitidin	Zantic®, Sostril®	++	++	1 x 300 mg	1 x 150 mg
• Nizatidin	Gastrax®	++	++	1 x 300 mg	1 x 150 mg
• Roxatidin	Roxit®	++	++	1 x 150 mg	1 x 75 mg
• Famotidin	Pepdul®	++	++	1 x 40 mg	1 x 20 mg
Protonenpumpenhemmer					
• Omeprazol	Antra®	+++	+++	1 x 20 mg	–
Antazida					
• Al-/Mg-hydroxid-Gel	Maaloxan®	+	+	4 x 1 – 2 Btl.	–
• Magaldrat	Riopan®	+	+	4 x 1 – 2 Btl.	–
• Hydrotalcid	Talcid®	+	+	1 x 1 – 2 Btl.	–
m-Cholinozeptorantagonisten					
• Pirenzepin	Gastrozepin®	(+)	+	2 x 50 – 75 mg	–
Sucralfat					
• Sucralfat	Ulcogant®	+	+	4 x 1g	–
Prostaglandin-E_1-Derivate					
• Misoprostol	Cytotec®	(+)	+	2 x 200 μg	–
Wismutverbindungen					
• Wismut	Jatrox®	+	+	3 x 600 mg	–

Omeprazol ist zur Therapie akuter Ulzera geeignet, v.a. wenn H_2-Blocker versagen. Weitere Indikationen sind das Zollinger-Ellison-Syndrom und die Refluxösophagitis. Am 1. Tag werden 2 x 20 mg, dann 1 x 20 mg morgens gegeben. Es sollte nicht länger als 8 Wochen eingesetzt werden.

Nebenwirkungen
Evtl. führt es zu Transaminasenanstieg, gastrointestinalen Beschwerden und Blutbildveränderungen. Möglicherweise ist es karzinogen. Bei längerer Therapie kann es zu einer bakteriellen Überwucherung des Magens mit der Gefahr einer erhöhten Produktion von Nitrosoprodukten kommen.

Wechselwirkungen
Omeprazol kann die Wirkung von Phenytoin und Diazepam verstärken und den Effekt von Propranolol abschwächen.

Antazida

Antazida neutralisieren die vom Magen sezernierte Salzsäure. Folgende Substanzen werden in verschiedenen Kombinationen eingesetzt: Aluminium- und Magnesiumhydroxid, Calciumcarbonat und Aluminium-Magnesium-Trisilikat bzw. -Silikathydrat.

✔ Aluminiumhydroxid hat eine geringere Neutralisierungskapazität als Magnesiumhydroxid. Häufig werden Schichtgittersubstanzen wie Hypotalcid (Talcid®) oder Magaldrat (Riopan®) eingesetzt, die Aluminium nur sehr langsam freisetzen.

Antacida sollen etwa 1 Stunde nach der Mahlzeit und vor dem Schlafengehen eingenommen werden. Sie werden unterstützend in der Initialphase der Ulkusbehandlung eingesetzt.

Nebenwirkungen

✔ Die leicht obstipierende Wirkung von Aluminiumhydroxid und Calciumcarbonat wird durch Kombination mit dem laxierenden Magnesiumhydroxid ausgeglichen.

✔ Aluminiumhydroxid hemmt darüberhinaus die Resorption von Tetrazyklinen und Phosphat.

✔ V.a. bei Niereninsuffizienz und langer Therapie kann es zu Aluminiumablagerungen in Knochen und Gehirn oder zur Magnesiumvergiftung mit neuromuskulären Störungen kommen.

Calciumcarbonat kann durch Calciumresorption zu Hypercalcämie mit Alkalose führen. Silikate wirken laxierend und können zu Silikat-Nierensteinen führen.

m-Cholinozeptorantagonisten

✔ Pirenzepin ist ein Anticholinergikum, das die Muskarin-Rezeptoren blockiert, die die vagale Erregung auf die Parietalzelle zur Anregung der Säuresekretion übertragen. Wegen seiner recht schwachen Wirkung bei hohen Dosen (2 x 50 – 75 mg) hat es sich in der Ulkustherapie nicht durchgesetzt.

Nebenwirkungen
Pirenzepin kann die bekannten anticholinergen Nebenwirkungen wie z.B. Mundtrockenheit, Akkomodationsstörungen, Obstipation und Blasenentleerungsstörungen hervorrufen.

Sucralfat

✔ Das Aluminiumsalz von Saccharosesulfat bildet vermutlich einen viskösen Schutzfilm über flächige Schleimhautläsionen. Wegen des unbequemen Einnahmemodus (4 x/die) und des geringeren schmerzlindernden Effekts hat es sich nicht durchgesetzt.

Nebenwirkungen
Sucralfat bewirkt selten eine Obstipation und beeinträchtigt die Resorption von Tetrazyklinen.

Prostaglandin-E_1-Derivate

Misoprostol hat eine relativ schwache antisekretorische und schleimhautprotektive Wirkung. Es wird alternativ zu H_2-Blockern und Omeprazol zur Behandlung antirheumatikabedingter Ulzera empfohlen.

Nebenwirkungen
In bis zu 20% treten Diarrhoe und Bauchkrämpfe auf. Wegen der möglichen uteruskontrahie-

renden Wirkung ist es während der Schwangerschaft kontraindiziert.

Wismutverbindungen

Wismutverbindungen (z.B. Jatrox®) können eingesetzt werden, wenn Helicobacter pylori in der Magenschleimhaut nachgewiesen wurde. Sie führen in ca. 80% zu einer starken Abnahme der Besiedlung mit diesem Keim, der nach Beendigung der Therapie allerdings wiederauflebt. Nur durch Kombination mit Antibiotika wie Amoxicillin und Metronidazol oder Omeprazol kann in 60 – 80% eine völlige Beseitigung des Keimes gelingen.

Nebenwirkungen
Harmlose Schwarzfärbung der Zunge und des Stuhls. Bei längerer hochdosierter Therapie kann es zu einer Enzephalopathie kommen.

14.4 Refluxkrankheit

Eine Refluxkrankheit oder Refluxösophagitis entsteht, wenn eine Insuffizienz des unteren Ösophagussphinkters zu einem Reflux von Mageninhalt führt, der entzündliche Schleimhautveränderungen in der Speiseröhre verursacht.

Zunächst sollte man versuchen, die Beschwerden durch Änderungen der Lebensgewohnheiten anzugehen:
- Gewichtsnormalisierung, regelmäßige und keine spätabendlichen Mahlzeiten, faser- und proteinreiche fettarme Kost, kein Alkohol
- Anheben des Bett-Kopfendes während der Nacht um mind. 15 cm
- Meiden exogener ulzerogener Noxen (☞ 14.3.)
- Meiden von Substanzen, die den Sphinktertonus herabsetzen (z.B. β-Sympathomimetika, α-Blocker, Theophyllin, Ca-Antagonisten).

Erst wenn diese Maßnahmen erfolglos bleiben, sind zusätzlich Medikamente indiziert:
- Säuresuppression mit *H_2-Blockern* oder *Omeprazol* über 8 – 12 Wochen (☞ 14.3.2)
- Förderung des Tonus des unteren Ösophagussphinkters mit Dopaminantagonisten wie Cisaprid (Propulsin®, 4 x 10 mg/die), Metoclopramid (Paspertin®, Gastrosil®) oder Domperidon (Motilium®).

✔ Dopaminantagonisten können extrapyramidale parkinsonähnliche Symptome wie Schlundkrämpfe und Dyskinesien hervorrufen, selten eine Hyperprolaktinämie mit Gynäkomastie und Potenzstörungen (Antidot ☞ 20.1.2).

Bei Versagen einer 6-monatigen konservativen Therapie kann eine operative Behandlung (Fundoplicatio nach Nissen) erwogen werden.

14.5 Colitis ulcerosa und Morbus Crohn

Morbus Crohn und Colitis ulcerosa sind chronisch-entzündliche Darmerkrankungen unklarer Genese. Beim M. Crohn liegt eine transmurale Entzündung vor, die praktisch jeden Teil des Magen-Darm-Traktes befallen kann (am häufigsten das distale Ileum und das Kolon). Bei der Colitis ulcerosa ist nur der Dickdarm mit entzündlich-ulzerösen Veränderungen der Darmwand, die nicht die Muscularis mucosae durchwandern, betroffen.

14.5.1 Therapieprinzipien

Eine kausale Therapie ist nicht möglich. Bei beiden Erkrankungen steht deshalb die symptomatische Therapie der Entzündung im Vordergrund. Prinzipiell stehen folgende Medikamente zur Verfügung, die jedoch bei beiden Erkrankungen mit unterschiedlichem Erfolg eingesetzt werden:
- Salazosulfapyridin und seine Derivate Mesalazin und Olsalazin
- Glukokortikoide
- Metronidazol
- Evtl. Azathioprin und 6-Mercaptopurin.

Therapie von M. Crohn und Colitis ulcerosa			
Substanz	Handelsname	Dosis/die	
		Akuttherapie	Prophylaxe
Salazosulfapyridin und seine Derivate			
• Salazosulfapyridin	Azulfidine® Colo-Pleon®	3 x 1 g	2 x 1 g
• Mesalazin	Salofalk® Claversal®	3 x 500 mg	2 – 3 x
• Olsalazin	Dipentum®	2 x 500 mg	500 mg
Glukokortikoide			
• Prednisolon	Decortin®	50 mg	
Andere Medikamente			
• Metronidazol	Clont®	2 x 400 mg	
• Azathioprin	Imurek®	unterschiedliche Angaben	
• 6-Mercaptopurin	Puri-Nethol®	unterschiedliche Angaben	

Bei beiden Erkrankungen sind eine Diät und eine psychosomatische Behandlung hilfreich. In schweren Fällen kann eine parenterale Ernährung und die Substitution von Elektrolyten, Albumin und Blut notwendig werden. Die symptomatische antidiarrhoische Therapie kann mit Loperamid oder Diphenoxylat (☞ 14.6.2) durchgeführt werden.

Therapie des M. Crohn
Beim M. Crohn ist im Gegensatz zur Colitis eine medikamentöse Behandlung nur während des akuten Schubs notwendig. Mittel der 1. Wahl sind Glukokortikoide, Salazosulfapyridin und Metronidazol.

Glukokortikoide werden v.a. bei Dünndarmbefall und systemischen Manifestationen eingesetzt. Bei Kolonbefall sind sie zusammen mit Salazosulfapyridin wirksamer. Glukokortikoide dürfen nicht bei Konglomerattumoren oder Fisteln mit Abszessen gegeben werden, da sie den Befund verschlechtern. Bei Kolonbefall soll Metronidazol so wirksam sein wie Salazosulfapyridin.

Mittel der 2. Wahl sind Mesalazin und evtl. Azathioprin bzw. 6-Mercaptopurin, deren Wirksamkeit umstritten ist.

Wesentlich häufiger als die Colitis kann der M. Crohn nicht mehr medikamentös beherrscht werden, so daß operative Verfahren mit schonender Resektion notwendig werden, die allerdings nicht zur Heilung führen.

Therapie der Colitis ulcerosa
✔ Mittel der 1. Wahl zur Akuttherapie bei leichten bis mittelschweren Schüben und zur Rezidivprophylaxe sind Salazosulfapyridin und Mesalazin. Bei schweren Schüben muß zusätzlich ein Glukokortikoid gegeben werden. Die Medikamente können als Klysma oder Schaum angewendet werden, wenn eine Proktitis im Vordergrund steht.

Metronidazol und Azathioprin sind in der Therapie der Colitis unwirksam bzw. nicht sicher wirksam.

14.5.2 Substanzen

Salazosulfapyridin

Salazosulfapyridin ist im Dünndarm weitgehend unlöslich und nicht resorbierbar, weshalb es hier nicht wirksam ist. Erst im Kolon wird es bakteriell in die Trägersubstanz Sulfapyridin und die wirksame Substanz 5-Aminosalizylsäure (Mesalazin) gespalten. Diese wirkt nicht systemisch, sondern lokal antiinflammatorisch auf die Mukosa.

Nebenwirkungen
✔ Im Vordergrund stehen Appetitlosigkeit, Übelkeit und Erbrechen sowie Magen-Darm-Beschwerden, die v.a. bei sog. „Langsam-Azetylierern" auftreten. Durch das im Kolon weitgehend resorbierte Sulfapyridin (ein Sulfonamid) können folgende Nebenwirkungen verursacht sein: Allergische Reaktionen, Hautreaktionen (Photosensibilisierung), Blutbildungsstörungen und reversible Oligospermien.

Mesalazin

Mesalazin ist die wirksame 5-Aminosalizylsäure, die im Dünndarm fast komplett resorbiert werden würde, wenn man sie nicht in speziellen galenischen Zubereitungen verabreichen würde. Wegen der geringen Nebenwirkungen (gelegentlich Haarausfall, allergische Hautreaktionen oder Diarrhoe) ist sie in der Praxis sehr verbreitet.

Olsalazin

Beim Olsalazin sind zwei 5-Aminosalzcylsäure-Moleküle als Azodisalizylsäure miteinander gekoppelt. Bei oraler Aufnahme gelangt es intakt in den Kolon, wo es durch Bakterien in zwei Moleküle 5-Aminosalizylsäure gespalten wird.

Nebenwirkungen
Häufig Durchfall.

Glukokortikoide

Prednisolon ist Mittel der Wahl beim Dünndarmbefall des M. Crohn sowie bei mittelschwerer und schwerer Colitis ulcerosa. Eine einmalige Gabe am Morgen genügt, da es in dem entzündeten Gewebe akkumuliert. Glukokortikoide können die Symptomatik einer Perforation verschleiern.

Nebenwirkungen
Da meist nur kurzzeitig hochdosiert behandelt wird, spielen Nebenwirkungen praktisch keine Rolle. Bei Ulkus-Anamnese oder Magenbeschwerden sollten H_2-Blocker gegeben werden.

Metronidazol

Metronidazol ist wirksam gegen Anaerobier und soll zusätzlich immunsuppressive und antiphlogistische Wirkungen haben, weshalb es beim Kolonbefall eines M. Crohn erfolgreich eingesetzt wird.

Nebenwirkungen
Reversible periphere Neuropathien, Appetitlosigkeit, Übelkeit, Erbrechen, Schwindel und Alkoholunverträglichkeit können auftreten.

Kontraindikationen
In der Schwangerschaft darf es nicht eingesetzt werden, zur Langzeittherapie ist es nicht geeignet.

Azathioprin

Der Antimetabolit Azathioprin und sein aktiver Metabolit 6-Mercaptopurin wurden mit widersprüchlichen Ergebnissen beim M. Crohn eingesetzt: Als Monosubstanzen waren sie wirkungslos, in Kombination mit Salazosulfapyridin oder Glucocorticoiden zeigten sie aber einen günstigen Effekt. Wegen der nicht ungefährlichen Nebenwirkungen (Knochenmarksdepression, Pankreatitis) sind sie allenfalls als Mittel der 2. Wahl bei schweren Verläufen eines M. Crohn zu empfehlen.

14.6 Diarrhoe

Von einer Diarrhoe spricht man, wenn täglich mehr als drei ungeformte Stühle abgesetzt werden, die zusammen > 250 g wiegen. Man kann akute und chronische Diarrhoen unterscheiden, die in Ätiologie und Therapie voneinander abweichen.

Ursachen akuter Diarrhoen
- Virale Infektionen, v.a. bei Kindern durch Rotaviren
- Bakterielle Infektionen, z.B. durch Vibrio cholerae, enterotoxische E. coli, Staphylococcus aureus, Salmonellen, Shigellen oder Yersinia enterocolitica
- Lebensmittelvergiftung durch Salmonellen, Staph. aureus, Clostridium perfringens und botulinum
- Medikamente, z.B. Laxantien, Antibiotika, Zytostatika, Herzglykoside, Antazida, L-Thyroxin und L-DOPA
- Funktionelle Magen-Darm-Störungen.

Ursachen chronischer Diarrhoen
- Chronisch entzündliche Darmerkrankungen (M. Crohn und Colitis ulcerosa, ☞ 14.5)
- Malassimilationssyndrome
- Chronische bakterielle oder parasitäre Erkrankungen

- Chronische bakterielle oder parasitäre Erkrankungen
- Tumoren, metabolische und endokrine Erkrankungen
- Psychovegetative Störungen („Colon irritabile").

14.6.1 Therapieprinzipien

Da die meisten akuten Diarrhoen innerhalb von 3 – 5 Tagen spontan abklingen, reichen meist einfache diätetische Maßnahmen („Cola und Salzstangen") aus, um das Flüssigkeitsdefizit auszugleichen.

Kommen die Durchfälle nicht zum Stillstand oder handelt es sich um chronische Diarrhoen, stehen folgende Therapiemöglichkeiten zur Verfügung:

- Therapie der Grundkrankheit (z.B. antimikrobielle Therapie ☞ 16.2)
- Absetzen von Medikamenten, die zu Diarrhoen führen
- Allgemeine symptomatische Therapie
  - Zucker-Elektrolyt-Lösungen
  - Opiate und Opiatabkömmlinge
  - Ionenaustauscherharze bei chologener Diarrhoe
  - Adsorbentien wie Carbo medicinalis, Tannin, Pektin, Kaolin.

14.6.2 Substanzen zur symptomatischen Therapie

Zucker-Elektrolyt-Lösungen

Im Vordergrund der symptomatischen Therapie schwerer Diarrhoen steht der Ausgleich von Wasser- und Elektrolytverlusten durch orale Zucker-Elektrolyt-Lösungen, die eine effektive und billige Maßnahme darstellen. Sie sind in Tabletten- oder Pulverform im Handel (z.B. Elotrans®) und enthalten Glucose oder Saccharose, Natriumchlorid, Natriumbicarbonat und Kaliumchlorid. Nur ca. 20% der Patienten mit choleraähnlichen Durchfällen brauchen zusätzlich intravenös Flüssigkeit und Elektrolyte. Hier müssen in manchen Fällen bis zu 20 l Flüssigkeit/die substituiert werden.

Opiate und Opiatabkömmlinge

✔ Opiate wirken antidiarrhoisch, indem sie durch Wirkung auf Opiatrezeptoren im Darm die Peristaltik vermindern, dadurch die intestinale Transitzeit verlängern und so die Wasser- und Elektrolytresorption begünstigen.

Substanzen

✔ Eingesetzt werden die Methadonderivate Loperamid (Imodium®, 4 x 2 mg/die) und Diphenoxylat (zusammen mit Atropinsulfat in Reasec®, bis 4 x 2 Tbl.). Während Loperamid praktisch nicht die Blut-Hirn-Schranke überschreitet und daher in therapeutischen Dosen keine zentralen Wirkungen zeigt, ist die tonische Wirkung von Diphenoxylat auf den Darm dreimal stärker als die zentrale Wirkung.

✔ Ebenso kann Tinctura opii simplex (z.B. 4 x 8 – 10 Trp./die) eingesetzt werden. Sie unterliegt der Btm-Verordnung und entfaltet auch zentrale Wirkungen.

Nebenwirkungen

Die verminderte Peristaltik kann bei bakteriellen Diarrhoen das Bakterienwachstum und die Toxinresorption fördern, so daß die Gefahr einer antibiotikaassoziierten Kolitis steigt.

Diphenoxylat und Tinctura opii simplex führen zu einer zentral dämpfenden Wirkung und zu herabgesetztem Reaktionsvermögen.

Kontraindikationen

Bei schweren blutig-eitrigen Durchfällen (Dysenterie), fulminanter Colitis ulcerosa, antibiotikaassoziierter Kolitis, einem Ileus oder Subileus sowie bei kleinen Kindern wegen der Ileus-Gefahr dürfen sie nicht gegeben werden.

Ionenaustauscherharze

✔ Colestyramin (Quantalan®, 8 – 24 g/die) und Colestipol (Cholestabyl®, 15 – 30 g/die) binden Gallensäuren im Darm und können so bei chologenen Diarrhoen gegeben werden, die bei mangelhafter Gallensäurenresorption z.B. bei erkranktem oder reseziertem Ileum auftreten.

✔ Ionenaustauscherharze können Übelkeit und Erbrechen hervorrufen und die Resorption fettlöslicher Vitamine behindern.

Adsorbentien

Adsorbentien wie Kohlepräparate (Carbo medicinalis), Tannin, Pektin, Kaolin und Siliziumdioxide sind in vielen Antidiarrhoika enthalten. Ihre Wirksamkeit ist umstritten. Sie können die Bioverfügbarkeit von Pharmaka durch Behinderung ihrer Resorption senken.

14.7 Obstipation

Obstipation ist die seltene (3 x/Woche) oder schwierige Entleerung eines trockenen und harten Stuhls. Folgende Ursachen können ihr zugrunde liegen:

- Stoffwechselkrankheiten, z.B. Hypothyreose
- Elektrolytstörungen, z.B. Hypokaliämie
- Anorektale Erkrankungen, z.B. Hämorrhoiden, Analfissuren
- Organische Stenosen, z.B. Tumoren
- Funktionelle Obstipation, v.a. bei alten Patienten und Reizkolon
- Medikamente, z.B. chronischer Laxantienabusus, Opiate, Antazida, Neuroleptika, Antidepressiva, Clonidin, Anticholinergika und Diuretika.

14.7.1 Therapieprinzipien und Substanzen

Vor einer medikamentösen Therapie muß immer die zugrundeliegende Ursache gefunden und beseitigt werden. Außerdem sollte sich der Patient ausreichend körperlich bewegen, mehr Obst, Gemüse und Vollkornprodukte zu sich nehmen und mind. 2 – 2,5 l täglich trinken.

Neben einer hartnäckigen Obstipation gibt es weitere Indikationen für den Einsatz von Laxantien: Das Aufweichen des Stuhls bei schmerzhaften Analleiden, die Darmentleerung vor operativen oder diagnostischen Eingriffen und das Vermeiden der Bauchpresse.

Füllende und quellende Laxantien

Substanzen
Weizenkleie, Leinsamen, Senna-Glykoside.

Wirkmechanismus
Sie binden Wasser und machen dadurch den Stuhl weicher und voluminöser. Die Peristaltik wird angeregt, der intraluminäre Druck wird verringert und die Passagezeit beschleunigt. Sie müssen mit ausreichend Flüssigkeit gegeben werden.

Nebenwirkungen
Sie senken den Cholesterinspiegel und bessern die Glukosetoleranz. Passager können Blähungen und Völlegefühl auftreten. Bei ungenügender Flüssigkeitszufuhr kann ein Obstruktionsileus entstehen.

Osmotische Laxantien

Substanzen
Karlsbader Salz, Lactulose, Klysmen.

Wirkmechanismus
Sie erhöhen die Osmolarität im Darm und halten so Wasser im Kolonlumen zurück.

Sie können zur Darmreinigung vor diagnostischen und operativen Eingriffen sowie bei oralen Vergiftungen zusammen mit Aktivkohle zur schnellen Darmentleerung gegeben werden.

Nebenwirkungen
Lactulose kann zu Blähungen und Völlegefühl führen, bei hohen Dosen auch zu Übelkeit und Erbrechen. Bei längerer Anwendung von Karlsbader Salz kann die Na-Resorption zu einer Hypertonie führen, die Mg-Resorption bei Niereninsuffizienz zu neurologischen und kardialen Störungen.

Laxantien			
Substanz	**Handels-name**	**Dosis/die**	**Latenz bis zum Wirkungs-eintritt**
Füllende und quellende Laxantien			
• Weizen-kleie	–	3 x 2 – 3 TL	mehrere Tage
• Leinsamen	–	mind. 4 EL	mehrere Tage
• Senna-Glykoside	Agiolax®	1 – 4 TL	8 – 10 h
Osmotische Laxantien			
• Na-/Mg-Sulfat • Lactulose • Klysmen			
Stimulierende Laxantien			
• Rizinusöl	Laxopol®	15 – 60 ml	2 – 6 h
• Bisacodyl	Dulcolax®	1 – 2 Drg. 1 – 2 Supp.	6 – 8 h 0,5 – 1 h
• Natrium-picosulfat	Laxoberal®	1 – 2 Tbl.	2 – 4 h
Anthra-chinone:			
• Folia Senna	Pursennid®	1 – 6 Drg.	8 – 10 h
• Follic. Sennae	Liquidepur®	1 Tbl.	8 – 10 h
Stuhlaufweichende Laxantien			
• Paraffinöl	Obstinol®	1 – 3 x 1/2 – 1 EL	8 – 10 h
• Glycerol	Agarol®	1 – 2 x 1/2 – 1 EL	8 – 10 h
	Glycilax Supp.®	1 – 2 Supp.	

Stimulierende Laxantien

Substanzen
Rizinusöl, Bisacodyl, Natriumpicosulfat, Anthrachinone.

Wirkung
Sie fördern die Wasser- und Elektrolytsekretion und stimulieren die Darmmotorik.

Nebenwirkungen
Für Rizinusöl sind außer eines unangenehmen Geschmacks und einer heftigen, nicht kontrollierbaren Wirkung keine Nebenwirkungen bekannt. Bisacodyl-Suppositorien können zu brennenden Sensationen führen.

✔ Anthrachinone können eine harmlose Rotfärbung des Urins bewirken und nach längerer Anwendung zu einer Osteoporose und einer reversiblen melanotischen Pigmentierung der Kolonschleimhaut (Melanosis coli) führen. Da sie in die Muttermilch übergehen, können sie beim Säugling Durchfälle bewirken.

Stuhlaufweichende Laxantien

Substanzen
Paraffinöl und Glycerol.

Nebenwirkungen
✔ Paraffinöl kann, wenn es resorbiert wird, zu Fremdkörpergranulomen führen, bei Aspiration zu Lipidpneumonien. Außerdem kann es die Resorption fettlöslicher Vitamine und Medikamente behindern. Daher sollte es nur noch bei Vergiftungen mit organischen Lösungsmitteln gegeben werden.

14.7.2 Laxantienabusus

Laxantien dürfen nur vorübergehend verordnet werden, was v.a. für die stimulierenden Laxantien gilt, an die sich der Darm bes. schnell gewöhnt. Durch Laxantien kommt es zu einem intestinalen Kaliumverlust sowie zu einem Kaliumverlust über die Niere, weil wegen der intestinalen Natrium- und Wasserverluste vermehrt Aldosteron ausgeschüttet wird. Die Folge der Hypokaliämie ist eine Verstärkung der Darmträgheit, die zu weiterer Laxantieneinnahme zwingt. Dieser *Circulus vitiosus* kann nur durch das Absetzen der Laxantien durchbrochen werden.

14.8 Entzündliche Lebererkrankungen

Eine *akute Hepatitis* wird meist durch eine Infektion mit einem der Hepatitisviren A, B oder C (Non-A-Non-B) hervorgerufen. Bestehen die entzündlichen Veränderungen der Leber länger als 6 – 12 Monate, spricht man von einer *chronischen Hepatitis*, deren wichtigste Formen die chronisch persistierende und die chronisch aggressive Hepatitis sind.

14.8.1 Chronische Hepatitis B und C

Während die Therapie der akuten Hepatitis B wegen ihrer hohen spontanen Heilungsrate (> 90%) und der akuten Hepatitis C wegen des fraglichen Effektes nicht mit Interferonen erfolgt, können die chronischen Hepatitiden B und C heute mit α-Interferon behandelt werden. Das Ziel der Therapie ist, eine Hemmung der Virusreplikation und damit der Progredienz der chron. Entzündung zu erreichen.

Der genaue Wirkungsmechanismus von α-Interferon ist noch nicht bekannt. Einerseits soll es die Replikation von Hepatitis-Viren unterdrükken, andererseits auch immunologische Abwehrmechanismen stimulieren. Man geht davon aus, daß α-Interferon die Expression von HLA-I-Antigenen auf infizierten Hepatozyten sowie zytotoxische T-Lymphozyten stimuliert, die wiederum HLA-Antigen-exprimierende Hepatozyten zerstören.

Durchführung der Therapie

Vor Therapiebeginn muß die Chronizität der Erkrankung serologisch gesichert sein: Innerhalb von 6 Monaten 2 – 3 mal positiver Nachweis von HBs-Ag, HBe-Ag und HBV-DNA bzw. von Anti-HCV und HCV-RNA. Außerdem muß die GPT als Marker der entzündlichen Aktivität auf mehr als das Doppelte erhöht sein. Auch eine histologische Sicherung der Diagnose ist empfehlenswert, da u.a. eine Abgrenzung zu fortgeschrittenen Formen der Leberzirrhose möglich ist, die unter Interferontherapie dekompensieren können.

Die Gabe von α-Interferon erfolgt 3 x wöchentlich durch eine abendliche s.c. Injektion von 3 – 6 Millionen IE mind. über 4 – 6 Monate. Die Kombination mit anderen Virostatika oder Immunmodulatoren hat sich der alleinigen α-Interferon-Therapie nicht als überlegen erwiesen. Die nach den ersten Injektionen auftretenden grippeähnlichen Symptome können durch gleichzeitige oder vorherige Gabe von Paracetamol (ben-u-ron®) abgeschwächt oder verhindert werden.

Kontraindikationen der α-Interferon-Therapie
Anamnestisch
- Psychotische Erkrankungen
- Anfallsleiden

Erkrankungen
- Schwere Allgemeinerkrankung
- Autoimmunerkrankung
- Immunsupprimierende Erkrankung (z.B. HIV-Infektion)
- Dekompensierte Leberzirrhose, hepatische Enzephalopathie oder Ösophagus-Varizenblutung
- Erhöhte Blutungsneigung bei s.c.-Injektion
- Thrombozytenzahl < 70 000/μl
- Leukozytenzahl < 2 000/μl

Medikamentöse Therapie
- Gleichzeitige Heparintherapie
- Immunsupprimierende Therapie (z.B. mit Zytostatika oder Steroiden).

2 und 4 Wochen nach Therapie-Beginn sowie anschließend monatlich müssen der klinische Befund, Blutbild, Thrombozyten und GPT überprüft werden, alle 3 Monate und 3 Monate nach Therapieende zusätzlich die entsprechenden Hepatitismarker.

Ein Therapieabbruch erfolgt, wenn:
- Nach dreimonatiger Therapie die Transaminasenreduktion < 50% ist
- Nach primärem Ansprechen ein signifikanter GPT-Anstieg bei fortgesetzter Therapie auftritt.

14.8.2 Autoimmune chronisch-aggressive Hepatitis

Nicht-virale, autoimmunologische Formen der chronisch-aggressiven Hepatitis werden nicht mit Interferonen, sondern mit Glukokortikoiden (☞ 10.2) und Azathioprin (☞ 17.1 und 17.2) behandelt. Man beginnt die Therapie mit relativ hohen Dosen von Prednison (Decortin®) oder Prednisolon (Solu-Decortin®) (50 mg/die). Diese Dosis wird nach einer Woche langsam auf eine Erhaltungsdosis von 10 – 15 mg/die abgebaut, die dann mehrere Monate durchgeführt wird. Die Steroidbehandlung darf frühestens dann ausschleichend beendet werden, wenn Bilirubin, Transaminasen und GT für mind. 2 Monate normal waren. Bei Rezidiven muß eine lebenslange Therapie erfolgen.

Azathioprin allein ist weniger wirksam. In Kombination mit Prednisolon (10 mg) soll es in geringer Dosis (50 mg) aber ebenso wirksam sein wie eine höherdosierte Steroidtherapie.

14.9 Gallensteinleiden

Neben einer operativen Entfernung können nicht-röntgendichte Gallensteine (v.a. Cholesterinsteine) auch durch internistische Maßnahmen entfernt werden:

- Medikamentöse Steinauflösung
- Extrakorporale Stoßwellenlithotripsie (ESWL)
- Direkte Chemolitholyse durch endoskopisches oder perkutan-transhepatisches Einbringen von Methyl-tert-Butyl-Äther in die Gallenblase.

Medikamentöse Steinauflösung

Ca. 75% aller Gallensteine sind Cholesterinsteine, die durch eine erhöhte Cholesterinsekretion bei vermindertem Gallensäurepool entstehen. Durch die Zufuhr von Gallensäuren können Cholesterinsteine aufgelöst werden. Folgende Mechanismen sind dabei entscheidend:

- Bildung einer mizellaren Lösung von Gallensäuren und Cholesterin, so daß dessen Lithogenität gesenkt wird
- Verminderung der Synthese, Sekretion und Resorption von Cholesterin.

Für eine medikamentöse Gallensteinauflösung müssen folgende **Voraussetzungen** erfüllt sein:

- Cholesterinstein mit Durchmesser < 2 cm
- Intakte Gallenblase
- Durchgängiges Gallenwegssystem.

Die Auflösung kann entweder mit *Ursodeoxycholsäure* (Ursofalk®, 10 mg/kg KG/die) oder mit einer Kombination aus *Urso-* und *Chenodeoxycholsäure* (Chenofalk®) (je 7 mg/kg KG/die) erfolgen.

Die Dauer der Therapie beträgt ca. 12 – 18 Monate. Wenn der Stein nach 12 Monaten nicht um 1/3 geschrumpft ist, sollte die Therapie abgebrochen werden. Die initiale Erfolgsrate liegt bei ca. 60%. Da die Lithogenität der Galle nach Therapieende wieder zunimmt, ist eine Intervall- oder Dauerbehandlung notwendig. In ca. 20% kommt es zu Rückfällen.

Kontraindikationen
Entzündungen in Leber, Gallenwegen und Darm, Leberzirrhose, Malabsorption, Schwangerschaft und Niereninsuffizienz.

Nebenwirkungen
Bei Chenodeoxycholsäure, nicht jedoch bei Ursodeoxycholsäure, kommt es in 70% zu einem temporären Transaminasenanstieg und in höheren Dosen zu Diarrhoen.

14.10 Pankreatitis

Bei der Bauchspeicheldrüsenentzündung unterscheidet man eine akute von einer chronisch verlaufenden Form. Während die akute Pankreatitis in je ca. 40% durch Gallenwegserkrankungen und chronischen Alkoholismus verursacht wird, liegt der chronischen Pankreatitis in 70% ein Alkoholismus zugrunde, 25% sind idiopathisch. Folgende Medikamente können eine akute Pankreatitis auslösen: Tetrazykline, Sulfonamide, Glukokortikoide, Azathioprin, Furosemid, Benzodiazepine und Valproinsäure.

14.10.1 Akute Pankreatitis

Die akute Pankreatitis kann klinisch sehr unterschiedlich verlaufen, von milden, spontan wieder abklingenden abdominellen Symptomen bis hin zu fulminanten, tödlich verlaufenden Krankheitsbildern. Die Gesamtletalität beträgt auch heute noch 10%, bei der hämorrhagisch-nekrotisierenden Verlaufsform sogar 60 – 90%.

Therapieprinzipien

Die Therapie richtet sich nach folgenden Prinzipien:
- Enge Überwachung des Patienten, evtl. auf einer Intensivstation
- Ruhigstellung der Bauchspeicheldrüse
  - Absolute Nahrungskarenz (parenterale Ernährung)
  - Magenverweilsonde, evtl. Dauerabsaugung
- Schmerzbekämpfung
- Verhütung und Behandlung von Komplikationen.

Ruhigstellung des Pankreas
Sinn der oralen Nahrungskarenz und der Magenverweilsonde ist es, über eine Verhinderung der endogenen Stimulation des Pankreas die Drüse ruhigzustellen. Eine medikamentöse Ruhigstellung mit Atropin, Glukagon, Calcitonin oder Somatostatin brachte nicht den erwünschten Effekt und kann daher nicht empfohlen werden.

Die Ernährung erfolgt parenteral über einen zentralen Venenkatheter, wobei sich die Menge der zugeführten Flüssigkeit am zentralen Venendruck orientiert (Ziel: +2 bis +10 cm H_2O). Täglich sollten mindestens 3 l Flüssigkeit substituiert werden. Zur Besserung der katabolen Stoffwechselsituation eignen sich hochprozentige Glukose- und Aminosäurelösungen.

Schmerzbekämpfung
Zur Behandlung der meist schweren Schmerzen eignet sich die Dauerinfusion von *Procain* (Novocain®) über einen Perfusor (max. 2 g/die). Hier muß auf mögliche kardiale Nebenwirkungen wie AV-Blockierungen oder Extrasystolen geachtet werden. Alternativ kommen auch *Buprenorphin* (Temgesic®) oder *Tramadol* (Tramal®) in Frage.

✔ Die Gabe von Morphin ist wegen einer möglichen kontraktionsfördernden Wirkung auf den Sphincter Oddi kontraindiziert. Die Morphinderivate *Pentazocin* (Fortral®) und *Pethidin* (Dolantin®) sollten nur vorsichtig gegeben werden.

Verhütung und Behandlung von Komplikationen
Bei schwer verlaufenden Krankheitsbildern muß mit einer Reihe von systemischen Komplikationen gerechnet werden, von denen die häufigsten sind:
- Schock, der durch Volumenmangel und Freisetzung vasoaktiver Stoffe wie Kinine bedingt ist (☞ 2.1)
- Respiratorische und renale Insuffizienz
- Metabolische Störungen: Am häufigsten sind Hypokaliämie (☞ 15.1.1), Hypokalzämie (☞ 15.1.2) und eine Hyperglykämie infolge einer gestörten Glukosetoleranz (Substitution von Alt-Insulin)
- Gerinnungsstörungen: Low dose-Heparin-Prophylaxe (☞ 6.3.1) einer Verbrauchskoagulopathie.

Bei schweren Verlaufsformen muß auch eine Streßulkusprophylaxe mit H_2-Blockern erfolgen, bei biliärer Pankreatitis müssen gallengängige Antibiotika wie z.B. Mezlocillin (Baypen®) oder Cefotaxim (Claforan®) gegeben werden.

14.10.2 Chronische Pankreatitis

Therapieprinzpien

Die Therapie der chronischen Pankreatitis kann konservativ, endoskopisch interventionell (z.B. Stent-Implantation, Zystendrainage) oder operativ (z.B. Pankreasresektion) erfolgen.

Die konservative Therapie setzt sich zusammen aus:
- Kausale Therapie mit Beseitigung auslösender Noxen, v.a. Alkoholentzug
- Symptomatische Therapie
  - Schmerztherapie
  - Behandlung der exogenen Pankreasinsuffizienz
  - Behandlung der endogenen Pankreasinsuffizienz.

Schmerztherapie
Die Schmerztherapie kann entweder durch endoskopische oder operative Beseitigung von Schmerzursachen (z.B. Gangstenosen oder -stei-

ne) oder konservativ durch Pankreasenzymsubstitution (s.u.) bzw. durch Analgetika (☞ 18.1) erfolgen:

- Bei leichten Schmerzen: Peripher wirksame Analgetika wie ASS (Aspirin®) oder Diclofenac (Voltaren®)
- Bei mittelstarken Schmerzen: Kombination peripher wirksamer mit niedrig potenten zentral wirksamen Analgetika, z.B. Tramadol (Tramal®)
- Bei starken Schmerzen: Kombination peripher wirksamer mit starken zentral wirksamen Analgetika, z.B. Buprenorphin (Temgesic®) und auch Antidepressiva.

Behandlung der exogenen Insuffizienz
Als Indikation für eine Substitution von Pankreasenzymen gilt die Erfüllung eines oder mehrerer der folgenden Kriterien: Steatorrhoe > 15g/die, Gewichtsverlust, Diarrhoe und dyspeptische Beschwerden.

Da die Kohlenhydrat- und Proteinverdauung auch durch extrapankreatische Enzyme übernommen werden kann, kommt dem Ersatz von Lipase die größte Bedeutung zu. In der Tabelle sind die erforderlichen Dosen angegeben, sie müssen aber immer individuell ausgetestet werden.

Die Ernährung sollte fettarm und kalorienreich sein. Es können mittelkettige Fettsäuren (Ceres-Margarine®) gegeben werden, die ohne Unterstützung der Pankreaslipase absorbiert werden. Ein Mangel an fettlöslichen Vitaminen (A, D, E und K) kann nur bei schwerer Insuffizienz auftreten und muß dann ausgeglichen werden.

Pankreasenzympräparate			
Handelsname	Lipase (F.I.P.-Einheiten)	Amylase (F.I.P.-Einheiten)	Dosis
Pankreon 700®	28 000	22 000	3 x 3 Drg.
Panzytrat 20000®	20 000	18 000	3 x 4 Kps.
Combizym forte®	30 000	22 000	3 x 3 Tbl.
Kreon® Kapseln	10 000	10 000	3 x 6 – 8 Kps.
Kreon® Granulat	20 800	20 800	3 x 1 – 4 Btl.

Behandlung der endogenen Insuffizienz
Bei endogener Insuffizienz können orale Antidiabetika zwar noch kurze Zeit helfen, um die Insulintherapie kommt man jedoch früher oder später nicht herum. Die Patienten dürfen nicht zu streng eingestellt werden, da wegen der gestörten Gegenregulation (Glukagonmangel) und der mangelhaften Nahrungsassimilation Hypoglykämiegefahr besteht.

15 Pharmakotherapie von Störungen des Wasser- und Elektrolythaushaltes

IMPP-Hitliste

✔✔✔ Nebenwirkungen von Benzothiadiazinen (☞ 15.4.1)

✔✔ Wirkung und Nebenwirkungen von Schleifendiuretika (☞ 15.4.2)

✔ Kalium-sparende Diuretika (☞ 15.4.3)

15.1 Elektrolytstörungen

15.1.1 Störung des Kaliumhaushaltes

Hyperkaliämie (Kalium > 5 mmol/l)

Ursachen einer Hyperkaliämie können sein:
- Akute und chronische Niereninsuffizienz
- Nebennierenrindeninsuffizienz (M. Addison)
- Metabolische Azidose
- Gewebsuntergang bei Hämo-/Myolyse, Verbrennungen, Zytostatikatherapie oder Polytrauma
- Kaliumsparende Diuretika (z.B. Spironolacton, Amilorid)
- Hypoaldosteronismus als Medikamentennebenwirkung bei β-Blockern, ACE-Hemmern und nichtsteroidalen Antiphlogistika.

Eine Hyperkaliämie kann zu einer Wirkungsverminderung von Herzglykosiden führen (☞ 3.2.1)

Therapie
Neben der Behandlung der zugrundeliegenden Erkrankung und Umsetzen der Medikamente kommen je nach Ausmaß der Hyperkaliämie folgende Maßnahmen in Betracht:
- **Kaliumspiegel < 6,5 mmol/l:** Meist sind hier eine kaliumarme Diät (Obst, Säfte, Gemüse und Fleisch einschränken) und Kationenaustauscher, z.B. Calcium-Polysulfonsäure (Calcium Resonium®, Anti-Kalium®, CPS-Pulver®), die im Darm Kalzium oder Natrium gegen Kalium austauschen, ausreichend. Kationenaustauscher können oral (um 24h verzögerter Wirkungseintritt) oder rektal gegeben werden (z.B. Anti-Kalium® 2 – 4 mal 15g/die)
- **Kaliumspiegel > 6,5 mmol/l oder EKG-Veränderungen:** Zunächst wird man versuchen, über eine forcierte Diurese mit Furosemid (40 mg langsam i.v.) eine vermehrte Kaliumausscheidung zu erreichen.
- Ansonsten gibt es folgende Möglichkeiten:
  - ✔ Infusion von 200 ml einer 20%igen Glukoselösung zusammen mit 20 IE Altinsulin über 30 Min. führt zu einem Kaliumabfall um ca. 1 mmol/l
  - Langsame i.v.-Injektion von 20 ml einer 10%igen Ca-Glukonatlösung (bei Digitalisierung kontraindiziert)
  - Bei gleichzeitiger Azidose 25 – 100 mmol Natriumbicarbonat über 15 Min.
  - Gegebenenfalls Dialyse, z.B. bei drohendem Kreislaufstillstand durch Kammerflimmern.

Hypokaliämie (Kalium < 3,5 mmol/l)

Mögliche Ursachen einer Hypokaliämie sind:
- Kalium-Verluste über den Magen-Darm-Trakt z.B. bei Erbrechen, Diarrhoe, Laxantienabusus, Fisteln oder Magensonden
- Kaliumverluste über die Nieren, z.B. polyurische Phase des akuten Nierenversagens, renaltubuläre Azidose, osmotische Diurese z.B. bei Diabetes mellitus oder Urämie
- Iatrogen: Meist durch Diuretika, aber auch Glukokortikoide, β-Sympathomimetika oder durch Insulintherapie eines Coma diabeticum
- Metabolische Alkalose.

Eine Hypokaliämie führt zu einer verstärkten Wirkung von Herzglykosiden (☞ 3.2.1).

Orale Substitutionstherapie
Bei leichten Hypokaliämien erhöht man zunächst den Kaliumgehalt der Nahrung (Bananen, Aprikosen und Dörrobst sind sehr kaliumreich), dann substituiert man oral Kalium entweder als Kaliumchlorid (Rekawan®) oder als Kaliumhydrogencarbonat (Kalinor Brause®, Kalitrans®), wobei Kalinor Brause® 1 Tbl./die (entspricht 40 mmol Kalium) den Kaliumspiegel um etwa 0,3 mmol/l anhebt. Diese Präparate müssen mit viel Flüssigkeit eingenommen werden, da durch lokale Wirkung Magen-Darm-Ulzera entstehen können.

I.v. Substitution von Kalium
I.v. sollte Kalium nur bei schweren Mangelzuständen gegeben werden. Über einen Perfusor können pro Stunde 10 – 20 mmol Kaliumchlorid infundiert werden, wobei die Tagesmenge 100 – 200 mmol nicht überschreiten sollte. Da Kalium die Venen schädigt, dürfen peripher täglich max. 40 mmol/l gegeben werden.

15.1.2 Störung des Kalziumhaushaltes

Hyperkalzämie (Ca > 2,6 mmol/l)

Häufige Ursachen einer Hyperkalzämie sind:

- Maligne Tumoren (ca. 60%), z.B. Plasmozytom, Prostata- und Mammakarzinom und Skelettmetastasen
- Primärer Hyperparathyreoidismus (ca. 25%).

Seltenere Ursachen können eine Hyperthyreose, eine Vit. D-Vergiftung, ein M. Addison oder ein Milch-Alkali-Syndrom sein.

Meist handelt es sich um einen asymptomatischen Zufallsbefund. Die Therapie besteht dann in einer Behandlung der Grundkrankheit sowie einer Ca-armen Diät. Zusätzlich können bei einer Dauertherapie von Hyperkalzämien gegeben werden:

- Clodronsäure (Ostac®), die wahrscheinlich die Osteoklastenaktivität und damit den Knochenabbau hemmt
- Glukokortikoide (Prednison®), die die enterale Ca-Resorption hemmen
- Orales Phosphat (Reducto®), das mit Ca Komplexe bildet.

Hyperkalzämische Krise
Diese entwickelt sich rasch mit Polyurie/Polydipsie, Exsikkose durch diuretische Eigenschaft der Ca-Ionen (Inaktivierung von ADH), Fieber und Erbrechen bis hin zu Somnolenz und Koma und erfordert daher eine rasche Therapie:

- Rehydrierung und forcierte Diurese (bis 10 l/die) mit Furosemid, 40 – 80 mg in einem Liter 0,9%iger NaCl-Lösung
- Calcitonin (Karil®, Cibacalcin®), 4 – 6 x 100 IE/die.

Bleiben diese Maßnahmen erfolglos, kann eine Hämodialyse durchgeführt oder Plicamycin (Mithramycin®) versucht werden.

Hypokalzämie (Ca < 2,2 mmol/l)

Die häufigsten Ursachen einer Hypokalzämie sind:

- Hypoparathyreoidismus nach Strumektomie oder Parathyreoidektomie
- Vit. D-Stoffwechselstörung mit sekundärem Hyperparathyreoidismus bei Niereninsuffizienz oder Malabsorption.

Seltenere Ursachen können eine akute Pankreatitis, eine Sepsis, eine Hyperphosphatämie oder eine Hypalbuminämie sein. Auch während Schwangerschaft und Stillzeit kann der Kalziumspiegel durch erhöhten Bedarf sinken.

Bei chronischem Verlauf empfiehlt sich eine calciumreiche Ernährung und die orale Gabe von Ca-Brausetabletten oder Vitamin D. Bei einer **hypokalzämischen Krise**, die mit Tetanie, Pfötchenstellung der Hände und selten einem Laryngospasmus einhergehen kann, muß Ca-Glukonat i.v. gespritzt werden. Bei der i.v. Gabe, die bei digitalisierten Patienten kontraindiziert ist, entsteht peripher ein unangenehmes Wärmegefühl durch Gefäßerweiterung.

15.2 Azidose

Die Ursachen einer metabolischen Azidose (pH < 7,36) sind vielfältig: Nierenerkrankungen, Gewebshypoxien, Verlust alkalischen Darminhalts durch Diarrhoen oder Fisteln, diabetische Ketoazidose, Alkoholintoxikationen usw. kommen in Frage. Verschiedene Medikamente können das Auftreten einer Azidose begünstigen: Azetylsalizylsäure, kaliumsparende Diuretika und Biguanide (Laktatazidose).

Die Therapie besteht in der Behandlung der Grundkrankheit. Nur bei einer akuten metabolischen Azidose mit einem pH-Wert < 7,1 oder einem Bicarbonat < 15 mmol/l müssen Puffer eingesetzt werden, um die überschüssigen Wasserstoffionen zu binden und damit die Azidose zu korrigieren. Mittel der Wahl ist heute $NaHCO_3$, in Frage kommt evtl. noch Trometamol (Tris®, Trometamol compositum®). Acetat, Malat oder Lactat als Na-Salze können nicht mehr empfohlen werden.

Natriumhydrogencarbonat ($NaHCO_3$)

$NaHCO_3$ bindet Wasserstoffionen und dissoziiert dann zu CO_2 und H_2O, welche abgeatmet und renal eliminiert werden.

> $NaHCO_3$-Bedarf in mmol
> = ml $NaHCO_3$ 8,4%
> = BE x 0,3 x kg KG

In der Praxis gibt man eine 8,4%ige $NaHCO_3$-Lösung über einen Perfusor (50 ml/h) orientierend nach der Blutgasanalyse. Der Azidoseausgleich muß stets langsam erfolgen, niemals dürfen mehr als 75 mmol „blind" gegeben werden. Da sich $NaHCO_3$ fast nur extrazellulär verteilt, ist eine gute Steuerung möglich.

Nebenwirkungen

✔ Das im $NaHCO_3$ enthaltene Natrium führt zu einer Volumenbelastung des Organismus und kann infolgedessen Hypertonie und Ödeme verursachen. Dem kann durch die Gabe von Diuretika entgegengewirkt werden. Bei Überdosierung kann eine Alkalose mit lebensbedrohlichen Rhythmusstörungen, Hypokaliämie und Hypocalcämie mit Gefahr der Tetanie entstehen.

Trometamol (Tris®, Trometamol compositum®)

Trometamol ist in seltenen Fällen indiziert, wenn eine Natriumbelastung durch $NaHCO_3$ unbedingt vermieden werden muß. Es wirkt v.a. intrazellulär und erhöht durch seine glomeruläre Filtration das Harnzeitvolumen, weshalb es bei Oligurie Vorteile besitzt. Es kann als Dauerinfusion (Trometamol compositum®) in einer Dosis bis max. 300 ml/h gegeben werden.

Nebenwirkungen

Wegen seines hohen pH-Wertes kann es Venenwandschäden und Thrombosen sowie bei paravenöser Injektion Gewebsnekrosen verursachen. Weiter kann es zu Hypoglykämien und Atemdepression führen.

15.3 Alkalose

Bei einer metabolischen Alkalose ist der pH-Wert auf > 7,44 erhöht. Ursachen sind meist Kaliummangel (v.a. bei forcierter Diurese oder bei Hyperaldosteronismus) oder Magensaftverlust durch Erbrechen bzw. Magenabsaugung.

✔ In leichten Fällen wird Chlorid in Form einer 0,9%igen NaCl-Lösung infundiert und die begleitende Hypokaliämie durch orale Kaliumsubstitution oder durch eine KCl-Lösung ausgeglichen.

In schweren Fällen, wenn wegen sehr hoher Bikarbonatkonzentration Säureäquivalente zugeführt werden müssen, kann man *L-Arginin-Hydrochlorid-* oder *L-Lysin-Hydrochlorid-Lösungen* einsetzen. Die Aminogruppen der Aminosäuren werden in den Harnstoffzyklus eingebracht. Bei der Harnstoffsynthese werden dann Wasserstoffionen frei, die der Alkalose entgegenwirken.

Nebenwirkungen

Venenreizungen sind möglich, bei Überdosierung kann es zu einer metabolischen Azidose kommen.

✔ Reine respiratorische Alkalosen entstehen durch Hyperventilation und werden durch Normalisierung der Atmung (Rückatmung in die Plastiktüte) behandelt.

15.4 Ödeme

Ödeme entstehen durch isoosmotische Vergrößerung des interstitiellen Flüssigkeitsraumes und sind Symptom verschiedenster Erkrankungen. Man unterscheidet:
- Kardial bedingte Stauungsödeme
- Akute Lungenödeme (☞ 3.3.2)
- Akute Hirnödeme
- Eiweißmangelödeme
- Ödeme bei nephrotischem Syndrom oder Niereninsuffizienz
- Aszites bei Leberinsuffizienz
- Ödeme bei venöser Insuffizienz
- Idiopathische Ödeme (v.a. bei Frauen)
- ✔ Ödeme durch Arzneimittel wie Glukokortikoide, nichtsteroidale Antiphlogistika, z.B. Indometacin oder Carbenoxolon (aldosteronähnliche Wirkung).

Neben einer Behandlung der Grundkrankheit muß eine kochsalzarme Diät (max. 5 – 6 g/die) eingehalten werden. Übermäßiges Trinken ist zu vermeiden, bei Lungen- und Hirnödem muß die Wasserzufuhr drastisch reduziert werden. Die Therapie kann symptomatisch durch Diuretika unterstützt werden.

Diuretika bewirken durch eine Hemmung der tubulären Elektrolytresorption eine erhöhte Ausscheidung von Elektrolyten (v.a. Natrium), wodurch sekundär auch vermehrt Wasser ausgeschieden wird. Dadurch nimmt das Plasmavolumen ab und der kolloidosmotische Druck zu, womit der Rückstrom von interstitieller Flüssigkeit in das Kapillarsystem erleichtert wird.

Diuretika unterscheiden sich im wesentlichen hinsichtlich ihrer Wirkungsdauer und -stärke sowie hinsichtlich ihres Einflusses auf den Kaliumhaushalt. Die wichtigsten Gruppen sind:
- Benzothiadiazin-Diuretika (Thiazide)
- Schleifendiuretika
- Kalium-sparende Diuretika
- Osmotisch wirksame Diuretika.

Xanthinderivate wie Theophyllin und Carboanhydrasehemmer wie Acetazolamid werden heute nicht mehr als Diuretika verwendet.

Bei der Ausschwemmung von Ödemen sollte grundsätzlich folgendes beachtet werden:
- Ödeme sollten immer langsam ausgeschwemmt werden (max. 1kg/die)
- ✔ Begleitend sollte eine Thromboembolieprophylaxe (Low-dose-Heparin) durchgeführt werden, da durch die Hämokonzentration das Thromboserisiko steigt
- Durch unerwünschte Kaliumverluste kann die Toxizität von Herzglykosiden ansteigen, durch kaliumsparende Diuretika kann die Wirksamkeit abgeschwächt werden.

15.4.1 Benzothiadiazin-Diuretika

Sie hemmen die Natrium-Resorption v.a. im proximalen Anteil des distalen Tubulus, wodurch ca. 10 – 15% des glomerulär filtrierten Natriums ausgeschieden werden. Die Kaliumausscheidung nimmt ebenfalls zu, die Ausscheidung von Calcium und Phosphat wird dagegen herabgesetzt. Thiazide senken die glomeruläre Filtrationsrate (GFR), bei einer GFR < 30 ml/Min. (Kreatinin > 2 mg%) sind sie nicht mehr wirksam. Durch die Volumenänderung und die Elektrolytverschiebungen werden das adrenerge System und die Reninsekretion angeregt, wodurch die Wirkung stark abnehmen kann.

Die Einzelsubstanzen unterscheiden sich hauptsächlich hinsichtlich ihrer Wirkungsdauer (☞ Tab.).

Diuretika			
Substanz	**Handelsname**	**Dosis/die**	**Wirkdauer**
Thiaziddiuretika			
• Hydrochlorothiazid	Esidrix®	25 – 75 mg oral	Mittellang
• Mefrusid	Baycaron®	25 – 75 mg oral	Mittellang
• Polythiazid	Drenusil®	1 – 4 mg oral	Lang
• Chlortalidon	Hygroton®	25 – 50 mg oral (intermittierend jeden 2. Tag)	Lang
Schleifendiuretika			
• Furosemid	Lasix®	40 – 80 mg oral 20 – 40 mg i.v.	Kurz
• Etacrynsäure	Hydromedin®	50 – 150 mg oral oder i.v.	Kurz
• Bumetanid	Fordiuran®	2 – 6 mg	Kurz
• Piretanid	Arelix®	6 – 12 mg	Kurz
Kaliumsparende Diuretika			
Aldosteronantagonisten: • Spironolacton	Aldactone®	200 – 400 mg oral	
• Kaliumcanrenoat	Osyrol®	400 – 600 mg langsam i.v.	
Aldosteronunabhängige Diuretika			
• Triamteren • Amilorid	nur als Kombinationspräparat auf dem Markt, z.B. Jatropur®	50 – 100 mg oral	
Kombinationspräparate			
• Hydrochlorothiazid + Triamteren	DytideH®	1/2 – 2 Tbl.	
• Hydrochlorothiazid + Amilorid	Moduretik®	1 – max. 4 Tbl.	

Indikationen

✔ Thiaziddiuretika werden zur Therapie von Ödemen unterschiedlicher Genese, bei Herzinsuffizienz (☞ 3.2.2) sowie zur Therapie der Hypertension (hier in deutlich niedrigerer Dosis, ☞ 1.2.1) eingesetzt.

Nebenwirkungen

An Nebenwirkungen können auftreten:

- Hypokaliämie und metabolische Alkalose
- Diabetogene Wirkung durch Abnahme der Glukosetoleranz
- Anstieg von Triglyzeriden und Cholesterin
- Anstieg des Harnsäurespiegels, wodurch Gichtanfälle ausgelöst werden können
- Selten sind Arzneimittelexantheme, Anämien, allergische Thrombopenien oder Pankreatitiden.

✔ Um die Kaliumverluste zu kompensieren, werden Thiazide gerne mit kaliumsparenden Diuretika kombiniert (☞ Tab.).

15.4.2 Schleifendiuretika

✔ Schleifendiuretika (☞ Tab.) hemmen die Natriumresorption im aufsteigenden Schenkel der Henleschen Schleife, wodurch bis zu 40% des glomerulär filtrierten Natriums ausgeschieden werden. Im Gegensatz zu den Thiaziden können sie die Nierendurchblutung und die GFR steigern, so daß sie auch noch bei einer GFR < 5 ml/Min. einsetzbar sind. Auch Kalium und Kalzium werden verstärkt ausgeschieden, ihre starke Wirkung kann zu einer ausgeprägten Hyponatriämie führen. Alle Schleifendiuretika wirken kurz, ihr Effekt tritt bei i.v. Gabe nach ca. 10 – 20 Min. ein. Sie sind v.a. zur Akuttherapie geeignet, zur Dauertherapie nur dann, wenn Thiazide versagen.

Indikationen

Schleifendiuretika sind bei massiven Ödemen, bei Lungen- (☞ 3.3.1) und Hirnödem, drohender Anurie sowie zur forcierten Diurese bei Vergiftungen (☞ 23.3) indiziert.

Nebenwirkungen

Sie sind im Prinzip die gleichen wie bei den Thiaziden. In hohen Dosen können Hörstörungen auftreten.

Wechselwirkungen

✔ Bei Kombination mit Aminoglykosid-Antibiotika besteht eine erhöhte Gefahr von Innenohrschädigungen, bei Kombination mit Cephalosporinen von Tubulusschäden.

15.4.3 Kaliumsparende Diuretika

Aldosteronantagonisten

Die Aldosteronantagonisten Spironolacton und Kaliumcanrenoat hemmen kompetitiv die natriumretinierende und kaliuretische Wirkung von Aldosteron am distalen Tubulus.

✔ Sie wirken nur in Gegenwart von Aldosteron. Die natriuretische Wirkung ist mit 2% des glomerulär filtrierten Natriums schwach. Die Wirkung setzt bei oraler Gabe erst nach ca. 2 Tagen ein, bei i.v.-Gabe von Kaliumcanrenoat allerdings schon nach 3 – 6 h.

Indikationen

Spironolacton ist kein eigentliches Diuretikum und soll zur Ausschwemmung von Ödemen nur eingesetzt werden, wenn Diuretika wegen eines Hyperaldosteronismus versagt haben. Die Hauptindikation liegt beim primären (Conn-Syndrom) oder sekundären (bei Leberzirrhose mit Aszites) Hyperaldosteronismus.

Nebenwirkungen

An Nebenwirkungen können auftreten:

- Hyperkaliämie
- Exantheme und gastrointestinale Beschwerden
- Eingeschränktes Reaktionsvermögen und Verwirrtheitszustände
- Bei Männern Impotenz und Gynäkomastie
- Bei Frauen Hirsutismus, Amenorrhoe und Brustspannungen
- Kaliumcanrenoat hat evtl. eine kanzerogene Wirkung.

Andere kaliumsparende Diuretika: Triamteren und Amilorid

Triamteren und Amilorid hemmen die Kaliumsekretion im distalen Tubulus. Die natriuretische Wirkung ist ebenso schwach wie die des Spironolactons.

Indikation

Sie werden wegen ihres kaliumretinierenden Effekts v.a. in Kombination mit Thiaziddiuretika eingesetzt.

Nebenwirkungen

Die Hyperkaliämie steht im Vordergrund, weiter können Erbrechen, Wadenkrämpfe, Pruritus und Exantheme auftreten.

15.4.4 Osmotisch wirksame Diuretika

20%ige Mannitollösung entfaltet eine starke und schnelle diuretische Wirkung durch Erhöhung des osmotischen Drucks im Intravasalraum.

Indikationen

Osmotische Diuretika sind bei akutem Hirnödem und bei akuten Vergiftungen zur forcierten Diurese indiziert.

Kontraindikationen

Da sie zu einer starken Volumenbelastung führen, sind sie bei kardial bedingten Ödemen bzw. Herzinsuffizienz kontraindiziert.

16 Therapie von Infektionskrankheiten mit antimikrobiellen Substanzen

IMPP-Hitliste
✔✔ Nebenwirkungen der Antibiotika
✔ Antibiotika in der Schwangerschaft

Antimikrobielle Substanzen sind Stoffe, die Mikroorganismen abtöten oder am Wachstum hindern, ohne dem infizierten Organismus zu schaden. Dies ist möglich durch Einsatz von Stoffen mit selektiver Toxizität gegenüber spezifischen Strukturen der Mikroorganismen.

Angriffspunkte antimikrobieller Substanzen sind:

- Hemmung der Zellwandsynthese: β-Laktamantibiotika (Penicilline, Cephalosporine)
- Hemmung der Proteinsynthese: Tetrazykline, Aminoglykoside, Chloramphenicol, Makrolide, Lincosamide
- Hemmung der Nukleinsäuresynthese: Sulfonamide, Gyrasehemmer, Trimethoprim
- Permeabilitätssteigerung der Zytoplasmamembran: Glykopeptide, Polypeptidantibiotika.

Bakterizide Substanzen führen zur Abtötung heranwachsender Keime. Sie beeinflussen in der Regel die Bildung oder Permeabilität der Zellwand oder Zytoplasmamembran. **Bakteriostatische Substanzen** verhindern lediglich die Keimvermehrung.

✔ Bakterizide Substanzen sollten in der Regel nicht mit bakteriostatischen Substanzen kombiniert werden.

Zu den Problemen einer Antibiotikatherapie zählt das Auftreten von *Resistenzen.* Diese können als primäre Unempfindlichkeit eines Erregers gegenüber einer Substanz bestehen oder durch Selektion unempfindlicher Mutanten unter einer Therapie sekundär erworben werden. Gegenüber chemisch verwandten Präparaten können sich dabei auch *Kreuzresistenzen* entwickeln.

Zur gezielten Behandlung wird der Erreger isoliert (Abstriche, Blutkulturen) und seine Empfindlichkeit durch ein *Antibiogramm* überprüft. Bei noch unbekannten Erregern und dringender Behandlungsindikation sowie bei septischen Verläufen sollte zur sicheren Abdeckung eine „blinde" *Kombinationsbehandlung* durchgeführt werden (☞ 16.4).

Antimikrobielle Substanzen sollten hochdosiert und so kurz wie möglich eingesetzt werden. Zur Erfolgskontrolle sollten regelmäßig die Entzündungsparameter und das klinischen Bild überprüft werden (Faustregel: Anwendung eines Antibiotikum bis drei Tage nach Entfieberung).

Allgemeine Nebenwirkungen einer Antibiotikabehandlung
In unterschiedlichem Ausmaß können alle Antibiotika *allergische Reaktionen* auslösen. Durch Schädigung der Darmflora können oral verabreichte Substanzen zum Auftreten einer *pseudomembranösen Kolitis* (Besiedlung mit toxinbildenden Clostridium-difficile-Stämmen mit Schmerzen, Durchfällen und evtl.Fieber) führen. Ebenfalls durch Veränderung der Darmflora wird der enterohepatische Kreislauf von Estrogenen gestört, so daß orale Kontrazeptiva in ihrer Wirkung abgeschwächt werden können.

β-Laktamantibiotika (Penicilline, Cephalosporine)

Wirkmechanismus

Das Enzym D-Alanin-Transpeptidase, welches für die Quervernetzung der Mureinbauteile der Bakterienzellwand verantwortlich ist, wird gehemmt. Es kommt zur Instabilität und Permeabilitätssteigerung der Zellwand. Beide Substanzgruppen wirken bakterizid auf proliferierende Keime.

Pharmakokinetik

Die Ausscheidung der β-Laktamantibiotika erfolgt überwiegend renal in unveränderter Form durch tubuläre Sekretion. Diese kann durch gleichzeitige Gabe von **Probenecid** gehemmt und die Wirkung dadurch verlängert werden.

Penicilline

Substanzen und Dosierung ☞ Tabelle

- *Benzylpenicillin (Penicillin G)* und dessen Salze (*Benzylpenicillin-Clemizol* und *-Benzathin*).

Penicilline				
Substanz	**Handelsname (Bsp.)**	**Dosierung/die**	**Kinetik**	**Besonderheiten**
Penicilline				Geringe Toxizität und Resistenzbildung
• Penicillin G (Benzylpenicillin)	Penicillin Grünenthal®	4 x 600000 – 1,2 Mio. IE	Nur parenterale Gabe HWZ 30 Min.	
Depotpenicilline				Hohe Wirksamkeit bei grampositiven Keimen
• Clemizolpenicillin	Megacillin®	1 Mio. IE	Depotpräparat mit HWZ 24 Stunden	Mittel der Wahl bei Streptokokken (?)
• Benzathinpenicillin	Tardocillin®	1,2 Mega IE 1 x /Monat	Depotwirkung über Wochen	Rezidivprophylaxe rheum. Fieber
• Procainpenicillin + Benzylpenicillin	Hydracillin®	4 Mio. IE		
Oralpenicilline				Durch erhöhte Säurefestigkeit oral einsetzbar; im Vergleich zu Penicillin G schwächere Wirkung
• Penicillin V • Propicillin	Isocillin® Baycillin®	3 x 600000 – 1,2 Mio. IE	Orale Gabe	
Penicillinasestabile Penicilline				Wirksam bei penicillinasebildenden Keimen (Einsatz auf Staphylokokken beschränkt)
• Oxacillin	Stapenor®	4 – 6 x 500 mg	Parenterale oder orale Gabe	
• Flucloxacillin	Staphylex®	3 x 1 g		
Aminopenicilline				Sog. Breitspektrumpenicilline, da auch bei gramnegativen Keimen wirksam
• Ampicillin • Amoxicillin • Amoxicillin + Clavulansäure	Binotal® Amoxypen® Augmentan®	2 – 3 x 1 g 3 x 0,5 – 1 mg 3 x 0,5 – 1 mg	Nach oraler Gabe nur zu ca. 40 % resorbiert	Clavulansäure hemmt β-Laktamasen
Azylaminopenicilline				Ebenfalls im gramnegativen Bereich wirksam
• Azlocillin • Mezlocillin • Piperacillin	Securopen® Baypen® Pipril®	3 x 4 – 5 g 3 x 2 – 5 g 3 – 4 x 2 – 4 g	Keine Säurestabilität, daher nur parenterale Gabe	

Diese Substanzen sind nicht säurestabil und müssen daher parenteral i.v. bzw. die Salze i.m. verabreicht werden. Sie werden durch Betalaktamasen (= Penicillinasen, von einigen Bakterien gebildete penicillinspaltende Enzyme) inaktiviert und sind gegen die meisten gramnegativen Keime umwirksam (Ausnahme gramnegative Kokken). Aufgrund ihrer guten Wirksamkeit bei grampositiven Keimen, der geringen Resistenzentwicklung und Toxizität werden sie trotzdem häufig eingesetzt. Sie sind Mittel der Wahl bei Streptokokken-, Meningokokken- und Pneumokokkeninfektionen.

- *Oralpenicilline:* Durch Säurestabilität besitzen sie den Vorteil, oral applizierbar zu sein. Das Wirkungsspektrum entspricht dem der Benzylpenicilline
- *Penicillinasestabile Penicilline:* Sie werden nicht durch Penicillinasen zerstört. Ihre Anwendung ist auf penicillinasebildende Staphylokokken begrenzt
- *Aminopenicilline:* Sie gelten als Breitspektrumpenicilline, da sie auch zahlreiche gramnegative Bakterien, z.B. E. coli oder Proteus mirabilis erfassen. Sie sind säurestabil, allerdings nicht penicillinasefest.
  Durch Ampicillin kann ein charakteristisches makulopapulösen Exanthem ausgelöst werde. Da dieses bei Patienten mit Mononukleose besonders häufig auftritt, gilt diese Erkrankung als Kontraindikation
- *Azylaminopenicilline:* Sie wirken auch gegen gramnegative Problemkeime, z.B. Pseudomonas aeruginosa
- Kombination von Penicillinen mit Betalaktamaseinhibitoren: *Clavulansäure* und *Sulbactam* können Betalaktamasen inaktivieren und eignen sich daher zur Kombination mit nicht Betalaktamasen-stabilen Penicillinen. Präparate: Augmentan® = Amoxicillin und Clavulansäure, Unacid® = Ampicillin und Sulbactam.

Nebenwirkungen

Am häufigsten treten allergische Reaktionen auf, die alle Schweregrade erreichen können. Die Sensibilisierungsgefahr ist bei lokaler Anwendung am größten, daher sollten die Substanzen nicht topisch eingesetzt werden.

✔ Toxische Erscheinungen in Form zentralnervöser Störungen (Krämpfe) treten nur bei hohen Dosierungen (20 – 30 Mega IE/die) oder intrathekaler Gabe auf. Gastrointestinale Störungen sind bei oral verabreichten Substanzen möglich. Blutbildveränderungen (Thrombo- und Leukopenie) wurden beschrieben. Kreuzallergien zu Cephalosporinen sind möglich.

▒ Cephalosporine

Substanzen und Dosierung: ☞ Tabelle

Die Einteilung der Cephalosporine erfolgt gemäß ihrer zeitlichen Entwicklung in Cephalosporine der I. bis III. Generation.

- *Cephalosporine der I. Generation:* z.B. Cefalotin, Cefaclor, Cefradoxil
  Das Wirkungsspektrum entspricht dem der Breitbandpenicilline. Außerdem sind sie gegen Penicillinase-bildende Staphylokokken wirksam.
- *Cephalosporine der II. Generation:* z.B. Cefotiam, Cefuroxim, Cefuroximaxetil
  Sie zeigen eine erhöhte Wirksamkeit gegenüber gramnegativen Stäbchen, insbesondere Haemophilus influenzae.
- *Cephalosporine der III. Generation:* z.B. Cefotaxim, Cefatriaxon, Cefoperazon, Ceftazidim
  Ihr Wirkungsspektrum umfaßt gramnegative Keime und Anaerobier. Die antibakterielle Wirkung ist bei diesen höher als bei den vorangehenden Generationen.

Nebenwirkungen

Ähnlich wie die Penicilline sind Cephalosporine wenig toxisch, können jedoch allergische Reaktionen (auch lokal) auslösen (1 – 4 % der Fälle).

✔ Kreuzallergien zu Penicillinen sind möglich. Aufgrund einer Nephrotoxizität (interstitielle Nephritis) muß bei vorbestehender Nierenfunktionseinschränkung und Behandlung mit hohen Dosen die Nierenfunktion regelmäßig überprüft werden. Beeinflussung der Leberfunktion (Erhöhung der Transaminasen), gastrointestinale Störungen und Blutbildveränderungen (z.B. Leuko- und Thrombopenie) sind möglich. Selten treten Blutgerinnungsstörungen durch Störung des Vitamin-K-Stoffwechsels auf.

Cephalosporine				
Substanz	**Handelsname (Bsp.)**	**Dosierung/die**	**Kinetik**	**Besonderheiten**
Cephalosporine der I. Generation				Allg.: Wirkung entspricht Ampicillin, weiterhin besteht Wirksamkeit gegen penicillinasebildende Staphylokokken
• Cefalotin • Cephaclor • Cefadroxil	Ceporexin® Panoral® Bidocef®	4 – 6 stdl. 1 – 2 g 3 x 500 mg 1 – 2 x 1 g	Parenterale Gabe Orale Gabe Orale Gabe	Einsatz bei unkomplizierten Atemwegs- und Harnwegsinfektionen
Cephalosporine der II. Generation				Erhöhte β-Laktamasestabilität, verstärkte Wirkung gegen gramnegative Keime
• Cefotiam • Cefuroxim • Cefuroxim-axetil	Spizef® Zinacef® Zinnat®	2 – 3 x 1 g 8 – 12 stdl. 750 – 1500 mg 2 x 250 mg	Parenterale Gabe Parenterale Gabe Nach oraler Gabe Resorption zu 60 %	
Cephalosporine der III. Generation				Allg.: Sog. Breitspektrumcephalosporine mit hoher β-Laktamasestabilität und Wirkung gegen Anaerobier
• Cefotaxim • Ceftriaxon • Cefoperazon • Ceftazidim	Claforan® Rocephin® Cefobis® Fortum®	3 – 6 g 2 – 4 g 2 – 4 g 2 – 4 g	Parenterale Gabe " " "	Einsatz bei schweren Infektionen

Tetrazykline, Chloramphenicol und Aminoglykoside				
Substanz	**Handelsname (Bsp.)**	**Dosierung/die**	**Kinetik**	**Besonderheiten**
Tetrazykline				Einsatz bei Atem- und Harnwegsinfekten sowie bei Akne
• Tetracyclin-hydrochlorid • Doxycyclin	Hostacyclin® Vibramycin®	2 x 500 mg 1 – 2 x 100 mg oral	Unvollständige Resorption nach oraler Gabe Resorptionsquote über 90%	
• Chloramphe-nicol	Berlicetin®	40 – 80 mg/kgKG	Nach oraler Gabe über 90% Resorption	Reserveantibiotikum bei Typhus, Paratyphus und Meningitiden
Aminoglykoside				Allg.: Rasche Resistenzentwicklung, geringe therapeut. Breite; Einsatz nur noch bei Tuberkulose
• Streptomycin • Neomycin	Streptomycin® Neomycin®	0,5 – 1 mg i.m. 4 – 12 g	 Äußerliche Anwendung, keine Resorption nach oraler Gabe	 Aufgrund hoher Toxizität nur lokale Anwendung als Dermatika sowie zur Darmsterilisierung
• Gentamycin • Tobramycin • Spectino-mycin	Refobacin® Gernebcin® Stanilo®	3 – 6 mg/kgKG 2 – 5 mg/kgKG 2 – 4 g i.m.	Parenterale Gabe " "	Bei schweren Infektionen in Kombination mit β-Laktamantibiotikum Hauptindikation Pseudomonas-Infektion mit Gonokokken

Tetrazykline, Chloramphenicol und Aminoglykoside

Wirkmechanismus

Sie wirken bakteriostatisch durch Hemmung der ribosomalen Proteinsynthese. Tetrazykline und Chloramphenicol entfalten nach oraler Gabe systemische Wirkung, Aminoglykoside werden nicht resorbiert und sind daher nach oraler Gabe nur lokal wirksam.

▒ Tetrazykline

Z.B. Tetracyllcinhydrochlorid, Doxycyclin

Das Wirkungsspektrum umfaßt neben grampositiven und -negativen Erregern auch Mykoplasmen und Chlamydien. Pseudomonas und Proteus werden nicht erfaßt, zahlreiche gramnegative Keime sowie Pneumo-, Strepto- und Staphylokokken sind häufig resistent. Hauptindikation sind heutzutage atypische Pneumonien (Mykoplasmen).

Neben- und Wechselwirkungen

Bei älteren Substanzen mit geringerer Resorptionsrate kann es zur Schädigung der physiologischen Darmflora mit gastrointestinalen Störungen kommen.

✔ Bei Schwangeren und Kindern bis zum 8. Lebensjahr sind Tetrazykline kontraindiziert, da sie zu irreversiblen Zahnverfärbungen, Zahnschmelzhypoplasien und Wachstumsstörungen führen können.

✔ Leber- und Nierenschädigungen sowie Photodermatosen wurden beobachtet.

✔ Bei gleichzeitiger Gabe von mehrwertigen Ionen (z.B. Kalzium), Antazida und Chelatbildnern wird die Resorption der Tetrazykline erniedrigt. Durch Enzyminduktion wird die Wirkung bei gleichzeitiger Gabe von Barbituraten, Phenytoin, Rifampicin sowie bei chronischem Alkoholismus abgeschwächt. Die Wirkung oraler Antidiabetika und Antikoagulantien wird verstärkt.

▒ Chloramphenicol

Das Wirkungsspektrum entspricht dem der Tetrazykline. Es handelt sich um ein Reservemedikament, das bei Typhus, Paratyphus, Rickettsiose und Hämophilus-Meningitis eingesetzt wird.

Neben- und Wechselwirkungen

Am gefährlichsten sind Knochenmarksschädigungen. Diese treten einerseits dosisunabhängig, vermutlich als allergisch bedingte irreversible Panmyelopathie auf, andererseits beobachtet man auch dosisabhängige reversible Störungen der Erythro- und Leukopoese. Beobachtet werden außerdem gastrointestinale Störungen, neurotoxische Störungen (z.B. Kopfschmerzen, Verwirrtheit, Depressionen, periphere Neuritis), Leberzellschäden und allergische Reaktionen. Bei Säuglingen kann es nach Überdosierungen zum sog. „Grey-Syndrom“ (☞ 24.1) kommen. Die Wirkung von Sulfonylharnstoffen, Cumarinen, Hydantoin und Methotrexat wird durch Chloramphenicol verstärkt.

▒ Aminoglykoside

Z.B. Streptomycin, Neomycin, Gentamycin, Tobramycin, Spectinomycin

Sie sind überwiegend bei gramnegativen Keimen und Staphylokokken wirksam, während grampositive Keime und Anaerobier nicht erfaßt werden. Sie werden in der Regel nicht als Monotherapeutika, sondern in Kombination mit anderen Antibiotika, z.B. Betalaktamantibiotika gegeben (*cave:* Keine Mischlösung Aminoglykoside und β-Laktamantibiotika wegen Gefahr der Ausfällung).

Neben- und Wechselwirkungen

✔ Durch vermehrte Anreicherung im Innenohr und in der Niere besteht die Gefahr der Oto- und Nephrotoxizität. Bei eingeschränkter Nierenfunktion erfolgt der Einsatz daher nur bei lebensbedrohlichen Infektionen unter Spiegelkontrollen. Diese müsen auch bei länger dauernder Therapie durchgeführt werden. Als weitere Nebenwirkung sind neuromuskuläre Blockaden mit Atemlähmung beschrieben. Die Nebenwirkungen können durch gleichzeitige Gabe nephro- oder ototoxischer Substanzen (z.B. Furosemid, Cephalosporine) oder curareartige Muskelrelaxantien und Halothan verstärkt werden.

Gyrasehemmer (Chinolone)

Gyrasehemmer der I. Generation
z.B. Nalidixinsäure

Das Wirkungsspektrum umfaßt E.coli, Klebsiellen, Proteus und Serratia.

Gyrasehemmer der II. Generation
z.B. Norfloxacin, Ciprofloxacin, Ofloxacin

Sie sind gegen nahezu alle grampositiven und -negativen Keime, insbesondere auch Pseudomonas und Hämophilus sowie multiresistente Erreger wirksam.

Wirkmechanismus
Gyrasehemmer verhindern das Wiederverschließen und Verdrillen der Bakterien-DNA nach Transskription und Replikation durch Hemmung der DNA-Gyrase und bewirken so ein Zusammenbrechen des Bakterienstoffwechsels. Die Wirkung ist bakterizid.

Nebenwirkungen
Beobachtet werden gastrointestinale Störungen, allergische Reaktionen sowie zentralnervöse Erscheinungen (Kopfschmerzen, Erregungszustände, Depressionen). Außerdem sind Photosensibilisierungen, Muskelschmerzen, Arthralgien, Leber- und Nierenfunktionsstörungen möglich. Da in Tierversuchen Knorpelschäden an den Epiphysen nachgewiesen wurden, dürfen sie in der Schwangerschaft sowie bei Heranwachsenden nicht eingesetzt werden.

Wechselwirkungen
Die Resorption wird durch zweiwertige Ionen gestört. Ciprofloxacin kann die Theophyllinausscheidung senken.

Sulfonamide und Trimethoprim

Z.B. Sulfisomidin, Sulfamethoxazol, Trimethoprim

Die verschiedenen Sulfonamide unterscheiden sich v.a. in ihrer Wirkungsdauer, die von ihrer Rückresorptionsrate in der Niere abhängig ist. Durch gemeinsamen Angriff im Folsäurestoffwechsel der Bakterien wirken sie synergistisch mit *Trimethoprim.* Sie wirken im grampositiven und -negativem Bereich, insbesondere auch bei Hämophilus, E.coli und Proteus. Sie können auch zur Behandlung der Pneumocystis carinii-Pneumonie bei immunsupprimierten und AIDS-Patienten eingesetzt werden.

Wirkmechanismus
Sulfonamide wirken als Antimetabolite der p-Aminobenzoesäure, die von Bakterien zur Bildung von Dihydrofolsäure benötigt wird. Menschen synthetisieren diese nicht selbstständig, sondern nehmen sie über die Nahrung auf. Trimethoprim greift durch Hemmung der Dihydrofolsäurereduktase, die zur Bildung von Tetrahydrofolsäure notwendig ist, ebenfalls im Folsäurestoffwechsel und damit in der Bildung von Thymin und Purin ein.

Gyrasehemmer				
Substanz	**Handelsname (Bsp.)**	**Dosierung/die**	**Kinetik**	**Besonderheiten**
• *Nalidixinsäure*	Nogram®	4 x 1000 mg		Wirksame Konzentration nur im Urin, daher Einsatz auf Harnwegsinfekte begrenzt
• *Norfloxacin*	Barazan®	2 x 400 mg	Orale Gabe	Einsatz bei Harnwegsinfekten
• *Ciprofloxacin*	Ciprobay®	2 x 125 – 750 mg oral 2 x 100 – 200 mg i.v.	Orale oder intravenöse Gabe	Einsatz auch bei Atemwegs- und Harnwegsinfektionen
• *Ofloxacin*	Tarivid®	2 x 200 – 400 mg	s. Ciprofloxacin	s. Ciprofloxacin
• *Enoxacin*	Gyramid®	2 x 200 – 400 mg		

Sulfonamide und Trimethoprim				
Substanz	**Handelsname (Bsp.)**	**Dosierung/die**	**Kinetik**	**Besonderheiten**
Kurz wirksame (bis zu 8 h) • Sulfisomidin	Aristamid®	50 – 100 mg	Lokale Anwendung	Superinfizierte Hautverletzungen
Mittellang wirksame (8 – 16 h) • Sulfamethoxazol + Trimethoprim (= Cotrimoxazol)	Eusaprim®, Bactrim®	1600 mg Sulfamethoxazol + 320 mg Trimethoprim	Orale Gabe	Einsatz in der Regel nur als Kombinationspräparat bei Atem-und Harnwegsinfektionen
Lang wirksame (> 16 h) • Sulfalan	Longum®	1 – 2 g/Woche	Orale Gabe	Anwendung nur als Malariaprophylaxe

Monotherapien mit Sulfonamiden oder Trimethoprim sind selten, in der Regel erfolgt der kombinierte Einsatz als Cotrimoxazol (= Trimethoprim und Sulfamethoxazol im Verhältnis 1:5).

Nebenwirkungen der Sulfonamide
Häufig kommt es zu gastrointestinalen Störungen. Das Auftreten von Schwindel und Kopfschmerzen sowie einer Nierenschädigung (interstitielle Nephritis mit Kreatininanstieg, Kristallurie) ist möglich. Allergische Hautreaktionen bis hin zum Stevens-Johnson-Syndrom (generalisierte Erythem- und Blasenbildung mit evtl. Schocksymptomatik) können auftreten, selten Blutbildveränderungen und hämolytische Anämien. Bei Neugeborenen kann durch Verdrängung des Bilirubins aus der Plasmaeiweißbindung ein Kernikterus (☞ 24) resultieren.

Nebenwirkungen des Trimethoprims
Diese entsprechen weitgehend denen der Sulfonamide. Außerdem sind phototoxische Hautreaktionen und Transaminasenanstieg möglich.

Makrolide und Lincosamide

Makrolide, z.B. Erythromycin, Spiramycin

Lincosamide, z.B. Clindamycin

Makrolide wirken bei den meisten grampositiven Erregern (Ausnahme Staphylokokken) sowie Mykoplasmen und Chlamydien. Lincosamide erfassen zusätzlich Anaerobier und Staphylokokken, während gramnegative Erreger und Mykoplasmen unempfindlich sind. Lincosamide sind Reserveantibiotika bei Sepsis (insbesondere Anaerobiersepsis) in Kombination mit anderen Mitteln (z.B. Cephalosporine oder Aminoglykoside).

Wirkmechanismus
Durch Bindung an die 50 S-Untereinheit der Ribosomen kommt es zur Hemmung der Proteinsynthese. Die Wirkung ist bakteriostatisch.

Neben- und Wechselwirkungen der Makrolide
Gastrointestinale Störungen, Überempfindlichkeitsreaktionen sowie reversible Hörverluste nach Überdosierungen sind beschrieben. Die Wirkung von Theophyllin, Digoxin und oralen Antikoagulantien wird verstärkt.

Nebenwirkungen der Lincosamide
Gefährlich sind akut auftretende pseudomembranöse Kolitiden. Allergische Hautreaktionen und Transaminasenanstieg sind möglich.

Glykopeptide

Z.B. Vancomycin (Vancomycin®)

Das Wirkungsspektrum umfaßt grampositive Erreger, während gramnegative Keime nicht erfaßt werden. Aufgrund schlechter oraler Resorption erfolgt die orale Gabe nur bei pseudomembranöser Kolitis oder Staphylokokkenenteritis.

Makrolide, Lincosamide, Glykopeptide, Polypeptide, Nitrofurantoin				
Substanz	**Handelsname (Bsp.)**	**Dosierung/die**	**Kinetik**	**Besonderheiten**
Makrolide				
• Erythromycin	Erycinum®	30 – 50 mg/kgKG	Orale Gabe	Infektionen mit grampos. Erregern bei Penicillinunverträglichkeit
• Spiramycin	Rovamycin®	30 mg/kgKG		Behandlung der Toxoplasmose in der Schwangerschaft
Lincosamide				
• Clindamycin	Sobelin®	4 x 150 – 450 mg oral 2 – 4 x 600 mg i.v.	Orale Gabe	Reserveantibiotikum bei Anaerobier- und Staphylokokkeninfektion
Glykopeptide				
• Vancomycin	Vancomycin®	1 – 4 x 500 mg oral 2 – 4 x 500 mg i.v.	Parenterale oder orale Gabe	Parenteral bei schweren Staphylokokkeninfektionen
Polypeptide				
• Polymyxin	Polymyxin®	4 x 100 mg oral 1,5 – 2,5 mg/kgKG i.v.	Parenterale oder orale Gabe	Anwendung zur Darmdekontamination als Lokalantibiotikum; systemisch als Reserveantibiotikum
• Bacitracin (meist kombiniert mit Neomycin)	Batrax®		Lokale Anwendung	Haut- und Schleimhautinfektionen
Nitrofurantoin	Urolong®	100 mg	Orale Gabe	Einsatz nur bei Harnwegsinfektionen

Hauptanwendungsbereich sind schwere Staphylokokkeninfektionen bei Penicillin- und Cephalosporinunverträglichkeit.

Wirkmechanismus
Durch Hemmung der Mureinsynthese der Bakterienzellwand wirken sie bakterizid auf proliferierende Keime.

Nebenwirkungen
V.a. bei eingeschränkter Nierenfunktion und bei Kombination mit Schleifendiuretika oder Aminoglykosiden ist auf Oto- und Nephrotoxizität zu achten. Hautrötung bei zu rascher Infusion („red-man-syndrome").

Polypeptidantibiotika

Z.B. Polymyxin, Bacitracin

Polymyxin wird oral zur lokalen Behandlung von Magen-Darmerkrankungen durch gramnegative Erreger sowie zur Darmdekontamination eingesetzt. Parenteral erfolgt der Einsatz bei Sepsis oder schweren Harnwegsinfektionen durch multiresistente gramnegative Erreger oder Pseudomonas als Reserveantibiotikum.

Wirkmechanismus
Durch Schädigung der bakteriellen Zytoplasmamembran bzw. der Zellwandbiosynthese wirken sie auch auf ruhende Keime bakterizid.

Nebenwirkungen
Nephro- und neurotoxische Nebenwirkungen, die durch Cephalosporine bzw. Curareartige Mittel verstärkt werden.

Nitrofurantoin

Das Spektrum umfaßt grampositive und -negative Kokken und E.coli. Aufgrund der häufigen Nebenwirkungen bei langfristiger Therapie eignet es sich nur zur Kurztherapie akuter, unkomplizierter Harnwegsinfekte.

Wirkmechanismus

Nitrofurane bewirken Strangbrüche der bakteriellen DNA. Nach oraler Gabe wird die Substanz zu 40% unverändert im Urin ausgeschieden und erreicht nur hier antibakteriell wirksame Konzentrationen. Die Wirkung ist bakteriostatisch.

Nebenwirkungen

✔ Akut kann es zu zentralnervösen Störungen (Schwindel, Kopfschmerzen) und allergischen Reaktionen kommen. Bei längerer Anwendung werden Lungenfibrosen („Nitrofurantoinlunge"), Polyneuropathien und Leberschädigungen beobachtet.

Kontraindikation

✔ Nierenfunktionsstörungen, Anwendung bei Säuglingen und Schwangeren, Polyneuropathien.

16.1 Infektionen der Luftwege

16.1.1 Tonsillitis

Die akute Tonsillitis wird meist durch β-hämolysierende Streptokokken der Gruppe A hervorgerufen. Zur Vermeidung lokaler eitriger Komplikationen (z.B. Peritonsillarabszeß) sowie Sekundärerkrankungen (z.B. Rheumatisches Fieber ☞ 10.1) wird eine zehntägige Therapie mit oralen Penicillinen, z.B. Isocillin® 1,8 Mega I.E./die durchgeführt.

16.1.2 Bronchitis (☞ 7.3)

Die häufigste Ursache einer akuten Bronchitis sind Virus- oder Mykoplasmeninfektionen. Nur bei Hinweisen für eine bakterielle Beteiligung (eitriges Sputum) wird antibiotisch eingegriffen. Häufig eingesetzte Präparate sind orale Penicilline (z.B. Amoxypen® 1500 mg/die), Cotrimoxazol (z.B. Bactrim® 480 mg/die) oder Tetrazykline (z.B. Vibramycin® 100 mg/die), die bis zur klinischen Besserung (Verschwinden von Auswurf und Fieber) eingesetzt werden.

✔ Mittel der Wahl zur Behandlung eines Atemweginfektes mit Hämophilus influenzae ist Amoxicillin (Amoxypen®).

16.1.3 Pneumonie

Allgemeine Maßnahmen der Behandlung umfassen neben Bettruhe, Atemgymnastik und antipyretischer Behandlung bei hohem Fieber die Gabe schleimlösender Substanzen (☞ 7.3). Bei *unkomplizierten Pneumonien* kommen die gleichen Antibiotika wie bei einer eitrigen Bronchitis zum Einsatz. Die normale Behandlungsdauer beträgt zwei bis drei Wochen. Bei mangelhaftem Ansprechen auf das Antibiotikum sollte durch Erregerisolation aus dem Sputum die Antibiotikaempfindlichkeit festgestellt werden.

Bei *schweren Verläufen*, insbesondere auch bei nosokomialen Infektionen kann eventuell eine Kombinationstherapie (Breitbandpenicillin oder Cephalosporin und Aminoglykosid, z.B. Azlocillin (Securopen®) 3 – 4 x 2 – 5 g und Tobramicin (Gernebcin®) 3 – 5 mg/kgKG/die) indiziert sein.

✔ Zur Behandlung der *atypischen Pneumonie* durch Mykoplasmen oder Chlamydien sind Tetrazykline (z.B. Vibramycin® 100 mg/die) oder Erythromycin (z.B. Erythromycin-ratiopharm® 2 x 1 000 mg/die) indiziert.

Bei immunsupprimierten Patienten (z.B. AIDS-Kranken) kommt es häufiger zum Auftreten einer *Pneumocystis-carinii-Pneumonie.* Therapeutisch kommt hochdosiertes Cotrimoxazol (100 mg/kg Sulfamethoxazol und 20 mg/kg Trimethoprim über drei Wochen) zum Einsatz. Bei Resistenz oder Unverträglichkeit kann das Antiprotozoenmittel Pentamidin (Pentacarinat®) gegeben werden. Die intravenöse Gabe wird mit 4 mg/kgKG/die über 14 Tage durchgeführt. Sie kann zu Blutdruckabfall, Nierenschäden, Leukopenien und Blutzuckerentgleisungen führen. In leichteren Fällen wird daher die ohne systemische Nebenwirkungen einhergehende inhalative Gabe von 600 mg/die bevorzugt. Die inhalative Anwendung ist auch zur Prophylaxe geeignet.

16.2 Infektionen des Gastrointestinaltraktes

16.2.1 Enteritis

Häufige bakterielle Erreger einer Gastroenteritis sind Campylobacter, E.coli, Salmonellen, Shigellen und Yersinien.

✔ Bei unkomplizierten Verläufen beschränkt sich die Therapie auf die ausreichende Substitution von Flüssigkeit und Elektrolyten. In jedem Fall muß durch ein Antibiogramm die Empfindlichkeit der Erreger überprüft werden, da enteropathogene Keime häufig Träger von resistenzvermittelnden R-Plasmiden sind.

✔ Da die Ausscheidung von Salmonellen durch eine antibiotische Therapie verlängert werden kann, sollte diese nur mit entsprechender Zurückhaltung, z.B. bei immungeschwächten Personen, erfolgen.

Antibiotika bei Enteritis

- Campylobacter: Erythromycin
- E. coli (☞ 16.3.1)
- ✔ Salmonellen: Ampicillin, Amoxicillin, Cotrimoxazol, Chloramphenicol
- Shigellen: Tetrazykline, Ampicillin
- Yersinien: Tetrazykline, Cotrimoxazol, Cephalosporine der neueren Generationen.

Zahlreiche Antibiotika, z.B. Lincosamide (Clindamycin), können ihrerseits infolge Störung der normalen Darmflora und Vermehrung von Clostridium-difficile-Stämmen eine *pseudomembranöse Kolitis* auslösen. Die Behandlung erfolgt mit dem Glykopeptid Vancomycin, das bei dieser Indikation oral mit 1000 mg/die eingesetzt wird.

16.2.2 Cholezystitis und Cholangitis

Meist bei vorbestehender Cholezystolithiasis kann es als Komplikation zum Auftreten einer bakteriellen Infektion der Gallenblase und Gallenwege z.B. mit Enterokokken, Klebsiellen, Enterobacter oder Clostridien kommen. Die sofortige Cholezystektomie ist bei Krankheitsverläufen von weniger als zwei Tagen Therapie der Wahl. Ansonsten wird nach Entfieberung im symptomfreien Intervall operiert. Zur konservativen Behandlung werden neben Analgetika (*Cave:* Opiate erhöhen den Sphinktertonus) und Spasmolytika (z.B. Buscopan®) Antibiotika eingesetzt, die ausreichend hohe Gallenwegskonzentrationen erreichen.

Zur **Anwendung** kommen:

- ✔ Breitspektrum-Penicilline, z.B Mezlocillin (Baypen®) 4 x 2 g /die oder Ampicillin (z.B. Binotal®) 3 x 2 g/die, bei Penicillinallergie Cephalosporine z.B. Cefotiam (Spizef®) 3 x 2 g/die
- Zur Bekämpfung von Anaerobiern begleitend Metronidazol (Clont®) 3 x 500 mg/die (☞ 16.11.3).

16.3 Infektionen des Urogenitaltraktes

16.3.1 Harnwegsinfektionen (akute und chronische Pyelonephritis und Zystitis)

Der mit Abstand häufigste Erreger von Harnwegsinfektionen ist E. coli, es werden jedoch auch Klebsiellen, Proteus, Enterobacter und Pseudomonas nachgewiesen. Nach Infektion der Harnblase *(Zystitis)* kann es zur Aszension der Keime mit Entstehung einer *akuten Pyelonephritis* kommen. Die *chronische Pyelonephritis* entwickelt sich in der Regel auf dem Boden eines Abflußhindernisses mit vesikourethralem Reflux, der das Auftreten rezidivierender bakterieller Superinfektionen begünstigt.

Allgemeinmaßnahmen bei Harnwegsinfektionen stellen Wärme und ausreichende Flüssigkeitszufuhr sowie evtl. spasmolytische Maßnahmen dar. Voraussetzung für den Einsatz von Antibiotika ist das Erreichen genügend hoher Konzentrationen im Urin.

Antibiotikatherapie bei Harnwegsinfektionen:

- *Unkomplizierter Harnwegsinfekt:* Kurzzeit-Chemotherapie als Ein- bzw. Dreitagesbehandlung mit Cotrimoxazol (z.B. Bactrim®) 2 x 1 Tbl. oder Amoxicillin (z.B. Amoxypen®) 3 g oft ausreichend. Bei Verdacht auf Nierenparenchymbeteiligung Fortführung der Behandlung über zehn bis vierzehn Tage
- ✔ *Nicht-gonorrhoische Urethritis:* Häufige Erreger sind Mykoplasmen oder Chlamydien, die gut auf Tetrazyklintherapie (100 mg/die) ansprechen. Bei Trichomonadenurethritis ist Metronidazol (2 – 3 x 400 mg/die p.o.) Mittel der Wahl
- *Chronisch rezidivierende Harnwegsinfekte:* Mindestens 6-monatige Langzeittherapie mit Cotrimoxazol 80 mg bzw. Nitrofurantoin 50 mg täglich
- *Akute Pyelonephritis:* Unter stationären Bedingungen intravenöse Gabe von Amoxicillin (z.B. Amoxypen®) 3 x 2 g/die oder einem Cephalosporin, z.B. Cefotaxim (Claforan®) 2 x 2 g/die. Gyrasehemmer bei gramnegativen Erregern als Reseservemittel.
- ✔ Bei *Urosepsis* Kombination mit Aminoglykosid
- *Chronische Pyelonephritis:* Soweit möglich operative Beseitigung der zugrundeliegenden Ursache. Konservativ Infektbehandlung gemäß Antibiogramm.

In der **Schwangerschaft** ist das Auftreten von Harnwegsinfektionen durch veränderte Abflußverhältnisse begünstigt. Für zahlreiche Antibiotika bestehen Kontraindikationen (☞ 25.1).

✔ Eingesetzt werden können Penicilline, Erythromycin oder Cephalosporine.

✔ Bei **eingeschränkter Nierenfunktion** muß die Dosis fast aller Antibiotika reduziert werden. Eine Ausnahme bilden Tetrazykline, die zum Teil in einem hohen Prozentsatz biliär sezerniert werden, z.B. Doxycyclin.

16.3.2 Gonorrhoe

Mittel der Wahl ist Penicillin G. Dieses wird als Depotform, z.B. Procainpenicillin (Hydracillin®) als einzeitige Therapie verabfolgt. Männer erhalten 2,4 Mio IE, Frauen 4,8 Mio IE i.m. Um die Wirkung zu erhöhen, kann gleichzeitig 1 g Probenecid, welches die Ausscheidung des Penicillins verzögert, oral gegeben werden. Bei Penicillinallergie oder Resistenz der Erreger können alternativ Spectinomycin (Stanilo®) 2 g i.m. oder Chinolone (z.B. Enoxacin oder Ofloxazin) 1 x 400 mg oral gegeben werden.

Bei schweren Verläufen wird die Penicillin-Therapie bei Männern über mindestens drei Tage sowie bei Frauen für 6 – 10 Tage fortgesetzt. Bei Penicillinunverträglichkeit ist in diesen Fällen eine orale Therapie mit Doxycyclin möglich.

16.4 Infektionen von Haut und Weichteilen

Wenn möglich, sollten Infektionsherde an Haut und Weichteilen operativ saniert werden. Lokal werden desinfizierende Substanzen und nur in Ausnahmefällen Antibiotika eingesetzt. Häufig wird das Aminoglykosid Neomycin verwendet, welches jedoch bei Einsatz als Dermatikum ein erhöhtes Sensibilisierungspotential hat. Alternativen bei Vorliegen von Resistenzen gegen Neomycin sind z.B. Bacitracin oder Polymyxin lokal.

Bei großflächigen Infektionen kann gemäß Antibiogramm (Abstrich) eine systemische Antibiotikatherapie indiziert sein. Beim durch Streptokokken ausgelösten *Erysipel* erfolgt die Behandlung mit Penicillinen, z.B. Propicillin (Baycillin®) 0,8 – 1,2 Mega IE/die.

16.5 Infektionen des Bewegungsapparates (Osteomyelitis)

Nach einem operativen Debridement wird in der Regel eine Saug-Spüldrainage angelegt. Alternativ kann auch eine Gentamycin-Pallakoskette eingelegt und nach zwei Wochen gewechselt werden. Gemäß dem Antibiogramm erfolgt parallel eine systemische Antibiotikatherapie. Gute Wirksamkeit durch Erreichen hoher Knochenmarkskonzentrationen (>30%) zeigen Clindamycin (Sobelin®) 3 – 4 x 600 mg/die i.v. und Fusidinsäure (Fucidine®) 3 x 500 mg/die i.v. bei Staphylokokkeninfektionen. Bei Pseudomonasinfektion wird eine Penicillin-Aminoglykosid-Kombinationstherapie (z.B. mit Azlocillin und Gentamicin) durchgeführt.

16.6 Septische Infektionen (insbesondere Meningitis)

Ausgehend von einem primären Entzündungsherd kommt es bei der **Sepsis** zur systemischen Streuung der Mikroorganismen ins Blut. Die Klinik ist gekennzeichnet durch intermittierendes hohes Fieber und stark beeinträchtigten Allgemeinzustand. Zur Diagnose ist die mehrmalige Abnahme von Blutkulturen im Fieberschub sowie von Urin- und Stuhlproben mit Erregeridentifizierung und Resistenzbestimmung notwendig.

✔ Nach Sicherung der Proben wird bei noch unbekanntem Erreger mit einer Kombinationstherapie aus Breitbandpenicillin (z.B. Mezlocillin oder Piperacillin) oder Cephalosporin (z.B. Ceftazidim oder Cefotiam) und Aminoglykosid (z.B. Gentamycin oder Tobramycin) begonnen.

Erreger einer **eitrigen Meningitis** sind Meningo-, Pneumo- oder Streptokokken sowie Hämophilus. Bei klinischem Vedacht auf eine Meningitis muß zur Erregerisolierung eine Liquorpunktion durchgeführt werden.

✔ Danach wird eine antibiotische Therapie zunächst mit Penicillin G 3 x 10 Mega IE i.v. begonnen. Bestätigt das Antibiogramm das Vorliegen einer *Meningo-, Pneumo- oder Streptokokkenmeningitis,* wird die Penicillintherapie mit 15 – 20 Mega IE/die über 14 Tage fortgesetzt. Bei Penicillinunverträglichkeit wird auf Chloramphenicol ausgewichen. Die häufig bei Kindern vorliegende *Hämophilusmeningitis* wird mit Ampicillin oder Cefotaxim (je 200 mg/kg/die) behandelt. Die eingesetzten Antibiotika müssen liquorgängig sein, wobei die Liquorgängigkeit von Penicillin und Cephalosporinen bei entzündeten Meningen zunimmt.

16.7 Infektionen bei Vorliegen einer Granulozytopenie

Aufgrund der herabgesetzten Abwehr bei einer Granulozytopenie, kann es leicht zu Infektionen mit schweren Verläufen, häufig auch durch opportunistische Erreger kommen. Um das Infektionsrisiko zu mindern, wird der betroffene Patient in Umkehrisolation gebracht. Bei Fieber wird die Behandlung mit einem Pseudomonaswirksamen Breitspektrumpenicillin (z.B. Azlocillin oder Mezlocillin) bzw. Cephalosporin (z.B. Ceftazidim) in Kombination mit einem Aminoglykosid eingeleitet und nach Vorliegen der Blutkulturen gezielt fortgeführt.

16.8 Tuberkulose

Die wichtigsten Antituberkulotika sind: Isoniazid, Pyrazinamid, Ethambutol, Rifampicin und Streptomycin.

In den üblichen therapeutischen Dosierungen wirken diese Stoffe bis auf Ethambutol bakterizid. Als Reservemedikamente werden Protionamid (ektebin®), Cycloserin (Terizidon®) und p-Aminosalizylsäure eingesetzt.

✔ Als Standardtherapieregime gilt heute eine initiale Behandlung mit einer Dreier- oder Viererkombination über zwei Monate und eine anschließende Stabilisierungsbehandlung mit einer Zweierkombination über vier Monate. Um Nebenwirkungen rechtzeitig erkennen zu können, wird eine einschleichende Therapie empfohlen.

✔ Eine Kombinationsbehandlung ist sinnvoll, da die Erreger zu rascher Resistenzentwicklung neigen. Unter der Behandlung muß daher regelmäßig die Sensibilität überprüft werden. Bei Rezidiven wird eine Dreierbehandlung über 18

Monate durchgeführt, wobei mindestens zwei der drei Präparate neu in die Therapie eingeführt werden.

Auf folgende **Neben- und Wechselwirkungen** ist während der Therapie zu achten:

- **Isoniazid** : In 10% der Fälle treten Störungen des zentralen oder peripheren Nervensystems auf (Schwindel, Benommenheit, Kopfschmerzen, sensible Polyneuropathie). Die neurotoxische Wirkung beruht auf einem Vitamin-B_6-Antagonismus und kann daher durch prophylaktische Vitamin-B_6-Gabe vermieden werden. In 5% der Fälle kommt es zu Magen-Darmstörungen. Bei gleichzeitiger Gabe hepatotoxischer Medikamente sind Leberschädigungen möglich. Die Alkoholtoleranz ist herabgesetzt. Die Wirkung von Barbituraten, Carbamazepin und Phenytoin wird durch Hemmung des abbauenden Enzymsystems in der Leber (mikrosomale Arzneimitteloxidasen) erhöht

Tuberkulostatische Behandlung (6-Monats-Regime)		
Substanz	**Präparat (Beispiele)**	**durchschnittl. Dosierung/die**
Initialphase (2 Monate)		
Dreier-kombination		
• Isoniazid	tebesium®	5 – 10 mg/kgKG
• Rifampicin	Rifa®	450 – 600 mg
• Ethambutol	Myambutol®	15 – 20 mg/kgKG
oder		
• Streptomycin	Streptomycin®	0,75 – 1 g i.v.
Initiale Viererkombination zusätzlich		
• Pyrazinamid	Pyrafat®	1500 mg
Stabilisierungsphase (4 Monate)		
Zweier-kombination		
• Isoniazid	s.o.	
• Rifampicin	s.o.	

- **Rifampicin**: Leberfunktionsstörungen, Thrombozytopenie, gastrointestinale Beschwerden und allergische Reaktionen können auftreten. Durch Enzyminduktion verringert Rifampicin die Wirkung von oralen Kontrazeptiva, Antikoagulantien und Sulfonylharnstoffen. Aufgrund seines hepatischen Abbaus ist es Mittel der Wahl bei Niereninsuffizienz
- **Pyrazinamid**: Neben gastrointestinalen Beschwerden und Leberfunktionsstörungen kann es zu Photosensibilisierung und Hyperurikämie sowie in seltenen Fällen zur Störung der Hämatopoese führen. Es senkt die Wirkung urikosurischer Präparate und verstärkt den Effekt oraler Antidiabetika
- ✔ **Ethambutol:** Zur rechtzeitigen Erkennung einer initial reversiblen Visusstörung durch Neuritis des N. opticus sind regelmäßige ophthalmologische Verlaufskontrollen nötig. Allergische Reaktionen, gastrointestinale Symptome und Hyperurikämie sind möglich
- **Streptomycin**: Neben- und Wechselwirkungen entsprechen denen der übrigen Aminoglykoside (☞ dort).

16.9 Syphilis (Lues)

Nach Infektion mit Treponema pallidum verläuft die Erkrankung in Stadien. Im Primärstadium 3 – 6 Wochen nach Infektion findet sich der sog. Primäraffekt mit begleitender Lymphknotenreaktion. Im Sekundärstadium kann es zu Exanthemen, Iritis und selten auch zu einer Meningoenzephalitis kommen. Typische Erscheinungsbilder des Tertiärstadiums sind die Ausbildung von Gummen an inneren Organen, eine Mesaortitis sowie neurologische Ausfälle (z.B. zerebrale Paralyse, Tabes dorsalis). Während der Schwangerschaft ist eine diaplazentare Infektion des Kindes möglich.

Die Behandlung der Erkrankung richtet sich nach dem Stadium (☞ Tabelle „Behandlung der Syphilis"). Mittel der Wahl ist Penicillin. Bei Penicillinallergie kommen Tetrazykline oder Erythromycin zur Anwendung.

16.10 Pilzerkrankungen

Pilzerkrankungen können als Dermatomykosen an Haut und Schleimhäuten auftreten und bedürfen dann in der Regel nur einer lokalen

Therapie. Darüberhinaus können opportunistische Sproßpilze (z.B. Candida) oder Schimmelpilze (z.B. Aspergillus) v.a. bei immungeschwächten Personen zu Systemmykosen führen.

In der Behandlung von Mykosen werden eingesetzt:

- Azol-Antimykotika (z.B. Clotrimazol, Miconazol, Ketoconazol)
- Flucytosin
- Antimykotisch wirksame Antibiotika (Polyenantibiotika wie z.B. Amphotericin B, Nystatin, Griseofulvin)
- Squalenepoxidasehemmer (z.B. Tolnaftat).

Azol-Antimykotika

Wirkmechanismus

Sie hemmen die Bildung des Ergosterols, eines Bestandteiles der Pilzzellmembran. Das Spektrum umfaßt Hefepilze, Dermatophyten, Schimmelpilze und dimorphe Pilze.

Clotrimazol (z.B. Canesten®)

Indikation

Aufgrund ausgeprägter Nebenwirkungen sowie Selbstinduktion der Biotransformation ist eine systemische Anwendung nicht möglich. Die Anwendung erfolgt in 1%igen Zubereitungen lokal bei Dermatomykosen.

Nebenwirkungen

Selten kann es zu allergischen Hautreaktionen kommen.

Miconazol (Daktar®)

Indikation

✔ Die Anwendung kann sowohl als Lokalantimykotikum als auch systemisch bei Infektionen mit Sproßpilzen oder Schimmelpilzen erfolgen. Dosierung: Oral 4 x 250 mg/die, intravenös 3 x 400 mg/die.

Nebenwirkungen

Thrombophlebitiden, gastrointestinale Störungen, Fieber und Allergien sind bei insgesamt guter Verträglichkeit beschrieben.

Ketoconazol (Nizoral®)

Indikation

Die Anwendung erfolgt lokal und oral mit 200 – 600 mg/die bei Sproß- und Schimmelpilzinfektionen.

Nebenwirkungen

Bei oraler Therapie ist eine lebensbedrohliche Leberschädigung möglich, so daß das Präparat bei Anstieg der Leberenzyme sofort abgesetzt werden muß. Weitere Nebenwirkungen sind Gynäkomastie, Magen-Darmbeschwerden und Pruritus.

Flucytosin (Ancotil®)

Wirkmechanismus

Es hemmt die für die mykotische Nukleinsäuresynthese notwendige Cytosindesaminase.

Indikation

✔ Der Einsatz erfolgt systemisch vorwiegend bei Kandidosen, Kryptokokkosen und einigen

Behandlung der Syphilis				
Substanz	Präparat (Bsp.)	durchschnittliche Dosierung/die	Behandlungsdauer	
			prim. + sek. Syph.	tertiäre Syph.
• Benzathin-Penicillin	Tardocillin®	2,4 Mio. IE i.m.	einmalige Gabe	1 x pro Woche über 3 Wochen
• Procain-Penicillin	Hydracillin®	1 Mio. IE i.m.	2 Wochen	3 Wochen
• Clemizol-Penicillin	Megacillin®	1 Mio. IE i.m.	2 Wochen	3 Wochen
Bei Penicillinallergie				
• Erythromycin	Erycinum®	4 x 500 mg	4 x 500 mg	30 Tage
• Tetrazyklinhydrochlorid	Hostacyclin®	4 x 500 mg	4 x 500 mg	30 Tage
Kongenitale Syphilis				
• Penicillin G	Penicillin Grünenthal®	50000 IE/kgKG i.m.	Einmalige Gabe (bei pathol. Liquorbefund über 10 Tage)	

Schimmelpilzarten. Es wird häufig in Kombination mit Amphotericin B eingesetzt. Dosierung: Oral 100 – 200 mg/kgKG/die, intravenös 4 x 37,5 mg/kgKG/die.

Nebenwirkungen
Es kann zu gastrointestinalen Störungen, Leberfunktionsstörungen, Ekzemen, selten zu Blutbildveränderungen kommen. Häufig treten Resistenzentwicklungen auf, die primäre Candidaresistenz liegt bei 20%.

Wechselwirkungen
- Synergistische Wirkungsverstärkung bei Kombination mit Amphotericin B bei gleichzeitiger Verringerung der Nebenwirkungsrate durch niedrigere Dosierung
- Durch das Zytostatikum Cytarabin wird die antimykotische Wirkung aufgehoben
- Nicht mit anderen Medikamenten mischen (Inkompatibilität).

Polyenantibiotika

▒ Amphotericin B (Ampho-Moronal®)

Wirkmechanismus
Durch Bindung an das Ergosterol der Pilzzellmembran werden die Membranstabilität herabgesetzt und Ionenaustauschprozesse blockiert.

Indikation
Die systemische Anwendung erfolgt bei Sproß- und Schimmelpilzinfektionen. Dabei ist die Wirksamkeit besonders bei Kombinationsbehandlung mit Flucytosin sehr hoch. Dosierung oral 4 x 200 mg/die, intravenös bei Kombination mit Flucytosin 0,25 mg/kgKG/die, sonst bis zu 1 g/kgKG/die. Aufgrund der möglichen Nebenwirkungen bedarf der Einsatz der strengen Indikationsstellung und der ständigen klinischen Überwachung.

✔ Lokal kann es auch bei Dermatomykosen eingesetzt werden.

Nebenwirkungen
Im Vordergrund steht die Nephrotoxizität (Proteinurie, Hämaturie), die durch gleichzeitige Infusion physiologischer Kochsalzlösung gesenkt werden kann. Außerdem kann es Thrombophlebitiden, Fieber und Schüttelfrost sowie in seltenen Fällen neurotoxische, allergische und hepatotoxische Reaktionen verursachen.

▒ Nystatin (z.B. Candio-Hermal®)

Indikation
✔ Da es nach oraler Gabe fast nicht resorbiert wird, ist es nur zur Behandlung lokaler Candidainfektionen (z.B. der Mundschleimhaut) indiziert.

Nebenwirkungen
Allergische Reaktionen sind möglich.

▒ Griseofulvin (z.B. Polygris®)

Wirkmechanismus
Es hemmt als Spindelgift die Mitose, wobei seine Selektivität auf Aufnahme über ein spezielles Carriersystem der Dermatophyten beruht.

✔ Außerdem bindet es an Keratin mit Einlagerung in die Hornschicht von Haut, Nägeln und Haaren und vermindert dadurch das Nährstoffangebot an die Pilze.

Indikation
✔ Es wird bei Dermatomykosen eingesetzt, die auf eine lokale Therapie nur mangelhaft ansprechen. Die Dosierung beträgt 0,5 – 1 g/die p.o. Da sich ein Therapieerfolg erst nach drei Wochen einstellt, beträgt die Therapiedauer bei Hautbefall 4 Wochen, bei Befall der Nägel mindestens vier Monate.

Nebenwirkungen
In geringem Umfang wurden zentralnervöse, gastrointestinale und allergische Reaktionen, selten reversible Leukopenien oder schwere Hautreaktionen beschrieben.

Wechselwirkungen
Die Wirkung oraler Antikoagulantien und Kontrazeptiva wird vermindert. Die Alkoholwirkung wird verstärkt. Bei gleichzeitiger Einnahme von Barbituraten ist die griseofulvinwirkung reduziert.

Squalenepoxidasehemmer

▒ Tolnaftat (Tonoftal®)

Wirkmechanismus
Es hemmt die Ergosterolsynthese.

Indikation
Es wird lokal zur Behandlung von Dermatophyten eingesetzt.

16.11 Protozoonosen

16.11.1 Malaria

Die Malaria stellt in den Tropen eine der häufigsten Infektionskrankheiten dar. Erreger der Erkrankung sind Plasmodien: Plasmodium ovale bzw. vivax führen zur Malaria tertiana (rhythmische Fieberschübe alle 48 h), Plasmodium malariae zur Malaria quartana (Fieberschübe alle 72 h) und Plasmodium falciparum zur Malaria tropica mit unregelmäßigen Fieberrhythmus. Die Malaria tropica ist durch häufige schwerwiegende Komplikationen (z.B. hämolytische Krisen mit akutem Nierenversagen oder Hämaturie = „Schwarzwasserfieber", Kreislaufschock und ZNS-Beteiligung) die gefährlichste Form.

Nach Stich durch eine Plasmodien-infizierte Anophelesmücke gelangen Sporozoiten ins Blut, die in der Leber zu Gewebeschizonten reifen (sog. exoerythrozytäre Phase). Die Gewebeschizonten rupturieren und geben dabei Merozoiten frei, die die Erythrozyten befallen. Es entwickeln sich Blutschizonten, die unter Zerstörung der Eythrozyten (Fieberschub) wiederum Merozoiten freisetzen. Bei Plasmodium vivax und ovale bleibt ein Teil der Sporozoiten in Ruheform in der Leber zurück (Hypnozoiten), und kann nach Jahren zu Rezidiven führen.

Je nach Zielsetzung werden Präparate mit Angriff an unterschiedlichen Entwicklungsstufen der Erreger zur Prophylaxe oder Therapie der Malaria eingesetzt. Aufgrund zunehmender Resistenzentwicklung der Erreger, v.a. Plasmodium falciparum, sind häufig Kombinationsbehandlungen notwendig.

Zu den Malariamitteln zählen:
- Chinoline (Chloroquin, Mefloquin, Chinin)
- Primaquin
- Pyrimethamin
- Sulfonamide.

Empfehlungen zur Malariaprophylaxe
- **Allgemeinmaßnahmen:** Abdeckende Kleidung, Anwendung von Insektenrepellents, kein Aufenthalt im Freien nach Einbruch der Dämmerung, mückensicherer Schlafraum.
- **Chemoprophylaxe** (Beginn eine Woche vor Reiseantritt):
  - Gebiete ohne Chloroquinresistenz von Plasmodium falciparum: Chloroquin 0,3 g/Woche bis einschl. 6 Wochen nach Rückkehr
  - Gebiete mit Chloroquinresistenz von Plasmodium falciparum: Chloroquin 0,3 g/Woche + Pyrimethamin/Sulfadoxin (75 mg/ 1,5 g) zur Frühtherapie
    oder Mefloquin 250 mg/Woche für 3 Wochen, anschließend alle zwei Wochen bis 2 Wochen nach Rückkehr.

Empfehlungen zur Malariatherapie
- Unkomplizierte Malaria (chloroquinsensible Formen): Chloroquin 1,5 g innerhalb von 48 h
- Chloroquinresistente Formen
  - Mefloquin 1,25 – 1,5 g/12 h oder
  - Mefloquin 750 mg + Pyrimethamin/Sulfadoxin 75mg/1,5 g einmalig oder
  - Chinin 3 x 10 mg/kgKG/die über 3 – 14 Tage
- **Nachbehandlung** bei Malaria tertiana und quartana (Erfassen der Ruheformen)
  - Primaquin 15 mg/die über 14 Tage.

Chinoline

Chloroquin (Resochin®)

Wirkmechanismus
Es unterdrückt die Vermehrung der Plasmodien in den Erythrozyten durch Störung ihrer Gewinnung essentieller Aminosäuren aus dem Hämoglobinabbau .

Indikation
Die Anwendung erfolgt zur Prophylaxe in Gebieten ohne Chloroquinresistenz sowie zur Behandlung unkomplizierter Erkrankungen.

Nebenwirkungen
Selten treten Magen-Darmbeschwerden, Kopfschmerzen oder Hautausschläge auf. Korneatrübungen und Retinopathia pigmentosa werden beobachtet. Bei zu rascher parenteraler Gabe kann es zum Blutdruckabfall kommen.

Mefloquin (Lariam®)

Wirkmechanismus
Es führt zur Komplexbildung mit Hämoglobinabbauprodukten, die nach Anreicherung in den Erregern diese durch Membranschädigung abtöten.

Indikation
Bisher liegt gegen Mefloquin nur eine sehr geringe Resistenzentwicklung vor. Es ist derzeit das einzig wirksame Mittel in der Therapie multiresistenter Plasmodium-falciparum-Stämme. Zur Vermeidung einer Resistenzentwicklung sollte die prophylaktische Anwendung nur bei kurzen Aufenthalten, bei denen eine Rückübertragung Mensch-Mücke nicht stattfindet, mit 250 mg/Woche erfolgen.

Nebenwirkungen
Zentralnervöse und gastrointestinale Störungen wurden beobachtet.

Chinin

Wirkmechanismus
Auch Chinin verhindert die intraerythrozytäre Plasmodienvermehrung.

Indikation
Behandlung schwerster Malaria tropica-Formen mit 1,8 g/die über zwei Wochen in Kombination mit anderen Präparaten.

Nebenwirkungen
Diese treten häufig auf, so daß Chinin nur als Reservepräparat bei resistenten Stämmen zum Einsatz kommt. Es können gastrointestinale, neurotoxische und Herzrhythmusstörungen sowie allergische Reaktionen auftreten.

Primaquin (Primaquine Bayer®)

Wirkmechanismus
Es führt zur Abtötung der Ruheformen von Plasmodium ovale und malariae in der Leber.

Indikation
Es wirkt rezidivverhindernd bei o.g. Plasmodien und wird daher zur Nachbehandlung bei Malaria tertiana und quartana gegeben.

Nebenwirkungen
Im allgemeinen kommt es nur zu geringen gastrointestinalen Erscheinungen. Bei Glucose-6-Phosphatdehydrogenasemangel (Favismus) kann es eine akute Hämolyse durch Methämoglobinbildung auslösen.

Pyrimethamin (Daraprim®)

Wirkmechanismus
Als Hemmstoff der Dihydrofolsäurereduktase zählt es zu den Folsäureantagonisten. Es verhindert sowohl die Vermehrung der Erreger in der Leber als auch in den Erythrozyten.

Indikation
In Kombination mit Mefloquin kann es in einer Dosierung von 75 mg/die zur Behandlung schwerer Malariaerkrankungen eingesetzt werden.

Nebenwirkungen
Gastrointestinale Störungen und Neuropathien sowie Blutbildveränderungen (Thrombopenie und Agranulozytose) können auftreten.

Sulfonamide

Wirkmechanismus und Nebenwirkungen (☞ 16)

Indikation
Sie werden zur Verzögerung der Resistenzentwicklung in Kombination mit Pyrimethamin eingesetzt, z.B. Fansidar® (Pyrimethamin und Sulfadoxin). Dieses ist zur Frühtherapie in chloroquinresistenten Gebieten geeignet. Zur Prophylaxe wird die Kombination infolge vermehrt auftretender schwerer allergischer Hautreaktionen nicht mehr empfohlen.

16.11.2 Toxoplasmose

Die Infektion mit Toxoplasma gondii erfolgt im Erwachsenenalter durch engen Kontakt mit infizierten Katzen oder durch Genuß von rohem Fleisch. Normalerweise verläuft die Infektion mit grippeähnlichen Symptomen und Lymphadenitis. Schwere Verläufe mit Enzephalitis, Myokarditis und Pneumonie treten v.a. bei immunsupprimierten Personen auf.

Erfolgt die Erstinfektion während einer Schwangerschaft, kann durch diaplazentare Übertragung der Erreger auf den Fetus eine Enzephalitis ,mit bleibenden intrazerebralen Verkalkungen, Hydro- und Mikrozephalus resultieren.

Folgende Präparate werden in der Therapie eingesetzt:

- Pyrimethamin + Langzeitsulfonamid (z.B. Fansidar®)
  Die Dosierung von Pyrimethamin beträgt initial 100 mg p.o., anschließend 25 mg/die für 2 – 4 Wochen. Sulfadiazin initial 4 g p.o., anschließend 4 x 1 g/die über 2 – 4 Wochen. Wegen der Gefahr von Leuko- und Thrombopenien infolge des Folsäureantagonismus sollte zusätzlich Leukoverin 2 x 15 mg/die p.o. gegeben werden
- In den ersten Schwangerschaftsmonaten ist die Gabe von Pyrimethamin/Sulfonamid aufgrund der Gefahr von Fehlgeburten und teratogenen Schäden kontraindiziert. Alternativ wird hier Clindamycin 4 x 450 mg/die p.o. oder Spiramycin 2 – 4 g/die p.o. gegeben.

16.11.3 Amöbiasis

Nach Infektion durch die Zysten von Entamoeba histolyticum kann sich ein asymptomatischer Trägerstatus durch Vermehrung nicht-invasiver Minutaformen im Darmlumen ergeben. Krankheitssymptome in Form einer akuten Amöbendysenterie werden durch die Invasion der sog. Magnaform ins Gewebe ausgelöst. Nach Generalisierung der Erreger können auch extraintestinale Abszesse, bevorzugt in der Leber, entstehen.

Therapeutische Maßnahmen umfassen:

- Bei asymptomatischer Darmlumeninfektion: Tetrazyklin-Hydrochlorid 250 mg/6 h p.o. über 8 Tage
- Akute Amöbendysenterie: Nitroimidazole, z.B. Metronidazol 3 x 750 mg/die p.o. oder Nimorazol 2 x 1 g/die p.o. für zehn Tage
- Bei Leberabszessen: Eine Abheilung ist unter konservativer Therapie möglich, eine chirurgische Intervention ist nur bei Komplikationen oder fehlendem Behandlungserfolg notwendig. Die Behandlung erfolgt mit Nitroimidazolen und nachfolgend mit Chloroquin 1 g/die für zwei Tage, dann 500 mg über zwei Wochen.

Nitroimidazole

Substanzen: Metronidazol (z.B. Clont®), Nimorazol (z.B. Esclama®), Tinidazol (z.B. Simplotan®).

Wirkmechanismus

In Anaerobiern erfolgt eine Umwandlung in Aminoimidazole, die zu DNA-Strangbrüchen führen.

Indikationen

✔ Der Einsatz erfolgt bei Anaerobierinfektionen, Trichomoniasis, Amöbiasis und bei Lamblieninfektion.

Neben- und Wechselwirkungen

Es kann zu gastrointestinalen Störungen, Schwindel, Parästhesien und Exanthemen, selten zu Leukopenien kommen. Die Wirkung oraler Antikoagulantien wird verstärkt. Phenytoin und Phenobarbital beschleunigen den Abbau von Metronidazol, während Cimetidin diesen verlangsamt.

16.12 Wurmerkrankungen

Häufige Wurminfektionen des Menschen sind:

- Bandwurmerkrankungen (Zestoden): Rinder-, Fuchs-, Hunde-, Schweine- und Fischbandwurm
- Fadenwurmerkrankungen (Nematoden): Spulwurm (Ascaris lumbricoides), Madenwurm (Oxyuris vermicularis), Hakenwurm (Ancylostoma duodenalis), Blutfadenwürmer (Filarien), Trichinen (Trichinella spiralis), Peitschenwurm (Trichuris trichuria)
- Saugwurmerkrankungen (Trematoden): Blasen-Pärchenegel (Schistosoma haematobium), Darm-Pärchenegel (Schistosoma mansoni).

Zur Behandlung der Wurminfektionen werden folgende Präparate oral eingesetzt:

- Bandwurmerkrankungen:
  - Niclosamid (Yomesan®) 4 x 500 mg einmalig
  - Praziquantel (Cesol®) 10 mg/kg einmalig
  - Mebendazol (Vermox®) 400 – 600 mg/die über 3 Tage
- Zystizerkose (Systemische Absiedlung von Finnen des Schweinebandwurms): Praziquantel (Cesol®) 50 mg/kg/die über 2 Wochen
- Echinokokkose (Systemische Absiedlung von Finnen des Hunde- oder Fuchsbandwurmes):
  - Praziquantel 1,5 g /die über 4 – 6 Wochen.
- Spulwurmerkrankungen (Askariden):
  - Pyrantel (Helmex®) 3 x 250 mg einmalig
  - Mebendazol (Vermox®) 200 mg/die über 3 Tage
- Madenwurmerkrankungen (Oxyuren):
  - Pyrantel (Helmex®) 3 x 250 mg einmalig
  - Mebendazol (Vermox®) 1 x 100 mg einmalig mit Wiederholung nach 2 und 4 Wochen
  - Pyrvinium (Molevac®) 5 mg/kgKG einmalig, Wiederholung nach 1 – 2 Wochen
- Hakenwurmerkrankung: Pyrantel (Helmex®) 3 x 250 mg einmalig
- Filarien: Diethylcarbamazin (Hetrazan®) 6 mg/kg/die bis Blutuntersuchung negativ.
- Trichinen: Tiabendazol 50 mg/kg/die über 4 – 6 Wochen
- Peitschenwurmerkrankung: Mebendazol (Vermox®) 400 mg/die über 3 Tage
- Saugwurmerkrankungen: Praziquantel (Cesol®) 40 mg/kg einmalig.

Wirkmechanismus und Nebenwirkungen der Präparate

Niclosamid (Yomesan®)
Das Präparat wird nicht resorbiert und tötet Bandwürmer durch Hemmung der ATP-Bildung sowie Beeinflussung des Kohlenhydratstoffwechsels. Bei Infektion mit Schweinebandwurm sollte zur Vermeidung einer Zystizerkose durch Gabe von Abführmitteln die Bandwurmeierausscheidung gefördert werden, da diese nicht abgetötet werden. Es kann zu Übelkeit und Abdominalschmerzen führen.

Praziquantel (Cesol®)
Es bewirkt eine Lähmung der Bandwürmer durch Dauerdepolarisation der motorischen Endplatten, so daß diese ausgeschieden werden. Kopfschmerzen, Schläfrigkeit, gastrointestinale Störungen sowie Hautreaktionen sind beschrieben.

Mebendazol (Vermox®)
Es hemmt die Glukoseaufnahme von Madenwürmern. Gelegentlich können gastrointestinale Beschwerden auftreten.

Pyrantel (Helmex®)
Es lähmt Spul- und Madenwürmer durch neuromuskuläre Blockade. In seltenen Fällen kann es zu Schwindel, Kopfschmerzen, Erbrechen und Diarrhoe führen.

Pyrvinium (Molevac®)
Es hemmt Enzyme des Glukosestoffwechsels von Oxyuren. Selten treten gastrointestinale Störungen auf.

Diethylcarbamazin (Hetrazan®)
Es bewirkt eine Abtötung von Filarien. Durch abgetötete Parasiten können allergische Reaktionen ausgelöst werden. Außerdem wurden zentralnervöse Störungen (Schwindel, Tremor, Ataxie) beschrieben.

16.13 Viruserkrankungen

Da Viren zu ihrer Vermehrung die Enzymsysteme der infizierten Zelle benutzen, ist eine Blockade ihrer Vermehrung ohne Schädigung der infizierten Zelle kaum möglich.

Aciclovir (z.B. Zovirax®)

Wirkmechanismus
In der infizierten Zelle erfolgt durch virale Thymidinkinase der Umbau zu Aciclovirtriphosphat, welches als falsches Nukleotid in die DNA eingebaut wird und dadurch einen Kettenabbruch bewirkt (Chain terminator). Zusätzlich wird die virusspezifische DNA-Polymerase gehemmt.

Indikationen
Das Wirkungsspektrum umfaßt Herpes-simplex-Viren I und II, Varizella-Zoster- und Epstein-Barr-Viren. Eine orale Therapie ist bei Herpes-simplex-Virus II-Infektionen sowie zur Langzeitbehandlung von AIDS-Patienten indiziert. Die Dosierungen bei oraler Anwendung beträgt 5 x 200 – 800 mg/die. Bei schweren Herpes-simplex oder Varizella-Zoster-Infektionen wird Aciclovir intravenös (3 x 5 mg/kgKG/die) verabreicht. Eine lokale Anwendung erfolgt bei Manifestationen an Augen und Lippen.

Nebenwirkungen
✔ Bei zu rascher intravenöser Gabe oder vorbestehender Nierenfunktionseinschränkung kann es zur Nierenschädigung durch Auskristallisieren in den Tubuli kommen. Selten wurden Exantheme beobachtet.

Zidovudin (Retrovir®)

Wirkmechanismus
Retroviren (z.B. HIV-Viren) tragen ihre genetische Information in Form von RNA, die nach Eindringen in die Wirtszelle mittels eines virusspezifischen Enzyms (Reverse Transkriptase) in DNA umgewandelt wird. Dieses Enzym wird durch Zidovudin gehemmt.

Indikation
Bei asymptomatischen HIV-infizierten Patienten wird durch eine niedrig dosierte Dauertherapie (500 – 1500 mg/die) die Letalität sowie die Häufigkeit opportunistischer Infektionen gesenkt. Bei schweren Manifestationsformen kommen höhere Dosen (200 mg alle 4 Stunden) zum Einsatz.

Nebenwirkungen
Häufig kommt es zu Blutbildveränderungen (Anämie, Leukopenie). Weiterhin treten Kopfschmerzen, Erbrechen, Muskelschmerzen und Schlafstörungen auf. Eine Reihe von Pharmaka (z.B. Paracetamol, Azetylsalizylsäure) können die Gefahr von Nebenwirkungen erhöhen.

Trifluridin (TFT Thilo®)

Wirkmechanismus
Es wird als Thymidinanalogon in die Virus-DNA eingebaut und verhindert dadurch die Transkription.

Indikation
Da die Wirkung nicht streng virusselektiv ist, besteht die Gefahr der Wirtsschädigung. Die Anwendung erfolgt daher nur topisch zur Behandlung von Herpes-simplex-Keratitiden.

Nebenwirkungen
Lokale Reizerscheinungen sowie Ulzerationen der Kornea nach längerer Anwendung sind beschrieben.

Interferone

Wirkmechanismus
Durch Viren infizierte Zellen bilden Glykoproteine (Interferone). Diese aktivieren in benachbarten Zellen Mechanismen, die eine Hemmung der Virusvermehrung bewirken (z.B. Aktivierung von virusnukleinsäurespaltenden Enzymen). Zur Behandlung von Virusinfektionen wurde versucht, die endogene Interferonproduktion durch Gabe von Induktoren zu steigern bzw. humanes Interferon exogen zuzuführen.

Indikationen
Gesicherte Behandlungserfolge bestehen für Infektionen mit Papillomaviren (z.B. Condylomata accuminata) bei Behandlung mit Interferon β (Fiblaferon® 500 000 IE/kgKG/die i.v.). Interferon Alpha wird lokal zur Behandlung von Herpeskeratitiden, systemisch zur Therapie der Haarzelleukämie (Intron® 2 Mio.IE/m^2 KO 3 x wöchentlich s.c.) eingesetzt. Hauptindikation der Interferone ist zur Zeit die Tumortherapie.

Nebenwirkungen
In den erforderlichen hohen Dosen treten häufig Nebenwirkungen in Form von Fieber, grippeähnlichen Krankheitsbildern mit Muskelschmerzen und Unwohlsein sowie Tachykardien und Hypotonien auf.

Amantadin (z.B. PK-Merz®)

Wirkmechanismus
Es verhindert das Entfernen der Eiweißhülle (uncoating) von Grippeviren nach deren Eindringen in die Zelle.

Indikation
Bei rechtzeitiger Gabe besteht eine prophylaktische Wirkung gegen durch Influenza-A-Viren ausgelöste Grippeerkrankungen. Wird es innerhalb der ersten 24 Stunden nach erfolgter Infektion verabreicht, kann es den Krankheitsverlauf mildern. Es werden 2 x 100 mg p.o. verabreicht.

Nebenwirkungen
Es kann zu gastrointestinalen und zentralnervösen Störungen v. a. bei herabgesetzter Nierenfunktion kommen. Anfallsleiden und psychische Erkrankungen gelten als Kontraindikationen.

17 Pharmakotherapie von Tumoren

IMPP-Hitliste
✔ Typische Nebenwirkungen von Zytostatika

17.1 Prinzipien der Tumortherapie

Man kann grundsätzlich 3 Formen der internistischen Tumortherapie unterscheiden:
- (Poly-) Chemotherapie mit Zytostatika
- Hormontherapie mit Hormonen und Antihormonen
- Immuntherapie.

Je nach Krankheitsbild werden die Substanzen mit unterschiedlichem Therapieziel eingesetzt.

Kurative Therapie
Definitive Beseitigung der Krankheit

Palliative Therapie
Symptommilderung, Verbesserung der Lebensqualität und Verlängerung der Lebenserwartung, wenn keine kurative Therapie mehr möglich ist

Adjuvante Therapie
Verhinderung eines Rezidivs oder einer Metastasierung nach vorausgegangener kurativer Therapie.

17.1.1 Polychemotherapie

Als Chemotherapie bezeichnet man eine Tumortherapie mit zytostatischen Substanzen. Sie wird meist in Form einer Kombination mehrerer Zytostatika *(Polychemotherapie)* durchgeführt, die folgende Vorteile besitzt:
- Maximale Tumorzellzerstörung bei tolerabler Toxizität
- Höhere Effektivität durch unterschiedliche Angriffspunkte
- Verhinderung bzw. Verzögerung der Entwicklung sekundärer Resistenzen.

Einteilung der Zytostatika

Zytostatika lassen sich entsprechend ihrer Wirkungsweise in verschiedene Gruppen einteilen (Substanzen ☞ Tabelle):
- **Alkylantien**: Sie können Alkylgruppen auf die DNA übertragen und so Vernetzungsreaktionen zwischen DNA-Fäden auslösen
- **Antimetaboliten**: Sie können als „falsche Substrate" wichtige Schlüsselenzyme der Zellen hemmen:
  - *Methotrexat* hemmt die Dihydrofolatreductase, so daß Folsäure nicht zu Tetrahydrofolsäure reduziert werden kann
  - *6-Mercaptopurin* ist ein Purinantagonist
  - *5-Fluorouracil* und *Cytarabin* sind Pyrimidinantagonisten
- **Mitosehemmstoffe**: Sie führen durch Bindung an mikrotubuläre Proteine zu einem Mitosestillstand in der Metaphase
- **Anti-Tumor-Antibiotika**
- **Andere Zytostatika.**

Phasen der Polychemotherapie

Eine Polychemotherapie wird nicht in Form einer kontinuierlichen Therapie durchgeführt, sondern als *intermittierende Stoßtherapie*, um eine bessere Erholung von Wechselgeweben zu ermöglichen. Zu den Wechselgeweben, die sich durch eine hohe Zellteilungsrate auszeichnen, gehören das blutbildende System, die Schleimhäute, die Hautanhangsorgane und die Keimzellen.

Im Verlauf der Therapie unterscheidet man verschiedene Therapiephasen:
- **Induktionstherapie:** Phase intensiver Therapie bis zur Remission

Zytostatika			
Substanz (Abk.)	**Präparat (Bsp.)**	**Typische Anwendungsgebiete**	**Spezielle Nebenwirkungen**
Alkylantien			
• Cyclophosphamid (CPM)	Endoxan®	Lymphome, solide Tumoren	✔Hämorrhagische Zystitis
• Ifosfamid (IFO)	Holoxan®	Lymphome, solide Tumoren	Hämorrhagische Zystitis
• Chlorambucil (CLB)	Leukeran®	Chron. lymphatische Leukämie, Non Hodgkin-Lymphome, Polycythaemia vera	
• Busulfan (BUS)	Myleran®	Chron. myeloische Leukämie, Polycythaemia vera	✔Lungenfibrose
• Carmustin (BCNU)	Carmubris®	Plasmozytome, gastrointestinale Tumoren	Lungenfibrose, nephrotoxisch
• Cisplatin (CDDP)	Platiblastin®	Solide Tumoren, v.a. Hodentumoren	nephro-/neuro-/ototoxisch
Antimetaboliten			
• Methotrexat (MTX)	Methotrexat®	Osteosarkome, solide Karzinome, Lymphome	hepato-/nephro-/neurotoxisch, Stomatitis
• 6-Mercaptopurin (6MP)	Puri-Nethol®	Akute Leukosen	hepatotoxisch (Cholestase)
• 5-Fluorouracil (5FU)	Fluroblastin®	Gastrointestinale Karzinome, Mamma-Ca	hepato-/nephro-/neurotoxisch Stomatitis
• Cytarabin (ARA-C)	Alexan®,Udicil®	Akute Leukosen	hepatotoxisch, Stomatitis
Mitosehemmstoffe			
• Vinblastin (VBL)	Velbe®	Maligne Lymphome, Hodentumoren	✔neurotoxisch (Polyneuropathie)
• Vincristin (VCR)	Vincristin®	Lymphome, Mamma- und Bronchial-Ca	
• Vindesin (VDS)	Eldisine®		
• Etoposid (VP 16)	Vepesid®	Maligne Lymphome, Sarkome, Bronchial-Ca	
Anti-Tumor-Antibiotika			
• Actinomycin D (ACD)	Lyovac-Cosmegen®	Hodentumoren, Sarkome	Stomatitis, Fieber
• Bleomycin (BLM)	Bleomycinum®	Maligne Lymphome, Hodentumoren, HNO-Tumoren	Lungenfibrose, Fieber
• Mitomycin C (MMC)	Mitomycin®	Mamma-Ca, gastrointestinale Karzinome	nephro-/pneumotoxisch
• Daunorubicin (DNR)	Daunoblastin®	Akute Leukosen	✔kardiotoxisch, Stomatitis?
• Doxorubicin (ADM)	Adriblastin®	Maligne Lymphome, Sarkome	✔kardiotoxisch?
Andere			
• Dacarbazin (DTIC)	DTIC-Dome®	Lymphome, Sarkome, Melanom	Pseudogrippe
• Mitoxantron	Novantron®	Solide Karzinome	Cholestase
• Asparaginase	Crasnitin®	Akute lymphatische Leukämie	Pankreatitis

- **Konsolidierungstherapie:** Zur Stabilisierung der Remission
- **Erhaltungstherapie:** Zur Verlängerung der Remissionsdauer.

17.1.2 Hormontherapie

Die Hormontherapie von Tumoren beruht auf der Tatsache, daß

- Manche Tumoren hormon-abhängig wachsen: z.B. Östrogen-rezeptorpositive Mamma-Karzinome, Prostatakarzinom

- Manche Tumoren hormon-empfindlich sind: Karzinome der Brust, des Endometriums, der Prostata, Lymphome und bestimmte Leukämien.

Durch Gabe von Antihormonen bzw. Hormonen (Substanzen ☞ Tab.) ist es möglich, das Wachstum dieser Tumoren zu hemmen.

Hormone und Antihormone zur Tumortherapie		
Substanz	**Präparat (Bsp.)**	**Wirkungsmechanismus**
• Triptorelin	Decapeptyl®	Synthet. LH-Releasing Hormon
• Buserelin	Suprefact®	LH-RH-Analogon
• Leuprorelin	Carcinil®	LH-RH-Analogon
• Goserelin	Zoladex®	LH-RH-Analogon
• Tamoxifen	Nolvadex®	Antiöstrogen
• Aminoglutethimid	Orimeten®	Antiöstrogen (Aromatasehemmer)
• Cyproteronacetat	Androcur®	Antiandrogen
• Flutamid	Fugerel®	Antiandrogen
• Ethinylestradiol	Turisteron®	Östrogen
• Medroxyprogesteronacetat	Clinovir®	Gestagen
• Prednisolon	Solu-Decortin®	Steroid-Hormon

Mammakarzinome der Frau

Sie werden heute am besten mit chirurgischer Entfernung des Primärtumors und entsprechender Lymphknoten sowie anschließender Bestrahlung behandelt. Das weitere Vorgehen richtet sich danach, ob sich die Frau in der Prä- oder Postmenopause befindet.

Adjuvante Therapie in der Prämenopause

- Polychemotherapie
- LH-RH-Agonisten (z.B. Goserelin® s.c. als Depot für 4 Wochen), v.a. bei Vorliegen von Östrogen-Rezeptoren

Adjuvante Therapie in der Postmenopause

- Antiöstrogen Tamoxifen: 10 – 30 mg/die. Es wirkt v.a. bei Vorliegen von Östrogenrezeptoren, da es an diese bindet und dadurch die Östrogenwirkung blockiert. Nebenwirkungen: Selten Übelkeit und Erbrechen oder Hauterscheinungen
- Aminoglutethimid: 2 x 250 mg. Es hemmt die Androgen-Synthese in der Nebenniere und damit indirekt die Östrogensynthese, da weniger Androgen für die Aromatisierung zu Östrogen zur Verfügung steht. Nach 4 Wochen Kortisolspiegel bestimmen und ggf. Substitution durch Hydrocortison. Nebenwirkungen: Meist vorübergehend Müdigkeit, Benommenheit und Hauterscheinungen.
- Ethinylestradiol oder Medroxyprogesteron
- Androgene.

Prostatakarzinom

Da Prostatakarzinome unter dem Einfluß von Androgenen wachsen, kann durch eine Anti-Androgen-Behandlung das Tumorwachstum gebremst werden. Das kann auf vier Wegen erreicht werden:

- Chirurgische Orchiektomie
- Therapie mit Östrogenen oder LH-RH-Analogen und damit Unterdrückung der hypophysären LH-Produktion, das die Testosteronproduktion reguliert
- Hemmung der Testosteronproduktion durch Aminoglutethimid
- Verhinderung der Bindung von Testosteron an seinen Rezeptor durch Cyproteronacetat oder Flutamid.

Akute lymphatische Leukämien des Kindesalters

Glukokortikoide (v.a. Prednisolon) wirken mitosehemmend auf Lymphozyten und können daher bei der Therapie akuter lymphatischer Leukämien v.a. bei Kindern eingesetzt werden.

17.1.3 Immuntherapie

Die Möglichkeiten der Immuntherapie bei der Behandlung von Tumoren sind derzeit Gegenstand intensiver Forschung. In Zukunft scheint der Einsatz von Antikörpern, zellulären Effektorzellen sowie von Interferonen und Zytokinen (z.B. Tumor-Nekrose-Faktor) auch außerhalb von klinischen Studien möglich zu sein.

17.2 Risiken

Alle Zytostatika schädigen neben Tumorzellen auch normale Zellen, wobei v.a. Gewebe mit einer hohen Zellteilungsrate betroffen sind:

- Knochenmark: Knochenmarksdepression, v.a. Granulozyto-, Lympho- und Thrombopenie
- Magen-Darm-Trakt: Übelkeit, Erbrechen, Appetitverlust
- Schleimhäute: Stomatitis, Ulzera, Diarrhoe
- Hautanhangsorgane: Alopezie
- Keimzellen: Amenorrhoe bzw. Azoospermie.

Zytostatika sind außerdem immer als potentiell karzinogen und teratogen anzusehen und können zu allergischen Reaktionen führen.

Darüber hinaus entfalten einzelne Substanzen spezielle Nebenwirkungen:

- ✔ **Hämorrhagische Zystitis:** *Cyclophosphamid, Ifosfamid*
  Durch oxidative Metabolisierung in der Leber entstehen aus Cyclophosphamid die eigentlich zytotoxisch wirkenden Substanzen N-Lost-Phosphorsäurediamid und Acrolein, das für die Schädigung des Harnblasenepithels verantwortlich gemacht wird. Durch gleichzeitige Gabe von Thiolen wie Mesna (Uromitexan®) und ausreichende Flüssigkeitszufuhr können die Nebenwirkungen vermindert werden.
- ✔ **Kardiomyopathie:** *Daunorubicin, Doxorubicin*
  Dosisabhängig auftretende Kardiomyopathien können zu irreversibler Herzinsuffizienz führen, die schlecht auf Digitalisglykoside anspricht und eine hohe Letalität besitzt.
- ✔ **Periphere Neuropathie:** *Vinblastin, Vincristin, Vindesin, Etoposid*
- **Lungenfibrose:** *Bleomycin, Busulfan, Carmustin*
- **Tubuläre Nierenschäden:** *Cisplatin*
- **Leberschäden:** *Cytarabin, 6-Mercaptopurin.*

Um Nebenwirkungen rechtzeitig erkennen zu können, sind regelmäßig entsprechende Kontrolluntersuchungen durchzuführen.

17.3 Supportive Therapie

Heute werden oft schon frühzeitig Maßnahmen ergriffen, um allgemein erwarteten Nebenwirkungen effektiv entgegenwirken zu können (sog. *supportive Therapie*). Dazu gehören:

- Maßnahmen zur besseren Erholung von Blutzellschäden: Evtl. Gabe von Erythropoetin
- Prophylaxe von Infektionen: Keimarme Räume, sorgfältige Hygiene, evtl. prophylaktische Antibiose
- Prophylaxe einer Hyperurikämie: Ausreichende Flüssigkeitszufuhr, evtl. Allopurinol (Zyloric®, 3 x 100 – 300 mg/die)
- Prophylaxe von Übelkeit und Erbrechen: ☞ 14.9

Wechselwirkungen

Bei der Kombination von Zytostatika mit anderen Medikamenten können z.B. folgende Wechselwirkungen auftreten:

- ✔ Allopurinol verstärkt die zytostatische Wirkung von 6-Mercaptopurin bzw. Azathioprin und hemmt infolge der Xanthinoxidasehemmung auch den Abbau dieser Substanzen
- ✔ Nichtsteroidale Antiphlogistika (z.B. Azetylsalizylsäure) verstärken die zytostatische Wirkung von Methotrexat, dessen renale Ausscheidung hemmen und das sie, wie z.B. auch Sulfonamide, aus der Plasmaeiweißbindung verdrängen können
- Erhöhte Gefahr von Nierenschäden bei Kombination von Cisplatin mit anderen potentiell nephrotoxischen Substanzen wie Aminoglykosiden und Cephalosporinen.

17.4 Prognose

Die Wirksamkeit einer zytostatischen oder hormonellen Tumortherapie läßt sich nach Abschluß der Therapie beurteilen durch eine Kontrolle der Tumorausdehnung mit allen Untersuchungsmethoden, mit denen die Tumormanifestation vor der Therapie nachweisbar war.

- **Komplette Remission:** Verschwinden aller nachweisbaren Tumorparameter bei 2 Kontrolluntersuchungen in mind. 4-wöchigem Abstand

- **Partielle Remission:** Tumorreduktion um mind. 50% über eine Dauer von mind. 4 Wochen
- **No change:** Abnahme um weniger als 50% oder Zunahme um weniger als 25%
- **Progreß:** Hinzutreten neuer Tumormanifestationen unter Therapie oder Zunahme um mehr als 25%.

18 Pharmakotherapie von Schmerzen

IMPP-Hitliste

✔✔ Nebenwirkungen von ASS und Pyrazol-Derivaten (☞ 18.1.2)

✔ Wirkung und Nebenwirkungen der Opiate (☞ 18.1.2)

18.1 Akute Schmerzen

Die Therapie akuter Schmerzzustände erfolgt nach einem 3-Stufen-Schema mit antipyretischen Analgetika und Opioidanalgetika. In besonderen Fällen können auch Lokalanästhetika und Neuroleptika eingesetzt werden (☞ GK Therapie chronischer Schmerzen 3.1.4, 3.2). Zur Therapie viszeraler Spasmen ☞ 14.1.1.

3-Stufen-Schema der Therapie akuter Schmerzzustände	
1. Stufe	Monotherapie mit einem antipyretischen Analgetikum
2. Stufe	Kombination einer Substanz der 1. Stufe mit einem schwächeren Opioidanalgetikum (☞ 18.1.2)
3. Stufe	Kombination einer Substanz der 1. Stufe mit einem stärkeren Opioidanalgetikum (☞ 18.1.2)

18.1.1 Antipyretische Analgetika

Antipyretische Analgetika bewirken eine Hemmung der Cyclooxygenase und damit der Prostaglandinsynthese. Aufgrund ihrer überwiegend peripheren Wirkung sind sie besonders geeignet für Schmerzen schwacher bis mittlerer Intensität im Bereich:

- Des Bewegungsapparates (Muskulatur, Knochen, Gelenke)
- Der Haut
- Des Kopfes und der Zähne.

Neben der analgetischen Wirkung entfalten sie auch in unterschiedlichem Ausmaß eine antipyretische (fiebersenkende) und antiphlogistische (entzündungshemmende) Wirkung.

Antipyretische Analgetika		
Substanz	**Handelsname (Bsp.)**	**Dosis/die**
Salizylate		
• Azetylsalizylsäure	Aspirin®	2 – 4 x 500 – 1000 mg
• Diflunisal	Fluniget®	1 – 3 x 500 mg
p-Aminophenol-Derivate		
• Paracetamol	benuron®	3 – 4 x 500 – 1000 mg
Pyrazol-Derivate		
• Phenazon	Eu-med-mono®	1 – 3 x 500 – 1000 mg
• Propyphenazon	Arantil®	1 – 4 x 500 – 1000 mg
• Metamizol	Novalgin®	1 – 4 x 20 – 40 Trp.
Nicht-steroidale Antirheumatika		
• Ibuprofen	Imbun®	3 – 4 x 200 – 400 mg
• Indometacin	Amuno®	3 – 4 x 25 – 50 mg
• Diclofenac	Voltaren®	3 – 4 x 25 – 50 mg
• Naproxen	Proxen®	1 – 2 x 500 mg

Azetylsalizylsäure (ASS)

Pharmakokinetik

✔ Nach guter Resorption im Magen wird sie im Plasma und Gewebe fast vollständig zu Salizylsäure deazetyliert, in der Leber weiter abgebaut und über die Nieren ausgeschieden.

Nebenwirkungen

- ✔ Diffuse Schleimhautschädigungen des Magen-Darm-Traktes mit Schwellung und Mikroblutungen (okkulte Blutungen!)
- ✔ Hemmung der Thrombozytenaggregation (☞ 6.3.1)

- ✔ Auslösung von Asthma-Anfällen („Aspirin-Asthma")
- Beeinflussung der Harnsäureausscheidung: In Dosen < 2g Harnsäureretention durch Konkurrenz mit Harnsäure am tubulären Säuresekretionssystem, in Dosen > 2g urikosurische Wirkung durch Konkurrenz mit Harnsäure um die tubuläre Reabsorption
- ✔ Auslösung eines *Reye-Syndroms* (nicht-entzündliche Enzephalopathie und akute fettige Degeneration der Leber) bei Kindern unter 18 Jahren im Anschluß an einen viralen Infekt.

Paracetamol

✔ Es wirkt ähnlich analgetisch und antipyretisch wie ASS, jedoch kaum entzündungshemmend. Es ist das einzige Analgetikum, das während Schwangerschaft und Stillzeit unbedenklich ist.

Pharmakokinetik

Es wird gut und schnell resorbiert und vorwiegend durch Metabolisierung eliminiert. Die Ausscheidung erfolgt über die Nieren.

Nebenwirkungen

Es wird meist gut vertragen („magenfreundlich"), bei Kindern ist es zu bevorzugen. Bei akuter Überdosierung kann es eine Leberschädigung verursachen.

Metamizol

Indikationen

Die Indikation ist wegen schwerer Nebenwirkungen beschränkt auf starke Schmerzen (z.B. Koliken) und hohes Fieber, wenn diese nicht auf andere Maßnahmen ansprechen.

Pharmakokinetik

Gute und schnelle enterale Resorption. Es ist gut wasserlöslich und als 50%-ige Lösung zur i.v.-Infusion geeignet.

Nebenwirkungen

- Anaphylaktischer Schock
- ✔ Agranulozytose (regelmäßige Blutbildkontrollen)
- ✔ Starker Blutdruckabfall bei i.v. Gabe (langsam injizieren!)
- Leichte gastrointestinale Beschwerden
- Phänomene der Analgetika-Intoleranz (Urtikaria, Fieber, Asthma).

Nicht-steroidale Antirheumatika

Sie haben eine gute analgetische Wirkung bei kurzer HWZ und eignen sich bes. zur Therapie von rheumatischen Erkrankungen (☞ 10.2), Thrombophlebitiden, Abszessen, Dysmenorrhoen und beginnendem Tumorschmerz.

Nebenwirkungen ☞ 10.2.1

18.1.2 Opioidanalgetika

(☞ auch GK Therapie chronischer Schmerzen 3.1.3)

Opioidanalgetika sind indiziert bei schweren Schmerzzuständen, die mit antipyretischen Analgetika allein nicht beherrschbar sind, z.B.:

- Schmerzen nach großen Operationen
- Karzinom-Schmerzen.

Zunächst sollte zu einem antipyretischen Analgetikum ein schwächer wirkendes Opioidanalgetikum in steigender Dosierung hinzugegeben werden. Reicht dieses nicht mehr aus, sollte auf ein stärkeres gewechselt werden. Eine Kombination mehrerer Opioidanalgetika empfiehlt sich nicht, da sie um denselben Wirkmechanismus (Blockade von Opioidrezeptoren im ZNS) konkurrieren.

✔ Bei akuten Schmerzen ist es oft ausreichend, Schmerzmittel bei Bedarf zu verabreichen. Bei chronischen Schmerzen dagegen muß meist eine kontinuierliche Schmerztherapie mit festen Zeitpunkten der Opioidgabe durchgeführt werden. Da akute Schmerzexazerbationen vermieden werden, ist es möglich, auch mit niedrigeren Dosen Schmerzfreiheit zu erzielen.

Die meisten Opioidanalgetika können oral und parenteral (i.m., i.v., s.c., rektal oder über einen Periduralkatheter) appliziert werden (☞ Tab.).

Alle Opioidanalgetika leiten sich vom Morphin ab, von dem sie sich v.a. in der Wirkstärke, weniger in den Wirkqualitäten unterscheiden.

Morphin

Pharmakokinetik

✔ Die Bioverfügbarkeit von oralem Morphin ist zwar für eine Schmerztherapie ausreichend, jedoch schwankt sie aufgrund des ausgeprägten „first-pass"-Effektes in der Leber zwischen 20 und 50%. Wahrscheinlich sind die 6-O-Glucuronide von Morphin die aktiven Metaboliten.

Nebenwirkungen

- Übelkeit und Erbrechen (durch Reizung von Chemorezeptoren der Area postrema; in liegender Position seltener; Therapie mit Neuroleptika)
- Atemdepression
- Blutdruckabfall durch peripher-venöses pooling
- Miosis durch erhöhten Parasympathikotonus
- Bronchospasmus bei Asthmatikern
- Spastische Obstipation durch verminderte Peristaltik des Magen-Darm-Traktes (bis zum Ileus) und erhöhten Tonus der Ringmuskulatur und des Analsphinkters bei fehlendem Gefühl des Stuhldrangs
- Miktionsstörungen durch spastische Kontraktion des Harnblasensphinkters und Unterdrückung des Harndrangs
- Spastische Kontraktion des Sphinkter Oddi mit Druckerhöhung in Gallen- und Pankreasgang.

✔ Die spasmogene Wirkung von Morphin an glattmuskulären Sphinkteren ist durch Atropin nur teilweise und unzuverlässig aufhebbar, kann aber durch Opiatantagonisten blockiert werden.

Wechselwirkungen

Morphin führt zu einer Wirkungsverstärkung folgender Substanzen:

- Alkohol und Psychopharmaka (zentrale Dämpfung)
- Cumarine

Opioidanalgetika				
Substanz	**Handelsname (Bsp.)**	**Applikation**	**Einzeldosis/ Max. Tagesdosis**	**Wirkdauer**
Schwächere Opioidanalgetika				
• Codein (Rp)	z.B. in Talvosilen forte®	p.o.	4 – 6 x 2 Tbl.	
• Dihydrocodein (Rp)	DHC ret.®	p.o.	1 – 2 x 60 mg	8 – 12h
• Tilidin-Naloxon (Rp)	Valoron N®	p.o.	50 – 100 mg/400 mg	3 – 5h
• Tramadol (Rp)	Tramal®	p.o., rektal, s.c., i.v., i.m.	50 – 100 mg/400 mg	3 – 5h
Tramadol retard	Tramundin ® retard	☞ Tramadol	100 – 200 mg/alle 8 h	8 – 12 h
• Pethidin (Btm)	Dolantin®	p.o., s.c., i.m. i.v.	25 – 150 mg/500 mg 25 – 100 mg/500 mg	2 – 4h
• Piritramid (Btm)	Dipidolor®	i.m. i.v.	15 – 30 mg/alle 6h 7,5 – 22,5 mg/alle 6h	6 – 8h
• Pentazocin (Btm)	Fortral®	p.o., rektal i.m., i.v., s.c.	25 – 50 mg/alle 3 – 4h 30 mg/360 mg	2 – 4h
Starke Opioidanalgetika				
• Morphin (Btm)	Morphin Merck®	s.c., i.m., i.v.	10 mg/alle 4 – 6 h 5 – 10 mg/alle 4 – 6 h	4 – 5h
• Morphin retard (Btm)	MST Mundipharma®	p.o.	10 – 30 mg/100 mg bzw. nach Bedarf und NW	8 – 12h
• Hydromorphon (Btm)	Dilaudid®	i.m., s.c. i.v.	1 – 2 mg/nach Bedarf und NW 1 – 1,5 mg/nach Bedarf und NW	4 – 5h
• Buprenorphin (Btm)	Temgesic®	sublingual i.v., i.m.	0,2 – 0,4 mg/1,6 mg 0,15 – 0,3 mg/1,2 mg	8 – 10h 5 – 6h

- Diuretika (verstärkte orthostatische Hypotonie)
- MAO-Hemmer.

Isoniazid und Neostigmin können zu einer Wirkverstärkung von Morphin führen.

Kontraindikationen
Absolute Kontraindikationen stellen eine Überempfindlichkeit gegen Morphin, eine akute hepatische Porphyrie sowie Schwangerschaft und Stillzeit dar.

Relative Kontraindikationen
- Hypovolämie (Kollapsgefahr)
- Hypothyreose (verstärkte zentral hemmende Wirkung)
- Colitis ulcerosa (Gefahr eines toxischen Megakolons mit Perforation)
- Pankreatitis und Divertikulitis
- Chronische Ateminsuffizienz bei Asthma bronchiale.

✔ Bei akuter Dyspnoe durch Lungenödem bei Herzinsuffizienz oder Lungenmetastasen dagegen ist die Gabe von Morphin indiziert, da es Schmerz und Angst beseitigt und den peripheren Widerstand senkt.

Wiederholte Anwendung von Morphin
Bei wiederholter Anwendung von Morphin können auftreten:
- Toleranzentwicklung mit konsekutiver Dosissteigerung
- Psychische und physische Abhängigkeit
- Chron. Obstipation und Miktionsstörungen.

✔ Letztere entwickeln sich bei Dosissteigerung, weil die Toleranzentwicklung der glatten Muskulatur langsamer eintritt als die der Analgesie, antitussiven Wirkung, Atemdepression, emetischen und euphorisierenden Wirkung.

Besteht eine physische Abhängigkeit von Morphin, treten beim Absetzen typische **Entzugserscheinungen** auf. Diese steigern sich allmählich, erreichen ihr Maximum nach 1 – 2 Tagen und können sich über 1 – 2 Wochen hinziehen:
- Psychomotorische Unruhe und Gereiztheit
- Niesen, Gähnen, Schwitzen, Tränenfluß
- Leibschmerzen, Muskelkrämpfe, Blasentenesmen
- Übelkeit, Erbrechen, Durchfall
- Blutdruckanstieg, Tachykardie.

Die Opiatabhängigkeit spielt angesichts der verkürzten Lebenserwartung von Patienten mit Karzinom-Schmerz keine Rolle. Solche Patienten müssen immer ausreichend mit Opioidanalgetika versorgt werden.

Akute Morphinintoxikation

Eine Intoxikation mit Morphin zeigt sich durch die **Trias** Miosis, Atemdepression und Bewußtseinsstörung (bis zum Koma).

Vorgehen bei akuter Morphinintoxikation
- Magenspülung bei ansprechbarem Patienten und oraler Aufnahme
- Bei Atemstillstand Intubation und Beatmung
- Bei erhaltener Atmung evtl. Opiatantagonist Naloxon (Narcanti®), 1 – 5 Amp. i.v. (0,4 – 2 mg)
- Bei Lungenödem Kortikosteroide, z.B. 250 mg Methylprednisolon i.v.

✔ **Naloxon** besitzt eine spezifische opiatantagonistische Wirkung (Verdrängung vom Rezeptor) und weist keine intrinsische, morphinähnliche Eigenwirkung auf. Es hebt alle Opiatwirkungen auf und kann bei Opiatabhängigen innerhalb kurzer Zeit ein akutes Entzugssyndrom auslösen.

Indiziert ist die Gabe von Naloxon bei Atemdepression und Dämmerzuständen durch Opiate, bei postoperativer opioidinduzierter Atemlähmung sowie zur Differentialdiagnose bei V.a. Opioidintoxikation.

18.1.3 Morphinartig wirkende Analgetika

Codein und Dihydrocodein

Codein ist für die Schmerztherapie nicht als Monosubstanz, sondern nur in Kombination mit antipyretischen Analgetika (z.B. mit Paracetamol in Talvosilen forte®) auf dem Markt. Häufig wird es auch als Antitussivum in niedrigen Dosen, die noch nicht analgetisch wirken, eingesetzt. Dihydrocodein in Retardform besitzt den

Vorteil einer längeren Wirksamkeit als Codein (8 – 12h).

Tilidin-Naloxon

Wirkmechanismus
In Valoron N® ist Tilidin (50 mg) mit dem Morphinantagonisten Naloxon (4 mg) kombiniert. In normalen analgetischen Dosen vermindert es nicht die analgetische Wirkung von Tilidin, bei exzessiven Dosissteigerungen (z.B. bei Drogenabhängigen) jedoch wird Naloxon nur unvollständig metabolisiert und bewirkt dann Entzugserscheinungen.

Pharmakokinetik
Die HWZ von Naloxon ist kürzer als die von Tilidin.

Tramadol

Wirkmechanismus
Opiat-Partialagonist mit geringem antagonistischem Effekt.

Pethidin

Wirkmechanismus
Reiner Opiatagonist.

Pharmakokinetik
Pethidin zeigt eine bessere orale Wirksamkeit als Morphin. Da die Wirkung schnell eintritt und die Wirkdauer kurz ist, wird es gerne bei schmerzhaften diagnostischen Eingriffen verwendet. Für die wiederholte Anwendung ist es wegen der Kumulationsgefahr von toxischen Metaboliten weniger geeignet.

Pethidin wird wie Morphin hauptsächlich in der Leber abgebaut, so daß bei Leberschäden mit einer längeren Wirkdauer gerechnet werden muß.

Nebenwirkungen
Es zeigt eine nur geringe antitussive Wirkung und eine geringere spasmogene Wirkung als Morphin, weshalb es bei spastischen Schmerzen anderen Opioidanalgetika vorgezogen wird. Sedierung und Euphorie sind stärker ausgeprägt als bei Morphin.

Piritramid

Wirkmechanismus
Reiner Opiatagonist.

Nebenwirkungen
Im Vergleich zu Morphin bewirkt es eine stärkere Sedierung, kaum Übelkeit und Erbechen und geringe kardiovaskuläre Nebenwirkungen.

Pentazocin

Wirkmechanismus
Gemischter Opiatagonist-Antagonist.

Nebenwirkungen
- In 10 – 20% (v.a. bei älteren Patienten) treten schon bei therapeutischer Dosierung Dysphorien (z.B. Angst, Alpträume, Halluzinationen) auf
- ✔ Zunahme von Blutdruck, Herzfrequenz, enddiastolischem Füllungsdruck und Pulmonalarteriendruck durch Plasmaspiegelerhöhung von Katecholaminen
- ✔ Toleranzentwicklung, psychische und physische Abhängigkeit bei hoher Dosis über längere Zeit.

Buprenorphin

Wirkmechanismus
Opiat-Partialagonist.

Pharmakokinetik
Wegen der geringen oralen Bioverfügbarkeit von 20% wird es sublingual gegeben, wodurch der „first-pass"-Effekt umgangen wird und die Bioverfügbarkeit bei 60% liegt. Wegen seiner ausgeprägten Rezeptoraffinität ist es nicht mit Naloxon, sondern nur mit dem zentralen Analeptikum Doxapram (Dopram®) antagonisierbar. Wegen der langen Wirkdauer treten mögliche Entzugssyndrome erst nach ca. 2 Wochen auf.

18.2 Chronische Schmerzen

☞ GK Therapie chronischer Schmerzen

19 Pharmakotherapie von Schlafstörungen

IMPP-Hitliste
✔ Benzodiazepinhypnotika

Die Ursachen von Schlafstörungen sind sehr vielfältig. Daher darf sich kein Arzt mit der leichtfertigen Verschreibung von Schlafmitteln zufrieden geben. In jedem Fall muß zuerst geprüft werden, welche Ursache der Schlafstörung zugrundeliegt und wie sie kausal angegangen werden könnte. Dies gilt besonders für:

- Umweltbedingte Schlafstörungen, z.B. Schichtarbeit oder Lärm
- Schlafstörungen bei Körpererkrankungen, z.B. Herzinsuffizienz, Schmerzsyndromen, Hyperthyreose, Husten, Verdauungs- oder Blasenentleerungsstörungen
- Psychische Erkrankungen, z.B. Angst oder Depression
- ✔ Medikamentös induzierte Schlafstörungen, z.B. durch Coffein, Theophyllin, ephedrinhaltige Hustensäfte, L-DOPA, Glukokortikoide, Schilddrüsenhormone, β-Blocker, Kontrazeptiva und trizyklische Antidepressiva
- Entzug zentral wirksamer Substanzen, z.B. Alkohol, Sedativa oder Hypnotika
- ✔ Alkoholkonsum.

Erst wenn die Behandlung dieser Ursachen ausgeschöpft ist, sollte man den Einsatz von Schlafmitteln in Erwägung ziehen.

19.1 Kurzfristige Schlafstörungen

Für eine kurzfristige medikamentöse Therapie von Schlafstörungen bestehen folgende Indikationen:

- Vorübergehende Schlafstörung durch äußere Belastungen, die nicht kausal angegangen werden können (z.B. Krankenhausaufenthalt, präoperativ)
- Akute Belastungssituationen wie z.B. krankheitsbedingte seelische Krisen oder Angstzustände.

Grundsätzlich sollte folgendes beachtet werden:

- Um einer Abhängigkeitsentwicklung vorzubeugen, sollte immer so kurz wie möglich behandelt werden
- Kurz wirksame Substanzen sollten bevorzugt werden, um eine Nachwirkung in den Tag hinein zu verhindern.

Als Schlafmittel *(Hypnotika)* stehen folgende Substanzen zur Verfügung:

- Benzodiazepinhypnotika
- Chloralhydrat
- H_1-Rezeptorantagonisten
- Pflanzliche Sedativa.

Folgende Pharmaka sind bei der Therapie von Schlafstörungen **obsolet**:

- Barbiturate (☞ 22.3)
- Bromharnstoffderivate wie z.B. Bromisoval oder Carbromal wegen der Gefahr der Abhängigkeitsentwicklung und des Bromismus
- ✔ Chinazolinonderivate wie Methaqualon (Normi-Nox®), das Parästhesien und in toxischen Dosen Erregungszustände sowie Krämpfe auslösen kann und heute der Btm-Verordnung unterliegt
- Piperidinderivate wie Methyprylon (Nodular®), das vom Markt genommen wurde
- Aminpräkursoren wie L-Tryptophan (Kalma®), das wegen Unverträglichkeitserscheinungen infolge des Herstellungsverfahrens aus dem Handel genommen wurde.

19.1.1 Benzodiazepinhypnotika

Bei Schlafstörungen, die medikamentös behandelt werden müssen, stellen Benzodiazepine Mittel der 1. Wahl dar.

Grundsätzlich können alle Benzodiazepine als Hypnotika eingesetzt werden, da sie alle in niedriger Dosierung beruhigend und affektiv entspannend wirken, in höherer Dosis jedoch mehr oder weniger ausgeprägt hypnotisch. Trotzdem werden bestimmte Substanzen vornehmlich zur Schlafinduktion eingesetzt (sog. *Benzodiazepinhypnotika*), andere eher zur Beseitigung von Angst- und Spannungszuständen (sog. *Tranquilizer*).

Benzodiazepinhypnotika			
HWZ	**Generikum**	**Handelsname (Bsp.)**	**abendliche Dosis (mg)**
lang (ca. 20 – 200 h)	Diazepam Flurazepam	Valium® Dalmadorm®	02 – 15 7,5 – 30
mittel (ca. 5 – 20 h)	Flunitrazepam Oxazepam	Rohypnol® Adumbran®	0,5 – 2 5 – 20
kurz (ca. 1 – 5 h)	Lormetazetam Temazepam Triazolam	Noctamid® Remestan® Halcion®	0,5 – 2 10 – 60 0,125 –1

Benzodiazepinhypnotika verändern die Schlafarchitektur, indem sie das Tiefschlafstadium zugunsten des leichteren Schlafes verkürzen und den REM-Schlaf vermindern (jedoch schwächer als z.B. bei den Barbituraten).

Substanzen mit langer HWZ werden eher bei Durchschlafstörungen, Substanzen mit kurzer HWZ eher bei Einschlafstörungen eingesetzt. Leiden Patienten neben den Schlafstörungen auch an Angstzuständen, kann mit verschiedenen Substanzen auch eine Anxiolyse während des Tages erreicht werden (z.B. Flurazepam).

Wirkmechanismus

Benzodiazepine verstärken die hemmende Funktion GABA-erger Neurone durch Interaktion mit spezifischen Benzodiazepinrezeptoren. Sie verstärken die Bindungsfähigkeit von GABA an GABA-Rezeptoren, wodurch es infolge eines erhöhten Chloridioneneinstroms zu einer Hyperpolarisation und damit Mindererregbarkeit der Nervenzellen kommt.

✔ Benzodiazepine sind im Gegensatz zu Barbituraten auch in hohen Dosen relativ ungefährlich und daher zum Suizid nicht geeignet. Sie steigern die Kopplung zwischen GABA-Rezeptor und Chloridionenkanal nur bis zu einem bestimmten Grenzwert, während Barbiturate, die durch direkten Angriff am Chloridionenkanal (also GABA-unabhängig) die GABA-erge Hemmwirkung verstärken, dosisabhängig zu einer praktisch unbegrenzten Zunahme der Chloridionenleitfähigkeit führen.

Pharmakokinetik

Benzodiazepine werden nach oraler Gabe gut resorbiert.

✔ In der Leber werden sie metabolisiert, wobei meist pharmakologisch wirksame Metaboliten entstehen, die ihrerseits wieder eine lange Halbwertszeit besitzen und für Kumulationseffekte verantwortlich sein können. Die Metaboliten werden über die Nieren ausgeschieden. Bei alten Menschen werden Benzodiazepine langsamer metabolisiert, weshalb die HWZ zunimmt.

Wechselwirkungen

Cimetidin, Propranolol, Östrogene und Isoniazid hemmen den oxidativen Abbau der Benzodiazepine in der Leber und verlängern dadurch deren HWZ.

✔ Zentral dämpfende Substanzen wie z.B. Alkohol, Neuroleptika, Barbiturate und Antihistaminika verstärken die Benzodiazepinwirkung.

Kontraindikationen

Benzodiazepine sind kontraindiziert bei bekannter Benzodiazepinüberempfindlichkeit, bei Myasthenia gravis (muskelrelaxierende Wirkung), beim akuten Engwinkelglaukom und bei einer akuten Vergiftung durch Alkohol, Opiate oder Schlafmittel.

Nebenwirkungen

Benzodiazepine zeichnen sich aus durch sehr gute Verträglichkeit und eine sehr große therapeutische Breite. Bei Überdosierung kann die zentraldämpfende Wirkung der Benzodiazepine mit **Flumazenil** (**Anexate®**, 0,2 – max. 1 mg i.v.) aufgehoben werden.

Zu Beginn der Therapie treten Müdigkeit, Einschränkung der Konzentrationsfähigkeit und Aufmerksamkeit sowie eine Verlangsamung der Reaktionszeit ein, wodurch die Fahrtüchtigkeit herabgesetzt ist.

✔ In höherer Dosierung kann es zu Dysarthrie, Ataxie und einer anterograden Amnesie kommen. Triazolam kann Alpträume verursachen und sollte daher möglichst nicht verwendet werden. Die muskelrelaxierende Wirkung stellt oft die unangenehmste Nebenwirkung dar. Auch Appetitzunahme, Menstruationsbeschwerden und Abnahme der sexuellen Potenz wurden beobachtet.

✔ Bei hohen Dosen können v.a. bei älteren Menschen *Paradoxphänomene* auftreten, die sich in Agitiertheit, Erregungszuständen, Schlaflosigkeit und Euphorisierung äußern.

✔ Bei sehr schneller i.v.-Applikation kann es zu Blutdruckabfall und Atemdepression, in seltenen Fällen sogar zum Kreislaufstillstand kommen. I.v.-Applikation kann zu lokalen Gefäßirritationen bis hin zu Thrombophlebitiden führen.

Abhängigkeit und Sucht

✔ Wegen der Entwicklung einer psychischen und physischen Abhängigkeit dürfen Benzodiazepine nur vorübergehend als Schlafmittel eingesetzt werden.

✔ Nach einjähriger Behandlung mit langwirksamen Benzodiazepinen muß bei 1 – 5 % der Patienten bei plötzlichem Absetzen mit Entzugssymptomen gerechnet werden. Diese treten je nach HWZ der Substanz 2 – 10 Tage nach Absetzen der Medikation auf und bestehen gewöhnlich für 1 – 2 Wochen.

Leichte Entzugssymptome sind:

- Innere Unruhe, Schlaflosigkeit und Angst
- Dysphorie und erhöhte Irritabilität
- ✔ Tremor, Tachykardie, Schwitzen, Übelkeit, Erbrechen

In 20% der Fälle kommt es zu schweren Entzugssyndromen:

- Paranoid-halluzinatorische Syndrome, Verwirrtheitszustände und Delirien
- ✔ Krampfanfälle
- ✔ Einfache Wahrnehmungsveränderungen.

Benzodiazepinentzugssyndrome lassen sich durch eine schrittweise Dosisreduktion über einen Zeitraum von mindestens 4 Wochen (*fraktionierter Entzug*) vermeiden.

19.1.2 Chloralhydrat

Als Ein- und Durchschlafmittel eignet sich auch Chloralhydrat (Chloraldurat®). Es handelt sich um ein Alkohol-Aldehyd-Derivat, dessen hypnotische Wirkung bei einer Dosis von 0,5 – 2 g einsetzt und etwa 5 Stunden anhält. Aufgrund einer Enzyminduktion tritt nach regelmäßiger Einnahme bald ein Wirkungsverlust auf. Die therapeutische Breite ist gering, die letale Dosis liegt bei 6 – 10 g. Bei Patienten mit Erkrankungen von Magen/Darm, Leber oder Herz darf Chloralhydrat nicht verwendet werden. Chloralhydrat erzeugt einen unangenehmen Mundgeruch, weshalb es oral als Gelatine-Kapsel oder rektal als Einlauf appliziert wird.

19.1.3 H_1-Rezeptorantagonisten

Zu den frei im Handel erwerbbaren Hypnotika gehören auch Antihistaminika wie z.B. Diphenhydramin (Sediat®, 1 Tbl. vor dem Schlafengehen) oder Doxylamin (Gittalun®, 1 Brausetablette vor dem Schlafengehen). Ihre schlafinduzierende Wirkung ist im Gegensatz zu den eigentlichen Hypnotika relativ gering, weshalb sie nur bei leichten Schlafstörungen indiziert sind. Hier muß mit anticholinergen Nebenwirkungen gerechnet werden. Diphenhydramin kann außerdem eine Photosensibilisierung bewirken.

19.1.4 Pflanzliche Sedativa

Es gelingt häufig, gerade bei leicht ausgeprägten Schlafstörungen mit pflanzlichen Präparaten (Hopfen- und Baldrianpräparate) auszukommen. Z.B. Nervobaldon® (3 Tbl. vor dem Schlafengehen) oder Nervuton N® (15 – 25 Trp. vor dem Schlafengehen).

19.2 Chronische Schlafstörungen

Grundsätzlich sollte die Therapie von Schlafstörungen nur vorübergehend erfolgen. Bei chronischen Schlafstörungen, die auf andere Maßnahmen (kausale Therapie, Psychotherapie, Entspannungsverfahren) nicht ansprechen oder bei denen ein Schlafmittelentzug dem Patienten nicht zumutbar erscheint, kann jedoch eine längere medikamentöse Therapie unumgänglich sein. Hier sollte man die Gefahr einer Abhängigkeitsentwicklung im Auge behalten und immer wieder versuchen, das Schlafmittel langsam zu reduzieren. Liegt den Schlafstörungen eine depressive Entwicklung zugrunde, erfolgt die Therapie mit Antidepressiva.

20 Pharmakotherapie von Psychosen und Neurosen

IMPP-Hitliste

✔✔✔✔	Nebenwirkungen der Neuroleptika und deren Therapie (☞ 20.1.1)
✔✔✔	Therapie des Alkoholdelirs mit Clomethiazol (☞ 20.2.1)
✔✔	Nebenwirkungen von trizyklischen Antidepressiva (☞ 20.3.1)
✔	Lithium (☞ 20.3.1)

Psychiatrische Erkrankungen kann man nach dem **triadischen System** einteilen in:
- Endogene Psychosen (Schizophrenien, endogene Manien und endogene Depressionen)
- Organisch oder körperlich begründbare Psychosen
- Psychogene Störungen (abnorme Erlebnisreaktionen, Neurosen und Persönlichkeitsstörungen).

Bei organischen und endogenen Psychosen steht die medikamentöse Therapie im Vordergrund, bei psychogenen Störungen die psychotherapeutische, die in Einzelfällen medikamentös gestützt wird.

20.1 Schizophrene Psychosen

Die Therapie der Schizophrenie setzt sich zusammen aus:
- Therapie mit Neuroleptika (Grundpfeiler der Therapie)
  - Akuttherapie
  - Medikamentöse Langzeittherapie
- Elektrokrampftherapie (EKT)
- Psychotherapeutische Maßnahmen
- Soziotherapeutische Maßnahmen
- Rehabilitationsmaßnahmen.

20.1.1 Neuroleptika

Definition und Indikationen

Neuroleptika sind psychisch vorwiegend dämpfende Pharmaka, die gleichzeitig auch eine antipsychotische Wirkung entfalten. Dadurch unterscheiden sie sich von den Tranquilizern und Hypnotika (☞ 19).

Indikationen für Neuroleptika sind:
- Akute psychotische Zustandsbilder (v.a. Schizophrenie)
- Psychomotorische Erregtheit
- Rezidivprophylaxe schizophrener Psychosen
- Chronisch verlaufende schizophrene Psychosen und psychotische Residualzustände.

Da akute psychotische Zustandsbilder und Erregtheitszustände nicht nur im Rahmen der Schizophrenie vorkommen, werden Neuroleptika auch bei Manien (☞ 20.4), Depressionen (☞ 20.3) sowie bei organisch begründbaren Psychosen (☞ 20.2) eingesetzt.

✔ Außerhalb der Psychiatrie kommen Neuroleptika bei der Behandlung schwerer chronischer Schmerzen zur Wirksamkeitssteigerung bzw. Dosiseinsparung von Analgetika und als mittelgradig wirksame Antiemetika (z.B. bei zytostatischer Therapie, aber nicht bei Schwangerschaftserbrechen) zur Anwendung.

Einteilung und Substanzen

Neuroleptika lassen sich nach der chemischen Struktur einteilen in:
- **Trizyklische Neuroleptika**
  - *Phenothiazin-Derivate*: Thioridazin, Perazin, Levomepromazin, Chlorpromazin, Perphenazin, Fluphenazin

- *Thioxanthen-Derivate*: Chlorprotixen, Clopentixol, Flupentixol
- *Andere:* z.B. Clozapin
- **Butyrophenon-Derivate**: Haloperidol, Bromperidol, Benperidol
- **Diphenylbutylpiperidine**: Pimozid, Fluspirilen
- **Benzamide**: Sulpirid.

Außerdem lassen sich Neuroleptika nach ihrer neuroleptischen Potenz einteilen. Diese orientiert sich an der Wirkungsintensität des Chlorpromazins, dem per definitionem die neuroleptische Potenz 1 übertragen wurde (☞ Tab).

Pharmakokinetik

Neuroleptika werden gut enteral resorbiert, der *First-pass-Effekt* in der Leber beträgt mit einer großen interindividuellen Variationsbreite zwischen 10 und 70%. Bei oraler Gabe werden maximale Plasmaspiegel nach ca. 1 – 6 Stunden erreicht.

Wirkprofil nieder- und hochpotenter Neuroleptika

	Niederpotente	Hochpotente
sedierend	++	(+)
antipsychotisch	(+)	++
extrapyramidal-motorisch	(+)	++
antriebshemmend	++	+
antiemetisch	(+)	+

Wirkungsmechanismus

Bei der Schizophrenie nimmt man eine dopaminerge Überfunktion in Bahnen an, die eng mit dem Limbischen System verbunden sind. Hier liegt auch der Hauptangriffspunkt der Neuroleptika, die eine Blockade von Dopamin-Typ-II-Rezeptoren bewirken, so daß die Bindung von Dopamin an diese Rezeptoren verhindert wird. Wahrscheinlich sind auch andere Neurotransmitter wie z.B. Noradrenalin an der Wirkung der Neuroleptika beteiligt.

Neuroleptika

Potenz	Generikum	Handelsname (Bsp.)	EPS *	mittlere Tagesdosis
Neuroleptika mit schwacher neuroleptischer Potenz				
< 0,5	Clozapin	Leponex®	–	100 – 300 mg
< 0,7	Thioridazin	Melleril®	–	200 – 500 mg
	Promethazin	Atosil®	–	50 – 150 mg
	Perazin	Taxilan®	(+)	75 – 600 mg
	Sulpirid	Dogmatil®	(+)	300 – 800 mg
< 0,8	Chlorprothixen	Truxal®	–	150 – 500 mg
	Levomepromazin	Neurocil®	–	100 – 400 mg
Neuroleptika mit mittelstarker neuroleptischer Potenz				
1	Chlorpromazin (entbehrlich)	Megaphen®	(+)	75 – 200 mg
2 – 3	Clopenthixol	Ciatyl®	(+)	50 – 100 mg
Neuroleptika mit starker neuroleptischer Potenz				
10	Perphenazin	Decentan®	+	8 – 20 mg
Neuroleptika mit sehr starker neuroleptischer Potenz				
20 – 50	Pimozid	Orap®	+	2 – 8 mg
	Fluphenazin	Lyogen®, Dapotum®	+	10 – 20 mg
	Flupentixol	Fluanxol®	+	3 – 15 mg
	Haloperidol	Haldol-Janssen®	+	3 – 15 mg
>400	Benperidol	Glianimon®	++	1,5 – 6 mg

* EPS = Extrapyramidalmotorische Symptome: – gering, (+) mäßig, + stark, ++ sehr stark ausgeprägt

Extrapyramidal-motorische Nebenwirkungen

Die extrapyramidal-motorischen Nebenwirkungen haben klinisch die größte Bedeutung.

Frühdyskinesien (ca. 10%)

Sie manifestieren sich meist in der ersten Behandlungswoche in Form von Zungen-, Schlund- und Blickkrämpfen (am häufigsten), unwillkürlichen Bewegungen der Gesichtsmuskulatur sowie Verkrampfungen der Kiefermuskulatur (*Trismus*), der Muskulatur des Halses und der oberen Extremität.

Therapeutisch kommt neben einer Dosisreduktion die Gabe von Anticholinergika wie **Biperiden** (Akineton®, zur Akutbehandlung 2,5 – 5 mg i.v., sonst oral 6 – 10 mg/die) oder **Trihexyphenidyl** (Artane®, 6 – 10mg/die oral) in Frage. Diese sollten nur bei auftretenden Nebenwirkungen (nicht prophylaktisch) eingesetzt werden, da v.a. bei Biperiden aufgrund dessen euphorisierender Wirkung Suchtgefahr besteht. Daneben können delirante Syndrome auftreten.

Andere Antiparkinsonmittel wie L-DOPA und Bromocriptin zeigen keine Wirksamkeit.

Medikamentöses Parkinson-Syndrom oder Parkinsonoid (ca. 15%)

Es tritt frühestens nach 1 – 2wöchiger Therapie auf. Die Symptome gleichen denen des Parkinson-Syndroms (☞ 21). Neben einer Dosisreduktion und Ab- bzw. Umsetzen der Neuroleptika können Anticholinergika (z.B. Biperiden) mit mäßigem Erfolg gegeben werden. Nach Absetzen der Neuroleptika bildet sich das Parkinsonoid wieder vollständig zurück.

Akathisie und Tasikinesie

Damit bezeichnet man die Unfähigkeit, sitzen bleiben zu können bzw. den Drang zu ständiger Bewegung. Diese Symptome können sich zu jeder Zeit der Behandlung zeigen, meist jedoch erst nach einigen Wochen und nach der Manifestation eines Parkinsonoids.

Antiparkinsonmittel helfen hier praktisch nicht. In Frage kommen eine Dosisreduktion oder ein Ab- bzw. Umsetzen der Neuroleptika.

Spätdyskinesien oder tardive Dyskinesien

Sie treten normalerweise erst nach dem 6. Therapiemonat auf und sind meist irreversibel. Sie äußern sich als abnorme, unwillkürliche Bewegungen v.a. der Muskeln des Kopfes und der Extremitäten. Am häufigsten sind Herausstrekken der Zunge, Schmatzbewegungen, Seitwärtsbewegen des Unterkiefers, rhythmischer Lippentremor (*Rabbit-Syndrom*) und Grimassieren sowie unwillkürliche Bewegungen der Finger und der Hände (z.B. Fäuste ballen). Antiparkinsonmittel sind unwirksam. Am ehesten hilft langsames Um- oder Absetzen der Neuroleptika.

Malignes neuroleptisches Syndrom

Dieses sehr seltene Syndrom ist durch die drei Leitsymptome *Rigor, getrübte Bewußtseinslage und hohes Fieber* gekennzeichnet. Therapeutische Maßnahmen sind das sofortige Absetzen der Neuroleptika, die Sicherung der Vitalfunktionen und evtl. die Gabe von Dantrolen (Dantamacrin®, sofort 50 mg, bis 200 mg/die).

Vegetative Nebenwirkungen

✔ Sie sind bei niederpotenten Neuroleptika häufiger, da bei diesen die anticholinerge Wirkkomponente stärker ausgeprägt ist als bei hochpotenten Neuroleptika. Die vegetativen Nebenwirkungen und ihre Therapie gleichen denen der Antidepressiva (☞ 20.3.1), sind aber meist schwächer ausgeprägt.

Klinisch stehen im Vordergrund:

- ✔ Hypotonie und orthostatische Dysregulation (Therapie mit Dihydroergotamin)
- Tachykardie
- ✔ Mundtrockenheit oder vermehrter Speichelfluß (z.B. bei Clozapin).

Seltener treten auf:

- Akkommodationsstörungen (***Cave***: Glaukom)
- Miktionsstörungen, selten Harnverhalt (***Cave:*** Prostatahyperplasie)
- Störung der Temperaturregulation (Senkung oder Steigerung der Temperatur).

Somatische Nebenwirkungen

Relativ häufig sind:

- ✔ Blutbildveränderungen (meist Leukopenien, seltener Agranulozytosen)
- ✔ Senkung der Krampfschwelle mit der Gefahr zerebraler Anfälle
- Generalisierte Arzneimittelexantheme und Photosensibilisierung
- Störung der Leberfunktion mit Transaminasenanstieg und Ikterus
- Herabsetzung von Libido und Potenz bei Männern
- Gewichtszunahme.

Seltener treten auf:

- ✔ Hyperprolaktinämie (da Neuroleptika die hemmende Wirkung von Dopamin auf die Prolaktinsekretion unterdrücken) und infolgedessen evtl. Störungen des Menstruationszyklus, Gynäkomastie oder Galaktorrhoe
- Thrombosen und Ödeme
- Allergische Reaktionen
- ✔ Delirante Syndrome, v.a. bei älteren Patienten
- ✔ Kardiomyopathien.

Psychische Nebenwirkungen

- Müdigkeit und Einschränkung der Konzentrationsfähigkeit v.a. zu Therapiebeginn (*Cave:* eingeschränkte Verkehrstüchtigkeit)
- Selten depressive Syndrome (*pharmakogene Depression*). Deren alleinige Zurückführung auf die Neuroleptika ist umstritten, da depressive Syndrome im Rahmen schizophrener Psychosen auch ohne Neuroleptikatherapie auftreten. Therapie durch Dosisreduktion.

> ✎ **Merksatz:** Neuroleptika führen wie auch Antidepressiva weder zu einer psychischen, noch zu einer physischen Abhängigkeit!

Intoxikationen

Eine Überdosierung mit Neuroleptika ist nur lebensbedrohlich, wenn gleichzeitig andere zentral dämpfende Psychopharmaka wie Alkohol oder Hypnotika in hoher Dosis eingenommen wurden.

Symptome sind Schläfrigkeit bis hin zum Koma, Delirien, Dystonien und Krampfanfälle. Die Pupillen sind weit, der Blutdruck sinkt, die Herzfrequenz steigt. Evtl. kommt es zu einer Störung der Überleitung am Herzen, die zu Kammerflimmern führen kann.

Wechselwirkungen

✔ Die wichtigste Wechselwirkung ist die **Verstärkung der zentral dämpfenden Wirkung** der Neuroleptika, insbesondere bei Kombination mit Alkohol, Hypnotika, Tranquilizern, starken Analgetika und zentral wirkenden Antihypertensiva (z.B. Clonidin). Durch Kombination mit Antidepressiva können die anticholinergen Nebenwirkungen verstärkt werden.

Kontraindikationen

Hinsichtlich der anticholinergen Wirkkomponente der Neuroleptika bestehen dieselben Kontraindikationen wie bei den Antidepressiva (☞20.3.1; jedoch wegen der geringeren Ausprägung keine absoluten, sondern relative): Glaukom, Pylorusstenose, Prostatahyperplasie und Harnverhalt. Schwere Leberschäden stellen eine relative Kontraindikation dar: Die Neuroleptika können kumulieren, und es kann so zu einer Überdosierung kommen. Bei akuten Intoxikationen mit zentral wirksamen Substanzen sollten Neuroleptika nicht zur Anwendung kommen.

20.1.2 Therapierichtlinien

Die klinische Therapie mit Neuroleptika dient zwei Hauptzielen:

- Der Beseitigung der akuten Psychose
- Der Einstellung bzw. Neueinstellung auf eine Langzeitmedikation, die nach der Klinikentlassung fortgeführt wird.

✔ Die Auswahl des Neuroleptikums richtet sich nach dem psychopathologischen **Zielsyndrom.** Bei hochgradiger psychotischer Erregung werden primär niederpotente Neuroleptika in hoher Dosierung eingesetzt (z.B. 50 – 1000 mg Neurocil® oral), bei akut produktiv-psychotischen Zuständen (z.B. Wahn und Halluzinationen) primär hochpotente Neuroleptika in niedrigerer Dosierung (z.B. Haldol® bis 20 mg oral oder Glianimon® bis 10 mg oral). Im Notfall wird oft die i.m.-Applikation mit etwa der halben oralen Dosis wegen des schnelleren Wirkungseintritts vorgezogen.

Meist wird die Therapie einschleichend mit ca. 50% der mittleren Tagesdosis begonnen. Die neuroleptisch-sedierende Wirkung der Neuroleptika setzt meist innerhalb der ersten Tage ein, innerhalb von 4 – 6 Wochen verschwinden die psychotischen Symptome. Tritt nach 4 – 6 Wochen keine Besserung ein, sollte auf eine stärkere Substanz oder ein Neuroleptikum aus einer anderen chemischen Gruppe umgesetzt werden. In einzelnen Fällen kommt es erst nach 6 Monaten zum Therapieerfolg.

Kombinationstherapien

Sie sind nur in bestimmten Fällen indiziert:

- Bei ausgeprägter Erregung oder Angst (Kombination hochpotenter Neuroleptika mit niederpotenten Neuroleptika oder Benzodiazepinen)
- Bei depressiven Symptomen (zusätzliche Gabe von Antidepressiva)
- Bei endogenen Manien (Kombination hochpotenter Neuroleptika mit niederpotenten Neuroleptika oder mit Lithium).

Medikamentöse Langzeittherapie

Nach Ablauf einer akuten schizophrenen Erkrankung muß zur Rezidivprophylaxe oft eine Langzeittherapie durchgeführt werden.
Diese ist grundsätzlich oral möglich, erfolgt aber meist durch die Gabe intramuskulär injizierbarer Depotneuroleptika, die eine Wirkdauer von 1 – 4 Wochen haben. Die i.m.-Gabe besitzt neben einer wesentlichen Verbesserung der „compliance" des Patienten den Vorteil einer günstigen Pharmakokinetik:

- Umgehung des „First-pass-Effekts"
- Geringe Schwankungen der Plasmakonzentration
- Geringe Wirkstoffbelastung des Organismus durch geringere Dosen pro Tag als bei täglicher oraler Applikation.

✔ Bei der Dauertherapie können zwar niederpotente Neuroleptika eingesetzt werden, **starke Neuroleptika werden aber bevorzugt**, da sie einen geringeren sedierenden Effekt und weniger vegetative Nebenwirkungen zeigen.

Bsp. für Depotneuroleptika sind Perphenazin-Önanthat (Decentan-Depot®, 100 mg i.m. alle 2 – 3 Wochen), Fluspirilen (Imap®, 2 – 6 mg i.m. jede Woche) und Haloperidol-Decanoat (Haldol-Decanoat®, 25 – 100 mg i.m. alle 4 Wochen).

20.2 Organisch begründbare Psychosen

Organisch begründbaren Psychosen liegt eine definierte körperliche Erkrankung zugrunde. Z.B.:

- Akute und chronische Drogenintoxikationen (z.B. mit Halluzinogenen)
- Verwirrtheits- und Erregungszustände im Alter
- Postoperative Durchgangssyndrome
- Delirante Syndrome, z.B. bei Einnahme von Antidepressiva, Anticholinergika (Biperiden), Hypnotika, Alkohol oder Drogen (z.B. Amphetamine)
- Zerebrale Gefäßprozesse und Infektionskrankheiten.

✔ Die Therapie richtet sich nach der Grunderkrankung, zur Sedierung und Dämpfung psychotischer Erlebnisse können Neuroleptika (☞ 20.1.2, z.B. 50 mg Levomepromazin i.m.), zur Sedierung auch Benzodiazepine (akut z.B. 10 mg Diazepam i.v., sonst oral 5 – 60 mg/die) gegeben werden.

20.2.1 Therapie des Alkoholdelirs

Das Alkoholdelir stellt eine akute organisch begründbare Psychose dar, die im Rahmen eines chronischen Alkoholismus durch fortgesetzten (*Kontinuitätsdelir*) oder häufiger durch unterbrochenen Alkoholkonsum (*Entzugsdelir*) entsteht. Im letzteren Fall beginnt das Delir ca. 1 – 2 Tage nach dem letzten Alkoholkonsum.

Die Therapie erfolgt v.a. mit **Clomethiazol (Distraneurin®)**, einem Thiazol-Anteil des Vitamin B_1, aber auch mit Clonidin (Catapresan®), Doxepin (Aponal®) oder niederpotenten Neuroleptika.

Richtlinien der Therapie mit Clomethiazol
- Dosis oral bis max. 20 Kps./die, bei schweren Fällen auch i.v.-Infusion einer 0,8%igen Lösung.
- Einschleichende Dosierung, bis eine Sedierung eintritt
- Höchstdauer der Therapie 2 – 3 Wochen
- **Nur stationäre Therapie**
- Überwachen von Bewußtseinslage, Atemfunktion und Blutdruck
- Ausschleichendes Absetzen.

Nebenwirkungen von Clomethiazol

✔ Bei hochdosierter Infusionstherapie, selten unter oraler Therapie, kann durch Zunahme der Bronchialsekretion die Pneumoniegefahr steigen und es zu Atemdepression und massivem Blutdruckabfall kommen. Bei akuten Alkoholintoxikationen ist Clomethiazol kontraindiziert. Wegen der großen Gefahr der Entwicklung einer psychischen und physischen Abhängigkeit *(Abhängigkeit vom Barbiturat-Alkohol-Typ)* darf Clomethiazol nicht als Schlafmittel eingesetzt werden. Eine Ausnahme bilden geriatrische Patienten, wenn vorausgegangene Versuche mit Neuroleptika oder Benzodiazepinen erfolglos waren.

20.3 Depressive Syndrome

Die Prävalenz depressiver Syndrome liegt bei 5 bis 10%, wobei Frauen etwa doppelt so häufig betroffen sind wie Männer. In ca. 10% der Fälle handelt es sich um endogene (zyklothyme) Depressionen, in ca. 20% um organisch begründbare Depressionen und in ca. 70% um psychogene Depressionen (z.B. neurotische Depressionen oder depressive Reaktionen).

Bei den organisch begründbaren Depressionen steht die Therapie der Grunderkrankung im Vordergrund, bei den psychogenen Depressionen die psychotherapeutische Behandlung. Die Behandlung endogener Depressionen stützt sich im wesentlichen auf die Therapie mit Antidepressiva. Zusätzlich kommen aber auch psychotherapeutische Maßnahmen, Schlafentzugstherapie, Elektrokrampftherapie und Lichttherapie zum Einsatz (☞ GK Psychiatrie).

20.3.1 Antidepressiva

Antidepressiva (*Thymoleptika*) sind Psychopharmaka, die mit verschiedener Schwerpunktbildung stimmungsaufhellend, antriebssteigernd oder psychomotorisch dämpfend wirken.

Indikationen

- **Endogene Depressionen**
- **Psychogene Depressionen** (unterstützend bei der Psychotherapie)
- **Organisch begründbare Depressionen** (unterstützend zur internistischen Basistherapie).
- Entzugssyndrome (v.a. Doxepin)
- Chronische Schmerzzustände zur Senkung des Analgetikaverbrauchs
- Neurotische, reaktive und psychosomatische Störungen (☞ 20.6).

Einteilung und Struktur

Antidepressiva lassen sich nach der **chemischen Struktur** einteilen in (☞ Tab.):
- Trizyklische, tetrazyklische und monozyklische Antidepressiva
- Nicht-klassifizierbare Antidepressiva
- Monoaminooxidase-(MAO-)Hemmer.

Die Einteilung entspechend der **Wirkungsqualität** erfolgt in:
- Antidepressiva vom *Amitriptylin-Typ*. Vorwiegend stimmungsaufhellend und dämpfend
- Antidepressiva vom *Imipramin-Typ*. Vorwiegend stimmungsaufhellend
- Antidepressiva vom *Desipramin-Typ*. Vorwiegend antriebssteigernd und psychomotorisch aktivierend.

Ausgangssubstanz aller Antidepressiva ist das 1957 entdeckte trizylische Antidepressivum Imipramin. Aus diesem wurden durch Veränderungen am Zentralring und/oder an der Seitenkette weitere Antidepressiva entwickelt, später auch solche mit vier Ringen (tetrazyklische A.) oder einem Ring (monozyklische A.).

Die nicht-klassifizierbaren Antidepressiva weichen strukturell stark ab, Struktur der MAO-Hemmer s.u.

Pharmakokinetik

✔ Wegen ihrer guten enteralen Resorbierbarkeit werden Antidepressiva in der Regel oral verabreicht. Durch einen individuell sehr unterschiedlichen *First-pass-Effekt* in der Leber entstehen antidepressiv wirksame Metaboliten (z.B. aus Amitriptylin Nortriptylin), weshalb die Plasmahalbwertzeit mit ca. 15 – 40 h lang ist.

Die Ausscheidung erfolgt nach Oxidation und Konjugation mit Glukuronsäure in der Leber hauptsächlich über die Nieren.

Wirkmechanismus

Akute Wirkungen antidepressiver Medikamente sind:
- Hemmung der Wiederaufnahme von Noradrenalin oder Serotonin an der Synapse
- Freisetzung monoaminerger Botenstoffe aus synaptischen Vesikeln
- Blockade von Histaminrezeptoren (Sedation) und muskarinartigen m-Cholinozeptoren (anticholinerge Nebenwirkungen) sowie α_1-Rezeptoren (orthostatische Hypotonie).

Bei längerer Anwendung von Antidepressiva kommt es zu adaptativen Veränderungen auf Rezeptoren-Ebene (z.B. Abnahme oder Down-Regulation zentraler β-Rezeptoren). Diese Veränderungen korrelieren gut mit der Zeit, nach der sich ein therapeutischer Effekt beim Patienten zeigt (d.h. nach ca. 1 – 2 Wochen).

Nebenwirkungen

Z.T. stark ausgeprägte anticholinerge und vegetativ adrenerge Nebenwirkungen können bes. zu Therapiebeginn sehr störend sein, bilden sich aber im Laufe der Therapie meist wieder zurück.

Häufige Nebenwirkungen sind:
- Mundtrockenheit und Trockenheit anderer Schleimhäute
- Vermehrtes Schwitzen
- Orthostatische Hypotonie, Schwindel und Tachykardie
- Verlangsamung der Erregungsüberleitung am Herzen
- Obstipation und Miktionsstörungen bis hin zum Harnverhalt (Therapie mit Carbachol, Doryl®, 0,125 – 0,25 mg i.m. oder s.c.)
- Feinschlägiger Tremor
- Mydriasis (Pupillenerweiterung), Akkommodationsstörungen
- Libidoverlust und Erektionsstörungen
- Gewichtszunahme
- Hypomane Nachschwankungen.

Ernste, aber sehr selten auftretende Nebenwirkungen sind:
- Krampfanfälle durch Senkung der Krampfschwelle
- Delirante Syndrome oder schizophrenieforme Durchgangssyndrome
- Veränderungen des weißen Blutbildes und cholestatische Hepatose
- Paralytischer Ileus
- ✔ Kardiomyopathien.

Intoxikationen und Kontraindikationen

Bei **Intoxikationen** z.B. aus suizidaler Absicht kann es auf Grund der anticholinergen Wirkungen zu lebensbedrohlichen Zuständen mit Arrhythmien, Koma und Krampfanfällen kommen. Als Antidot kann der Cholinesterasehemmer Physostigmin injiziert werden.

✔ Die **Kontraindikationen** lassen sich aus den Nebenwirkungen ableiten: Prostatahyperplasie, Engwinkelglaukom, Pylorusstenose, schwere Schäden an Leber oder Herz, Thromboseneigung sowie floride Psychosen aus dem schizophrenen Formenkreis.

Bei kardial vorbelasteten Patienten empfehlen sich tetrazyklische Antidepressiva (z.B. Mianserin), bei denen die kardiovaskulären Nebenwirkungen schwächer ausgeprägt sein sollen.

Wechselwirkungen

- Verstärkung der sedierenden Wirkung durch andere zentral dämpfende Substanzen (z.B. Alkohol oder Hypnotika)
- Evtl. hypertensive Krisen durch Kombination mit Sympathomimetika
- Senkung der Plasmakonzentration durch Phenobarbital (Enzyminduktion) oder Nikotin
- Erhöhung der Plasmakonzentration durch Neuroleptika (Enzymhemmung).

20.3.2 Monoaminooxidasehemmer

MAO-Hemmer, z.B. Tranylcypromin (Parnate®) und Moclobemid (Aurorix®), hemmen die oxidative Desaminierung von Noradrenalin und Serotonin.

Indikationen

- Therapie endogener Depressionen (größter Indikationsbereich)
- Prophylaxe von Panikattacken
- Therapie von Phobien (v.a. Agoraphobie).

Wegen ihrer stark antriebssteigernden Wirkung werden sie vornehmlich bei gehemmt-depressiven Syndromen eingesetzt.

Nebenwirkungen und Kontraindikationen

Orthostatische Dysregulationen, Schwindel und Kopfschmerzen kommen vor. Durch den Genuß tyraminhaltiger Nahrungsmittel (z.B. Rotwein, Schokolade, fermentierter Käse, Salami) können

Antidepressiva			
Generikum	**Handelsname (Bsp.)**	**Typ**	**Tagesdosis (mg)***
Trizyklische Antidepressiva			
Amitriptylin	Saroten, Laroxyl®	(1)	50 – 75, 150, 300
Amitriptylinoxid	Equilibrin®	(1)	50 – 75, 180, 300
Doxepin	Aponal®, Sinquan®	(1)	75,150 – 225, 300
Trimipramin	Stangyl®	(1)	75,150 – 225, 300
Imipramin	Tofranil®	(2)	50 – 75, 150, 300
Clomipramin	Anafranil®	(2)	50 – 75, 150, 225
Dibenzepin	Noveril®	(2)	240, 480, 720
Desipramin	Pertofran®	(3)	50 – 75, 150, 250
Nortriptylin	Nortrilen®	(3)	30 – 75, 30-75, 150
Tetrazyklische Antidepressiva			
Maprotilin	Ludiomil®	(2)	75, 75 – 150, 225
Mianserin	Tolvin®	(2)	30, 30 – 90, 120
Monozyklische Antidepressiva			
Fluvoxamin	Fevarin®	(2)	50,150 – 200,300
Nicht-klassifizierbare Antidepressiva			
Nomifensin	Alival®	aus dem Handel genommen	
Trazodon	Thombran®	(1)	100 – 200, 300, 600
Viloxazin	Vivalan®	(2)	100 – 200, 300, 500
Fluoxetin	Fluctin®	(2)	60 – 80
Paroxetin	Tagonis®		20, 20 – 40, 50
Monoaminooxidasehemmer			
Tranylcypromin	Parnate®, Jatrosom®	(3)	5, 20 – 40, 60
Moclobemid	Aurorix®	(3)	50 – 100

selten gefährliche **hypertone Blutdruckkrisen** ausgelöst werden. Unruhe- und Erregungszustände sowie Krampfanfälle treten gelegentlich auf. Bei Moclobemid (Aurorix®) sind Nebenwirkungen seltener, da es die Monoaminooxidase nur reversibel blockiert.
Bei Suizidalität, ängstlich-agitierten Depressionen, erhöhter Krampfbereitschaft und Leber- oder Nierenschäden sind MAO-Hemmer kontraindiziert.

20.3.3 Therapierichtlinien

- Einschleichende Dosierung
- Bei ängstlich-agitierten Depressionen eher Antidepressiva vom Amitriptylin-Typ, evtl. zusätzlich Tranquilizer oder niederpotente Neuroleptika
- ✔ Bei gehemmten Depressionen eher Antidepressiva vom Imipramin- bzw. Desipramin-Typ. Hier kann jedoch der antriebssteigernde Effekt dem depressionslösenden vorausgehen, wodurch die Suizidgefahr ansteigt
- Bei Patienten mit wahnhafter Symptomatik Kombination mit hochpotenten Neuroleptika
- ✔ Bei Patienten mit Risikofaktoren und bei älteren Patienten niedrigere Dosis
- ✔ Wirkung frühestens nach 1 – 2 Wochen. Zuerst bessert sich gewöhnlich die Antriebslage, dann erst Depression, Hoffnungslosigkeit und Angst
- Bei Therapieerfolg (60 – 70%) weitere Behandlung in gleicher Dosis für mind. 4 Wochen, dann erst Dosisreduktion
- Falls nach 2 – 3 Wochen kein therapeutischer Effekt: Erhöhung der Dosis bis auf Maximalwerte, Bestimmung des Serumspiegels und parenterale Therapie, Umstellung oder Kombination mit einem anderen Antidepressivum
- Fortführen einer Erhaltungstherapie mit niedrigen Dosen über ca. 1/2 Jahr, dann ausschleichende Beendigung der Therapie über 4 – 6 Wochen.

20.4 Manien

Die Therapie der akuten endogenen Manie stützt sich weitgehend auf den Einsatz von *Psychopharmaka*:

- Hochpotente Neuroleptika, z.B. Haloperidol (Haldol®) oder Benperidol (Glianimon®) als Therapieschwerpunkt (Dosierung wie bei schizophrenen Psychosen, ☞ 20.1.2)
- Niederpotente Neuroleptika, z.B. Levomepromazin (Neurocil®) oder Chlorprothixen (Truxal®) zur Sedierung (☞ 20.1.2)
- Evtl. Lithium (z.B. Hypnorex® oder Quilonum®, ☞ 20.5.1).

Die Wirkung von Lithium tritt deutlich später ein (erst nach ca. 5 – 7 Tagen) als bei den Neuroleptika, was bei der Akuität der Erkrankung von Nachteil ist. Da Lithium allein zu schwach wirkt und deshalb in jedem Fall mit Neuroleptika kombiniert werden sollte, wird Lithium bei der Akuttherapie immer weniger eingesetzt.

20.5 Prophylaxe depressiver und manischer Phasen

Eine Prophylaxe affektiver Psychosen wird durchgeführt, um die Häufigkeit und Intensität depressiver und manischer Phasen herabzusetzen.
✔ Klassischerweise erfolgt sie durch Lithiumsalze, es können jedoch auch Carbamazepin und trizyklische Antidepressiva eingesetzt werden. Die prophylaktische Therapie sollte spätestens bei der 2. Wiedererkrankung eingeleitet und über mindestens 3 Jahre fortgeführt werden. Am besten beginnt man sie in der abklingenden Phase der Erkrankung.

20.5.1 Lithium

Bsp. für Lithiumpräparate sind Lithiumazetat (Quilonum retard®), Lithiumkarbonat (Hypnorex retard®) und Lithiumsulfat (Lithium-Duriles®).

Indikationen

- ✔ Prophylaxe manisch-depressiv und unipolar depressiv verlaufender Psychosen
- ✔ Behandlung der Manie
- ✔ Behandlung und Prophylaxe schizo-affektiver Psychosen (v.a. vom manischen Typ)
- Seltener zur Behandlung der endogenen Depression (Lithium-Gabe zusätzlich zu Antidepressiva, um deren Wirksamkeit zu erhöhen).

Pharmakokinetik

Lithiumsalze werden nach oraler Gabe vollständig resorbiert und erreichen nach 1 – 3 Stunden maximale Serumspiegel. Die Halbwertzeit beträgt ca. 24 h, so daß erst nach etwa 1 Woche Steady-State-Bedingungen erreicht werden. Lithium wird nicht an Plasmaproteine gebunden und nicht metabolisiert, sondern unverändert über die Nieren ausgeschieden. Die Lithium-Clearance liegt bei etwa 20% der Kreatinin-Clearance. Da sie von Patient zu Patient sehr schwankt, muß Lithium individuell entsprechend dem erreichten Plasmaspiegel dosiert werden.

✔ Die therapeutische Breite von Lithium ist klein, was regelmäßige Serumspiegel-Kontrollen notwendig macht (zunächst wöchentlich, nach 1 Monat monatlich, nach 6 Monaten 3-monatlich). Lithium wird meist in Retardform gegeben, wodurch Serumlithiumspitzen verhindert werden und damit Nebenwirkungen geringer ausgeprägt sind.

Nebenwirkungen und Kontraindikationen

Initiale Nebenwirkungen
(meist vorübergehend, selten gefährlich):

- ✔ Feinschlägiger Tremor der Hände (Therapie mit Propranolol, 30 – 120 mg/die)
- Polyurie und Polydipsie infolge Unempfindlichkeit der distalen Tubuli und Sammelröhrchen gegenüber der Wirkung von ADH; Vasopressin-Gabe zwecklos
- Gastrointestinale Beschwerden wie Übelkeit, Diarrhöe und Appetitverlust
- Muskelschwäche und Müdigkeit.

Nebenwirkungen bei längerer Therapie

- Gewichtszunahme (in 30 – 50%), häufigste Ursache für Therapieabbruch
- Euthyreote Struma (in 5 – 10%) durch Hemmung der Jodaufnahme in die Schilddrüse; bei TSH-Erhöhung evtl. Substitution von L-Thyroxin; seltener Grund für Therapieabbruch.
- selten Gesichts- und Knöchelödeme
- Potenzminderung und verstärkte Alkoholempfindlichkeit.

Kontraindikationen

- ✔ Schwere Herz- und Kreislauferkrankungen
- Schwere Nierenfunktionsstörungen
- M. Addison
- Störungen des Na-Haushalts, Diuretikatherapie und kochsalzarme Diät
- Gravidität im 1. Trimenon (V.a. Teratogenität)
- Stillperiode.

Therapierichtlinien

- Einschleichender Therapiebeginn
- Nach 1 Woche Bestimmung des Serum-Lithium-Spiegels und entsprechende Dosisanpassung, bis der therapeutische Spiegel erreicht ist.

Serumspiegel für die prophylaktische Wirkung: 0,5 – 0,8 mmol/l Serumspiegel für die Akutbehandlung: 1,0 – 1,2 mmol/l

- Lithium darf nicht abrupt abgesetzt werden, da dann das Rückfallrisiko stark erhöht ist.

Intoxikation

Eine Lithium-Intoxikation liegt bei Serumspiegeln > 1,6 mmol/l vor, eine vitale Gefährdung bei Serumspiegeln > 3,5 mmol/l.

Wichtige **Initialsymptome** sind Schläfrigkeit, Schwindel, verwaschene Sprache und Ataxie sowie Erbrechen, Durchfall und grobschlägiger Tremor der Hände. Später können Rigor, Reflexsteigerungen und Krampfanfälle hinzukommen. Sehr hohe Lithiumspiegel können zu Bewußtlosigkeit und Tod führen.

✔ Neben Suizidversuchen und unkontrollierter Lithiumeinnahme kommen als Ursache in Frage:

Kochsalzarme Diät und Diuretikatherapie (verminderte Li-Ausscheidung bei verstärkter Natriurese), Niereninsuffizienz, Flüssigkeitsverluste oder interkurrente Erkrankungen.

Therapie
Sofortiges Absetzen und Lithiumspiegel-Bestimmung, forcierte Diurese und evtl. Peritoneal- oder Hämodialyse. Ein spezifisches Antidot gibt es nicht.

20.5.2 Carbamazepin

Das strukturchemisch dem Imipramin sehr ähnliche Carbamazepin (Tegretal®, Timonil®) wird nicht nur zur Behandlung zerebraler Anfallsleiden (☞22.3) oder Schmerzsyndrome (z.B. Trigeminus-Neuralgie) verwendet, sondern neuerdings auch zur:

- Phasenprophylaxe bipolarer Erkrankungen (evtl. in Kombination mit Lithium)
- Behandlung bipolarer Erkrankungen (v.a. bei raschem Wechsel zwischen manischen und depressiven Phasen, sog. „rapid cyclers").

Vorteile gegenüber Lithium liegen in der größeren therapeutischen Breite und im schneller einsetzenden Effekt. Carbamazepin muß einschleichend dosiert werden, da v.a. bei Therapiebeginn Müdigkeit, Schwindel oder ataktische Störungen, Sehstörungen, gastrointestinale Beschwerden oder Herzrhythmusstörungen auftreten können. Blutbildveränderungen (z.B. aplastische Anämie oder Agranulozytose) oder allergische Exantheme sind möglich. Wie bei der antikonvulsiven Therapie werden Serumspiegel zwischen 6 und 8 (max. 12) μg/ml angestrebt, für die Dosen zwischen 400 und 1 600 mg täglich (meist in Retardform) benötigt werden.

20.5.3 Trizyklische Antidepressiva

Eine Erhaltungstherapie mit trizyklischen Antidepressiva, z.B. Imipramin (Tofranil®, 75 – 150 mg/die) oder Amitriptylin (Saroten®, 75 – 150 mg/die) soll bei unipolar verlaufenden depressiven Erkrankungen eine dem Lithium vergleichbare phasenprophylaktische Wirkung haben.

20.6 Neurotische, reaktive und psychosomatische Störungen

Bei schweren psychogenen Störungen (abnorme Erlebnisreaktionen, Neurosen und Persönlichkeitsstörungen) und psychosomatischen Erkrankungen kann begleitend zur Psychotherapie eine medikamentöse Therapie indiziert sein.

- **Tranquilizer** (v.a. Benzodiazepine, ☞19) werden z.B. bei ausgeprägten Angst- und Spannungszuständen oder schweren Schlafstörungen eingesetzt
- **Antidepressiva** werden verwendet:
  - Bei neurotischen Depressionen und depressiven Reaktionen
  - Zur Therapie und Prophylaxe von Panikattacken (Imipramin)
  - Bei Phobien (v.a. MAO-Hemmer und Imipramin)
  - Bei Zwangskrankheiten
  - Bei Enuresis nocturna
- Niederpotente Neuroleptika können zur Sedierung eingesetzt werden, wenn andere Pharmaka wegen eines erhöhten Abhängigkeitsrisikos nicht in Frage kommen. Da die Gefahr von Nebenwirkungen groß ist (z.B. Parkinsonoid), sind Benzodiazepine vorzuziehen, die wirksamer, sicherer und besser verträglich sind.

21 Pharmakotherapie der Parkinsonerkrankung

IMPP-Hitliste

✔ Medikamente, die vornehmlich gegen Rigor, Tremor oder Akinese wirken (☞ 21.1)

Das Parkinson-Syndrom gehört zu den häufigsten neurologischen Erkrankungen: Die Prävalenz in der Gesamtbevölkerung beträgt 0,1 – 0,2%, bei den über 60jährigen 1 – 2%. Die klassischen Symptome sind *Akinese*, *Rigor* und *Ruhetremor*, zusätzlich kommt es aber auch zu vegetativen (z.B. Hyperhidrosis) und psychischen Störungen (z.B. Depression).

Man unterscheidet drei Formen:
- Idiopathische Formen (ca. 80% aller Fälle)
- Symptomatische Formen, z.B. postenzephalitisch, arteriosklerotisch, toxisch (CO, Mangan) oder bei einem M. Wilson
- Durch Arzneimittel (Neuroleptika, Reserpin) ausgelöste Formen (*Parkinsonoid*, ☞ 20.1.1).

Während das durch Neuroleptika ausgelöste Parkinson-Syndrom auf einer Blockade von Dopamin-Rezeptoren beruht, kommt es bei allen anderen Formen zu einer progredienten *Degeneration melaninhaltiger Neuronen* in der Substantia nigra, die wahrscheinlich durch von freien Radikalen und anderen Neurotoxinen ausgelöste oxidative Prozesse verursacht wird. Dies hat einen zunehmenden Mangel an Dopamin im Striatum zur Folge und damit eine Verschiebung des funktionellen Gleichgewichts zwischen inhibitorischen dopaminergen und exzitatorischen cholinergen Neuronen. Die sog. **Plussymptome** Rigor und Ruhetremor werden auf diese relative Überfunktion von Acetylcholin, das **Minussymptom** Akinese auf den Dopaminmangel zurückgeführt.

21.1 Therapieprinzipien

Entsprechend den biochemischen Grundlagen ergeben sich folgende Therapiemöglichkeiten:
- Aktivierung des dopaminergen Systems (L-DOPA, Amantadin, MAO-B-Hemmer wie z.B. Selegilin und Rezeptoragonisten wie z.B. Bromocriptin oder Lisurid)
- Dämpfung des cholinergen Systems (M-Cholinozeptor-Antagonisten)
- Neuroprotektion (wird diskutiert für Amantadin, MAO-B-Hemmer sowie Vitamin C und E, β-Carotin und Selen).

Neben der medikamentösen Therapie sind auch andere Therapieverfahren wie Gymnastik, Beschäftigungstherapie, Sprachtherapie, psychische Führung und kognitives Training wichtig.

Behandlung von Akinese und Rigor		
Substanz	**Handelsname (Bsp.)**	**Tagesdosis**
Initiale Kombinationstherapie		
✔ L-DOPA + Decarboxylase-Hemmer und	Madopar® Nacom®	einschleichend 3 x 125 mg 4 x 50 mg
✔ Amantadin	PK-Merz®	2 – 3 x 100 mg
Frühzeitig kombinieren mit:		
✔ Selegilin (MAO-B-Hemmer),	Movergan®	bis 10 mg
✔ Bromocriptin oder Lisurid	Pravidel® Dopergin®	15 mg 1,0 mg
Zusätzlich:		
Vitamin C und E β-Carotin Selen	Tocoscorbin® Betacaroten® Selenase®	

Behandlung des Tremors		
Substanz	**Handels-name**	**Tagesdosis**
✔Biperiden	Akineton®	3 x 2 – 3 x 4 mg
✔Trihexiphenidyl	Artane®	3 x 2 – 3 x 5 mg
✔Metixen	Tremarit®	10 – 30 mg
Propranolol	Dociton®	2 – 4 x 40 mg

21.2 Substanzen

L-DOPA

Da Dopamin die Blut-Hirn-Schranke nicht passieren kann, wird zur Substitution des dopaminergen Defizits L-DOPA eingesetzt, aus dem durch Decarboxylierung Dopamin entsteht.

✔ L-Dopa wirkt vornehmlich auf die Akinese, weniger auf den Rigor und kaum auf den Tremor. Der therapeutische Effekt tritt bei etwa 75% der Patienten mit unterschiedlicher Latenz ein.

✔ Da L-DOPA zum größten Teil durch Decarboxylasen peripher abgebaut wird (nur 5% gelangen ins Gehirn), wird L-DOPA mit den **Decarboxylase-Hemmern** Benserazid (Madopar®) oder Carbidopa (Nacom®), die die Blut-Hirn-Schranke nicht passieren, kombiniert. Dadurch wird der vorzeitige Abbau außerhalb des ZNS verhindert, was eine Reduzierung der therapeutischen Dosis ermöglicht und damit die Verträglichkeit entscheidend verbessert. Da bei Langzeittherapie meist eine Dosissteigerung nötig ist und Nebenwirkungen vermehrt auftreten, wird schon früh die Kombination mit anderen Medikamenten (☞ Tab.) empfohlen.

Nebenwirkungen

- *Vegetativ*: Übelkeit, Erbrechen (am häufigsten), orthostatische Hypotonie
- ✔ *Kardial:* Tachykardien und Herzrhythmusstörungen
- *Motorisch:*
  - ✔ Choreatisch-athetotische Dyskinesien
  - „On-off"-Phänomene, d.h. abrupt einsetzende Akinesien, die nach Minuten oder Stunden ebenso abrupt wieder aufhören können. Sie treten nur bei der DOPA-Therapie eines fortgeschrittenen Parkinson-Syndroms auf
- *Psychisch:*
  - Psychotische Zustandsbilder mit Unruhe, Schlaflosigkeit, seltener Verwirrtheitszustände und Halluzinationen (v.a. visuelle)
  - Depressive Zustandsbilder
- Erhöhung des Augeninnendrucks (***Cave***: Glaukom).

Wechselwirkungen

✔ Die Wirkung von L-DOPA wird abgeschwächt durch Neuroleptika, Metoclopramid, Reserpin, Methyl-DOPA und Vitamin B_6 (Pyridoxin). Wirkung und Nebenwirkungen werden durch Adrenozeptor-Agonisten und trizyklische Antidepressiva verstärkt.

Amantadin

✔ Amantadin (PK-Merz®) wirkt einerseits dopaminmimetisch, wahrscheinlich über eine Förderung der Dopaminfreisetzung und -synthese und eine Hemmung der Wiederaufnahme; außerdem wird ein neuroprotektiver Effekt diskutiert. Amantadin wirkt schwächer als L-DOPA, es beeinflußt v.a. Akinese und Rigor, jedoch kaum den Tremor. Die Nebenwirkungen entsprechen in etwa denen des L-DOPA, sind aber schwächer ausgeprägt und treten meist nur zu Therapiebeginn auf.

Heute wird empfohlen, die Therapie des Parkinson-Syndroms mit einer Kombination von L-DOPA und Amantadin zu beginnen.

Selegilin

✔ Selegilin (Movergan®) hemmt irreversibel die Monoaminooxidase B, wodurch der Abbau von Dopamin im Gehirn verzögert, die Wirkdauer erhöht und die Schwankungen der Dopaminkonzentration gedämpft werden. Es gibt Anzeichen dafür, daß bei frühzeitiger Anwendung die Progredienz der Erkrankung hinausgezögert werden kann, was der Hemmung neurotoxischer oxidativer Stoffwechselprodukte zugeschrieben wird. Da Selegilin zu Amphetamin abgebaut wird, treten als typische Nebenwirkungen Agitiertheit, Verwirrtheit und Blutdruckanstieg auf.

Bromocriptin und Lisurid

Bromocriptin (Pravidel®) und Lisurid (Dopergin®) sind partielle Agonisten am Dopamin-Rezeptor. Wie L-DOPA wirken sie am stärksten auf die Akinese, etwas schwächer auf den Rigor und kaum auf den Tremor. Die Nebenwirkungen gleichen denen des L-DOPA, quantitativ gibt es jedoch Unterschiede:

- ✔ Dyskinesien und „On-off"-Phänomene sind seltener, dagegen kommen psychische Veränderungen mit Verwirrtheitszuständen und Halluzinationen und orthostatische Dysregulationen häufiger vor.
- ✔ Die frühzeitige Kombination mit L-DOPA wird empfohlen.

M-Cholinozeptor-Antagonisten (Anticholinergika)

- ✔ Anticholinergika wie Biperiden (Akineton®) und Trihexyphenidyl (Artane®) wirken auf Tremor und Rigor, Metixen (Tremarit®) bevorzugt auf den Tremor. Die Akinese wird kaum oder gar nicht beeinflußt. Da sie nur eine geringe Erfolgsquote von 10 – 30% besitzen, werden sie meist in Kombination mit L-DOPA und Amantadin eingesetzt. Die Hauptindikation für ihren Einsatz stellt das medikamentös ausgelöste Parkinsonoid dar (☞ 20.1.1).

Unerwünschte periphere und zentrale Wirkungen (☞ 20.3.1).

Beim Tremor, der unter den Parkinsonsymptomen am schwierigsten zu beeinflussen ist, können auch β-Blocker wie Propranolol versucht werden. Bei sehr stark ausgeprägtem, besonders einseitigem Tremor kann auch heute noch eine stereotaktische Operation indiziert sein.

21.3 Therapie der Parkinsonkrise

Die gefürchteten akinetischen Krisen (vollständige Akinese mit Exsikkose durch mangelnde Flüssigkeitsaufnahme, Pneumonien durch flache Atemexkursionen) werden oft durch Medikationsfehler, Flüssigkeitsdefizit oder körperliche Überlastung ausgelöst. Die Therapie der Wahl besteht in der Infusion von Amantadin (PK-Merz®, 1 – 3 x 0,2 g in einer 500 ml-Infusion).

22 Pharmakotherapie hirnorganischer Anfallsleiden

IMPP-Hitliste

✔✔✔ Medikamente, die die Krampfschwelle senken (☞ 22.1)
✔✔ Neben- und Wechselwirkungen von Phenytoin (☞ 22.3)
✔ Therapie des Status epilepticus (☞ 22.4)

22.1 Endogene und exogene Ursachen

Etwa 4 – 6% aller Menschen haben irgendwann einmal in ihrem Leben einen epileptischen Anfall. Die Anfälle können endogenen und damit weitgehend unbekannten Ursprungs sein (*genuine Epilepsie*), oder aber exogenen Ursprungs, also Folge einer anderen Erkrankung (*symptomatische Epilepsie*). Nur bei 10% der Patienten treten die Anfälle wiederholt auf, so daß ein **zerebrales Anfallsleiden (Epilepsie)** vorliegt, das medikamentös behandelt werden muß. Tritt ein epileptischer Anfall nur einmal oder wenige Male unter bestimmten Umständen auf, spricht man von **Gelegenheitskrämpfen.**

Wenn ein epileptischer Anfall erstmals aufgetreten ist, ist es meist möglich, den Anfall mittels Anfallsschilderung, Anamnese, neurologischer, psychischer und internistischer Untersuchung, EEG und Computertomogramm einer der folgenden Gruppen zuzuordnen:

- Grand mal-Anfälle (große generalisierte Anfälle)
- Herdanfälle (partielle Anfälle)
  - Sensible oder motorische Jackson-Anfälle
  - Psychomotorische Anfälle (Temporallappenanfälle)
  - Adversiv-Anfälle
  - Halbseitenkrämpfe
- Kleine, primär generalisierte Anfälle
  - Blitz-Nick-Salaam-Krämpfe (v.a. 1. – 3. Lebensjahr)
  - Myoklonisch-astatische Anfälle (v.a. 4. Lebensjahr)
  - Pyknolepsien oder Absencen (v.a. 4. – 14. Lebensjahr)
  - Myoklonische Anfälle oder Impulsiv-Petit mal (v.a. 14. – 17. Lebensjahr)
- Gelegenheitskrämpfe
  - Fieberkrämpfe bei Kindern
  - ✔ Krämpfe nach Schlafentzug oder übermäßiger körperlicher Anstrengung
  - Krämpfe bei Infektionskrankheiten oder raumfordernden Prozessen (Hirntumor, Aneurysma) und Vergiftungen (z.B. mit Acetylcholinesterasehemmern)
  - ✔ Einnahme von krampfschwellensenkenden Substanzen in hohen Dosen, z.B. Antidepressiva, Neuroleptika, Theophyllin, Penicillin, Koffein und Alkohol
  - ✔ Entzug von Alkohol, Tranquilizern, Barbituraten und Opiaten
  - Verschiedene metabolische Erkrankungen, z.B. Hypoglykämie, Hypocalcämie, Hypoxie und Alkalose.

22.2 Symptomatische Therapie mit Antiepileptika

Eine medikamentöse Therapie mit Antiepileptika ist indiziert bei einer Epilepsie mit mindestens zwei Anfällen innerhalb von 6 Monaten. Gelegenheitsanfälle erfordern in der Regel keine Behandlung. Der Sinn der Therapie besteht darin, epileptische Anfälle zu unterdrücken, da es bei häufigen Anfällen zu Zellschäden im

Cortex cerebri, Hippokampus und Kleinhirn kommt. Zu den therapeutischen Prinzipien gehört auch das konsequente Meiden von Anfallsprovokatoren (z.B. Schlafmangel, physische oder psychische Über- oder Unterforderung, übermäßiger Alkoholkonsum).

Ein schwerer Fehler wäre die Behandlung eines Patienten ohne vorausgegangene Diagnostik: Immer muß geklärt werden, ob etwa eine operable Ursache (z.B. ein Hirntumor) den epileptischen Anfällen zugrundeliegt.

Die Auswahl des geeigneten Antiepileptikums richtet sich nach der Art des Anfalls.

✓ Therapie der Epilepsie

Art des Anfalls	Medikament		
	1. Wahl	2. Wahl	3. Wahl
Grand mal-Anfälle	Carbamazepin, Phenytoin, Primidon, Phenobarbital	Valproinsäure, Clonazepam Clobazam Sultiam	
Herdanfälle	Carbamazepin	Phenytoin, Primidon, Phenobarbital	Valproinsäure, Clonazepam, Sultiam, Clobazam Nitrazepam
Kleine, primär generalisierte Anfälle	Ethosuximid, Valproinsäure	Primidon, Phenobarbital, Clonazepam,	
Blitz-Nick-Salaam-Krämpfe	Nitrazepam Clonazepam Clobazam	ACTH Kortikoide	

Grundsätzlich sind alle Medikamente einer Indikationsgruppe gleich wirksam. Sie unterscheiden sich nur hinsichtlich ihrer Nebenwirkungen, die damit die Wahl des geeigneten Antiepileptikums bestimmen.

Die Behandlung beginnt immer einschleichend mit einer **Monotherapie**. Da die Wirksamkeit der Medikamente mit ansteigender Plasmakonzentration zunimmt, werden Antiepileptika individuell entsprechend der Plasmaspiegel dosiert (☞ Tab.).

Klinisch-pharmakologische Daten wichtiger Antiepileptika

Substanz	Handelsname (Bsp.)	Tagesdosis mg/die	Therapeutische Plasmakonzentration µg/ml
Carbamazepin	Tegretal® Timonil®	600 – 1600	8 – 12
Phenytoin	Zentropil® Phenhydan®	250 – 450	14 – 20
Primidon	Liskantin® Mylepsinum®	500 – 1250	8 – 12
Phenobarbital	Luminal®	200 – 400	10 – 40
Ethosuximid	Pyknolepsinum®	1000 – 2000	40 – 80
Valproinsäure	Convulex®, Ergenyl®	900 – 2400	60 – 120

Die Behandlung mit einem Medikament 1. Wahl führt bei Grand mal-Anfällen in ca. 50 – 65% zu vollkommener Anfallsfreiheit, bei Herdanfällen nur in ca. 30%. Erst wenn eine Monotherapie nicht wirkt, wird auf ein anderes Medikament umgesetzt oder eine **Kombinationstherapie** versucht. Bleibt ein Patient mindestens drei Jahre anfallsfrei, kann versucht werden, die Therapie durch sehr langsame Dosisreduktion zu beenden. Anfallsrezidive nach Therapieende sind mit ca. 40% jedoch häufig. Etwa 20% aller Anfallsleiden sind medikamentös nicht kontrollierbar.

22.3 Substanzen

Carbamazepin

Wirkmechanismus

Reduzierung repetitiver Entladungen

Indikationen

Carbamazepin (Tegretal®, Timonil®) hat eine den trizyklischen Antidepressiva ähnliche Struktur. Bei Grand mal- und Herdanfällen ist es Mittel der 1. Wahl, außerdem wird es zur Behandlung der Trigeminusneuralgie und Prophylaxe manisch-depressiver Erkrankungen eingesetzt.

Nebenwirkungen
Neben dosisabhängigen, meist nicht bedrohlichen ZNS-Symptomen wie z.B. Müdigkeit, Schwindel oder Sehstörungen kann es allergische Hauterscheinungen und Leukopenien verursachen, bei deren Auftreten es sofort abgesetzt werden muß.

Phenytoin

Wirkmechanismus
Reduzierung repetitiver Entladungen

Indikationen
Phenytoin (Phenhydan®, Zentropil®) ist bei Grand mal-Anfällen Mittel der 1. Wahl, im Status epilepticus kann es bei Versagen von Diazepam, bei Herdanfällen beim Versagen von Carbamazepin eingesetzt werden.

Nebenwirkungen
✔ Wichtige Nebenwirkungen sind Gingivahyperplasie, Hypertrichose, Keratose und Osteopathia antiepileptica. In höheren Dosen kommt es zu zerebellären Symptomen wie Tremor, Nystagmus, Ataxie. Seltener treten allergische Leukopenien oder megaloblastäre Anämien durch Folsäuremangel auf.

Wechselwirkungen
✔ Durch Enzyminduktion beschleunigt es den Abbau von Phenobarbital, Primidon, Cumarinen, hormonalen Kontrazeptiva, Digitoxin und Chinidin.

Phenobarbital und Primidon

Wirkmechanismus
Bei Phenobarbital Verstärkung der postsynaptischen GABAergen Inhibition und evtl. eine verminderte postsynaptische Exzitation, bei Primidon unbekannt.

Indikationen
Barbiturate wurden früher auch als Schlafmittel verwendet, heute gibt es jedoch nur noch zwei wichtige Indikationsbereiche:

- Die Behandlung der Epilepsie
- Die Narkoseeinleitung in der Anästhesie.

Primidon (Liskantin®), das zu Phenobarbital abgebaut wird, und Phenobarbital (Luminal®) sind Mittel der 1. Wahl bei Grand mal-Anfällen und Mittel der 2. Wahl bei Herdanfällen und kleinen, primär generalisierten Anfällen.

Pharmakokinetik
Barbiturate werden nach oraler Gabe schnell und fast vollständig resorbiert. In beträchtlichem Maße werden sie an Plasmaalbumine gebunden. In der Leber induzieren sie mischfunktionelle Oxygenasen, wodurch der eigene Abbau, aber auch der Abbau anderer Pharmaka beschleunigt wird. Dadurch kommt es meist schon nach 10 Tagen zu einer zunehmenden Toleranzentwicklung, die zur Dosiserhöhung zwingt. Dadurch besteht die Gefahr der Gewöhnung und Abhängigkeitsentwicklung (Abhängigkeit vom Barbiturat-Alkohol-Typ).

Nebenwirkungen
Neben Müdigkeit, Verlangsamung und zerebellärer Ataxie können sie allergische Hauterscheinungen und Leukopenien, eine Osteopathie und eine Verstärkung der *epileptischen Wesensänderung* bewirken.

Bei Überdosierung z.B. in suizidaler Absicht können sie letztendlich durch Atemdepression zum Tode führen. Durch Auslösung einer Magen-Darm-Atonie kann es zu einer erheblichen Resorptionsverzögerung kommen, so daß eine Magenspülung auch noch nach 12 – 24 Stunden sinnvoll ist. Der Entzug von Barbituraten muß fraktioniert über 3 – 4 Wochen erfolgen, da sonst Unruhezustände, delirante Syndrome oder Anfälle auftreten können.

✔ **Wechselwirkungen**
Durch Enzyminduktion wird der Abbau von Phenytoin, Cumarinen, hormonalen Kontrazeptiva und Digitoxin beschleunigt.

Ethosuximid

Wirkmechanismus
unbekannt.

Indikationen
Ethosuximid (Pyknolepsinum®) ist Mittel der 1. Wahl bei kleinen, primär generalisierten Anfäl-

len. Bei Grand mal-Anfällen ist es nicht wirksam.

Nebenwirkungen
Neben Müdigkeit, Magenbeschwerden, Kopfschmerzen und Schwindel kann es in sehr seltenen Fällen eine tödliche aplastische Anämie hervorrufen.

Valproinsäure

Wirkmechanismus
Verstärkung der postsynaptischen GABAergen Inhibition.

Indikationen
Valproinsäure (Convulex®, Ergenyl®) ist wie Ethosuximid Mittel der 1. Wahl bei kleinen, primär generalisierten Anfällen, Mittel der 2. Wahl bei Grand mal-Anfällen und Mittel der 3. Wahl bei Herdanfällen.

Nebenwirkungen
✔ Neben Gewichtszunahme, Haarausfall und Tremor kann es zwei gravierende Nebenwirkungen haben: Ein selten auftretendes, häufig tödlich verlaufendes Leberkoma (v.a. bei Kindern) und ein erhöhtes Risiko einer Myelomeningocele bei Exposition in der Frühschwangerschaft.

Benzodiazepine

Wirkmechanismus
Verstärkung der postsynaptischen GABAergen Inhibition.

Indikationen
Da Diazepam (Valium®) und Clonazepam (Rivotril®) nach i.v.-Gabe sehr schnell wirken (die krampfhemmende Wirkung setzt normalerweise schon während der Injektion ein), kommen sie hauptsächlich bei der Therapie des Status epilepticus zur Anwendung. Bei Blitz-Nick-Salaam-Krämpfen sind primär Nitrazepam (Mogadan®), Clonazepam (Rivotril®) und Clobazam (Frisium®) indiziert. Nebenwirkungen der Benzodiazepine ☞ 19.2.

✔ Von großer Bedeutung ist die Gefahr der Toleranz- und Suchtentwicklung.

22.4 Spezielle Therapieprobleme

Initialtherapie eines Grand mal-Anfalls

Bei einem wenige Minuten dauernden Anfall sind Antiepileptika nicht nötig, da der Anfall spontan aufhört (dies gilt nicht für den Status epilepticus, s.u.). Im Anfall ist der Patient vor Verletzungen zu schützen. Nach dem Anfall muß er zum Freihalten der Atemwege in eine stabile Seitenlage gebracht werden, bis er in Ruhe das Bewußtsein wiedererlangt. Handelte es sich um den ersten Anfall, ist eine intensive ätiologische Abklärung indiziert, sind Anfälle schon bekannt, muß die Medikation überprüft und gegebenenfalls verändert werden.

Therapie des Status epilepticus

Ein Status epilepticus liegt dann vor, wenn mehrere große Anfälle so dicht aufeinander folgen, daß der Patient im krampffreien Intervall das Bewußtsein nicht wiedererlangt.

Da es sich um ein lebensbedrohliches Ereignis (Letalität bis zu 10%) handelt, ist eine konsequente Therapie unerläßlich.

Therapie des Status epilepticus
- Allgemeinmaßnahmen: Sichere Lagerung, Freihalten der Atemwege, O_2-Gabe.
- ✔ 10 - 20 mg Diazepam i.v. über 2-4 Min. (evtl. nach 10 Min. wiederholen), dann Dauerinfusion von 50 mg Diazepam in 500 ml NaCl 0,9% über 6 h. Falls Schwierigkeiten mit dem Zugang, Diazepam-Supp. verwenden Alternativ Clonazepam
- ✔ Bei Therapieresistenz nacheinander versuchen:
  - 200 mg Phenytoin i.v. über 5 Min.
  - Dauerinfusion von Phenytoin (50 mg/Min.) unter EKG-Kontrolle (Gefahr von Bradykardie und Hypotonie)
  - Barbiturat-Narkose mit Thiopental
  - Distraneurin i.v.

Antiepileptische Therapie in der Schwangerschaft

Eine Epilepsie ist kein Grund, von einer Schwangerschaft abzuraten. Man muß versuchen, mit der niedrigst möglichen Dosis Anfallsfreiheit zu erzielen. Da ein Grand mal-Anfall eine große Gefahr für das Kind darstellen kann

(Bradykardie und Asphyxie), ist es unerläßlich, daß die Patientin ihre Medikamente regelmäßig einnimmt.

Neugeborene behandelter Mütter können ein **Antiepileptikaentzugssyndrom** zeigen, auf der anderen Seite kann der Plasmaspiegel der Antiepileptika bei der Mutter nach der Geburt stark ansteigen. Kinder epileptischer Mütter haben etwa doppelt so oft (ca. 0,7%) Fehlbildungen, wobei Herzfehler, Lippen-Kiefer-Gaumen-Spalten, Skelettanomalien, Mikro-, Hydro- und Anenzephalien, Myelomeningozelen sowie gastrointestinale und urogenitale Mißbildungen am häufigsten sind. Als Ursache kommt sowohl die Erkrankung als solche als auch die Therapie in Frage. Es gibt zwar keine substanzspezifischen Veränderungen, die Häufigkeit der Anomalien nimmt jedoch mit der Zahl und der Dosis der verordneten Medikamente zu.

23 Therapie von Vergiftungen

IMPP-Hitliste
✔ Paracetamolvergiftung (☞ 23.4.1)

23.1 Allgemeine Maßnahmen

Zu den allgemeinen Maßnahmen bei Vergiftungen gehören:

- die Sicherung der Vitalfunktionen nach der ABCD-Regel (☞ GK Notfallmedizin 2.3.1)
- Asservierung von Material zur toxikologischen Analyse: Z.B. Speisereste, Tabletten, Urin, Mageninhalt
- Verminderung der Resorption und lokalen Wirkung ☞ 23.2
- Beschleunigung der Elimination ☞ 23.3
- Kontakt mit Giftzentrale aufnehmen.

23.2 Verminderung der Resorption und lokalen Wirkung

23.2.1 Lokale Dekontamination

Die lokale Dekontamination hat zum Ziel, die weitere Giftaufnahme zu verhindern. Dazu gehören z.B. die Zufuhr von Frischluft bzw. Sauerstoff nach inhalativen Vergiftungen, das Abwaschen der Haut und das Ausspülen der Augen mit warmem Wasser und das Abbinden des venösen Abflusses nach Schlangenbißvergiftungen.

Kam es wie in den meisten Fällen zu einer oralen Giftzufuhr, ist bei lokal schädigenden Ätzgiften wie Säuren und Laugen die orale Gabe von Wasser oder Milch zur Giftverdünnung geeignet. Milch ist ansonsten wegen ihrer resorptionsfördernden Wirkung zur Verdünnung nicht geeignet, ebenso Ethanol (außer bei Methanolvergiftung).

23.2.2 Magenentleerung

Eine Magenentleerung kann erreicht werden durch Induktion von Erbrechen oder durch eine Magenspülung. Sinnvoll ist sie bes. in den ersten Stunden nach Giftaufnahme.

Induziertes Erbrechen

Erbrechen, das nie zu einer zuverlässigen Magenentleerung führt, kann durch folgende Maßnahmen ausgelöst werden:

- Mechanische Reizung der Rachenhinterwand
- Rasches Trinken hypertoner Kochsalzlösung (z.B. 1 – 2 EL Salz auf ein Glas Wasser) führt in ca. 5 Min. zu Erbrechen. Kontraindiziert ist es bei Kleinkindern wegen der Gefahr resorptiver Kochsalzvergiftungen
- ✔ *Ipecacuanha-Sirup*, z.B. 2 EL bei Erwachsenen und 2 Teelöffel bei Kindern (anschließend 100 – 200 ml Wasser trinken lassen). Kontraindiziert ist er bei Kindern unter 8 Mon.
- *Zentral wirkende Emetika*, z.B. Apomorphin (Apomorphin-Woelm®), 5 – 10 mg s.c. oder i.m. (nie i.v.). Zur Kompensation der Kreislaufdepression kann eine Vorbehandlung mit Norfenefrin (Novadral®) sinnvoll sein. Eine Atemdepression kann durch anschließende Gabe von Naloxon (Narcanti®) verhindert werden. Apomorphin ist kontraindiziert bei Vergiftungen mit atemdepressiven Substanzen und bei Säuglingen und Kleinkindern.

Kontraindikationen

✔ Erbrechen darf nicht ausgelöst werden, wenn der Patient bewußtlos ist sowie bei Vergiftungen mit Säuren, Laugen, organischen Lösungsmitteln (Gefahr der Aspiration und Lipidpneumonie), fettlöslichen Substanzen (z.B. Pflanzenschutzmittel) oder Waschmitteln (Detergentien) wegen der Aspirationsgefahr durch Schaumbildung.

Magenspülung

Sie ist der Auslösung von Erbrechen wegen der vollständigen Magenentleerung grundsätzlich vorzuziehen. Der Magen wird über einen Gummischlauch bis zu 30 x durchgespült, bis die Spülflüssigkeit klar erscheint. Anschließend werden Kohle (ca. 10 g) und Lactulose (Bifiteral®, 20 ml) eingeschwemmt. Bei Bewußtlosen darf eine Magenspülung nur nach Intubation durchgeführt werden.

✔ Liegt die Intoxikation länger als 4h zurück, ist eine Spülung nur noch bei Vergiftungen sinnvoll, die zu einer Magenatonie führen (z.B. Anticholinergika, Barbiturate, Benzodiazepine, Bromcarbamide). Im Zweifelsfall wird man sie jedoch immer durchführen.

Kontraindikation

✔ Nicht durchgeführt werden darf eine Magenspülung bei Laugeningestion, bei Säureingestion ohne ausreichende Sedierung, bei V.a. Magen- und Ösophagusperforationen sowie bei manifester Herz- oder Ateminsuffizienz.

23.2.3 Adsorption und Ausscheidung in den Faeces

Zur Verminderung der Resorption im Magen-Darm-Trakt wird nach der Magenspülung immer *medizinische Kohle* (Kohle-Pulvis®) verabreicht, die jedoch bei folgenden Substanzen wenig hilfreich ist: Säuren und Laugen, Eisen, Zyanide, Ethanol, Methanol und Ethylenglykol.

Da Kohle eine ausgeprägte obstipierende Wirkung besitzt und daher zu einem verlängerten Aufenthalt des Giftes im Darm führt, muß sie immer mit Abführmitteln wie z.B. Lactulose (☞ 23.2.2) kombiniert werden.

23.3 Beschleunigung der Elimination

Zur Beschleunigung der Elimination von Giften stehen folgende Maßnahmen zur Verfügung:

- **Forcierte Diurese** mit Flüssigkeitszufuhr (z.B. 500 ml Glukose 5% und 500 ml NaCl 0,9% im Wechsel über 1 h) und Furosemid (Lasix®, Dosierung nach ZVD und Ausscheidung). Einsatz bei Vergiftungen mit nierengängigen Substanzen wie z.B. Salizylaten, Calcium, Barbituraten, Lithium und Meprobamat. Kontraindikationen sind Überwässerung, Herz- und Niereninsuffizienz und Hirnödem
- **Alkalidiurese** (z.B. 500 ml Glukose 5% kombiniert mit 45 mmol $NaHCO_3$ und 15 mmol $KHCO_3$ stündlich) bei Vergiftungen mit schwachen organischen Säuren wie Barbituraten oder Salizylaten
- **Ansäuern des Harns** mit Ammoniumchlorid oder Argininhydrochlorid und damit Beschleunigung der Elimination schwacher organischer Basen wie Morphin oder Chinidin
- **Hämodialyse** oder **Peritonealdialyse** bei schweren Vergiftungen mit dialysablen Giften oder bei Niereninsuffizienz, z.B. Methanol, Barbiturate, nicht bei Digitalis oder Antidepressiva
- **Hämoperfusion:** Extrakorporale Giftadsorption an Kohlepartikel
- **Plasmapherese**, bes. bei Giften mit hoher Plasmaproteinbindung
- **Blutaustauschtransfusion** bei Blutgiften, z.B. CO oder Methämoglobinbildnern.

23.4 Vergiftungen mit Arzneimitteln und anderen toxischen Substanzen

(☞ GK Notfallmedizin 5.4)

Im folgenden sollen Symptomatik und Therapie der wichtigsten Vergiftungen besprochen werden. Die Tabelle gibt einen Überblick über die wichtigsten Antidota bei akuten Vergiftungen. In den meisten Fällen ist es sinnvoll, sich mit Vergiftungszentralen in Verbindung zu setzen, die telefonisch rund um die Uhr erreicht werden können.

Antidota		
Gift	Antidot (Handelsname)	Dosierung
• Anticholinergika, z.B. Neuroleptika und Antidepressiva	Physostigmin (Anticholium®)	2 – 4 mg i.v.
• Benzodiazepine	Flumazenil (Anexate®)	0,2 – max. 1 mg i.v.
• β-Blocker	Glukagon (Glucagon novo®)	0,2 mg/kgKG
• Botulinustoxin	Botulismus-Antitoxin	je 10 000 IE gegen Typ A, B und E i.v.
• Cholinesterasehemmer, z.B. Parathion (E 605)	Atropin (Atropinsulfat®), Obidoxim (Toxogonin®)	5 – 100 mg i.v. 250 mg i.v.nur nach Atropin
• Digitalisglykoside	Digitalis-Antitoxin (Digitalis-Antidot®)	80 – 480 mg i.v.
• Methanol	Ethanol (Alkohol-Konz.®)	bis 1 ‰ Blutalkoholspiegel
• Opiate	Naloxon (Narcanti®)	0,4 – 2 mg i.v.
• Paracetamol	Methionin (Acimethin®), Acetylcystein (Fluimucil®)	2,5 – 10 g oral nach Infusionsplan

23.4.1 Arzneimittelvergiftungen

Antidepressiva

✔ Ausgeprägte anticholinerge Wirkungen ☞ 20.3.1.

Therapie: Magenspülung, Physostigmin, Azidosetherapie wegen Arrhythmiegefahr, Antiarrhythmika.

Barbiturate

✔ Atemlähmung, Blutdruck- und Temperaturabfall, Bewußtseinsstörungen.

Therapie: Magenspülung (wegen verzögerter Magenentleerung auch noch nach 12 h sinnvoll), forcierte Alkalidiurese, evtl. Hämoperfusion oder Hämodialyse.

Benzodiazepine

Benommenheit, Ataxie, Muskelrelaxation, selten Bewußtlosigkeit und Atemdepression.

Therapie: Magenspülung bis 6 h nach Intoxikation, Flumazenil.

β-Blocker

Bradykardie, AV-Block, Hypotonie, Bronchospasmus, Sedierung oder Erregung.

Therapie: Induziertes Erbrechen, Magenspülung, Glucagon, bei Bradykardie Atropin.

Bromcarbamide

Wie Barbituratvergiftung, zusätzlich Herzrhythmusstörungen, Lungenödem und DIC.

Therapie: Magenspülung, evtl. gastroskopische Entfernung von im Röntgenbild sichtbaren Tablettenkonglomeraten, Hämoperfusion, Heparinisierung.

✔ Digitalisglykoside ☞ 3.2.2.

Eisen-II-Präparate

✔ Vergiftungen treten häufiger bei Kleinkindern auf. Bei oraler Einnahme von ca. 1 g kommt es nach wenigen Stunden zu einer hämorrhagischen Gastroenteritis mit blutigem Erbrechen, blutiger Diarrhoe und Kreislaufversagen. Bei 2 g tritt meist der Tod ein.

Therapie: Gabe von Milch und Eiweiß zur Bildung von Eisen-Protein-Komplexen, Magenspülung mit Natriumbikarbonat zur Bildung des schwerlöslichen Eisenkarbonats, Gabe von Deferoxamin (Desferal®), das mit Eisen Chelate bildet.

✔ Lithium ☞ 20.5.1

✔ Neuroleptika ☞ 20.1.1

Therapie: Magenspülung, Biperiden, Antiarrhythmika (Propranolol), zentrale Sedierung zur Herabsetzung der Krampfbereitschaft (Diazepam).

▒ **Opiate**

Bewußtseinsstörung, Atemdepression, Miosis, Bradykardie und Blutdruckabfall, Erbrechen, Krämpfe, Harnverhalt.

Therapie: Magenspülung, Naloxon zur Therapie der Atemdepression, Beatmung.

▒ **Paracetamol**

✔ Blutgerinnungsstörungen durch Leberzellnekrosen nach 1 Tag Latenz, metabolische Azidose, Nierentubulusnekrosen.

Therapie: Magenspülung, Methionin, Azetylzystein.

▒ **Salizylate**

Metabolische Azidose, Schwindel, Ohrensausen, Erbrechen, Krämpfe, Koma.

Therapie: Magenspülung, Beatmung, Alkalidiurese und Azidosekorrektur, Hämodialyse.

23.4.2 Gewerbliche, Haushalts- und Umweltgifte

▒ **Alkylphosphate (z.B. Parathion, E 605)**

☞ GK Notfallmedizin 5.4.4

▒ **Blausäure (Zyanide)**

☞ GK Notfallmedizin 5.4.5

▒ **Detergentien (Reinigungsmittel)**

Lokale Reizerscheinungen treten an den Schleimhäuten auf, oral sind sie kaum toxisch. Wegen Schaumbildung besteht aber v.a. bei Kindern Aspirationsgefahr mit Pneumonie und Laryngospasmus.

Therapie: Reichlich Wasser trinken, Entschäumer Dimeticon (sab simplex®). Eine Magenspülung ist kontraindiziert, evtl. Hämodialyse oder Blutaustauschtransfusion.

▒ **Kohlendioxid**

☞ GK Notfallmedizin 5.4.11

▒ **Kohlenmonoxid**

☞ GK Notfallmedizin 5.4.10

▒ **Laugen**

Kolliquationsnekrosen, die zu schwer stillbaren Blutungen und Erbrechen von Schleimhautfetzen führen können, Aspirationspneumoniegefahr.

Therapie: Gabe von Milch oder reichliche Wasserzufuhr mit Zusatz von verdünntem Essig oder Zitronensaft. Stenoseprophylaxe mit Glucocorticoiden, evtl. Antibiotika. Magenspülung und induziertes Erbrechen sind kontraindiziert.

▒ **Methanol**

Evtl. Rausch, danach symptomfreies Intervall bis zu 24h, dann Schwindel, Kopfschmerzen, Erbrechen, Hyperventilation wegen metabolischer Azidose.

✔ **Therapie:** Ethanol i.v. (0,25 ml Alkohol 95%/kg/h), Azidosekorrektur, evtl. forcierte Diurese und Hämodialyse.

▒ **Organische Lösemittel (Benzol, Benzin)**

Je nach Konzentration Rausch, Schwindel bis hin zu Atemlähmung und Koma.

Therapie: Frischluft, evtl. Beatmung, nach oraler Aufnahme Kohle.

▒ **Reizgase**

☞ GK Notfallmedizin 5.4.12

▒ **Säuren**

Lokale Reizreaktionen und Koagulationsnekrosen, Azidose, Hämolyse, Hämaturie, Anurie.

Therapie: Reichliche Wasserzufuhr, evtl. mit Tris-Puffer, Azidosekorrektur, evtl. Hämodialyse. Eine Magenspülung ist neuesten Erkenntnissen zufolge nach ausreichender Sedierung nicht mehr kontraindiziert.

▒ **Thallium**

☞ GK Notfallmedizin 5.4.6

23.4.3 Gifte von Tieren, Pflanzen, Pilzen und Bakterien

Botulinustoxin

Nach 6 – 48 h Erbrechen, nach anfänglicher Hypersalivation Mundtrockenheit, Mydriasis, Sehstörungen, Sprech und Schluckstörungen, Atemlähmung.

Therapie: Polyvalentes Botulismus-Antitoxin, Kohle, evtl. Austauschtransfusionen, Hämodialyse und Beatmung.

Knollenblätterpilzgift

☞ GK Notfallmedizin 5.4.8

23.5 Vergiftungen im Kindesalter

Säuglinge und Kleinkinder sind gegenüber Medikamenten und Giften bes. empfindlich. Beachten muß man insbesondere die erhöhte Empfindlichkeit gegenüber:

- m-Cholinozeptorantagonisten wegen noch nicht voll ausgebildeter Esterasenaktivität
- Histamin-H_1-Rezeptorantagonisten, Acetylsalicylsäure und Morphinderivaten wegen der erhöhten Gefahr der Atemdepression
- Antiemetika
- Oralen Eisen-II-Verbindungen
- Substanzen, die Methämoglobin bilden wie Nitrite, Sulfonamide, Nitrofurantoin, Primaquin u.a. wegen des Mangels an Methämoglobinreduktase.

Außerdem besteht bei Kindern bei lokaler Anwendung von Medikamenten ein höheres Risiko resorptiver Vergiftungen. Dies muß u.a. beachtet werden bei Verwendung von:

- α-Sympathomimetika an der Nasenschleimhaut
- M-Cholinozeptor-Antagonisten am Auge
- Desinfektionsmitteln an Haut und Schleimhäuten.

24 Besonderheiten der Pharmakotherapie im Kindesalter und im höheren Lebensalter

IMPP-Hitliste
✔ Kontraindizierte Medikamente

Arzneimittel wirken altersunabhängig pharmakodynamisch gleich. Bei Medikamententherapie und -dosierung sind jedoch Veränderungen in der Pharmakokinetik durch altersbedingt unterschiedliche Resorption, Verteilung, Stoffwechsel und Elimination zu berücksichtigen.

24.1 Kindesalter

Bei Neugeborenen und noch ausgeprägter bei Frühgeborenen ist die Fähigkeit zum Abbau von Fremdstoffen durch Glukuronidierung, Sulfatierung sowie Hydroxylierung aufgrund einer Unreife der beteiligten Enzymsysteme der **Leber** erniedrigt. Dies führt zur Verlängerung der Halbwertzeit lipophiler Substanzen.

Auch die Ausscheidung wasserlöslicher Stoffe ist verzögert, da in den **Nieren** noch nicht alle Nephrone an den Filtrationsprozeß angeschlossen sind. Durch die sich ergebende Eliminationsverzögerung ist die Gefahr relativer Überdosierung von Arzneimitteln groß.

Nach 4 – 6 Monaten ist die Reifung der Ausscheidungssysteme abgeschlossen, die Eliminationsgeschwindigkeit von Arzneimitteln gleicht sich der bei Erwachsenen an. Zwischen dem abgeschlossenen ersten und dem achten Lebensjahr ist die Biotransformationsrate relativ zum Erwachsenen sogar höher. Unterschiede zur Erwachsenendosierung ergeben sich nun durch die unterschiedliche Größe der **Verteilungsräume**. Im Verhältnis zur Körperoberfläche ist beim Kind der Extrazellulärraum und der Anteil des Fettgewebes größer.

Stark proteingebundene Arzneimittel

Z.B. Sulfonamide, Sulfonylharnstoffe.

✔ Neugeborene haben eine geringere Plasmaeiweißbindung. Medikamente, die zur Verdrängung des Bilirubins aus der Plasmaeiweißbindung führen, können einen Kernikterus (Einlagerung von Bilirubin in Ganglienzellen des Stammhirns mit schweren motorischen Störungen und geistiger Retardierung) auslösen.

Methämoglobinbildner

Z.B. Phenacetin, Nitrate (auch nitrathaltiges Trinkwasser), Sulfonamide.
Durch die noch unzureichende Synthese von Methämoglobin-reduzierenden Enzymen reagieren Säuglinge besonders empfindlich. Aus Phenacetin entsteht der methämoglobinbildende Metabolit p-Phenitidin. Aufgrund einer zusätzlichen nierenschädigenden Wirkung wird heute bei Fieber oder Schmerzzuständen generell eine Behandlung mit Paracetamol (z.B. ben-u-ron®) vorgezogen.

Antibiotika

Chloramphenicol (z.B. Paraxin®)

✔ Nach Gabe von Chloramphenicol wurde bei Neugeborenen das sog. *Grey- Syndrom* beobachtet. Dieses äußert sich durch blasse Zyanose (graue Hautfarbe), Erbrechen und unter Umständen tödlich verlaufendes Herz-Kreislaufversagen. Ursache ist die verzögerte Metabolisierung der Substanz als Folge der herabgesetzten Glukuronyltransferaseaktivität.

Tetrazykline

z.B. Doxycyclin (Vibramycin®)
Sie sind bei Neugeborenen besonders gefährlich, da sie durch vermehrte Liquorbildung zum reversiblen Hydrozephalus führen können.
✔ Da sie bleibende Zahnschäden (Verfärbung, Zahnschmelzhypoplasie) und Störungen des Wachstums auslösen können, sind sie bereits in der Schwangerschaft und bis ins 8. Lebensjahr kontraindiziert.

Aminoglykoside

z.B. Gentamicin (Refobacin®)
Oto- und neurotoxischer Nebenwirkungen treten bei kleinen Kindern durch verzögerte Ausscheidung häufiger auf und die Schäden sind schwerer zu erkennen.

Gyrasehemmer

z.B. Ofloxacin (Tarivid®)
Da in Tierversuchen Knorpelschäden an Gelenken und Epiphysen beobachtet wurden, sollten sie bei Kindern nicht vor Abschluß der Wachstumsphase verabreicht werden.

Morphin

Bis zum 12. Lebensjahr besteht eine verstärkte atemdepressorische Wirkung.

Neuroleptika und Metoclopramid

Kinder entwickeln häufiger Dyskinesien.

Die Behandlung kann mit Biperiden (Akineton®) erfolgen.

Barbiturate

Bei Kindern können sie zu paradoxen Reaktionen mit psychomotorischer Unruhe führen.

α-Mimetika enthaltende Nasentropfen

z.B. Xylometazolin (Otriven®)
Sie dürfen bei Säuglingen und Kleinkindern nur in stark verdünnter Form und nicht als Spray gegeben werden, da sie durch verstärkte Resorption zu Atemstörungen und komatösen Zuständen führen können.

Dosierungsregeln bei Kindern

Eine allgemein gültige **Dosierungsregel** für Medikamente bei Kindern gibt es nicht, doch lassen sich zahlreiche Präparate am sichersten über die *Körperoberflächenregel* dosieren:

Normal-		Normaldosis Erwachsener : 1,73 m²
dosis	=	x
Kind		Körperoberfläche Kind

Anhand von Größe und Gewicht kann die Körperoberfläche entsprechenden Diagrammen entnommen werden.
Nicht nach der Oberflächenregel dosiert werden Zytostatika und Codein, die in jedem Alter gewichtskonstant verabreicht werden. Stark lipophile Substanzen wie z.B. Antiepileptika oder Anästhetika müssen im Verhältnis höher dosiert werden, da bei Kindern der Anteil des Fettgewebes als Verteilungsraum größer ist.
In der Praxis werden meist *Dosierungstabellen* verwendet, die gewichtsbezogen mittlere Gebrauchsdosen angeben. Je nach individueller Reaktion des Kindes müssen diese angepaßt werden. In der Neugeborenenperiode richtet sich die Dosierung nach Erfahrungswerten, sichere Aussagen über Konzentrationen sind nur durch Plasmaspiegelbestimmungen möglich.
Aufgrund des großen Extrazellulärraumes wirken sich Störungen im Wasser- und Elektrolythaushalt rasch und gravierend aus und bedürfen eines entsprechend schnellen Ausgleiches.

24.2 Höheres Lebensalter

Auch im höheren Lebensalter sind v. a. Veränderungen in der Pharmakokinetik beim Einsatz von Arzneimitteln zu beachten, die häufig eine Dosisanpasssung mit Reduktion der Arzeimittelmenge erforderlich machen.

Resorption

Durch herabgesetzte Magenmotilität kann die Resorptionsgeschwindigkeit erniedrigt sein.

Verteilung

Das Gesamtkörperwasser nimmt ab, bei Schwund der Muskelmasse kommt es zur relativen Zunahme des Fettgewebes. Außerdem ist die Synthese der für die Plasmaeiweißbindung verantwortlichen Albumine häufig reduziert.

Biotransformation
Infolge herabgesetzter Leberdurchblutung laufen hepatische Stoffwechselvorgänge langsamer ab.

Elimination
Die Nierenfunktion nimmt mit zunehmendem Alter kontinuierlich ab und es kommt zur Verlängerung der Halbwertzeit von renal zu eliminierenden Pharmaka. Die Dosierung dieser Pharmaka richtet sich nach dem Kreatininwert.

Arzneimittelinteraktionen
Aufgrund der häufig bestehenden Multimorbidität werden oft eine Reihe verschiedener Pharmaka eingenommen.
Für einige **Präparategruppen** finden sich im Alter typischerweise veränderte Reaktionen.

Analgetika
Pyrazolderivate (z.B. Metamizol) können zur vermehrten Natrium- und Wasserretention führen.
Bei Morphinderivaten (z.B. Pethidin) treten häufiger Atemdepression und Spasmen an glattmuskulären Sphinkteren auf.

Antihypertensiva
Infolge der morphologisch bedingten Gefäßstarre wird eine Blutdrucksenkung im höheren Alter nicht mehr durch Erweiterung der peripheren Arteriolen, sondern durch Abnahme des Herzminutenvolumens erreicht. Daher besteht bei Blutdrucksenkung die Gefahr der peripheren Minderdurchblutung (Auftreten von Angina pectoris, Claudicatio-Beschwerden). Bei zu rascher und zu starker Drucksenkung können sogar Herzinfarkte oder ischämische Insulte ausgelöst werden.

Herzglykoside
Renal auszuscheidende Glykoside (Digoxin) können infolge der eingeschränkten Nierenfunktion kumulieren, weshalb in diesen Fällen auf das enteral zu eliminierende Digitoxin übergegangen werden muß. Engmaschige Elektrolytkontrollen sind v.a. bei begleitender Diuretikatherapie erforderlich.

Sulfonamide
Diese kumulieren bei Nierenfunktionsstörungen. Werden sie gemeinsam mit oralen Antidiabetika vom Sulfonylharnstofftyp gegeben, ist die Gefahr von Hypoglykämien besonders hoch.

Antidepressiva und Hypnotika
Bei depressiver Verstimmung und Schlafstörungen älterer Patienten sind primär zerebrale Durchblutungsstörungen durch Herz-Kreislaufinsuffizienz sowie Störungen im Wasser- und Elektrolythaushalt auszuschließen. Barbiturate können zu paradoxen Erregungszuständen führen und sind daher zu vermeiden. Als Schlafmittel kann Chloralhydrat (Chloraldurat®) eingesetzt werden. Die Gabe von Koffein kann Schlafstörungen bessern.

Antikoagulantien
Das Blutungsrisiko ist v.a. bei begleitend bestehender Arteriosklerose und Hypertonie hoch. Bei Einnahme von Cumarinen spielen altersbedingt geänderte Ernährungsgewohnheiten mit niedriger Vitamin K-Zufuhr sowie die Einnahme von Medikamenten, die zur Verdrängung aus der Plasmaeiweißbindung führen (Salizylate, Chloralhydrat, Phenytoin, Phenylbutazon) eine Rolle

Antibiotika
Da die meisten Antibiotika renal eliminiert werden, muß die Dosierung der Nierenfunktion (Kreatininwert) angepaßt werden.

Geriatrika
Geriatrika sind Mittel, die das Altern verzögern oder altersspezifische Beschwerden, z.B. Gedächtnisstörungen, bessern sollen. Es handelt sich meist um Kombinationspräparate aus Vitaminen und Mineralsalzen. In kontrollierten Studien konnte für keines der Mittel eine über den Plazeboeffekt hinausgehende Wirkung bewiesen werden.

25 Pharmakotherapie in Schwangerschaft und Stillperiode

IMPP-Hitliste
✔ Kontraindizierte Medikamente

25.1 Schwangerschaft

Da Arzneimittel die Plazenta im wesentlichen durch Diffusion passieren, können in Abhängigkeit von Lipidlöslichkeit und Konzentrationsgefälle die meisten Substanzen das Kind erreichen, eine eigentliche Plazentaschranke für Pharmaka gibt es nicht. Eine sichere teratogene Wirkung ist nur für wenige Präparate nachgewiesen. Bei den meisten Medikamenten besteht Unsicherheit über das Risiko, da die Ergebnisse tierexperimenteller Teratogenitätsstudien nicht direkt auf den Menschen übertragbar sind. Hieraus ergibt sich die generelle Empfehlung einer äussersten Zurückhaltung bei der Anwendung von Medikamenten in der Schwangerschaft.

Art und Ausmaß einer eventuellen Fruchtschädigung sind wie bei anderen Noxen im wesentlichen vom Zeitpunkt der Einwirkung abhängig. Schädigungen in der *Blastemphase* (Tag der Befruchtung bis 18. Tag), in der eine Vermehrung undifferenzierter Zellen erfolgt, führen nach der „Alles-oder-Nichts-Regel" entweder zum Fruchttod oder können ohne Defekt ausheilen. Besonders sensibel ist die *Embryonalphase* (2. Woche – 4. Monat), in der die Organdifferenzierung abläuft. Je nach Zeitpunkt der Einwirkung manifestieren sich Arzneimittelschäden am jeweils sich differenzierenden Organ. Die Folge sind Einzelmißbildungen. Bei inzwischen abgeschlossener Organogenese kann es in der *Fetalphase* nach dem vierten Monat zu Wachstumsstörungen bzw. Schädigung der angelegten Organe kommen. Bei Anwendung einiger Pharmaka kurz vor der Geburt besteht die Gefahr von Adaptationsstörungen.

Substanzen mit teratogener Wirkung	
Präparat	**Mißbildung/ Störung**
Analgetika	
• Salizylate	Blutungsneigung, vorzeitiger Verschluß des Ductus botalli
• Phenaccetin	Methämoglobinämie post partum
• Opioide	Atemdepression post partum
Antidiabetika	
• Sulfonylharnstoffe	Fruchttod, fraglich Mißbildungen
Antihypertensiva	
• Diuretika	Wachstumsretardierung
• ACE-Hemmer	Im Tierversuch vermehrt Totgeburten, Anurie post partum
Antiinfektiosa	
• Tetrazykline	Störung der Zahnentwicklung und des Knochenwachstums, Kataraktbildung
• Aminoglykoside	Ototoxizität
• Chloramphenicol	Grey-Syndrom post partum
• Sulfonamide	Kernikterus
Antikoagulantien	
• Vitamin K-Antagonisten	Skelettanomalien, Fruchttod, Hämorrhagien
Antikonvulsiva	
• Phenytoin	Wachstumsstörung, Lippen-Gaumenspalte, kraniofaziale Dysmorphie, Phalangenverkürzung, Mikrozephalie
• Valproinsäure	Mikrozephalie, kraniofaziale Dysmorphie, Neuronalrohrdefekte
Antirheumatika	
• Phenylbutazon	Kernikterus post partum

Substanzen mit teratogener Wirkung	
Präparat	**Mißbildung/ Störung**
Hormone	
• Androgene, Anabolika	Virilisierung weiblicher Feten, vorzeitige Skelettreifung
• Diethylstilbestrol	Zervixkarzinome nach Latenzzeit
• Glukokortikoide	Wachstumshemmung, Nebenniereninsuffizienz
Schilddrüsenpräparate	
• Thyreostatika	Struma, Kretinismus
• Jodid	Struma, Thyreotoxikose
Hypnotika	
• Benzodiazepine	Atemdepression, Hypotonie und Hypothermie post partum, floppy-infant-syndrom
• Barbiturate	Gaumenspalte, Atemdepression
• Thalidomid (nicht mehr im Handel)	Phoko- und Amelien, Mißbildungen innerer Organe
Vitamine	
• Vitamin A	ZNS-, Augen- und Gaumenmißbildungen
• Vitamin D	Supravalvuläre Aortenstenose
Zytostatika	
• Folsäureantagonisten	Fruchttod, Dysraphien
• Alkylantien	Fruchttod, Wachstumsstörungen
Genußmittel	
• Nikotin	Erhöhte Frühgeburtenrate, Plazentainsuffizienz
• Alkohol	Embryofetales Alkoholsyndrom mit Wachstumsretardierung, kraniofazialer Dysmorphie, Mikrozephalie, geistiger und motorischer Retardierung.

Zur **erhöhten Abort- und Fehlgeburtsrate** kommt es nach Gabe von Prostaglandinen, Mutterkornalkaloiden, Narkosemitteln sowie einer Reihe von Laxantien (Ausnahmen: Lactulose und Quellstoffe).

Behandlung chronischer Erkrankungen in der Schwangerschaft

Unbehandelte **Epileptikerinnen** zeigen eine deutlich erhöhte Mißbildungsrate (Hypoxämien während Krampfanfällen). Um die Mutter vor Krampfanfällen zu schützen, sollte unter Vermeidung von Phenytoin und Valproinsäure eine antikonvulsive Therapie durchgeführt werden (☞ 22.4).

Bei **hyperthyreoten Frauen** besteht eine bis 40% erhöhte Spontanabortrate, die gegen das Risiko der Entstehung einer Schilddrüsenunterfunktion und Strumabildung beim Fetus unter thyreostatischer Therapie abgewogen werden muß (☞ 13.3).

Bei **Diabetes mellitus** der Mutter sollte möglichst schon vor der Konzeption eine Umstellung auf Insulin und eine optimale Blutzuckereinstellung erfolgen. Sulfonylharnstoffe sollten in der Schwangerschaft nicht verwendet werden (☞ 11.3).

Behandlung akuter Erkrankungen in der Schwangerschaft

Folgende Substanzen wurden bisher ohne Hinweise auf eine teratogene Wirkung eingesetzt:

✔ • *Hypertonie:* β_1-Rezeptorantagonisten ***(Cave:*** β_2-Antagonisten wegen vorzeitiger Wehen), Hydralazin, α-Methyldopa, Guanethidin, Nifedipin. β-Blocker sollten wegen der Gefahr von Hypotonie, Hypothermie und Atemdepression post partum 48 – 72 h vor dem errechneten Geburtstermin abgesetzt werden
- *Vorzeitige Wehentätigkeit:* β_2-Agonisten
- *Schmerzen:* Paracetamol, Metamizol
- *Infektionen:* Penicilline, Cephalosporine, Erythromycin, Clindamycin
- *Antiemetika:* Phenothiazine, Meclozin
- *Psychopharmaka:* Phenothiazine
- *Antikoagulantien:* Heparin.

25.2 Stillperiode

Insbesondere lipophile Arzneimittel können in die Muttermilch übergehen, wobei jedoch bei kurzfristiger Anwendung und niedrigen Dosen keine stärkeren Auswirkungen auf das Kind zu befürchten sind.

Bei Übertritt von Pharmaka in den kindlichen Organismus sind Schädigungen durch Unreife der Eliminationssysteme möglich (☞ 24.1). Neben den dort genannten Pharmaka sind allgemein die gleichen Präparate wie in der Schwangerschaft zu vermeiden.

Notfallmedizin

M. Bedall

Inhaltsverzeichnis Notfallmedizin

1 Akute Störungen der Atmung

IMPP-Hitliste
✔✔✔ Freimachen der Atemwege, Beatmung, Intubation
✔✔ Instabiler Thorax, Pneumothorax
✔ Chronisch-obstruktive Bronchitis/ Asthma bronchiale

1.1 Ätiologie

1.1.1 Zentrale Atemstörungen

Die verschiedensten Affektionen des ZNS können zu Störungen des normalen Atemantriebs und der Koordination der Atmung führen. Solche zentralen Ursachen für akute Atemstörungen sind

- Schädel-Hirn-Traumata
- Intrakranielle Ischämien und Blutungen
- Zerebrale Krampfanfälle
- ZNS-Infektionen (Meningitis, Enzephalitis)
- Intoxikationen (z.B. mit Opiaten, Benzodiazepinen oder Barbituraten).

Auch emotionale Faktoren können das Atemzentrum beeinflussen und so eine Atemstörung verursachen (z.B. Hyperventilationssyndrom, ☞ 1.2.2).

1.1.2 Mechanische Atemstörungen

Zu akuten Störungen der Atemmechanik kommt es durch Einschränkung der Thorax und Zwerchfellbeweglichkeit oder der Lungenentfaltung. Ursachen einer **verminderten Thorax- und Zwerchfellbeweglichkeit** sind z.B.

- Ein instabiler Thorax infolge einer Rippenserienfraktur
- Zwerchfellrupturen
- Hohe Querschnittslähmungen: bei Läsionen oberhalb des 3. Halswirbels sistiert die Atmung ganz (durch kompletten Ausfall von N. phrenicus und Interkostalnerven), Läsionen im unteren Zervikal- und oberen Thorakalbereich führen je nach Höhe zu mehr oder weniger stark gestörter Atmung
- Phrenikusläsionen

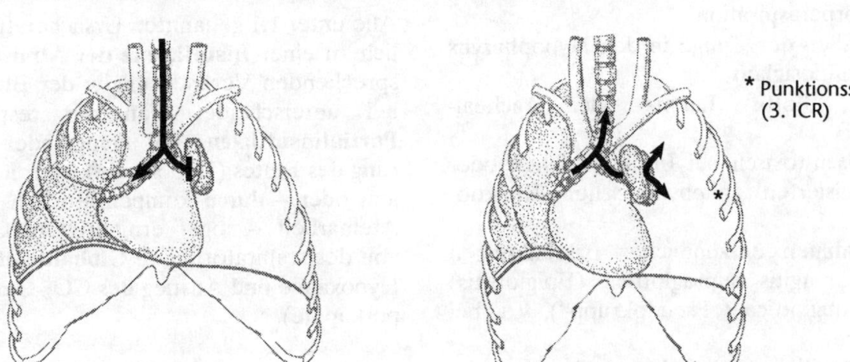

Abb. 1.1: Spannungspneumothorax

- Eine Blockade der neuromuskulären Übertragung durch Muskelrelaxantien
- Neuromuskuläre Erkrankungen (z.B. Polyradikulitis, Myopathien)
- Eine Erschöpfung der Atemmuskulatur im Schock.

Eine **behinderte Lungenentfaltung** tritt auf bei

- Pneumothorax oder Hämatothorax: Verletzung der Pleura visceralis oder parietalis mit Eindringen von Luft oder Blut in den Pleuraspalt und dadurch bedingtem Kollaps der betroffenen Lunge. Traumatisch oder als Spontanpneumothorax (durch Ruptur einer subpleuralen Emphysemblase)
- Spannungspneumothorax: durch einen Ventilmechanismus (☞ Abb. 1.1) wird Luft in die Pleurahöhle eingesogen, die dann nicht mehr entweichen kann; der Druckanstieg führt zu einer lebensbedrohlichen Kompression der anderen Lunge, des Herzens und der Gefäße.

1.1.3 Periphere Atemstörungen

Hierzu rechnet man zum einen akute respiratorische Störungen durch eine Verlegung der oberen Luftwege (bes. gefährlich im „Einröhrensystem" proximal der Karina), zum anderen die Behinderung des Gasaustauschs in den tiefen Luftwegen.

✔ Wichtige Ursachen für die **Verlegung der oberen Luftwege** sind:

- Fremdkörperaspiration
- Zurückfallen der Zunge in den Hypopharynx bei Bewußtlosigkeit
- Pharynx-, Glottis-, Larynx- oder Trachealödem; z.B.
  - Allergisch-toxisch bei Insektenstichen oder generalisierten anaphylaktischen Reaktionen
  - Im Rahmen entzündlicher Erkrankungen wie Laryngitis supraglottica (Epiglottitis) oder subglottica („Pseudokrupp"), v.a. bei Kindern
  - Bei Tonsillar- und anderen Abszessen im Rachenraum
  - Bei Verätzungen, Verbrühungen, Verbrennungen oder bei Reizgasinhalation (☞ 5.4.13)
- Laryngospasmus, meist durch einen irritierenden Stimulus in den oberen Atemwegen verursacht, z.B. durch Blut, Erbrochenes, Fremdkörper, Intubationsversuche
- Beidseitige Rekurrensparese
- Trachea- oder Bronchuskompression (z.B. durch Hämatome), traumatischer Trachea- oder Bronchusabriß
- Bronchialobstruktion bzw. Bronchospasmus bei chronisch-obstruktiver Bronchitis/Asthma bronchiale.

✔ Eine **Behinderung des Gasaustauschs** tritt auf bei:

- Tiefer Aspiration (z.B. von Erbrochenem bei Bewußtlosigkeit)
- Pneumonien
- Lungenödem (z.B. bei Herzinsuffizienz oder toxisch nach Reizgasinhalation)
- Lungenembolie: es resultieren minderperfundierte und durch reflektorische Bronchialkonstriktion sekundär auch minderbelüftete Lungenareale.

1.2 Klinik der Atemstörungen

1.2.1 Pathophysiologie

Alle unter 1.1 genannten Ursachen führen letztlich zu einer **Insuffizienz der Atmung** mit entsprechenden Veränderungen der Blutgase. Dabei unterscheidet man die respiratorische **Partialinsuffizienz** mit mangelnder Oxygenierung des Blutes (Hypoxämie), aber noch normalem oder – durch kompensatorisch gesteigerte Atemarbeit – sogar erniedrigtem CO_2-Gehalt von der respiratorischen **Globalinsuffizienz** mit Hypoxämie und Anstieg des CO_2-Gehaltes (Hyperkapnie).

Die der respiratorischen Insuffizienz zugrundeliegenden Pathomechanismen sind

- Die alveoläre Hypoventilation, die bei zentralen Atemstörungen, restriktiven (mechanischen) und obstruktiven Ventilationsstörungen auftritt
- Perfusionsstörungen (Störungen der arteriellen Versorgung, z.B. bei Lungenembolie und bei hypoxiebedingter Vasokonstriktion durch den Euler-Liljestrand-Reflex; Störung des venösen Blutabflusses, z.B. bei Linksherzinsuffizienz)
- Störungen des Ventilations/Perfusions-Verhältnisses durch Verteilungsstörungen
  - Der Ventilation, z.B. bei Obstruktion
  - Der Perfusion, z.B. Rechts-Links-Shunt bei Pneumothorax oder Lungenödem
- Diffusionsstörungen (z.B. bei Lungenödem).

Häufig sind mehrere Mechanismen gleichzeitig an der akuten respiratorischen Insuffizienz beteiligt.

1.2.2 Symptomatik

Allgemeine Zeichen der Ateminsuffizienz

Die meisten Patienten mit akuten Atemstörungen zeigen folgende Kardinalsymptome:

- Vermehrte Atemarbeit und subjektive Atemnot (Dyspnoe)
- Unruhe, Schweißausbruch, Tachykardie und RR-Anstieg
- Zentrale Zyanose, die jedoch bei niedrigen Hb-Werten (und bei der Zyanid- und CO-Vergiftung, ☞ 5.4.6, 5.4.11) auch fehlen kann.

Mit zunehmender Hypoxie kommt es dann zu Blutdruckabfall, Bewußtlosigkeit und letztlich zum Kreislaufstillstand.

Neben diesen eher allgemeinen Symptomen lassen andere konkreter auf die Natur der Atemstörung schließen:

Spezielle Symptomatik

Zentrale Atemstörungen

✔ Bradypnoe oder pathologische Atemtypen (☞ Abb. 1.2) kommen v.a. bei zentralen Atemstörungen vor:

- Cheyne-Stokes-Atmung: Regelmäßiges An- und Abschwellen der Atemtiefe und evtl. auch der -frequenz, z.B. bei Vergiftungen
- Kussmaul-Atmung: Hohes Atemzugvolumen und normale oder etwas erhöhte Atemfrequenz. Sie findet sich z.B. beim diabetischen Koma, wo sie über die vermehrte CO_2-Abatmung der metabolischen Azidose entgegenwirkt (☞ 4.1)
- Biot-Atmung: Unregelmäßige Apnoephasen unterbrechen regelmäßige Atmung, z.B. bei erhöhtem Hirndruck (☞ 3.2.1)
- Schnappatmung: Wenige unregelmäßige tiefe Atemzüge zwischen langen Apnoephasen, meist kurz vor einem kompletten Atemstillstand.

Bezeichnung	Atemmuster	Vorkommen bei ...
normale Ruheatmung	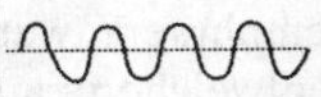	Gesunden
Cheyne-Stokes-Atmung	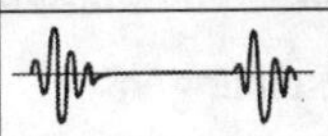	gelegentlich im Schlaf, Enzephalitis, Schlaganfall
Kussmaul-Atmung	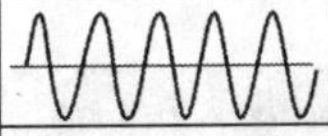	metabolischer Azidose (z.B. diabetisches Koma)
Biot-Atmung	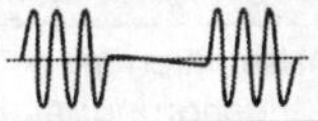	Hirnverletzung, Hirndrucksteigerung
Schnapp-Atmung	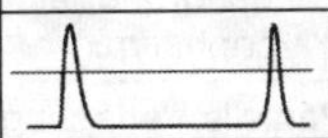	Frühgeborenen; kurz vor Todeseintritt

Abb. 1.2: Pathologische Atemtypen

✔ Das **Hyperventilationssyndrom** stellt quasi eine Sonderform einer zentralen Atemstörung dar und ist meist psychogen bedingt; Angst- und Beklemmungsgefühle gehören daher häufig zum klinischen Bild, des weiteren

- Vertiefte, rasche Atmung (infolgedessen Hypokapnie und respiratorische Alkalose)
- Parästhesien und Muskelkrämpfe (Tetanie) an Händen, Füßen sowie perioral

- Kardiozirkulatorische und zerebrovaskuläre Begleitsymptome: Tachykardie, Hypotonie, evtl. pektanginöse Beschwerden, Schwindel, Sehstörungen, Kollaps, Bewußtlosigkeit.

Mechanische Atemstörungen

✔ Auf eine **Thoraxwandverletzung** (am häufigsten Rippenserienfrakturen) hinweisende Symptome sind:

- Lokalisierte Schmerzen
- Flache Atmung
- Nachhinken der betroffenen Thoraxseite und evtl. instabiler Thorax mit paradoxer Atmung (Einsinken eines Thoraxbereichs bei Inspiration, Hebung bei Exspiration).

✔ Beim **Pneumothorax** kann man verminderte Atembewegungen, ein abgeschwächtes Atemgeräusch und hypersonoren Klopfschall auf der Seite des Lungenkollapses feststellen; beim **Spannungspneumothorax** (☞ Abb. 1.1) treten eine obere Einflußstauung (Halsvenenstauung) und Schocksymptome wie Tachykardie und Blutdruckabfall hinzu.

Beim Pneumothorax, aber auch bei anderen Verletzungen des Respirationstraktes, findet sich u.U. ein Hautemphysem, wenn Luft in das Unterhautgewebe entweichen kann.

Periphere Atemstörungen

Atemgeräusche		
Schnarchen		Obstruktion im Zungengrundbereich (Hypopharynx)
Stridor	inspiratorisch	Partielle Verlegung von Larynx, Trachea und großen Bronchien
	exspiratorisch	Partielle Verlegung der kleinen Bronchien/Bronchiolen
Giemen, Pfeifen, Brummen		Obstruktion im Bereich der Bronchien und Bronchiolen
Grobblasige Rasselgeräusche		Flüssigkeitsansammlung in den größeren Bronchien
Feinblasige Rasselgeräusche		Flüssigkeitsansammlung in den Alveolen

V.a. **Atemstörungen** führen zu forcierter Atmung, Tachypnoe und Orthopnoe (d.h., der Patient erreicht eine Besserung der Beschwerden durch Einsatz der Atemhilfsmuskulatur im Sitzen oder Stehen).

Häufig finden sich verstärkte oder veränderte Atemgeräusche, die bereits einen Hinweis auf Natur und Lokalisation der Atemstörung erlauben (☞ Tabelle).

1.2.3 Diagnostik

Zeitraubende diagnostische Maßnahmen sind je nach Schweregrad der Atemstörung, zunächst zugunsten dringlicher therapeutischer Maßnahmen zurückzustellen.

Zur präklinischen Erstuntersuchung bei akuten Atemstörungen gehören:

- Die orientierende Inspektion des Mund-Rachenraums, der Halsregion und des Thorax
- Die Thoraxpalpation, -perkussion und -auskultation.

Als wertvolle diagnostische Methoden im Rahmen des notfall- bzw. intensivmedizinischen Monitorings haben sich die **Pulsoximetrie** und die **Kapnometrie** erwiesen.

Mit der Pulsoxymetrie werden gleichzeitig Atmung (periphere arterielle Sauerstoffsättigung s_aO_2) und Kreislauf (periphere Pulskurve und -frequenz) überwacht.

Die Kapnometrie ermöglicht die Messung des endexspiratorischen CO_2-Gehaltes ($_{et}CO_2$). Sie ist unter notfallmedizinischen Bedingungen in Form von Farbstoffindikatoren durchführbar, die zwischen Endotrachealtubus und Beatmungsbeutel befestigt werden (z.B. Easycap®).

In der Klinik sind zur Beurteilung der Atemstörung in erster Linie die **Röntgendiagnostik** von Thorax und Lunge sowie die kapilläre bzw. arterielle **Blutgasanalyse** durchzuführen. Je nach Fragestellung stehen weiterführende Untersuchungen wie Lungenfunktionstests, Ventilations-Perfusionsszintigrafie oder Bronchoskopie zur Verfügung.

1.3 Therapie

1.3.1 Sofortmaßnahmen

Freimachen und Freihalten der Atemwege

✔ Die wichtigsten Sofortmaßnahmen bei akuter respiratorischer Insuffizienz sind das Freimachen und Freihalten der Atemwege:

- Beim Bewußtlosen den Kopf überstrecken und Unterkiefer mit Zungengrund anheben (*Esmarch-Handgriff*, ☞ Abb. 1.3)
- Den Mund-Rachenraum mechanisch reinigen (manuell und mit Absauggerät)
- Den spontan atmenden Bewußtlosen in die stabile Seitenlage bringen, damit Sekret und Erbrochenes abfließen und nicht aspiriert werden können (☞ Abb. 1.5)
- Bei Bolusaspiration versuchen, den Fremdkörper zu entfernen. Dazu mit der flachen Hand in Kopftieflage zwischen die Schulterblätter schlagen, evtl. den *Heimlich-Handgriff* anwenden (kurzer, kräftiger Druck in den Oberbauch, ☞ Abb. 1.4 – ***Cave:*** intraabdominelle Verletzungen) oder – als sicherste Maßnahme – unter Sicht mit Laryngoskop und Magillzange arbeiten.

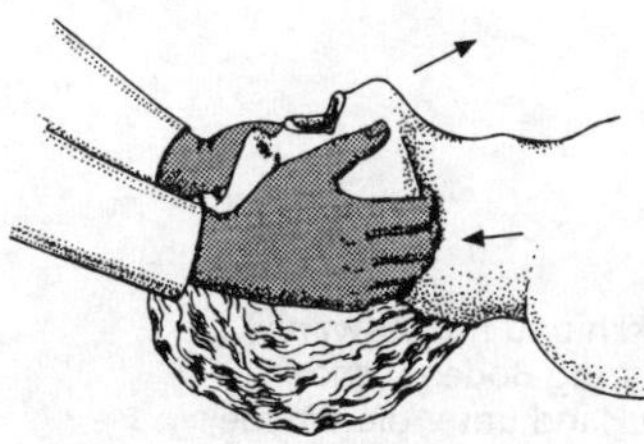

Abb. 1.3: Freimachen der Atemwege beim Bewußtlosen, Esmarch-Handgriff: Überstrecken des Kopfes, Anheben des Unterkiefers, Öffnen des Mundes

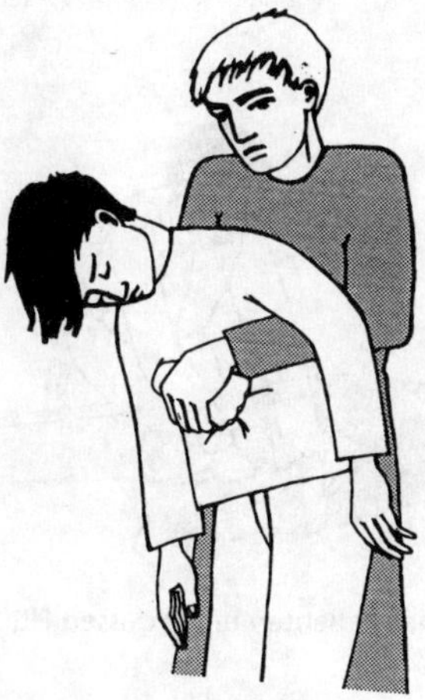

Abb. 1.4: Heimlich-Handgriff

✔ Hilfsmittel zum Freihalten der Atemwege sind oro- oder nasopharyngeale Tuben (z.B. Guedel- oder Wendl-Tubus, ☞ Abb. 1.6).

Endotracheale Intubation

Die sicherste notfallmedizinische Maßnahme zum Freihalten der Atemwege ist die endotracheale Intubation. Hierbei wird ein Tubus in die Trachea eingeführt und mit seiner aufblasbaren („blockbaren") Ballonmanschette („Cuff") außen gegen den Mund-Nasen-Rachenraum und den Ösophagus abgedichtet.

✔ Die Intubation stellt so einen wirkungsvollen Aspirationsschutz dar, ermöglicht im Bedarfsfall eine effektive Beatmung, verringert den Atemwegswiderstand und den Totraum und bietet eine gute endotracheale Absaugmöglichkeit.

Dementsprechend wird die **Indikation** zur endotrachealen Intubation in der Notfallmedizin großzügig gestellt; sie ist insbesondere gegeben bei:

- Aspiration oder Aspirationsgefahr
- Schwerer respiratorischer Insuffizienz jeglicher Genese mit der Notwendigkeit einer Beatmung (☞ 1.3.2).

1

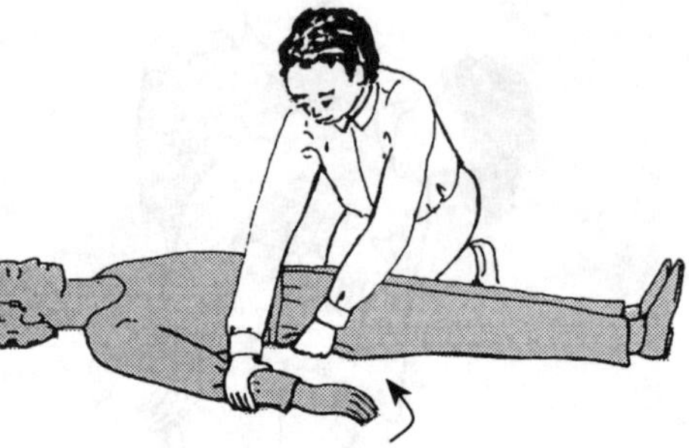

Einen Arm des Patienten unter dessen Hüfte schieben

2

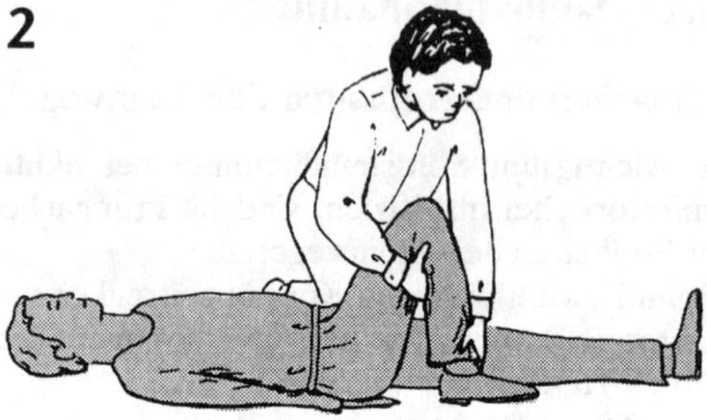

Bein auf derselben Seite im Kniegelenk beugen

3

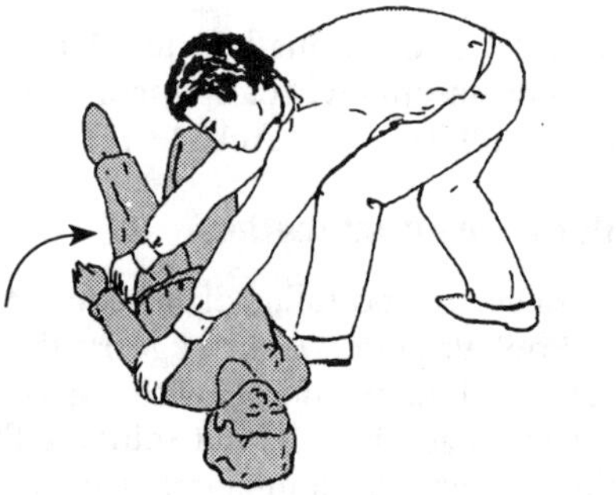

Schulter und Hüfte auf der Gegenseite fassen und den Patienten vorsichtig zu sich herüberdrehen

4

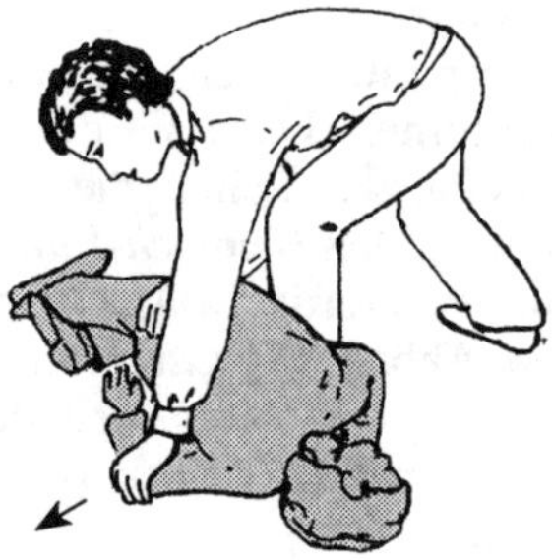

Den unteren Arm behutsam am Ellenbogen etwas nach hinten ziehen; damit liegt der Patient nicht mehr auf dem Oberarm, sondern auf der Schulter

5

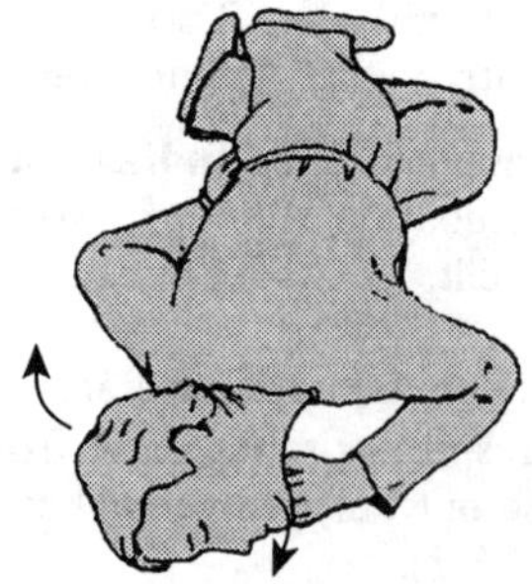

Kopf an Kinn und Stirn fassen und nackenwärts beugen, dann Gesicht Richtung Boden wenden. Finger der gesichtsseitigen Hand unter die Wange schieben, damit die Kopflage stabilisiert wird

Abb 1.5: Stabile Seitenlage

Technik der endotrachealen Intubation (☞ Abb. 1.7):

- Kopf des Patienten leicht überstrecken
- Mund mit der rechten Hand öffnen
- Laryngoskop mit der linken Hand vom rechten Mundwinkel aus einführen und mit dem Spatel dabei die Zunge nach oben links wegdrängen
- Spatel weiter vorschieben und nach oben ziehen (nicht hebeln), bis die Epiglottis sichtbar wird und sich schließlich vom Kehlkopfeingang abheben läßt
- Ist die Stimmritze nicht gut einzustellen, von einem Helfer Druck auf den Kehlkopf ausüben lassen *(Sellick-Handgriff)*
- Unter Sicht nun den Endotrachealtubus zwischen die Stimmbänder vorschieben, evtl. mit innenliegendem, formbarem Führungsstab
- Anschließend Tubus blocken und fixieren, evtl. Beißschutz einlegen (z.B. Guedel-Tubus)
- Tubuslage kontrollieren: Beidseitige Auskultation und Inspektion der Thoraxbewegungen während der Insufflation.

Die richtige Tubusgröße beträgt bei Frauen 30 – 34 Charrière (7 – 8 mm Innendurchmesser), bei Männern 34 – 38 Charrière (8 – 9 mm). Faustregel: Der Tubusdurchmesser sollte in etwa dem Kleinfingerdurchmesser des Patienten entsprechen.

Komplikationen der endotrachealen Intubation

- Tubusfehllagen (Ösophagus; zu tiefe, einseitige Intubation)
- Auslösen eines Laryngo-/Bronchospasmus
- Iatrogene Verletzungen, z.B. Herausbrechen von Zähnen durch Hebeln mit dem Laryngoskop, Perforation des Pharynx oder der Trachea mit dem Führungsstab

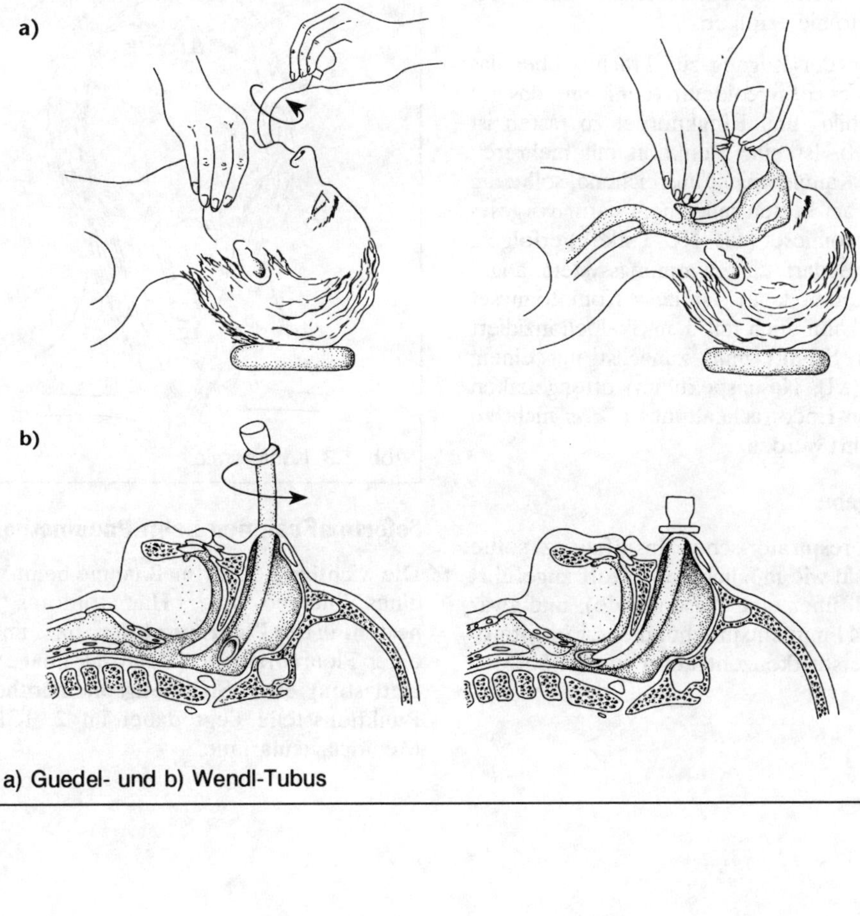

Abb. 1.6: a) Guedel- und b) Wendl-Tubus

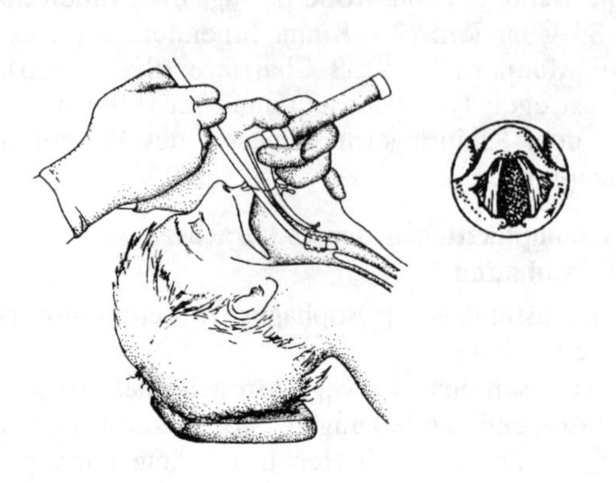

Abb. 1.7: Endotracheale Intubation

Koniotomie

Ist eine notwendige endotracheale Intubation auf normalem Weg nicht durchführbar, kann als ultima ratio eine **Nottracheotomie** in Form einer Koniotomie erfolgen.

✔ Dabei erfolgt der Zugang zur Trachea über das Ligamentum cricothyreoideum (conicum), das gut zwischen Schild- und Ringknorpel zu tasten ist (☞ Abb. 1.8). Ist eine Punktion mit mehreren dicklumigen Kanülen nicht ausreichend, sollte die Koniotomie am besten mit einem dafür vorgesehenen Koniotomieset (z.B. NU-Trake®) erfolgen, an das bei Bedarf ein Beatmungssystem angeschlossen werden kann. Ist kein Koniotomieset vorhanden, kann auch mit dem Skalpell inzidiert werden; der Schnitt muß zunächst mit einem Instrument (z.B. Nasenspekulum) offengehalten und dann ein Endotrachealtubus (*Cave:* nicht zu tief) eingeführt werden.

Sauerstoffgabe

✔ Bei akuter respiratorischer Insuffizienz sollte immer so bald wie möglich Sauerstoff zugeführt werden (z.B. über eine Nasensonde), und zwar mindestens 4 l/min entsprechend einer inspiratorischen Sauerstoffkonzentration von ca. 50%.

Cave: Bei respiratorischer Globalinsuffizienz mit chronisch erhöhten pCO_2-Werten, z.B. bei Asthmatikern, stellt nicht mehr das erhöhte pCO_2, sondern die Hypoxie den hauptsächlichen Atemantrieb dar. Mit der O_2-Gabe ist hier Zurückhaltung geboten, da ein Beheben der Hypoxie dem Patienten den letzten Atemantrieb nehmen könnte.

Lagerung

Der Patient mit akuter Dyspnoe wird sitzend gelagert; das Zwerchfell wird dann weniger durch die Bauchorgane nach oben gedrückt, der Druck im Lungenkreislauf wird gesenkt und der Patient kann die Atemhilfsmuskulatur einsetzen. Ausnahmen: Schock (Schocklage), Bewußtlosigkeit (stabile Seitenlage) und natürlich Atemstillstand.

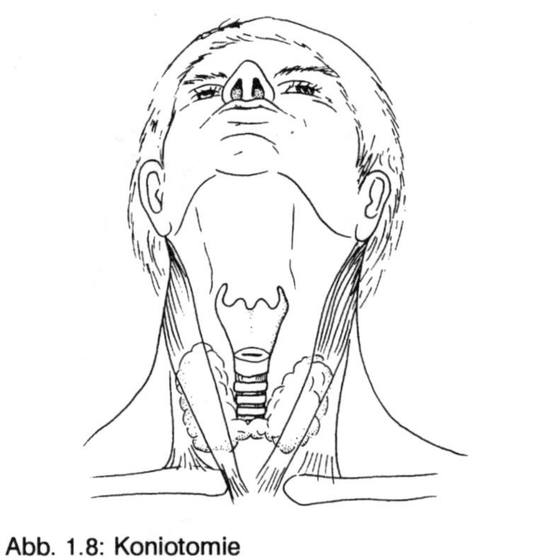

Abb. 1.8: Koniotomie

Sofortmaßnahmen beim Pneumothorax

✔ Die wichtigste Sofortmaßnahme beim Vorliegen eines Pneumo- oder Hämatothorax (☞ 1.1.2) besteht in der **Pleurapunktion** bzw. im Anlegen einer Pleuradrainage (Bülau-Drainage), v.a. zur Entlastung eines Spannungspneumothorax. Die Punktionsstelle liegt dabei im 2. ICR in der Medioclavicularlinie.

Sofortmaßnahmen beim Hyperventilationssyndrom

Beim Hyperventilationssyndrom sind **Rückatmungsversuche** und Beruhigung, u.U. auch medikamentöse Sedierung (z.B. mit Diazepam), geeignete Maßnahmen. Zur Rückatmung wird ein luftundurchlässiger Beutel vor das Gesicht des Patienten gehalten, aus dem er die eigene Ausatemluft z.T. wieder einatmet; dadurch steigt der CO_2-Anteil in der Atemluft und damit auch im Blut, der bestehenden Hypokapnie und respiratorischen Alkalose wird so entgegengewirkt.

1.3.2 Beatmung

Ein Patient, der nach Durchführung der obengenannten Sofortmaßnahmen und dem Einsatz von Medikamenten (☞ 1.3.3) nicht oder nicht ausreichend atmet, muß beatmet werden. Dies kann in Form einer **assistierten Beatmung** (Unterstützung der Spontanatmung des Patienten) oder in Form der **kontrollierten Beatmung** (vollständige künstliche Beatmung bei Patienten ohne Spontanatmung) geschehen.

Beatmung ohne Hilfsmittel

✔ Ohne Hilfsmittel erfolgt die Beatmung als Mund-zu-Mund- oder (vorzugsweise) Mund-zu-Nase-Beatmung mit der Ausatmungsluft des Helfers („Atemspende"). Zum Vorgehen bei kardiopulmonaler Reanimation ☞ 2.3.1.

Technik der Atemspende:

- Nötigenfalls Nase, Mund und Rachen absaugen
- Kopf des Patienten mit beiden Händen überstrecken (☞ Abb. 1.3)
- Mund-zu-Nase-Beatmung: mit einer Hand den Mund des Patienten verschließen
- Mund-zu-Mund-Beatmung: mit Daumen und Zeigefinger die Nase des Patienten verschließen
- Nun mit ca. 12 Atemzügen/Minute beatmen; nach jeder Insufflation hebt der Helfer seinen Kopf und dreht ihn etwas zur Seite, um selbst Frischluft einzuatmen.

Beutel-Masken- und Beutel-Tubus-Beatmung

Steht ein **Beatmungsbeutel** (z.B. Ambu®-Beutel) zur Verfügung, kann über zugehörige Beatmungsmasken oder auch über einen Endotrachealtubus (☞ 1.3.1) beatmet werden.

✔ Wann immer möglich, sollte auch Sauerstoff in den Beatmungsbeutel eingeleitet werden.
Es kann auch ein **PEEP-Ventil** (positive endexspiratory pressure) zwischengeschaltet werden.

✔ Dieses sorgt dafür, daß der Atemwegsdruck am Ende der Ausatmungsphase nicht auf Null abfällt, sondern auf einem positiven Wert (einstellbar; meist 5 – 20 cm H_2O) stehenbleibt. Damit wird dem Kollabieren der kleinen Atemwege sowie einer Ödembildung entgegengewirkt, die funktionelle Residualkapazität (FRC) nimmt zu, der pulmonale Gasaustausch wird verbessert. Indikationen für PEEP-Beatmung in der Notfallmedizin sind insbesondere Aspiration und Lungenödem; Kontraindikationen sind v.a. Schock, Pneumothorax, Lungenembolie und erhöhter Hirndruck.

Technik

Mit dem C-Griff gleichzeitig die Maske auf das Gesicht des Patienten pressen, dessen Unterkiefer nach vorne oben ziehen und den Kopf überstrecken (☞ Abb. 1.9). Wichtig und oft problematisch ist das suffiziente Abdichten der Maske. Beim Bewußtlosen kann ein Guedeltubus zum Freihalten der Atemwege eingelegt werden (***Cave:*** bei nicht bewußtlosen Patienten kann er Erbrechen auslösen).

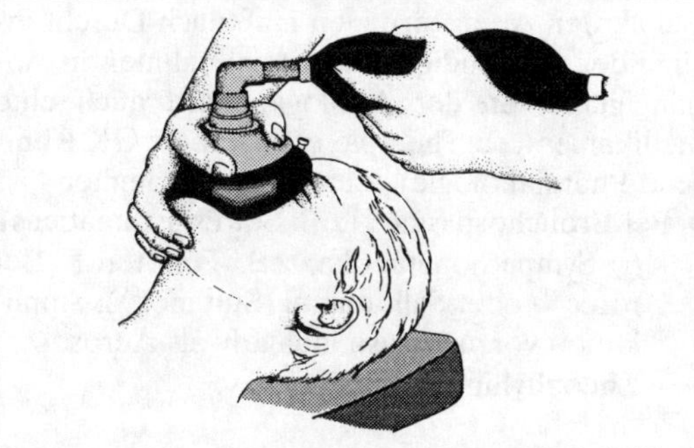

Abb. 1.9: Beutel-Masken-Beatmung mit C-Griff

Maschinelle Beatmung

Die maschinelle Beatmung mit Notfallrespiratoren (z.B. Medumat®, Oxylog®) ist bei den meisten Geräten nur als kontrollierte Beatmung mit einstellbarer Frequenz und Atemzug- bzw. Atemminutenvolumen möglich, d.h., es können nur Patienten ohne Spontanatmung beatmet werden. Sauerstoffzugabe und PEEP-Beatmung können auch hier erfolgen.

Komplikationen der Beatmung

✔ Hauptkomplikationen der Beatmung sind:

- Unzureichende Beatmung durch ungenügende Abdichtung, mangelnde Überstreckung des Kopfes oder unzureichendes Beatmungsvolumen
- Hyperventilation durch zu hohes Beatmungsvolumen mit der Gefahr der respiratorischen Alkalose mit zerebraler Vasokonstriktion und Ischämie
- Insufflation von Ösophagus und Magen mit der Gefahr der Regurgitation und Aspiration von Mageninhalt
- Kreislaufdepression durch den intrathorakalen Druckanstieg
- Pulmonales Barotrauma durch Überblähung bei zu hohen Beatmungsdrücken mit der Gefahr des Pneumothorax, Pneumomediastinums oder Pneumoperikards.

Komplikationen der Intubation ☞ 1.3.1.

1.3.3 Pharmakotherapie

Bei akuten Atemstörungen muß nach Durchführung der notwendigen Sofortmaßnahmen in Abhängigkeit von der Ätiologie meist auch eine medikamentöse Therapie erfolgen (☞ GK Klinische Pharmakologie). Zum Einsatz kommen

✔ • Bei Bronchospasmus (z.B. Status asthmaticus)
  - β_2-Sympathomimetika, z.B. Fenoterol (Berotec®) oder Salbutamol (Sultanol®); Applikation vorzugsweise inhalativ als Aerosol
✔ - Theophyllin (Euphyllin®) i.v.
✔ - Glukokortikoide, z.B. Dexamethason (Fortecortin®); inhalativ und i.v.; Indikation ausser bei Asthma bronchiale auch bei Atemnot durch allergisch-toxische Reaktionen (z.B. bei generalisierten anaphylaktischen Reaktionen, bei Reizgasinhalation oder bei Verätzungen); *Cave:* verzögerter Wirkungseintritt

• Bei Lungenödem
✔ - Schleifendiuretika, z.B. Furosemid (Lasix®) i.v.
✔ - Nitropräparate, z.B. Glyceroltrinitrat (Nitrolingual®); als Aerosol, Zerbeißkapsel oder i.v.

• Bei schmerzbedingter Ateminsuffizienz (z.B. bei Rippenfrakturen)
  - Analgetika, z.B. Tramadol (Tramal®), Metamizol (Novalgin®); *cave:* Atemdepression bei Analgetika vom Opiattyp, z.B. Tramadol (Tramal®), Pethidin (Dolantin®), Piritramid (Dipidolor®)

• Bei ausgeprägten Unruhe- und Angstzuständen
  - Sedativa, z.B. Diazepam (Valium®); *Cave:* potentiell atemdepressive Wirkung.

Medikamente und Dosierungsbeispiele bei akuten Atemstörungen*	
Fenoterol (Berotec®)	1 – 5 Aerosolstöße (je 100 μg)
Theophyllin (Euphyllin®)	5 mg/kg KG initial, dann 0,5 – 1 mg/kg/h i.v.
Dexamethason (Fortecortin®)	40 – 80 mg i.v.
Furosemid (Lasix®)	20 – 40 mg i.v.
Glyceroltrinitrat (Nitrolingual®)	1 – 3 Zerbeißkapseln
Tramadol (Tramal®)	100 mg i.v.
Metamizol (Novalgin®)	1000 – 2500 mg i.v.
Diazepam (Valium®)	5 – 10 mg i.v.

*Die Dosierungsangaben im Notfallmedizin-Kapitel beziehen sich auf die Notfallbehandlung und sind nicht unbedingt identisch mit maximalen Einzel- oder Tagesdosen einer Dauertherapie!

2 Akute Herz-Kreislaufstörungen

IMPP-Hitliste
✔✔✔ Schock, Reanimation (Herzmassage, Medikamente)
✔✔ Myokardinfarkt, akute Linksherzinsuffizienz/Lungenödem
✔ Lungenembolie, Herzrhythmusstörungen

2.1 Ätiologie

2.1.1 Kardiale Störungen

Folgende kardiale Störungen und Erkrankungen sind häufige Ursachen akuter Notfallsituationen:
- Herzrhythmusstörungen
- Koronare Herzkrankheit einschließlich Myokardinfarkt
- Herzinsuffizienz.

Meist kommen die genannten Störungen nicht isoliert vor, sondern es liegt ein Mischbild vor.

2.1.2 Kreislaufstörungen

Auch verschiedene Störungen, die primär das Gefäßsystem betreffen, können die Herz-Kreislauf-Funktion akut beeinträchtigen. Hier sind zu nennen:
- Volumenmangel
  - Blutverlust
  - Plasmaverlust, z.B. bei Verbrennung (☞ 5.3), Anaphylaxie, Sepsis
  - Wasser-Elektrolytverlust, z.B. bei Erbrechen, Diarrhoe, Diabetes mellitus (☞ 4.1), Diuretikatherapie, Ileus (☞ 5.2)
- Hypertensive Krise
- Lungenembolie
- Peripher-arterieller Gefäßverschluß
  - arterielle Embolie, z.B. aus dem li. Vorhof bei Mitralstenose
  - bei chronischer arterieller Verschlußkrankheit (AVK) mit kritischer Stenose
- Peripher-venöse Thrombose, z.B. tiefe Beinvenenthrombose
- Allergische bzw. anaphylaktische Reaktionen
- Sepsis
- Sympathikolyse, z.B. bei spinalem Trauma.

Zum Schock ☞ 2.2.1.

2.2 Klinik

2.2.1 Pathophysiologie

Primär kardiale Störungen (☞ 2.1.1) führen über eine Beeinträchtigung der Förderleistung des Herzens (low output failure) zur
- Verringerung des Herzzeitvolumens (Vorwärtsversagen) bis hin zum kardiogenen Schock
- Venösen Stauung *(Rückwärtsversagen)* bis hin zum kardialen Lungenödem
- ✔ Kammerflimmern, Asystolie und elektromechanische Entkopplung reduzieren die Förderleistung des Herzens auf Null und verursachen so die bedrohlichste kardiovaskuläre Störung, den Kreislaufstillstand.

Volumenmangel führt zu verringertem venösem Rückfluß, d.h. zu verminderter ventrikulärer Vorlast und damit zum Rückgang des Herzzeitvolumens. Denselben Effekt hat über die Weitstellung der Gefäße die **Sympathikolyse**.

Bei **hypertensiver Krise** und bei **Lungenembolie** kommt es zur Erhöhung des peripheren bzw. des pulmonalarteriellen Widerstands, d.h. der ventrikulären Nachlast; dies führt ebenfalls zur akuten Behinderung der Pumpfunktion des Herzens. Bei der Lungenembolie ist darüber hinaus das Ventilations-Perfusionsverhältnis gestört (☞ 1.2.1).

Beim **arteriellen Gefäßverschluß** wird die Funktion des Gesamtkreislaufs nur bei proximalen Gefäßverschlüssen (Becken-Oberschenkel-Typ) durch eine Steigerung des peripheren arteriellen Widerstands mit entsprechender Erhöhung der ventrikulären Nachlast beeinträchtigt.

Bei **Anaphylaxie** und **Sepsis** wird durch Mediatorsubstanzen wie Histamin bzw. durch bakterielle Toxine die periphere Zirkulation gestört.

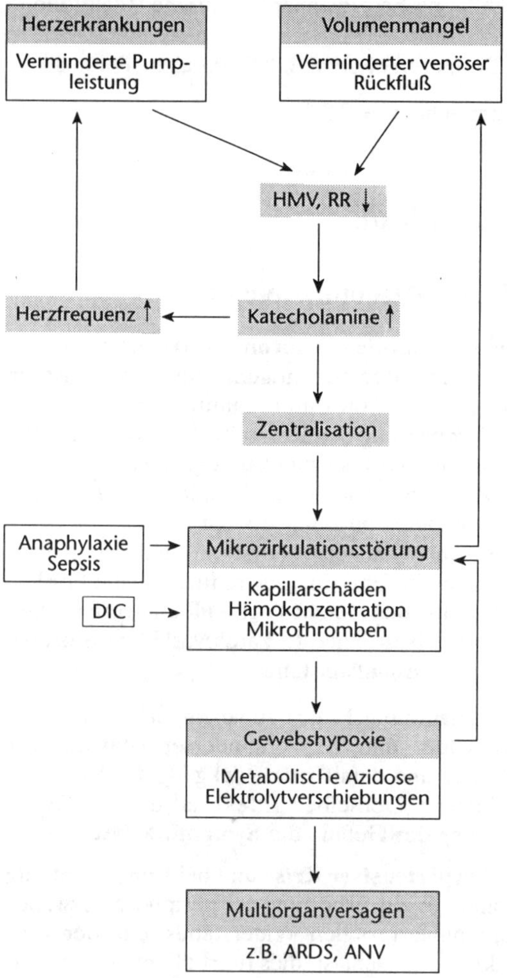

Abb. 2.1: Schock

Schock

Unabhängig von der Ätiologie kommt es bei längerandauernder Störung des Herz-Kreislauf-Systems zu komplexen Veränderungen der Hämodynamik und des Stoffwechsels, die in ihrer Gesamtheit als Schock bezeichnet werden.

Besondere Bedeutung kommt dabei der katecholamininduzierten **Zentralisation** und den **Mikrozirkulationsstörungen** zu. Es entsteht ein Teufelskreis mit selbstlaufenden und sich wechselseitig verstärkenden Mechanismen (☞ Abb. 2.1). Letztlich kommt es zur **Gewebshypoxie** mit metabolischer Azidose und zum Multiorganversagen.

Je nach Ätiologie spricht man z.B. von kardiogenem Schock, Volumenmangelschock, septischem oder anaphylaktischem Schock. Zur Pathophysiologie der Sympathikolyse und des spinalen Schocks ☞ 3.1.1.

2.2.2 Symptomatik

Allgemeine Symptomatik kardiovaskulärer Notfälle

✔ Die Hauptsymptome der akuten Herzkreislaufstörung, insbesondere des Schocks, sind:

- Blaß-zyanotische, kaltschweißige Haut (Ausnahmen: gut durchblutete, rosige, überwärmte Haut in der Frühphase des septischen Schocks; Blässe ohne sichtbare Zyanose bei hochgradiger Anämie), schlechte periphere Durchblutung (Nagelbettprobe, ☞ 2.2.3)
- ✔ Tachykardie und Blutdruckabfall. Schockindex: Quotient Pulsfrequenz/systol. Blutdruck (Schockindex > 1 = Schock)
- Oligo-/Anurie infolge mangelnder Nierendurchblutung
- Vegetative Symptome wie Übelkeit und Erbrechen
- Zentralnervöse Symptome wie Bewußtseinsstörung, Unruhe, Angst
- Flache, schnelle Atmung.

✔ Die Zeichen des **Kreislaufstillstands** sind:
- Bewußtlosigkeit
- Fehlender Karotispuls
- Weite, reaktionslose Pupillen
- Zyanose
- Schnappatmung oder Atemstillstand.

Spezielle Symptomatik

Neben den o.g. allgemeinen Symptomen finden sich häufig kennzeichnende Hinweise auf die zugrundeliegende kardiovaskuläre Störung (☞ Tabelle).

Spezielle Symptomatik kardiovaskulärer Notfälle	
Herzrhythmusstörungen	Synkopen (kurzzeitige Bewußtseinsstörungen, meist mit plötzlichem Sturz), Transitorische ischämische Attacken (TIA's, ☞ 3.2.1), Angina pectoris, Herzinsuffizienzzeichen (☞ u.)
Adam-Stokes-Anfall	Plötzliche Bewußtlosigkeit (evtl. mit Krampfanfällen oder Atemstillstand) infolge zerebraler Minderdurchblutung bei abrupter Verringerung der Förderleistung des Herzens, bei starker Bradykardie (hypodyname Form) oder Kammertachykardie (hyperdyname Form)
✔Akuter Myokardinfarkt	Anhaltende retrosternale oder linksthorakale Schmerzen (evtl. mit Ausstrahlung in linke Schulter/Arm oder Unterkiefer/Hals), Herzrhythmusstörungen, Herzinsuffizienzzeichen, Vegetative Begleitsymptome
✔Akut dekompensierte Herzinsuffizienz	Halsvenenstauung und periphere Ödeme, Dyspnoe mit oft auf Distanz hörbaren Rasselgeräuschen (kardiales Lungenödem)
Hypertensive Krise	Kopfschmerzen, Bewußtseinsstörungen, Sehstörungen, Schwindel Schwitzen, Übelkeit, Zeichen der akuten Linksherzbelastung: Stenokardien, Dyspnoe, Lungenödem
✔Lungenembolie	Atemabhängige Thoraxschmerzen Dyspnoe, Tachypnoe, (Blut-)Husten Tachykardie, RR-Abfall Psychovegetative Begleitsymptome
✔Akute peripher-arterielle Embolie	Starke Schmerzen, Blässe, Kälte, Pulslosigkeit, Parästhesien und Bewegungsverlust Allgemeine Schocksymptome („6-P-Regel": pain, paleness, pulselessness, paresthesia, paralysis, prostration)
Akute tiefe Venenthrombose	Schwellung, Überwärmung, Zyanose Druckschmerz v.a. über dem Venenverlauf und der Wade Wadenschmerz bei Dorsalflexion des Fußes (Homann-Zeichen) und Schmerzen bei Druck auf die Fußsohle (Payr-Zeichen) Tachykardie und Fieber
Anaphylaktische Reaktion	Kardiovaskuläre (Schock-) Symptome Hautreaktionen (Urtikaria, Erythem, Juckreiz) Bronchopulmonale Symptome (Bronchospasmus, Dyspnoe)
Septischer Schock	Frühe (hyperdyname) Phase: Herzzeitvolumen kompensatorisch gesteigert, rosige, warme, trockene Haut, normaler Blutdruck, Fieber und Hyperventilation Späte (hypodyname) Phase: allg. Schocksymptome, ☞ o.

2.2.3 Diagnostik

✔ Bei der Inspektion des Notfallpatienten ist insbesondere auf den Hautzustand (z.B. Blässe, Zyanose) und auf eine Stauung der Hals- und Zungengrundvenen zu achten; die Nagelbettprobe gibt Aufschluß über die Kapillardurchblutung (nach Kompression eines Fingerendgliedes mit Abblassen des Nagelbetts muß innerhalb von wenigen Sekunden eine Reperfusion mit rosiger Färbung sichtbar sein).

✔ Puls und Blutdruck sind die wichtigsten diagnostischen Parameter beim Vorliegen einer akuten kardiovaskulären Störung (beim wachen Patienten zunächst den Radialispuls palpieren, beim Bewußtlosen gleich den Karotispuls); die Auskultation von Herz und Lunge liefert weitere diagnostische Hinweise (☞ 2.2.2).

Mit der Ableitung eines **EKGs** gelingt z.B. die
- Erfassung von Rhythmusstörungen
- Differenzierung der Ursache eines Kreislaufstillstandes (☞ 2.2.1)
- Diagnose eines Herzinfarkts: im EKG finden sich evtl. monophasische ST-Streckenhebungen (☞ Abb. 2.2)
- Diagnose einer Lungenembolie: Im EKG finden sich evtl. S_IQ_{III}-Typ, P dextrokardiale und Rechtsverspätung bzw. Rechtsschenkelblock.

Mit transportablen Monitorgeräten kann eine kontinuierliche EKG-Überwachung während der Notfallversorgung stattfinden.

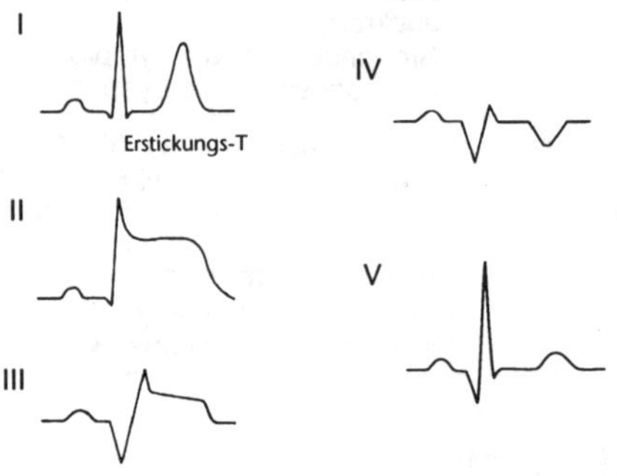

Abb. 2.2: Typische EKG-Veränderungen beim Herzinfarkt

In der Klinik erfolgen in der Regel:
- Messung des **zentralen Venendrucks** (über einen zentralen Venenkatheter, ☞ 2.3.1) z.B. zur Differenzierung des kardiogenen Schocks (hoher ZVD) vom Volumenmangelschock (niedriger ZVD) und zur Steuerung der Volumensubstitution (präklinisch ist nur ein grobes Abschätzen des Volumenverlustes bei Blutungen möglich, ☞ 5.1.1)
- **Laboruntersuchungen:** v.a. Blutbild, Blutgruppe, Elektrolyte, Retentionswerte (Harnstoff, Kreatinin), Laktat, „Herzenzyme" (CK, CK-MB, GOT, LDH, HBDH), Gerinnungsstatus, Blutgasanalyse mit Säure-Basen-Status.

2.3 Therapie

2.3.1 Sofortmaßnahmen

Kardiopulmonale Reanimation

Bei Atem- und Kreislaufstillstand muß sofort mit der Wiederbelebung begonnen werden. Hierbei wird nach einem festen Schema vorgegangen: dem **ABC der Reanimation** (**A**temwege freimachen, **B**eatmen, Kreislauf (= **c**irculation) herstellen), das durch die Buchstaben **D** (Medikamente = **d**rugs) und **E** (**e**lektrische Therapie) ergänzt werden kann.

Die Technik der Reanimation der Atmung entsprechend A und B wurde bereits besprochen (☞ 1.3.1 – 1.3.2). Beim Kreislaufstillstand schließt sich an die entsprechenden Maßnahmen überlappend die Reanimation der Herzaktion und des Kreislaufs an (☞ Tabelle).

Die Wiederbelebungszeit (Ischämietoleranzzeit) des Gehirns beträgt in Normothermie nur 3 – 5 Minuten; alle nötigen Maßnahmen müssen daher in kürzester Zeit durchgeführt werden.

ABC der Reanimation	
Atemwege freimachen	Reinigung von Mund u. Rachen, z.B. durch Absaugen Kopf überstrecken Später endotracheale Intubation
Beatmen	Initial z.B. Beutel-Masken-Beatmung; später Beutel-Tubus- bzw. Respiratorbeatmung Immer Sauerstoffgabe 2 Atemstöße zu Beginn, dann intermittierende Beatmung
Kreislauf (**C**irculation) herstellen	Evtl. präkardialer Faustschlag Externe Herzdruckmassage im Wechsel mit Beatmung (ein Helfer 15 : 2, zwei Helfer 5 : 1) Autotransfusion durch Beinhochlagerung, Venenpunktion, Volumengabe
Medikamente (**D**rugs) geben	Adrenalin Natriumbikarbonat Lidocain
Elektrische Therapie	Defibrillation Schrittmachertherapie

Präkordialer Faustschlag

Durch einen kräftigen Faustschlag aus ca. 30 cm Höhe auf die Sternummitte wird ein elektrischer Impuls ausgelöst.

✔ Hierdurch kann unter günstigen Umständen unmittelbar nach Eintritt eines nicht hypoxisch bedingten Kreislaufstillstands (innerhalb der ersten Minute) das Wiedereinsetzen eines spontanen Herzrhythmus erreicht werden. Diese Reanimationsmaßnahme eignet sich also nur für einen vom Helfer direkt beobachteten plötzlichen Herzkreislaufstillstand.

Externe Herzdruckmassage

✔ Bei der externen Herzdruckmassage wird durch Thoraxkompression ein **Notkreislauf** (ca. 30% des normalen HZV) hergestellt. Dieser entsteht zum einen durch eine allgemeine intrathorakale Druckerhöhung, zum anderen durch direkte Kompression des Herzens. Er schafft zusammen mit der Beatmung die Voraussetzung dafür, daß wieder eine normale Spontanaktivität des Herzens und eine suffiziente Kreislauffunktion in Gang kommen können.

✔ Technik der Herzdruckmassage (☞ Abb. 2.3)

- Patient auf fester Unterlage flach auf den Rücken legen, Beine hochlagern
- Druckpunkt lokalisieren: am unteren Sternumdrittel, 3 Querfinger oberhalb des Processus xiphoideus in der Medianlinie. Bei Neugeborenen und Kleinkindern liegt der Druckpunkt mehr in Sternummitte
- Beide Handballen übereinander auf den Druckpunkt aufsetzen
- Mit gestreckten Armen und dem Gewicht des ganzen Oberkörpers Brustbein kräftig um 4 – 5 cm senkrecht in Richtung Wirbelsäule drücken, am besten kurzes Druckplateau halten. Bei Neugeborenen und Kleinkindern wird nur mit zwei Fingern oder einem Handballen und nur mit der Kraft des Armes komprimiert
- Anschließend Thorax vollständig entlasten, Handballen dabei jedoch nicht abheben.
- Kompressions- und Entlastungsphase sollen gleich lang sein. Es sollten idealerweise 70 – 100 Kompressionen/min erreicht werden (beim Kind 100 – 120/min).

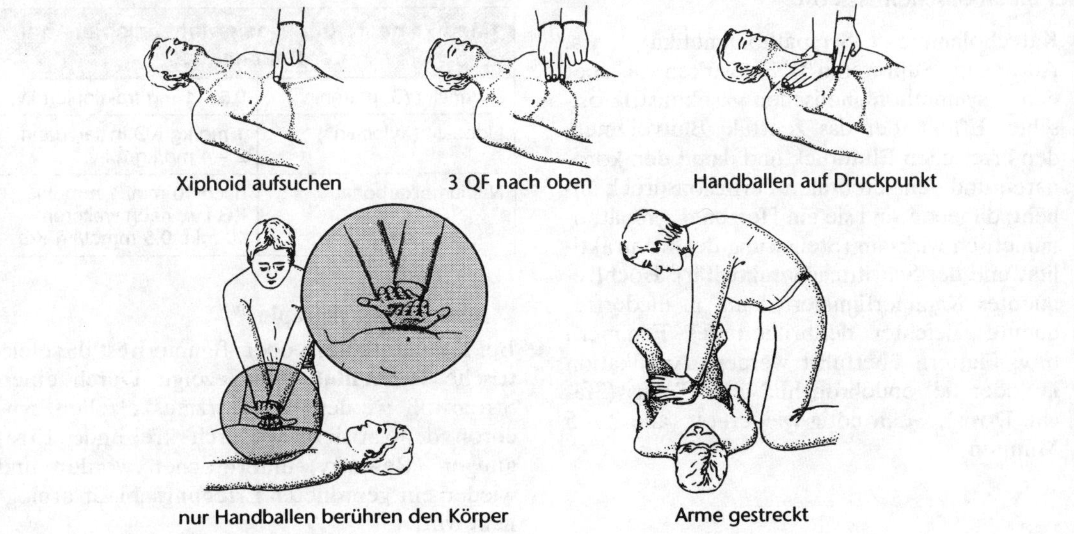

Abb. 2.3: Externe Herzdruckmassage

✔ Vor der Herzdruckmassage wird (nach dem Freimachen der Atemwege) zweimal beatmet, anschließend wird die Beatmung im Wechsel mit der Herzmassage durchgeführt: Dabei beträgt das Kompressions-Ventilationsverhältnis

- Bei einem Helfer 15 : 2
- Bei zwei Helfern 5 : 1.

Zur Beatmung wird die Herzdruckmassage möglichst kurz unterbrochen (1 – 1,5 Sekunden).

✔ Beim Intubierten kann ohne Unterbrechung der Kompression kontinuierlich beatmet werden. Regelmäßige Kontrolle des Karotispulses und gegebenenfalls des EKGs sind erforderlich.

✔ **Komplikationen der Herzdruckmassage:**

- Frakturen von Sternum und Rippen, Gefahr von Pneumo- bzw. Hämatothorax und Hämatoperikard
- Verletzung der Oberbauchorgane
- Regurgitation von Mageninhalt mit Aspirationsgefahr.

Pharmakologische Reanimation

Ziele der medikamentösen Therapie sind die Wiederherstellung und Stabilisierung einer spontanen, regelmäßigen Herzaktion und einer normalen Kreislauffunktion sowie der Ausgleich der metabolischen Azidose.

✔ • Katecholamine (Sympathomimetika), v.a. Adrenalin (Suprarenin®). Sie wirken v.a. über den α-sympathomimetischen vasokonstriktorischen Effekt, der das zentrale Blutvolumen, den arteriellen Blutdruck und damit den koronaren und den zerebralen Perfusionsdruck anhebt; daneben sind sie am Herzen β-sympathomimetisch wirksam (Steigerung der Kontraktilität und der Schrittmacheraktivität). Hochfrequentes Kammerflimmern kann in niederfrequentes, leichter defibrillierbares Flimmern bzw. Flattern überführt werden. Applikation i.v. oder tief endobronchial über Tubus (3fache Dosis), wenn nötig wiederholt (alle 2 – 5 Minuten)

✔ • Lidocain (Xylocain®). Ist bei Kammerflimmern indiziert, wenn wiederholte elektrische Defibrillation auch nach Adrenalingabe ohne Erfolg bleibt, daneben bei höhergradiger ventrikulärer Extrasystolie und bei ventrikulären Tachykardien; i.v. oder endobronchial

✔ • Natriumbikarbonat. Es dient der Pufferung der hypoxiebedingten metabolischen Azidose. Die Hauptmenge saurer Stoffwechselprodukte wird jedoch erst nach Wiederherstellung der peripheren Zirkulation eingeschwemmt; deshalb erfolgt die Anwendung erst 10 Minuten nach Reanimationsbeginn. Eine durch Überkorrektur entstehende Alkalose ist zudem ungünstiger als eine leichte Azidose, deshalb zunächst nicht mehr als 1 mmol/kg Körpergewicht geben (☞ Tabelle). Eine endobronchiale Gabe ist wegen einer möglichen Schleimhautschädigung kontraindiziert.

Peripher-venös applizierte Pharmaka müssen wegen der Kreislaufzentralisation mittels Infusion eingespült werden; bei der Reanimation ist eine Infusion (z.B. Ringer-Laktat-Lösung) zudem auch zur Steigerung des zentralen Kreislaufvolumens indiziert. Bei endobronchialer Medikamentengabe wird mit Aqua injectabilia verdünnt und die Dosis 2 – 3fach erhöht.

Medikamente und Dosierungsbeispiele bei der Reanimation	
Adrenalin (Suprarenin®)	0,5 – 1 mg fraktioniert i.v.
Lidocain (Xylocain®)	1 mg/kg KG initial, dann 2 – 4 mg/kg/h i.v.
Natriumbikarbonat	nach 10 min. 1 mmol/kg KG i.v., nach weiteren 10 min. 0,5 mmol/kg KG

Elektrische Therapie

✔ Bei Kammerflattern oder -flimmern ist die elektrische **Defibrillation** angezeigt: Durch einen Stromstoß werden die Herzmuskelzellen synchron depolarisiert, wodurch kreisende Erregungen (Re-entry) unterbrochen werden und wieder ein geordneter Erregungsablauf ermöglicht wird.

Technik der Defibrillation

- Gerät einschalten, Energiemenge vorwählen. Mit 150 – 250 J beginnen (3 J/kg KG), bei Mißerfolg Energie steigern (bis max. 360 J)
- Elektroden („paddles") mit Gel bestreichen und fest auf die Haut aufsetzen (☞ Abb. 2.4): Eine Elektrode rechts parasternal unter der Clavicula (Herzbasis), die andere im 4. – 5. ICR links in der vorderen Axillarlinie (Herzspitze)
- Kondensator laden (meist Taste auf einem paddle)
- Sicherstellen, daß niemand Kontakt mit dem Patienten oder der Trage bzw. dem Bett hat
- Defibrillation auslösen (meist Taste auf dem anderen paddle).

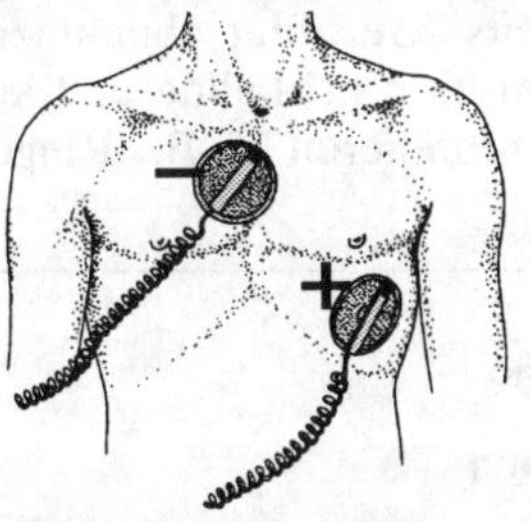

Abb. 2.4: Defibrillation

Bei therapierefraktärer schwerer Bradykardie, Arrhythmie oder Asystolie ist eine **Schrittmachertherapie** sinnvoll. In der Notfallmedizin kommen hierbei vor allem transkutane externe Schrittmachersysteme in Frage, die ihre Impulse über zwei großflächige Klebeelektroden (linksthorakal ventral und dorsal) übertragen.

Venöser Zugang

Eine der wichtigsten Sofortmaßnahmen bei akuten Herzkreislaufstörungen besteht im Legen eines sicheren venösen Zugangs, über den Infusionslösungen und Medikamente verabreicht werden können; dabei kommen periphervenöse und zentralvenöse Punktionen in Frage.

Primär sollte die komplikationsärmere periphere Venenpunktion angestrebt werden. Ist diese bei schlechten Venenverhältnissen nicht möglich, insbesondere bei fortgeschrittener Zentralisation des Kreislaufs, so ist die Punktion einer zentralen Vene indiziert.

Wird die V. basilica mit einem Kavakatheter-Set (z.B. Cavafix®) punktiert, kann auch von hier aus ein zentralvenöser Zugang gelegt werden.

Hauptkomplikationen der peripheren Venenpunktion:

- Verletzung benachbarter Strukturen
- Paravenöse Injektion bzw. Infusion (Schwellung, Schmerzen); meist harmlos
- **Intraarterielle Injektion** (pulssynchrones Zurückfließen hellroten Blutes bei der Punktion; Schmerzen und Parästhesien bei der Injektion). Gegenmaßnahmen: Injektion sofort abbrechen, Kanüle belassen, Bolusinjektionen von NaCl, Cortison, Lokalanästhetikum (z.B. Lidocain 2%), α-Sympatholytikum (z.B. DHBP).

Technik der zentralen Venenpunktion (Beispiele):

V. subclavia (infraklavikuläre Punktion, ☞ Abb. 2.5 a und b):

- Wenn möglich, Patient in Kopftieflage bringen, Kopf zur Gegenseite drehen, Arm an den Körper anlegen
- Punktionsstelle (ca. 1 cm unterhalb des Schlüsselbeins und 1 – 2 cm medial der Medioklavikularlinie) desinfizieren, evtl. mit Lokalanästhetikum infiltrieren
- Mit aufgesetzter 10-ml-Spritze (am besten NaCl-gefüllt) unter ständiger Aspiration flach eingehen und in Richtung Jugulum unter der Klavikula hindurch weiter vorschieben
- Bei Aspiration von dunkelrotem Blut noch 1 – 2 mm weiterschieben, dann Metallnadel zurückziehen und Kunststoffkanüle weiter vorschieben
- Steriles Kavakathetersystem aufsetzen, Katheter in der Schutzhülle vorschieben (Länge vorher durch Anlegen abschätzen)
- Hülle, Katheterkupplung, Kunststoffkanüle und Mandrin entfernen, Katheter fixieren, Infusion anschließen.

V. jugularis interna (☞ Abb. 2.5 c):

- Patient in Kopftieflage bringen, Kopf zur Gegenseite drehen
- Punktionsstelle (in der Mitte des M. sternocleidomastoideus, etwa in Höhe der Kreuzung mit der V. jugularis externa) desinfizieren, evtl. Lokalanästhesie setzen
- Unter Aspiration in Richtung des Medialrandes des lateralen (klavikulären) Ansatzes des Sternocleidomastoideus punktieren. In der Klinik muß eine röntgenologische Lagekontrolle des zentralen Venenkatheters erfolgen.

✔ **Hauptkomplikationen der zentralen Venenpunktion:**

- Verletzung benachbarter Strukturen, insbesondere der Pleurakuppel mit Gefahr des Pneumo-, Hämato- oder Infusionsthorax (keine beidseitigen Punktionsversuche!), des Plexus brachialis oder der A. carotis
- Arterielle Katheterisierung mit Hämatombildung und Gefahr der intraarteriellen Injektion und Infusion
- Luftembolie.

Schockbekämpfung

Beim Vorliegen eines Schocks dienen wichtige Sofortmaßnahmen dem Durchbrechen des pathophysiologischen Circulus vitiosus:

✔ **Volumenmangelschock**

- Beine hochlagern, evtl. Kopftieflage („Schocklage“: max. 15 ° Neigung wegen des Eingeweidedrucks gegen das Zwerchfell; ☞ Abb. 2.6)
- Wenn möglich, Blutungen stillen (Druckverband, Gefäße abdrücken)
- Mehrere großlumige venöse Zugänge legen, evtl. bereits Kreuzblut abnehmen, zur Volumensubstitution kristalline und kolloidale Lösungen infundieren (z.B. Ringerlaktat und HAES).

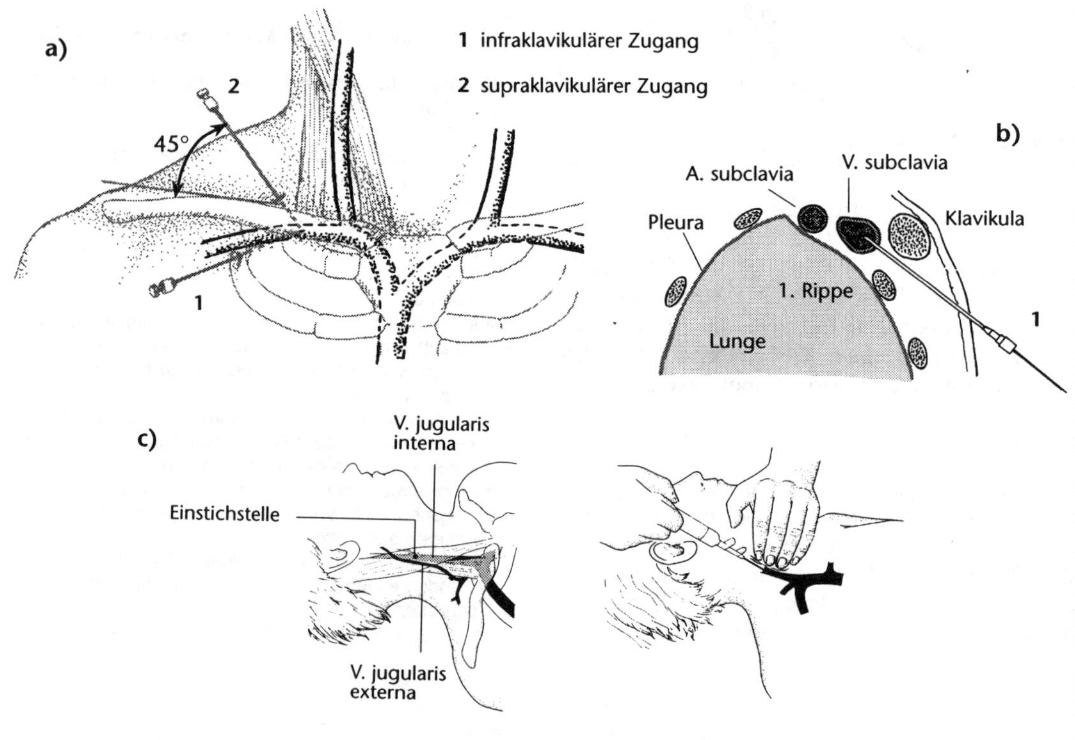

Abb. 2.5: Zentrale Venenpunktion. a) und b) V. subclavia, c) V. jugularis int.

Cave: Volumenersatzlösungen vom Dextrantyp können anaphylaktische Reaktionen und Störungen der Hämostase auslösen. Die Infusionsmenge richtet sich nach Kreislaufsituation und geschätztem Blutverlust (☞ 5.1.1)

- Sauerstoff applizieren
- Analgetika verabreichen.

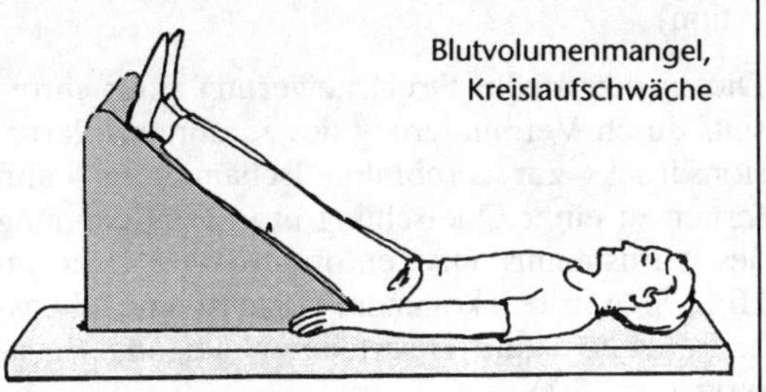

Abb. 2.6: Schocklage

✔ **Anaphylaktischer Schock:**

- Volumenersatzmittel infundieren
- Adrenalin (Suprarenin®) verdünnt fraktioniert i.v. injizieren (1:1000-Lösung nochmals mit NaCl um den Faktor 10 verdünnen, z.B. 1 ml-Ampulle auf 10 ml, dann ml-weise spritzen)
- Zusätzlich hochdosiert Kortikoide, z.B. Prednisolon (Solu-Decortin®) 1000 mg und H_1- sowie H_2-Blocker geben, z.B. Clemastin (Tavegil®) 2 mg und Cimetidin (Tagamet®) 200 – 400 mg i.v.; bei Bronchospasmus β_2-Sympathomimetika bzw. Theophyllin (☞ 1.3.3). Sauerstoff applizieren.

Kardiogener Schock ☞ GK Klinische Pharmakologie Kp. 2 und 3.

Spinaler Schock ☞ 3.3.2.

Cave: Bei Gabe von Analgetika und Sedativa muß v.a. beim herzkreislaufkranken Patienten auf Blutdruck und Atemdepression geachtet werden.

2.3.2 Spezielle Notfalltherapie

✔ **Myokardinfarkt:** ☞ GK Klinische Pharmakologie 5.2.1
Hypertensive Krise: ☞ GK Klinische Pharmakologie 1.3

✔ **Herzrhythmusstörungen:** ☞ GK Klinische Pharmakologie 4.24.3

✔ **Dekompensierte Herzinsuffizienz** (Lungenödem, kardiogener Schock): ☞ GK Klinische Pharmakologie 3.3.1

✔ **Lungenembolie:** ☞ GK Klinische Pharmakologie 6.3.2

✔ **Akuter Gefäßverschluß:** ☞ GK Klinische Pharmakologie 6.1

3 Akute Funktionsstörungen des Zentralnervensystems

(☞ auch 5.5)

IMPP-Hitliste
✓✓ Zerebrovaskulärer Insult
✓ Koma, Hirndruck

3.1 Ätiologie und Pathophysiologie

3.1.1 Trauma

Schädel-Hirn-Trauma

Einteilung des SHT	
SHT I°	Commotio cerebri: kurze Bewußtseinsstörung, keine neurologischen Ausfälle, evtl. Allgemeinveränderungen im EEG, kein morphologisches Korrelat im CT
SHT II°	Leichte Contusio cerbebri: meist längere initiale Bewußtseinsstörung, evtl. neurologische Ausfälle, Herdzeichen im EEG, Kontusionsherde im CT
SHT III°	Schwere Contusio cerebri, Compressio cerebri: zusätzlich Zeichen der intrakraniellen Druckerhöhung (☞ 3.2.1)

Schädel- und Hirnverletzungen verursachen häufig schwere neurologische Funktionsstörungen. Diese sind zum einen direkte Folge der traumatischen Hirnschädigung, zum anderen beruhen sie auf der sekundären **Steigerung des intrakraniellen Drucks** und der entstehenden **zerebralen Hypoxie** (☞ Abb. 3.1).

Ursachen einer intrakraniellen Drucksteigerung können sein:
- Intrakranielle Blutungen (epidurale, subdurale und intrazerebrale Hämatome)
- Traumatisches und hypoxisches Hirnödem
- Hirnschwellung (durch Verlust der Autoregulation der Hirndurchblutung mit Vasodilatation).

Die intrakranielle Drucksteigerung führt ihrerseits durch Verminderung des zerebralen Perfusionsdrucks zur zerebralen Ischämie. Es kann ferner zu einer Quetschung bzw. Einklemmung des Hirnstamms im Tentoriumschlitz oder im Hinterhauptsloch kommen; Folge ist eine lebensbedrohliche akute Hirnstammschädigung (Symptome ☞ 3.2.1).
Darüber hinaus tragen traumatisch bedingte Krampfanfälle, begleitende Störungen der Atmung (☞ 1.1) und Schockvorgänge (☞ 2.2.1) zur zerebralen Hypoxie bei.

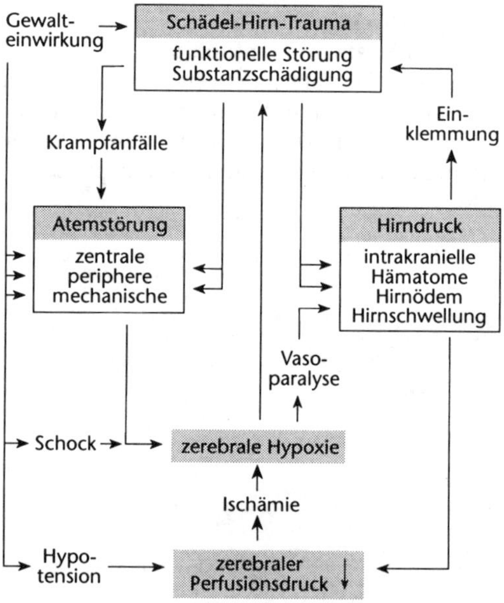

Abb. 3.1: Pathophysiologie des Schädel-Hirn-Traumas

Spinales Trauma

Bei Wirbelsäulenverletzungen mit Rückenmarksbeteiligung führen prinzipiell die gleichen Mechanismen zum Auftreten neurologischer Defizite (Querschnittssymptome) wie beim Schädel-Hirn-Trauma.

- Direkte Schädigung
- Kompression des Myelons durch Hämatom und Ödem
- Ischämie bzw. Hypoxie.

Zum **spinalen Schock** kommt es – bei mehr oder weniger vollständigem Ausfall spinaler Afferenzen – insbesondere durch die Sympathikolyse. Sie bewirkt eine Vasodilatation mit Verminderung von peripherem Widerstand und venösem Rückfluß sowie eine Abnahme der myokardialen Kontraktilität und der Herzfrequenz.

3.1.2 Zerebrovaskuläre Erkrankungen

Zu den häufigsten Ursachen akuter neurologischer Störungen zählen die zerebrovaskulären Erkrankungen.

Meist (85%) handelt es sich hierbei um **zerebrale Ischämien;** ihre Ursachen sind:

- Arteriosklerotische Stenosen der hirnversorgenden Arterien
- ✔ Hirnembolien kardialen Ursprungs (z.B. bei Vorhofflimmern, Mitralstenose, Herzwandaneurysma) oder aus einem ulzerierten arteriosklerotischem Plaque (meist der A. carotis).

Seltener (15%) sind spontane **intrakranielle Blutungen;** hier sind zu nennen:

- Enzephalorrhagie infolge hypertensiver Gefäßschädigung (hypertensive Massenblutung)
- Subarachnoidalblutung durch Ruptur eines basalen Aneurysmas.

Auch bei den akuten zerebrovaskulären Erkrankungen besteht über die genannten Mechanismen (☞ 3.1.1) die Gefahr einer intrakraniellen Drucksteigerung.

3.1.3 Infektionen

Auch Infektionen des ZNS, also Meningitiden und Enzephalitiden, können akute neurologische Funktionsstörungen (z.B. Bewußtseinsstörungen, zerebrale Krämpfe, Herdsymptome) hervorrufen.

3.2 Klinik

3.2.1 Symptomatik

Allgemeine Symptomatik akuter ZNS-Funktionsstörungen

Ein Kardinalsymptom der meisten zentralnervösen Funktionsstörungen ist die **Bewußtseinsstörung**, die von leichter Desorientiertheit bis zu tiefer Bewußtlosigkeit reichen kann.

✔ Der Schweregrad der Bewußtseinsstörung und deren Verlauf kann mittels standardisierter Einteilungen abgeschätzt werden (sog. Koma-Skalen, z.B. Glasgow Coma Scale, ☞ Tabelle). Zur groben Orientierung ist jedoch auch eine einfache Klassifizierung möglich in:

- Benommenheit: Patient wach, mit verlangsamter Reaktion
- Somnolenz: Patient schläfrig, jedoch jederzeit leicht erweckbar
- Sopor: Patient bewußtlos, nur durch starke Reize erweckbar (z.B. Augenöffnen auf Schmerzreize)
- Koma: Tiefe Bewußtlosigkeit, Patient nicht erweckbar;
  - Grad I: Gezielte Beugereaktion auf Schmerzreize, Pupillen isokor, normale Reaktion
  - Grad II: Abgeschwächte Beugung, Paresen, Krampfanfälle, evtl. Anisokorie
  - Grad III: Strecksynergien, evtl. Anisokorie und Augenbewegungsstörungen (Divergenz)
  - Grad IV: Muskelhypotonie, weite, reaktionslose Pupillen, Ausfall von Hirnstammreflexen, z.B. Kornealreflex.

Glasgow Coma Scale. Die Summe der erreichten Punkte (3 – 15) ist ein Maß für die Bewußtseinshelligkeit (Vigilanz)	
Augen öffnen	
spontan	4
nach Aufforderung	3
nach Schmerzreiz	2
nicht	1
Beste verbale Reaktion	
orientiert, konversationsfähig	5
desorientiert, verwirrt	4
inadäquat	3
unverständliche Laute	2
keine	1
Beste motorische Reaktion	
befolgt Aufforderung	6
gezielte Reaktion auf Schmerzreiz	5
ungezielte Beugebewegungen	4
Beugesynergien	3
Strecksynergien	2
keine	1

✔ Eine zunehmende Bewußtseinstrübung kann neben Kopfschmerzen, Übelkeit, zentralem Erbrechen und Schwindel Zeichen einer intrakraniellen Drucksteigerung (z.B. durch eine raumfordernde intrakranielle Blutung) sein. Treten im weiteren Verlauf eine Pupillenerweiterung (häufig zunächst einseitig, dann beidseitig), Hemiparesen, Beuge- und Strecksynergismen und zunehmende vegetative Regulationsstörungen auf (Hypertonie, Bradykardie, Hyperthermie, Schwitzen und zentrale Atemstörungen (☞ 1.2.2), letztlich zentraler Atem- und Kreislaufstillstand), so weist dies auf eine akute Hirnstammschädigung hin (Einklemmungssymptome).

Spezielle Symptomatik

Wichtige äußere Verletzungszeichen, die auf ein **Schädel-Hirn-Trauma** hinweisen, sind kranielle Hämatome (z.B. Monokelhämatom) und Liquorrhoe aus Nase oder Gehörgang (bei einer Duraverletzung). Daneben kann häufig ein Kalottenklopfschmerz ausgelöst werden.

Hauptsymptome der **Commotio cerebri** sind:

- Unmittelbar zum Zeitpunkt der Kopfverletzung plötzlich einsetzende und kurzdauernde Bewußtseinsstörung, meist Bewußtlosigkeit (oft nur Sekunden)
- Anschließend längere Phase der Benommenheit und Desorientiertheit; typisch sind hierbei Störungen der Aufmerksamkeit und des Neugedächtnisses mit entsprechender (anterograder) Amnesie
- Fakultativ kurze retrograde Amnesie für die Zeit unmittelbar vor dem Trauma
- Vegetative Symptome (Übelkeit, Erbrechen, Schwitzen, Blutdruckschwankungen), Kopfschmerzen und Schwindelgefühl.

Bei einer **Contusio cerebri** dauert die anfängliche Bewußtseinsstörung länger, die Aufhellung der Bewußtseinslage erfolgt langsamer (oft über viele Monate), häufig sind Durchgangssyndrome mit z.T. ausgeprägten psychotischen Elementen. Neurologische Ausfälle (Herdsymptome) kommen vor, die amnestische Lücke (retro- und anterograd) ist ausgedehnter als bei der Commotio.

Neben bewegungsabhängigen Schmerzen im Bereich der Wirbelsäule mit entsprechender Schonhaltung weisen Sensibilitätsstörungen und motorische Lähmungen an allen oder den unteren Extremitäten (Tetra- oder Paraparese) auf ein **spinales Trauma** hin.

Die Symptome des **vollständigen akuten Querschnitts** sind unterhalb des Läsionsniveaus

- Aufgehobene Sensibilität
- Schlaffe Lähmung
- Fehlende Reflexe
- RR-Abfall und Bradykardie (spinaler Schock).

✔ Zur kompletten Atemlähmung kommt es bei Querschnitt in Höhe von C4 aufwärts (Ausfall des N. phrenicus und der Interkostalnerven). Bei tieferem Querschnitt ist die Zwerchfellatmung intakt und nur die Nn. intercostales sind ausgefallen (erkennbar an paradoxer Atmung bei stabilem Thorax).

Kennzeichnend für das sog. **HWS-Schleudertrauma** (HWS-Distorsion) sind schmerzhafte Bewegungseinschränkungen der HWS sowie Kopf- und Nackenschmerzen, die häufig erst nach einer Latenzzeit auftreten.

Beim **akuten Bandscheibenvorfall** (dorso- bzw. mediolateraler Prolaps) kommt es zu Wurzelsyndromen mit radikulären Schmerzen, Sensibilitätsstörungen und motorischen Ausfällen. Bei medialem Prolaps ist ein Kaudasyndrom mit beidseitigen Schmerzen, Sensibilitätsstörungen (Reithosenanästhesie), motorischen Symptomen (Paraparese) sowie Blasen-Mastdarm-Störungen zu beobachten.

✔ Das Bild des **zerebrovaskulären Insults (Apoplex)** wird von zerebralen Herdsymptomen bestimmt. Beim Vollbild des häufigen A. cerebri media-Insults sind dies:

- Hemiparese bzw. -plegie (zunächst schlaff, später spastisch)
- Sensibilitätsstörungen, ebenfalls halbseitig
- Aphasie
- Gesichtsfeldausfälle, manchmal auch konjugierte Bulbusdeviation (Déviation conjugée)
- Pathologische Reflexe (z.B. Babinski).

Begleitende Bewußtseinsstörungen und vegetative Symptome sind häufig. Insulte aufgrund einer hypertensiven Massenblutung weisen meist schwerere Bewußtseinsstörungen und ausgeprägtere Herdsymptome auf als ischämische Insulte.

Zeitliche Verlaufsformen einer zerebralen Ischämie:

- TIA, transitorische ischämische Attacke: Vollständige Rückbildung der Symptomatik innerhalb von 24 h
- PRIND, prolonged reversible neurological deficit: Vollständige Rückbildung innerhalb von 7 Tagen
- PS, progressive stroke: Progredienter Verlauf
- CS, complete stroke: Unverändertes neurologisches Defizit.

Symptome einer **akuten Subarachnoidalblutung** sind:

- Schlagartig einsetzender heftiger Kopfschmerz
- Meningismus
- Bewußtseinsstörung
- Evtl. fokale neurologische Ausfälle
- Vegetative Regulationsstörungen.

Eine **Meningitis** geht einher mit

- Allmählich zunehmenden Kopfschmerzen
- Reizüberempfindlichkeit, v.a. Lichtempfindlichkeit
- Übelkeit, Erbrechen
- Nackensteifigkeit: *Meningismus;* evtl. Brudzinski-, Kernig-, Lasègue-Zeichen positiv (☞ Abb. 3.2)
- Fieber
- Bewußtseinsstörung
- Evtl. fokalen neurologischen Ausfällen.

3.2.2 Diagnostik

Nach Untersuchung und ggf. Sicherung der Vitalfunktionen erfolgt das Abschätzen des Schweregrades der Bewußtseinsstörung:

✔ Aktives Augenöffnen, verbale Reaktion und Motorik können in Anlehnung an den Glasgow Coma Scale beurteilt werden (☞ 3.2.1). Bei der Prüfung der Motorik ist besonders auf Seitendifferenzen zu achten.

✔ Wichtig sind ferner Pupillenform, -weite und -reaktion sowie Bulbusstellung, äußere Verletzungszeichen sowie ein evtl. vorhandener Meningismus. Eine orientierende Untersuchung der Sensibilität, des Muskeltonus, der Muskeleigenreflexe und ggf. pathologischer Reflexe (z.B. Babinski) schließt sich an.

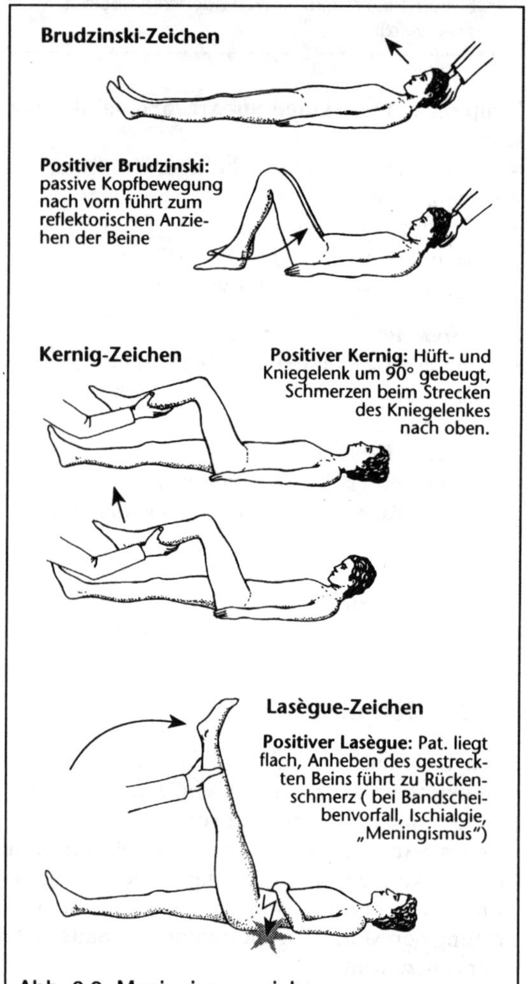

Abb. 3.2: Meningismuszeichen

✔ Die **Spiegelung des Augenhintergrundes** kann bei Verdacht auf Hirndrucksteigerung hilfreich sein (Stauungspapille).

Bei unklaren Bewußtseinsstörungen ist eine **Blutzuckerbestimmung** obligat (☞ 4.1). Eine Glukosebestimmung kann auch zur Differenzierung zwischen Nasensekret und Liquor bei Verdacht auf Liquorrhoe hilfreich sein.

Auch beim neurologischen Notfallpatienten ist eine kardiovaskuläre Überwachung (EKG- und RR-Monitoring) angezeigt.

In der Klinik schließen sich weitere diagnostische Maßnahmen an; überragende Bedeutung kommt hier der **Computertomographie (CT)** zu, z.B. zur Differenzierung zwischen einem ischämischen Hirninfarkt und einer intrakraniellen Blutung oder zum Nachweis von Wirbelsäulen- und Rückenmarksschädigungen. Weitere wichtige Untersuchungen sind das **EEG** und die diagnostische **Liquorpunktion.** ***Cave:*** Diese darf nur nach Ausschluß einer intrakraniellen Raumforderung durchgeführt werden, da sonst eine Hirnstammeinklemmung provoziert werden kann.

3.3 Therapie

3.3.1 Sofortmaßnahmen

An erster Stelle steht auch beim neurologischen Notfallpatienten die Sicherung der Vitalfunktionen Atmung und Kreislauf (☞ 1.3, 2.3).

✔ Bei zentralnervösen Störungen sind Atemwegsverlegung (z.B. Zurückfallen der Zunge bei Bewußtlosigkeit, Abschwächung oder Ausfall des Hustenreflexes) und Ateminsuffizienz häufige Befunde. Dem Freihalten der Atemwege (insbesondere stabile Seitenlage oder Intubation des Bewußtlosen) und der Beatmung kommen also besondere Bedeutung zu.

✔ Mäßige Hyperventilation bei der Beatmung ist zur Prophylaxe und Therapie einer intrakraniellen Drucksteigerung sinnvoll, da sie über eine Hypokapnie zu einer Vasokonstriktion und damit zur Verringerung des intrakraniellen Blutvolumens führt.

Eine medikamentöse Sedierung des neurologischen Notfallpatienten kann notwendig sein, wenn ein ausgeprägter Unruhe- oder Verwirrtheitszustand vorliegt.

3.3.2 Spezielle Notfalltherapie

(☞ auch GK Anästhesiologie und Intensivmedizin 2.2.1)

Schädel-Hirn-Trauma

- ✔ Bei ausreichendem Blutdruck: Oberkörper hochlagern (30°), ☞ Abb. 3.3
- Kopf in Mittellage (gerade) stabilisieren (Zur Vermeidung einer Jugularvenenkompression)
- Atemwege freihalten, O_2 verabreichen; ggf. intubieren und beatmen (mit leichter Hyperventilation)
- Kreislaufstabilisierung (Schockbekämpfung)
- Kortisongabe zur Hirnödemprophylaxe, z.B. Dexamethason (Fortecortin®) i.v. (Wirksamkeit umstritten)
- Bei offenem Schädel-Hirn-Trauma evtl. bereits präklinisch Antibiotikagabe, z.B. mit Amoxicillin/Clavulansäure (Augmentan®), Cefotaxim (Claforan®) i.v.
- Bei psychomotor. Unruhe: Sedieren, z.B. mit Midazolam (Dormicum®) i.v.; bei Krampfanfällen Antikonvulsiva, z.B. Clonazepam (Rivotril®) i.v. – *Cave:* Ateminsuffizienz, evtl. Beatmung erforderlich.

Hirnstammeinklemmung (erhöhter intrakranieller Druck, ☞ 3.2.1)

- Oberkörper hochlagern, Kopf gerade stabilisieren (☞ Abb. 3.3)
- Intubieren, beatmen mit moderater Hyperventilation, O_2-Gabe
- Kreislaufstabilisierung (Volumensubstitution, evtl. Katecholamine)
- Ödemtherapie, z.B. mit Sorbit (Tutofusin® S 40) oder Mannit (Osmosteril® 20%) i.v.
- Kortison, z.B. Dexamethason (Fortecortin®) i.v.
- Evtl. Furosemid (Lasix®) i.v. (umstritten).

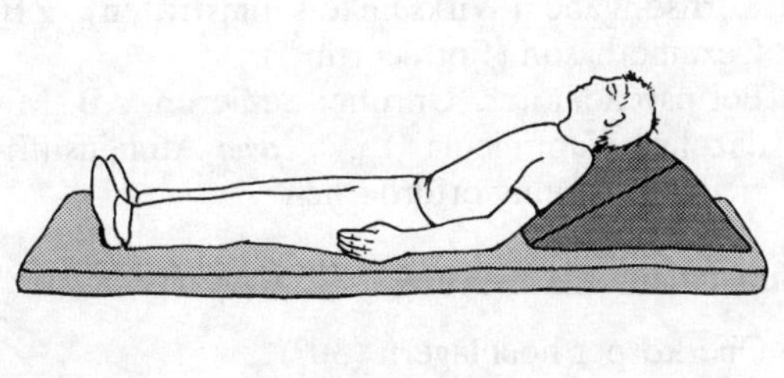

Abb. 3.3: Lagerung bei Schädel-Hirn-Trauma und erhöhtem Hirndruck

Spinales Trauma

- Bei V.a. HWS-Trauma Zervikalstütze („Halskrawatte") anlegen
- Bei Ateminsuffizienz vorsichtig intubieren, beatmen, O_2-Gabe
- Unnötige Lageveränderungen vermeiden; notwendige Umlagerungen vorsichtig ohne Abknicken der Wirbelsäule, insbesondere ohne Ventralflexion durchführen: den Patienten mit mehreren Helfern von der Seite oder aus dem Grätschstand gleichmäßig hochheben
- ✔ Auf Vakuummatratze flach lagern
- Ggf. Therapie des spinalen Schocks: Volumenersatzmittel infundieren, bei Bradykardie Atropin bzw. Ipratropiniumbromid (Itrop®) i.v. verabreichen, ggf. Katecholamine (☞ GK Klinische Pharmakologie)
- Kortisongabe (Wirksamkeit umstritten).

Zerebrovaskulärer Insult

- Oberkörper hochlagern (30°)
- Atemwege freihalten, O_2 verabreichen, ggf. intubieren und beatmen
- Hypertone RR-Werte z.B. mit Nifedipin (Adalat®) oder Clonidin (Catapresan®) senken. Nicht unter 150 mmHg systolisch absenken, sonst droht eine zerebrale Minderperfusion („Erfordernishochdruck")
- Rheologische Infusionstherapie beginnen: Hämodilution mit HAES plus Elektrolytlösung; kontraindiziert bei RR > 180 mmHg, dekomp. Herzinsuffizienz, akutem Myokardinfarkt, Niereninsuffizienz, Gerinnungsstörungen
- Osmotische Therapie beginnen, z.B. mit Sorbit (Tutofusin® S 40)

- Kortisongabe (Wirksamkeit umstritten), z.B. Dexamethason (Fortecortin®)
- Bei psychomotor. Unruhe: Sedieren, z.B. Midazolam (Dormicum®) i.v.; *cave:* Ateminsuffizienz, Beatmung erforderlich?

Subarachnoidalblutung

- Oberkörper hochlagern (30°)
- Atemwege freihalten, O_2 verabreichen, ggf. intubieren, beatmen
- Bei wachen oder nur wenig bewußtseinsgetrübten Patienten Analgesie durchführen, z.B. mit Tramadol (Tramal®) und Metamizol (Novalgin®), evtl. zusätzlich Sedierung, z.B. mit Diazepam (Valium®)
- Erhöhte RR-Werte besonders vorsichtig senken (erst bei systolischem RR > 200 mmHg): Eine Blutdrucksenkung birgt hier besonders das Risiko einer zerebralen Minderperfusion, da als Reaktion auf die Blutung häufig ein Vasospasmus auftritt
- Ggf. Therapie sonstiger vegetativer Regulationsstörungen (z.B. Herzrhythmusstörungen, ☞ GK Klinische Pharmakologie 4.2, 4.3; Blutzuckerfehlregulationen ☞ 4.1).

Meningitis

- Hirnödemprophylaxe, z.B. mit Sorbit (Tutofusin® S 40) i.v.
- Krampfprophylaxe, z.B. mit Phenytoin (Phenhydan®) i.v.

Medikamente und Dosierungsbeispiele bei akuten ZNS-Störungen	
Hirndrucksenkung	
Sorbit (Tutofusin® S 40)	125 ml i.v. in 20 min
Mannit (Osmosteril® 20%)	125 ml i.v. in 20 min
Dexamethason (Fortecortin®)	1 mg/kg KG i.v.
Furosemid (Lasix®)	20 – 40 mg i.v.
Sedierung/Antikonvulsive Therapie	
Midazolam (Dormicum®)	2,5 – 5 mg i.v.
Diazepam (Valium®)	10 mg i.v., i.m.
Clonazepam (Rivotril®)	1 – 2 mg i.v.
Phenytoin (Phenhydan®)	200 mg langsam i.v.
Phenobarbital (Luminal®)	200 mg langsam i.v.
Antihypertensive Therapie	
Nifedipin (Adalat®)	10 mg sublingual
Clonidin (Catapresan®)	0,15 mg langsam i.v.
Analgetische Therapie	
Metamizol (Novalgin®)	1 – 2,5 g i.v.
Tramadol (Tramal®)	100 mg i.v.
Infektionsprophylaxe:	
Amoxicillin/Clavulansäure (Augmentan®)	1,2 – 2,2 g als Kurzinfusion i.v.
Cefotaxim (Claforan®)	1– 2 g als Kurzinfusion i.v.

4 Stoffwechselkomata

(☞ auch GK Anästhesiologie und Intensivmedizin 2.2)

IMPP-Hitliste
✔✔ Coma diabeticum (hyperglycaemicum)
✔ Hypoglykämischer Schock

4.1 Komaformen bei Diabetes mellitus

(☞ GK Klinische Pharmakologie 11.3)

4.1.1 Ätiologie

Das **Coma diabeticum** ist eine hyperglykämische Komplikation des Diabetes mellitus aufgrund relativen Insulinmangels. Die Ursachen können sein:

- Ungenügende Insulinzufuhr, z.B. weggelassene Injektion, zu niedrige Dosis, Applikationsfehler
- Vermehrter Insulinbedarf, z.B. Diätfehler, Infekt, Trauma, OP, Gravidität.

Zum **hypoglykämischen Schock** kann es beim Diabetiker infolge relativer Überdosierung von Insulin oder oralen Antidiabetika kommen. Häufige Ursachen hierfür sind:

- Zu hohe Zufuhr von Insulin oder oralen Antidiabetika, z.B. Dosis- oder Applikationsfehler
- Verringerter Bedarf, z.B. Nahrungskarenz, erhöhte körperliche Aktivität, Alkoholgenuß.

Daneben kann eine Hypoglykämie auch beim Nichtdiabetiker auftreten, z.B. bei

- vegetativer Labilität
- Alkoholexzeß (durch Erhöhung des Grundumsatzes bei vermehrter Wärmebildung und -abgabe)
- Dumping-Syndrom bei Z.n. Gastrektomie
- Lebererkrankungen, Pankreatitis
- Nebennierenrindeninsuffizienz, Hypophysenvorderlappeninsuffizienz
- Tumoren.

Zur Pathophysiologie ☞ GK Klinische Pharmakologie 11.3.

4.1.2 Klinik

✔ **Symptomatik**

(Prae-) Coma diabeticum	In der Regel langsame Entwicklung
	Appetitlosigkeit
	Durst, Polydipsie und Polyurie
	Gewichtsabnahme
	Bauchschmerzen, Übelkeit, Erbrechen, Durchfälle
	Exsikkose, art. Hypotonie, Tachykardie, Fieber
	Zunehmende Adynamie, schließlich Somnolenz bis Koma
	Eine Ketoazidose führt zu Azetongeruch und Kussmaul-Atmung (☞ 1.2.2)
	Mit fortschreitender Hypovolämie weicht die initiale Polyurie einer Oligoanurie
Hypoglykämischer Schock	Schnelle Entwicklung
	Kopfschmerzen
	Heißhunger, Schwitzen
	Art. Hypertonie, Tachykardie
	Motorische Unruhe und delirante Symptomen
	Bewußtseinsübung
	Zerebrale Krampfanfälle und fokale neurologische Ausfälle

Diagnostik

Allgemeine präklinische diagnostische Maßnahmen bei Bewußtseinsstörungen ☞ 3.2.2.

Die Differenzierung zwischen Coma diabeticum, hypoglykämischem Schock und anderen Komaformen erfolgt mittels Glukoseschnellteststreifen (sie zeigen Hyperglykämie und Glukosurie). Eine Blutzuckerkontrolle sollte prinzipiell bei jedem Patienten mit Bewußtlosigkeit unklarer Genese durchgeführt werden. Es kann auch eine Probeinjektion von 40%iger Glukoselösung erfolgen (Aufklaren des Bewußtseins bei Hypoglykämie).

4.1.3 Therapie

Nach Sicherung der Vitalfunktionen erfolgen als weitere Maßnahmen (☞ GK Klinische Pharmakologie 11.3):

Coma diabeticum
- O_2 verabreichen
- ✔ Wasser- und Elektrolytverlust mit Infusion von kristallinen Lösungen (z.B. NaCl) behandeln; bei art. Hypotonie auch kolloidale Volumenersatzmittel infundieren, „Schocklage" durchführen
- ✔ *Cave:* Präklinisch kein Insulin geben und kein Natriumbikarbonat infundieren – Gefahr der Überkorrektur sowie lebensbedrohlicher hypokaliämischer Arrhythmien.

Hypoglykämischer Schock
- 50 ml Glukose 40% i.v., anschließend Glukose 5%-Infusion
- Evtl. Glukagon 0,5 – 1 mg i.v., s.c. oder i.m.

4.2 Leberkoma

4.2.1 Ätiologie und Pathophysiologie

Bei verschiedenen chronischen Lebererkrankungen, insbesondere bei der Leberzirrhose, kommt es mit fortschreitender hepatischer Insuffizienz zur *Enzephalopathie*. Ihre Ursache ist eine Intoxikation mit Substanzen, die von der Leber nicht mehr ausreichend metabolisiert werden (z.B. NH_3). Diese Intoxikation tritt folglich auch nach Umgehung der Leber durch Anlage eines portokavalen Shunts auf (Shuntenzephalopathie).

Die hepatische Enzephalopathie ist durch allmählich zunehmende Bewußtseinsstörungen gekennzeichnet, die im Coma hepaticum gipfeln. Dieses kann bei vorbestehender hepatischer Insuffizienz und plötzlich erhöhter Konzentration von toxischen Stoffwechselprodukten jedoch auch akut auftreten, z.B. bei Diätfehlern, gastrointestinalen Blutungen, Infektionen, Operationen, Diuretikatherapie oder Aszitespunktion: **Leberausfallskoma.**

Seltener ist ein Leberkoma Folge einer akuten Lebernekrose, z.B. bei Knollenblätterpilz- oder Tetrachlorkohlenstoffvergiftung oder fulminanter Hepatitis: **Leberzerfallskoma.**

4.2.2 Klinik

Symptomatik

Die Symptome der hepatischen Enzephalopathie sind:
- Bewußtseinsstörungen: Konzentrationsschwäche, Verlangsamung, Benommenheit, verwaschene Sprache, Desorientiertheit
- Symptomatische Psychosen: Stimmungsschwankungen, Depressionen
- Motorische Störungen: Flapping tremor, Bewegungsunruhe.

Mit fortschreitender hepatischer Insuffizienz kommt es zu zunehmender Apathie und Schläfrigkeit bis hin zum tiefen Koma (☞ Tabelle).

Stadien der hepatischen Enzephalopathie	
Stadium I (Prodromalstadium)	Konzentrationsschwäche, Verlangsamung, rasche Ermüdbarkeit, Sprachstörungen, Flapping tremor
Stadium II (Drohendes Koma)	Zunehmende Apathie und Schläfrigkeit, Änderung der Schrift, EEG-Verlangsamung
Stadium III (Stupor)	Pat. schläft fast ständig, jedoch erweckbar, Foetor hepaticus
Stadium IV (Tiefes Koma)	Starker Foetor hepaticus, keine Reaktion auf Schmerzreize, Areflexie

Wegweisend für die Differenzierung von anderen Komaformen sind der typische Foetor hepaticus (Geruch nach roher Leber) und die Zeichen der Leberzirrhose, z.B. Ikterus, Palmarerythem, Spider Naevi, Gynäkomastie, Bauchglatze, Aszites und Kollateralvenen.

Diagnostik

Allgemeine präklinische diagnostische Maßnahmen bei Bewußtseinsstörungen ☞ 3.2.2. Blutzuckerkontrolle zur Differenzierung von den Komaformen bei Diabetes mellitus (☞ 4.1).

In der Klinik wird eine genauere (Differential-)Diagnostik durchgeführt:

- Laboruntersuchungen: diagnostisch wegweisende Befunde sind
  - Erhöhung von Leberenzymen, Bilirubin und NH_3
  - Erniedrigung von Albumin, Quick, Cholinesterase und K^+
  - BGA: oft metabolische Alkalose
- Abdominelle Sonographie: Hepatosplenomegalie, Zirrhosezeichen, Hinweise auf portale Hypertension, Aszites
- Evtl. Laparoskopie, Leberbiopsie
- Evtl. EEG.

4.2.3 Therapie

Wie bei anderen Komaformen steht die Sicherung der Vitalfunktionen, insbesondere das Freimachen und Freihalten der Atemwege, im Vordergrund. Weitere Maßnahmen des Notarztes:

- O_2 verabreichen
- Bei Hypovolämie (Exsikkose) oder art. Hypotonie kristalline und kolloidale Lösungen infundieren (z.B. NaCl, HAES).

Spezielle Therapiemaßnahmen werden in der Klinik durchgeführt:

- Parenterale Ernährung über ZVK; spezielle Aminosäurepräparationen (sie enthalten mehr verzweigtkettige AS, die vorwiegend leberunabhängig in peripheren Geweben verstoffwechselt werden; z.B. Aminofusin® Hepa), keine Fettlösungen
- ✔ Reduktion der NH_3-produzierenden Darmflora durch Darmsterilisation, z.B. mit Paromomycinsulfat (Humatin®) 3 x 2 g p.o., sowie durch Absenkung des Stuhl-pH mit Lactulose (Bifiteral®) 3 x 40 ml
- Aszitestherapie mit Flüssigkeitsrestriktion, Spironolacton (Aldactone®) 2 x 100 mg, Furosemid (Lasix®) 1 – 2 x 40 mg; bei Hypalbuminämie Infusion von Humanalbumin
- Streßulkusprophylaxe, z.B. mit Ranitidin (Zantic®) 3 x 50 mg i.v.
- Bei Gerinnungsstörungen Gabe von Vitamin K und FFP (fresh frozen plasma)
- Therapie von Komplikationen wie oberer gastrointestinaler Blutung, Begleitpankreatitis, Niereninsuffizienz, respiratorischer Insuffizienz, Herzkreislaufstörungen.

5 Spezielle Notfallsituationen

IMPP-Hitliste	
✔✔✔	Intoxikationen (bes. Alkylphosphate, Schlafmittel, CO, Opiate)
✔✔	Verbrennungen/Verbrühungen
✔	(Epileptischer) Krampfanfall

5.1 Trauma, Polytrauma

5.1.1 Definition und Pathophysiologie

Ein **Polytrauma** ist die gleichzeitige Verletzung mehrerer Körperregionen oder Organsysteme, wobei mindestens eine der Verletzungen oder deren Kombination lebensbedrohlich ist.

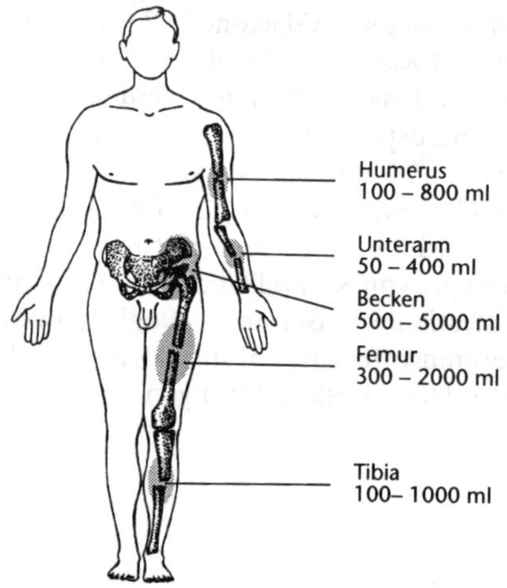

Abb. 5.1: Blutverlust bei Frakturen

Der polytraumatisierte Patient ist besonders durch die Auswirkungen des Schockgeschehens gefährdet (☞ 2.2.1). Ein traumatischer (Volumenmangel-)Schock durch äußere und innere Blutungen (☞ Abb. 5.1) sowie Flüssigkeitssequestration in verletztes Gewebe wird dabei häufig durch eine respiratorische Insuffizienz infolge von zentralen Atemregulationsstörungen, Störungen der Atemmechanik (Thoraxtrauma), Atemwegsverlegungen und Aspiration kompliziert (☞ 1.1).

5.1.2 Klinik

An die Untersuchung der Vitalfunktionen Atmung und Kreislauf und deren Stabilisierung schließt sich eine orientierende körperliche Untersuchung an, um einen Überblick über Art und Schwere der bestehenden Verletzungen zu erhalten. Besonders zu beachten sind dabei:

- Schädel-Hirn-Trauma oder Wirbelsäulenverletzung (☞ 3.2.1)
- Thoraxverletzungen mit Pneumo- oder Hämatothorax (☞ 1.2.2)
- Intraabdominelle Verletzungen: Hinweise hierfür sind neben offenen Wunden oder Prellmarken im Bereich der Bauchwand vor allem die Zeichen des akuten Abdomens (☞ 5.2.2) wie Druckschmerz und abdominelle Abwehrspannung
- Frakturzeichen
  - Schmerzhafte Bewegungseinschränkung
  - Schwellung
  - Fehlstellung
  - Abnorme Beweglichkeit
  - Krepitation
  - Sichtbare Knochenteile.

In der Klinik erfolgen dann:

- Laboruntersuchungen, v.a. Blutbild, Blutgruppe/Kreuzprobe, Elektrolyte, Retentionswerte, Laktat, Gesamteiweiß, Gerinnungsstatus; Blutgasanalyse mit Säure-Basen-Status
- Röntgendiagnostik: Schädel, Wirbelsäule, Thorax, Abdomen, je nach Symtomatik weitere Aufnahmen, evtl. CT

- Abdominelle Sonografie
- EKG-Diagnostik.

RR, Puls und Blutgase werden überwacht, über einen zentralen Venenkatheter können ZVD-Messungen durchgeführt werden.

Eine Peritoneallavage kann zum Nachweis intraabdomineller Blutungen durchgeführt werden (die Methode ist vielerorts fast ganz von der Sonografie abgelöst worden).

Prioritäten der Versorgung

Anhand der Ergebnisse der körperlichen Untersuchung und der apparativen Befunde muß eine schnelle Bewertung der Dringlichkeit (Prioritäten) der Versorgung erfolgen (☞ Tabelle).

Prioritäten der Versorgung	
Sofortige Versorgung	Intraabdominelle Blutung, SHT mit intrakranieller Drucksteigerung, intrathorakale Blutung
Dringliche Versorgung	Nach Kreislaufstabilisierung: z.B. Verletzungen von Hohlorganen, ausgedehnte Verbrennungen
Aufgeschobene Versorgung	z.B. Gesichtsschädelverletzungen, Extremitätenfrakturen und Weichteilverletzungen.

5.1.3 Therapie

Im Vordergrund der Therapie stehen die Wiederherstellung und Sicherung der Vitalfunktionen einschließlich Schockprophylaxe bzw. -behandlung (☞ 1.3, 2.3):

- ✔ Ggf. Schocklagerung (☞ 2.3.1). Lagerung bei SHT u. spinalem Trauma ☞ 3.3.2. Lagerung bei Abdominaltrauma ☞ 5.2. Bewußtlose Patienten mit suffizienter Spontanatmung in stabile Seitenlage bringen
- ✔ Atemwege freimachen und freihalten, O_2 verabreichen (2 – 4 l/min), ggf. frühzeitig intubieren und PEEP-beatmen (☞ 1.3.2)
- ✔ Schockbekämpfung (☞ 2.3.1): ggf. Blutungen stillen. Mehrere möglichst großlumige venöse Zugänge legen (dabei gleich Kreuzblut abnehmen); kolloidale und kristalline Lösungen schnell infundieren (z.B. HAES und Ringerlösung)
- Analgesie und Sedierung durchführen, z.B. mit Metamizol (Novalgin®), Piritramid (Dipidolor®), Triflupromazin (Psyquil®), Diazepam (Valium®). *Cave:* Atem- und Kreislaufdepression
- Offene Wunden steril abdecken, insbesondere offene Frakturen
- Frakturen und Luxationen mit Luftkammerschienen oder Vakuummatratze ruhigstellen und hochlagern. Bei starker Dislokation mit Gefahr von Weichteilschäden und Durchblutungsstörungen zuvor unter Längszug vorsichtig reponieren
- ✔ Ggf. Amputate asservieren (steril verpacken und kühlen)
- Für Wärmeerhaltung sorgen
- ✔ Ggf. spezielle Notfalltherapie von Pneumo- bzw. Hämatothorax (Entlastung mit Pleuradrainage, ☞ 1.3.1), SHT, spinalem Trauma (☞ 3.3.2), Verbrennungen (☞ 5.3.2).

5.2 Akutes Abdomen

5.2.1 Definition, Ätiologie und Pathophysiologie

Unter akutem Abdomen versteht man ein meist plötzlich einsetzendes, schmerzhaftes, bedrohliches Krankheitsbild im Bereich des Abdomens. Es erfordert unverzüglich diagnostische Abklärung und therapeutisches Eingreifen, da sonst mit lebensbedrohlichen Komplikationen zu rechnen ist.

Die folgenden Störungen und Erkrankungen können Ursache eines akuten Abdomens sein:

- Akute intraabdominelle Entzündungen, z.B. Appendizitis, Pankreatitis
- Verschluß eines Hohlorgans, z.B. Ileus, Gallen- oder Nierenkolik

- Perforation eines Hohlorgans, z.B. perforiertes gastroduodenales Ulkus
- Offenes (perforierendes) oder geschlossenes (stumpfes) Abdominaltrauma
- Akute intraabdominelle Durchblutungsstörungen, z.B. Mesenterialinfarkt
- Intraabdominelle Blutungen, z.B. rupturiertes Aortenaneurysma.

Außerdem können verschiedene extraabdominelle Erkrankungen Schmerzen im Abdominalbereich verursachen und sind differentialdiagnostisch beim Bild des akuten Abdomens zu bedenken, z.B. (Hinterwand-)Myokardinfarkt, akute Rechtsherzinsuffizienz (Leberkapseldehnungsschmerz), basale Pneumonie, Wirbelsäulensyndrome und diabetische Ketoazidose.

Die o.g. intraabdominellen Störungen können im weiteren Verlauf durch Peritonitis und Ileus mit Peritoneal- und Darmwandödem, Darmatonie und Darmwandüberdehnung kompliziert werden. Es kommt zu lokaler Ischämie und Hypoxie; die Stase des Darminhaltes bewirkt zudem ein vermehrtes bakterielles Wachstum mit verstärkter Toxinbildung. Die Freisetzung von Mediatorsubstanzen führt zu Störungen der Kapillarpermeabilität, Flüssigkeitssequestration und damit zur Ödembildung; der Flüssigkeitsverlust ins Interstitium und ins Darmlumen und in die Bauchhöhle („dritter Raum") führt zur Hypovolämie und Mikrozirkulationsstörungen. Das so entstehende Schockgeschehen führt letztlich zum Multiorganversagen (☞ 2.2.1, ☞ GK Anästhesiologie und Intensivmedizin 2.2.6).

5.2.2 Klinik

Symptomatik

Leitsymptome des akuten Abdomens sind:
- Plötzliche Bauchschmerzen
- Abdomineller Druck- und Klopfschmerz
- Abwehrspannung der Bauchdecken
- Übelkeit und Erbrechen
- Stuhl- und Windverhalten
- Temperaturerhöhung
- U.U. Exsikkose- und Schockzeichen.

Schmerzcharakter, -lokalisation und -ausstrahlung erlauben vielfach eine Verdachtsdiagnose hinsichtlich der Ursache der abdominellen Symptomatik:

Kolikartige Schmerzen im re. Oberbauch mit Ausstrahlung in die re. Schulter, Übelkeit und Erbrechen weisen auf eine **akute Gallenaffektion** hin.

Starke Schmerzen im mittleren bis linken Oberbauch mit gürtelförmiger Ausstrahlung in den Rücken bzw. zwischen die Schulterblätter, Übelkeit, Meteorismus und zunehmender Bauchdeckenspannung sind Zeichen einer **Pankreatitis**.

Rechtsseitige Unterbauchschmerzen mit Maximum am *McBurney- oder Lanz-* Punkt, ipsi- und kontralateraler Loslaßschmerz (Blumberg-Zeichen), Kolon-Ausstreichschmerz (*Rovsing*-Zeichen), evtl. Abwehrspannung, rechtsseitiger Douglas-Druckschmerz, Übelkeit und Temperaturerhöhung mit einer axillär-rektalen Temperaturdifferenz von mehr als 0,5 °C sind die Leitsymptome der **akuten Appendizitis**.

Akute Schmerzen im linken Mittel- und Unterbauch können z.B. auf einem **Mesenterialinfarkt** (oft drei Phasen: initialer Infarktschmerz, schmerzfreies Intervall, schmerzhafte Peritonitis) oder einer **Dickdarmperforation** (z.B. bei Divertikulitis) beruhen.

Diagnostik

Zur körperlichen Untersuchung gehören:
- Inspektion: Neben Allgemeinsymptomen (Schockzeichen) ist auf Ikterus, abdominelle Verletzungszeichen (Prellmarken), Narben und Hernien zu achten
- Palpation des Abdomens: Lokalisation und Intensität von Druck-, Klopf- und Loslaßschmerz, abdomineller Abwehrspannung; Bruchpforten (inkarzerierte Hernien?)
- Rektale Untersuchung: Resistenzen, Stenosen, lokalisierter Douglas-Druckschmerz, Blut am Finger?
- Perkussion des Abdomens: Meteorismus, Hepatomegalie

- Auskultation des Abdomens: gesteigerte oder verminderte bzw. fehlende Darmgeräusche (gesteigerte Peristaltik mit plätschernden, hochgestellten Darmgeräuschen in der Frühphase des mechanischen Ileus; verminderte oder fehlende Peristaltik bei paralytischem Ileus)
- Temperaturmessung (rektal und axillär).

In der Klinik erfolgen:

- Labordiagnostik, v.a. Blutbild, Bilirubin, Leberenzyme, Lipase, Amylase, Retentionswerte, Herzenzyme, Laktat, Gerinnung; Urinstatus; BGA: meist metabolische Azidose
- Abdominelle Sonografie
- Röntgendiagnostik: Abdomenübersicht im Stehen oder in Linksseitenlage (überblähte Darmschlingen? Spiegelbildungen? Luftsichel subphrenisch bzw. zwischen Leber und Bauchwand?), Thorax in 2 Ebenen (Pleuritis, Pneumonie?)
- EKG.

5.2.3 Therapie

Die präklinische Therapie muß sich im wesentlichen auf die Sicherung der Vitalfunktionen und die Schockprophylaxe beschränken:

- ✔ Lagerung mit entspannter Bauchdecke (angezogene Beine, Knierolle), ggf. Schocklagerung
- O_2 verabreichen, ggf. intubieren und beatmen
- Schockprophylaxe bzw. -behandlung (☞2.3.1): kolloidale und kristalline Lösungen infundieren
- (Spasmo-)Analgesie z.B. mit Metamizol (Novalgin®) 1 – 2,5 g i.v., evtl. Tramadol (Tramal®) 100 mg i.v.; bei Koliken auch Butylscopolamin (Buscopan®) 20 mg i.v. *Cave:* Opiate verursachen eine Tonussteigerung der glatten Muskulatur bei gleichzeitiger Hemmung der propulsiven Motorik des Magen-Darm-Trakts. Mögliche Folgen sind verzögerte Magenentleerung, Spasmus des Sphinkter Oddi mit Druckerhöhung in den Gallenwegen, Obstipation und Harnverhaltung.
- Sedierung z.B. mit Triflupromazin (Psyquil®) 10 mg i.v., Diazepam (Valium®) 10 mg i.v.
- Bei Ileusverdacht Magensonde legen
- Offene Bauchwunden steril abdecken. *Cave:* Fremdkörper nicht entfernen (sonst Auslösung einer schweren Blutung möglich), vorgefallene Darmschlingen nicht reponieren (Gefahr einer sekundären Verletzung oder Strangulation des Darmes sowie der Keimverschleppung in die Bauchhöhle)
- Inkarzerierte Hernien nicht forciert reponieren (sonst ebenfalls Gefahr der Darmverletzung sowie der Reposition „en bloc" mitsamt dem Bruchring).

Der Patient muß zunächst nüchtern bleiben (Evtl. OP-Indikation oder weitere Nahrungs- und Flüssigkeitskarenz, z.B. bei Pankreatitis).

5.3 Verbrennungen

5.3.1 Ätiologie, Pathophysiologie und Symptomatik

Verbrennungen können durch verschiedene thermische Noxen verursacht werden: durch heiße feste Körper, heiße Flüssigkeiten („Verbrühung"), heiße Gase und Dämpfe, direkte Flammeneinwirkung oder Strahlungswärme.

Die Hitzeeinwirkung verursacht eine je nach Temperatur und Einwirkzeit unterschiedlich tiefe lokale Gewebsschädigung.

✔ Gradeinteilung der Verbrennung	
I.-gradig	Hyperämie der Dermis mit schmerzhafter Schwellung und Erythem
Oberflächlich II.-gradig	Serumexsudation mit epidermaler Blasenbildung
Tief II.-gradig	Durch Wasserverlust und Eiweißkoagulation Nekrosen im Bereich der Dermis
III.-gradig	Nekrosen auch in der Subkutis und tieferen Gewebsschichten
IV.-gradig	Entspricht der Verkohlung, d.h. der tiefen Nekrose z.B. ganzer Extremitäten

Die oberflächlichen Verbrennungen heilen ohne Narbenbildung ab. Bei den tiefen Verbrennungen ist die Haut anämisch, es finden sich Sensibilitätsstörungen, bei der III. – IV.-gradigen Verbrennung kommt es zur vollständigen Analgesie. Eine Abheilung erfolgt unter Narbenbildung.

✔ Die Ausdehnung einer Verbrennung kann mit der **„Neunerregel"** nach Wallace abgeschätzt werden: beim Erwachsenen entsprechen Kopf oder Arm jeweils 9% der Körperoberfläche, ein Bein, Rumpfvorder- oder -rückfläche jeweils 2 x 9% (☞ Abb. 5.2).

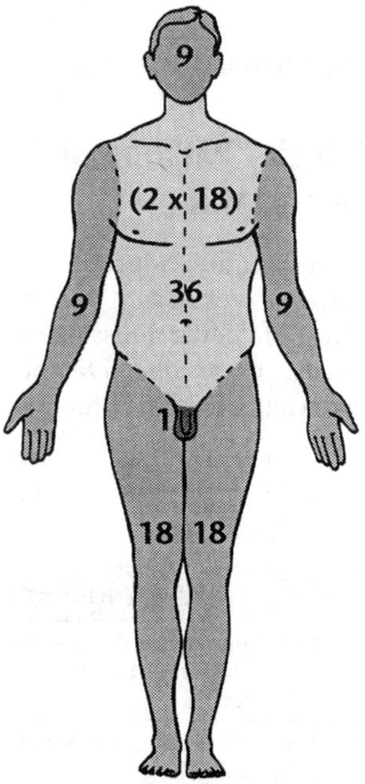

Abb. 5.2: Neunerregel (in % bei Erwachsenen)

Nach einem schweren Verbrennungstrauma kommt es durch Freisetzung zahlreicher Mediatoren zu Kapillarpermeabilitätsstörungen mit entsprechender Ödembildung.

✔ Flüssigkeits-, Elektrolyt- und Albuminverlust ins Gewebe und über die Wundfläche, Hypovolämie, Zentralisation und Mikrozirkulationsstörungen sind die Folge (**Verbrennungsschock**, ab ca. 15% II.-gradig verbrannter Körperoberfläche). Hinzu kommen durch die Gewebsnekrosen und bakterielle Besiedelung der Wundflächen freigesetzte Toxine sowie der Energieverlust über die Verbrennungswunde mit kompensatorisch gesteigertem Stoffwechsel (Katabolie mit Stickstoffdefizit und erhöhtem O_2-Verbrauch). Leukozytose, Fieber bis zur Sepsis, Anämie, Nieren-, Lungen- und Herzkreislaufversagen können resultieren (**Verbrennungskrankheit**).

5.3.2 Diagnostik

Präklinisch werden Schweregrad und Ausdehnung der Verbrennung abgeschätzt. Die Tiefe der Schädigung ist allerdings erst nach einigen Tagen endgültig beurteilbar.

In der Klinik erfolgen dann Laboruntersuchungen (Blutbild, Blutgruppe/Kreuzprobe, Elektrolyte, Retentionswerte, Laktat, Gesamteiweiß, Gerinnungsstatus; Blutgasanalyse mit Säure-Basen-Status). Über einen zentralen Venenkatheter können ZVD-Messungen zur Steuerung der Volumentherapie durchgeführt werden.

5.3.3 Therapie

Ziele der Notfalltherapie sind Beendigung der Wärmeeinwirkung, Begrenzung der lokalen Reaktion und Schockprophylaxe bzw. -behandlung:

- Noch brennende Kleidungsstücke löschen (mit Decke oder Wasser, oder Patienten am Boden entlangrollen). Lose Kleidungsreste o.ä. vorsichtig entfernen. Fest anhaftende Teile belassen
- ✔ Lokale Kaltwasserbehandlung durchführen (ca. 10 – 30 Min.). *Cave:* Systemische Auskühlung des Patienten
- ✔ Verbrennungswunden steril abdecken (z.B. mit Metalline®-Tüchern)

- ✔ Elektrolytlösung zur Flüssigkeitssubstitution infundieren. Ggf. Schocklagerung durchführen
- O_2 verabreichen, bei respiratorischer Insuffizienz intubieren und beatmen. Bei Rauchgasinhalation Dexamethason-Spray (Auxiloson®) anwenden, bei Bronchospastik auch Theophyllin (Euphyllin®) i.v.
- ✔ Analgesie und Sedierung durchführen, z.B. mit Piritramid (Dipidolor®) 15 mg i.v., Triflupromazin (Psyquil®) 10 mg i.v., Diazepam (Valium®) 10 mg i.v.
- Systemische Wärmeerhaltung (z.B. mit Metalline®-Tüchern, Decken).

5.4 Intoxikationen

(☞ auch GK Klinische Pharmakologie 23)

5.4.1 Allgemeines

Man unterscheidet akzidentelle und suizidale Vergiftungen. Die Symptome treten in der Regel aus voller Gesundheit heraus auf und zeigen einen progredienten Verlauf. Meist kommt es zu Bewußtseinsstörungen und psychischen Veränderungen, Atemstörungen und Kreislaufinstabilität. Gastrointestinale Symptome treten oft hinzu.

Die Vergiftungsbehandlung besteht aus unspezifischen Maßnahmen (Elementartherapie) und spezifischen Maßnahmen (Antidottherapie).

Die **Elementartherapie** umfaßt dabei zum einen die Wiederherstellung bzw. Sicherung der Vitalfunktionen, insbesondere das Freimachen und Freihalten der Atemwege und die Schockbehandlung bzw. -prophylaxe, zum anderen die Dekontamination (Detoxikation, Entgiftung) durch Verminderung der Resorption und Beschleunigung der Elimination (☞ GK Klinische Pharmakologie 23.2 – 23.3):

- Auslösen von Erbrechen, z.B. mit hypertoner NaCl-Lösung (ein Eßlöffel Salz in einem Glas Wasser) oder Sirup Ipecacuanha (Orpec®). *Cave:* Nicht bei bewußtseinsgetrübten Patienten (Aspirationsgefahr) und nicht bei Ingestion von ätzenden Substanzen, organischen Lösungsmitteln oder Schaumbildnern. Hypertone NaCl-Lösung nicht bei Kleinkindern anwenden
- ✔ Magenspülung
- ✔ Gabe von Adsorbentien (Aktivkohle, bei fettlöslichen Giftstoffen Paraffin)
- Perorale Gabe von Sorbit, Laktulose, salinischen Abführmitteln
- Forcierte Diurese
- Hämofiltration/Dialyse.

Darüber hinaus gehört zu den Elementarmaßnahmen bei Vergiftungen das Asservieren von Material zur toxikologischen Analyse.

Eine spezifische **Antidottherapie** steht bei vielen toxischen Substanzen zur Verfügung (☞ folgende Kapitel).

5.4.2 Alkohol

Ätiologie, Pathophysiologie, Symptomatik

Die Alkoholvergiftung ist meist eine akzidentelle Vergiftung; sie kommt aber auch in Kombination mit suizidaler Schlafmittelvergiftung vor.

Alkohol wirkt zunächst zentral erregend und euphorisierend, mit steigendem Blutspiegel dann zunehmend dämpfend. So kommt es zu Selbstüberschätzung, Kontrollverlust, Konzentrations- und Koordinationsstörungen, Verwirrtheit und Bewußtseinstrübung. Bei starker Alkoholintoxikation können Koma, Areflexie, zentrale Atemdepression und zerebrale Krampfanfälle auftreten.

Ein Alkoholfoetor ist meist vorhanden. Weitere Symptome sind Übelkeit, Erbrechen und gesteigerte Diurese mit konsekutiver Hypovolämie. Ferner kommt es zu Vasodilatation (z.B. Gesichtsrötung) und gestörter Thermoregulation mit der Gefahr einer Hypothermie. Auch eine Hypoglykämie und eine Hyperventilation treten auf.

Therapie

- Bewußtlose Patienten mit suffizienter Spontanatmung in stabile Seitenlage bringen (ggf. zusätzlich Schocklage durch Kippen des Tragentischs im Rettungswagen), O_2 geben
- Bei respiratorischer Insuffizienz intubieren und beatmen
- Schockprophylaxe bzw. -therapie
- Wärmeerhaltung
- Erbrechen induzieren (☞ 5.4.1) bzw. – ggf. nach Intubation – Magenspülung durchführen, Aktivkohle geben
- Forcierte Diurese beginnen; in der Klinik bei schwerer Atem- und Kreislaufdepression Hämodialyse
- Bei Hypoglykämie (Teststreifen) 20 – 40%ige Glukose i.v.
- Bei Exzitation sedieren, z.B. mit Haloperidol 5 – 10 mg i.v. (Haldol®; *Cave:* Senkung der Krampfschwelle), Diazepam (Valium®) 10 mg i.v.
- Bei Krampfanfällen Diazepam (Valium®) 10 mg i.v.

5.4.3 Sedativa, Hypnotika und Psychopharmaka

Ätiologie, Pathophysiologie, Symptomatik

Bei Schlafmittelintoxikationen handelt es sich meist um Überdosierungen in suizidaler Absicht.

✔ Die Medikamente führen dosisabhängig zu
- Bewußtlosigkeit und Erlöschen der Schutzreflexe
- Zentraler Atemdepression bis zum Atemstillstand
- Kreislaufdepression
- Hypothermie.

Bei länger bestehender Bewußtlosigkeit ist darüber hinaus mit einer Exsikkose zu rechnen.

Bei Vergiftung mit trizyklischen Antidepressiva, Antihistaminika und Neuroleptika können **anticholinerge (atropinartige) Symptome** auftreten (☞ Tabelle), bei Neuroleptika auch **extrapyramidalmotorische Symptome**, z.B. akute Dyskinesien mit Blickkrämpfen, Tortikollis, periorale Dyskinesien und Athetose.

Anticholinerges Syndrom
• Mydriasis, Sehstörungen
• Mundtrockenheit, rote, heiße, trockene Haut
• Hyperthermie
• Magen-Darm-Atonie, Erbrechen, Harnverhaltung
• Verwirrtheit, psychomotorische Unruhe, Erregungszustände
• Halluzinationen
• Ataxie, Pyramidenbahnzeichen, choreoathetotische Dyskinesien
• Tachykarde Herzrhythmusstörungen
• Krämpfe, Koma, Atem- und Kreislaufdepression

✔ Bei einer Barbiturat- und Methaqualonvergiftung kann es zu Blasenbildung an der Haut kommen. Bromkarbamide können zu Lungenödem (Schocklunge) und disseminierter intravasaler Gerinnung führen.

Therapie

- ✔ Patienten mit suffizienter Spontanatmung in stabile Seitenlage bringen, ggf. zusätzlich Schocklage, O_2 geben
- ✔ Bei respiratorischer Insuffizienz intubieren und beatmen
- Schockprophylaxe bzw. -therapie
- Wärmeerhaltung
- Erbrechen induzieren bzw. – ggf. nach Intubation – Magenspülung durchführen, Aktivkohle geben
- ✔ Forcierte Diurese beginnen
- Evtl. Physostigmin (Anticholium®) 2 mg langsam i.v.; bei Erregung und Krämpfen kurzwirksame Barbiturate oder Diazepam (Valium®) 10 mg i.v.; bei Tachyarrhythmien β-Blocker
- Bei Benzodiazepinvergiftung: Antagonisierung mit Flumazenil (Anexate®) 0,3 – 1 mg i.v.

- Bei akuten Dyskinesien Biperiden (Akineton®) i.v.
- Medikamentenreste, ggf. Erbrochenes, Urin, Stuhl, Blutprobe für Giftnachweis asservieren.

5.4.4 Drogen

Ätiologie, Pathophysiologie, Symptomatik

Die akute Drogenintoxikation ist meist Folge einer akzidentellen Überdosierung (z.B. infolge unbekannter Zusammensetzung und Konzentration des „Stoffes"), kann aber auch in suizidaler Absicht herbeigeführt worden sein.

Cannabis (Haschisch, Marihuana), **Lysergsäurediethylamid** (LSD) und **Amphetamine** („Speed") führen zu akuten psychotischen Symptomen verschiedenster Art (Apathie, Euphorie, Unruhe, Angst, psychomotorische Erregung, Depression, Halluzinationen); daneben kommt es zur Erhöhung des Sympathikotonus und zu ähnlichen Symptomen wie beim anticholinergen Syndrom (☞ 5.4.3, Tabelle).

Kokain und dessen freie Base („Crack") bewirken v.a. eine zentrale und periphere Sympathikusstimulation durch Beeinflussung adrenerger Synapsen. Neben psychotischen Symptomen werden Kribbelparästhesien, Kopfschmerzen, Hyperthermie, Tachykardie, Hypertonie und Herzrhythmusstörungen beobachtet. Bei hohen Dosen kommt es zu Bewußtlosigkeit, zerebralen Krämpfen und Atemdepression.

✔ **Opiate** (Morphin und Morphinderivate) wirken über zentrale Opiatrezeptoren. Neben der psychischen Wirkung sind die Hauptsymptome Bewußtseinsstörungen, Areflexie, Miosis, ausgeprägte Atemdepression, Kreislaufdepression, Hypothermie, Krämpfe. Es kann zu Hirn- und Lungenödem kommen.

Therapie

- ✔ Patienten mit suffizienter Spontanatmung in stabile Seitenlage bringen, ggf. zusätzlich Schocklage, O_2 geben
- ✔ Bei respiratorischer Insuffizienz intubieren und beatmen
- Schockprophylaxe bzw. -therapie
- Wärmeerhaltung
- ✔ Forcierte Diurese beginnen
- Bei peroraler Drogeneinnahme Erbrechen induzieren bzw. – ggf. nach Intubation – Magenspülung durchführen, Aktivkohle geben
- Bei starker psychomotorischer Erregung und bei Krämpfen Gabe von Benzodiazepinen, z.B. Diazepam (Valium®) 10 mg i.v.
- Ggf. antiarrhythmische und antihypertensive Therapie, z.B. mit β-Blocker Propranolol (Dociton®) 10 mg i.v. und Nifedipin (Adalat®) 10 mg sublingual
- Drogenreste, ggf. Erbrochenes, Urin, Stuhl, Blutprobe für Giftnachweis asservieren
- Bei Opiatintoxikation Hirn- und Lungenödemtherapie
- Ggf. vorsichtig Opiatantagonist Naloxon (Narcanti®) 0,4 mg i.v.

5.4.5 Alkylphosphate

Ätiologie, Pathophysiologie, Symptomatik

Die hochtoxischen Alkylphosphate finden als Insektizide Anwendung. Wichtige Vertreter sind Parathion (E605), Bromophos und Dichlorvos. Die Substanzen sind stark lipophil und werden über Haut, Gastrointestinal- und Respirationstrakt schnell resorbiert (Kontakt- und Inhalationsgifte).

Alkylphosphate verursachen eine Hemmung der Azetylcholinesterasen durch Phosphorylierung. Die postsynaptische Azetylcholinanhäufung führt zum **cholinergen Syndrom** (☞ Tabelle). Daneben können Blaufärbung des Speichels (durch Insektizid-Farbzusatz) und Knoblauchgeruch der Ausatemluft auftreten.

✔ Cholinerges Syndrom	
Muskarinartige Wirkungen	Miosis, Sehstörungen, gesteigerte Tränen-, Speichel-, Nasal-, Tracheobronchial- und Schweißsekretion, Lungenödem, Bronchospasmus, bradykarde Herzrhythmusstörungen , Vasodilatation, RR-Senkung, Hyperperistaltik, kolikartige Bauchschmerzen, Übelkeit, Erbrechen, Durchfälle
Nikotinartige Wirkungen	Muskeltonuserhöhung und -fibrillationen, Tremor, Krämpfe, Atemlähmung, Parästhesien, Bewußtseinsstörungen (Verwirrtheit bis Koma)

Therapie

- ✔ *Cave:* Direkten Kontakt vermeiden (keine direkte Atemspende; Handschuhe)
- Stabile Seitenlage, ggf. zusätzlich Schocklage, O_2 geben
- ✔ Bei respiratorischer Insuffizienz absaugen, intubieren und beatmen
- Schockprophylaxe bzw. -therapie
- Haut bzw. Schleimhaut mit Wasser abspülen
- Erbrechen induzieren bzw. – ggf. nach Intubation – Magenspülung durchführen, Aktivkohle und Paraffin geben
- Forcierte Diurese beginnen
- ✔ Wiederholt Atropin i.v. in hohen Dosen (5 – 100 mg nach Wirkung: Normalisierung der Herzfrequenz, Sekretion und Atmung)
- Bei Bronchospasmus evtl. zusätzlich Theophyllin (Euphyllin®)
- ✔ Antidot: Obidoxim (Toxogonin®) 0,25 g bzw. Pralidoxim (2-PAM) i.v. (Lösung des Alkylphosphatrests aus den Cholinesterasen)
- Patient ggf. sedieren
- Giftreste, Blutprobe asservieren.

5.4.6 Zyanide

Ätiologie, Pathophysiologie und Symptomatik

Zur Vergiftung mit Zyaniden kommt es peroral (Bittermandeln, Zyankali) – oft in suizidaler Absicht – oder inhalativ (in Brandgasen enthaltene Blausäure; Blausäuregas als Pestizid).

Das Zyanid-Ion blockiert reversibel die Cytochromoxidase der Atmungskette und damit die innere Atmung.

Die Symptome sind Bittermandelgeruch, Kopfschmerzen, Übelkeit, Atemstörungen und Erstickungsgefühl bei rosiger Gesichtsfarbe (keine Zyanose, da das Hämoglobin nicht mehr deoxygeniert wird). Es treten Bewußtseinsstörungen und zerebrale Krämpfe auf. Nach initialem RR-Anstieg kommt es später zum Schock.

Therapie

- ✔ Antidot: Dimethylaminophenol (4-DMAP®) 0,25 g i.v. (bildet Methämoglobin, das CN^- bindet)
- Natriumthiosulfat (S-hydril®) 1 g i.v. (Bildung des weniger toxischen Thiocyanats)
- Bei oraler Giftaufnahme Erbrechen induzieren bzw. – ggf. nach Intubation – Magenspülung durchführen, Aktivkohle verabreichen
- Forcierte Diurese beginnen
- O_2 geben, bei respiratorischer Insuffizienz intubieren und beatmen
- Schockprophylaxe bzw. -therapie
- Giftreste, Blutprobe asservieren (vor Antidotgabe).

5.4.7 Thallium

Ätiologie, Pathophysiologie, Symptomatik

Thallium ist ein Schwermetall, dessen geruch- und geschmackloses (I)-Sulfat als Rattengift verwendet wird (Epithel- und Nervengift).

Nach einer Latenzzeit von 2 – 3 Tagen kommt es zu einer schweren Gastroenteritis mit Erbrechen und Durchfällen; im weiteren Verlauf beobachtet man eine toxische Polyneuropathie mit Parästhesien und schweren Hyperästhesien v.a. der unteren Extremitäten sowie motorischen Lähmungen. Ferner führt Thallium zu Haarausfall.

Therapie

- Stabile Seitenlage, ggf. zusätzlich Schocklage, O_2 geben
- Schockprophylaxe bzw. -therapie
- Antidot: Berliner Blau (Eisen-III-hexacyanoferrat-II, z.B. Antidotum Thallii Heyl®) oral
- Erbrechen induzieren, ggf. Magenspülung, Aktivkohle geben
- Forcierte Diurese beginnen
- Giftreste, Blutprobe asservieren

5.4.8 Digitalis

(☞ GK Klinische Pharmakologie 23.4.1)

5.4.9 Knollenblätterpilze

Ätiologie, Pathophysiologie, Symptomatik

Knollenblätterpilze enthalten hitzestabile Polypeptide (Amanitine), die durch Bindung an die RNA-Polymerase-II die intrazelluläre Proteinsynthese hemmen. Schäden manifestieren sich v.a. an den parenchymatösen Organen, bes. an Niere und Leber.

✔ Nach einer Latenzzeit von 6 – 48 Stunden entwickelt sich eine schwere choleraähnliche Gastroenteritis mit Koliken, heftigem Erbrechen und wasserdünnen Durchfällen, Exsikkose, Schock und Hypokaliämie.

Im weiteren Verlauf (nach 3 – 5 Tagen) kommt es zur Leber- und Nierennekrose mit nachfolgendem Leberkoma und Urämie.

Therapie

- Stabile Seitenlage, ggf. zusätzlich Schocklage, O_2 geben
- Schockprophylaxe bzw. -therapie
- Erbrechen induzieren, ggf. Magenspülung, Aktivkohle geben
- Antidot: Silibinin (Legalon® SIL) 350 mg i.v.
- Evtl. Penicillin G, Kortikoide i.v.
- Forcierte Diurese beginnen
- Evtl. sedieren
- Auch noch asymptomatische Mitesser behandeln
- Pilzgericht und Blutprobe asservieren.

5.4.10 Andere Giftpflanzen (Tollkirsche, Goldregen, Eibe)

Ätiologie, Pathophysiologie und Symptomatik

Bei Ingestion von **Tollkirschen** kommt es zur Atropinvergiftung mit anticholinergem Syndrom (☞ 5.4.3).

Goldregen und Stechginster enthalten in allen Pflanzenteilen das hochgiftige Alkaloid Cytisin. Seine Wirkung ist nikotinähnlich (Erregungszustände, Krämpfe, Erbrechen, Kreislaufdepression, Lähmung der Atemmuskulatur, zentrale Atemlähmung).

Die **Eibe** enthält ein „Taxin" genanntes Alkaloidgemisch, das zu Mydriasis, Mundtrockenheit, Schwindel, Bewußtseinsstörungen bis zum Koma, Atemlähmung und hyperkaliämischen Bradyarrhythmien führt.

Therapie

- Patienten mit suffizienter Spontanatmung in stabile Seitenlage bringen, ggf. zusätzlich Schocklage, O_2 geben
- Bei respiratorischer Insuffizienz intubieren und beatmen
- Schockprophylaxe bzw. -therapie
- Wärmeerhaltung

- Erbrechen induzieren bzw. – ggf. nach Intubation – Magenspülung durchführen, Aktivkohle geben, bei Taxinvergiftung Magenspülung mit Kaliumpermanganatlösung
- Forcierte Diurese beginnen
- Bei Atropinvergiftung Physostigmin (Anticholium®) 2 mg langsam i.v.; bei Erregung und Krämpfen kurzwirksame Barbiturate oder Diazepam (Valium®) 10 mg i.v.; bei Tachyarrhythmien β-Blocker
- Beeren- u.a. Pflanzenreste, ggf. Erbrochenes, Blutprobe asservieren.

5.4.11 Kohlenmonoxid

Ätiologie, Pathophysiologie und Symptomatik

✔ CO entsteht bei unvollständiger (sauerstoffarmer) Verbrennung von Kohlenstoffverbindungen und ist in wechselnden Anteilen z.B. in Brandgasen und Autoabgasen enthalten (z.B. suizidale Auspuffgas-Vergiftung). Es ist farb-, geruch- und geschmacklos.

CO blockiert kompetitiv die O_2-Bindungsstellen des Hämoglobins (mit ca. 300fach höherer Affinität als O_2) und führt so zur Hypoxie.

✔ Symptome sind Kopfschmerzen, Sehstörungen, Schwindel, Bewußtseinsstörungen, Dyspnoe, Übelkeit, Schock, Koma, evtl. Krämpfe, zentrale Atemdepression. Es tritt keine Zyanose auf (da ja weniger Desoxy-Hämoglobin vorliegt): hellrosa Hautfarbe.

Therapie

- ✔ Halbsitzende Lagerung, O_2 geben
- ✔ Bei schwereren Bewußtseinsstörungen bzw. respiratorischer Insuffizienz intubieren und beatmen: PEEP-Beatmung mit 100% O_2
- Zur Schockprophylaxe bzw. -therapie Elektrolytlösungen und evtl. Volumenersatzmittel infundieren
- Evtl. Hirnödemprophylaxe: Kortikoide i.v.
- Vor Transport Blut asservieren.

5.4.12 Kohlendioxid

Ätiologie, Pathophysiologie und Symptomatik

CO_2 entsteht bei Verbrennungs- und Gärprozessen und reichert sich am Boden geschlossener Räume an (Gärkeller, Silos).

Es führt zur (respiratorischen) Azidose und CO_2-Narkose mit kompensatorischer Hyperventilation.

Symptome der CO_2-Intoxikation sind Kopfschmerzen, Schwindel, initial RR-Anstieg, später Schock, Übelkeit, Dyspnoe, Bewußtseinsstörungen bis hin zum Koma, Krämpfe.

Therapie

- Halbsitzende Lagerung, O_2 applizieren
- Bei schweren Bewußtseinsstörungen intubieren und beatmen, dabei hyperventilieren
- Schockprophylaxe bzw. -behandlung.

5.4.13 Reizgase (Chlor-, Nitrosegase)

Ätiologie, Pathophysiologie und Symptomatik

Reizgase kommen v.a. im Bereich der chemischen und Textilindustrie und in Galvanisierbetrieben vor; Nitrosegase entstehen auch bei Gärprozessen (in Silos) und sind in Brand- und Autoabgasen enthalten, Chlorgas kommt auch im Haushalt vor (z.B. in Toilettenreiniger).

✔ Reizgase führen zu lokaler chemischer Reizung der Schleimhäute (Augentränen, Brennen in Nase, Rachen, Trachea, Würgereiz, Husten; Schleimhautödem bis -verätzung). Je geringer die Wasserlöslichkeit der Substanz, desto tiefer gelangt sie in die Atemwege:

- Chlor gelangt bis in die mittleren Bronchien und verursacht Husten, retrosternale Schmerzen, Bronchialödem und -sekretion sowie einen Bronchospasmus

✔ • Stickoxide gelangen bis in die Alveolen, wo sie nach einer mehrstündigen Latenz durch Schädigung der Kapillaren ein toxisches Lungenödem verursachen. Symptome sind Hypoxie und Hyperkapnie, schwerste Dyspnoe und Schocksymptomatik.

Therapie

- Halbsitzende Lagerung, O_2 geben
- Spülen von Haut und (Augen- und Mund-Rachen-)Schleimhäuten
- Bei respiratorischer Insuffizienz intubieren und beatmen (PEEP-Beatmung), absaugen
- ✔ Kortikoidspray anwenden, z.B. 5 Aerosolstöße Dexamethason (Auxiloson®), evtl auch Kortikoide i.v.
- Bei Bronchospastik β_2-Sympathomimetika, z.B. 1 – 5 Aerosolstöße Fenoterol (Berotec®), oder Theophyllin (Euphyllin®) 5 mg/kg KG
- Bei Lungenödem Nitrate (1 – 3 Zerbeißkapseln Glyceroltrinitrat, Nitrolingual®) und Diuretika (40 mg Furosemid, Lasix®) einsetzen
- Bei psychomotorischer Unruhe sedieren
- Analgetika verabreichen.

5.5 Neurologisch-psychiatrische Erkrankungen

5.5.1 Zerebrale Krampfanfälle

(☞ GK Klinische Pharmakologie 22)

Ätiologie und Pathophysiologie

Zerebrale Krampfanfälle stellen häufige neurologische Notfälle dar. Sie beruhen auf vorübergehenden synchronen Entladungen größerer Neuronenverbände und sind oft nicht Ausdruck einer Epilepsie im Sinne eines Anfallsleidens, sondern **symptomatische** bzw. **Gelegenheitskrampfanfälle.** Mögliche Ursachen sind z.B.

- Intrakranielle Raumforderungen und Entzündungen
- Akute Hirntraumen
- Intoxikationen
- Fieber, v.a. bei Kleinkindern (sog. Fieberkrämpfe).

Ein zerebraler Krampfanfall geht mit sehr hohem O_2-Verbrauch des Gehirns einher; zusammen mit der meist vorhandenen zentralen Atemstörung besteht die Gefahr der hypoxischen Hirnschädigung. Daneben besteht Verletzungsgefahr während des Krampfanfalls.

Symptomatik

✔ Zum Bild des **Grand-mal-Anfalls** gehören:

- Sturz
- Generalisierte tonisch-klonische Krämpfe mit Schaum vor dem Mund, Zungenbiß
- Urinabgang
- Bewußtlosigkeit
- Apnoe.

Postkonvulsiv besteht oft ein Schlaf- oder Dämmerzustand.

Besteht eine Anfallsserie ohne zwischenzeitliches Erwachen des Patienten aus der Bewußtlosigkeit, liegt ein sog. **Status epilepticus** vor. Auch fokale Anfälle, Absencen und psychomotorische Anfälle kommen als Status vor.

✔ Therapie

- Atemwege freihalten, Zungenbiß verhindern (Guedel-Tubus, Zahnkeil)
- O_2-Gabe
- Antikonvulsiva: Diazepam (Valium®) 10 mg, Clonazepam (Rivotril®) 1 – 2 mg i.v., i.m., oder/und Phenytoin (Phenhydan®) 200 mg langsam i.v.
- Bei Therapieresistenz Phenobarbital (Luminal®) 200 mg i.v., Intubation und Beatmung
- Evtl. Hirnödemprophylaxe z.B. mit Sorbit i.v. und Kortison i.v.

5.5.2 Psychosen

Ätiologie

Psychiatrische Notfälle können als akute, schwerwiegende Störungen des Denkens, der Stimmung, des Verhaltens oder der sozialen Beziehungen definiert werden, bei der vom Patienten, seiner Familie oder der Gesellschaft eine sofortige Intervention für nötig gehalten wird.

Solche akut auftretende Psychosen können Ausdruck einer bestehenden psychischen Erkrankung sein (endogene Psychosen). Häufig handelt es sich aber um symptomatische Psychosen aufgrund von organischen Hirnerkrankungen (z.B. Entzündungen, Traumen, Tumoren), Intoxikationen (z.B. Alkohol, Schlafmittel) oder Entzug von Suchtmitteln (z.B. Alkoholentzugsdelir).

Symptomatik

Symptome akuter Psychosen können sein:

- Akute Erregungszustände mit psychomotorischer Unruhe, Enthemmung und Kontrollverlust, u.U. mit Selbst- und Fremdgefährdung
- Antriebsminderung und Verstimmung bis zum depressiven Stupor (häufig mit Suizidgefahr)
- Denkstörungen und Bewußtseinsstörungen.

Therapie

Bei akuten Erregungszuständen – insbesondere als Entzugssymptom – sind zentral dämpfende Neuroleptika indiziert, z.B. Triflupromazin (Psyquil®) 10 mg, Haloperidol (Haldol®) 5 – 10 mg i.v. oder i.m. Levomepromazin (Neurocil®) 25 mg.

Auch Sedierung z.B. mit Diazepam (Valium®) 10 mg i.v. ist möglich und bes. bei im Vordergrund stehender Angstsymptomatik angebracht; bei Alkohol- und Schlafmittelabusus ist Diazepam jedoch wegen seiner atemdepressorischen Eigenschaft kontraindiziert.

Anästhesie / Intensivmedizin

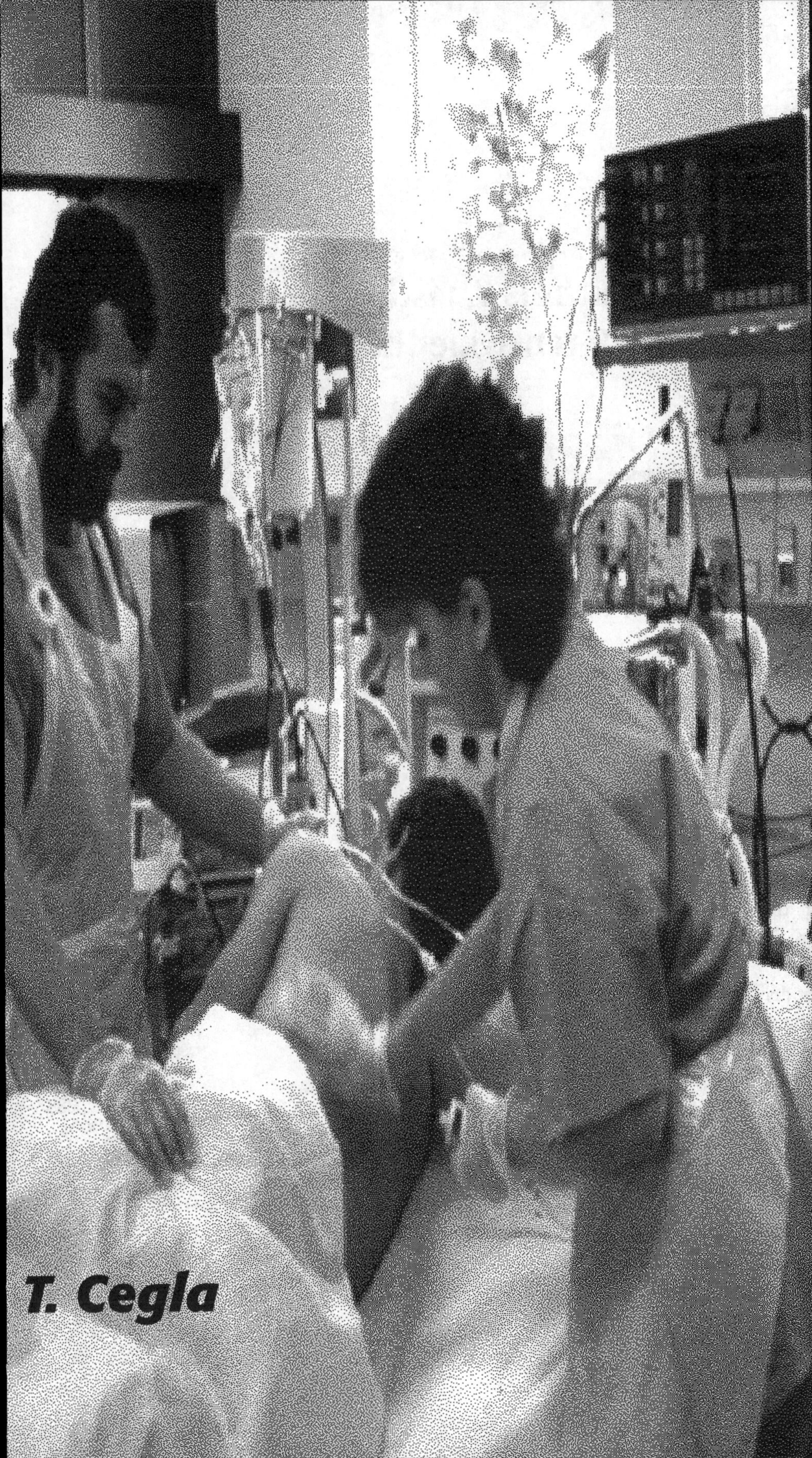

T. Cegla

Inhaltsverzeichnis Anästhesiologie und Intensivmedizin

1 Grundlagen der Anästhesiologie

1.1 Anästhesievorbereitung

1.1.1 Allgemeine Maßnahmen

Prämedikationsvisite

Vor jeder routinemäßigen Narkose erfolgt die Prämedikationsvisite durch den Anästhesisten. Er beurteilt das Narkoserisiko des Patienten. Läßt es sich durch therapeutische Maßnahmen senken, müssen Wahleingriffe verschoben werden. Die Prämedikationsvisite erfüllt folgende Kriterien:

- Sichtung der Voruntersuchungsergebnisse einschließlich der Laborbefunde
- Anamnese: Vorerkrankungen, allgemeine Belastbarkeit, psychische Stabilität. Hat der Patient schon Narkosen bekommen und wie wurden diese vertragen?
- Klinische Untersuchung des Patienten
- Bei Verdacht auf nicht ausreichend diagnostizierte, die Narkoseführung entscheidend beeinflussende Erkrankungen: Veranlassung weiterer Untersuchungen, z.B. Lungenfunktion, Belastungs-EKG
- Erfassung des Narkoserisikos (☞ unten)
- ✓ Aufklärung über mögliche Narkoseverfahren und deren Risiken
- Auswahl des Narkoseverfahrens
- Präoperative Verhaltensregeln, z.B. Nahrungskarenz
- Verordnung der medikamentösen Narkosevorbereitung.

Die routinemäßig durchgeführten Voruntersuchungen sind abhängig von **Lebensalter, Vorerkrankungen** und **Eingriffsart.**

Vorerkrankungen

Erkrankungen der folgenden Organsysteme sollten präoperativ ausreichend diagnostiziert und therapiert sein:

- Herz-Kreislaufsystem
- Lunge
- Endokrinum
- Niere
- Zentrales Nervensystem.

▒ Herz-Kreislaufsystem

Koronare Herzkrankheit: Eine der häufigsten Erkrankungen des Herzens ist die koronare Herzkrankheit . Sie kann die Ursache für Herzrhythmusstörungen, Herzinsuffizienz und Herzinfarkt sein. Das Narkoserisiko ist erhöht. Die allgemeine Belastbarkeit des Patienten ist oft eingeschränkt und muß anamnestisch erhoben werden. Bestehen Dyspnoe und Stenokardien nur unter extremer Belastung oder vielleicht schon im Ruhezustand? Wichtig ist auch die Beurteilung des EKGs. Liegt der Verdacht auf eine symptomatische koronare Herzkrankheit vor, ist ein Belastungs-EKG durchzuführen, da sich EKG-Veränderungen, wie Hebungen der ST-Strecke, oft erst unter Belastung zeigen.

Herzinfarkt: Da innerhalb der ersten sechs Monate nach einem Herzinfarkt postoperativ ein hohes Reinfarktrisiko besteht, dürfen in diesem Zeitraum keine elektiven Eingriffe durchgeführt werden.

Herzinsuffizienz: Eine nicht therapierte Herzinsuffizienz muß präoperativ medikamentös behandelt werden. Die negativ inotrope Wirkung der meisten Anästhetika kann eine Verstärkung der Insuffizienz hervorrufen. Die adäquate Zufuhr von Flüssigkeit vor, während und nach der Operation ist hier besonders wichtig.

Herzrhythmusstörungen: Ein gestörter Ablauf der Erregung im Herz-Reizleitungssystem kann die gesamte Funktion des Herzmuskels beeinträchtigen. Abhängig von Art und Dauer der Rhythmusstörung muß präoperativ entschieden werden, ob eine medikamentöse Behandlung erforderlich ist.

Herzvitien: Liegen angeborene oder erworbene Herzvitien vor, sollte deren Schweregrad präoperativ diagnostiziert sein. Die Auswahl des Narkoseverfahrens und der zu verwendenden Medikamente darf die hämodynamischen Auswirkungen eines Vitiums nicht verstärken. Zum Beispiel könnte bei einer Aortenstenose die Senkung der Vorlast durch die Sympathikolyse bei einer Spinal- oder Periduralanästhesie (☞ 1.3.2) die Stenosesymptomatik verstärken und die Hämodynamik verschlechtern.

Arterielle Hypertonie: Beim Hypertoniker können Anästhetika starke Blutdruckschwankungen hervorrufen. Langfristige hypotone Phasen gefährden durch Störung der Autoregulation die ausreichende Durchblutung lebenswichtiger Organe. Mögliche Folge wäre z.B. ein postoperatives Nierenversagen. Bei dem ohnehin allgemein erhöhten Herzinfarkt- und Apoplexrisiko dieser Patientengruppe müssen extreme hypertensive Phasen ebenfalls vermieden werden.

Lungenerkrankungen

Pneumonie: Eine akute Pneumonie muß ausbehandelt werden. Elektive Eingriffe werden solange aufgeschoben.

Asthma bronchiale: Eine einfühlsame psychische Führung des Patienten zum einen, die Vermeidung von potentiell histaminfreisetzenden Substanzen zum anderen sind beim Asthmatiker besonders wichtig.

Chronische Lungenerkrankungen: Ständige Leistungseinschränkungen können durch chronische Lungenerkrankungen hervorgerufen werden. Liegen aufgrund von Anamnese und Untersuchung Hinweise auf solche vor, ist eine *Lungenfunktionsuntersuchung* sinnvoll. Bei obstruktiven Lungenerkrankungen zeigt sich, ob die Gabe von Bronchodilatatoren zu einer Verbesserung der Lungenfunktionsparameter führt. Sind durch medikamentöse Therapie oder durch *atemtherapeutisches Training* Verbesserungen zu erwarten, werden diese in ausreichendem Zeitraum präoperativ durchgeführt. Neben Anamnese, körperlicher Untersuchung und Lungenfunktionsuntersuchung gibt die Blutgasanalyse wichtige Hinweise auf die Schwere der Erkrankung. Es ist häufig schwierig, Patienten mit schweren chronisch obstruktiven Lungenerkrankungen von der intra- und eventuell postoperativen Beatmung zu entwöhnen. Oft sind bei diesen Patienten Verfahren der Regionalanästhesie im Vergleich zur Vollnarkose günstiger.

Raucher: Zigarettenkonsum führt zu chronischen Lungenschäden und Herz-Kreislauferkrankungen. Das Risiko für postoperative respiratorische Komplikationen ist erhöht. Der Patient sollte das Rauchen ein bis zwei Tage vor der Operation einstellen. Natürlich hat dies keinen Einfluß auf chronische Schäden. Der Carboxyhämoglobinspiegel wird jedoch erniedrigt. Dadurch wird zum einen der Anteil des für den Sauerstofftransport zur Verfügung stehenden Hämoglobins erhöht sowie zum anderen durch Rechtsverschiebung der Sauerstoffbindungskurve (☞ Abb. 2.7) auch die Freisetzung des Sauerstoffs erleichtert. Desweiteren hat das Nikotin eine direkte Wirkung auf den Muskeltonus der Speiseröhre. Für ein bis zwei Stunden nach Nikotinzufuhr muß bei der Narkoseeinleitung von einem erhöhten Aspirationsrisiko ausgegangen werden.

Endokrinum

Diabetes mellitus: Ein Blutzuckertagesprofil ist zur Einschätzung der Stoffwechsellage notwendig. Am Operationstag wird der Blutzuckernüchternwert bestimmt und beim insulinpflichtigen Diabetes ein Teil der morgendlichen Insulinmenge subkutan oder intravenös injiziert. Gleichzeitig erfolgt die Infusion einer Glukoselösung. Die weitere Insulinzufuhr richtet sich nach den engmaschig bestimmten Blutzuckerwerten. Liegt ein rein diätetisch oder mit oralen Antidiabetika behandelter Diabetes vor, wird am Operationstag eine Glucoselösung infundiert. Die oralen Antidiabetika werden am Operationstag nicht gegeben. Auch hier wird der Blutzucker engmaschig bestimmt. Altinsulin wird erst bei mehreren Blutzuckerwerten über

300 mg% injiziert. *Cave:* Orale Antidiabetika haben eine lange Halbwertszeit und können bei ungenügender Kohlehydratzufuhr perioperativ Hypoglykämien auslösen.

Schilddrüsenfunktionsstörungen: Präoperativ müssen T_3, T_4 und TSH bestimmt werden.

✎ **Merksatz:** Es darf nur im euthyreoten Zustand operiert werden, da sonst die intraoperative Gefahr sympathotoner Stoffwechsel- und Kreislaufstörungen besteht.

Phäochromozytomoperation: Es erfolgt die Aufsättigung mit einem α-Rezeptorenblocker (Phenoxybenzamin) mit längerer Wirkdauer, um die Gefahr hypertensiver Krisen in der ersten Phase der Operation zu verringern.

Niere

Nierenfunktionseinschränkungen können einen langsameren Anästhetikaabbau bedingen. Darüber hinaus bestehen bei **chronischen Niereninsuffizienzen** häufig Anämien und Störungen des Wasser- und Elektrolythaushaltes, z.B. Hyperkaliämien. Dieses ist bei der Auswahl der zur Narkose verwendeten Medikamente und der Infusionstherapie zu berücksichtigen.

Zentrales Nervensystem

Zerebrale Durchblutungsstörungen: Sie sind oft mit einer generalisierten Arteriosklerose vergesellschaftet. Haben sie schon zu einer neurologischen Symptomatik geführt, besteht ein hohes Risiko für intraoperative Gefäßverschlüsse.

Cave: Um die Kontinuität der Hirndurchblutung zu sichern, müssen ausgeprägte Blutdruckschwankungen vermieden werden.

Epilepsie: Hier ist auf einen ausreichenden Serumspiegel der antikonvulsiven Medikamente zu achten.

Morbus Parkinson: Die Patienten dürfen weder zur Prämedikation noch zur Narkose Neuroleptika erhalten. Die extrapyramidale Symptomatik wird durch diese Substanzen verstärkt.

Multiple Sklerose: Eine schubartige Verschlechterung der neurologischen Symptomatik durch die Narkose ist nicht zu befürchten. Man kann aber nicht ausschließen, daß ein Erkrankungsschub auch kurz nach einer Narkose erfolgt. Da der Patient eine eventuelle Verschlechterung seiner neurologischen Symptomatik auf regionalanästhesiologische Verfahren zurückführen würde, werden diese besonders zurückhaltend eingesetzt.

Ernährungszustand

Adipositas: Die perioperative Morbidität und Mortalität sind erhöht. Abhängig von der Höhe des Übergewichts besteht eine verminderte Leistungsfähigkeit mit eingeschränkter Reserve. Dadurch ist die Gefahr einer kardiopulmonalen Dekompensation in Belastungssituationen erhöht. Die verminderte funktionelle Residualkapazität des übergewichtigen Patienten ist für respiratorische Probleme verantwortlich, die v.a. in der postoperativen Phase auftreten. Oft liegen Begleiterkrankungen wie z.B. Hypertonie, Herzinsuffizienz und Diabetes mellitus vor.

Kachexie: Sie wird meist von Störungen des Elektrolyt-, Säure-Basen- und Wasserhaushaltes begleitet. Eine präoperative Substitutions- und Ernährungstherapie senkt das Risiko vor Wahleingriffen.

Narkoserisiko

Eine Einteilung in Risikogruppen wird nach Empfehlungen der American Society of Anesthesiologists (ASA) durchgeführt.

Narkoserisikoeinteilung nach Empfehlung der ASA

ASA-Risiko	Vorerkrankung	Leistungseinschränkung
1	keine	keine
2	leichte	keine
3	schwere	ja
4	lebensbedrohliche	ja
5	moribund	Tod innerhalb 24 h wahrscheinlich

Empfehlung für vor der Narkose durchzuführende Untersuchungen	
Untersuchung	**Indikation**
Labor	
Hb, Hkt	routinemäßig, bes. bei V. a. Anämien
Thrombozyten, Quick, PTT, TZ	V.a. Gerinnungsstörungen, Therapie mit Antikoagulantien oder geplanter Regionalanästhesie sowie Lebererkrankungen
Na^+, K^+	routinemäßig, wichtig bei Diuretika- oder Laxantiengabe
Kreatinin, Harnstoff	routinemäßige Bestimmung des Kreatinin, wichtig bei bekanntem Diabetes, sowie bei V.a. Nierenfunktionsstörungen
Gesamteiweiß	vor großen operativen Eingriffen
Blutzucker	routinemäßig, V.a. diabetische Stoffwechsellage
SGPT, SGOT, γ-GT	wichtig bei V.a. Lebererkrankungen
Blutgruppe	Gerinnungsstörungen, bei erhöhtem operativen Blutungsrisiko
Blutgasanalyse	pulmonale Vorerkrankung
Herz-Lungenfunktion	
EKG	routinemäßig ab dem 40. Lebensjahr sinnvoll, bei V.a. KHK, Rhythmusstörungen, Vitien, vor großen operativen Eingriffen
Rö-Thorax	bei V.a. kardiale oder pulmonale Erkrankungen, vor großen operativen Eingriffen
Lungenfunktion	bei V.a. Lungenerkrankungen, vor thoraxchirurgischen Eingriffen.

1.1.2 Auswahl des Anästhesieverfahrens

Allgemein- oder Regionalanästhesie

Die Wahl des Anästhesieverfahrens muß stets individuell nach Abwägung von Patientenstatus, Operationsart und Wünschen des Patienten sowie Vertrautheit des einzelnen Anästhesisten mit dem jeweiligen Verfahren erfolgen. Eine *Allgemeinanästhesie* oder Vollnarkose wird häufig als das Standardverfahren angesehen. Eine Vielzahl operativer Eingriffe läßt sich jedoch auch in *Regionalanästhesie* durchführen. Bei respiratorischen Vorerkrankungen oder Eingriffen beim nicht nüchternen Patienten sind sie oftmals sogar sicherer. Die Komplikationsmöglichkeiten beider Anästhesieverfahren müssen gegeneinander abgewogen werden (☞ 1.2.5 und 1.3.3). Entscheidend sind die Operationsdauer und -art sowie die Lagerung des Patienten. So ist in der Regel eine Vollnarkose in den folgenden Situationen günstiger:

- Bauchlagerung
- Seitenlagerung
- Oberbaucheingriff
- Thoraxchirurgischer Eingriff
- Eingriffe im Bereich von Hals und Kopf
- Lange Operationsdauer.

Auch eine Kombination von Vollnarkose und Regionalanästhesie, z.B. Intubationsnarkose (☞ 1.2.4) und Periduralanästhesie (☞ 1.3.2), bietet oftmals Vorteile. Die postoperative Schmerztherapie kann hierdurch erleichtert werden.

Aufklärung

Die Aufklärung des Patienten muß die Information über die typischen Risiken der in Frage kommenden Narkoseverfahren beinhalten. Idealerweise sollte sie durch den die Narkose durchführenden Anästhesisten vorgenommen werden. Nach Möglichkeit wird die Auswahl des Narkoseverfahrens mit dem Patienten zusammen getroffen. Die präoperativen Verhaltensmaßnahmen werden besprochen:

- 6 – 8 stündige Flüssigkeits- und Nahrungskarenz
- Einstellen des Rauchens
- Einnahme der zur Prämedikation verabreichten oralen Medikamente.

Der Ablauf am Operationstag wird geschildert. Das gesamte Gespräch muß auf die psychische Situation des Patienten abgestimmt sein. Oft bestehende Ängste sind:

- Nicht mehr aus der Narkose aufzuwachen
- Während der Operation aufzuwachen
- Schmerzen vor oder während der Operation zu empfinden.

Ein einfühlsam geführtes Gespräch beruhigt den Patienten oftmals mehr als Medikamente. Dabei darf nur zu den das eigene Fachgebiet betreffenden Fragen Stellung genommen werden. Besondere Risiken müssen auf der Einwilligungserklärung protokolliert werden. Abschließend gibt der Patient seine **schriftliche Einwilligung** zum gewählten Narkoseverfahren.

> ✎ **Merksatz:** Jeder Patient muß vor Wahleingriffen nüchtern bleiben, d.h. mindestens 6 Stunden präoperative Nahrungskarenz.

1.1.3 Prämedikation

Allgemeine Anforderungen an eine adäquate Prämedikation sind:

- Sedierung
- Anxiolyse
- Analgesie
- Amnesie
- ✔ Vagusblockade: Vermeidung von reflektorischen Bradykardien, die durch die Laryngoskopie hervorgerufen werden können, sowie einer Hypersalivation
- Antihistaminwirkung: Zur Narkose zugeführte Substanzen wie z.B. Thiopental (☞ 1.2.1.) können Histamin freisetzen.

Eine **medikamentöse Narkosevorbereitung** soll den Patienten in einen ruhigen, entspannten Zustand versetzen. Die Applikation erfolgt oral, per i.m.-Injektion oder bei Kindern auch rektal. Am Vorabend kann ein *Benzodiazepin* (z.B.Diazepam oder Flunitrazepam) oder ein *Barbiturat* (z.B. Phenobarbital) gegeben werden. Die Barbiturate führen zu einer unspezifischen Hemmwirkung auf das ZNS. Psychische Nebenwirkungen treten durch Unterdrücken der REM (rapid-eye-movement)-Schlafphasen auf. In der Regel werden die Benzodiazepine bevorzugt, da sie neben der sedativen eine anxiolytische Wirkung besitzen. Am Operationstag wird ebenfalls ein orales Benzodiazepin zugeführt. Alternativ ist die i.m.-Prämedikation mit einer Kombination aus *Triflupromazin* oder *Promethazin*, *Pethidin* und *Atropin*.

✔ Das Anticholinergikum Atropin setzt die Bronchialsekret- und Speichelsekretion herab. Nur die intravenöse Applikation vor Narkoseeinleitung verringert auch die kardiale Vagusaktivität sicher.

Weitere gebräuchliche Kombinationen sind:

- ✔ Dehydrobenzperidol und Fentanyl i.m.
- Promethazin und Piritramid i.m.
- Benzodiazepin und Analgetikum.

✔ Zusätzlich können zur Prämedikation des Allergikers H_1- und H_2-Blocker eingesetzt werden. Rechtzeitig gegeben verhindern sie die Histaminfreisetzung und dadurch ausgelöste schwere allergische Reaktionen.

Bei aspirationsgefährdeten Patienten kann durch H_2-Blocker 1-2 Stunden vor Narkoseeinleitung der Magensaft-pH angehoben werden. Lungenschäden durch Aspiration von Magensaft sind bei höherem pH-Wert weniger wahrscheinlich.

Eine medikamentöse Langzeittherapie sollte auch perioperativ weitergeführt werden. Ausnahmen bilden die *trizyklischen Antidepressiva* und *MAO-Hemmer*. Abhängig vom sonstigen Gesundheitszustand des Patienten wird ein präoperatives Absetzen erwogen, da Wechselwirkungen mit den zur Narkose zugeführten Substanzen möglich sind.

Ob *Antikoagulantien* präoperativ abgesetzt werden, wird mit dem Chirurgen abgestimmt. Thrombozytenaggregationshemmer sollten 5 Tage präoperativ abgesetzt werden. Cumarine werden präoperativ durch Heparin ersetzt. Der Quickwert sollte abhängig vom Blutungsrisiko der jeweiligen Operation präoperativ angehoben werden (☞ Tab. auf der nächsten Seite).

Zur Prämedikation häufig verwendete Substanzen und deren Wirkungen				
Substanz	**Handelsname**	**Stoffklasse**	**Wirkung**	**Dosis in mg**
Promethazin	Atosil®	Neuroleptikum	sedativ, vagolytisch, antihistaminerg	50 – 75 i.m. (0,5 – 1/kgKG) i.m.
Droperidol	Dehydrobenz-peridol®	Neuroleptikum	gering sedativ, vagolytisch und antihistaminerg, gut antiemetisch	2,5 i.m./i.v.
Triflupromazin	Psyquil®	Neuroleptikum	sedativ, antihistaminerg	40 i.m. (0,25 – 0,6/kgKG) i.m.
Pethidin	Dolantin®	Analgetikum	analgetisch, sedativ	50 – 100 i.m. (1/kgKG) i.m.
Piritramid	Dipidolor®	Analgetikum	analgetisch, sedativ	7,5 – 15 i.m. (0,25/kgKG) i.m.
Fentanyl	Fentanyl Janssen®	Analgetikum	analgetisch, gering sedativ	0,05 – 0,1 i.m./i.v.
Morphin	Morphinum hydrochloricum®	Analgetikum	analgetisch, anxiolytisch, sedativ	10 – 15 i.m. 0,1 – 0,2 i.m.
Atropin	Atropinsulfat®	Anticholinergikum	Abnahme von Speichelfluß, Tachykardien	0,5 – 1,0 i.m. 1 – 2 p.o.
Diazepam	Valium®	Tranquilizer, Benzodiazepinderivat	lang wirkend, HWZ = 30-40 h, sedativ, anxiolytisch, amnestisch	5 – 20 p.o.
Flunitrazepam	Rohypnol®	Hypnotikum, Benzodiazepinderivat	lang wirkend, HWZ = 10 – 20 h, sedativ, anxiolytisch	1 – 2 p.o./i.m.
Midazolam	Dormicum®	Hypnotikum, Benzodiazepinderivat	kurz wirkend, HWZ = 1 – 2 h, sedativ, anxiolytisch, amnestisch	10 – 20 p.o. 5 – 15 i.m.
Phenobarbital	Luminal®	Barbiturat	sedativ, hypnotisch	200 p.o. (2 – 3/kgKG) p.o.
Clorazepat	Tranxilium®	Tranquilizer, Benzodiazepinderivat	anxiolytisch	10 – 20 p.o. 5 - 15 i.m.
Droperidol+ Fentanyl	Thalamonal®	Kombination: 1ml = 2,5 mg Droperidol + 0,05 mg Fentanyl	analgetisch, gering sedativ	1 – 3 ml i.v/i.m.

1.2 Allgemeinanästhesie

1.2.1 Medikamente

Die am häufigsten durchgeführte Narkoseform ist die **Allgemeinanästhesie oder Vollnarkose**. Sie findet als reine **intravenöse Anästhesie, Masken-** oder **Intubationsnarkose** Anwendung.

Das Anästhetikum wird durch Injektion, Inhalation oder Kombination von beidem zugeführt.

Die Fähigkeit dieser Pharmaka, eine Narkose hervorzurufen, besteht vermutlich in ihrer Wirkung an den Zellmembranen des zentralen Nervensystems. Die genauen Mechanismen sind noch nicht geklärt.

Injektionsanästhetika

Intravenös applizierbare Medikamente werden zur Narkoseeinleitung und in Kombination mit Narkosegasen zur Narkoseunterhaltung verwendet. Dazu gehören:
- Barbiturate
- Etomidat
- Propofol
- Ketamin
- Benzodiazepine
- Neuroleptika
- Opiate.

Barbiturate

Am häufigsten werden zur Narkoseeinleitung die ultrakurz wirkenden Barbiturate *Thiopental (Trapanal®)* und *Methohexital (Brevimytal®)* verwendet. Sie führen sehr schnell über eine Dämpfung im zentralen Nervensystem zum Narkoseeintritt. Eine analgetische Wirkung besitzen sie nicht. Die pharmakologische Wirkung beider Substanzen ist weitgehend identisch. Methohexital kann zu unwillkürlichen Muskelbewegungen und Exzitationszuständen in der Einschlafphase führen. Die Substanz ist bei kürzerer Wirkdauer stärker wirksam. Ansonsten sind die Nebenwirkungen gleich und von der Dosis und der Injektionsgeschwindigkeit abhängig.

✔ *Cave:* Die versehentliche intraarterielle Injektion von Thiopental führt zu einer Nekrose des distalen Anteils der betroffenen Extremität.

Wirkung auf Herz und Kreislauf:
- ✔ Verminderung des Herzzeitvolumens durch direkt negativ inotrope Wirkung sowie eine Abnahme des venösen Rückstromes aufgrund der Venenerweiterung mit venösem Pooling
- Blutdruckabfall
- Herzfrequenzanstieg
- Herzrhythmusstörungen infolge des pCO_2-Anstiegs durch Hypoventilation.

Cave: Diese Nebenwirkungen sind bei Patienten mit Hypertonus, Herzerkrankung oder Volumenmangel stärker ausgeprägt.

Wirkung auf die Atmung:
- ✔ Laryngospasmus (☞ 1.2.5)
- ✔ Bronchospasmus (☞ 1.2.5)
- Atemdepression, Apnoe
- Eine Bronchokonstriktion durch Histaminfreisetzung ist möglich. ***Cave:*** Allergiker.

Kontraindikationen
- Da die Porphyrinsynthese verstärkt wird, ist der Verdacht auf Porphyrie eine absolute Kontraindikation für die Gabe von Barbituraten
- Barbituratallergie
- Status asthmaticus
- Dekompensierte Herzinsuffizienz
- Schock
- Schwere Leberschädigung (Beeinträchtigung des Metabolismus).

Vorteile
- Leichte Handhabung
- Schnelles Herbeiführen eines tiefen Schlafzustandes
- Kurze Wirkdauer
- Durch Senkung von Hirndruck und zerebralem Sauerstoffverbrauch günstig zur Narkoseeinleitung Schädel-Hirn-Traumatisierter.

Etomidat (Hypnomidate®)

Etomidat ist ein schnell wirkendes Hypnotikum, das seine Wirkung über GABA-mimetische Effekte im Hirnstammbereich entfaltet. Im Vergleich zu den ultrakurz wirkenden Barbituraten tritt die Wirkung langsamer ein. Da es keine analgetische Wirkung besitzt, wird es zur Narkoseeinleitung häufig mit einem Opioid, z.B. Fentanyl, kombiniert. Dies reduziert auch die häufigen Nebenwirkungen Injektionsschmerz, unwillkürliche Muskelbewegungen und Exzitationen.

Wirkung auf Herz und Kreislauf
- Lediglich bei kardialen Vorerkrankungen geringer Blutdruckabfall
- Ungenügender Schutz vor Kreislaufreaktionen durch äußere Reize (z.B. Intubation) bei Anwendung als Monosubstanz.

Wirkung auf die Atmung
- Geringe Abnahme des Atemminutenvolumens beim spontan atmenden Patienten

Kontraindikationen
- Allergie gegen Etomidat.

Vorteile
- Große therapeutische Breite
- Geringe Nebenwirkungen.

> ✎ **Merksatz:** Etomidat zeichnet sich durch geringe kardiorespiratorische Nebenwirkungen aus.

Propofol (Disoprivan®)

Das neueste der verwendeten Injektionsanästhetika ist das Propofol. Es besitzt keine analgetische Potenz, ruft aber eine Amnesie hervor. Propofol kann nicht nur zur Narkoseeinleitung, sondern auch im Rahmen einer **totalen intravenösen Anästhesie** zusammen mit einem kurzwirkenden Opioid und Muskelrelaxans (z.B. Alfentanil und Vecuronium) zur Narkoseweiterführung benutzt werden.

Wirkung auf Herz und Kreislauf
- Abfall des Herzminutenvolumens
- Blutdruckabfall
- Bradykardie.

Wirkung auf die Atmung
- Stark atemdepressiv
- Bronchospasmus.

Kontraindikationen
- Allergie gegen Propofol
- Herzinsuffizienz
- Kinder unter 3 Jahren (bisher ungenügende Erfahrung)
- Schwangerschaft und Stillperiode.

Vorteile
- Angenehme Einschlafphase
- Streßfreies Erwachen
- Rasche Erholungsphase.

Ketamin (Ketanest®)

> ✎ **Merksatz:** Das Phenzyklidinderivat Ketamin führt zu einer sog. **dissoziativen Anästhesie**.

Im Gegensatz zu den anderen Substanzen besteht kein normaler Schlafzustand, jedoch Bewußtlosigkeit bei kaum unterdrückten Reflexen. Der Patient scheint den Bezug zu seiner Umgebung verloren zu haben. Neben dieser **Abkopplung** bestehen auch Analgesie und Amnesie. Die ausreichende Narkosetiefe wird nach fehlender Reaktion auf Schmerzreize und Ansprechbarkeit beurteilt. Als **Atar-Analgesie** wird die Kombination mit einem Benzodiazepin zur Durchführung kleinerer Eingriffe bei erhaltener Spontanatmung bezeichnet. Zur Hemmung der sekretionssteigernden Wirkung wird Ketamin mit Atropin kombiniert.

Nebenwirkung bes. bei der Benutzung als Monoanästhetikum sind:
- Unangenehme Aufwachphase mit Halluzinationen und Alpträumen
- Hirndruckanstieg
- Anstieg des Augeninnendruckes.

Wirkung auf Herz und Kreislauf
- Blutdruckanstieg
- Herzfrequenzanstieg (beides durch Sympathikusaktivierung).

Wirkung auf die Bronchien
- Bronchodilatation
- Hypersalivation.

Kontraindikationen
- Hypertonus
- Herzinsuffizienz
- V.a. erhöhten Hirndruck
- Perforierende Augenverletzungen
- Erhöhter Augeninnendruck
- Psychiatrische Erkrankungen
- Eingriffe an Larynx, Pharynx, Trachea.

Vorteile
- Herz-Kreislaufstimulation bei der Narkoseeinleitung eines Schockpatienten
- Intramuskuläre Injektion ist möglich, günstig in der Notfallmedizin z.B. bei Verbrennungen
- Günstige bronchodilatative Wirkung bei Narkoseeinleitung eines Patienten mit obstruktiver Lungenerkrankung.

Benzodiazepine

Neben der Anwendung zur Prämedikation (☞ Tab. in 1.1.3) werden Benzodiazepine auch zur Sedierung bei Lokalanästhesien oder in Kombination mit Opioiden zur Narkoseführung verwendet (☞ dort).

Neuroleptika

Das gebräuchlichste Neuroleptikum in der Anästhesie ist das *Droperidol (Dehydrobenzperidol®)*. Allein injiziert führt es zu einem neuroleptischen Syndrom. Der Patient wirkt ruhig, Motorik und Affektionen sind vermindert, die Wahrnehmung ist erhalten. Dieser Zustand wird vom Patienten oft als unangenehm empfunden. Aus diesem Grund wird die Substanz fast nur in Kombination mit anderen Medikamenten verwendet. Günstig ist die stark antiemetische Wirkung, die schon bei niedrigen Dosierungen, die kein neuroleptisches Syndrom hervorrufen, eintritt.

Nebenwirkungen
- Blutdruckabfall durch Alphablockade
- Psychomotorische Störungen
- Paradoxe psychomimetische Wirkungen

Kontraindikationen
- Volumenmangel, Schock
- Morbus Parkinson (☞ 1.1.3)
- Depressionen.

Zur Durchführung einer sog. **Neuroleptanalgesie** wird Droperidol mit einem Opioid kombiniert. Diese Medikamentenkombination wird nur noch selten für kleinere Eingriffe verwendet. Die Spontanatmung bleibt beim äußerlich ruhigen aber wachen Patienten erhalten. Die Analgesie ist für größere Eingriffe unzureichend. Häufiger durchgeführt wird die **Neuroleptanästhesie**. Darunter versteht man die Kombination von:

- Neuroleptikum, in der Regel Droperidol (Dehydrobenzperidol®)
- Opioid, klassischerweise Fentanyl
- Lachgas zur Potenzierung der analgetischen Wirkung und zum Herbeiführen einer Bewußtlosigkeit
- Und einem Muskelrelaxans.

Diese Narkoseform erfordert Intubation und Beatmung. Die Narkoseeinleitung erfolgt heutzutage nicht mehr mit Fentanyl und Droperidol, sondern mit einem kurz wirkenden Injektionsanästhetikum (☞ Tab.) und einem Muskelrelaxans. Postoperativ besteht die Gefahr einer Atemdepression. Eine längere Überwachung im Aufwachraum ist deshalb notwendig. Der Vorteil der Neuroleptanästhesie liegt in der geringen Beeinträchtigung der Herz-Kreislauffunktion.

Injektionsanästhetika					
Substanz	**Handelsname**	**Einleitungsdosis**	**Wirkungseintritt**	**Nebenwirkungen**	**Anmerkung**
Thiopental	Trapanal®	3 – 7 mg/kgKG i.v.	20 – 45 s	Histaminfreisetzung, Bronchokonstriktion, kardiodepressiv	rasche Einschlafphase, Senkung des intrakraniellen Druckes, häufig verwendete Substanz, Kontraindikationen: Porphyrie und Schock
Methohexital	Brevimytal®	1 – 1,5 mg/kgKG i.v.	20 – 45 s	☞ Thiopental	
Etomidat	Hypnomidate®	0,15 – 0,3 mg/kg KG i.v.	20 s	Exzitation, Venenreizung	große Therapiebreite, keine gravierenden kardiopulmonalen Nebenwirkungen
Propofol	Disoprivan®	2 – 2,5 mg/kgKG i.v.	35 – 45 s	Blutdruckabfall	angenehme Einschlaf- und Aufwachphase

Opioide

Neben Morphin werden v.a. die potenteren Analgetika *Fentanyl* und *Alfentanil* eingesetzt (☞ Tab.).

Auch zur Prämedikation (☞ 1.1.3) werden Opiate verwendet. In Kombination mit anderen Medikamenten haben sie ihren festen Platz im Bereich der Narkoseführung. Einsatzgebiete sind:

- Abhängigkeit.

Cave: Eine postoperative Atemdepression kann auch beim zunächst wachen Patienten bei Ausbleiben von externen Reizen erneut auftreten.

Antagonisierung: Eine Aufhebung der Wirkung ist mit dem reinen Antagonisten Naloxon (Narcanti®) möglich. Es muß darauf geachtet werden, daß die Wirkdauer der Opioide die der Antagonisten übersteigen kann.

Opioide in der Anästhesie						
Substanz	Handelsname	Analgetische Potenz	Wirkungseintritt	ungefähre Wirkdauer	Dosis (Anhaltswerte)	
					Initial	Repetition
Morphium	Morphinum hydrochloricum®, Amphiolen®	1	variabel	90 min	1 – 3 mg/kgKG i.v.	individuell sehr unterschiedlich
Fentanyl	Fentanyl Janssen®	125	2 – 3 min	20 – 30 min	5 – 10 μg/kgKG i.v.	1 – 3 μg/kgKG i.v.
Alfentanil	Rapifen®	30 – 40	1 min	15 – 30 min	15 – 40 μg/kg KG i.v.	15 μg/kgKG i.v.

- **Balancierte Anästhesie**, eine Kombination unterschiedlicher pharmakologischer Bestandteile: Einem Opioid, als Inhalationsanästhetikum Lachgas, allein oder auch in Kombination mit einem anderen Inhalationsanästhetikum, z.B. Enfluran, einem Hypnotikum, z.B. einem Benzodiazepin, und einem Muskelrelaxans
- Neuroleptanästhesie
- Inhalationsanästhesie, um den Bedarf an volatilen Anästhetika zu senken
- Postoperative Analgesie.

Erwünschte Nebenwirkungen
- Analgesie
- Anxiolyse
- Euphorie (teilweise)
- Sedierung (teilweise).

Unerwünschte Nebenwirkungen
- Dysphorie
- Übelkeit
- Erbrechen
- Atemdepression (wird durch Kombination mit sedativ wirkenden Substanzen verstärkt)
- Verminderte Magen-Darmmotilität
- Vagale Wirkung an Herz, Bronchien, Hohlorganen

Inhalationsanästhetika

Während die Narkoseeinleitung in der Regel mittels eines Injektionsanästhetikums erfolgt, wird die Narkose im weiteren Verlauf mit einem Inhalationsanästhetikum aufrechterhalten. Nach der Inhalation dieser Anästhetika wird die narkotische Wirkung durch die Aufnahme in das Blut und die Diffusion vom Blut in das zentrale Nervensystem bestimmt. Dabei folgen die Inhalationsanästhetika den physikalischen Gesetzen für Gase:
- In einem Gemisch unterschiedlicher Gase übt jedes einen substanzeigenen Druck (Partialdruck) aus
- Zwischen unterschiedlichen Phasen oder auch Geweben versuchen die einzelnen Gase, ein Druckgleichgewicht herzustellen.

Je höher der Anteil des Anästhetikums im Gasgemisch ist, desto höher ist dessen Partialdruck. Mit höherem Partialdruck kommt es schneller zu einem Gleichgewicht zwischen den beiden Phasen Atemluft und Blut. Im Gleichgewichtszustand (steady state) sind die Konzentrationen in den unterschiedlichen Phasen jedoch durchaus verschieden. Eine bessere Löslichkeit bedeutet hohe Konzentration im Blut, d.h. eine größere Menge Gas muß aufgenommen werden, das Gleichgewicht stellt sich langsamer ein und die Narkoseeinleitung dauert länger. Ein schlecht lösliches Gas mit hoher Konzentration in der Alveole führt zu einer schnellen Sättigung des Blutes. Von der **Fettlöslichkeit** eines Narkosegases hängt dessen Aufnahme in das zentrale Nervensystem ab. Mit der Lipophilie steigt auch die Wirkstärke.

> Der **alveoläre Partialdruck** der Inhalationsanästhetika ist abhängig von der inspiratorischen Konzentration.
> Der **Blut/Gas-Verteilungskoeffizient** gibt die Konzentrationen an, die zum Partialdruckausgleich in beiden Phasen vorherrschen müssen. Ein hoher Quotient bedeutet eine gute Löslichkeit und eine langsamere Gleichgewichtseinstellung. Die Narkosegasaufnahme läßt sich schlechter steuern. Umgekehrt ist die Steuerung bei niedrigem Quotienten leichter.
> **MAC_{50}** wird die **minimale alveoläre Konzentration** bezeichnet, bei der 50% aller Patienten auf einen Hautschnitt nicht mehr reagieren. Sie zeigt die unterschiedlichen Wirkungsstärken der Anästhetika an und bietet so eine Orientierung für die Dosis.

Neben dem *Lachgas* sind *Halothan* , *Enfluran* und *Isofluran* die in der Klinik verwendeten volatilen Inhalationsanästhetika. Unter Raumtemperatur und Atmosphärendruck sind sie flüssig. Sog. Verdampfer führen sie in die dampfförmige Phase über. Dosisabhängig ist ihnen eine kardiodepressive, atemdepressive und bronchodilatative Wirkung gemeinsam. Sie wirken relaxierend und verlängern die Wirkung von Muskelrelaxantien.

Reine Inhalationsanästhesien werden nur noch selten durchgeführt, da sich die notwendige Konzentration durch Supplementierung mit z.B. Muskelrelaxantien oder Analgetika senken läßt.

Injektionsanästhetika verhindern ein ausgeprägtes Exzitationsstadium. Die Beschreibung der *Stadien der Narkosetiefe nach Guedel* (☞ Tab.) bezieht sich auf den nicht mehr gebräuchlichen Äther. Für die heutige Narkoseführung ist sie nur noch bedingt anwendbar. Zum einen berücksichtigt sie die Herz-Kreislauffunktion nicht, zum anderen ist durch die Muskelrelaxierung und Beatmung die Spontanatmung nicht zu beurteilen.

Narkosestadien nach Guedel

Stadium	Bezeichnung	Charakteristik
I	Amnesie und Analgesie	endet mit dem Bewußtseinsverlust
II	Erregung oder Exzitation	erhöhter Skelettmuskeltonus unregelmäßige Atmung, Augenbewegungen, gesteigerte Reaktion auf äußere Reize, Pupillenerweiterung, leicht auszulösendes Erbrechen
III	chirurgische Toleranz	regelmäßige Atmung, erneute Pupillendilatation, Lid- und Kornealreflex aufgehoben, Muskelerschlaffung
IV	Vergiftung	beginnt mit dem Atemstillstand, endet mit dem Tod

Lachgas (N_2O)

Lachgas ist das gebräuchlichste Inhalationsanästhetikum, da bei fast jedem mit Beatmung verbundenen Narkoseverfahren ein *Lachgas/Sauerstoffgemisch* verwendet wird. Es ist ein schwaches Anästhetikum mit **guter analgetischer Wirkung**. Die schlechte Löslichkeit (niedriger Blut-Gas-Verteilungskoeffizient) macht es gut steuerbar. Wegen seines geringen hypnotischen Effektes ist es als Monoanästhetikum ungeeignet. Durch Kombination mit Lachgas wird die Wirksamkeit anderer Inhalationsanästhetika verstärkt. Sie können dann in niedrigeren Konzentrationen verwendet werden. Wird zur Beendigung einer Narkose kein Lachgas mehr zugeführt, verringert das schnell in die Alveolen zurückdiffundierende Lachgas den Sauerstoffanteil im Gasgemisch. Nach Beatmung mit Lachgas können daher die alveolären Sauerstoffwerte bei Zufuhr von Raumluft auf unter 21% sinken (Diffusionshypoxie).

> ✎ **Merksatz:** Die Gefahr einer **Diffusionshypoxie** macht die Zufuhr reinen Sauerstoffes in der Narkoseausleitung notwendig.

Nebenwirkungen:
- Diffusion in mit Luft gefüllte Räume kann eine Ileussymptomatik und einen Pneumothorax verstärken
- Negativ inotrope Wirkung
- Evtl. Anstieg des intrakraniellen Druckes.

Halothan (Fluothane®, Halothan®)
Halothan ist das am längsten verwandte Inhalationsanästhetikum. Seine gute **bronchodilatatorische Wirkung** empfiehlt es zum Einsatz bei obstruktiven Lungenerkrankungen und bei der Anästhesie von Kindern (☞ 1.2.6).

Mehrere in kurzer Aufeinanderfolge durchgeführte Halothannarkosen können in Einzelfällen eine **Halothanhepatitis** auslösen. Ursache könnte eine Antikörperbildung gegen in Leberendothelien befindliche Halothanmetaboliten sein. Klinisch zeigt sich 2 – 5 Tage nach Halothannarkose ein Ikterus. Die biochemischen Befunde entsprechen einer Hepatitis. Weitere **Nebenwirkungen** sind:
- Katecholaminsensibilisierung des Myokards
- Negative Inotropie
- Rhythmusstörungen
- Blutdruckabfall
- Atemdepression
- **Erhöhung des intrakraniellen Druckes**
- Uterusrelaxation.

> ✎ **Merksatz:** Halothan führt zu einer Sensibilisierung des Myokards auf endogen produzierte oder exogen zugeführte Katecholamine.

Isofluran (Forene®)
Im mittleren Dosierungsbereich ist die kardiodepressive Wirkung und die Erhöhung des intrazerebralen Druckes gering. Es kann als einzige volatile Substanz während intrakranieller Operationen verwendet werden. Ein durch Koronardilatation bei Patienten mit koronarer Herzkrankheit hervorgerufener **Stealeffekt** ist beschrieben.

Enfluran (Ethrane®)
Die muskelrelaxierende Wirkung ist stark ausgeprägt. EEG-Veränderungen treten auf und geben zu sorgfältiger Indikationsstellung bei Anfallsleiden Anlaß.

Muskelrelaxantien

Physiologische Grundlagen

Zur atraumatischen Intubation, Senkung des Narkosemittelbedarfs und Ermöglichung verschiedenster operativer Eingriffe ist eine Erschlaffung der Muskulatur notwendig.

Wirkort der Muskelrelaxantien ist die **motorische Endplatte**. Bei Eintreffen eines Nervenaktionspotentials wird in Vesikeln gespeichertes **Acetylcholin** freigesetzt und diffundiert in den synaptischen Spalt. Werden genügend viele postsynaptische **Acetylcholinrezeptoren** besetzt, erfolgt eine Fortleitung des Aktionspotentials auf die Muskulatur, was letztendlich zu mechanischen Kontraktionsvorgängen führt. Acetylcholin wird durch eine gewebsständige **Cholinesterase** inaktiviert.

> ✎ **Merksatz:** Muskelrelaxantien haben die Fähigkeit, mit dem postsynaptischen nikotinartigen Acetylcholinrezeptor eine Verbindung einzugehen und so die neuromuskuläre Überleitung zu blockieren.

Führt diese Verbindung zuerst zu einer Depolarisation und dann aufgrund längerer Verweildauer am Rezeptor zu einer Relaxierung, spricht man von **depolarisierenden Muskelrelaxantien.**

Nicht-depolarisierende Muskelrelaxantien dagegen bewirken eine Rezeptorblockade ohne Erregungsweiterleitung. Eine Muskelrelaxation setzt erst ein, wenn über 70% der Rezeptoren blockiert sind. Acetylcholin ist auch an den übrigen nikotinartigen und muskarinartigen Rezeptoren Transmitter, an denen folglich die Muskelrelaxantien ihre Nebenwirkungen entfalten können. Bsp.: Herabsetzung der Erregungsleitung des Herzens und Zunahme der Bronchialsekretion.

Inhalationsanästhetika				
Substanz	Handelsname	Blut/Gas Verteilungskoeffizient	MAC 100% O_2	MAC 30%O_2/70%N_2O
Halothan	Fluothane® Halothan®	2,3	0,7 – 0,8	0,29
Isofluran	Forene®	1,4	1,15	0,5
Enfluran	Ethrane®	1,8	1,68	0,57
Lachgas	N_2O	0,47	101	

Depolarisierende Muskelrelaxantien

Succinylcholin (Lysthenon®, Pantolax®) ist das einzige in der Klinik verwendete depolarisierende Muskelrelaxans. Es wirkt schnell und kurzzeitig, weshalb es überwiegend zur Relaxierung für die Intubation benutzt wird. Häufige Nachinjektionen können zu einer Wirkungsverlängerung und Änderung des *Depolarisations-* oder *Phase-I-Blocks* in einen *kompetitiven Phase-II-Block* führen, der auch als *Dualblock* bezeichnet wird:

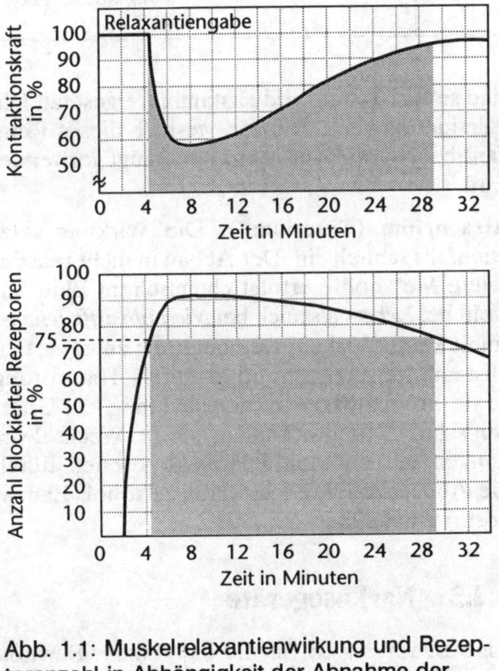

Abb. 1.1: Muskelrelaxantienwirkung und Rezeptorenzahl in Abhängigkeit der Abnahme der Kontraktionskraft von der Anzahl der blockierten Rezeptoren

Die postsynaptische Membran ist nicht mehr depolarisiert. Die Erregungsüberleitung wird für Stunden blockiert, teilweise, d.h. nicht sicher abschätzbar, durch Acetylcholinesterasehemmer antagonisiert werden. Bei längerer Narkosedauer und erforderlicher Relaxation wird daher auf nicht-depolarisierende Relaxantien übergegangen.

Eine erworbene oder vererbte Produktion atypischer Cholinesterasen führt zu einem **Mangel an normaler Pseudocholinesterase** (Häufigkeit ca. 1:2500). Der Abbau des Succinylcholins ist dann verlangsamt und die Relaxierung verlängert. Der Patient muß bis zum spontanen Ende der Relaxierung beatmet werden.

Anwendungseinschränkungen bestehen durch die Nebenwirkungen:

- Hyperkaliämie
- Bradyarrhythmie
- Hypersalivation
- Augeninnendruckerhöhung.

Muskelfaszikulationen sowie postoperativer Muskelschmerz lassen sich durch Vorgabe eines nicht-depolarisierenden Muskelrelaxans (sog. **Präcurarisieren**) weitgehend vermeiden.

Nicht-depolarisierende Muskelrelaxantien

Die vier gebräuchlichen nicht-depolarisierenden Muskelrelaxantien Pancuronium, Alcuronium, Vecuronium und Atracurium unterscheiden sich v. a. durch Wirkdauer und Nebenwirkungen. Nach einer Initialdosis sind zur Aufrechterhaltung der Blockade Nachinjektionen erforderlich. Die Vollständigkeit einer muskulären Blockade läßt sich neben klinischen Kriterien mit einem **Nervenstimulator** abschätzen. Mehrfache elektrische Reizung des Nervus ulnaris führt mit

Muskelrelaxantien					
Substanz	**Handelsname (Beispiele)**	**Initialdosis Repetitionsdosis**	**Wirkdauer**	**Nebenwirkungen**	**Anmerkungen**
Depolarisierende Muskelrelaxantien:					
Succinylcholin	Lystenon®, Pantolax®	1–1,5 mg/kgKG i.v.	5–10 Min.	Hyperkaliämie, Histaminfreisetzung, Hypersalivation, Herzrhythmusstörungen, Muskelfaszikulation	
Nicht-depolarisierende Muskelrelaxantien:					
Pancuronium	Pancuronium-Organon®	0,04–0,1 mg/kg i.v. 0,01 mg/kg i.v.	35–60 Min.	leichter Herzfrequenz- und Blutdruckanstieg	längste Wirkungseintrittzeit
Alcuronium	Alloferin®	0,1–0.2 mg/kg i.v. 0,03 mg/kg i.v.	20–30 Min.	Histaminfreisetzung, Blutdruckabfall	renale Elimination
Vecuronium	Norcuron®	0,08–0,1 mg/kg i.v. 0,02–0,05mg/kg i.v.	20–30 Min.	treten kaum auf, selten Histaminfreisetzung	Abbau über die Leber, schneller Wirkungseintritt, kurze Wirkdauer
Atracurium	Tracrium®	0,5–0,6 mg/kg i.v. 0,1–0,2 mg/Kg i.v.	15–35 Min.	Histaminfreisetzung, Bronchospasmus	pH-abhängiger, chemischer 'Hofmann-Abbau', schneller Wirkungseintritt (2–3 Min.), kurze Wirkdauer

Zunahme des Relaxierungsgrades zu schwächer werdender Daumenadduktion. Im Gegensatz zum Succinylcholin ist die Wirkung nicht-depolarisierender Relaxantien durch **Cholinesterasehemmer** antagonisierbar. Neostigmin (Prostigmin®) und Pyridostigmin (Mestinon®) erhöhen die Acetylcholinkonzentration durch Hemmung der gewebsständigen Cholinesterase. Dadurch wird der kompetitive Block aufgehoben.

Pancuronium (Pancuronium Organon®): Am häufigsten verwendetes, sicheres Medikament. Aus der Freisetzung von Noradrenalin resultiert eine leichte Herzfrequenz- und Blutdrucksteigerung. Wegen der langen Anschlagzeit (ca. 6 Min.) ist Pancuronium zur Ileuseinleitung (☞ 1.2.4) ungeeignet.

Alcuronium (Alloferin®): Diese Substanz darf wegen ihrer *renalen Elimination* nicht bei Niereninsuffizienz eingesetzt werden.

Vecuronium (Norcuron®): Es zeigt einen raschen Wirkungsbeginn. Die maximale Wirkung ist nach ca. 2 – 3 Min. erreicht. Nebenwirkungen sind selten. Selten wird Histamin freigesetzt. Die Elimination verläuft biliär, weshalb dieses Relaxans bei Niereninsuffizienz bevorzugt verwendet wird.

Atracurium (Tracrium®): Die Wirkung setzt ebenfalls schnell ein. Der Abbau in nicht relaxierende Metabolite erfolgt chemisch im Blut. Sowohl bei *Leber-* als auch bei *Niereninsuffizienz* ist somit keine Wirkungsverlängerung zu erwarten. Histaminfreisetzung und dadurch Hautrötung sowie Bronchuskonstriktion sind möglich. Unerwünschte Nebenwirkungen sowie Wechselwirkungen mit anderen Pharmaka können durch die Abbauprodukte (Acrylate, Alkohol, Laudanosin) entstehen.

1.2.2 Narkosegeräte

Eine Beatmung ist für die mit einem Bewußtseinsverlust verbundenen Narkoseformen wegen der oftmals auftretenden Atemdepression notwendig. Sie ist obligat bei Verwendung von

Muskelrelaxantien und kann darüber hinaus zur Narkosesteuerung durch Zufuhr volatiler Anästhetika dienen. Der Patient kann bei erhaltener Spontanatmung über eine vom Anästhesisten auf Mund und Nase aufgelegte Beatmungsmaske atmen. Es kann jedoch auch über Maske oder Tubus eine **manuelle** oder **maschinelle Beatmung** erfolgen. Die Narkosesysteme, die zur Beatmung dienen, bestehen aus:

- Schläuchen, über welche die ein- und ausgeatmete Luft geleitet wird
- Ventilen, die die Gase in die gewünschten Richtungen leiten
- Zuleitungen für Frischgas und Narkosegas.

Das Beatmungsvolumen wird entweder vom Faltenbalg eines Respirators oder per Hand über einen Beatmungsbeutel zugeführt. Sauerstoff, Lachgas oder Luft werden über Rotameter dosiert und stammen aus der zentralen Gasversorgung oder Gasflaschen. Die kontrollierte Narkosegaszumischung erfolgt über Narkosemittelverdunster, sog. Vaporen.

Abhängig von Gaszufuhr und Wiederaufnahme der abgeatmeten Gase unterscheidet man die verschiedenen Systeme:

- **Offene Narkosesysteme**
  Die **Schimmelbuschmaske**, bei der dem spontanatmenden Patienten ein mit Mullagen gefülltes Metallgestell über Mund und Nase gelegt und mit Äther beträufelt wurde, hat nur noch historische Bedeutung
- **Halboffene Narkosesysteme**
  Bei halboffenen Systemen atmet der Patient nur das Frischgas-Narkosegasgemisch ein, so daß **keine Rückatmung** der Exspirationsluft erfolgt. Dies wird duch **Nichtrückatmungsventile** oder durch Zwischenschaltung eines ventillosen T-Stückes erreicht. Dieses **Ayre-T-Stück** wird zur Narkosebeatmung von Kindern verwendet. Es hat einen geringen Atemwegswiderstand und nur einen kleinen Totraum. Ebenfalls in der Kinderanästhesie wird häufig das **Kuhn-System** (☞ Abb.1.2) verwendet. Eine Rückatmung wird hier durch eine hohe Frischgaszufuhr verhindert. Sie sollte mind.das 3,5-fache des Atemvolumens betragen. Vorteile des aus Maske, Schlauch, Frischgaszufuhr und Beatmungsbeutel mit einem Loch zur Exspiration bestehenden Systems sind der geringe Tot-raum und Atemwegswiderstand. Nachteilig ist der Verlust von Wärme und Feuchtigkeit sowie das Ausströmen von Narkosegasen in den Raum.

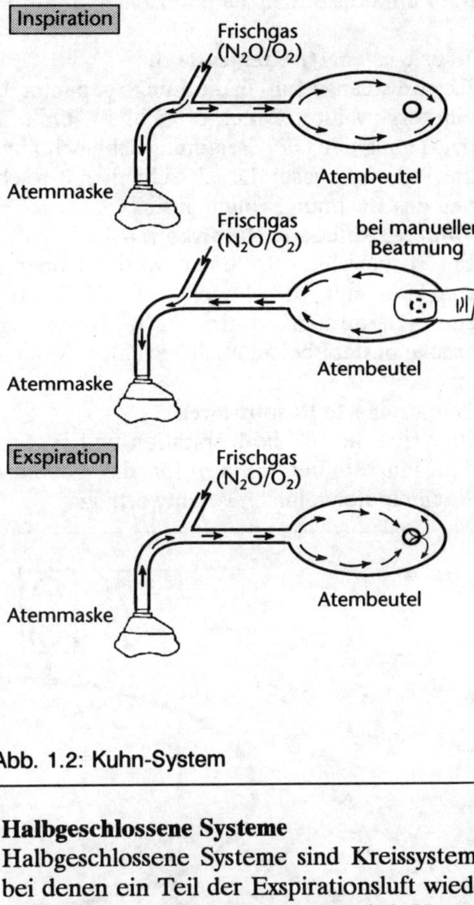

Abb. 1.2: Kuhn-System

- ✔ **Halbgeschlossene Systeme**
  Halbgeschlossene Systeme sind Kreissysteme, bei denen ein Teil der Exspirationsluft wieder dem Inspirationsgas zugemischt wird. Vorteilhaft ist die Erhaltung eines Teils der Atemgasfeuchtigkeit. Um die Rückatmung von abgeatmetem CO_2 zu verhindern, ist ein **CO_2-Absorber** zwischengeschaltet (☞ Abb.1.3)
- **Geschlossene Systeme**
  Bei geschlossenen Systemen wird die von CO_2 gereinigte Exspirationsluft vollständig wieder

eingeatmet. Vorteile des als Kreissystem angeordneten geschlossenen Systems sind ein geringer Frischgas- und Narkosegasverbrauch. (☞ Abb. 1.3).

Narkosebeatmungsgeräte

Eine Vielzahl verschiedener Beatmungsgeräte ist auf dem Markt. Die Respiratoren können nach ihren Funktionsprinzipien unterschieden werden in:

- **Druckgesteuerte Respiratoren**
  Es wird solange Luft in die Lunge gepumpt, bis ein vorgewählter Druck erreicht ist. ***Cave:*** Ist der Tubus oder der Beatmungsschlauch abgeknickt, wird dieser Druck schneller erreicht, und das Beatmungsvolumen sinkt
- **Volumengesteuerte Respiratoren**
  Ein vorgewähltes Volumen wird unabhängig vom Beatmungsdruck geliefert. Die Gefahr eines Barotraumas durch hohe Beatmungsdrücke besteht bei zu hoch gewählten Volumina
- **Zeitgesteuerte Respiratoren**
  Hier sind die für die Inspiration und Exspiration eingestellten Zeiten für das gelieferte Atemminutenvolumen verantwortlich.

Die zur Beatmung verwendeten Respiratoren kombinieren die Vorteile der einzelnen Funktionsprinzipien. In der Regel können Atemzugvolumen, Atemfrequenz, Beatmungsflow und Atemzeitverhältnis eingestellt werden. Durch Vorgabe einer oberen Druckgrenze wird die Barotraumagefahr verringert. Eine untere Druckgrenze dient als Leckagealarm. Die meisten Geräte bieten auch die Möglichkeit der **PEEP-Beatmung** (PEEP=positiver endexspiratorischer Druck ☞ 2.1.1).

Folgende Überwachungsmöglichkeiten sind Standard:

- Sauerstoffmangelsignal
- Lachgassperre (Lachgas kann nicht ohne gleichzeitige Sauerstoffzufuhr zugeführt werden)
- Sauerstoffkonzentrationsmeßgerät
- Beatmungsdruckmeßgerät
- Diskonnektionsalarm
- Stenosealarm
- Volumenmeßgerät
- Narkosemittelmonitor.

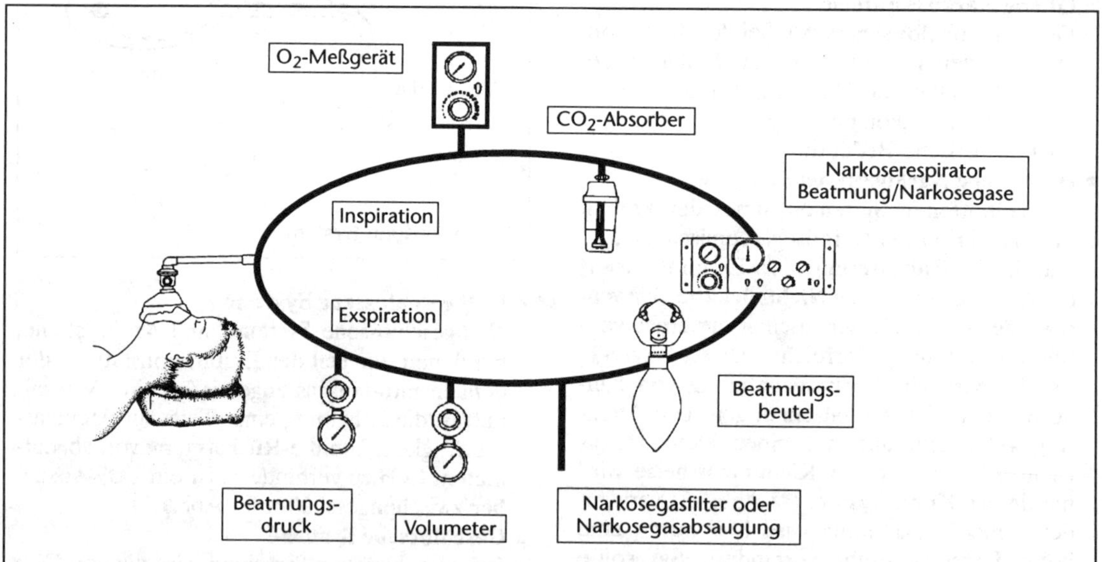

Abb. 1.3: Anordnung des Narkosekreissystems

Monitoring

Zum frühen Erkennen von auftretenden Komplikationen, und damit zu deren erfolgreicher Beherrschung, dient eine Geräteüberwachung, die jedoch nicht klinische Erfahrung und Aufmerksamkeit des Anästhesisten ersetzen kann. Neben dem die Beatmungseinheit betreffenden Standardmonitoring werden folgende Überwachungsverfahren eingesetzt:

Nicht-invasives Monitoring:

- EKG
- Nicht- invasive Blutdruckmessung
- Temperaturmessung
- Pulsoxymeter zur Überwachung der peripheren O_2-Sättigung
- Kapnometrie zur in- und exspiratorischen CO_2-Messung
- In- und exspiratorische Narkosegasmessung
- Präkordiales Stethoskop, besonders in der Kinderanästhesie
- EEG

Invasives Monitoring:

- Blasenkatheter zur Überwachung der Urinausscheidung
- ZVD-Messung
- Arterielle Druckmessung
- Pulmonaliskatheter.

1.2.3 Intubation

(☞ 1.2.4 und GK Notfallmedizin Kap. 1.3)

1.2.4 Narkoseverlauf

Abhängig von der Art des operativen Eingriffs, von Alter und Gesundheitszustand des Patienten sowie den individuellen Erfahrungen des Anästhesisten stellt das Herbeiführen und Aufrechterhalten einer Vollnarkose keinen immer gleich ablaufenden Vorgang dar. Kombinationen mehrerer Narkoseverfahren sind oft sinnvoll und tragen, gezielt eingesetzt, zur Risikominimierung bei.

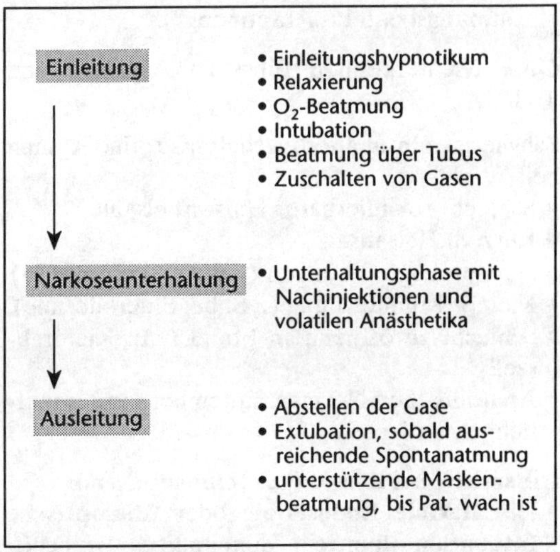

Narkoseeinleitung

Die Einleitung einer Vollnarkose besteht typischerweise aus den folgenden Schritten:

- Anlegen eines EKGs, nicht-invasive Blutdruckmessung
- Anlage eines **peripher-venösen Venenzuganges**
- Injektion von **Atropin**, nicht obligat
- **Präoxygenierung** (Sauerstoffzufuhr) über eine Beatmungsmaske
- **Präcurarisierung** mit einem nicht-depolarisierenden Muskelrelaxans
- Barbiturat-, Etomidat- oder Propofolinjektion
- Injektion des gewählten Muskelrelaxans (Succinylcholin oder nicht-depolarisierendes Muskelrelaxans).

Der Patient kann jetzt intubiert und beatmet werden.

Intubation

Zur Sicherung der Atemwege wird ein aus Kunststoff bestehender Schlauch, ein **Tubus**, in der Trachea plaziert (☞ GK Notfallmedizin Kap. 1.3.2). Dieser ist zur Abdichtung mit einer aufblasbaren Manschette (Cuff) versehen.

Typische Fehllagen des Tubus:
- Einseitige Intubation eines Hauptbronchus, beim Erwachsenen meist rechts → Tubus zurückziehen und Lage erneut kontrollieren.
- Intubation des Ösophagus:
  - Auskultationsbefund: fehlendes oder atypisches Atemgeräusch bei Beutelbeatmung, „gluckern" über dem Epigastrium
  - Mangelhafter Rückfluß von Luft in den Beatmungsbeutel („Ausatmung").

Cave: Nichterkennen führt zu Asphyxie und Tod.

Schwierige Intubationsverhältnisse findet man bei:
- Schlecht reklinierbarer Halswirbelsäule
- Kurzem Halsansatz
- Zungenvergrößerungen (z.B. bei Trisomie 21)
- Kleiner Mundöffnung (z.B. bei Sklerodermie)
- Schlecht zu öffnendem Mund (z.B. Kieferabszeß)
- Anatomischen Normvarianten bei sonst unauffälligen Patienten.

Hilfsmittel bei schwieriger Intubation sind:
- Die **flexible Endoskopie** oder **fiberoptische Intubation** über ein dünnlumiges Bronchoskop. Der Tubus wird zuerst über das Bronchoskop gestreift. Das Bronchoskop wird dann über Mund oder Nasenöffnung in den Rachen und nach Einstellen der Stimmritze in die Trachea vorgeschoben. Nun kann der Tubus über die bronchoskopische Führungsschiene korrekt plaziert werden
- Ein **starres Endoskop**, das über das Laryngoskop vorgeschoben wird und den Blick hinter die Epiglottis erlaubt.

Die Wahl der **Tubusgröße** richtet sich nach dem Lebensalter und den anatomischen Verhältnissen. Für weibliche Patienten ist ein Tubusaußendurchmesser von 34 Charrière, für männliche von 36 Charrière gebräuchlich (1 Charrière= 1/3mm). Ein zusätzlich in den Mund eingelegter **Guedel-Tubus** erleichtert die Fixierung des Tubus und verhindert eine Tubusabklemmung durch Biß. **Spiraltuben**, bei denen durch Tubusbiegung keine Lumeneinengung erfolgt, werden z.B. bei Operationen in Bauchlage oder im Bereich des Gesichtes eingesetzt. **Doppellumentuben** ermöglichen die einseitige Belüftung der Lunge zur Durchführung einiger thoraxchirurgischer Eingriffe.

Komplikationen

Unter den Intubationsbedingungen zur Narkoseeinleitung sind Schädigungen selten. Komplikationen treten bei schwierigen Intubationsverhältnissen oder Notfallintubationen auf. Wer eine Intubation durchführt, muß sich der folgenden Komplikationsmöglichkeiten bewußt sein:
- Zahnschäden durch das Laryngoskop
- Aspiration von Zahnteilen, Blut, Erbrochenem
- Reflexstimulation (vagal oder sympathoadrenerg)
- Einseitige Intubation
- Fehlintubation des Ösophagus (nicht bemerkt eine tödliche Narkosekomplikation!)
- Glottisödem
- Heiserkeit
- Stimmbandschäden.

Ileuseinleitung

Besondere Sorgfalt ist bei der Einleitung der Narkose des **nicht nüchternen Patienten** anzuwenden. Eine Aspiration von Magensaft muß unter allen Umständen vermieden werden. Die Aspirationsgefahr ist bei Patienten mit einer Ileussymptomatik wegen der großen Flüssigkeitsmengen in Magen und Darm besonders groß. Da jeder potentiell nicht nüchterne Patient so eingeleitet werden soll, als bestünde die größte Aspirationsgefahr, spricht man von Ileuseinleitung. Da in der Schwangerschaft die Magenentleerung verzögert ist, gelten auch Schwangere stets als nicht nüchtern.

Erbrechen bei vollem Magen kann in der Phase der Narkoseeinleitung mit reduzierten Reflexen zu einer Aspiration von saurem Magensaft mit

nachfolgenden pulmonalen Komplikationen führen:
- Akutes Atemnotsyndrom (ARDS)
- Aspirationspneumonie
- Mendelsonsyndrom: Akute Aspirationspneumonie mit nachfolgendem ARDS.

Pulmonale Schädigungen sind umso gravierender, je saurer der Magensaft ist. Daher wird bei gefährdeten Patienten zuerst durch Gabe von H_2-Blockern oder durch orale Zufuhr des weniger sauren Natriumcitrates versucht, eine Alkalisierung herbeizuführen. Ist z.B. beim Ileus eine Magensonde gelegt worden, wird diese vor der Narkoseeinleitung entfernt. Sie kann sonst zur Gleitschiene für ein Erbrechen werden. Nach Präoxygenierung und Präcurarisierung wird ein schnell wirksames Hypnotikum, z.B. Thiopental, gegeben. Nach der Succinylinjektion muß die Intubation und Blockung des Tubus rasch erfolgen.

✔ Um eine Regurgitation zu verhindern, wird bis der Tubus plaziert ist, Druck auf das Krikoid ausgeübt (sog. *Sellick-Handgriff*). Bis zur vollen Wirkung des Relaxans wird nicht, wie sonst üblich, mit Maske zwischenbeatmet.

Beatmung

Wichtig ist die Kenntnis der beatmungs- und lageabhängigen Änderungen der Lungenfunktion:
- **Rückenlage**: Hier ist die funktionelle Residualkapazität erniedrigt. Dadurch spielt die closing capacity eine bes. Rolle. Sie setzt sich aus dem closing volume und dem Residualvolumen zusammen. Das closing volume beschreibt den Verschluß basal liegender kleinster Atemwege noch während der Exspirationsphase. Es ist beim Kind, beim alten oder auch beim pulmonal vorerkrankten Patienten vergrößert. Normalerweise wird der Gasaustausch durch die closing capacity erst dann beeinflußt, wenn sie die funktionelle Residualkapazität übersteigt, was unter der Beatmung der Fall sein kann. Es bilden sich minderbelüftete, als **Atelektasen** bezeichnete Lungenbereiche
- **Seitenlagerung**: Sie führt zu einer besseren Durchblutung der schlechter ventilierten unteren Lunge. Auch hier besteht die Gefahr der Atelektasenbildung bes. im Bereich der unteren Lunge
- **Bauchlagerung**: Sie erschwert die Zwerchfellmotilität.

Die **Ersteinstellung des Beatmungsgerätes** erfolgt individuell, abhängig von Körpergröße, Gewicht und Lebensalter. Als Richtgrößen gelten:
- Atemfrequenz 10 – 16 pro Minute
- Atemhubvolumen 8 – 15 ml/kgKG
- Atemzeitverhältnis: Inspiration zu Exspiration 1:2, bei Kindern 1:1, bei obstruktiven Lungenerkrankungen evtl. 1:3
- 70% Lachgas plus 30% Sauerstoff.

Für einen 70kg schweren Patienten könnten folgende Parameter gewählt werden:
- Atemfrequenz 10 pro Minute
- Atemhubvolumen 700 ml
- Daraus ergibt sich ein Atemminutenvolumen von 7 l.

Anhand der klinischen Kriterien erfolgt eine Anpassung an die aktuelle Situation. Hilfsmittel zur Überprüfung der Suffizienz der Beatmung sind:
- Pulsoxymetrie
- Kapnometrie
- Blutgasanalyse.

Beispiele

Problem: Ein Abfall der Sauerstoffsättigung wird durch das Pulsoxymeter angezeigt. In der zur Überprüfung durchgeführten arteriellen Blutgasanalyse sind die Sauerstoffwerte niedrig.

Reaktion:
- Erhöhen der beatmeten Fläche durch Steigerung des Atemzugvolumens
- Erhöhen der inspiratorischen Sauerstoffkonzentration
- Zuschalten eines PEEP (☞ GK Notfallmedizin 1.3.2).

Problem: Es treten hohe Beatmungsdrücke durch Bronchokonstriktion auf.

Reaktion:
- Erhöhen der Atemfrequenz
- Erniedrigen des Hubvolumens
- Verlängerung der Exspirationszeit.

Lagerung

Nachdem die Narkoseeinleitung in Rückenlage erfolgt ist, wird für bestimmte Operationen eine Umlagerung erforderlich. Es sind nicht nur die schon beschriebenen pulmonalen Reaktionen auf die einzelnen Lagerungsarten wichtig, sondern auch die des Herz-Kreislauf-Systems. So können Herzzeitvolumen und Blutdruck in Bauchlage und Seitenlage durch einen verringerten venösen Rückstrom abfallen. Die folgenden Lagerungsarten sind gebräuchlich:

- Rückenlage: Standard
- Bauchlage: Wirbelsäulenoperationen
- Seitenlagerung: Nieren-, Thoraxoperationen
- Sitzende Lagerung: Eingriffe an der hinteren Schädelgrube
- Steinschnittlage: Gynäkologische und transurethrale urologische Eingriffe.

Schädigungen durch Druck auf Weichteile und Nerven sind zu vermeiden:

- Zum Schutz des **Plexus brachialis** darf der Arm im Schultergelenk nicht überstreckt werden (in Rückenlage nicht über 90°). Der Ellbogen darf nicht hart aufliegen. Dies könnte den **N. ulnaris** komprimieren
- Das Fibulaköpfchen und damit der **N. fibularis** darf bes. in der Steinschnittlagerung nicht hart aufliegen
- Desweiteren ist bes. auf kompressionsfreie Lage von Augen, Nase, Mund, Ohren, männlichen Geschlechtsorganen und Knochenvorsprüngen zu achten.

Narkosesteuerung

In der Vollnarkose oder Allgemeinanästhesie soll der Patient bewußtlos und schmerzfrei sein. Vegetative Reaktionen oder gar Abwehrbewegungen als Reaktion auf die operativen Reize sollen möglichst verhindert werden. Wichtige Parameter zum Abschätzen der Narkosetiefe sind der Blutdruck und die Herzfrequenz. Dabei ist aber auch zu beachten, daß die Nebenwirkungen der zur Narkoseaufrechterhaltung verwendeten Medikamente dosisabhängig sind. Auch hier gilt: so viel wie nötig, aber so wenig wie möglich. Für die unterschiedlichen Arten der Vollnarkose sieht die Narkosesteuerung wie folgt aus:
Bei der **Inhalationsanästhesie** wird die Narkose durch Beatmung mit einem Lachgas- Sauerstoff-Narkosegasgemisch aufrechterhalten. Die Dosierung des Inhalationsanästhetikums wird reduziert, nachdem eine Aufsättigung erfolgt ist. Die Nachinjektion von Muskelrelaxantien erfolgt entsprechend ihrer Wirkdauer.

Bei der **Neuroleptanästhesie** werden Opioide und Neuroleptika injiziert, und es wird mit einem Lachgas-Sauerstoffgemisch beatmet. Auch hier können Muskelrelaxantien eingesetzt werden. Nachinjektionen erfolgen auch hier in Abschätzung der Wirkdauer.

Als **balancierte Anästhesie** wird die bedarfsangepaßte Kombination von Analgetikum, Relaxans, Inhalationsnarkotikum und oft auch einem Benzodiazepin bezeichnet.

Die **totale intravenöse Anästhesie** besteht in der Zufuhr von kurzwirkenden Medikamenten (meist über Perfusorspritzen) wie z.B. Propofol, Alfentanil, Vecuroniumbromid oder Atracurium.

Die Narkosesteuerung muß auf die individuellen Bedürfnisse Rücksicht nehmen. Anzustreben ist, daß der Patient unmittelbar postoperativ spontan atmet, wach und schmerzfrei ist. Überdosierungen bei der Neuroleptanästhesie führen zu einer Verlängerung der Narkosedauer. Bei der Inhalationsanästhesie führen sie daneben zur Funktionsbeeinträchtigung von Herz und Kreislauf.

Hinweise auf eine ungenügende Narkosetiefe:
- Hypertonie
- Tachykardie
- Einsetzende Spontanatmung
- Bewegungen
- Tränenträufeln
- Sekretionszunahme (Bronchien, Nasopharynx)
- Pupillenerweiterung.

Narkoseausleitung

Bei der Narkoseausleitung wird mit 100% O_2 beatmet. Die Wirkung von Opiaten und Relaxantien kann bei Bedarf antagonisiert werden. Bei ausreichender Spontanatmung wird der Patient nach Absaugen von Schleim aus Mund und Rachen extubiert. Zur postoperativen Überwachung und zur kontrollierten Analgetikatherapie verbleibt der Patient, bis lebensbedrohliche Nachwirkungen der Anästhetika ausgeschlossen sind, im Aufwachraum (☞ 1.4).

1.2.5 Komplikationen

Die heutigen Narkoseverfahren sind sehr sicher. Eine sorgfältige Anammnese und klinische Untersuchung hilft, sich auf durch Vorerkrankungen bedingte Risiken einzustellen. Bei der Routinenarkose des gesunden Patienten besteht deshalb das größte Risiko darin, überhaupt nicht mit Komplikationen zu rechnen und bei ihrem Auftreten nicht adäquat zu reagieren.

Komplikationsmöglichkeiten ergeben sich zum einen durch die pharmakologischen Nebenwirkungen der zur Anästhesie verwendeten Medikamente, zum anderen durch die für die Narkose erforderlichen technischen Maßnahmen. Ein Beispiel ist die Intubation (☞ 1.2.4). Viele oft auch lebensbedrohliche Komplikationen sind vermeidbar. Ein Beispiel wäre die Diskonnektion des Tubus von der Beatmungseinheit, gepaart mit mangelnder Aufmerksamkeit und nicht eingestellten Alarmvorrichtungen. Es können aber auch die folgenden speziellen Narkosekomplikationen auftreten, auf die man vorbereitet sein muß.

Aspiration: (☞ 1.2.4)

Bronchospasmus
Eine plötzliche Kontraktion der Bronchialmuskulatur und daraus resultierende Verengung der Bronchien. Auslösend können Medikamente, wie z.B. Thiopental oder aber äußere Reize, wie z.B. die Laryngoskopie sein. Schleim, Blut oder Magensaftaspiration können ebenfalls einen Bronchospasmus verursachen.

Laryngospasmus
Ein plötzlicher Kehlkopfverschluß durch Spasmus der falschen Stimmbänder und aryepiglottischen Falten, ausgelöst über den N. laryngeus superior. Die Ursache kann ein Intubationsversuch bei nicht ausreichender Narkosetiefe, eine In- oder Extubation im Exzitationsstadium der Inhalationsanästhesie, aber auch Schleim-, Blut- oder Magensaftaspiration sein.

Pulmonale Komplikationen
Ein Pneumothorax kann als Barotrauma bei zu hohen Beatmungsdrücken, aber auch als Komplikation einer Punktion zur Anlage eines V. subclavia-Katheters auftreten. Hypoxie und Hyperkapnie können kardial, respiratorisch oder durch Beatmungsfehler bedingt sein.

Kardiovaskuläre Komplikationen
Häufige Herzrhythmusstörungen sind Bradyarrhythmien, z.B. durch vagale Intubationsreize und auch Extrasystolen, z.B. durch endogene Katecholamine ausgelöst. Häufige Ursache einer Hypotension ist eine zu tiefe Narkose oder ein Volumenmangel. Eine Hypertension dagegen wird durch zu flache Narkoseführung und endogene oder injizierte Katecholamine hervorgerufen. Seltener werden Lungenembolien oder aber eine Herzinsuffizienz mit Lungenödem durch Übertransfusion beobachtet.

Allergische Reaktionen
Die meisten Medikamente können bei Prädisposition allergische Reaktionen bis hin zur Anaphylaxie hervorrufen.

Volumen- und Elektrolytstörungen (z.B. Hyperkaliämie)
Bes. bei niereninsuffizienten Patienten und Verbrennungspatienten können bedrohliche Serumkaliumspiegel erreicht werden. ***Cave:*** Kein Succinylcholin bei $K^+ > 5{,}5$ mmol/l.

Weitere Komplikationen
- Cholinesterasemangel (☞ 1.2.1)
- Lagerungsschäden (☞ 1.2.4).

Maligne Hyperthermie

✎ **Merksatz:** Die **maligne Hyperthermie** ist eine lebensbedrohliche Störung des Kalziumstoffwechsels der Muskelzelle. Sie kann durch Triggersubstanzen wie z.B. Halothan, Ketamin, Lokalanästhetika oder auch Muskelrelaxantien ausgelöst werden.

Kinder mit Strabismus oder Wirbelsäulenmißbildungen sind häufiger betroffen. Auch wird ein familiär gehäuftes Auftreten beobachtet.

Durch Kalziumüberflutung des Myoplasmas zeigen sich folgende Symptome:
- Temperaturanstieg
- Erhöhter Muskeltonus
- Gesteigerter Sauerstoffverbrauch
- Gesteigerte CO_2-Produktion mit Anstieg des endexspiratorischen CO_2
- Tachykardie

Die sofort einzuleitende Therapie besteht im Stoppen der Zufuhr der als Trigger verdächtigten Substanz und möglichst rascher Beendigung der Operation. Es wird mit reinem Sauerstoff hyperventiliert. Austausch des Narkosegerätes gegen ein frisches, ansonsten mindestens Wechsel der Beatmungsschläuche. Die weitere Narkoseführung erfolgt mit Fentanyl und Benzodiazepinen. Zur Senkung der Kalziumfreisetzung wird **Dantrolen®** (Dantrolen-Na) eingestzt. Die Dosis beträgt: 2,5 mg/kg i.v. alle 5 – 10 Min.; Gesamtdosis bis zu 50mg/kg; Erhaltungsdosis 7,5mg/kg zusätzlich symptomatische Behandlung.

1.2.6 Spezielle Probleme in der Anästhesie

Abhängig vom Lebensalter, aber auch von der jeweiligen Situation und Eingriffsart werden an die Anästhesie besondere Anforderungen gestellt.

Notfallanästhesie

(☞ auch GK Notfallmedizin)

Beim potentiell nicht nüchternen Notfallpatienten wird eine **Ileuseinleitung** durchgeführt (☞ 1.2.4). Zur Intubation bei Schocksymptomatik wird als Einleitungshypnotikum **Etomidat** eingesetzt, da es fast keine Nebenwirkungen auf das Herz-Kreislaufsystem hat. Ist eine Kreislaufstabilisierung durch geeignete Maßnahmen wie z.B. Bluttransfusionen möglich, erfolgen diese präoperativ, auch wenn sich so die Zeit bis zum Eingriff verschiebt.

Kinderanästhesie

Die Narkose von Kindern unterscheidet sich aufgrund anatomischer und physiologischer Besonderheiten von der des Erwachsenen:
- Die Trachea ist kurz, so daß der Tubus leicht in einem der beiden rechtwinklig zueinanderstehenden Hauptbronchien plaziert werden kann
- Schon diskrete Schwellungen der Trachealschleimhaut führen zu Atemwegseinengungen mit deutlichem Stridor. Auf eine Blockung des Tubus wird aus diesem Grund im Säuglings- und Kleinkindalter verzichtet
- Das funktionelle Residualvolumen ist im Vergleich zum Alveolarvolumen geringer als bei Erwachsenen. Kinder entwickeln deshalb schneller eine Hypoxie
- Sie sind auch bei Flüssigkeitsverlust und Auskühlung stärker gefährdet, wegen der im Verhältnis zum Körpervolumen größeren Körperoberfläche als bei Erwachsenen.

Die Wahl der Tubusgröße richtet sich nach dem Lebensalter. Das Alter in Jahren plus 18 gibt den Tubusaußendurchmesser in Charrière an. Bei der Beatmung ist auf möglichst kleinen Totraum zu achten, weshalb häufig das Kuhnsystem (☞ Abb. 1.2) zur Kleinkindnarkose verwendet wird. Eine gängige Narkoseform stellt die Inhalationsanästhesie mit Halothan dar, weil der bronchodilatative Effekt der Spasmusneigung des irritableren Bronchialsystems entgegenwirkt.

Cave: Ein Verschluß der Stimmritze, ein sog. Laryngospasmus, kann durch In- oder Extubation im Exzitationsstadium ausgelöst werden.

Anästhesie in der Geburtshilfe

Eine Schwangerschaft führt abhängig vom Schwangerschaftsstadium zu physiologischen Veränderungen des Organismus:
- Die Schleimhäute sind vermehrt durchblutet
- Es besteht ein Zwerchfellhochstand
- Die funktionelle Residualkapazität nimmt ab
- Durch Zunahme des Atemzugvolumens besteht eine Hyperventilation
- Der Sauerstoffverbrauch ist erhöht
- Das Herzzeitvolumen nimmt zu

- Das Plasmavolumen steigt, Hämatokrit und Hämoglobin nehmen durch diese Verdünnung ab;
- Zum Schutz vor Blutverlusten besteht Hyperkoagulabilität und damit eine erhöhte Thromboemboliegefahr
- Die Serumcholinesterase ist vermindert
- Der Magen wird verlagert, der intragastrale Druck steigt und der Tonus des gastroösophagealen Sphinkters nimmt ab. Hierdurch wird ein Reflux von Magensaft begünstigt. Die Aspirationsgefahr in der Einleitungsphase einer Vollnarkose steigt.

Das Narkoserisiko ist aufgrund der Komplikationsmöglichkeiten durch die erwähnten Veränderungen erhöht. Zur Lagerung ist zu beachten, daß in Rückenlage die Vena cava inferior komprimiert werden kann. Ein Abfall des Herzzeitvolumen ist die Folge. Bei der Anästhetikagabe muß die Wirkung auf den Uterus und den Fetus berücksichtigt werden.

✎ **Merksätze:**
- Inhalationsanästhetika führen zu einer Uterusrelaxierung und erhöhen die Blutungsgefahr.
- Opiate können nach der Entbindung zu einer Atemdepression des Säuglings führen.
- Regionalanästhesiologische Verfahren wie Spinal- und Periduralanästhesie können zur Analgesie während der Geburt wie auch zur Durchführung einer elektiven Sectio-Entbindung verwendet werden. Bei einer Vollnarkose ist wegen der erhöhten Aspirationsgefahr immer eine Intubation und Ileuseinleitung (☞ 1.2.4) erforderlich.

Kardioanästhesie

Die Anästhesie für herzchirurgische Eingriffe nimmt eine Sonderstellung ein. Hier ist die enge Zusammenarbeit von Anästhesisten, Herzchirurgen und Kardiotechnikern besonders wichtig. Die Narkoseführung muß die speziellen pathophysiologischen Verhältnisse der vorliegenden Herzerkrankung berücksichtigen. Eine große Anzahl von Operationen ist nur am nicht schlagenden Herzen möglich. Die Herz-Lungenfunktion wird während der Phase des Herzstillstandes durch eine extrakorporale Zirkulation ersetzt. Das Blut wird heparinisiert und nach der Kanülierung beider Hohlvenen durch Schläuche zur Herz-Lungenmaschine geleitet. Hier erfolgt die Oxygenierung und CO_2-Elimination. Eine Zumischung von Inhalationsanästhetika ist hier ebenfalls möglich. Danach wird das Blut in die ebenfalls kanülierte Aorta oder A. femoralis des Patienten zurückgepumpt.

1.3 Regionalanästhesie

Zu den Lokalanästhesieverfahren gehören:
- Oberflächenanästhesie
- Infiltrationanästhesie
- Leitungsanästhesie.

1.3.1 Medikamente

Physiologische Grundlagen

Lokalanästhetika werden eingesetzt, um die *Erregungsweiterleitung* peripherer Nerven und Nervenwurzeln reversibel zu blockieren. Ihr Hauptwirkort ist die Nervenmembran. Diese Membran besitzt ein *Ruhepotential* von -70 bis -90 mV aufgrund einer Ladungsdifferenz durch ungleiche Ionenverteilung. K^+-Ionen liegen in hoher Konzentration an der Membraninnenseite vor, da durch eine aktive *Ionenpumpe* K^+ im Austausch gegen Na^+ nach innen transportiert wird. Die Na^+-Ionenkonzentration ist dementsprechend außen höher. Eine Erregung des Nerven führt zu einem schnellen Na^+-Einstrom und zu einer Veränderung des Membranpotentials auf +30 bis +40 mV. Diese *Depolarisation* breitet sich als *Aktionspotential* kontinuierlich entlang der markscheidenlosen Nervenfaser aus. An den myelinisierten Nervenfasern erfolgt sie nur an den nicht myelinisierten *Ranvier-Schnürringen* und somit saltatorisch. Das Ruhepotential wird durch eine Permeabilitätsabnahme für Na^+-Ionen und gleichzeitige Zunahme für K^+-Ionen wiederhergestellt.

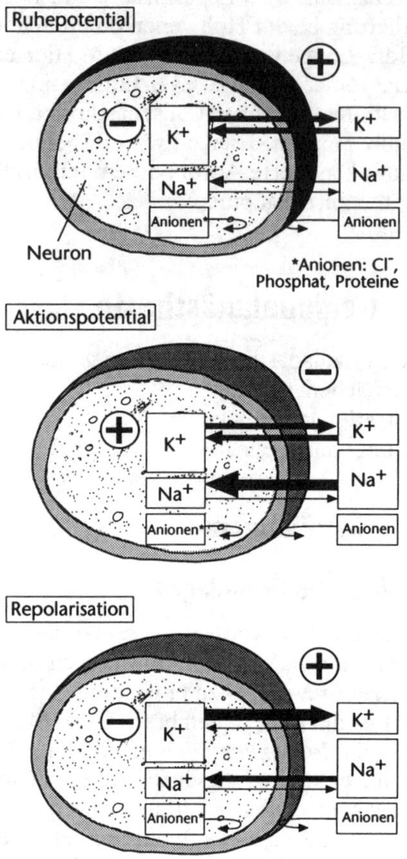

Abb. 1.4: Schematische Darstellung der Nervenmembran

Wirkungsweise der Lokalanästhetika

Lokalanästhetika blockieren die Depolarisation durch eine *Behinderung des schnellen Natriumeinstroms*. Je dicker die Fasern und Markscheiden sind, desto höher muß die Konzentration des zur vollständigen Blockade benötigten Lokalanästhetikums sein. Dünne Nervenfasern können folglich schneller blockiert werden. Die Blockade der Nervenfasern erfolgt in einer bestimmten Reihenfolge:

- Zuerst werden über nicht myelinisierte C-Fasern geleitete postganglionäre sympathische Informationen blockiert, z.B. im somatischen Anteil gefäßkonstriktorische, sudomotorische, pilomotorische Fasern und im viszeralen Anteil Fasern zur Organversorgung sowie ebenfalls die Weiterleitung von Schmerz- und Temperaturempfinden
- Es folgen myelinisierte B-Fasern mit präganglionärer sympathischer Information, deren Blockade zur Vasodilatation im betroffenen Gebiet führt
- Zum Schluß die schnelleitenden myelinisierten A-Fasern, die wie die C-Fasern Schmerz und Temperatur und darüber hinaus Muskeltonus, Tiefensensibilität, Berührung, Druck und Motorik weiterleiten.

Sind nur dünne Nervenfasern blockiert, bleiben Motorik und Berührungsempfindung erhalten. Dieses wird als *Differentialblock* bezeichnet. Ein *Wedenskyblock* liegt vor, wenn einzelne Schmerzreize nicht, ein Dauerreiz z.B. durch einen Hautschnitt jedoch weitergeleitet wird. Dieses Phänomen verschwindet mit Zunahme der Blockade.

Einteilung der Lokalanästhetika

Die Lokalanästhetika werden in *Aminoamide* und *Aminoester* eingeteilt (☞ Tab.).

Aminoamide

Zu den Aminoamiden gehören *Lidocain*, *Mepivacain*, *Prilocain*, *Bupivacain* und *Etidocain*. Sie werden in der Leber abgebaut. In den pharmazeutisch hergestellten Produkten ist das Lokalanästhetikum aus Stabilitätsgründen ein wasserlösliches Salz aus Basen- und Kationenanteil. Der Kationenanteil bindet sich an die Nervenmembran und verhindert einen schnellen Na^+-Einstrom. Ein hoher Basenanteil erleichtert anderseits die Aufnahme des Lokalanästhetikums in die Nervenmembran. Eine Alkalisierung des Lokalanästhetikums führt daher zu einer schneller eintretenden Blockade. Auch durch Temperatursteigerung wird der Basenanteil erhöht. Ein saures Milieu erniedrigt dagegen den Basenanteil, so daß die Wirkung des Lokalanästhetikums durch die verminderte Präsenz (z.B. in entzündetem Gewebe) unvollständig bleibt. Der Zusatz von Vasopressoren (Adrenalin) führt über eine Resorptionsabnahme zu einer verlängerten

Wirkdauer kurz wirkender Lokalanästhetika und erlaubt höhere Dosen.

Cave: In Endarteriengebieten darf Adrenalin wegen der Gangrängefahr nicht eingesetzt werden.

Die Wahl des Lokalanästhetikums ist abhängig von der erwünschten Wirkdauer und der Form der geplanten Blockade:

Lokalanästhetika mit einer Wirkdauer von 1 - 3 Stunden

- **Lidocain** (Xylocain®) ist ein häufig verwendetes Lokalanästhetikum mit raschem Wirkungseintritt. Die gute Ausbreitung im Gewebe macht es bes. für Oberflächen- und Infiltrationsanästhesien geeignet
- **Mepivacain** (Scandicain®) besitzt bei langsamerem Wirkungseintritt und einer etwas längeren Wirkdauer ähnliche Eigenschaften wie Xylocain
- **Prilocain** (Xylonest®) ist die am wenigsten toxische Substanz. Hauptnachteil ist die dosisabhängige *Methämoglobinbildung.*

Lokalanästhetika mit einer Wirkdauer von 3 - 8 Stunden

- **Bupivacain** (Carbostesin®) hat eine hohe Lipoidlöslichkeit und verbleibt länger im Nervengewebe
- **Etidocain** (Duranest®) ist bei rascher Wirkungsentfaltung wegen der hohen Plasmaeiweißbindung weniger toxisch als das ebenfalls lang wirkende Bupivacain.

Ein Zusatz von Adrenalin führt bei den langwirkenden Lokalanästhetika zu keiner weiteren Wirkungsverlängerung. Ein Zusatz von Glukose führt konzentrationsabhängig zu einer im Vergleich zum Liquor schwereren, gleich schweren oder leichteren Lösung. Klinische Bedeutung hat dies im Bereich der Spinalanästhesie (☞ 1.3.2).

▒ Aminoester

Hauptvertreter der Aminoester sind *Procain* und *Tetracain.* Beide werden über das Enzym Pseudocholinesterase abgebaut. Der Abbau von Procain erfolgt sehr schnell, weshalb toxische Blutspiegel praktisch nicht erreicht werden. Weitaus toxischer ist das lipophile Tetracain. Es reichert sich im zentralen Nervensystem an und wird langsamer abgebaut. Allergische Reaktionen sind seltene, aber ernste Nebenwirkungen, die bei den Aminoamiden kaum beobachtet werden. Aus diesem Grund findet lediglich das Procain im Bereich der Infiltrationsanästhesie, der Neuraltherapie und der Schmerztherapie Anwendung. Der Vorteil wird hier in der geringen Toxizität gesehen. Allerdings muß eine allergische Prädisposition des Patienten ausgeschlossen werden.

Nebenwirkungen

Lokalanästhetika wirken abhängig von Konzentration, Menge und Injektionsort durch Resorption auch systemisch. Hohe Plasmaspiegel, meist durch versehentliche intravasale Injektion, können zu folgenden Nebenwirkungen führen:

- ✔ *Zentralnervöse* Nebenwirkungen: Periorale Parästhesien, Schwindel, akustische und visuelle Störungen, Muskelzuckungen bis hin zu einem generalisierten Krampfanfall mit Atemstillstand
- ✔ *Kardiale* Nebenwirkungen: Bradykardie, Abnahme der Myokardkontraktilität, Blutdruckabfall, Arrhythmie bis hin zur Asystolie.

Weitere Nebenwirkungen der Lokalanästhetika:

- *Periphere Vasodilatation* durch Blockade sympathischer Nervenfasern. Dadurch bedingt sind bei rückenmarksnahen Blockaden Blutdruckabfälle möglich
- *Allergische Reaktionen* durch:
  - Stabilisatoren wie Parahydroxybenzoesäuremethylester, die den Aminoamidlokalanästhetika hinzugefügt werden
  - Paraaminobenzoesäure, ein Abbauprodukt der den Aminoestern zugehörigen Lokalanästhetika
- *Methämoglobinbildung* durch o-Toluidin, einem Metaboliten des Prilocains.

Lokalanästhetika				
Substanz (Handelsnamen)	Einzelhöchstdosis in mg (mit Vasokonstriktor)	relative Toxizität	Wirkdauer in Minuten	Anmerkung
Aminoamide				
Lidocain (Xylocain®)	200 (500)	2	60 – 120	
Mepivacain (Scandicain®, Meaverin®)	300 (500)	2	60 – 180	
Prilocain (Xylonest®)	400 (600)	1,5	60 – 180	Met-Hb-Bildung
Bupivacain (Carbostesin®)	150	8	180 – 480	
Etidocain (Duranest®)	300	4	180 – 480	
Aminoester				
Procain (Novocain®)	500 (600)	1	30 – 60	Allergiepotential
Tetracain (Pantocain®)	100	10	60 – 150	

Plasmaspiegel

Bei den verschiedenen Regionalanästhesieformen finden sich unterschiedlich hohe Respirationsraten und damit Plasmaspiegel der verabreichten Anästhetika (nach steigendem Plasmaspiegel geordnet):

- Oberflächenanästhesie
- Spinalanästhesie
- Infiltrationsanästhesie
- Femoralisblockade
- Plexus brachialis-Block
- Periduralanästhesie
- Interkostalnervenblockade.

1.3.2 Techniken

Oberflächenanästhesie

Unter Oberflächenanästhesie versteht man die nicht invasive Betäubung der Körperoberfläche. Sie wird in erster Linie in Form eines Xylocain®-Gels zur Schleimhautbetäubung bei Harnröhrenkatheterisierung sowie bei Zystoskopien verwendet. Ein weiteres Einsatzgebiet ist die Bulbusbetäubung im Bereich der Augenheilkunde mit Pantocain- oder Kokaintropfen.

Infiltrationsanästhesie

Bei der Infiltrationsanästhesie wird das zu betäubende Gebiet mit einer Lokalanästhetikum enthaltenden Lösung umspritzt.

Leitungsanästhesie

Die örtliche Betäubung einer Gliedmaße oder ganzer Körperabschnitte durch lokalanästhetische Blockade der Erregungsweiterleitung der zugehörigen Nerven wird als Leitungsanästhesie bezeichnet. Für operative Eingriffe häufig angewandte Verfahren sind die Spinal-, die Periduralund die Plexusanästhesie. Darüber hinaus werden periphere Nervenblockaden, z.B. Blokkaden des Plexus lumbosacralis und Blockaden im Fußgelenksbereich gesetzt. Diese Verfahren werden auch zur Therapie und Diagnostik von Schmerzen eingesetzt.

Spinalanästhesie

Definition: Bei der Spinalanästhesie (☞ Abb.1.5) wird in Höhe des 2. bis 4. Lendenwirbels ein Lokalanästhetikum in den *Subarachnoidalraum* injiziert und breitet sich im Liquor aus. Betäubt werden die *Nervenwurzeln*.

Technik und anatomische Besonderheiten: Der Conus medullaris, das Rückenmarksende, befindet sich in der Regel zwischen L1/L2, bei 5% der Erwachsenen sowie bei Kindern und Farbigen auch tiefer. Um Rückenmarksschäden zu vermeiden, punktiert man deshalb nicht höher als bis zum Dornfortsatzzwischenraum L2/L3.

Die Punktion wird unter sterilen Bedingungen in Seitenlagerung oder sitzender Position durchgeführt. Durch Beugung im LWS-Bereich wird die Lendenlordose aufgehoben, so daß man die Zwischenwirbelräume besser tasten kann.
Zur Orientierung dient eine gedachte Linie zwischen den Oberrändern der Beckenkämme, die den 4. Lendenwirbel schneidet. Die Einstichstelle zwischen den Dornfortsätzen wird markiert und die Haut desinfiziert. Mit Lidocain 0,5% wird eine Hautquaddel gesetzt und interspinal infiltriert.
Mit der Spinalnadel werden Haut, Unterhaut, Ligamentum supraspinale, Ligamentum interspinale, Ligamentum flavum, Periduralraum und letztendlich Dura mater und Arachnoidea durchstochen. Bei der Passage von Ligamentum flavum sowie der Dura mater ist ein Widerstand spürbar.
Nach Entfernung des den Hohlraum der Nadel verschließenden Mandrins zeigt heraustropfender Liquor die korrekte Lage der Nadel im Subarachnoidalraum an. Nach Aufsetzen der das Lokalanästhetikum enthaltenden Spritze wird vor der Injektion Liquor aspiriert. In der Spritze sind Schlieren sichtbar. Nach der Injektion erfolgt die sofortige Lagerung des Patienten unter Berücksichtigung des spezifischen Gewichtes des Lokalanästhetikums.

Ausbreitung der Anästhesie

Sie ist abhängig von der Lagerung des Patienten und dem spezifischen Gewicht des Lokalanästhetikums:

- Hyperbare Lösungen mit Glukosezusatz sinken der Schwerkraft folgend. So kann in sitzender Lagerung eine selektive Betäubung der Sakralwurzeln und damit des Analbereiches, ein sog. *Sattelblock*, erreicht werden. In Seitenlage ist eine *halbseitige Spinalanästhesie* möglich. Nur die unten liegende Körperhälfte wird betäubt. Wichtig ist, daß die Umlagerung in die Rückenlage erst nach maximaler Blockadeausbreitung, in der Regel ungefähr 20 Minuten, erfolgt.
  Cave: Gefahren treten bei Oberkörpertieflagerung auf, die unbedingt zu vermeiden ist: Eine *hohe Spinalanästhesie* mit Blockade des Herzsympathikus bei Th1-Th4 und des Zwerchfells durch Phrenikusblockade bei C3-C5, kann die Folge sein. Bradykardie und Ateminsuffizienz sind drohende Gefahren.
- Hypobare Lokalanästhetika steigen entgegen der Schwerkraft. Ihre Verteilung ist im Gegensatz zu isobaren Lokalanästhetika,die aufgrund gleichen Gewichtes wie der Liquor in der Nähe der Injektionsstelle bleiben, ebenfalls lageabhängig.
  Cave: Oberkörperhochlage
- Isobare Lokalanästhetika wirken am stärksten auf die dem Injektionsort naheliegenden Segmente.

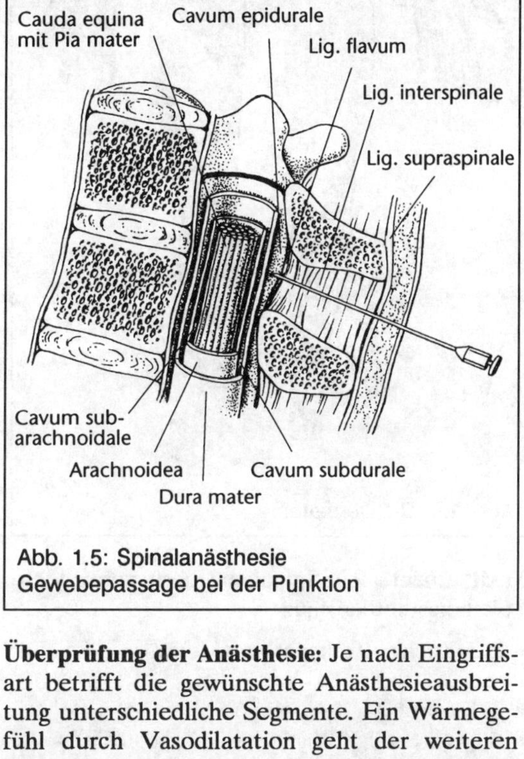

Abb. 1.5: Spinalanästhesie
Gewebepassage bei der Punktion

Überprüfung der Anästhesie: Je nach Eingriffsart betrifft die gewünschte Anästhesieausbreitung unterschiedliche Segmente. Ein Wärmegefühl durch Vasodilatation geht der weiteren Blockadeausbreitung voraus. Leitlinien für die Überprüfung der aufgehobenen Schmerzempfindung sind für die Segmente Th4-6 die Mamillarlinie, Th6-8 das Xyphoid, Th10 der Nabel, L1 das Leistenband. Die Schmerzreize zur Überprüfung werden über leichte Stiche mit einer Injektionsnadel oder durch Kneifen erzeugt.

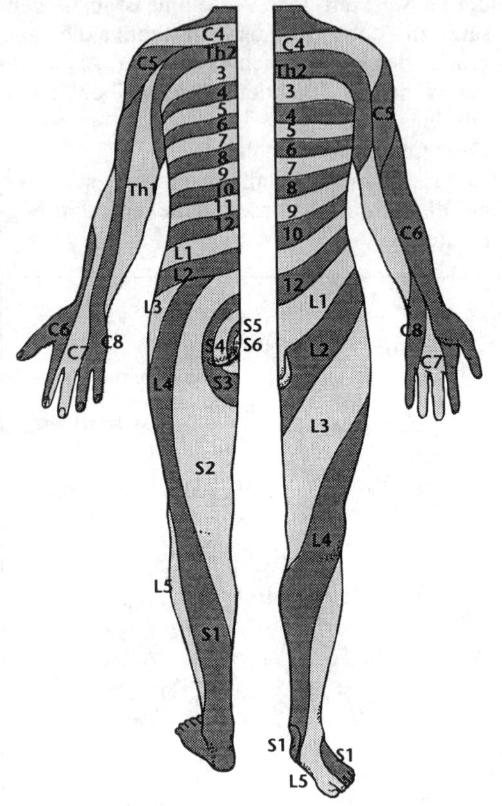

Abb. 1.6: Die Dermatome

Medikamente: Zur Spinalanästhesie verwendete Lokalanästhetika sind:

- Mepivacain 4% hyperbar (Meaverin®, Scandicain®)
- Lidocain 5% (Xylocain®)
- Bupivacain 0,5% hyperbar (Carbostesin®)

Komplikationen

Wegen der geringen Lokalanästhetikummenge sind systemische Nebenwirkungen über eine Resorption nicht zu erwarten. Abhängig von der Anzahl blockierter Segmente ist das Ausmaß der Vasodilatation durch *Sympathikusblockade* und der dadurch hervorgerufene Blutdruckabfall. Er läßt sich durch Gabe von Infusionen vor Durchführung der Spinalanästhesie vermeiden und später mit Vasopressoren therapieren. Häufigste Spätkomplikation ist der *postspinale Kopfschmerz*, von dem jüngere Patienten häufiger betroffen sind. Neurologische Schäden durch eine Spinalanästhesie sind extrem selten, aber die Verletzung von Periduralgefäßen kann bei Gerinnungsstörungen zu ausgedehnten Blutungen und Nervenkompression führen.

Indikation

- *Operationen:* Eingriffe an der unterhalb des Bauchnabels gelegenen Körperhälfte bieten sich für die Spinalanästhesie an. Vorteile gegenüber der Vollnarkose bestehen besonders bei nicht nüchternen Patienten und respiratorischen Vorerkrankungen. Bei der Indikationsstellung muß die Operationsdauer berücksichtigt werden.
- *Schmerztherapie:* Zur Bekämpfung von starken Schmerzen, z.B. Tumorschmerzen, kann man über einen dünnen Katheter Opioide mittels einer implantierten oder externen Pumpe applizieren. Angriffsort sind spinale Opioidrezeptoren. Hauptgefahr sind Infektionen mit Übergriff auf die Meningen.

Periduralanästhesie

Definition: Bei der Periduralanästhesie (☞ Abb. 1.7) wird das Lokalanästhetikum in den durch Dura mater spinalis und Ligamentum flavum begrenzten Raum im Wirbelkanal injiziert.

Die Wirkung tritt im Vergleich zur Spinalanästhesie später ein, die Punktion ist schwieriger, die erforderlichen Volumina und somit auch die Anästhetikaplasmaspiegel sind bedeutend grösser. Eine Periduralanästhesie hat im Vergleich zur Spinalanästhesie folgende Vorteile:

- Eine selektive Blockade einzelner Segmente ist möglich
- Dosierungsabhängig können nur bestimmte Nervenfunktionen blockiert werden, wie z.B. die Schmerzweiterleitung bei erhaltener Motorik
- Nachinjektionen über einen Katheter sind möglich.

Technik:
Häufigste und technisch einfachste Punktionsstellen sind die Zwischenwirbelräume L3/4 und L2/3. Wie bei der Spinalanästhesie ist eine Punktion in Seitenlage oder im Sitzen möglich. Wegen des im lumbalen Periduralraum vorhandenen Unterdruckes läßt sich beim Vorschieben der zur Punktion verwendeten *Tuohy*-Nadel durch Kolbendruck einer mit Kochsalz gefüllten Spritze ein *Widerstandsverlust* feststellen. Die anfangs kaum injizierbare Lösung läßt sich jetzt butterweich spritzen. Über die Tuohy-Nadel wird dann ein Kunststoffkatheter 3-4 cm weit eingeführt, so daß Nachinjektionen vorgenommen werden können.

Komplikationen: Eine versehentliche *Duraperforation* ist eine häufige Komplikation. Die folgende subarachnoidale Injektion der für die Periduralanästhesie geplanten großen Lösungsmengen kann zu einer totalen Spinalanästhesie mit kompletter Sympathikusblockade führen. Intravasale Injektion führt zu hohen Plasmaspiegeln und den damit verbundenen Auswirkungen. Sonstige Komplikationen entsprechen denen der Spinalanästhesie.

Indikationen
- Eine Kombination von Vollnarkose und Periduralanästhesie ist durchaus möglich und zur postoperativen Analgesie bei vielen Eingriffen sinnvoll, z.B. Darmoperationen, gefäßchirurgische Eingriffe, Lungenoperationen
- In jüngster Zeit werden Spinal- und Periduralanästhesie kombiniert, um bei schnellem Wirkungseintritt die Möglichkeit der Nachinjektion über einen mit einer geringeren Infektionsgefahr behafteten Katheter nutzen zu können
- Ein Periduralkatheter ist auch zur Therapie von postoperativen und chronischen Schmerzzuständen geeignet
- Die durch Lokalanästhetika bedingte Vasodilatation ist eine nach Gefäßoperationen erwünschte Nebenwirkung
- Ebenso die anregende Wirkung auf die Darmperistaltik, die der postoperativen Darmatonie entgegenwirkt
- Um den *Wehenschmerz* während der Geburt zu lindern, müssen während der Eröffnungsperiode die Segmente Th11 – L1, während der Austreibungsperiode S2 – S4 blockiert sein.

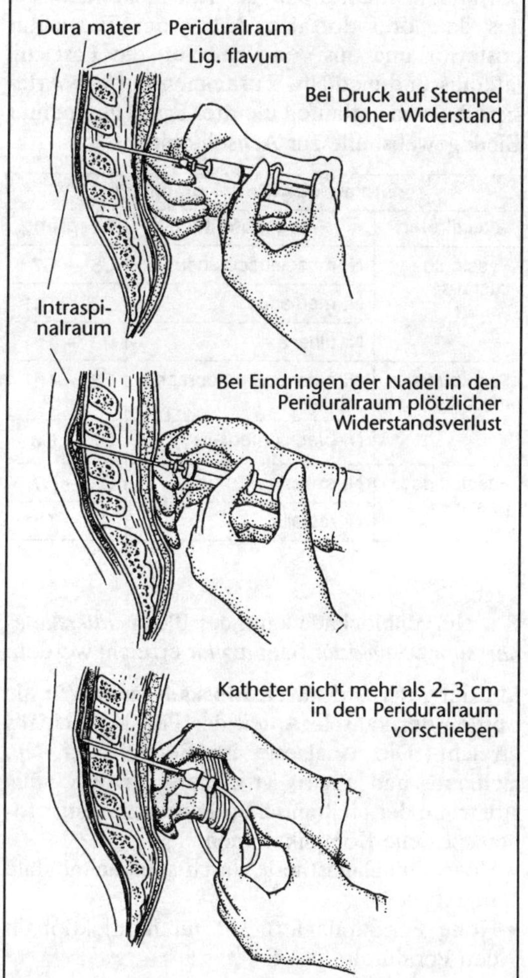

Abb. 1.7: Periduralanästhesie
Gewebepassage bei der Punktion

Plexus brachialis-Anästhesie

Anatomie: Der Plexus brachialis wird aus den Rami ventrales der Spinalnerven C5 – Th1 gebildet. Nach Durchtritt durch die Skalenuslücke bilden sich drei Stränge: Der Truncus superior aus C5 und C6, der Truncus medius aus C7 und der Truncus inferior aus C8 und Th1. Jeder der drei Trunci teilt sich in einen ventralen und dorsalen Ast. Unterhalb der Klavikel bilden sich aus den drei dorsalen Ästen der Fasciculus posterior und aus den ventralen die Fasciculi lateralis und medialis. Zusammen mit der Arteria subclavia verlaufen die drei Fasciculi in einer Bindegewebshülle zur Achselhöhle.

Anatomie des Plexus brachialis		
Faszikelart	**Nervenaufteilung**	**Ursprung**
Fasciculus lateralis	N. musculuscutaneus	C5 – C7
	N. medianus	C5 – Th1
	N. ulnaris	C8 – Th1
Fasciculus medialis	N. cutaneus antebrachii medialis	C8 – Th1
	N. brachii medialis	C7 – C8
Fasciculus posterior	N. axillaris	C5 – C7
	N. radialis	C5 – Th1

Technik
Zur Nervenblockade kann der Plexus *interskalenär*, *supraklavikulär* oder *axillär* erreicht werden:

Mit der **interskalenären Blockade nach Winnie** werden der kausale Anteil des Plexus brachialis erreicht. Die Analgesie im Bereich der Nn. medianus und ulnaris ist zumeist unvollständig. Aufgrund der anatomischen Lagebeziehung drohen spezielle Komplikationen:

- Hohe Spinalanästhesie durch subarachnoidale Injektion
- Hohe Periduralanästhesie durch Injektion in den Periduralraum
- Injektion in die Arteria vertebralis
- Horner-Syndrom durch Blockade des Ganglion stellatum (Miosis, Ptosis, scheinbarer Enophthalmus)
- Phrenikusparese.

Die **supraklavikuläre Blockade nach Kulenkampff** wird neben der oberhalb des Schlüsselbeines getasteten A. subclavia durchgeführt. Komplikationsmöglichkeit ist eine Pleurapunktion mit nachfolgendem Pneumothorax.

Die **axilläre Blockade** wird am häufigsten angewandt, da gravierende Nebenwirkungen selten sind. Orientierung bietet die Pulsation der Arteria brachialis und ein Widerstandsverlust bei Passieren der Faszienhülle. Als weiteres Hilfsmittel kann ein *Nervenstimulator* benutzt werden. Zur kontinuierlichen Anästhesie ist auch das Einbringen eines Katheters in die Gefäßnervenscheide möglich. Da 30 – 40ml Lokalanästhetikum injiziert werden, sind systemische Nebenwirkungen möglich. Die Resorption ist im Vergleich zum Periduralraum jedoch geringer.

Mögliche Indikationen zur Regionalanästhesie	
Regionalanästhesieform	**Indikation**
Plexus brachialis-Block:	Eingriffe an:
- interskalenär	Klavikula, Schulter, Oberarmaußenseite
- supraklavikulär	Oberarm, Unterarm, Hand
- axillär	Hand, Unterarm
Plexuskatheter	langdauernde Wiederherstellungs-OP und Replantationen, sympathische Reflexdystrophie
Spinalanästhesie	Eingriffe an der unteren Körperhälfte, besonders bei nicht nüchternen Patienten, pulmonalen Vorerkrankungen
Periduralanästhesie	abdominale Operationen, Thoraxeingriffe in Kombination mit einer Vollnarkose, geburtshilfliche Analgesie, Sympathikusblockade

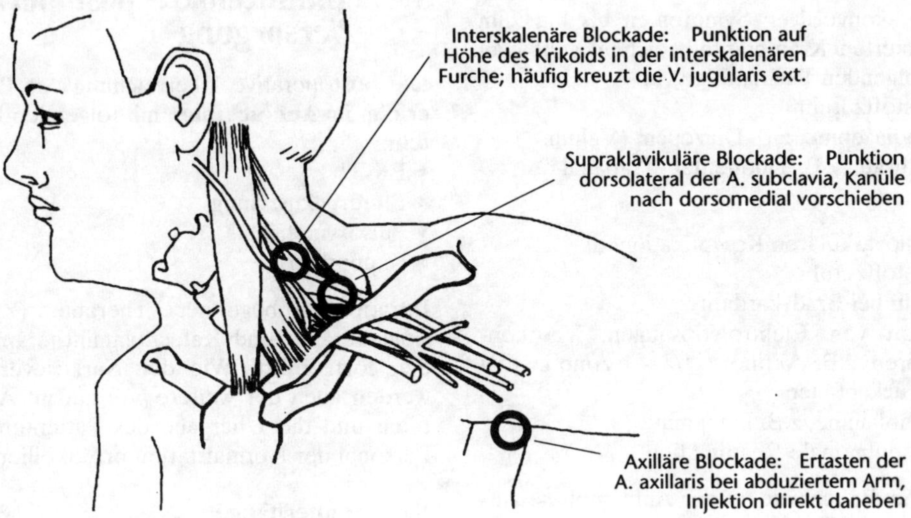

Abb. 1.8: Plexus brachialis - Blockaden

Weitere Regionalanästhesieverfahren

Intravenöse Regionalanästhesie

Nach Anlage einer Blutleere erfolgt die Injektion eines Lokalanästhetikums in eine periphere Vene der zu betäubenden Extremität. Die Betäubung der Extremität wird durch fraktioniertes Aufheben der Blutleere beendet. Es werden nur gering toxische Anästhetika in niedriger Konzentration verwendet.

Kaudalanästhesie

Man appliziert das Lokalanästhetikum über den Canalis sacralis in den Periduralraum. Die Gefahr der Duraperforation ist geringer als bei der herkömmlichen Periduralanästhesie. Es werden große Volumina eines Lokalanästhetikums benötigt, um auch lumbale Segmente zu betäuben. Eine Katheteranlage wird wegen des hohen Infektionsrisikos nicht durchgeführt.

Fußblock

Im Fußgelenksbereich werden die Nn.peroneus, tibialis, saphenus und suralis blockiert.

Perineale Anästhesie

Geburtsbegleitende Anästhesie des N. pudendus zur Analgesie in der letzten Phase der Geburt.

Blockade der Nerven des Plexus lumbosacralis

Blockaden der peripheren Beinnerven werden zur Schmerzdiagnostik und -therapie eingesetzt. Für operative Eingriffe müssen meist mehrere Blockadeformen kombiniert werden. Hier sind Peridural- und Spinalanästhesie leichter durchführbar und vorteilhafter.

Sympathikusblockaden

Schmerztherapeutisch blockiert man bei Sympathikusdysfunktionen und zur Durchblutungsverbesserung das Ganglion stellatum, den Plexus coeliacus oder den lumbalen Sympathikus. Die beiden letztgenannten Verfahren werden unter Röntgenkontrolle durchgeführt.

1.3.3 Komplikationen

(☞ 1.3.1 und 1.3.2)

Abhängig von der Wirkungsweise der Lokalanästhetika sind bes. das Herz-Kreislauf-System und das zentrale Nervensystem von Komplikationen betroffen. Wichtig ist die sofortige Therapie.

Bei zentralen Komplikationen, die von unspezifischen präkonvulsiven Symptomen bis hin zum generalisierten Krampfanfall reichen, geht man in der folgenden Reihenfolge vor:
- Sauerstoffzufuhr
- Benzodiazepine, z.B. Diazepam (Valium®)
- Barbiturate, z.B. Thiopental (Trapanal®)
- Beatmung.

Bei kardiovaskulären Komplikationen:
- Sauerstoffzufuhr
- Atropin bei Bradykardien
- Infusion von Elektrolytlösungen, Vasokonstriktoren, z.B. Akrinor® 1/2 – 1 Amp i.v. bei Blutdruckabfällen
- Katecholamine, z.B. Dopamin
- Kardiopulmonale Reanimation.

Auslösend für schwere, in der Anfangsphase auftretende Komplikationen können Fehler bei der Durchführung der Regionalanästhesie sein, wie:
- Versehentliche i.v. oder i.a. Injektion des Lokalanästhetikums
- Subarachnoidale Injektion bei geplanter Periduralanästhesie
- Fehlerhafte Lagerung bei der Spinalanästhesie, z.B. Kopftieflage nach Injektion eines hyperbaren Lokalanästhetikums. Folge: Totale Spinalanästhesie mit vollständiger Sympathikusblockade und Zwerchfellähmung (Symptome: Unruhe, Blutdruckabfall, Atemstillstand, Pupillenerweiterung, Bewußtseinsverlust). Darüber hinaus können bes. bei den Ester-Lokalanästhetika allergische Reaktionen bis hin zur Anaphylaxie auftreten. Therapie:
  - Antihistaminika, z.B. Tavegil®
  - Kortikoide, z.B. Solu-Decortin®
  - Adrenalinverdünnung (Suprarenin®).

Fehlerhafte Lagerung bes. der betäubten Körperregion kann zu Spätkomplikationen führen (☞ 1.2.4).

1.4 Unmittelbare postoperative Versorgung

Die postoperative Überwachung des Patienten erfolgt im **Aufwachraum** mit folgenden Hilfsmitteln:
- EKG
- Blutdruckmessung
- Pulsoxymetrie
- Kapnometrie.

Intraoperativ begonnene Therapien (z.B. Infusionstherapie und Katecholamintherapie) werden fortgeführt. Wie der Narkoseverlauf, so werden auch der weitere Verlauf im Aufwachraum und die Übergabe des Patienten an das Personal der Normalstation protokolliert.

Narkoseüberhänge

Nachwirkungen der Narkose müssen beobachtet und therapiert werden, um eine postoperative Gefährdung des Patienten zu verhindern. Bes. nach **Neuroleptanästhesien** können Atemdepressionen auch mit zeitlicher Latenz auftreten. Ein **Opiatüberhang** kann durch Nachbeatmung bis zur vollständigen Wachheit oder durch den Morphinantagonisten Naloxon (Narcanti®) behandelt werden. Möglich ist dabei aber das erneute Auftreten einer Atemdepression durch kurze Antagonistenwirkungsdauer. Zeichen für einen Opiatüberhang sind:
- Miosis (enge, stecknadelkopfgroße Pupillen)
- Sistieren der Atmung bei Ausbleiben von externen Reizen.

Dagegen zeigt der Patient mit einem Überhang an **Muskelrelaxantien**:
- Unruhe
- Geringe motorische Kraft
- Atembeschwerden
- Hohe Frequenz flacher Atemzüge
- Doppelbilder.

Hier kann die medikamentöse Nachwirkung durch Cholinesterasehemmer antagonisiert werden.

Risikofaktoren

Sehr sorgfältig muß die Überwachung des Risikopatienten sein. So reagieren Patienten mit **respiratorischen** und **kardiovaskulären Vorerkrankungen** bes. empfindlich auf Narkoseüberhänge. Der Einsatz von Cholinesterasehemmern zur Aufhebung einer muskulären Blockade ist wegen deren Nebenwirkungen oftmals nicht möglich. Gefährdet sind auch **adipöse Patienten**. Respiratorische Probleme treten bei ihnen oft in der Aufwachphase auf. Auch sind Narkoseüberhänge häufiger. Die erwähnten Risikopatienten müssen länger im Aufwachraum überwacht werden.

Postoperative Analgesie

Der Schmerz nach einer Operation ist für den Patienten nicht nur unangenehm, sondern kann auch Komplikationen des Herz-Kreislaufsystems und der Atmung hervorrufen.

Zur postoperativen Analgesie können eingesetzt werden:
- Periphere Analgetika
- Opioidanalgetika
- Lokalanästhetische Verfahren.

Die Analgetikazufuhr erfolgt durch:
- Bedarfsadaptierte intravenöse oder intramuskuläre Injektionen
- Dauerinfusion, z.B. Tramal®-Novalgin®-Tropf
- Patientengesteuerte Opioidapplikation (der Patient kann auf Knopfdruck Schmerzmittelboli über einen programmierten Infusomaten abrufen)
- Nachinjektion in Plexus brachialis- oder Periduralkatheter.

Ist der Patient in einem stabilen Allgemeinzustand und sind lebensgefährliche Narkosenebenwirkungen nicht mehr zu befürchten, erfolgt die Verlegung auf die Normalstation. Bestehen instabile Herz-Kreislaufverhältnisse, ist ein ausgedehnteres Monitoring notwendig oder sind intraoperative Komplikationen postoperativ noch nicht beherrscht, erfolgt die direkte Verlegung des Patienten auf die Intensivstation.

1.5 Flüssigkeits- und Volumentherapie

Ätiologie und Klinik

Der nüchterne Patient weist ein **Flüssigkeitsdefizit** auf. Über Niere, Lunge, Haut und Darm kommt es physiologischerweise zu weiteren Verlusten. Hinzu kommen operativ hervorgerufene Flüssigkeitsverluste wie Blutungen, Verdunstung nach außen, z.B. über den Darm sowie Flüssigkeit in reseziertem Gewebe.

Die Reaktion des Körpers auf ein Volumendefizit besteht in erhöhter Ausschüttung von antidiuretischem Hormon, wodurch Flüssigkeit retiniert wird. Reicht dieser Mechanismus zur Kompensation nicht aus, resultiert ein Volumenmangel mit den folgenden Zeichen:
- Hypotonie
- Tachykardie
- Geringe Urinausscheidung
- Niedriger zentralvenöser Druck.

Therapie

Die perioperativ auszugleichende Flüssigkeitsmenge richtet sich nach:
- Präoperativem Defizit
- Operationsart und -dauer
- Klinischem Bild.

Es wird schon **vor der Narkoseeinleitung** mit der Infusionstherapie begonnen. Die Infusionsmenge ist abhängig von der Dauer der Nüchternheit und dem Körpergewicht. Vor Spinal- oder Periduralanästhesie verabreicht, verringert eine Flüssigkeitssubstitution von 500 – 1000 ml Elektrolytlösung den Blutdruckabfall durch Sympathikusblockade. Nach frühzeitiger Infusionstherapie sind Blutdruckabfälle nach der Einleitung der Intubationsnarkose seltener.

Intraoperativ werden abhängig vom Flüssigkeitsverlust in der Stunde zwischen **1,5 und 20 ml/kgKG** pro Stunde Flüssigkeit zugeführt. Bei großen bauchchirurgischen Eingriffen liegt die Infusionsmenge im oberen Bereich.

Auch **postoperativ** muß eine ausreichende Flüssigkeitszufuhr gewährleistet sein, bis der Patient wieder selbst trinken kann.

Substituiert wird mit Elektrolytlösungen und bei größeren Verlusten mit kolloidalen Infusionslösungen (Dextran, Hydroxyäthylstärke, Gelatine).

Elektrolytlösungen

Kristalline Lösungen verteilen sich schnell im intra- und extravasalen Raum. Sie diffundieren durch die Kapillarmembranen, so daß nur etwa 1/3 intravasal verbleibt. Um einen Verlust von Plasma auszugleichen, ist daher die Substitution mit der dreifachen Menge an Elektrolytlösung erforderlich. Es werden isotone, hypotone und hypertone Lösungen verwendet.

Isotone Infusionslösungen:

Beispiele: NaCl 0,9%, Ringer-Laktat, Sterofundin®.

Der Na^+- und Cl^--Gehalt der isotonen Kochsalzlösung (NaCl 0,9%) liegt über dem des Plasmas. Sie ist isoton, da keine anderen Elektrolyte in der Lösung enthalten sind. Der Elektrolytgehalt der Ringer-Laktat- und Sterofundinlösung ist dem des Plasmas ähnlicher. Sie gehören zu den häufig verwendeten Infusionslösungen.

Hypotone Infusionslösungen:

Beispiele: Glucose 5%, Lactat 5%.

Zum adäquaten Ersatz isotoner Flüssigkeitsverluste ungeeignete Infusionslösungen. Elektrolytfreie Verluste können jedoch ausgeglichen werden. Sie bewirken eine geringe Kohlenhydratzufuhr.

Hypertone Infusionslösungen

Beispiel: Ringer-Laktat in Glucose 5%

Es werden Flüssigkeit, Elektrolyte und Kohlenhydrate substituiert. Hohe Infusionsgeschwindigkeit führt zu osmotischer Diurese. Die anfänglich hypertone Lösung verhält sich nach der Kohlenhydratverstoffwechselung plasmaisoton.

Kolloidale Lösungen

Größere Flüssigkeitsverluste machen den Einsatz von kolloidalen Lösungen notwendig. Sie bestehen aus Substanzen mit hohem Molekulargewicht. Plasmaersatzmittel wie z.B. Gelatinepräparate haben etwa den gleichen onkotischen Druck wie das Plasma. Plasmaexpander, z.B. Dextran, besitzen einen höheren onkotischen Druck. Sie führen zu einer Flüssigkeitsverlagerung vom extra- in den intravasalen Raum. Ihr Volumeneffekt ist größer als der der Elektrolytlösungen.

Komplikationen

Eine zu hohe Flüssigkeitszufuhr kann zu einer **Verdünnungshyponatriämie** führen. Eine Flüssigkeitsverlagerung in die Zelle ist die Folge. Kardiale Dekompensation mit Lungenödemsymptomatik kann beim alten und vorerkrankten Patienten auftreten. Bei Verwendung kolloidaler Lösungen müssen die Dosierungsempfehlungen beachtet werden, da gravierende Nebenwirkungen auftreten können:

- Allergien

Kolloidale Infusionslösungen

Substanz	Maximaldosis	Im Plasma verbleibendes Volumen	Plasmahalbwertzeit
Dextran 10%(40)	1,5 g/kg/die	1,5	3 – 4 Stunden
Dextran 6%(60)	1,5 g/kg/die		6 – 8 Stunden
Hydroxyäthylstärke (HÄS) 6%	20 ml/kg	0,8	2 – 3 Stunden
HÄS 10%	15 – 20 ml/kg	1,3	6 – 8 Stunden
Gelatine	1500 ml/die	0,8	2 – 4 Stunden
Humanalbumin	nach Gesamteiweiß	1,0	bis zu 3 Wochen

- Gerinnungsstörungen durch Verdünnungskoagulopathie oder Thrombozytenaggregationshemmung durch Dextran
- Nierenfunktionsstörungen.

Die Gabe monovalenter Dextranhaptene (Promit®) vor der Dextraninfusion verhindert eine mögliche anaphylaktische Reaktion. Die Haptene binden Antikörper, die dann nicht mehr mit dem Antigen besetzt werden können.

Transfusionen

Intraoperative Blutverluste werden ersetzt durch:
- Präoperativ abgenommene **Eigenblutkonserven.** Mehrere Wochen vor dem geplanten Eingriff wird mit der Blutabnahme, Aufbereitung und Konservierung begonnen. Es können so nach Bedarf mehrere Erythrozytenkonzentrate und gerinnungsaktive Frischplasmakonzentrate zur Verfügung gestellt werden
- Intraoperative Wiederaufbereitung von abgesaugtem Blut mit einem **Cell-Saver** und **Retransfusion**
- **Fremdbluttransfusionen.**

Das Ziel der Transfusion ist, das intravasale Volumen und die Sauerstofftransportkapazität aufrechtzuerhalten. Die Blutgruppe des Empfängers muß mit der des Spenders des Erythrozytenkonzentrates in ABO- und Rhesusantigenen übereinstimmen. Um dies zu prüfen wird eine Kreuzprobe durchgeführt:

- **Major-Test** zum Nachweis von Antikörpern gegen die Spendererythrozyten im Patientenserum: Empfängerserum plus Spendererythrozyten
- **Minor-Test** zum Nachweis von Antikörpern gegen die Erythrozyten des Patienten im Spenderserum: Empfängererythrozyten plus Spenderserum.

Zusätzlich zur Kreuzprobe wird ein **Antikörpersuchtest** mit antigenbehafteten Testerythrozyten durchgeführt. Vor der unmittelbaren Transfusion ist durch den transfundierenden Arzt ein **Bed-Side-Test** durchzuführen. Eine Übereinstimmung der Blutgruppen im ABO-System wird hierbei überprüft.

Wird inkompatibles Blut transfundiert, kann es zu einer *Transfusionsreaktion* mit folgendem klinischen Bild kommen:

- Hämolyse
- Hämaturie
- Gerinnungsstörungen infolge einer Verbrauchskoagulopathie
- Schüttelfrost, Fieber
- Tachykardie und Hypotonie
- Schock.

Therapie des Transfusionszwischenfalls:

- Sofortiges Beenden der Transfusion
- Volumenzufuhr über großlumige intravenöse Venenzugänge
- Sauerstoffzufuhr, evtl. Intubation und Beatmung
- Katecholamine: Adrenalin
- Antihistaminika: Clemastil (Tavegil®)
- Glukokortikoide: Prednison (Solu-Decortin®).

Um ein durch Hämolyse bedingtes Nierenversagen zu verhindern, wird die Urinausscheidung mit Furosemid, Infusionen und Dopamin gesteigert (☞ GK Notfallmedizin Kap. 2). Eine niedrig dosierte Heparingabe soll die Entwicklung einer Verbrauchskoagulopathie verhindern.

Das Risiko, durch eine Transfusion eine Infektion hervorzurufen, ist gering, aber nicht auszuschließen. Deshalb sollten, wenn möglich, Eigenblutkonserven eingesetzt werden.

An Infektionen sind möglich:

- Hepatitis B, C und D
- Zytomegalie- und Epstein-Barr-Virusinfektion
- Infektionen mit Retroviren:
  - HIV
  - T-lymphotropes Virus Typ I
  - T-Zell-Leukämie-Virus
  - Neurotrope "Slow Virus"
- Syphilis
- Malaria.

Der Patient ist bei Wahleingriffen über die Transfusionsrisiken aufzuklären, sofern eine Bluttransfusion als wahrscheinlich gilt.

Präoperative Hämodilution

Eine Blutverdünnung durch unmittelbar präoperative Abnahme von Eigenblut und Volumenersatz mit kolloidalen Lösungen hilft den Einsatz von Fremdblut zu vermindern. Außerdem bietet die Hämodilution weitere Vorteile:

- Herabsetzung der Blutviskosität
- Mikrozirkulationsverbesserung
- Verminderte Thrombosegefahr
- Verringerter Erythrozytenverlust bei intraoperativen Blutungen
- Bereitstellung einer Eigenblutkonserve.

Anwendung findet die Hämodilution vor großen Eingriffen. Eine bessere Durchblutung operativ angelegter Darmanastomosen wird diskutiert.

2 Grundlagen der intensivmedizinischen Behandlung

2.1 Behandlung, Überwachung, Pflege des Patienten

2.1.1 Intensivmedizinische Behandlung

Beatmung

Definition und Indikationen:
Unter Beatmung versteht man den vollständigen oder teilweisen Ersatz der Spontanatmung durch Zufuhr der Atemgase mittels eines von außen erzeugten Überdruckes.

✔ Eine künstliche Beatmung wird notwendig, wenn die Gewebe nicht ausreichend mit O_2 versorgt werden oder die Elimination von CO_2 ungenügend ist.

✔ Ein Abfall des arteriellen O_2 bei gleichzeitigem Anstieg des arteiellen CO_2 wird als Globalinsuffizienz bezeichnet.

Beatmungsindikationen (je nach Ausmaß)

Funktionsstörungen von Herz und Lunge:
- Herz-Kreislaufstillstand
- Zustand nach einer Reanimation
- Dekompensierte Herzinsuffizienz
- Lungenödem
- Lungenembolie
- Pneumonie
- Akutes Lungenversagen

Fehlender Atemantrieb durch zentrale Atemlähmung:
- Schädel-Hirntrauma
- Hirndrucksteigerung
- Drogenabusus

Neurologische Erkrankungen, die zur Lähmung der Atemmuskulatur führen:
- Myasthenie
- Hohe Querschnittslähmung
- Muskeldystrophie

Erhöhter Sauerstoffbedarf durch Mikrozirkulationsstörungen:
- Schock unterschiedlicher Genese
- Polytraumatisierung
- Verbrennungen

Intoxikationen (☞ GK Notfallmedizin 5.4):
- Atemgase
- Alkylphosphate
- Cyanide mit Störung der Atmungskette.

Entscheidungshilfe für eine Indikationsstellung zur Beatmung geben neben den Blutgasanalysewerten (☞ Tab. unten) klinische Kriterien. Das Vorliegen einer Dyspnoe, einer Tachypnoe sowie der Einsatz der Atemhilfsmuskulatur zeigen Störungen der Atmung an. Zyanose und Tachykardie können weitere Hinweise auf eine unzureichende Spontanatmung sein.

Blutgasanalysewerte als Indikationshilfe zur künstlichen Beatmung

	Normalwerte in mmHg	Indikationswerte zur Beatmung in mmHg
arterieller pO_2	75 – 100	50 – 60
arterieller pCO_2	35 – 45	55 – 60

Cave: Die in der Tabelle angegebenen Werte beziehen sich nicht auf chronisch pulmonale Erkrankungen. (Hier besteht eine Adaptierung an hohe pCO_2- und niedrige pO_2-Werte. Klinische Kriterien sind ausschlaggebend. Die Beatmung dieser Patienten zeichnet sich durch eine lange und schwierige Entwöhnungsphase aus.)

Intubation

Voraussetzung zur Beatmung ist zunächst eine Intubation (☞ GK Notfallmedizin 1.3.1) des Patienten. Damit der Patient den Tubus und die kontrollierte Beatmung dann streßfrei toleriert, ist eine *Analgosedierung* (☞ unten und GK Klinische Pharmakologie 18.1) erforderlich. Die Intubation erfolgt primär **orotracheal**. Erwartet man eine längere Beatmungsdauer, wird der Tubus **nasal** eingeführt. Die Vorteile der nasotrachealen Intubation sind:

- Leichtere Pflege des Rachenraumes
- Bessere Tubustoleranz
- Geringere Analgosedierung.

Eine Beatmungsdauer über mehrere Wochen (Langzeitbeatmung) führt durch Druck der Tubusblockung zu Schleimhautschäden der Trachea. Durch Erweichen des Trachealknorpels kann eine *Tracheomalazie* entstehen. Spezielle Tubusblockungen, sog. Low-pressure Cuffs, vermindern dieses Risiko.

Bei langzeitbeatmeten Patienten ist eine **Tracheotomie** notwendig. Vorteile sind:

- Leichtere Pflege
- Geringerer Totraum der Trachealkanüle
- Geringere Analgosedierung
- Leichtere Entwöhnung
- Der zeitweise spontanatmende Patient kann durch Einlage einer Sprechkanüle sprechen, gleichzeitig bleibt die Möglichkeit zum direkten Anschluß an das Atemgerät gegeben.

Beatmungsgeräte

Bei Spontanatmung wird durch muskulär hervorgerufene Dehnung des Thorax ein Unterdruck erzeugt, der zum Einströmen von Außenluft führt. Bei der Beatmung dagegen wird aktiv mit Überdruck Luft in die Lungen gepreßt. Die dazu verwendeten Respiratoren folgen einem oder mehreren der unterschiedlichen Funktionsprinzipien:

- Druckgesteuert
- Volumengesteuert
- Flowgesteuert
- Zeitgesteuert.

Durch unterschiedliche **Beatmungsmuster** besteht die Möglichkeit, auf die physiologischen und erkrankungsbedingten Unterschiede adäquat zu reagieren. Die Phase der kontrollierten, rein maschinellen Beatmung ist kurz zu halten. Über abnehmende Unterstützung durch den Respirator soll eine suffiziente Spontanatmung wieder erreicht werden. Die Einstellung des Respirators muß laufend anhand der klinischen Kriterien und der Blutgasanalysebefunde überprüft und angepaßt werden.

Man unterscheidet folgende Beatmungsmuster (☞ Tab.):

IPPV: Bei der **intermittierenden Überdruckbeatmung** wird in der Inspirationsphase Luft in den Thorax gepreßt. Die Exspiration erfolgt passiv.

IMV, SIMV: Bei der **unterstützenden intermittierenden Überdruckbeatmung** pumpt der Respirator ebenfalls Luft in die Lungen. Das vom Respirator gelieferte Volumen sichert die alveoläre Ventilation. Es wird mit zunehmender Eigenatmung des Patienten reduziert, denn der Patient kann zwischen den vom Gerät gelieferten Atemhüben spontan atmen. Die Spontanatmung wird nicht unterdrückt. Es ist jedoch möglich, daß der Respirator Atemhübe während der Exspirationsphase der Spontanatmung liefert. Nicht so bei der synchronisierten Form (SIMV). Hier erhält der Patient das vom Beatmungsgerät gelieferte Atemvolumen unter Berücksichtigung der Spontanatemphasen in der Inspirationsphase der Spontanatmung. Dies ist für den Patienten angenehmer und spart Sedativa.

ASB: Bei der **assistierten Beatmung** erzeugt der Patient durch Spontanatmung einen negativen Druck. Das Gerät registriert dies und unterstützt die Inspiration durch Zuführen der Atemgase mit einem vorgewählten positiven Druck. Dem spontan atmenden Patienten wird Atemarbeit abgenommen. Durch langsames Reduzieren dieser inspiratorischen Hilfe wird dem Patient die langsame Übernahme der vollen Atemarbeit ermöglicht. Diese Beatmungsform kann mit der SIMV kombiniert werden.

Beatmungbezeichnung	Charakteristika der Beatmungsformen
IPPV = intermittend positive pressure ventilation	Kontrollierte Überdruckbeatmung
IMV = intermittend mandatory ventilation	zur Sicherung eines Mindestvolumens bei noch nicht voll suffizienter Spontanatmung, Vorgabe von 2 – 8 garantierten maschinellen Atemzügen/Min.
SIMV = synchronized intermittend mandatory ventilation	☞ o., die maschinelle Beatmung erfolgt in der Inspirationsphase der Eigenatmung
ASB = assisted spontaneous breathing	Nach Einleitung der Inspiration durch den Patienten maschinelle Beatmung bis zum Erreichen des vorgegeben Drucks. Ist mit SIMV in der Entwöhnungsphase gut kombinierbar, unterstützt die Spontanatmung des Patienten
PEEP = positive endexspiratory pressure	Verhindert durch Beibehalten eines positiven Druckes auch in der Exspiration den Kollaps von kleinen Atemwegen und Alveolen. Vorteil: Atelektasenprophylaxe, Verbesserung des Gasaustausches. Nachteile (von der PEEP-Höhe abhängig): Verringerung des venösen Rückstromes, des Herzeitvolumens, der Urinausscheidung
CPAP = continuous positive airway pressure	Oxygenationsverbesserung durch eine Atemwegsdruckerhöhung bei suffizienter Spontanatmung
BIPAP= biphasic positive airway pressure	Zeitgesteuerte druckbegrenzte Beatmung mit der Möglichkeit zur Spontanatmung in jeder maschinellen Atemphase

PEEP: Definition: Beatmung mit Aufrechterhaltung eines positiven Druckes in den Atemwegen am Ende der Exspiration. Die **funktionelle Residualkapazität** wird hierdurch erhöht. Sie beschreibt die Volumenmenge, die sich nach der Exspiration noch in der Lunge befindet. Eine durch positiven endexspiratorischen Druck erhöhte Residualkapazität verbessert den Gasaustausch auch während der Exspiration und der Kollaps kleiner Atemwege (Atelektasenbildung) wird verhindert.

> ✎ **Merksatz:** Abhängig von der PEEP-Höhe resultiert eine Verminderung des venösen Rückstroms. Ein Abfall des Herz-Minuten-Volumens ist die Folge. Die Abnahme der Nierendurchblutung kann zu Nierenfunktionsstörungen führen.

CPAP: Ein **kontinuierlicher positiver Atemwegsdruck** erleichtert die Einatmung. Die kleinen Atemwege werden in der In- und Exspiration offen gehalten. Diese Beatmungsform eignet sich für den spontanatmenden Patienten. Über eine dicht sitzende Maske kann auch der extubierte Patient mit CPAP Atemübungen durchführen.

Beispiel: Beatmung eines normgewichtigen 70kg schweren Patienten nach einer Reanimation bei Herz-Kreislaufstillstand.
Respiratoreinstellung:
- Beatmungsmuster: IPPV
- Atemfrequenz: 12/min
- Atemhubvolumen: 15ml/kg KG = 1050 ml
- Atemzeitverhältnis 1 : 2 (Inspiration : Exspiration)
- Inspiratorische Sauerstoffkonzentration: 100%.

Die hohe Sauerstoffkonzentration soll unmittelbar nach der Reanimation die Sauerstoffversorgung der Gewebe verbessern.

Die Blutgasanalysewerte unter Beatmung zeigen noch eine metabolisch und respiratorisch bedingte Azidose. Durch Herz-Kreislauf- und Atemstillstand ist es zur Gewebshypoxie und durch anaerobe Stoffwechselvorgänge zur vermehrten Produktion saurer Stoffwechselprodukte gekommen.

- Sauerstoffpartialdrücke: 363mmHg
- Sauerstoffsättigung: 99,8%
- pH: 7,234
- BE: -12 mmol/l.

Bei guten Sauerstoffpartialdruckwerten wird die inspiratorische Sauerstoffkonzentration stufenweise vermindert. Die Azidose wird durch die Gabe von Natriumbikarbonat ausgeglichen. Zeigt die Blutgasanalyse normalwertige Sauerstoffpartialdrücke, wird bei stabilen Kreislaufverhältnissen ein PEEP zugeschaltet. Stabilisiert sich der Zustand des Patienten weiter, kann er vom Respirator entwöhnt werden: Das Beatmungsmuster wird jetzt auf SIMV + ASB + PEEP umgeschaltet. Die vom Gerät gelieferte Atemfrequenz wird reduziert, bis schließlich die assistierte Beatmung ausreicht. Nach stufenweiser Verringerung der Inspirationshilfe wird ein Spontanatemversuch gestartet. Zeigt der Patient eine ausreichende Oxygenierung und einen guten Allgemeinzustand, kann die Extubation erfolgen. Nach der Extubation werden atemgymnastische Übungen und CPAP-Atmung durchgeführt.

Besondere Beatmungsformen

Besondere Beatmungsformen, die v.a. beim *akuten Lungenversagen (ARDS)* eingesetzt werden, sind:

- Hochfrequenzventilation mit Frequenzen von 60 – 300/min und geringen Hubvolumina
- Jet-Ventilation mit Gasstößen in einer Frequenz bis zu 600/min
- Die extrakorporale CO_2-Elimination mit externer lungenunabhängiger CO_2-Elimination.

Entwöhnung

Voraussetzungen für die Entwöhnung sind eine ausreichende Spontanatmung und stabile Herz-Kreislaufverhältnisse. Die folgenden Kriterien sollten erfüllt sein:

- Atemfrequenz < 35/min
- pO_2 > 80 mmHg
- pCO_2 < 40 mmHg
- Atemminutenvolumen > 1,0 l/ 10kg/min.

Ursachen für eine erschwerte Entwöhnung können sein:

- Fieber, Pneumonie, Sepsis
- Linksherzinsuffizienz
- Atemmuskulaturinsuffizienz bes. nach Langzeitbeatmung
- Chronische Lungenerkrankungen schon vor der Beatmung
- Anämie
- Großes intrapulmonales Shuntvolumen (z.B. durch Atelektasen)
- Psychische Respiratorabhängigkeit.

In der ersten Phase nach Entwöhnung von der Beatmung sind engmaschige Kontrollen von Herz-Kreislauf und Atmung notwendig (Herzfrequenz, Blutdruck, Atemfrequenz, Atemtypus, Bewußtseinslage, Blutgasanalysen). Durch die Beatmung kann es zu Schäden der Bronchialschleimhaut kommen. Nach der Entwöhnung ist der spontan atmende Patient besonders anfällig für einem Sekretstau in den Atemwegen sowie eine Bronchospastik. Das Infektionsrisiko ist erhöht. Maßnahmen, die nach einer Beatmung weitere Komplikationen vermeiden und die Wiederherstellung physiologischer Verhältnisse stützen, sind:

- Physikalische Therapie: Lagewechsel, Atemgymnastik
- Atemübungen: Periodische CPAP-Atmung, Übungen mit Totraumvergrößerung (Giebelrohr)
- Inhalationstherapie: Anfeuchtung und Erwärmung der Atemluft, Inhalation mit Aerosolen (z.B Bronchodilatatoren, Mukolytika) über CPAP oder intermittierende Überdruckbeatmung.

Komplikationen

Die Beatmung ist eine invasive, mit Komplikationen behaftete Therapie. Folgende Komplikationen können autreten:

- Der thorakale inspiratorische Sogeffekt auf die großen venösen Gefäße fällt weg. Das Herz-Zeit-Volumen kann abfallen
- Wird bei Einstellung der Beatmungsparameter die **erhöhte Totraumbeatmung** nicht beachtet, kann sich die Zumischung nicht oxygenierten Blutes zum arteriellen Blut (Rechts-Links Shunt) erhöhen
- Es besteht eine erhöhte **Pneumoniegefahr**
- Hohe Beatmungsdrücke können zu **Barotraumen** führen. Durch Gewebsrisse entsteht ein Pneumothorax
- Hyperventilation führt zur respiratorischen Alkalose
- Hypoventilation führt zur respiratorischen Azidose.

Pharmakotherapie

Katecholamine

☞ GK Klinische Pharmakologie 3.3 und GK Notfallmedizin 2.3

Antiarrhythmika

☞ GK Klinische Pharmakologie 4.1 - 4.3

Ulkusprophylaxe

(☞ auch GK Klinische Pharmakologie 14.3)

Streßbedingt besteht bei Intensivpatienten eine erhöhte Gefahr der Ausbildung von Ulzerationen des oberen Gastro-Intestinaltraktes. Hauptursachen sind erhöhte Magensaftazidität sowie Mikrozirkulationsstörungen. Die Hauptgefahr besteht in chronischen oder auch akuten **Blutverlusten**. Prophylaktische Maßnahmen senken das Ulkusrisiko:

- Analgosedierung (Reduktion der Streßfaktoren)
- Ausreichende Sauerstoffversorgung (oft nur durch eine Beatmung zu erreichen)
- Möglichst frühzeitige enterale Ernährung.

Zur medikamentösen Prophylaxe finden folgende Medikamente in der Intensivmedizin Anwendung:

- H_2-Blocker, z.B. Cimetidin (Tagamet®) und Ranitidin (Zantic®)
- Antimuskarinerge Anticholinergika: Pirenzepin (Gastrozepin®)
- Mukosabarriere-erhaltende Substanzen: Sucralfat (Ulcogant®).

Durch *H_2- und Protonenpumpenblocker* steigt der pH-Wert des Magensaftes an. Dies begünstigt eine Besiedlung mit pathologischen Keimen, wodurch eine erhöhte **Pneumoniegefahr** durch Keimaspiration besteht.

Sucralfat wirkt über eine Stärkung der **Mukosabarriere**. Der pH-Wert wird kaum verändert. Der Nachteil von Sucralfat wie auch anderer Antazida ist, daß sie in großen Mengen zugeführt werden müssen. Erst dann ist die **Säureneutralisation** und damit die Ulkusprophylaxe suffizient.

Antibiotika

(☞ auch GK Klinische Pharmakologie 16)

Der abwehrgeschwächte Intensivpatient ist der für ihn ungewohnten Keimflora des Krankenhauses ausgesetzt. Eine erhöhte Infektionsgefahr ist die Folge. Invasive intensivmedizinische Maßnahmen, wie z.B. die Beatmungstherapie erhöhen dieses Risiko. Allgemeine Zeichen für Infektionen sind:

- Temperaturanstieg
- Leukozytose
- Schüttelfrost.

Cave: Bes. beim alten Patienten kann der Temperaturanstieg fehlen.

Eine anfängliche Linksverschiebung ohne Leukozytose kann bei Infektionen mit gramnegativen Keimen beobachtet werden.

Bei Verdacht auf eine Infektion sind weitere Untersuchungen zur **Abklärung** erforderlich:

- Differentialblutbild
- Akut-Phase-Parameter: Blutsenkung, C-reaktives Protein
- Quick, PTT, Fibrinogen, Thrombozytenzahl
- E'lyte, Krea, BZ
- Laktat (prognostischer Parameter bei Sepsis, läßt Rückschlüsse auf das Ausmaß anaerober Stoffwechselprozesse zu)
- Herdsuche: Eintrittspforte, Sonographie, Röntgenthorax.

Vor jeder Antibiotikatherapie sollte der Versuch eines **Keimnachweises** aus folgenden Körperflüssigkeiten erfolgen:

- Blutkulturen: Abnahme bei Temperaturspitzen, da diese häufig von im Blut zirkulierenden Keimen hervorgerufen werden (Anlage von aeroben und anaeroben Kulturen)
- Urinkultur
- Stuhlkultur
- Trachealsekret
- Liquor (bei Meningitisverdacht).

Eine Antibiotikatherapie sollte möglichst gezielt vorgenommen werden. Liegen noch keine bakteriologischen Befunde vor, müssen die das Krankheitsbild am wahrscheinlichsten verursachenden Keime antibiotisch abgedeckt werden. Häufige Infektionen des Intensivpatienten sind:

- Atemwegsinfektionen v.a. unter Beatmung
- Harnwegsinfekte v.a. durch Blasenkatheter
- Wundinfektionen
- Bakterienaufnahme über eine geschädigte Darmmukosa
- Endokarditis
- Meningitis.

Eine gefährliche Komplikation jeder lokal beginnenden Infektion ist die generalisierte **Sepsis**, die eine möglichst breite antibiotische Abdeckung notwendig macht. **Antibiotikakombinationen** ermöglichen es, das Spektrum erfaßter Erreger zu erweitern. Eine gebräuchliche Kombination besteht in einem Penicillin oder Cephalosporin plus einem Aminoglykosid. Beispiel: Mezlocillin (3 x 2 – 5 g) oder Piperacillin (3 x 2 – 4 g), alternativ Cefotaxim(3 x 2 g) und als Aminoglykosid Gentamycin (3 x 80 mg).

Die Gefahr einer **generalisierten Pilzinfektion** besteht bei abwehrgeschwächten Patienten infolge von:

- Veränderte Keimflora durch antibiotische Behandlung
- Diabetes mellitus
- Zytostatikatherapie
- Steroidtherapie
- Bronchiektasen
- Lymphome, Leukämien
- TBC
- AIDS
- Verbrennungen.

Die antimykotische Therapie erfolgt nach kulturellem Nachweis. Nephro- und hepatotoxische Nebenwirkungen der parenteral verfügbaren Antimykotika Amphotericin, Fluocytosin und Fluconazol sind zu beachten.

Besser als jede Therapie ist verständlicherweise die Vermeidung von Infektionen. **Prophylaktische Maßnahmen** sind:

- Desinfektionsmaßnahmen
- Hygienisches Verhalten beim Kontakt mit dem Patienten
- Regelmäßiges Wechseln von infektionsbegünstigendem Kunstoffmaterial, z.B. zentralen Venenkathetern.

Analgosedierung

(☞ auch GK Klinische Pharmakologie 18.1 und GK Therapie chronischer Schmerzen 3.1)

Traumen oder Wunden verursachen Schmerzen und Unruhe und führen somit zu einem erhöhten Sauerstoffbedarf. In diesen Fällen ist eine ausreichende Analgesie und Sedierung indiziert. Abhängig von der zu erwartenden Behandlungsdauer können **Benzodiazepine** und **Opioide** durch Einzelinjektionen oder aber über Perfusoren appliziert werden. Eine Alternative zu den Opioiden stellt die Kombination mit Ketamin (☞ 1.2.1) dar. Vorteil ist, daß es neben der analgetischen Wirkung zu einer Bronchodilatation führt. Gängige Kombinationen zur Analgosedierung zeigt die Tabelle.

Kombinationsmöglichkeiten zur Analgosedierung

Analgetikum	+ Benzodiazepin	oder Neuroleptikum
Piritramid (Dipidolor®) i.m.,i.v. Pethidin (Dolantin®) i.m., i.v. Buprenorphin (Temgesic®) s.l., i.m., i.v. Morphin (Morphin hydrochloricum®) p.o., s.c., i.v. Fentanyl (Fentanyl Janssen®) i.v., über Perfusor Alfentanil (Rapifen®) i.v., über Perfusor Ketamin (Ketanest®) i.m., i.v., über Perfusor	Midazolam (Dormicum®) Flunitrazepam (Rohypnol®) oder Diazepam (Valium®) p.o., i.v. oder über Perfusor zusammen mit Fentanyl, Alfentanil oder Ketamin	Droperidol (Dehydrobenzperidol®) i.v. oder über Perfusor zusammen mit einem Analgetikum

Zur Sedierung ist ebenfalls die Gabe von **Barbituraten** möglich. Vorteil ist die Hirndrucksenkung. Nachteile sind die kardiorespiratorischen Nebenwirkungen (☞ 1.2.1). Eine Schädigung der Bronchialschleimhaut führt bei längerer Gabe zu Pneumonien.

Eine Analgesie kann in vielen Fällen alternativ durch **lokalanästhetische Verfahren** erreicht werden:

- Plexus brachialis-Katheter
- Periduralkatheter (☞ 1.3.2).

Künstliche Ernährung

Grundlagen

Die Zufuhr von **Kohlenhydraten**, **Fetten** und **Eiweißen** ist zur Aufrechterhaltung der Stoffwechselvorgänge erforderlich. Sie werden als Monosaccharide, Triglyzeride und Aminosäuren bei der Verdauung freigesetzt oder auch als solche parenteral zugeführt. Die Kohlenhydrat- und Fettzufuhr dient in erster Linie der Energiebereitstellung. Aminosäuren dagegen werden als Bausteine für die Proteinsynthese benötigt.
Nach der Resorption werden die Nährstoffe in Zwischenprodukte abgebaut und im Zitronensäurezyklus oxidiert. Es entstehen CO_2 und an Koenzyme gebundener Wasserstoff. Dieser wird in der Atmungskette in den Mitochondrien zu H_2O oxidiert. Dabei wird der Energielieferant ATP freigesetzt.

Kohlenhydrate
Sie werden unter anaeroben Bedingungen vollständig zu CO_2 und H_2O oxidiert. Ihr Respiratorischer Quotient ($RQ = CO_2/O_2$) ist deshalb gleich 1,0. Glukose ist essentiell für die Stoffwechselvorgänge des ZNS und der Blutzellen. Bei fehlender Zufuhr wird Glukose v.a. in der Leber neu gebildet (Glukoneogenese). Auch die Zuckeraustauschstoffe *Xylit* und *Fruktose* werden letztendlich zu Glukose umgewandelt. Sie werden aber unter geringerem Insulinbedarf verstoffwechselt. Liegen Glukoseverwertungsstörungen vor, kann durch Deckung eines Teils der Energie mit Austauschstoffen die Glukoneogenese aus Aminosäuren verhindert werden. Im Gegensatz zum Xylit, bei dem keine angeborenen oder erworbenen Stoffwechseldefekte bekannt sind, kann ein Fruktose-1-Phosphataldolasenmangel zur **Fruktoseintoleranz** führen. Hypoglykämien und auch Leberschädigungen können die Folge sein.
Folgende **Zuckerlösungen** kommen zum Einsatz:
- Glukose = Dextrose: Dosierungsgrenze 0,25g/kgKG/h
- Mischzuckerlösungen aus:
  - Fruktose = Lävulose: Dosierungsgrenze 0,25 g/kgKG/h
  - Xylit: Dosierungsgrenze 0,25 g/kgKG/h
  - Sorbit: Dosierungsgrenze 0,25 g/kgKG/h.

Überdosierung von Kohlehydraten führt zu folgenden Nebenwirkungen:
- *Glukoseüberdosierung:* Fettleber, respiratorische Belastung durch erhöhten RQ
- *Fruktoseüberdosierung:* Klinisches Bild einer Fruktoseintoleranz
- *Xylitüberdosierung:* Oxalatablagerungen in Niere und Gehirn.

Fett
Es besitzt einen respiratorischen Quotienten von 0,7. Es ist die Hauptenergiereserve des Organismus. Ist der Kohlenhydratvorrat verbraucht, sinkt der Insulinspiegel, was die Energiegewinnung aus dem Fettgewebe über die sog. Lipolyse steigert. Bei respiratorischer Insuffizienz mit hohen arteriellen CO_2-Werten kann die CO_2-Produktion durch anteilmäßig höhere Deckung des Energiebedarfs mit Fetten gesenkt werden. Wegen des günstigeren RQ wird weniger CO_2 bei der Energiegewinnung freigesetzt. Zur Zufuhr von Energie und essentiellen Fettsäuren dienen **Fettemulsionen**. Die **Dosierung** sollte langsam von 0,5 g/kgKG/die bis auf maximal 2 g/kgKG/die gesteigert werden. Die Triglyzeridbestimmung gibt einen Hinweis auf Verwertungsstörungen. Folgende Lösungen werden verwendet:
- Long chain triglycerides (LCT) = Intralipid®
- Medium chain triglycerides (MCT) = Lipofundin®.

An **Nebenwirkungen** treten bes. bei zu schneller Infusion oder zu hoher Dosierung auf:
- Fieber
- Übelkeit und Erbrechen
- Atemnot
- Venenentzündungen.

Aminosäuren
Sie sind mit einem RQ von 0,8 die Bausteine der viszeralen Proteinsynthese. Zum Ablauf vielfältiger Stoffwechselvorgänge werden Proteine benötigt, z.B. als Funktionsproteine (z.B. Enzyme und Transportproteine). Darum soll durch die künstliche Ernährung ein Proteinabbau zur Energiegewinnung verhindert werden. Die Verstoffwechselung hängt von der Leberfunktion ab. Aminosäurelösungen bestehen aus essentiellen und nichtessentiellen Aminosäuren. Spezielle

Zusammensetzungen sollen eine bedarfsadaptierte Zufuhr bei Leber- oder Niereninsuffizienz garantieren. Bei diesen Organinsuffizienzen besteht die Gefahr ungenügender Verstoffwechselung und daraus resultierenden massiven Aminosäureimbalancen. Die **Dosierung** beträgt 1g Aminosäure/kgKG/die. Folgende Lösungen finden Verwendung:

- Standardlösungen aus essentiellen und nicht essentiellen Aminosäuren, z.B. Aminoplasmal-10%SE®
- Lösungen bei Leberinsuffizienz mit verzweigtkettigen Aminosäuren angereichert, z.B. Aminoplasmal® Hepa 10%
- Lösungen bei Niereninsuffizienz mit essentiellen Aminosäuren und Histidin angereichert, z.B. Nephrosteril®.

An **Nebenwirkungen** können Unverträglichkeitsreaktionen und Harnstoffanstieg (bes. bei Niereninsuffizienz) auftreten.

Postaggressionsstoffwechsel: Streß durch Trauma, Operation oder Erkrankung führt zu folgenden Stoffwechselveränderungen:

- Verminderte Glukoseutilisation
- Abnahme der Insulinempfindlichkeit
- Zunahme der Lipolyse
- Eiweißabbau.

Es besteht eine katabole Stoffwechsellage, der die künstliche Ernährung entgegenwirken muß.

Prinzipien der parenteralen Ernährung

Die Menge der Energie und Eiweißzufuhr richtet sich nach:

- Körpergröße
- Körpergewicht
- Krankheitsbild
- Stoffwechsellage (z.B. Katabolie)
- Flüssigkeits- und Drainageverlusten.

Es kann von einem **Grundbedarf von 25 kcal/kgKG** ausgegangen werden (☞ Tab.). Durch zusätzliche Energieverluste kann ein Energiebedarf von bis zu 50% über dem Grundbedarf anfallen. Mögliche Ursachen sind:

- Beatmung
- Entwöhnung vom Atemgerät
- Zerebrale Krämpfe
- Delirante Symptomatik.

Täglicher Kalorienbedarf		
Grundbedarf	**Nährstoffe**	**täglicher Bedarf**
25 kcal/kg	Kohlenhydrate	3 g=12 kcal/kgKG
	Fette	1 g= 9 kcal/kgKG
	Aminosäuren	1 g= 4 kcal/kgKG

Eine **präoperative Erfassung des Ernährungszustandes** vor großen Operationen mit intensivmedizinischer Nachbehandlung erleichtert auch die postoperative Ernährung. Meßgrößen des Ernährungszustandes sind:

- Trizepshautfaltendicke
- Oberarmumfang
- Kreatinin im 24-Stundenurin
- Transferrin
- Albumin
- Lymphozytenzahl
- Hauttests mit Antigenen (Objektivierung der zellulären Immunfunktion).

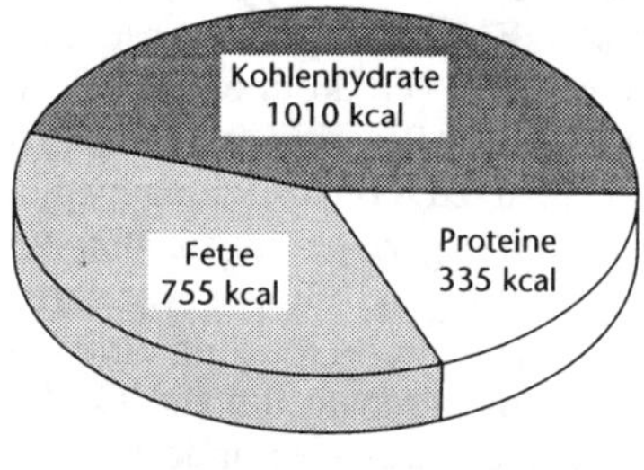

Abb. 2.1: Parenterale Ernährung
Beispiel für die Aufteilung der Nährstoffe (70 kg schwerer Patient mit einem geschätzten Energiebedarf von 2100 kcal).

Planung der Ernährung

Die Planung der Ernährung ist abhängig von der voraussichtlichen Ernährungsdauer, dem Ernährungszustand und der Stoffwechsellage. Sie richtet sich nach folgenden Prinzipien:

- Kontinuierliche Substratzufuhr anstreben
- Zur parenteralen Ernährung zentralen Venenkatheter verwenden, da Ernährungslösungen

mit hoher Osmolarität (> 800 mosmol/l) zu einer Schädigung peripherer Venen führen können

- Energiebedarf mit Kohlenhydraten und zu 30 – 50% mit Fetten decken (☞ Tab)
- Sofortige Zufuhr von Vitaminen und Spurenelementen nur bei Mangelzuständen, sonst erst nach einer Woche (☞ Tab.).

Vitamine und Spurenelemente		
Vitamine	**Präparat**	**Dosierung**
A, B_1, B_2, B_6, C, E, Nikotinamid	Multibionta®	1 Amp/die per Inf.
A, D, E, K	ADEK ®	1 Amp/Woche i.m.
C	Vitamin C Braun®	1 - 3 Amp=100-300 mg/die
B_1, B_2, B_6, B_{12}, Biotin, Nikotinamid	Vitamin B-Komplex®	1Amp i.v./die
Spurenelemente (und Elektrolyte):		
K^+, Magnesium, Zink, Kupfer, Mangan, Kobalt, DL-Hydrogenaspartat	Inzolen-HK ®	nach Bedarf

> Stufenweiser Ernährungsaufbau:
>
> - Stufe 1: 1. Tag von Krankheit, Trauma oder OP: Flüssigkeitszufuhr
> - Stufe 2: 2.-3. Tag: Halbierte vollständig bilanzierte Ernährung
> - Stufe 3: Ab dem 3. Tag: Vollständig bilanzierte Ernährung
>
> ***Cave:*** Vorsichtige Anpassung der Ernährung bei Patienten im Schock, da häufig Verwertungsstörungen vorliegen
>
> - Langsamer enteraler Kostaufbau unter Reduzierung der parenteralen Zufuhr.

Bei der parenteralen Ernährung werden folgende laborchemischen Kontrollen regelmäßig durchgeführt:

- Elektrolyte Na^+, K^+, Cl^-
- Blutgasanalyse
- Blutzuckertagesprofil
- Blutbild
- Gerinnung: Quick, TZ, PTT
- Harnstoff, Kreatinin
- Transaminasen
- Lipase, Amylase
- Triglyzeride.

Sondenernährung

Physiologischer als die parenterale Ernährung ist die enterale Ernährung, bei der die Nahrungszufuhr über eine Magen- oder Duodenalsonde erfolgt. Die Sondenkost enthält neben Kohlenhydraten, Fetten und Eiweißen auch Spurenelemente, Vitamine und bei Bedarf auch Ballaststoffe. Weitere Vorteile sind:

- Gute Nährstoffversorgung und -verstoffwechselung
- Schutz der Magen-Darmschleimhaut
- Verhinderung der Dünndarmatrophie.

Indikationen

Eine Sondenernährung kommt in Frage bei Kau- oder Schluckstörungen z.B. bei neurologischen Störungen oder Z.n. Apoplex, reduziertem Ernährungszustand.

Zum Ersatz einer parenteralen Kost durch Sondenkost wird die parenterale Ernährung stufenweise ausgeschlichen. Zunächst gibt man eine Kombination mit der parenteralen Ernährung, welche dann nach gleichzeitiger Erhöhung der enteralen Zufuhr reduziert werden kann.

Kontraindikationen

- Gastrointestinale Blutungen
- Ileus
- Pankreatitis.

Komplikationen:

- Erbrechen, Aspiration
- Dumping-Syndrom
- ✔ Diarrhoe (Ursachen: zu tiefe Sondenlage, zu hohe Menge oder zu schnelle Zufuhr, osmotische Diarrhoe).

Flüssigkeits- und Elektrolytsubstitution

Grundlagen

Volumen und Konzentration der Körperflüssigkeiten werden über ADH und Aldosteron-Steuerung der Niere und ein zu Flüssigkeitsaufnahme führendes Durstgefühl reguliert. Letztes ist in der Regel beim Intensivpatienten gestört.

Er ist auf eine bilanzierte Flüssigkeitszufuhr angewiesen.

Flüssigkeitsmangel
Ein akuter Flüssigkeitsverlust betrifft primär den Extrazellulärraum. Plasmaosmolalität und -natrium bleiben normal. Eine chronische Dehydratation führt auch zu Verschiebungen im Intrazellulärraum. Serumosmolalität, -natrium, Hämatokrit und Plasmaproteinkonzentration sind erhöht.

Flüssigkeitsüberschuß
Vermehrte Zufuhr elektrolytfreier Infusionslösungen oder verringerte Ausscheidung können zur Zunahme des intravasalen Volumens führen. Osmolalität und Natriumkonzentration sinken. Die ADH-Ausschüttung nimmt ab und damit die Urinproduktion zu. Ist dieser Mechanismus gestört und wird das Plasma hypoton, erfolgt eine Flüssigkeitsverschiebung in den Intrazellulärraum. Klinische Zeichen einer Überwässerung sind:

- Ödeme
- Krämpfe
- Koma.

Prinzipien der Flüssigkeitssubstitution

Täglicher Flüssigkeitsbedarf	
Basaler Flüssigkeitsbedarf	30ml/kgKG
Faustregel für die Berechnung des Flüssigkeitsbedarfs bei normaler Nierenfunktion:	Perspiration (400ml über Haut, 400ml über Lunge) + 500ml/ °C > 37°C + Diurese des Vortages + Drainagen- , Sondenverluste

Wie die Ernährung richtet sich auch die Substitution von Elektrolyten und Flüssigkeit nach dem Bedarf (☞ Tab. oben). Hilfestellung bei der Bedarfsberechnung geben:

- Temperaturmessung
- Stundenurin
- ZVD
- Kreislaufparameter
- Bilanzierung von Einfuhr und Ausfuhr:
  - Einfuhr: Infusionsmenge, Trinkmenge
  - Ausfuhr: Urin, Magensaft, Drainagenverluste, basale Verluste.

Ein Teil des Flüssigkeitsbedarfs durch die parenterale Ernährung gedeckt. Weitere Defizite werden durch Elektrolytlösungen (☞ Tab. unten) ausgeglichen (☞ 1.5).

Elektrolytlösungen	
Art der Elektrolytlösung	Handelsname
Vollelektrolytlösung	Ringer®, Sterofundin®, Thomaejonin®, Tutofusin®
Zweidrittelelektrolytlösung	Thomaejonin OP ®, Tutofusin OP®
Halbelektrolytlösung	Sterofundin HF 5®, Thomaejonin HG 5®

Die Elektrolytzufuhr erfolgt unter laborchemischer Kontrolle. Der tägliche Grundbedarf beträgt für:

- Na^+ 70 – 200 mmol
- K^+ 60 – 120 mmol.

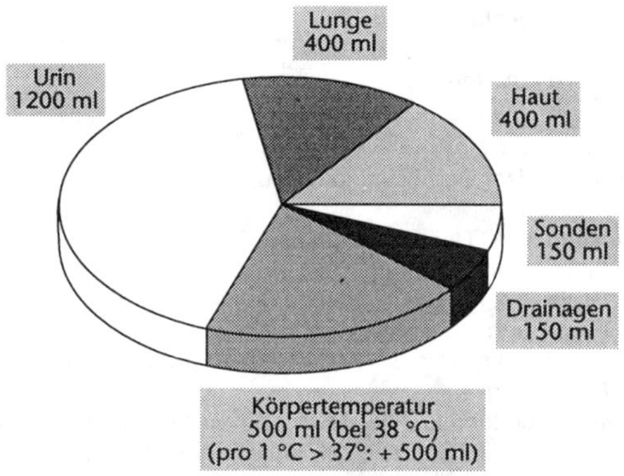

Abb. 2.2: Aufteilung der Flüssigkeitsverluste

Neben den in den Elektrolytinfusionslösungen enthaltenen Mengen wird Na^+ mittels isotoner Kochsalzlösung (NaCl 0,9%) oder als 5,85% Lösung substituiert. K^+-Substitution erfolgt mittels Kaliumchlorid 7,45% oder durch Kaliumphosphat.

Im Bedarfsfall werden auch Kalzium, Magnesium und Phosphat substituiert.

Transfusion

Indikation für eine Transfusion (☞ Tab.)

Ein akuter oder chronischer Blutverlust oder die Verstärkung einer vorbestehenden Anämie können die Gabe von Bluttransfusionen notwendig machen. Wegen der mit der Transfusion verbundenen Risiken, wie Infektionen oder Unverträglichkeitsreaktionen, muß die Indikation sehr sorgfältig gestellt werden. Ein akuter Blutverlust wird weitaus schlechter toleriert als ein chronischer (z.B. aufgrund einer Sickerblutung) entstandener. Oft ist ein Volumenersatz durch onkotisch wirksame Infusionslösungen ausreichend. Da die Indikation zur Transfusion die individuelle Situation berücksichtigen muß, ist es schwierig, allgemeingültige Empfehlungen zu geben. Ein akuter Blutverlust von etwa einem Drittel des Gesamtblutvolumens macht in der Regel Transfusionen erforderlich. Dabei wird man bei älteren Patienten und kardiopulmonal Erkrankten, aufgrund der geringeren Toleranz gegenüber dem Verlust von Sauerstoffträgern, die Transfusionsindikation großzügiger stellen. Ein Hb-Wert von 10 – 11 g/dl wird als für den O_2-Transport optimal angesehen. Anderseits können junge, sonst gesunde Patienten auch Hb-Werte unter 6 g/dl noch tolerieren.

Die Substitution von Gerinnungsfaktoren wird bei den folgenden Zuständen notwendig:

- Erhöhter Verbrauch oder Verlust von Gerinnungsfaktoren durch Blutung oder infolge einer Verbrauchskoagulopathie
- Verminderte Gerinnungsfaktorenneubildung durch Leberinsuffizienz, Vitamin K-Mangel oder Hemmung durch Cumarine (z.B. Marcu-

Transfusion von Blut und Blutbestandteilen

Präparat	Beschreibung	Indikation
Erythrozytenkonzentrat (EK)	Durch Zentrifugation sedimentierte Erys Hb Anstieg ca. 1,5 g/dl/EK Haltbarkeit: ca.4 Wochen bei 4°C	akute oder chronische Blutung (Abfall von Hb und Hkt), Mangel an Sauerstoffträgern
Frischblutkonserve	Vollblut nicht älter als 72 h, hohes Infektionsrisiko!	starke akute Blutung mit Gerinnungsstörungen
Gerinnungsaktives Frischplasma (FFP = Fresh Frozen Plasma)	Enthält Isoagglutinin der Blutgruppen A, B, 0. Übereinstimmung dieser Blutgruppen zwischen Empfänger und Präparat muß bestehen (Ausnahme FFP der Blutgruppe AB). Enthält Gerinnungsfaktoren: II, VII, IX, X, XI, XII, XIII Haltbarkeit: 1 Jahr bei - 30°C. Es sind virusinaktivierte Präparate mit geringerem Faktorengehalt und die unbehandelten herkömmlichen Präparate auf dem Markt	Verbrauchskoagulopathie, Transfusion mehrerer EK's (Gefahr der Verdünnungskoagulopathie), Massentransfusionen
Thrombozytenkonzentrat (TK)	Mittels Zentrifugation aus Vollblutspenden (ca. $0{,}5 \times 10^{11}$ Thrombos in 50ml Plasma) oder mittels Zellseperator gew. Hoch-TK (ca. $2\text{-}4 \times 10^{11}$ Thrombos in 200ml Plasma), Haltbarkeit: bis zu 5 Tagen bei Raumtemperatur und kontinuierlichem Schütteln	Thrombozytopenie < 30 000, bei Blutverlusten und vor OP's auf ca. 100 000 anheben, Verbrauchskoagulopathie, Sepsis, Normalisierung der Blutungszeit wird angestrebt
PPSB (Prothrombinkomplex)	Konzentrat der Faktoren II, VII, IX, X, durch Solvent Detergent Behandlung virusinaktiviert	Blutung unter Cumarintherapie, Hämophilie B
Faktor VIII (Beriate®)	Herstellung aus gepooltem Spenderplasma, durch Hitzebehandlung virusinaktiviert	Hämophilie A
Faktor XIII (Fibrogammin®)	Durch Hitzebehandlung virusinaktiviert	Wundheilungsstörungen, Verbrauchskoagulopathie
AT III (Kybernin®)	Thrombininhibitor, durch Hitzebehandlung virusinaktiviert	Sepsis, Thromboembolieprophylaxe, Leberinsuffizienz

mar®) sowie angeborener Mangel bei Hämophilien.

Durchführung der Transfusion (☞ 1.5)
Im Bereich der Intensivmedizin wird für blutungsgefährdete Patienten oftmals ein Vorrat an Erythrozytenkonzentraten bereitgehalten. Vor einer Transfusion ist darauf zu achten, daß Kreuzprobe und Antikörpersuchtest nicht vor mehr als drei Tagen bestimmt wurden, denn in diesem Zeitintervall können Transfusionen oder Medikamente zu Antikörperbildungen geführt haben.

Blutreinigungsverfahren

Indikationen
Indikationen für Blutreinigungsverfahren in der Intensivmedizin sind:
- Urämie bei akutem oder chronischem Nierenversagen
- Anstieg der harnpflichtigen Substanzen Harnstoff und Kreatinin
- Elektrolytentgleisungen wie Hyperkaliämie, Hyperkalzämie
- Flüssigkeitseinlagerung in Form einer Überwässerung sowie eines Lungenödems
- Vergiftungen.

Die folgenden Nierenersatzverfahren werden eingesetzt (☞ Tab.):
- Hämodialyse
- Hämofiltration
- Peritonealdialyse
- Hämoperfusion.

Durchführung
Zur Durchführung ist ein großlumiger zentraler Venenkatheter erforderlich (☞ Abb. 2.4). Bevorzugt werden die Arteria und Vena femoralis punktiert. Auch über eine einzelne Nadel sind Dialyseverfahren möglich. Nachteilig ist hierbei jedoch, daß der Blutstrom zur Dialysevorrichtung zwecks erneuter Einfuhr in Intervallen unterbrochen werden muß, und die Effektivität geringer ist.

Hämodialyse
Das Prinzip der Hämodialyse besteht aus dem Bestreben zweier durch eine semipermeable Membran getrennter Lösungen unterschiedlicher Konzentration, durch Diffusion einen Konzentrationsausgleich zu erreichen. Das Blut wird heparinisiert und in den Dialysator gepumpt, wo es durch eine semipermeable Membran an der Dialysierflüssigkeit vorbeigeleitet wird. Die Dialysierflüssigkeit ist frei von harnpflichtigen Substanzen. Ihre Elektrolytzusammensetzung bestimmt die Veränderung der Blutelektrolytkonzentrationen. Der Wasserentzug erfolgt durch ein osmotisches oder hydrostatisches Druckgefälle. Die Hämodialyse ist im Fall einer ausgeprägten Urämie effektiver als die Hämofiltration. An Komplikationen können auftreten:
- Fieberreaktionen durch die semipermeable Membran passierende Pyrogene
- Hämolyse durch mechanische Schädigung
- Krampfanfälle durch intrazerebrale Flüssigkeitsverlagerung bei zu schneller Senkung des Harnstoffs und damit des osmotischen Drukkes
- Herzrhythmusstörungen durch zu schnelle Kaliumreduktion
- Blutdruckschwankungen.

Hämofiltration

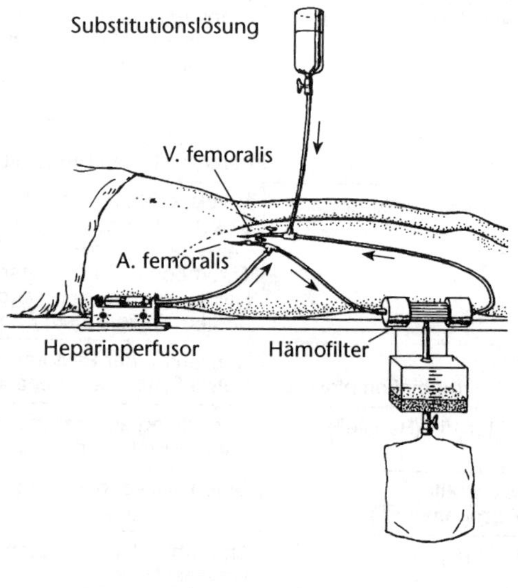

Abb. 2.3: Hämofiltration

Das Blut wird durch eine Pumpe bei der kontinuierlichen venovenösen Hämofiltration (CVVH) oder mittels der arteriovenösen Druckdifferenz bei der kontinuierlichen arteriovenösen Hämofiltration (CAVH) zu einem Filter, der eine hochpermeable Membran enthält, geleitet. Ein Ultrafiltrat entsteht. Der Vorteil der Hämofiltrationsverfahren liegt in ihrer geringen Kreislaufbelastung. Zur Elimination kleinmolekularer Urämietoxine sind jedoch hohe Ultrafiltrationen erforderlich, die nur durch eine Pumpe erreichbar sind (CVVH). Die großen Flüssigkeitsverluste müssen entsprechend ersetzt werden.

Peritonealdialyse

Über einen Peritonealkatheter wird eine Dialyselösung in die Peritonealhöhle infundiert. Über das Peritoneum als semipermeable Membran werden die harnpflichtigen Substanzen in die Dialyselösung abgegeben, die nach etwa 30 Min. wieder aus der Peritonealhöhle abgelassen wird. Nachteile sind die Infektionsgefahr zum einen, hohe Eiweißverluste zum anderen.

Hämoperfusion

Die Technik ist der Hämofiltration ähnlich. Das Blut strömt aber durch eine Hämoperfusionskartusche, wo Gifte durch Adsorption an Aktivkohle oder Harzen entfernt werden können. Zur Behandlung des Nierenversagens ist diese Methode nicht geeignet, da keine ausreichende Adsorption harnpflichtiger Substanzen erfolgt.

Nierenersatzverfahren werden im Bereich der Intensivmedizin möglichst frühzeitig vor der Entwicklung einer ausgeprägten urämischen Intoxikation eingesetzt. Die weniger aufwendigen Hämofiltrationsverfahren werden bevorzugt. Liegen Intoxikationen vor, sind Hämodialyse oder Hämoperfusion die Methoden der Wahl.

Physikalische Therapie

(☞ GK Naturheilverfahren 2.1 und 2.7)

Neben der Therapie durch den intensivmedizinisch tätigen Arzt ist die hochqualifizierte pflegerische und krankengymnastische Betreuung der Patienten für eine erfolgreiche Behandlung und

Blutreinigungsverfahren		
Verfahren	**Beschreibung**	**Indikation**
Hämodialyse	Filtration von Wasser und harnpflichtigen Substanzen über künstliche semipermeable Membranen. Durch hydrostatischen Druck ist zusätzlicher Flüssigkeitsentzug möglich.	Hypervolämie mit Lungenödem, Hyperkaliämie > 7 mmol/L sowie Azidose und Azotämie (300 mg/dl Harnstoff) bei Versagen anderer Therapien, im Bereich der Intensivmedizin frühzeitige prophylaktische Dialyse
Hämofiltration	Filtration über einen Hämofilter, reine Ultrafiltration, ein Ausgleich des Flüssigkeitsverlustes ist erforderlich	Hypervolämie, Hypernatriämie, akutes Nierenversagen, Behandlung kreislaufinstabiler Patienten
- Kontinuierliche arteriovenöse Hämofiltration (CAVH)	Ultrafiltration zwischen Arterie und Vene mittels hydrostatischen Druckes	
- Kontinuierliche venovenöse Hämofiltration (CVVH)	Ultrafiltration zwischen Venen mittels einer Blutpumpe	
Peritonealdialyse	Das Peritoneum wird als semipermeable Membran benutzt. Nachteil ist die Infektionsgefahr	Alternative zur Hämodialyse bei der Behandlung des akuten Nierenversagens bei infektfreien, nicht laparotomierten Patienten. Wird wegen dieser Ausschlußkriterien seltener angewandt
Hämoperfusion	Gezielte extrakorporale Entfernung einzelner Substanzen, z.B. Gifte, über Adsorption an Aktivkohle oder Harze	Vergiftungen, Entfernung dialysabler Substanzen

Rekonvaleszenz unverzichtbar. An physikalischen therapeutischen Maßnahmen bieten sich an:
- Krankengymnastik: Passive Bewegungsübungen, aktive Übungen mit Unterstützung, aktive Bewegungsübungen ohne und mit Widerstand,
- Entspannungsübungen
- Atemtherapie: Totraumatmung z.B. mit einem Totraumrohr, Atemübungen, Atmung gegen Widerstand
- Elektrotherapie: *Galvanische Reizströme* mit einer Gleichstromimpulsdauer von 100 - 200 ms bei Funktionsstörungen der Skelettmuskeln, hierdurch werden Einzelzuckungen hervorgerufen. *Faradischer Reizstrom* durch Einzelimpulse von bis zu 10 ms mit 20 - 50 Hz, die Folge ist eine tetanische Kontraktion. *Exponentialströme* mit verzögertem Amplitudenanstieg und -abfall, dadurch selektive Behandlung geschädigter Muskelgruppen.

Natürlich sind die Übungen, die eine aktive Mitarbeit des Patienten erfordern, oft nicht durchführbar. In diesem Fall können v.a. passive krankengymnastische Übungen angewendet werden.

Psychische Aspekte der Intensivmedizin

Die psychische Situation des Patienten

Der auf den Intensivpatient einwirkende psychische Streß kann den gesamten Krankheitsverlauf negativ beeinflussen. Der Patient empfindet sich einer ungewohnten und bedrohlichen Umgebung hilflos ausgeliefert. Oft bestehen Erinnerungslücken. Schlafentzug und Ängste vor bleibender Behinderung oder Tod kommen hinzu. Dies kann sich zunächst in einer als Panikzeichen zu deutenden postoperativen Lethargie zeigen, der eine reaktiv apathische Depression folgt.

Natürlich können die Streßfaktoren vermindert werden. Neben organisatorischen und baulichen Maßnahmen spielt die Führung des Patienten durch das Personal der Intensivstation eine entscheidende Rolle. Der Sinn und Ablauf pflegerischer, krankengymnastischer und ärztlicher Maßnahmen ist dem Patienten vorher mitzuteilen, wie z.B. die Umstellung des Respirators auf ein anderes Beatmungsmuster. Dies wirkt sich entscheidend auf seine Mitarbeit aus und erleichtert die Entwöhnung vom Beatmungsgerät. Auch sollte dem Patienten der Name und die Funktion der jeweiligen Person, die an ihm Handlungen vornimmt, bekannt sein. Oft weiß er nicht, was geschehen ist, wo er ist und wie es weitergeht. Eine einfühlsame Erklärung der Situation ist bes. wichtig. Die Analgosedierung ist für instabile Beatmungspatienten in der Anfangsphase der Behandlung streßreduzierend. Zur Entwöhnung vom Beatmungsgerät ist die Kooperation des Patienten wünschenswert, aber die Kommunikation ist oft schwierig. Eine Verständigung durch Schreiben, Zeigen von Bildern oder durch Zeichensprache kann hilfreich sein. Neben der allgemeinen psychischen Streßsituation treten auch hirnorganische Störungen auf. Sie äußern sich in **deliranten Verwirrtheitszuständen** aufgrund folgender Ursachen:
- Metabolische, hypoxische, toxische Enzephalopathien
- Opiatentzug nach einer Langzeitanalgesie
- Alkoholentzugsyndrom
- Zentrales Anticholinerges Syndrom als Nebenwirkung anticholinerger Medikamente wie z.B. Analgetika, Benzodiazepine, Inhalationsanästhetika oder Neuroleptika.

Angehörige und Personal

Nicht nur der Patient, sondern auch seine Angehörigen und das Personal sind einer Streßsituation ausgesetzt. Die Führung der Angehörigen obliegt dem behandelnden Arzt. Dem Personal können eine gute Organisation und Ausbildung den Umgang mit der Streßsituation erleichtern. Bes. wichtig ist jedoch eine ausreichende personelle Besetzung.

2.1.2 Überwachung

Zur Anpassung der Therapie an den sich ändernden Zustand des Intensivpatienten sind umfangreiche Maßnahmen zur Überwachung der Organsysteme notwendig. Auch die Diagnosestellung und Komplikationserkennung ist oft nur durch regelmäßige diagnostische Maßnahmen möglich. Eine komplette körperliche Untersuchung sollte zumindest einmal täglich erfolgen.

Fragestellungen bei der körperlichen Untersuchung:
Haut und Schleimhäute: Finden sich Zeichen für Exsikkose, Zyanose, Ikterus, Anämie, Ödeme, Hautveränderungen? Wie ist die Hauttemperatur unterschiedlicher Körperregionen?
Lunge: Ist die Thoraxbewegung gleichseitig? Welcher Atemtyp liegt vor? Bestehen Zeichen der Atemnot? Ist der Klopfschall sonor? Ist das Atemgeräusch seitengleich? Besteht eine Bronchospastik?
Herz/Kreislauf: Sind die Pulse seitengleich an oberer und unterer Extremität palpabel? Wie ist der Füllungszustand der Halsvenen und der peripheren Venen? Bestehen Herzrhythmusstörungen? Ist die Herzauskultation unauffällig?
Abdomen: Ist das Abdomen gebläht? Bestehen Resistenzen oder eine Abwehrspannung? Sind Leber oder Milz vergrößert? Sind Darmgeräusche hörbar? Sind diese metallisch klingend, wie bei einem mechanischen Ileus?
Bewegungsapparat: Wie ist die Beweglichkeit der Extremitäten? Wie der Muskeltonus?
ZNS: Wie sind Bewußtseinslage und Orientierung? Wie die Pupillenreaktion? Finden sich Pyramidenbahnzeichen? Sind die Reflexe seitengleich? Besteht Nackensteifigkeit?

Allgemeines Monitoring

✔ Zu allgemeinen Überwachungsmaßnahmen gehören die Temperaturmessung (rektal oder ösophageal über eine Sonde) und die routinemäßige Kontrolle von Laborwerten:

- Blutgasanalyse
- Blutbild
- Elektrolyte
- Serumglukose
- Gerinnungsstatus
- Harnpflichtige Substanzen
- Transaminasen
- Bilirubin
- Lipase, Amylase.

Weitere diagnostische Überwachungsverfahren sind:

- Röntgen und CT von Thorax, Abdomen, Schädel
- Sonographie von Thorax- und Abdominalorganen.

Spezielles Monitoring

Monitoring des Herz-Kreislaufsystems

- ✔ EKG: Drei Kanal-EKG zur Dauerüberwachung von Herzfrequenz und -rhythmik, Mehrkanalableitung zur Diagnostik
- Blutdruck:
  - Manuelle Messung
  - Automatische nicht invasive Messung: Durch Registrierung von Oszillationsänderungen unter abfallendem Manschettendruck
  - Automatische invasive Messung: In der Regel über eine Kanülierung der Arteria radialis bei kreislaufinstabilen und beatmeten Patienten zur kontinuierlichen Drucküberwachung. Gleichzeitig ist eine Blutabnahme zur Blutgasanalyse möglich
- ✔ ZVD: Messung des Drucks in der oberen Hohlvene über einen zentralen Venenkatheter. Orientierungshilfe für die Infusionsmenge
- Pulmonaliskatheter.

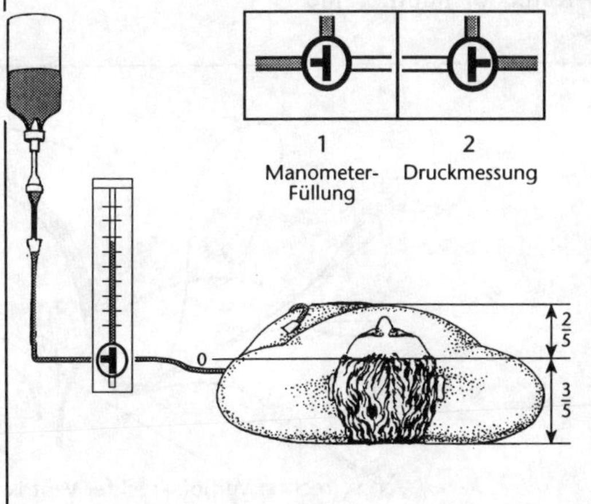

Abb 2.4: ZDV-Messung

Über einen Pulmonaliskatheter können die folgenden Parameter bestimmt werden:

Drucke und Normwerte:
- Rechter Vorhof: 4 – 5 mmHg
- Rechter Ventrikel: Systolisch 25 – 30 mmHg, diastolisch 5 mmHg
- A. pulmonalis: Systolisch 20 – 30 mmHg, mittel 12 – 16 mmHg, diastolisch 8 – 12 mmHg
- PCWP = pulmonary capillary wedge pressure = pulmonalarterieller Verschlußdruck: mittel 8 – 12 mmHg, kann durch Verschluß der Pulmonalarterie mittels eines aufblasbaren Ballons am Katheterende ermittelt werden
- HZV: 5-8 l/Min., Bestimmung mittels Thermodilution durch Injektion eines definierten Bolus kalter Kochsalzlösung
- Herzindex (CI = Cardiac Index) = HZV/Körperoberfläche: > 2,5l/min/m^2 (wird von der Monitorsoftware berechnet)
- Peripherer Gefäßwiderstand: 900 – 1400 dyn·sec/cm^3 (wird berechnet)
- Pulmonaler Gefäßwiderstand: 150 – 250 dyn·sec/cm^3
- Bestimmung von O_2-Angebot und -Verbrauch

Die Indikation für einen Pulmonaliskatheter besteht bei instabilen Patienten unter folgenden Therapien:
- Katecholamintherapie
- Medikamentöse Nachlastsenkung
- Infusionstherapie bei anhaltendem Volumenverlust
- Beatmung mit PEEP 10 cm H_2O und inspiratorischer Sauerstoffkonzentration (FiO_2) von 0,4 über einen längeren Zeitraum.

Da lebensbedrohliche Komplikationen möglich sind, muß das Verhältnis von Risiko und Nutzen sorfältig abgewogen werden. Schon beim Vorschieben des Katheters können Herzrhythmusstörungen auftreten. Luftembolien, Lungeninfarkte und Pulmonalarterienperforationen sind weitere Komplikationen.

Monitoring von Lunge und Atmung

- Blutgasanalyse: Bei Beatmungspatienten in regelmäßigen Abständen zentralvenös, kapillär oder, am aussagekräftigsten, arteriell
- Pulsoxymetrie: Über einen Finger- oder Ohrläppchensensor läßt sich durch den Absorptionsunterschied von oxygeniertem und reduziertem Hämoglobin die Sauerstoffsättigung ermitteln.

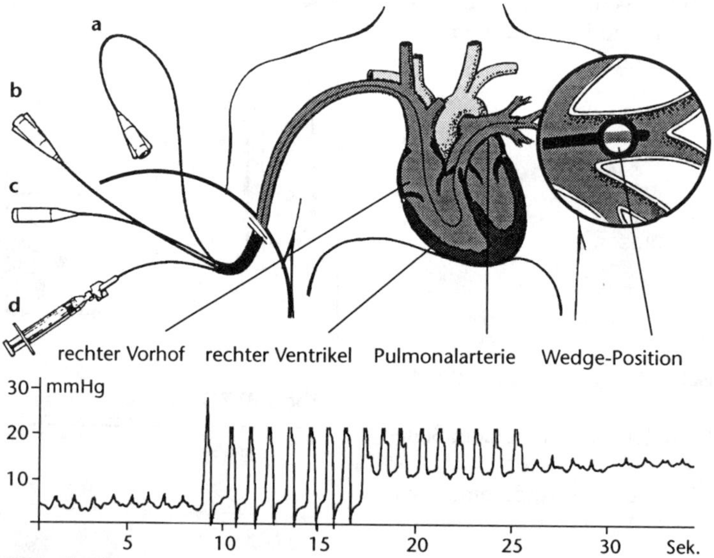

Abb. 2.5: Pulmonaliskatheter

Monitoring der Nierenfunktion

- Stundenurin
- Harnpflichtige Substanzen: Kreatinin, Harnstoff, Kalium, Kreatininclearance.

Monitoring des zentralen Nervensystems

- Diagnostische Verfahren: EEG, CT, Liquoruntersuchung
- Überwachung: Hirndrucksonde.

Blutgasanalyse

Die Blutgasanalyse spielt eine zentrale Rolle bei der Kontrolle von Störungen der Atemfunktion und des metabolischen Gleichgewichtes. Die Bestimmung erfolgt idealerweise aus arteriellem Blut aus der A.radialis oder A.femoralis. Alternativ können verwendet werden:

- Zentralvenöses Blut (aus einem zentralen Venenkatheter)
- Arterialisiertes Blut (aus dem Ohrläppchen).

Bestimmt werden (Normwerte für arterielles Blut):

- Wasserstoffionenkonzentration pH 7,37 - 7,45
- Sauerstoffpartialdruck pO_2 70 - 100 mmHg
- Kohlendioxidpartialdruck pCO_2 32 - 45 mmHg

Daraus lassen sich berechnen (Berechnung erfolgt automatisch durchs Meßgerät):

- Bikarbonat HCO_3^- 20 - 27 mmol/l
- Sauerstoffsättigung 94-99%.

Unter Zuhilfenahme des Hämoglobinwertes lassen sich berechnen:

- Basenabweichungen BE +/-3
- Standardbikarbonat 21 - 26 mmol/l.

Eine **metabolische Azidose** entsteht z.B. nach einer Hypoxie und anaerober Glykolyse durch Laktatanstieg:

- pH, HCO_3^-, BE sind erniedrigt
- Kompensationsversuch über eine Hyperventilation mit pCO_2-Abfall.

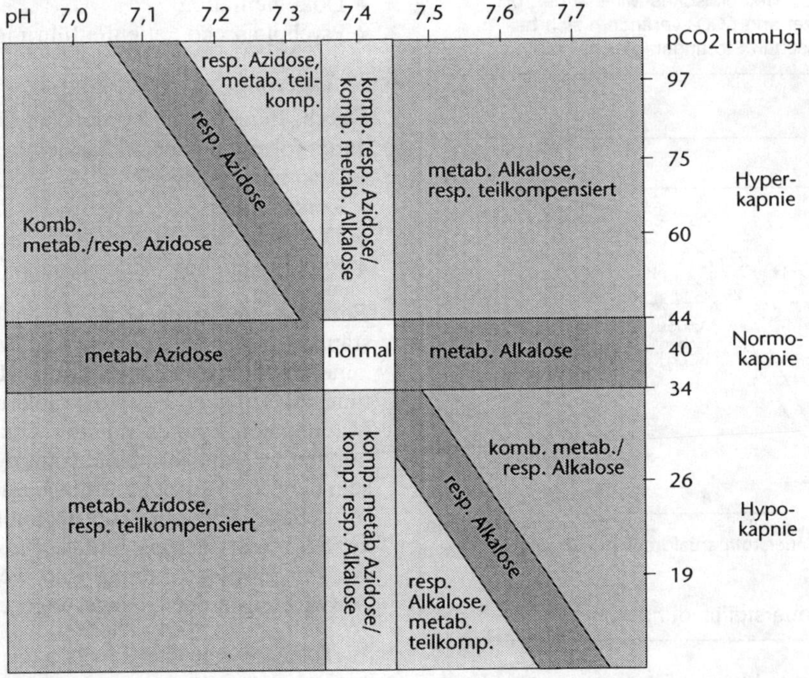

Abb. 2.6: Säure-Basen-Nomogramm

Eine **respiratorische Azidose** entsteht durch Hypoventilation:
- pH niedrig
- pCO_2 erhöht
- Über einen metabolischen Kompensationsversuch Bikarbonatanstieg.

Einen **metabolische Alkalose** entsteht z.B. durch Verlust von saurem Magensaft:
- pH, HCO_3^-, BE sind erhöht
- Kompensationsversuch durch Hypoventilation mit Anstieg des pCO_2.

Eine **respiratorische Alkalose** entsteht aufgrund einer Hyperventilation:
- pH erhöht
- pCO_2 erniedrigt
- Kompensationsversuch durch Bikarbonatabfall.

Die Kompensationsmechanismen können eine Normalisierung des pH-Wertes bewirken. Man spricht dann von kompensierten Störungen.

> ✎ **Merksatz: M**etabolisches **Mi**teinander: pH, Bikarbonat und pCO_2 verändern sich bei metabolischen Störungen gleichsinnig.

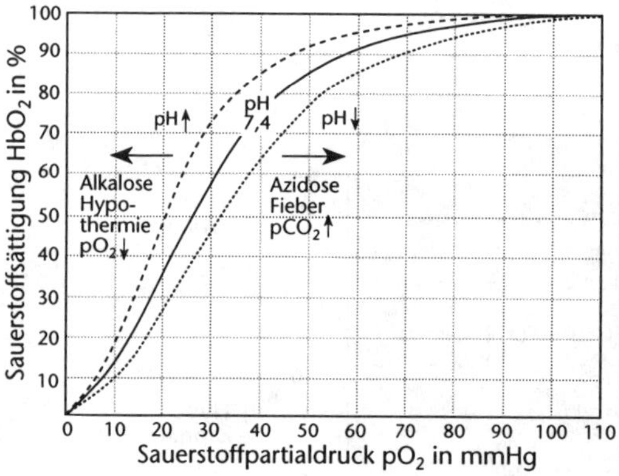

Abb. 2.7: Sauerstoffbindungskurve

Vom pH-Wert abhängig ist auch die Abgabe des Sauerstoffs an das Gewebe. Bei gleichem Sauerstoffpartialdruck wird bei einer Alkalose mehr Sauerstoff an Hämoglobin gebunden und schlechter abgegeben als bei einer Azidose.

> ✎ **Merksatz:** Azidose und Körpertemperaturanstieg führen zu einer **Rechtsverschiebung** der Sauerstoffbindungskurve, d.h. es wird weniger O_2 ans Hämoglobin gebunden und die O_2-Freisetzung ist erleichtert.
> Alkalose und Körpertemperaturabfall führen zu einer Linksverschiebung der Sauerstoffbindungskurve, d.h. es wird vermehrt O_2 ans Hämoglobin gebunden, die O_2-Abgabe ist erschwert.

2.1.3. Intensivmedizinische Pflege

Die Pflege des intensivmedizinisch versorgten Patienten erfordert einen hohen Personal- und Zeitaufwand. Es besteht ein unmittelbarer Zusammenhang zwischen der Pflege des Patienten und dem Erfolg der gesamten intensivmedizinischen Bemühungen durch:
- Komplikationsprophylaxe
- Therapieunterstützung
- Dokumentation
- Psychologische Patientenführung.

Lagerung

Durch Immobilität ist der bettlägrige Patient durch folgende Komplikationen bedroht:
- Dekubitalgeschwüre
- Kontrakturen
- Thrombosen
- Infektionen, bes. Pneumonien.

Ein **Lagerungswechsel** ist in regelmäßigen Abständen zwischen Rücken- und Seitenlage vorzunehmen. Die Gelenke sind in Funktionsstellung zu bringen. Passive krankengymnastische Maßnahmen können mit der Umlagerung verbunden werden. Kombiniert mit den Lagewechseln bieten eine weiche Auflage und eine verteilte Auflagefläche eine gute **Dekubitusprophylaxe**. Sekretverlagerung und -abfluß sowie Kreislauf- und Muskeltraining sind weitere positive Auswirkungen der Umlagerungen.

Tracheobronchiale Pflege

Der Verlust der physiologischen Funktion des oberen Nasen-Rachenraumes, das erschwerte

Abhusten und die veränderte Bakterienflora machen den intubierten oder tracheotomierten Patienten bes. anfällig für Infektionen. Die Pflege von Mund und Rachen sowie das **Absaugen von Sekret aus dem Tracheobronchialsystem** stellen prophylaktische Maßnahmen dar. Es sollte zumindest dreimal täglich erfolgen. Dabei muß der Patient präoxygeniert werden und man muß mit vagalen Reaktionen rechnen (Atropin muß bereit liegen). Zum Absaugen werden sterile Kunststoffkatheter verwendet. Ein Tracheostoma wird täglich neu verbunden. Die Wundränder sollen trocken gehalten werden.

Fremdmaterialien

Periphere und zentrale Venenzugänge, Magensonden, Tuben, Urinkatheter und Wunddrainagen sind potentielle Infektionsquellen und müssen regelmäßig inspiziert, gereinigt, neu fixiert und verbunden werden. Auch die zur Therapie (Infusion, Beatmung) und Überwachung des Patienten eingesetzten Geräte sind regelmäßig zu reinigen und zu überprüfen.

Dokumentation

Eine engmaschige Dokumentation der ärztlichen und pflegerischen Maßnahmen sowie der Reaktionen des Patienten anhand von vegetativen Zeichen und Vitalparametern ist unerläßlich. Sie ist Grundlage für Therapieumstellungen und Verlaufsbeurteilungen, auch nach Personalwechsel.

2.2. Spezielle Aspekte der operativen und nicht-operativen Intensivmedizin

2.2.1 Sepsis

Ätiologie und Symptomatik

Definition der mikrobiellen Sepsis (H. Schottmüller):

Eine Sepsis liegt dann vor, wenn sich innerhalb des Körpers ein Herd gebildet hat, von dem konstant oder periodisch pathogene Bakterien in den Blutkreislauf gelangen und zwar derart, daß durch diese Invasion subjektive und objektive Krankheitserscheinungen ausgelöst werden.

Zu den **klinischen Symptomen** einer Sepsis gehören:

- Hohes intermittierendes Fieber mit Schüttelfrost
- Stark reduzierter Allgemeinzustand mit Bewußtseinstrübung
- Hyperventilation
- Hypotonie und Tachykardie

Im Verlauf kann es zu folgenden **Komplikationen** kommen:

- Splenomegalie
- Meningitis, Pneumonie, Endokarditis, Glomerulonephritis, Osteomyelitis durch septische Herde
- Gerinnungsstörungen (DIC, ☞ 2.2.3)
- Septischer Schock (☞ 2.2.2).

Diagnostik

Wichtig ist die Suche nach dem Ausgangspunkt der Sepsis. Die Eintrittspforte muß saniert werden, obwohl dies alleine den in Gang gesetzten Symptomenkomplex nicht beeinflußt. Zur Sepsisdiagnostik erfolgt die Herdsuche durch Anamnese und der zur Infektionsabklärung beschriebenen Untersuchungen (☞ 2.1.1).

Therapie

Die Antibiotikatherapie sollte möglichst gezielt vorgenommen werden (☞ GK Klinische Pharmakologie).

Häufige Erreger sind:

- In der Gramfärbung **negativ**:
  - Escherichia coli (Harnwege, GIT, gynäkologische und urologische Infektionen, nosokomial)
  - Klebsiellen, Enterobakter, Proteus, Pseudomonas aeruginosa (Gallenwege, GIT, Puerperalsepsis)
- In der Gramfärbung **positiv**:
  - Staphylokokken (Endokarditis, ZVK, Hautinfektionen, Abszeß)
  - Pneumokokken, Streptokokken, Enterokokken (Lunge, Endokarditis, Harn- und Gallenwege, GIT)
  - Clostridien (Gallenwege, GIT).

✎ **Merksatz:** Häufig wird eine Sepsis von Krankheitserregern aus dem gramnegativen Spektrum hervorgerufen.

Besteht der V.a. eine Sepsis, empfiehlt sich folgendes Vorgehen:
- Überprüfung der bestehenden Therapie und Absetzen nicht lebensnotwendiger Medikamente
- Wechseln von zentralen und peripheren Venenkathetern, Urinkathetern und bakteriologische Untersuchung der Katheterspitzen
- Wiederholt Blutkulturen und Urinkulturen abnehmen, besonders bei Fieberspitzen
- Schleimhaut- und Sekretabstriche durchführen.

Die initiale Antibiotikatherapie richtet sich nach der am wahrscheinlichsten auslösenden Sepsisursache (☞ Tab.).

Initiale Antibiotikatherapie bei Sepsisverdacht

Ursache	Wirkstoffe	
Sepsis ohne Herdnachweis	Mezlocillin oder Piperacillin oder Cefotaxim	+Aminoglykosid (z.B.Gentamycin)
Urosepsis	Mezlocillin oder Piperacillin oder Cefotaxim	+Aminoglykosid (z.B.Gentamycin)
Beatmungspneumonie	Apalcillin + Erythromycin	
Wundinfektions-sepsis	Cefotaxim + Aminoglykosid	
Immunschwäche	Piperacillin oder Mezlocillin	+ Aminoglykosid
Cholangiosepsis	Amoxicillin + Aminoglykosid	

Die weitere Therapie richtet sich symptomatisch nach den die verschiedenen Organsysteme betreffenden Komplikationen.

2.2.2 Septischer Schock

(☞ auch GK Klinische Pharmakologie 2.3)

Ätiologie und Symptomatik

Bedingt durch die Invasion von Bakterien und deren Produkten, z.B. *Endotoxinen,* können die folgenden biologischen Kaskadensysteme aktiviert werden:
- Komplementsystem
- Gerinnungssystem
- Kallikrein-Kinin-System
- Endorphinfreisetzung.

Durch diese Systeme werden humorale und zelluläre *Mediatoren* produziert. Sie bewirken Organinsuffizienzen durch direkte Schädigung der Zellstrukturen, Mikrozirkulationsstörungen sowie Hemmung der Sauerstoffmetabolisierung in der Zelle.

Die **Mikrozirkulationsstörungen** entstehen durch anfänglich prä- und postkapilläre Vasokonstriktion, hervorgerufen durch die sympathoadrenergen Regulationsmechanismen. Die Anpassung der Kapillardurchblutung an den Sauerstoffbedarf ist gestört. Durch die anaerobe Glykolyse fallen saure Stoffwechselprodukte an, die dann zu einer Dilatation der präkapillären Gefäße führen. Bei bestehender postkapillärer Vasokonstriktion ist ein Blutstau im Kapillarbett die Folge. Insgesamt resultiert eine unzureichende Sauerstoffversorgung der Organe. Abhängig von der Dauer der Sauerstoffunterversorgung sind Organschäden anfangs reversibel, später dann irreversibel und mit dem Leben nicht vereinbar.

✔ Der septische Schock ist zunächst eine **hyperdyname Schockform**. In der Anfangsphase zeigen sich:
- Normale oder erhöhte Herzminutenvolumina
- Tachykardie
- Verminderter peripherer Widerstand
- Warme Extremitäten.

Für die Vasodilatation ist die über Auslösung der Mediatorsysteme hervorgerufene Abnahme der Reaktion auf sympathoadrenerge Stimulation verantwortlich. Ein **hypodynames Folgesta-**

dium ist zu beobachten, wenn der Volumenverlust durch Vasodilation in der Peripherie die kardiale Kompensation übersteigt.

Diagnostik

Neben der allgemeinen, die Sepsis betreffenden Diagnostik ist die Bestimmung hämodynamischer Parameter unerläßlich. Abhängig von den sich entwickelnden Organschäden muß ein Screening der Funktionsfähigkeit der einzelnen Organsysteme durchgeführt werden, das Laboruntersuchungen, Stundenurin und bildgebende Verfahren beinhaltet.

Therapie

Wichtig ist die Überwachung der Organfunktionen. Bedrohliche Komplikationen sind:

- Kreislaufinsuffizienz
- Verbrauchskoagulopathie
- Lungenversagen (ARDS, ☞ 2.2.4)
- Nierenversagen (☞ 2.2.5)
- Multiorganversagen (☞ 2.2.6).

Neben den für die Sepsis geltenden Therapierichtlinien bestimmen diese Komplikationen das weitere Handeln.

Beispiel einer symptomorientierten Basistherapie:

- Bilanzierte Infusionstherapie
- Anheben des peripheren Widerstandes durch Katecholamine, z.B. Noradrenalin
- Dopamin und Schleifendiuretika bei Abnahme der Urinausscheidung
- Sauerstoffzufuhr bei respiratorischer Insuffizienz, Intubation und Beatmung
- Heparinisierung
- Temperatursenkung
- Ausgleich von Störungen im Säure-Basen- und Elektrolythaushalt
- ATIII-Substitution
- Analgesie und Sedierung
- Immuntherapie mittels Antikörpern gegen Endotoxinantigene bei gramnegativer Sepsis (wird noch kontrovers diskutiert).

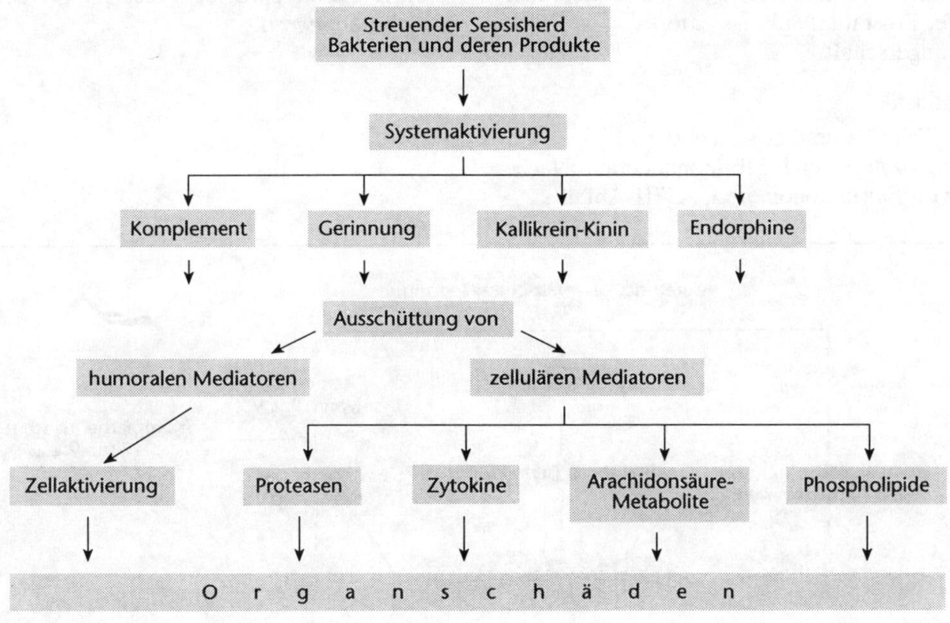

Abb. 2.8: Der septische Schock. Pathophysiologischer Ablauf

2.2.3 Disseminierte intravasale Gerinnungsstörung

Ätiologie und Symptomatik

Als *Verbrauchskoagulopathie* (Disseminated intravascular coagulation, DIC) wird die durch thromboplastische Substanzen hervorgerufene Aktivierung des Gerinnungssystems bezeichnet. Es werden *Fibrinmonomere* und nicht lösliches Fibrin gebildet, die als *Mikrothromben* Mikrozirkulationsstörungen der Organsysteme hervorrufen. Bei dieser entgleisten Gerinnung werden mehr Gerinnungsfaktoren verbraucht als neugebildet. Eine vermehrte Blutungsneigung ist die Folge.

> ✎ **Merksatz:** Bei einer Verbrauchskoagulopathie bestehen Thromben durch ein aktiviertes Gerinnungssystem und Blutungen durch einen Verbrauch von Gerinnungsfaktoren nebeneinander.

Auslösende Faktoren einer DIC können sein:
- Schock
- Infektionen
- Neoplasmen
- Thrombokinasefreisetzung bei Operationen an Lunge, Prostata, Pankreas, Uterus
- Schwangerschaft.

Diagnostik

Empfindliche Parameter stellen dar:
- Thrombozyten- und Fibrinogenabfall, Nachweis von Fibrinmonomeren, ATIII-Abfall
- Im weiteren Verlauf Faktorenverlust: Erst Faktor V, VIII, XIII, dann II, VII, IX, X.

Von den routinemäßigen Gerinnungsuntersuchungen fällt zuerst eine verlängerte partielle Thromboplastinzeit (PTT) durch Faktor VIII- und Faktor XIII- Mangel auf. Erst später fällt die Thromboplastinzeit nach Quick aufgrund von Faktor V-, VII- und X- Mangel, Fibrinogenmangel und Fibrinogenspaltprodukten ab. Die Spaltprodukte führen auch zur pathologischen Thrombinzeit. Der Allgemeinzustand bietet zunächst keinen Anhalt für eine Gerinnungsstörung. Erst im Spätstadium treten auf:
- Organinsuffizienzen durch Mikrothrombosen
- Gesteigerte Blutungsneigung mit Blutungen aus Venenpunktionsstellen, operativen Wunden und Schleimhäuten.

Therapie

- Behandlung der Grunderkrankung
- Heparinisierung im Anfangsstadium hochdosiert, im Spätstadium Low-dose
- ATIII-Substitution
- Substitution von Gerinnungsfaktoren im Anfangsstadium zurückhaltend, im Spätstadium nach Laborwert.

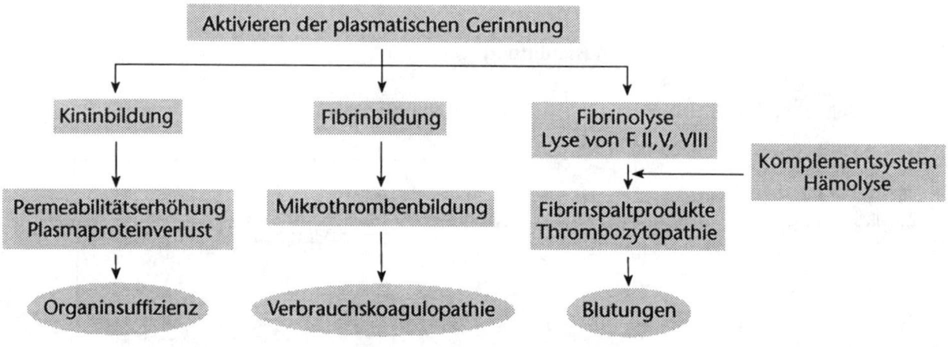

Abb. 2.9: Die Verbrauchskoagulopathie. Pathophysiologischer Ablauf.

2.2.4 Akutes Lungenversagen (ARDS, adult respiratory distress syndrome)

Als akutes Lungenversagen wird eine im Zusammenhang mit einem Schockgeschehen entstandene respiratorische Insuffizienz bezeichnet, welche zu disseminierten interstitiellen Lungenveränderungen führt.

Weitere Synonyma sind: Akute respiratorische Insuffizienz, Schocklunge, Respirator-Lunge, Sauerstoff-Lunge, hyalines Membran-Syndrom.

Ätiologie und Symptomatik

Ein Lungenversagen kann ausgelöst werden durch:

- Schock jeder Genese
- Infektionen
- Traumen, z.B. Polytrauma, SHT
- Aspiration, z.B. von Magensaft
- Inhalation, z.B. Rauchvergiftung
- DIC, Massentransfusion
- Urämie, Coma diabeticum
- Intoxikationen.

Ausgehend von einer Perfusionsstörung der Lungenkapillaren führen Vasokonstriktion und Permeabilitätsstörungen zu einem interstitiellen, später dann alveolären Ödem. Die Folgen sind:

- Abnahme der Surfactantbildung
- Atelektasenbildung
- Verminderte Compliance (Dehnbarkeit)
- Erhöhte Totraumventilation.

Dyspnoe, Tachypnoe und Hypoxämie resultieren. Unter einer Beatmungstherapie kann bei weiterer Progredienz der Erkrankung über die Bildung von hyalinen Membranen und bindegewebigem Umbau eine irreversible *Lungenfibrose* entstehen.

Diagnostik

- Klinik: Dyspnoe, Tachypnoe
- Blutgasanalyse: Hyperkapnie, Hypoxie
- Lungenfunktion: Starke Abnahme der Vitalkapazität, Abnahme von funktioneller Residualkapazität und Compliance
- Ungenügender pO_2-Anstieg nach Sauerstoffzufuhr
- Zunahme des Rechts-Links Shunts
- Röntgen-Thorax: Milchglasartige Trübung, „Schneegestöber" (☞ Abb 2.10)

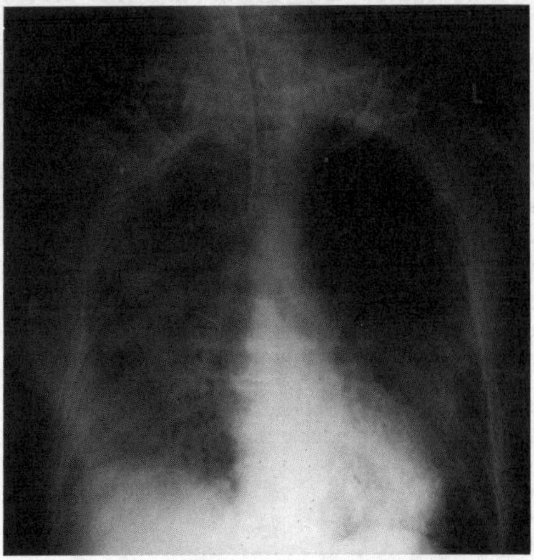

Abb. 2.10: Röntgenaufnahme des Vollbildes eines ARDS

Therapie

Allgemeine Maßnahmen

- Schockbehandlung
- Low Dose-Heparinisierung
- Flüssigkeitsbilanzierung: eher negative Bilanz mit niedrigem ZVD anstreben. Schwieriges Infusionsregime: Durch das bestehende Capillary-leak-Syndrom der pulmonalen Kapillaren besteht die Gefahr weiterer Flüssigkeitseinlagerungen
- Stützung der kardialen Leistungsfähigkeit mit Katecholaminen
- Glukokortikoide zur Membranstabilisierung (umstritten)
- Schleifendiuretika (umstritten) zur Verminderung des alveolären Ödems

Spezielle Maßnahmen

- Hämofiltration

- Bauchlagerung zur Therapie schwerkraftabhängiger ventraler Atelektasen
- Beatmung mit PEEP zur Erhöhung der funktionellen Residualkapazität
- Jet ventilation oder high frequency ventilation (☞ 2.1.1)
- Extrakorporale CO_2-Elimination (nur an einigen Zentren möglich).

2.2.5 Akutes Nierenversagen

Ätiologie und Diagnostik

Das akute Nierenversagen wird nach dem auslösenden Mechanismus unterteilt in: prärenal, intrarenal und postrenal.

Ursachen für die sich rasch entwickelnde Einschränkung der Nierenfunktion:

Prärenal:
Eine zirkulatorisch bedingte Abnahme der Nierenperfusion durch:
- Schock
- Polytrauma
- Sepsis
- Verbrennung
- Lokale Durchblutungseinschränkung:
- Nierenarterienstenose,-embolie, Aortenaneurysma

Intrarenal:
- Toxische Tubuluszellenschädigung (interstitielle Nephritis) durch Medikamente, z.B. Penicillin, Sulfonamide, Sulfonylharnstoffe, Rifampicin, nichtsteroidale Antiphlogistika oder allergisch bedingt
- Akute Tubulusnekrose durch Hämolyse, Kontrastmittel, Rhabdomyolyse oder Medikamente, z.B. Aminoglykoside oder Cisplatin

Postrenal:
- Harnstau durch Steine oder Tumoren.

Das akute Nierenversagen verläuft in **vier Stadien:**
- **Schädigungsphase:** Dauer Stunden bis Tage. Ausscheidung und Konzentrationsfähigkeit sind anfänglich unauffällig. Die Verdünnungsfähigkeit bleibt länger erhalten als die Konzentrationsfähigkeit
- **Oliguriephase:** Dauer ein bis zwei Wochen, maximal zehn Wochen. Urinausscheidungsrückgang bis zur völligen Anurie, Störungen des Flüssigkeits-, Elektrolyt-und Säurebasenhaushaltes
- **Polyurische Phase:** Dauer ein bis drei Wochen. Gefahr der Dehydratation, Elektrolytverluste, v.a. K^+ und Na^+
- **Restitution:** Dauer Wochen bis Monate.

Die Oliguriephase kann in einigen Fällen ausbleiben. Tritt im Anschluß an eine Schädigung direkt eine Polyurie auf, ist die Prognose günstiger. Die Oligurie gefährdet den Patienten in besonderem Maße. Die Flüssigkeitsbelastung kann zum Lungenödem führen. Zerebrale Eintrübung bis hin zum Koma sind weitere mögliche Komplikationen.

Diagnostik

Neben der Messung von Stundenurin und Urinkonzentration werden zur Diagnostik Laborwerte eingesetzt:
- Kreatinin
- Harnstoff
- Elektrolyte.

Bei abnehmender Urinproduktion steigen diese harnpflichtigen Substanzen an. Hyperkaliämiebedingt können EKG-Veränderungen auftreten. Im Röntgen-Thorax können sich Flüssigkeitseinlagerungen zeigen. Zum Ausschluß eines postrenalen Nierenversagens wird eine Sonographie durchgeführt.

Differentialdiagnose

Andere Ursachen für ein Nierenversagen müssen ausgeschlossen werden:
- Postrenales Nierenversagen durch Harnabflußstörung, z.B. durch Steine oder Prostatavergrößerung
- Chronisches Nierenversagen mit Anämie, Nierenverkleinerung
- Rapid-progressive Glomerulonephritis im Rahmen von Systemerkrankungen.

Therapie

Therapeutische Maßnahmen richten sich nach der auslösenden Grundkrankheit. Eine bilanzierte Infusionstherapie ist ebenso wichtig wie die kontrollierte Elekrolytsubstitution. Es kann versucht werden, durch Schleifendiuretika und Dopamin die Urinausscheidung zu steigern. Bei sistierender Ausscheidung sollten frühzeitig Nierenersatztherapien (☞ 2.1.1) eingeleitet werden.

2.2.6 Multiorganversagen

Definition

Der Oberbegriff Multiorganversagen beschreibt ein spätes Stadium verschiedener lebensgefährlicher intensivmedizinisch behandelter Grunderkrankungen. Dabei lassen die immer aufwendigeren Therapieverfahren Erkrankungsverläufe in Stadien hinein beobachten, die früher vom Patienten gar nicht erreicht wurden.

Die **Insuffizienz mehrerer Organsysteme** bedingt eine zunehmende Prognoseverschlechterung.

Häufige Ausgangspunkte sind:

- Trauma
- Operation
- Verbrennung
- Sepsis
- Schock.

Ätiologie

Eine ausgeprägte Störung des zellulären Stoffwechsels liegt dem Multiorganversagen zu Grunde. Ausgangspunkt sind oftmals Schock und Sepsis. Ursache für die metabolischen Störungen ist die Ausschüttung kataboler Hormone sowie humoraler Mediatoren (☞ Tab.). Bei Zunahme des Energieverbrauchs ist die Energieproduktion vermindert. Substratverwertungsstörungen führen zu einem Nettoproteinverlust.

Mediatoren für ein Multiorganversagen	
Katabole Hormone	Humorale Mediatoren
Cortisol	Interleukine
Katecholamine	Metabolite der Arachidonsäure
Glukagon	

Symptomatik

Die Insuffizienzen betreffen immer mehrere Organsysteme. Klinisch äußern sie sich als:

- ARDS (☞ 2.2.4)
- Nierenversagen (☞ 2.2.5)
- DIC (☞ 2.2.3)
- Kardiale Insuffizienz
- Leberinsuffizienz
- Darmschädigungen
- ZNS-Störungen.

Therapie

Eine kausale Therapie ist nicht möglich. Bes. bei Krankheitsbildern, die ein hohes Risiko für eine zunehmende Progredienz begleitender Organstörungen zeigen, ist jedoch frühzeitig auf eine adäquate Nährstoffzufuhr, kreislaufstützende Maßnahmen (evtl. Verbesserung der Sauerstoffverwertung durch Vasodilatatoren) und eine suffiziente Oxigenierung zu achten. Die weitere Therapie bleibt symptomatisch. Limitierend ist die zunehmende respiratorische und kardiovaskuläre Insuffizienz.

Verweise

Schädel-Hirn-Trauma: ☞ GK Notfallmedizin 3.1 – 3.3

Polytrauma: ☞ 5.1

Neurologisch-neurochirurgische Notfälle: ☞ GK Notfallmedizin 5.5

Akutes Abdomen: ☞ GK Notfallmedizin 5.2

Leberkoma: ☞ GK Notfallmedizin 4.2

Verbrennungen: ☞ GK Notfallmedizin 5.3

Vergiftungen: ☞ GK Notfallmedizin 5.4

Akute Herzinsuffizienz: ☞ GK Klinische Pharmakologie 3.3

Akuter Myokardinfarkt: ☞ GK Klinische Pharmakologie 5.2.1

Thrombose und Embolie: ☞ GK Klinische Pharmakologie 6.3

Naturheilverfahren

M. Augustin
V. Schmiedel

Inhaltsverzeichnis Naturheilverfahren und Homöopathie

1 Allgemeine Grundlagen von Naturheilverfahren

Naturheilverfahren und andere ganzheitliche Therapieformen haben in den letzten Jahren deutlich an Bedeutung gewonnen. Neben dem steigenden ärztlichen Interesse an einer ganzheitlichen, ökologischen Medizin spielt hier sicherlich der wachsende Anspruch des Patienten auf eine „menschlichere" und „natürlichere" Behandlung eine Rolle. Die z.T. uralten Naturheilverfahren sind in einer Zeit wiederentdeckt worden, die durch dramatische Erfolge der etablierten Medizin in einzelnen Sektoren gekennzeichnet ist, besonders bei der Behandlung akuter Erkrankungen wie Infektionen und Traumata.

In anderen Therapiebereichen, etwa bei chronischen Erkrankungen, den Leiden des höheren Alters sowie vielen Tumorleiden tritt die moderne Medizin – gemessen an ihren Therapieerfolgen – fast auf der Stelle: Dem massiven Forschungsaufwand steht oft ein nur mäßiger Gewinn an Gesundheit und Lebensqualität gegenüber. Beachtenswert ist auch die häufig hohe Rate von Nebenwirkungen und iatrogenen Zweiterkrankungen (z.B. nach Chemo-, Strahlen- oder Zytokintherapie).

Naturheilweisen im weiteren Sinne können hier nicht nur Lücken füllen, sondern auch sinnvolle Alternativen zur „high-tech-" Behandlung sein. In ihren bewährten Indikationsbereichen sind sie nicht nur ganzheitlich, sondern oft auch nebenwirkungsärmer, billiger und nachhaltiger im Therapieerfolg.

Ihre Besonderheiten:

- Sie verlangen vom Patienten mehr Mitarbeit und Eigenverantwortung
- Nicht jede Methode ist für jeden Patienten geeignet, denn naturheilkundliche Therapie ist stets eine individuelle Therapie und in ihrem Erfolg oft nicht mit den Maßstäben einer klinischen Doppelblind-Studie zu erfassen
- Ganzheitliche Therapien sind nicht ohne weiteres aus dem Lehrbuch zu lernen (und schon gar nicht nach dem GK), sondern erfordern neben einem inhaltlichen Umdenken auch ausreichend praktische Erfahrung
- Wie auch die sog. „etablierten" Verfahren hat jede naturheilkundliche Therapie ihre Grenzen, deren Kenntnis zur Vermeidung von Nebenwirkungen oder auch fehlender Wirksamkeit unerläßlich ist.

Teile der Naturheilverfahren haben inzwischen trotz mancher Widerstände Eingang auch in die an Hochschulen praktizierte Medizin gefunden, besonders die physikalischen Verfahren und die Phytotherapie. Wünschenswert ist eine weitere Vernetzung der etablierten Therapien mit den Naturverfahren, unterstützt durch die wissenschaftliche Absicherung ihrer empirisch längst bekannten Heilerfolge.

1.1 Definitionen

Unter Naturheilverfahren versteht man diagnostische und therapeutische Methoden, die durch Entfaltung von Reizwirkungen die körpereigenen Heil- und Ordnungskräfte anregen und sich therapeutisch bevorzugt reiner Naturfaktoren bedienen, z.B. Wärme, Kälte, Wasser, Erde, Licht, Luft, Nahrung, Pflanzen. Sie erfassen den Menschen in seiner seelisch-geistig-körperlichen Gesamtheit unter Einbeziehung seines psychosozialen Umfeldes. „Naturheilkunde" im engeren Sinne umfaßt die fünf „klassischen" Therapien, wie sie von Pfarrer Sebastian Kneipp (1821 – 1897) im letzten Jahrhundert geprägt wurden (☞ unten), für die Praxis ist diese Definition jedoch sicherlich zu eng gefaßt.

In naturheilkundlichen Kreisen herrscht allerdings keineswegs Einigkeit darüber, welche Verfahren im weiteren Sinne als „natürlich" oder „naturheilkundlich" zu bezeichnen sind. Meist spielt bei der Benennung weniger die natürliche Herkunft der Therapie eine Rolle, als ihre Wirkung über die Aktivierung natürlicher Heilungsvorgänge (z.B. bei der Akupunktur).

Der Begriff „Naturheilverfahren" hat also eine doppelte Bedeutung: Zum einen weist er auf die – zumindest im weiteren Sinne – „natürliche" **Herkunft der Therapien** hin. Zum anderen kennzeichnet er das **Ziel der Behandlung,** die von Natur aus im Menschen vorhandenen Kräfte der Selbstheilung zu fördern.

Begriffsbestimmungen

Die nachfolgenden Begriffe werden in der naturheilkundlichen Therapie häufig verwendet. Ihre Bedeutungen überschneiden sich, behandeln jedoch unterschiedliche Aspekte:

Ganzheitsmedizin: Heilweise, die sich nicht an einzelne Funktionen oder Organe des Menschen richtet, sondern diesen in seiner seelisch-geistig-körperlichen Gesamtheit sieht. In der Ganzheitsmedizin werden neben Naturheilverfahren weitere, meist empirische Therapien angewendet, z.B. die Homöopathie.

Erfahrungsheilkunde: Gesamtheit aller medizinischer Verfahren, die sich in ihrem theoretischen Modell nicht von naturwissenschaftlichen Erklärungsmodellen ableiten, sondern empirisch entstanden sind.

Regulationstherapien (= Reaktions- oder Reiztherapien): Alle Therapieverfahren, die sich primär an die Selbstheilungskräfte des Organismus wenden (☞ 1.3). Die meisten Verfahren der Naturheilkunde gehören dazu.

Übersicht über Naturheilverfahren

Die 5 „klassischen" Naturheilverfahren nach Kneipp

- Bewegungstherapie (☞ 2.1)
- Ernährungstherapie (Diätetik) (☞ 3)
- Hydrotherapie (☞ 2.5)
- Ordnungstherapie (☞ 5.2)
- Phytotherapie (☞ 4)

Naturheilverfahren im weiteren Sinne

- Ausleitende Verfahren (☞ 1.4)
- Balneo- und Klimatherapie (☞ 2.4, 2.3)
- Chirotherapie
- Massagetherapie (☞ 2.2)

Zusätzlich im GK berücksichtigte ganzheitliche Verfahren

- Akupunktur (☞ 5.3)
- Elektrotherapie (zählt zu den physikalischen Therapien) (☞ 2.7)
- Homöopathie (☞ 6)
- Neuraltherapie (☞ 5.4)

Im GK nicht berücksichtigte, in der Praxis verbreitete ganzheitliche Verfahren

- Anthroposophische Medizin (☞ 2.1)
- Atemtherapie (☞ 2.1)
- Bach-Blütentherapie (☞ 2.1)
- Eigenbluttherapie (☞ 2.1)
- Enzymtherapie (☞ 2.1)
- Nosodentherapie (☞ 2.1)
- Sauerstoff- und Ozontherapien (☞ 2.1)
- Symbioselenkung (☞ 2.1)
- Zelltherapie (☞ 2.1)

1.2 Das biologische Prinzip der Selbstregulation

Psychische und physische Gesundheit des Menschen beruhen wesentlich auf der Fähigkeit des Organismus, inneren und äußeren Störungen durch Gegenmaßnahmen zu begegnen. Derartige selbstheilende Vorgänge laufen fortwährend unbemerkt ab.

Beispiel: Auf Schwankungen der Umgebungstemperatur reagiert der Körper mit einer schnellen Gegenregulation der Durchblutung und bewahrt so eine konstante Körperkerntemperatur von ca. 37 °C.

Da der Organismus nach naturheilkundlichem Verständnis ein vernetztes System von Regelkreisen ist, wirkt sich eine derartige Gegenregulation nicht nur auf die Durchblutung, sondern auch auf viele weitere Funktionskreisläufe aus, z.B. auf die Aktivität des Immunsystems und auf den Gemütszustand. Jede äußere Wirkung auf den Organismus führt also zu einer breiten Palette von Gegenregulationen, die auf die Erhaltung eines dynamischen Gleichgewichtes seiner Regelkreise abzielt. Die Balance der Regelkreise macht Gesundheit aus.

Naturheilkundliche Regulationstherapien schulen die Fähigkeit des Körpers zu komplexen Gegenregulationen auf einen Reiz (☞ 1.3). Sie verbessern die im Organismus vorhandenen Selbstheilungskräfte.

1.3 Reiz- und Reaktionstherapie

Jeder Einfluß (= Reiz) auf einen beliebigen Teil des Organismus führt zu einer fortgeleiteten Reaktion des gesamten vernetzten Organismus und induziert eine Gegenantwort. Diese in der Evolution erlernten permanenten Gegenreaktionen auf Reize von außen sind – im weiteren Sinne – ein dauerndes physisches und psychisches Lebens-Training. Sie bedingen die Lebenstüchtigkeit jedes Individuums.

Beispiel: Die Wirksamkeit des Immunsystems beruht von Geburt an auf häufigen Auseinandersetzungen mit Fremd-Antigenen. Nur immer wieder eintretende Antigen-Reizungen führen zu Immunkompetenz und genügend starken Immunantworten im Falle einer Infektion. Bleibt die Reizung des Organismus über längere Zeit aus, vermindert sich seine Resistenz.

Viele ganzheitliche Verfahren bewirken eine unspezifische Reizung des Organismus und induzieren eine Gegenregulation unter Mobilisierung und Verstärkung seiner Selbstheilungskräfte. **Bsp.:** Schröpfen, Saunabaden, Wasseranwendungen, Massagen, Bewegungstherapie, Akupunktur, Eigenbluttherapie, Homöopathie. Diese Therapien werden *Regulationstherapien, Reiztherapien* oder *Reaktionstherapien* genannt.

Adaptation

✔ Als Folge des Einwirkens von Reizen kommt es zu *Adaptationsvorgängen* im Organismus. Hierunter versteht man die Anpassungsreaktionen, welche das physiologische Gleichgewicht des Körpers nach einem äußeren Reiz wiederherstellen und ihn langfristig zu einer verbesserten Reaktionsfähigkeit führen.

Beispiel: Wanderungen im Reizklima des Hochgebirges bewirken zunächst eine Belastung von u.a. Herz, Kreislauf und Muskulatur durch thermische und mechanische Reize. Bei fortgesetzter Tätigkeit in dieser Umgebung kommt es jedoch zu einer Adaptation (= Anpassung) mit verstärkter Kreislaufleistung, verbesserter Herztätigkeit und gekräftigter Muskulatur. Metabolische und hormonelle Reaktionen schließen sich an, z.B. vermehrte Erythropoese. Auch erfolgt ein Anpassung an das verstärkte UV-Licht durch Steigerung der Hautpigmentierung.

1.3.1 Reflexorientiertes Erklärungsmodell

Die Reaktion auf derartige Reize verläuft im Organismus nicht ungesteuert, sondern nach naturheilkundlicher Vorstellung als eine Kaskade bestimmter „Reflexe“. Ein Reiz führt dabei zu einer bestimmten, reproduzierbaren Antwort eines Teils des Organismus. Reflexwege können z.B. von der Haut über vegetative Nervenfasern auf innere Organe oder von muskulären Triggerpunkten auf Gefäße führen.

Dies kann man sich diagnostisch und therapeutisch zunutze machen:

Der **diagnostische Wert** liegt darin, daß sich erkrankte Organe über Reflexwege an anderer Stelle bemerkbar machen können.

Beispiel: Head-Zone am linken Oberarm weist bei Schmerzhaftigkeit auf Herzinfarkt hin.

Die **therapeutische Bedeutung** von Reflexwegen beruht darauf, daß erkrankte Organe oft sehr gut von Reflexpunkten aus behandelt werden können, man also nicht unbedingt direkt auf das (oft schwerer erreichbare) Organ einwirken muß.

Beispiel: Funktionelle Gallenbeschwerden, die sich nicht selten auch als bindegewebige Verhärtungen im entsprechenden Reflexareal des Rückens ertasten lassen, können durch Behandlung dieser Zonen, z.B. mit Schröpftherapie oder Neuraltherapie (☞ 5.4), gelindert werden.

Störungen der Reflexwege

Der physiologische Austausch von Stoffen und Energie vollzieht sich nach naturheilkundlichem Verständnis in vernetzten Regelkreisen über den gesamten Organismus, z.B. entlang der Meridiane der Akupunktur. Kommt es im Organismus zu Störungen des Stoff- und Energieflusses, so können dadurch alle zu diesem Regelkreis gehörigen Teile des Organismus beeinträchtigt sein. Dies ist prinzipiell auch aus der sog. Schulmedizin bekannt, wo beispielsweise bei bestimmten Hautdermatosen nach Foci, also chronischen Entzündungsherden, als Triggern gesucht wird. Sie treten besonders häufig an den Tonsillen, im Kieferbereich oder an den Nasennebenhöhlen auf und werden aus naturheilkundlicher Sicht als „Herde" oder **„Störfelder"** angesehen, die nicht nur in ihrer Umgebung, sondern auf reflektorischem Wege auch an weit entfernten, jedoch ihnen zugeordneten Organen Beschwerden verursachen. Hier kehrt sich das Prinzip um, nach dem man Organe über Reflexzonen therapeutisch beeinflussen kann: Störfaktoren können über Reflexwege zu einer Belastung des korrespondierenden Organes führen.

Reflexwege sind oft kuti-viszerale Bahnen (Haut-Eingeweide), daneben aber auch muskulo-kutane (Muskel-Haut), muskulo-viszerale (Muskel-Eingeweide), viszero-kutane, kuti-kutane und viszero-viszerale Verbindungen (☞ Abbildungen in 2.2.2).

1.3.2 Regulationsorientiertes Erklärungsmodell

Gegenreaktionen des Organismus lassen sich nicht nur über die gezielte Behandlung von Reflexzonen hervorrufen, sondern auch über eine allgemeine, unspezifische Reizung des Körpers.

So erreicht man z.B. auch mit gut dosierter Bewegungstherapie eine Verbesserung der Darmtätigkeit, obwohl hier keine spezifischen darmassoziierten Reflexwege angesprochen werden. Diese Wirkungen beruhen vielmehr auf der Annahme, daß der Organismus ein Netzwerk verknüpfter Regelkreise ist und diese durch komplexe Regelvorgänge organisiert werden.

Die Aktivierung eines Teilsystems, z.B. des Herz-Kreislaufsystems bei der Bewegungstherapie, zieht stets auch die Aktivierung und verbesserte Regulation anderer Funktionen nach sich, sofern die Dosierung richtig gewählt wird. Man spricht hier von einem „regulationsorientieren" Erklärungsmodell der Wirkung dieser Verfahren.

Auch anderen Therapien wie Balneotherapie, Phytotherapie und Massagebehandlung wird eine Wirkung auf die Gesamtregulation des Organismus zugeschrieben.

1.3.3 Individuelle Anpassung von Reizen

Die Erkenntnis von Paracelsus, daß alles ein Gift sein könne, denn es komme nur auf die Dosis an, gilt auch für die Reizantwort eines Organismus: Ist die Herausforderung an ihn zu gering, so trainiert sie ihn nicht, ist sie zu groß, so überfordert sie ihn und macht ihn noch kränker. Wichtige Grundbedingung einer Reiz-

Störfelder		
Störfaktoren	**Beispiel**	**Mögliche Behandlungsmethoden**
Chronische Entzündungen	Chronische Tonsillitis als Trigger einer Psoriasis	Tonsillektomie, Neuraltherapie der Mandeln
Jede Art von Narbengewebe	Appendektomienarbe als Ursache chronischer Arthritisschmerzen	Neuraltherapie
Durch Umwelttoxine belastete Organe	Latente Bleiintoxikation mit chronischer Müdigkeit, muskulären Verspannungen, Kopfschmerzen	Detoxifikation durch homöopathische Entgiftungsreihen, Änderung der Ernährung
„Blockierte" Wirbel	HWS-Blockade mit Globus-Gefühl, chronischem Schnupfen oder zerebralen Durchblutungsstörungen	Chirotherapie
Gestörte Darmsymbiose	Intestinale Candidose als Auslöser chronischer Oberbauchbeschwerden oder Hauterkrankungen	Antimykose, Symbioselenkung, Ernährungstherapie

therapie ist daher, den Reiz an einem Patienten individuell so zu steuern, daß er eine optimale Herausforderung darstellt.

Die Reizstärke richtet sich grundsätzlich nach folgenden Größen:

- **Konstitution und Kondition:** Die Reizstärke hat sich der augenblicklichen Verfassung des Patienten anzupassen. Fieber, schwere Erkrankungen, Medikamente und psychische Labilität können die Reaktionsfähigkeit des Organismus beeinträchtigen
- **Art der Erkrankung:** Die Fähigkeit zur Gegenantwort des Körpers ist der Erkrankung entsprechend zu prüfen, Risikofaktoren sind zu beachten
- **Akuität:** Chronische Erkrankungen verlangen oft stärkere Reize, bei akuten liegt evtl. bereits ein „Reizzustand" vor
- **Alter:** Kinder zeigen oft überschießende Reaktionen (z.B. hohes Fieber), ältere Menschen hingegen verminderte Reizantworten (z.B. fehlendes Fieber bei Infekten).

1.3.4 Phänomene bei der Reiztherapie

Erstverschlechterung

Die erste Antwort des Organismus auf einen Reiz ist nicht selten sehr heftig. Sie kann die bestehenden Krankheitszeichen verstärken oder neue hervorbringen. Dies wird als *Erstverschlechterung* bezeichnet und auf die intakte Regulationsfähigkeit des Organismus zurückgeführt. Sie ist daher ein prognostisch eher günstiges Zeichen, muß jedoch bei starken Reaktionen, z.B. sehr hohem Fieber, ggf. therapeutisch gemildert werden.

Beispiel: Ausbruch von Übelkeit, starken Kopfschmerzen und Kreislaufstörungen beim Fasten als Ausdruck einsetzender Gegenregulationen auf den Nahrungsentzug.

Zu diesen Reaktionen gehören auch *Trainingskrisen* (Leistungsabfall in der Initialphase einer Bewegungstherapie) und *Kurkrisen* (vermindertes Wohlbefinden, sistierende Erholung nach einigen Tagen Kurtherapie).

Regulationsstarre

Voraussetzung für eine intakte Antwort des Körpers auf äußere Reize ist die ausreichende Regulationsfähigkeit des Organismus. Ihre Störung durch chron. Belastungen kann zu einer abgeschwächten Gegenregulation oder gar *Regulationsstarre* führen. Chronische Belastungen haben in den letzten Jahrzehnten erheblich zugenommen und erklären die immer schlechteren Reaktionen vieler Patienten auf Regulationstherapien. In diesen Fällen ist zunächst eine Behandlung der zugrundeliegenden Störungen erforderlich (☞ 1.3.1 Störfeldtherapie).

Übertraining

Eine optimale Verbesserung der Körperfunktionen ist nur dann gegeben, wenn der Körper nach einer Reiztherapie oder einem Bewegungstraining ausreichend Erholungszeit hat. Liegen die Trainings- oder Reizintervalle hingegen zu eng beieinander, so ist die Regenerierungsphase zu kurz, es kommt zum Übertraining mit verminderter Leistungsfähigkeit.

Reizdosierung

Häufig lösen **gezielte, schwache Reize** eine stärkere Gegenreaktion aus als starke.

1.4 Ausleitende Verfahren

Unter ausleitenden Verfahren versteht man Therapieformen, die gezielt eine Ausscheidung „krankheitserzeugender Stoffe" fördern.

Historische Grundlage der ausleitenden Verfahren ist die Lehre der **Humoralpathologie**. Sie verstand Krankheit als eine Störung in der Balance der Körpersäfte Blut, Schleim, gelbe und schwarze Galle (= Dyskrasie). Mit diesen Säften wurden die Elemente Erde, Feuer, Wasser und Luft wie auch besondere Wesenseigenschaften des Menschen in Verbindung gebracht (z.B. „galliger Typ, Choleriker" bei Vorherrschen des Gallensaftes). Auch das Vorliegen einer vergiftenden Substanz (*materia peccans*) wurde als Ursache von Krankheiten angesehen. Mittels diätetischer Maßnahmen versuchte man die Entstehung der materia peccans zu verhindern, durch Maßnahmen zur Förderung der Ausscheidung über die Haut sollte sie beseitigt werden. Hieraus entstand der Begriff „ausleitende Verfahren". Bis in die Gegenwart hinein haben sie in vielen Kulturen Verwendung gefunden. Wichtigster Vertreter im Mittelalter war Paracelsus von Hohenheim.

Eine Systematisierung erfuhren die ausleitenden Verfahren Anfang dieses Jahrhunderts durch B. Aschner, nach dem die heute verwendeten *Aschner-Verfahren* benannt sind.

Aschner-Verfahren

Den Aschner-Verfahren ist gemein, daß sie als unspezifische Reiztherapien Selbstregulationsvorgänge des Körpers in Gang setzen, z.B. durch einen Aderlaß bei Hypertonie. Ferner können sie lokale Veränderungen des Gewebes beeinflussen, z.B. bei der Blutegeltherapie der Thrombophlebitis.

Als systemische Wirkungen werden von ihren Vertretern eine allgemeine Immunstimulation sowie – über die Reflexpunkte – organbezogene Effekte angenommen. Lokale Wirkungen der Aschner-Anwendungen sind ein verbesserter Bindegewebsstoffwechsel sowie eine vermehrte Ausscheidung von Entzündungs- und Schmerzmediatoren. Dementsprechend werden sie meist auf Reflexpunkte oder auf lokal veränderte Hautareale appliziert.

Häufigste Aschner-Verfahren sind:

- **Schröpftherapie:** Auf tastbar veränderte oder reflexbezogene Hautareale wird ein Glas gesetzt und aus diesem die Luft evakuiert (z.B. durch einen Saugballon oder vorheriges Erwärmen der Luft im Glas). Durch den Unterdruck bildet sich ein lokales Hämatom (trockenes Schröpfen), das einen Resorptionsreiz darstellt. Beim blutigen Schröpfen wird die Haut vorher mit einer Lanzette angeritzt, so daß es zum Austritt von Blut kommt (☞ Abb. 1.1). Schröpftherapie wird bei vielen inneren Erkrankungen mit Bezug zu Reflexzonen eingesetzt

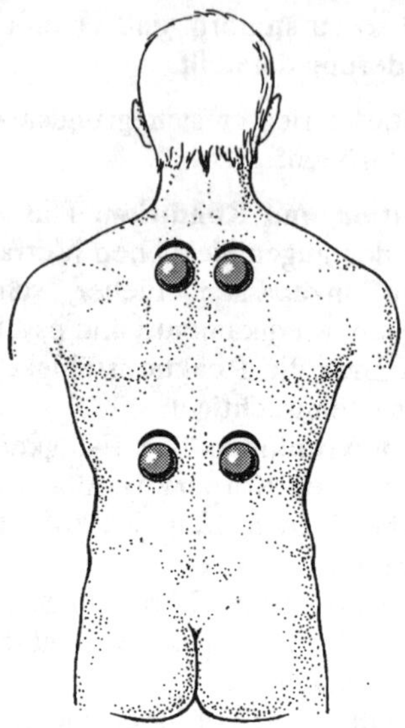

Abb. 1.1: Blutige Schröpftherapie mit Schröpfköpfen auf dem Rücken

- Blutegelbehandlung: Blutegel werden einzeln auf akut-entzündete oder thrombotische Areale gesetzt, wo sie ca. 10 – 40 Min. lang Blut ansaugen und dabei eine Vielzahl von vaso- und gerinnungsaktiven Substanzen sezernieren, z.B. Hirudin. Auf diese wird die antikoagulatorische und antiphlogistische Wirkung der Blutegel zurückgeführt. Einsatz v.a. bei venösen Erkrankungen und akutem Gichtanfall
- **Aderlaß:** Beim therapeutischen Aderlaß werden meist 100 – 150 ml venösen Blutes ca. 1 – 2 x/Woche entnommen. Die Indikationsstellung erfolgt nach der Konstitution des Patienten (indiziert bei vollblütig-adipösen Patienten) und nach dem Hämatokrit (indiziert bei Erhöhung). Einsatz bei rheologischen, v.a. venösen, Erkrankungen, Herz-/Kreislauferkrankungen und Stoffwechselleiden
- **Baunscheidt-Verfahren:** Hautreizendes Verfahren, bei dem die Haut angeritzt und mit einem Reizöl zur Eiterung gebracht wird. Die folgende lokale Entzündung wirkt im Sinne einer Reiztherapie

- **Cantharidenpflaster:** Das Pflaster enthält pflanzliche Wirkstoffe und erzeugt eine toxische Hautreaktion wie bei einer Verbrennung 2. Grades. Diese wirkt ähnlich dem Baunscheidt-Verfahren als Reiztherapie über Reflexzonen.

Indikationen
Die Indikationen der Aschner-Verfahren sind sehr vielfältig und umfassen z.B. Gefäßerkrankungen, Stoffwechselstörungen, Erkrankungen innerer Organe (soweit diese einer Reflextherapie zugänglich sind), funktionelle Beschwerden, Schmerzzustände und Erkrankungen des Bewegungsapparates.

Kontraindikationen und Risiken
Bei sachgerechter Anwendung und Beachtung der Kontraindikationen sind die ausleitenden Verfahren risikoarm. Folgende Kontraindikationen sind zu beachten:

- Aderlässe: Hämorrhagische Diathesen (gilt auch für Blutegelbehandlung und blutiges Schröpfen), Anämien, Schwächezustände und Hypotonieneigung
- Hautreizende Verfahren: Entzündliche und allergische Hautleiden, fieberhafte Erkrankungen und offene Wunden. Wegen der Verwendung von Reizsubstanzen sind bei unsachgemäßer Handhabung allerdings Narbenbildungen, Fehlpigmentierungen und allergische oder toxische Hautreaktionen nicht auszuschließen.

Konstitution und Diathese ☞ 5.1

2 Physikalische Therapie

Definition

Physikalische Therapie (Physikalische Medizin, Physiotherapie) umfaßt alle Maßnahmen, die die Funktionen des Organismus durch physikalische Einwirkungen gezielt beeinflussen. Es wird dabei angestrebt, Fehlregulationen zu verhindern oder zu beseitigen und eine adäquate Funktion herbeizuführen. Die wichtigsten Verfahren sind:

- **Bewegungstherapie** (☞ 2.1)
- **Massage** (☞ 2.2)
- **Klimatherapie** (☞ 2.3)
- **Balneotherapie** (☞ 2.4)
- **Hydrotherapie** (☞ 2.5)
- **Thermotherapie** (☞ 2.6)
- **Elektrotherapie** (☞ 2.7)

Physikalische Therapieverfahren kommen zum Einsatz in der:

- **Prävention** (z.B. Sanatorien, Laienselbstbehandlung)
- **Kurativen Therapie** (z.B. Abteilungen für Physikalische Therapie in Akutkrankenhäusern, Praxen)
- **Rehabilitation** (z.B. Rehabilitationskliniken, ambulante poststationäre Behandlung).

Wirkprinzipien

Bei den erzielten Effekten lassen sich direkte Effekte (z.B. Muskelentspannung durch Wärmeauflage) von adaptativen Effekten unter Ausnutzung der Regulationsmechanismen des Organismus (z.B. reaktive Durchblutungssteigerung nach Kaltwasserguß) unterscheiden.

Die meisten Verfahren erzielen ihre Wirkung durch Reizung von Hautarealen mit nachfolgendem Effekt auf ihre korrespondierenden inneren Strukturen (kuti-viszeraler Reflex, z.B. Massage, Hydrotherapie). Innere Strukturen können aber auch durch direkte physikalische Wirkungen beeinflußt werden (z.B. Wärmeentstehung im Muskel durch Applikation elektromagnetischer Wellen). Darüber hinaus sind verschiedene Wirkungen zwar empirisch belegt, der zugrundeliegende Mechanismus aber noch nicht in allen Einzelheiten aufgeklärt (z.B. stimmungsaufhellende Wirkung von Ausdauerbelastungen).

Individualisierung der Therapie

Für die Physikalische Therapie gilt in besonderem Maße, daß die Behandlungsmaßnahmen nicht nur nach Krankheitsbild und Symptomatik ausgerichtet sein sollten, sondern daß eine Anpassung an die individuelle Ausgangslage und das Leistungsvermögen des Patienten erfolgt. Dies gilt vor allem für Verfahren, die die Selbstregulation des Organismus ansprechen.

Beispiel: Ein älterer, durch lange, schwere Krankheit oder Operation geschwächter Patient ist in seinem Adaptationsvermögen eventuell so stark eingeschränkt, daß er sogar durch einen Knieguß überfordert sein kann. Dann kommen zunächst eher passive, stützende Verfahren zur Anwendung (z.B. leichte Massage, milde Wärmebehandlung).

Physikalische Therapie wird selten isoliert, sondern meist additiv zu anderen Verfahren angewendet (andere Naturheilverfahren, Psychotherapie, medikamentöse oder chirurgische Therapie).

2.1 Bewegungstherapie

2.1.1 Grundlagen

Bewegungstherapeutische Verfahren wirken durch systematisch aufgebaute und adäquate Bewegung im Rahmen ganzheitlicher Therapiekonzepte präventiv, kurativ und rehabilitativ.

Man unterscheidet **aktive** Bewegungstherapien, z.B.:
- **Sporttherapie** (z.B. Gymnastik, Laufen)
- **Muskuläre Entspannungsübungen** (z.B. nach Jacobson)
- **Krankengymnastik** (aktive Übungen)

von **passiven** Verfahren, z.B.:
- **Massage** (☞ 2.2)
- **Krankengymnastik** (passive Übungen).

Wirkprinzipien

Bewegungstherapie wirkt
- **Direkt** auf die beteiligten Strukturen (z.B. Verbesserung der Beweglichkeit durch aktive und passive Bewegungsübungen bei der Krankengymnastik)
- **Adaptativ** unter Ausnutzung der Regulationsmechanismen des Organismus (z.B. Zunahme von Größe und Funktion der Nebenniere durch Training bei Langstreckenläufern = reflektorisch wirksame muskulo-viszerale Einflußnahme).

Anpassungserscheinungen sind Änderungen physiologischer Größen (z.B. max. Sauerstoffaufnahme, Herzfrequenz) unter Bewegungstherapie („Trainingseffekte"). Sie sind abhängig von der
- Art der muskulären Beanspruchung (z.B. dynamisch, statisch)
- Stoffwechselreaktion (aerob, anaerob)
- Dauer der Beanspruchung
- Belastungsintensität
- Wiederholungsanzahl der Belastungen.

Programme zur Bewegungstherapie sind nur dann optimal, wenn sie bezüglich der Zielsetzung individuell dosiert und kontrolliert werden und unter Berücksichtigung des Krankheitsverlaufes und der sportlichen Biographie des Patienten geschehen.

Man unterscheidet:
- **Übungen:** Systematisch wiederholte Bewegungsabläufe zur Verbesserung der Koordination (☞ 2.1.2)
- **Training:** Systematisch wiederholte Bewegungsabläufe zur Steigerung der physischen Leistungsfähigkeit einzelner Muskelgruppen oder des ganzen Organismus.

Um optimale Effekte für den Patienten zu erzielen, ist die Erstellung eines individuellen **Trainingsprogramms** durch einen erfahrenen Therapeuten erforderlich. Ein Trainingsprogramm besteht aus den Einzelkomponenten:
- **Belastungshäufigkeit:** Anzahl der Belastungen pro Zeiteinheit (bei Anfängern zunächst nicht mehr als 1 – 3mal pro Woche)
- **Belastungsdauer:** Je nach Belastungsform (Sekunden bei Muskelkrafttraining bis zu Stunden bei Ausdauertraining)
- **Belastungsintensität:** Prozentsatz der individuellen aeroben Kapazität (max. Sauerstoffaufnahme). Empfehlungen: Aufwärm- und Abkühlungsphase 30 – 50%, Trainingsphase bei Anfängern 50 – 60%, später 60 – 80% der maximalen Leistungsfähigkeit, die in einem Belastungstest bestimmt wird (z.B. Ausbelastung auf dem Fahrradergometer).

Man unterscheidet bei jeder körperlichen Bewegung zwei Arten der Energiebereitstellung:
- **Aerob:** Gleichgewicht zwischen Aufnahme und Verbrauch von Sauerstoff
- **Anaerob:** Überschreiten der aeroben Energiebereitstellung unter Bildung von Milchsäure.

Bei statischer Belastung wird die Energie unterhalb von ca. 50% der Maximalkraft in der Regel aerob, darüber anaerob gewonnen. Bei dynamischer Belastung (z.B. Laufen) liegt die Grenze von der aeroben zur anaeroben Energiebereitstellung („**aerob-anaerobe Schwelle**") gewöhnlich bei 50 – 75% der Maximalleistung. Diese aerob-anaerobe Schwelle kann sich unter entsprechendem Training sowohl absolut als auch relativ verschieben (z.B. von 50 W auf 100 W bzw. von 60% auf 80% der max. Leistungsfähigkeit).

Bei der **muskulären Kraftentwicklung** werden unterschieden:
- **Isometrische Kontraktion:** Kraftentwicklung bei gleichbleibender Muskellänge, überwiegend bei **statischer Arbeit** (z.B. Haltearbeit)
- **Isotonische Kontraktion:** Verkürzung des Muskels unter konstanter Spannung, eher bei **dynamischer Arbeit** (z.B. Laufen, hier allerdings keine ganz strenge isotonische Belastung).

2.1.2 Motorische Hauptbeanspruchungsformen

Bewegung ist ein komplexes Geschehen, welches von mehreren Faktoren bestimmt wird. Diese nennt man **motorische Hauptbeanspruchungsformen**. Die fünf motorischen Hauptbeanspruchungsformen sind:

Koordination
Darunter versteht man das Zusammenwirken von Zentralnervensystem und Skelettmuskulatur innerhalb eines Bewegungsablaufes. Ziel einer Verbesserung der Koordination ist die Verringerung des Sauerstoffbedarfes bei einer gegebenen Belastung.

Flexibilität
Die Flexibilität (oder Gelenkigkeit) bezeichnet das willkürliche Bewegungsausmaß in einem oder mehreren Gelenken. Sie wird durch eine gute Dehnfähigkeit von Muskeln, Haut, Sehnen, Bändern und Gelenkkapseln erhöht. Verbesserungen lassen sich schon innerhalb weniger gymnastischer Übungseinheiten (z.B. beim *Stretching*) erzielen.

Kraft
Dabei wird unterschieden:

- **Statische Kraft** = maximale Muskelspannung, die in einer gegebenen Position gegen einen fixierten Widerstand entfaltet werden kann
- **Dynamische Kraft** = diejenige Spannung, mit der innerhalb eines gezielten Bewegungsablaufes auch bewegt werden kann.

Ausdauer
Ausdauer ist die Fähigkeit, eine gegebene muskuläre Belastung möglichst lange durchzuhalten (= Ermüdungswiderstandsfähigkeit).
Es werden unterschieden:

- **Lokale Ausdauer:** Beanspruchung von weniger als 1/6 der Skelettmuskulatur
- **Allgemeine Ausdauer:** Beanspruchung von mehr als 1/6 der Skelettmuskulatur
- **Allgemeine aerobe dynamische Ausdauer:** Beanspruchung von mehr als 1/6 der Skelettmuskulatur mittels dynamischer Arbeit mehr als 5 Minuten lang mit einer Intensität von 50 – 70% der max. Kreislaufleistungsfähigkeit, die im Belastungstest ermittelt wird (z.B. Fahrradergometer, Laufband, Kletterstufe)
- Bei der allgemeinen aeroben dynamischen Ausdauer werden noch Kurz-, Mittel- und Langzeitausdauer unterschieden. In der präventiv und kurativ eingesetzten Bewegungstherapie ist lediglich die Langzeitausdauer von Bedeutung: Beanspruchung z.B. 25 – 30 Minuten lang 2 – 3mal in der Woche.

Schnelligkeit
Für Prävention und Rehabilitation sind ausschließlich Koordination, Flexibilität, Kraft und Ausdauer von Bedeutung. Schnelligkeit ist nur im Leistungssport von Interesse.

2.1.3 Auswirkungen körperlicher Aktivität

Sportliches Training führt in der richtigen Dosierung nachweisbar zu einer Steigerung des allgemeinen Leistungsvermögens und hat günstige Effekte auf Organe und Organsysteme:

- **Quergestreifte Muskulatur:**
  - Hypertrophie und Hyperplasie
  - Vermehrung der Mitochondrien
  - Vermehrung des Myoglobingehaltes
  - Vermehrung der intramuskulären Glykogendepots
  - Steigerung der Aktivität aerob und anaerob wirksamer Enzyme
  - Zunahme der Muskeldurchblutung
  - Zunahme der Fettverbrennung
  - Kraft- und Leistungssteigerung.
- **Passiver Bewegungsapparat:**
  - Vergrößerung des Diaphysendurchmessers der Röhrenknochen
  - Dickenzunahme der Kortikalis
  - Verdichtung der Knochenstruktur
  - Dickenzunahme der Gelenkknorpel
  - Hypertrophie der Sehnenfasern.
- **Herz-Kreislauf:**
  - Reduzierung der Herzfrequenz in Ruhe und unter Belastung
  - Blutdrucksenkung, besonders bei Hypertonikern

- Reduzierter peripherer Widerstand
- Geringere Katecholaminausschüttung
- Verbesserte Kapillarisierung und Entwicklung von Kollateralkreisläufen
- Vermehrtes Blutvolumen
- Gesteigerte arterio-venöse Sauerstoffausnutzung.

• **Stoffwechsel:**
  - Senkung der Triglyceride
  - Senkung von LDL (Low-density-Lipoprotein)
  - Steigerung von HDL (High-density-Lipoprotein)
  - Verbesserung der Zuckerverstoffwechselung (bei geringerem Insulinbedarf).

• **Endokrinium:** Zunahme von Funktion und Größe von
  - Hypophyse
  - Nebenniere
  - Schilddrüse
  - Pankreas.

Bei gleich hoher Belastung lassen sich bei gut trainierten Sportlern im Vergleich zu weniger trainierten Personen geringere Veränderungen der Hormonkonzentrationen finden, was eine stärkere Ökonomisierung bedeutet.

• **Immunsystem:** Richtig dosierte Bewegungstherapie führt zu einer Stärkung der Widerstandskraft gegen Infektionen und Malignome. Akute und chronische Überlastungen können allerdings eine Schwächung des Immunsystems zur Folge haben.

• **Vegetativum, Psyche:**
  - Abbau angestauter Aggressionen
  - Positive psychosoziale Phänomene durch Gruppensport
  - Erhöhung des Selbstwertgefühls durch Erleben eigener Leistungsfähigkeit
  - Subjektives Wohlbefinden durch Freisetzung euphorisierender Hormone (z.B. Endorphine)
  - Wohltuende Entspannung durch parasympathische Gegenregulation nach Belastungen
  - Vegetative Unstimmigkeiten (z.B. durch Wetterwechsel) werden subjektiv als weniger lästig empfunden.

2.1.4 Belastungsdiagnostik

Im **Maximalkrafttest** (z.B. an einer Kraftmaschine) kann die größtmögliche Kraft eines Muskels oder einer Muskelgruppe bestimmt werden. Hieraus kann die **Belastungsintensität** für ein **Muskelkraft-** oder ein **Kraftausdauertraining** ermittelt werden.

Im **kardio-pulmonalen Leistungstest** (z.B. Laufbanduntersuchung, Fahrradergometrie, Kletterstufe) kann die maximale kardio-pulmonale Leistungsfähigkeit bestimmt werden, woraus sich die **Belastungsintensität** für ein Ausdauertraining ergibt (gewöhnlich ca. 65% der maximalen Leistung).

2.1.5 Indikationen für Bewegungstherapie

• **Hypokinetosen** (durch Bewegungsmangel hervorgerufene Krankheitserscheinungen)
• **Funktionelle Störungen** (z.B. Hyperkinetisches Herzsyndrom)
• **Herzerkrankungen** (z.B. bei Z.n. Herzinfarkt, Herzinsuffizienz NYHA I – II)
• **Kreislauferkrankungen** (z.B. Hyper- und Hypotonie, periphere AVK)
• **Atemwegserkrankungen** (z.B. chron. Bronchitis)
• **Erkrankungen des Bewegungsapparates** (z.B. Osteoporose, Arthrose)
• **Erkrankungen des Nervensystems** (z.B. kindliche, zerebrale Bewegungsstörungen)
• **Erkrankungen des Verdauungssystems** (z.B. chron. Obstipation)
• **Psychovegetative Funktionsstörungen** (z.B. leichte Depression).

2.1.6 Krankengymnastische Diagnostik und Behandlungstechniken

Die Krankengymnastik bedient sich **aktiver und passiver Bewegungstechniken.** Vor der Therapie erfolgt einer **differenzierte Befundaufnahme** mit den Methoden der neurologischen und orthopädischen Diagnostik. Einige Krankengymnasten arbeiten auch mit diagnostischen Techniken, die der Manuellen Therapie entnommen sind. Behandelt werden:

- **Schmerzzustände** des Bewegungsapparates (z.B. Arthrose)
- **Funktionsstörungen** des Bewegungsapparates (z.B. postoperative Bewegungseinschränkung)
- **Formstörungen** des Bewegungsapparates (z.B. Kyphoskoliose).

Je nach klinischer Symptomatik werden bevorzugt bestimmte **Behandlungskonzepte** angewandt, z.B.:

- Krankengymnastik nach **Bobath:** Im wesentlichen neurologisches Konzept
- Krankengymnastik nach **Vojta**: Im wesentlichen neurologisches Konzept
- **Manuelle Therapie:** Im wesentlichen orthopädisches/sportmedizinisches Konzept
- **MTT (Medizinische Trainingstherapie nach Gustavson):** Exakt dosiertes Training mit Therapeut an speziell einstellbaren Geräten
- **FBL (Funktionelle Bewegungslehre nach Klein-Vogelbach):** Verbesserung der Bewegungsharmonie und -ökonomie sowie Beseitigung von Bewegungsstörungen durch z.B. hubarme oder -freie Mobilisation
- **Konzept der Funktionsanalyse nach Brügger:** Haltungsverbesserung und Schmerzlinderung durch Auflösen komplexer Schonhaltungen (z.B. sterno-symphysale Belastungshaltung)
- **Psychomotorik:** Z.B. Tanztherapie
- **PNF (Propriozeptive Neuromuskuläre Fazilitation):** Im wesentlichen neurologisches Konzept
- **Feldenkrais-Methode:** Entspannungstechnik z.B. zum Lösen von Spastiken oder zum Bewußtmachen von Muskelspannungen
- **Alexander-Technik:** Zur Verbesserung der Haltungs- und Bewegungsökonomie.

2.1.7 Kontraindikationen, Nebenwirkungen und Risiken (Desadaptation)

Kontraindikationen für Bewegungstherapie

- Akute entzündliche Prozesse (z.B. grippaler Infekt, Myokarditis, rheumat. Schub)
- Stark eingeschränkte Pumpleistung des Herzens NYHA (III –) IV
- Belastungsbedingte, hochgradige Herzrhythmusstörungen
- Schwere, unbehandelte Hypertonie
- Schwere, unbehandelte Hyperthyreose
- Sonstige organische Erkrankungen (z.B. schwere orthopädische Erkrankungen, Krebs im Finalstadium).

Als **relative Kontraindikationen** gelten:

- Voller Magen
- Ausdauerbelastung bei einer Temperatur von 28 °C und mehr oder einer relativen Luftfeuchtigkeit von 85% und mehr
- Intensive Belastungen direkt nach Eintreffen in einer Höhe von 2000 m und mehr.

Nebenwirkungen und Risiken

Im Bereich der Bundesrepublik Deutschland kam es 1980 bei Ausübung des Sports zu 211 Todesfällen (entsprechend 0,0012%). Als wesentliche Risiken gelten:

- **Verletzungs- und Unfallgefahr:** Minimierung des Risikos durch eine adäquate Bewegungstherapie sowie das Meiden unfallträchtiger Sportarten
- **Schwerwiegende kardiale Komplikationen** (Kammerflimmern, kardiale Dekompensation, Herzinfarkt): Minimierung des Risikos durch ausreichende kardiologische Diagnostik, ggf. optimale medikamentöse Therapie und Befolgung eines von Arzt und Bewegungstherapeut ausgearbeiteten Therapieplanes
- **Hypoglykämie bei Diabetikern:** Minimierung des Risikos durch Anpassung der Medikation

und Energiezufuhr an den erhöhten Energieverbrauch.

Desadaptation

Überlastung („Übertraining") entsteht durch zu hohe Belastungsintensitäten, Belastungshäufigkeiten und/oder nicht ausreichende Erholungsphasen mit der Folge ungenügender Regeneration und dem Ausbleiben einer Adaptation des Organismus an die Belastungen. Überlastungserscheinungen können sein:

- **Erschöpfung:** Allgemeines Gefühl der Abgeschlagenheit mit Verlust an Leistungsfähigkeit
- **Muskelkater:** Dumpfer Schmerzzustand der Muskulatur mit örtlichen Muskelverspannungen nach Belastung mit zu hoher Intensität und/oder Dauer
- **Belastungsschmerz:** Warnsignal des Körpers vor zu hoher Belastung (ausgehend von Muskeln, Gelenken oder kardiovaskuläre Ursache)
- **Überlastungsschaden:** Akute Verletzung oder chron. Überlastungsschaden, häufig bei Trainingsanfängern durch zu hohe Belastungsintensität und unzureichende Kraft, Ausdauer und Beweglichkeit.

2.2 Massage

Mit dem Begriff **Massage** bezeichnet man eine Gruppe mechanischer Therapieverfahren, die durch Dehnungs-, Druck- und Zugreize auf Tonus und Turgor von Haut, Muskulatur und Bindegewebe einwirken.

Über die klassische Massage hinaus gibt es für bestimmte Indikationen weitere Methoden, die meist auch mit den klassischen Grifftechniken angewendet werden.

Neben der direkten lokalen Wirkung nutzt man bei vielen Verfahren eine reflektorische Wirkung auf innere Organe und neuro-vegetative Regelkreise. Sie verläuft über kutane (Head-Zonen), muskuläre (Mackenzie - Zonen) und bindegewebige Reflexzonen.

2.2.1 Allgemeines

Allgemeine Wirkungen von Massagen

Die allgemeinen Wirkungen von Massagen auf Organismus und Psyche sind vielfältig. Sie beruhen auf direkten lokalen wie auch auf systemischen Faktoren (☞ Tab.).

Allgemeine Wirkungen von Massagen
Gefäßsystem
• Steigerung der örtlichen Durchblutung, dadurch Erwärmung, Stoffwechselaktivierung • Ödemausschwemmung durch Entstauung der Venen- und Lymphgefäße aller Größen • Verringerung peripherer Kreislaufwiderstände, dadurch RR-Senkung und kardiale Entlastung
Muskulatur
• Regulierung von Hyper- und Hypotonus • Beseitigung von Muskelverhärtungen(Myogelosen) • Verbesserung der Muskeltrophik
Sonstiges Bindegewebe
• Lösung von Narben und Gewebsverklebungen • Verbesserung von Trophik und Turgor von Haut und Bindegewebe
Reflektorische Wirkungen
• Schmerzlinderung an Muskulatur und inneren Organen • Über Reflexbögen vielfältige Wirkungen auf korrespondierende innere Organe und das Endokrinium • Eutonisierung und Stabilisierung des Vegetativums • Psychische Entspannung

Allgemeine Hinweise zur Durchführung einer Massage

- Bei umschriebenen Beschwerden werden meist Teilmassagen verordnet, seltener Vollmassagen
- Nach der Massage ist unbedingt eine Nachruhe von etwa gleicher Dauer einzuhalten
- Massagedauer: I.d.R. 12 – 15 Min. bei Teilmassage, 15 – 25 Min. bei Vollmassage
- Massagehäufigkeit: Individuell, i.d.R. 2 – 3 x/Woche, sofern dies vertragen wird
- Gesamtzahl der Massagen: Eine Behandlungsserie besteht aus 6 Massagen, die jedoch auf 10 – 12 erweitert werden können. Dann Pause von mind. 4 – 6 Wochen.

Massagerezept

Massagen werden auf üblichen Rezeptformularen verordnet. Aus dem Rezept müssen hervorgehen:

- Art, Lokalisation, Anzahl und Häufigkeit der Massage
- Therapiebezogene Diagnose
- Für die Behandlung wichtige Hinweise (z.B. wichtige Begleiterkrankungen wie Rechtsherzinsuffizienz).

Wichtigste Indikationen der Massagetherapie (Nach H. Krauß und H.-D. Hentschel)

- Dysreflektorisch bedingte Organbeschwerden
- Gesamter rheumatischer Formenkreis
- Schlaffe Lähmungen
- Periphere Durchblutungsstörungen
- Lymphödeme verschiedener Genese
- Posttraumatische Zustandsbilder
- Narbige gewebliche Strukturveränderungen
- Funktionelle Herzstörungen, kompensierte Herzinsuffizienz
- Emphysembronchitis
- Körperliche Entwicklungshemmung bei Kindern
- Psycho-vegetative Syndrome.

Kontraindikationen der Massagetherapie

Auf das Massagegebiet beschränkte Kontraindikationen

- Lokale Entzündungen und Nekrosen der Haut, Unterhaut und Muskulatur, z.B. Thrombophlebitis, Lymphangitis, arterielle Verschlüsse, Phlegmone, Ulzerationen, Pyodermien, Ekzeme (Verstärkung bzw. Verschleppung der Entzündung)
- M. Sudeck (Gefahr der reflektorischen Verschlechterung)
- Schwere Arteriosklerose (O_2-Mangel durch vermehrten Bedarf) und arterielle Verschlußkrankheit (Emboliegefahr)
- Malignome und Lymphome (Metastasierung und Anregung des Tumorwachstums)
- Benigne Hauttumoren (relative KI, da Entzündungs- und Verletzungsgefahr).

Grifftechniken in der klassischen Massage

Grifftechnik	Beschreibung	Wirkung
Streichungen	Großflächige Streichbewegungen über Muskulatur, i.d.R. von zentral nach peripher oder kreisförmig bei geringem Druck	Entstauung des Venen- und Lymphsystems
Knetungen	S-förmige Knetbewegungen einer Muskelgruppe von distal nach proximal	Wirken gegen Ermüdung, normalisieren Muskeltonus („Sportmasssage")
Rollungen	Sonderform der Knetungen, rollende Bewegungen in Muskellängsrichtung	Dehnung
Walkungen	Größerflächige Knetbewegungen	
Reibungen	Je nach Druck flache oder tiefdringende schnelle Reibebewegungen	Erwärmung des Gewebes (Mehrdurchblutung), Lösung von Gewebsverklebungen
Zirkelungen	Kleine, meist feste spiralige Bewegungen über umschriebenen Verspannungen	Lösung von Gewebsverhärtungen
Klopfungen	Kurze Schlagbewegungen mit Handkante, Hohlhand oder Fingern	Durchblutungssteigerung, Expektoration bei Anwendung am Thorax
Klatschungen	Kurze schlagende Bewegungen mit der flachen Hand	
Vibrationen	Niedrigfrequente Zitterbewegungen, meist bei flacher Hand	Muskuläre Entspannung, im Bauchraum auch Milderung spastischer Magen-/Darmbeschwerden
Schüttelungen	Lockere Schüttelbewegungen von Extremitäten, Rumpf oder einzelnen Muskelgruppen	Entspannung und Krampflösung

Generelle Kontraindikationen

- Fieberhafte Erkrankungen (Temperaturerhöhung möglich)
- Blutungsneigungen und Antikoagulantientherapie (Gefahr der Einblutung ins Gewebe)
- Z.n. akutem Myokardinfarkt, dekompensierte Herzinsuffizienz (kardiale Überlastung durch Mobilisierung von Volumen)
- Schwangerschaft (relative KI; Auslösung eines Abortes bei unsachgemäßer Anwendung nicht ausgeschlossen).

Nebenwirkungen

Vorübergehende Nebenwirkungen treten auch bei sachgemäßer Massage als physiologische Reaktionen auf die Reiztherapie auf:

- Zunahme bestehender Beschwerden als Zeichen der Erstverschlimmerung (☞ 1.3.3)
- Müdigkeit, Leistungsschwäche und verminderte Reaktionsfähigkeit
- Kollaps, Schwindel, Herzunruhe, Schweißausbrüche.

Gegenmaßnahmen: Die meisten Nebenwirkungen können mit einfachen physikalischen Therapiemaßnahmen gelindert werden, z.B. Wickel bei Schweißausbruch. Meist vermindert sich ihr Auftreten im Verlauf weiter Massagesitzungen.

2.2.2 Massagearten

Klassische Massage

Technik: Arbeitet mit den klassischen Grifftechniken, Lokalisation gemäß Indikation.

Angriffspunkt: Alle Hautschichten, Muskulatur, Sehnen, Bänder und gelenknahes Bindegewebe.

Indikationen: Breitestes Indikationsspektrum aller Massagen. Schwerpunkt sind Erkrankungen des **rheumatischen Formenkreises** und die **traumatologische Nachbehandlung** (☞ Tab.).

Reflexzonenmassagen

Hierunter versteht man die Behandlung innerer Erkrankungen über tastbar veränderte Reflexzonen in der Körperperipherie. Die Tab. stellt die verschiedenen Reflexzonen mit ihren Merkmalen dar.

Bei den genannten Gewebezonen handelt es sich also stets um Symptombereiche viszeraler Störungen. Durch die jeweiligen Massagetechniken kann man auf diese Zonen und (über die zugehörigen Reflexbögen) auch auf das zugeschaltete innere Organ Einfluß nehmen, was dort z.B. zu verbesserter Durchblutung, Spasmolyse oder Schmerzverringerung führen kann.

Indikationen der klassischen Massage
Rheumatischer Formenkreis
Rheumatoide Arthritis, Arthrosen, spondylogene Schmerzsyndrome, Weichteilrheumatismus
Muskulatur
Hartspann, Muskelhärten im Rückenbereich, Tendomyosen, posttraumatische und postoperative Zustände am Bewegungsapparat
Bindegewebe
Narbige Kontrakturen, Bindegewebsverhärtungen
Gefäße
Leichte Formen peripherer Durchblutungsstörungen
Thorakale Erkrankungen
Angina pectoris, Arrhythmien, essentielle Hypertonie, Atemstörungen bei Emphysembronchitis
Abdominalerkrankungen
Obstipation, Darmatonie
Pädiatrie
Therapie schwerer Entwicklungsstörungen, bes. des Bewegungsapparates
Neurologische Erkrankungen
Schlaffe Lähmungen, Poliomyelitis, vasomotorischer Kopfschmerz
Psychovegetative Erkankungen

Bindegewebsmassage (Dicke, Kohlrausch und Teirich-Leube)

Technik: Massage, die mit tangentialen Zugreizen am subkutanen Bindegewebe ansetzt. Behandelt werden Verbackungen des Bindegewebes (erkenntlich an Einziehungen und Verquellungen der Haut), die durch viszero-kutane Reflexe an den korrespondierenden Arealen erkrankter innerer Organe (Head-Zonen) entste-

Reflexzonen verschiedener Gewebe			
Gewebeveränderungen	Reflexzonen	**Bedeutung**	**Therapie**
Hyperalgetische Zonen der Haut	*Head-Zonen und Dermatome nach Hansen und Schliack* (☞ Abb. 2.1)	Überschneidende Innervation zwischen den Dermatomen und Hohlorganen, z.B. Herz/ Haut des linken Oberarmes	Segmentmassage, klassische Massage
Verquellungszonen der Unterhaut	*Bindegewebszonen* (☞ Abb. 2.2)	Verbindungszonen des Unterhautgewebes mit viszeralen Organen	Bindegewebsmassage
Verspannungen der Muskulatur, Myogelosen und muskuläre Hyperalgesie	*Muskuläre Maximalpunkte und Mackenzie-Zonen* (☞ Abb. 2.4)	Muskel-Triggerzonen, tastbar als überempfindliche, umschriebene Verhärtungen	Reflexzonenmassage der Muskulatur, Segmentmassage

hen. Man unterscheidet eine Haut-, Unterhaut- und Faszientechnik.
Voraussetzung: Nachweis tastbarer bindegewebiger Verhärtungen

Wirkungen: Abbau bindegewebiger Spannungszonen, dadurch Normalisierung gestörter Funktionen der korrespondierenden Organe. Oft Schmerzlinderung.

Indikationen: Chron. Erkrankungen, die sich in reflektorischen, tastbaren Bindegewebsveränderungen äußern. Bes. bei:
- Schmerzsyndromen, z.B. Migräne
- Menstruationsstörungen, z.B. Dysmenorrhoe
- Funktionellen Störungen innerer Organe
- Rheumatischen Erkrankungen
- Arteriellen Durchblutungsstörungen der unteren Extremität
- Nichtentzündliche Venenleiden, Ulcus cruris
- M. Sudeck (nur ab Stad. II).

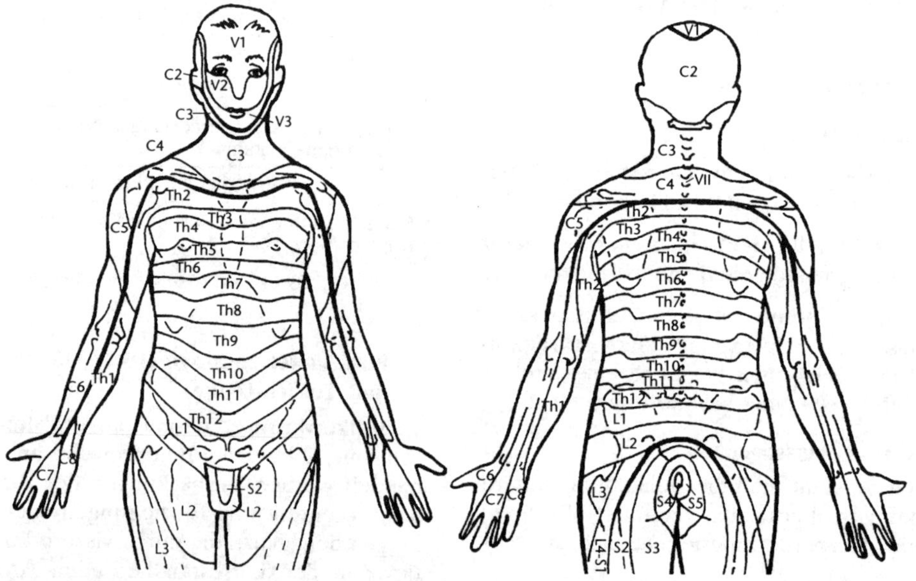

Abb. 2.1: Dermatome

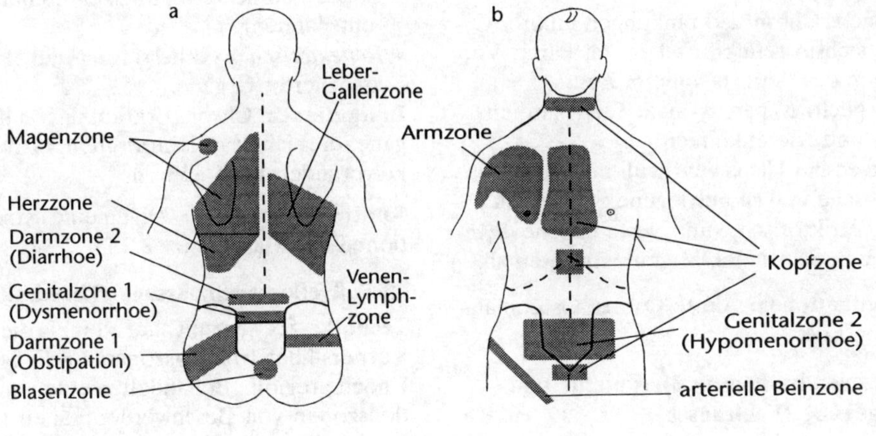

Abb. 2.2: Bindegewebszonen im Rückenbereich

Kontraindikationen: Allgemeine Kontraindikationen der Massage (☞ 2.2.1).

▒ Segmentmassage (Gläser und Dalicho 1951)

Technik: Haut, Bindegewebe, Muskulatur und Periost werden innerhalb eines bestimmten Organ-Segmentes mit klassischen Griffen behandelt (z.B. Herz-Segmentbehandlung).

Wirkungen: Hyperämie, Resorptionsförderung, Schmerzstillung, Ausgleich vegetativer Störungen.

Indikationen: Chron. Erkrankungen innerer Organe, die sich in reflektorischen Veränderungen von Haut, Bindegewebe und Muskulatur äußern und auf ein Segment eingrenzbar sind, z.B. bei Angina pectoris.

Kontraindikationen: Allgemeine Kontraindikationen der Massage (☞ 2.2.1).

▒ Periostbehandlung (Vogler und Krauß)

Technik: Die Periostbehandlung beruht auf Assoziationen zwischen inneren Organen und reflektorisch verbundenen Periost-Zonen, die als periosto-enterale Reflexe bezeichnet werden. Sie ist durch eine rhythmische, massageähnliche Druckbehandlung mit den Fingerkuppen über dem Periost charakterisiert. Ziel ist die Behandlung von schmerzhaften Verdickungen, Schwellungen und Dellen im Periost, die bei Erkrankungen innerer Organe (z.B. Herz, Magen, Leber, Gallenblase) auftreten können. Sie ist nur dort einsetzbar, wo das Periost manuell erreichbar ist (☞ Abb. 2.3).

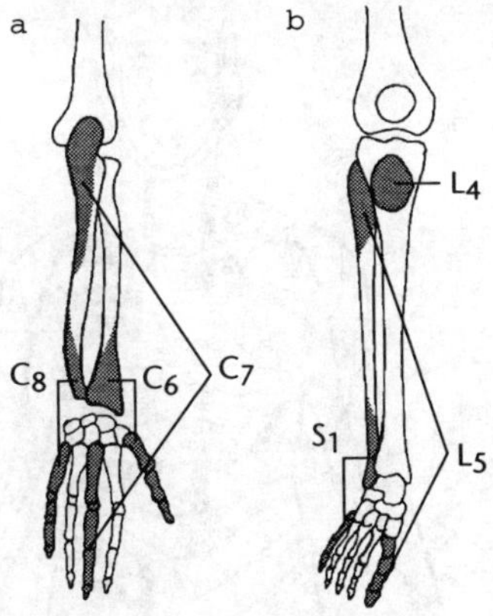

Abb. 2.3: Periostzonen

Wirkungen:

Lokal: Durchblutungssteigerung, dadurch Verbesserung der Ernährungsverhältnisse des behandelten Periost- und Knochengewebes, Knochenregeneration.

Reflektorisch: Verbesserung der Funktionen assoziierter Organe.
Indikationen: Chron. Erkrankungen innerer Organe, die sich in reflektorischen, tastbaren Veränderungen des Periosts äußern. Bes.:
- Angina pectoris, paroxysmale Tachykardien
- Gallen- und Nierenkoliken
- Schmerzen bei Ulcus ventriculi und -duodeni
- Arthrotische und spondylogene Schmerzen
- Vasokonstriktorische und vertebragene Symptome, z.B. Schwindel, Migräne im Intervall.

Kontraindikationen: Akute Ostitis, Osteomalazie, Osteoporose.

Reflexzonenmassage in Muskulatur und Bindegewebe (Kohlrausch)

Technik: Behandlung muskulärer Verspannungsareale mit klassischen Grifftechniken. Die muskulären Zonen sind meist nicht diffus, sondern umschrieben schmerzhaft und werden *muskuläre Maximalpunkte* genannt, die wiederum mit inneren Organen assoziiert sind.

Wirkungen
- *Lokal:* Verbesserte Muskeldurchblutung und -entspannung
- *Reflektorisch:* Verbesserung der Funktionen assoziierter Organe.

Indikationen: Chron. Erkrankungen innerer Organe, die sich in reflektorischen, tastbaren Muskelveränderungen äußern.

Kontraindikationen: Allgemeine Kontraindikationen der Massage (☞ 2.2.1).

Fußreflexzonenmassage (Fitzgerald)

Technik: Sie beruht auf der Projektion des Körpers über 10 Längszonen auf Fußsohlen und Knöchelregion. Behandelt werden die Projektionszonen von Beschwerdeorganen (*Symptomzonen*) wie auch schmerzhafte Areale des Fußes (*Hintergrundzonen*) mit einer knetenden bis streichenden Massagetechnik des Daumens oder Zeigefingers.

Wirkungen: Verbesserung der Funktionen assoziierter Organe. Die organspezifische Wirkung dieser Therapie ist empirisch begründet, jedoch nicht allgemein anerkannt.

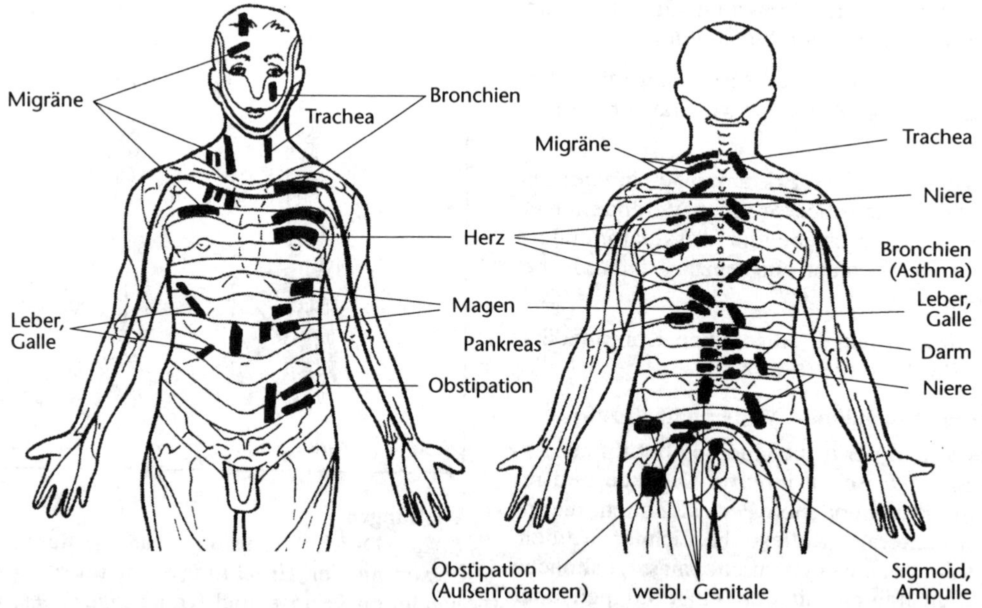

Abb. 2.4: Muskuläre Maximalpunkte (nach Kohlrausch)

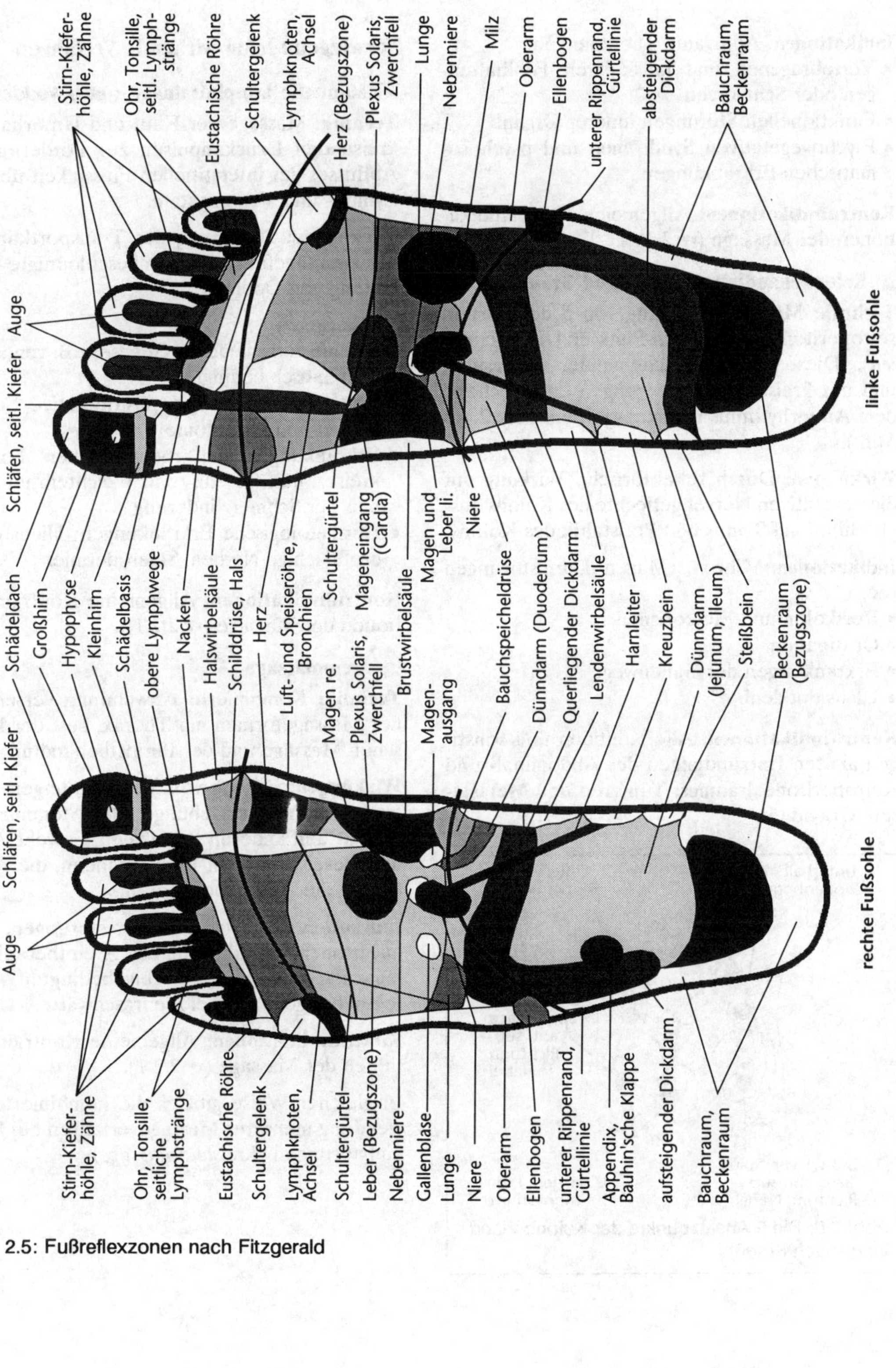

Abb. 2.5: Fußreflexzonen nach Fitzgerald

Indikationen: Adjuvante Therapie von:
- Vertebragenen und muskulären Fehlhaltungen oder Schmerzen
- Funktionellen Störungen innerer Organe
- Psychovegetativen Syndromen und psychosomatischen Erkrankungen.

Kontraindikationen: Allgemeine Kontraindikationen der Massage (☞ 2.2.1).

Kolonbehandlung (Vogler und Krauß)

Technik: Manuelle Reizung von 5 definierten, retroperitoneal gelegenen Punkten (*Kolonpunkten*). Diese werden nacheinander aufgesucht und mit kreisenden Bewegungen entsprechend dem Atemrhythmus massiert (je Punkt ca. 2 – 5 Min.).

Wirkungen: Durch reflektorische Wirkung auf die vegetativen Nervengeflechte des Kolons ausgleichend auf Tonus und Peristaltik des Kolons.

Indikationen: Chron. Magen-/Darmstörungen wie:
- Reizkolon und Meteorismus
- Obstipation
- Erkrankungen der Gallenwege
- Ulcus duodeni.

Kontraindikationen: Alle Kolitiden und sonstigen akuten Entzündungen des Abdominal- und Retroperitonealraumes, Tumoren und Metastasen, Gravidität.

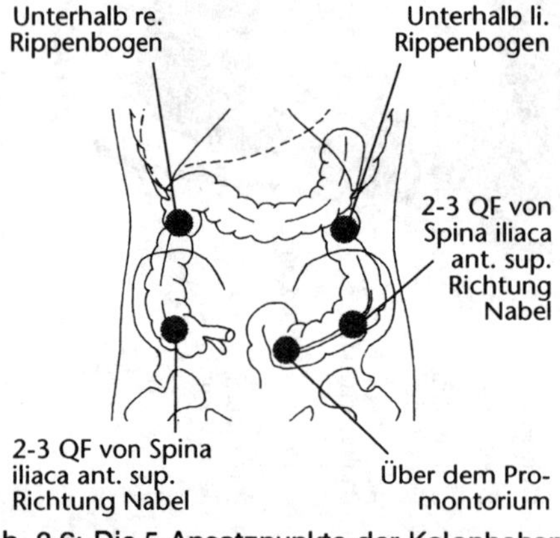

Abb. 2.6: Die 5 Ansatzpunkte der Kolonbehandlung (nach Krauß)

Vorwiegend lokal wirkende Verfahren

Manuelle Lymphdrainage (nach Vodder)

Technik: Massage der Haut und Unterhaut mit kreisenden Druckimpulsen zur Förderung des Abflusses der interstitiellen Flüssigkeit über das Lymph- und Venensystem.

Wirkungen: Steigerung der Transportkapazität der Lymphgefäße, dadurch beschleunigte Rückbildung von Ödemen.

Indikationen
- Ödeme verschiedener Genese, z.B. venös oder lymphatisch bedingt
- Posttraumatische und postoperative Schwellungen und Hämatome
- Erkrankungen des rheumatischen Formenkreises, bes. Gelenk- und Weichteilrheumatismus zur Schmerzlinderung
- Dermatologische Erkrankungen: Ulcus cruris, großflächige Narben, Sklerodermie.

Kontraindikationen: Allgemeine Kontraindikationen der Massage (☞ 2.2.1).

Atemmassage

Technik: Kombinierte Anwendung verschiedener Massageformen am Thorax, bes. der klassischen Massage und der Periostbehandlung.

Wirkungen: Lösung von Verspannungen, Kontrakturen und Verklebungen der Atemmuskulatur mit den anderen thorakalen Gewebeschichten. Beseitigung von Reizzuständen, die reflektorisch die Atemarbeit stören.

Indikationen: Restriktive Atemstörungen, Asthma bronchiale, adjuvant zur Atemtherapie bei muskulär oder bindegewebig bedingten Atemfehlhaltungen, z.B. bei Pleuraschwarte.

Kontraindikationen: Allgemeine Kontraindikationen der Massage (☞ 2.2.1).

In gleicher Weise gibt es die kombinierte Anwendung mehrerer Massageverfahren bei Kreislaufstörungen *(Kreislaufmassage)*.

Verfahren mit technischen Hilfsmitteln

▒ Unterwasser-Druckstrahlmassage

Technik: Massage im Wannenbad mit Hilfe eines warmen Wasserdruckstrahles.

Wirkungen: Detonisierung verspannter Muskulatur, Anregung des Gewebestoffwechsels und der Trophik, vegetativ-psychische Entspannung, Schmerzlinderung, Lösung von Gewebsverklebungen und Vernarbungen.

Indikationen
- Erkrankungen des rheumatischen Formenkreises
- Muskuläre Verspannungen und Schmerzen
- Gelenkkontrakturen und posttraumatische Mobilisierung
- Neurologische Krankheitsbilder, z.B. schlaffe und spastische Paresen.

Kontraindikationen: Alle Kontraindikationen des Vollbades (☞ 2.4.2).

▒ Bürstenmassage

Technik: Trockene Bürstungen der Haut von Extremitäten und Rumpf mit Handbürsten. Eine der wichtigsten Maßnahmen der vorbeugenden Gesundheitspflege, die gut zu Hause durchführbar ist.

Wirkungen: Durchblutungssteigerung, Anregung von Herz- und Kreislauf, kardiale Entlastung durch Vasodilatation, Förderung des Venen- und Lymphflusses, Verbesserung der Hautelastizität, Verbesserung der Immunlage.

Indikationen
- Mangelnde Hautdurchblutung, kalte Hände und Füße
- Herz-Kreislauferkrankungen mit Hypotonie, auch bei essentieller Hypertonie
- Verzögerte Rekonvaleszenz, unspezifische Störungen der Immunlage.

Kontraindikationen: Nervös-erregbare Patienten, Hyperthyreose, Hautüberempfindlichkeit, sonst allgemeine Kontraindikationen der Massage.

2.3 Klimatherapie

Als Klimatherapie bezeichnet man den gezielten therapeutischen Einsatz der natürlichen Faktoren Wind, Sonne, Wasser und Luft.

2.3.1 Allgemeines

▒ Wirkungskomplexe der Biosphäre

Dazu gehören:
- *Thermohygrische Faktoren:* Luftfeuchte, Luftbewegung (Wind), Lufttemperatur, Wärmestrahlung von Himmel und Sonne
- *Aktinische Faktoren:* Kombination von wärmewirksamer Strahlung und UV-Licht (Aktin... = Strahlung...)
- *Luftchemischer (= lufthygienischer) Komplex:* Luftverunreinigungen, natürliches Aerosol, Sauerstoffpartialdruck
- *Örtlicher atmosphärischer Komplex:* Wetter- und Witterungseinfluß, Jahreszeiten.

▒ Definitionen

Atmosphäre: Umhüllende Luftschicht der Erde. Sie wird unterteilt in:
- **Troposphäre:** Luftschicht bis 9 km (an den Polen) bzw. 18 km (Äquator) vom Erdboden. Der „belebte" Teil der Troposphäre wird **Biosphäre** genannt und umfaßt die 5000 m über dem Meeresspiegel
- **Stratosphäre:** Luftschicht oberhalb der Troposphäre, bis ca. 45 – 80 km über dem Erdboden. Enthält Ozonschicht, die das UV-C-Licht vollständig, das UV-B-Licht partiell absorbiert
- **Ionosphäre:** Schicht zwischen ca. 80 und 400 km über dem Erdboden, elektrisch leitend, reflektiert elektromagnetische Wellen.

Klima: Über viele Jahre ermittelter Zustand der Atmosphäre im jahrezeitlichen Verlauf in einem bestimmten Gebiet.

Wetter: Zustand der Troposphäre an einem bestimmten Ort zu einem bestimmten Zeitpunkt.

Witterung: Erfahrungsgemäß vorherrschender Zustand der Troposphäre im Zeitraum von wenigen Tagen bis zu einer Jahreszeit.

Thalassotherapie: Therapie durch Seeklima.

Orotherapie: Therapie durch Hochgebirgsklima.

Biotropie: Bezeichnung für die unmittelbaren Interaktionen zwischen dem Menschen und der Atmosphäre, insbesondere bei kurzfristigen Wetteränderungen.

Allgemeine Bedeutung von Klimafaktoren für den Organismus

Wetter und klimatische Faktoren sind in der Evolution wesentliche Selektionsfaktoren, die im menschlichen Organismus eine Vielzahl von Anpassungsreaktionen induziert haben. Diese Reaktionen sind auch heute wichtiger Bestandteil unserer körperlichen und psychischen Widerstandsfähigkeit. Sie werden nicht nur bei der Klimatherapie, sondern auch bei den verschiedenen Reiztherapien hervorgerufen (☞ 1.3).

Die positiven Effekte der Wetterexposition kommen unbemerkt (fast) allen Menschen zugute, die sich in ihrer Freizeit im Freien aufhalten. Darüber hinaus kann bei zahlreichen Erkrankungen eine gezielte Exposition in bestimmten Klimagebieten indiziert sein. Diese Klimatherapie wird durch zusätzliche Bewegungstherapie sinnvoll ergänzt (z.B. Skilanglauf im Mittelgebirge oder Wattwandern).

Auch bei den Wetter- und Klimaeinflüssen gilt, daß zu schwache Reize den Menschen in seiner Resistenz unzureichend trainieren (z.B. „Stubenhocker"), zu starke Reize ihn überfordern (z.B. Sonnenstich) und nur adäquate Reize widerstandsfördernd sind. In ihrer Gesamtheit führt eine adäquate Reiztherapie – ob durch Wetterfaktoren oder physikalische Therapien – zu Abhärtung, d.h. verbesserter Anpassungsfähigkeit des Organismus.

Klimagebiete

Drei Klimagebiete werden in Mitteleuropa zur Reiz- und Regulationstherapie genutzt (☞ Tab. nächste Seite).

2.3.2 Formen der Klimaexposition

Klima wird therapeutisch in verschiedenen Anwendungen genutzt. Sie müssen individuell angepaßt werden. I.d.R. werden die Expositionsdauer und -intensität langsam gesteigert. Die nachfolgend genannten Anwendungsformen sind grundsätzlich in allen Klimazonen durchführbar.

Freiluftliegekur

Der Patient liegt, in warme Decken eingehüllt, für einige Stunden im Freien. Nur das Gesicht ist direkt exponiert.
Eine Sonderform ist der **Nachtschlaf im Freien,** wodurch die Wirkung intensiviert wird.

Indikationen: Schonender Therapieeinstieg, besonders bei Patienten mit verminderter Widerstandsfähigkeit.

Luftbäder

Der Patient wird gering oder nicht bekleidet bei wenig körperlicher Bewegung der freien Luft ausgesetzt. Charakteristisch ist das Auftreten eines ersten und zweiten Fröstelns, wobei nach dem zweiten die Grenze der Adaptationsfähigkeit erreicht ist und die Exposition beendet werden sollte.

Indikationen: Bes. geeignet als Kreislauftraining, bei Hypotonie und orthostatischen Störungen sowie bei Weichteilrheumatismus.

Bewegungstherapie im natürlichen Klima

Dosierte körperliche Belastung im Freien, meist als *Terrainkur,* bei der definierte Wegstrecken im Freien mit bekannten Steigungen, Schatten- bzw. Sonnenabschnitten und Windverhältnissen zurückgelegt werden. Auch die tägliche Wetterlage wird berücksichtigt. Die Therapieleistung kann dadurch ebenso exakt definiert werden wie beim Ergometertraining.

Heliotherapie

Therapie mit Sonnenlicht. Dieses enthält 17% Infrarotlicht, 39% kurzwelliges und 39% sichtbares Licht sowie 5% Ultraviolett-Licht (4,9%UV-A und 0,1%UV-B). Der UV-Gehalt der Sonnenstrahlung ist abhängig von Sonnen-

Therapeutisch nutzbare Klimagebiete in Mitteleuropa			
Klima-zonen	**Meeresküstenklima**	**Mittelgebirgsklima**	**Hochgebirgsklima**
Eigen-schaf-ten	• Ausgeglichenes Temperatur-Feuchte-Milieu • Ungehinderter Strahlungseinfall • 30% UV-Reflektion • Starke Abkühlungsreize • Sehr gute, staub- und pollenarme Luft • Sehr schonend für Atmungsorgane • Meerwasseraerosol	• Gemildertes Temperatur-Feuchte-Milieu • Verminderte Lufttemperatur • Gemilderte Strahlungswirkung • Bei Schnee Licht- und UV-Reflektion • Gemilderte Abkühlungsreize • Gute Luftqualität • Leicht erniedrigter O_2-Partialdruck • Wechselnde Föhn- und Staueffekte • Nächtliche Talbelüftung infolge Bergwind • Starke Reizunterschiede durch Tal, Hang, Wald, Höhe, freie Lage • Günstige Bedingungen in geschützten Lagen (Höhe, Hochtal)	• Stark verringerte Lufttemperatur • Lufttrockenheit • Intensive UV-Strahlung auch im Winter • Starke thermische Kontraste • Sehr gute, staub- und pollenarme Luft • Stark erniedriger O_2-Partialdruck
Indi-kati-onen	• Rez. Schleimhautentzündung • Asthma bronchiale allergicum (bes. Nordsee) • Chron. Otitis und Sinusitis • Hauterkrankungen (Neurodermitis, Psoriasis, Ichthyosis, Akne conglobata, Lichen ruber, Mycosis fungoides): Je nach Verträglichkeit eher Nordsee oder Totes Meer • Funktionelle Herz-/Kreislauferkrankungen (Hypotone und orthostatische Dysregulation, Varikosis)	• Schonwirkung (geringere Reizwirkung), daher gut für Schwerkranke, z.B mit – Herz-/Kreislauferkrankungen – Atemwegserkrankungen – Erkrankungen des Neuroendokrinums – Weichteilrheumatismus	• Herz-/Kreislauferkrankungen – Hypertonie WHO Stadium I-III – Hypotonie – KHK (NYHA I-II), Z.n. Herzinfarkt (> 6 Mon. nach Infarkt) – Z.n. Apoplex (> 6 Mon.) – periph. AVK,Stad. I und II nach Fontaine • Lungenerkrankungen – Chron. Bronchitis – Asthma bronchiale – Lungenemphysem • Hauterkrankungen – Neurodermitis – Psoriasis
✔ **Kon-tra-indika-tionen**	• Krankheiten der ableitenden Harnwege und der Niere • Akut-infektiöse Erkrankungen • Epileptische Anfälle • ***Cave:*** Koronarpatienten, Herzrhythmusstörungen und Ateminsuffizienz – Vorsicht beim Baden! • ***Cave:*** Antikoagulantienpatienten – Vorsicht bei kalten Bädern wegen Verschlechterung der Blutgerinnung ! • ***Cave:*** Diabetes mellitus, Hyperthyreose – Stoffwechselkontrollen angezeigt	• Keine speziellen	• Herzinsuffizienz (NYHA III-IV) • Ruhe- und „Kälte-" Angina pectoris, auch NYHA III • periph. AVK, Stad. III und IV nach Fontaine • Lichtdermatosen

stand, Tages- und Jahreszeit, Bewölkungsgrad (bedeckter Himmel: Nur ca. 50% UV-Wirkung), Luftverschmutzung und Höhenlage (je 1000 m 15% Intensitätszuwachs).

Die Wirkungen des UV-Lichtes werden von den UVA- bzw. UVB-Anteilen in unterschiedlichem Maße beeinflußt. Als Faustregel gilt, daß UVB-Licht (Wellenlänge 280 – 320 nm) und UVA_2-Licht (Wellenlänge 320 – 340 nm) stärkere zytotoxische, immunsupprimierende und karzinogene Wirkungen haben, während UVA_1-Licht (340 – 440 nm) tiefer in die Haut eindringt (über die Basalmembran hinaus auch in das Korium). Neben der Heliotherapie hat in der Medizin auch die Behandlung mit UV-Lampen Bedeutung.

Wirkungen des UV-Lichtes (oft starke individuelle Schwankungen):
- Bräunung, bei Überdosierung Erythembildung (Sonnenbrand)
- Erwärmung des Körpers, bei Überwärmung Hyperthermie
- Stimulierung der Androsteron- und Hypophysenhormon-Produktion
- Dämpfung überschießender Immunreaktionen der Haut
- Förderung der Immunabwehr
- Neurovegetative Stabilisierung
- Aufhellung der Stimmungslage, Erhöhung des subjektiven Wohlbefindens
- Induktion der Vitamin-D-Synthese
- Erhöhung der physischen Leistungsfähigkeit
- RR-Senkung
- Verbesserung der Fließeigenschaften des Blutes.

Nebenwirkungen (treten dosisabhängig auf):
- Toxische Hautreaktion vom Erythem bis zur Blasenbildung
- Vorzeitige Alterung der Haut („solare Elastose“)
- Immunsuppression
- Erhöhtes Risiko maligner Entartung von Hautzellen.

Indikationen zur Helio- oder UV-Therapie

Indikation und Dosierung richten sich bes. nach dem Hauttyp und der Wärmebelastbarkeit des Patienten. Erythembildungen und stärkere Sonnenbrände sind unbedingt zu vermeiden. Zu den Schutzmaßnahmen gehört auch das Tragen einer Sonnenbrille und die Abdeckung des Kopfes. Bei richtig dosierter Anwendung ist das zusätzliche Risiko eines Hautmalignoms gering und unter Abwägung mit dem Nutzen vernachlässigbar. Zu den Indikationen der Helio- bzw. UV-Therapie zählen:
- Rachitis, Osteoporose, Frakturheilung
- Vegetative Dystonie, zur Roborierung und Appetitverbesserung
- Infektneigung (Verbesserung der Widerstandskräfte)
- Infizierte und schlecht heilende Wunden (z.B. Ulcus cruris)
- Hauterkrankungen: Alopezia areata, Neurodermitis, Akne vulg., Psoriasis vulg.

Kontraindikationen
- Floride, nässende Ekzeme
- Tbc, akute Infektionen und akute rheumatoide Arthritis
- Photodermatosen
- Vegetative Übererregbarkeit
- Hyperthyreose
- Hepatitis und Ulcus ventriculi und duodeni
- Herz- und Kreislaufinsuffizienz.

2.4 Balneologie

Unter **Balneologie** im eigentlichen Sinne versteht man die Lehre von der Bäderheilkunde. Mit **Balneotherapie** werden jedoch traditionsgemäß nicht nur die therapeutischen Bäderanwendungen bezeichnet, sondern die Gesamtheit der ortsüblichen Behandlungen an einem Kurort, d.h. neben Bäderanwendungen auch Inhalationen, Trinkkuren und Klimaanwendungen. Im weiteren Sinne kann die Balneologie auch als „Kurortmedizin" bezeichnet werden.

Balneologische Verfahren gehörten schon in der Antike zu den bewährten Heilmitteln. Auch wurde damals großer Wert auf eine gesunde ausgeglichene Lebensweise gelegt, die man *diaita* oder *Diätetik* nannte.

In der Neuzeit hat sich inzwischen eine eigene Kurmedizin entwickelt. Im Gegensatz zur Akutmedizin liegt ihre Bedeutung heute besonders in der Prävention und Rehabilitation von Erkrankungen. Zielgruppe sind daher eher chronisch Kranke oder Rekonvaleszenten, die nicht nur behandelt, sondern auch ausführlich über allgemeine Fragen von Lebensführung, Gesundheit und Krankheit informiert werden.

Über die traditionellen Kurtherapien wie physikalische Verfahren und Ernährungstherapie hinaus bieten Kuren durch den Ortswechsel und die Entlastung von Beruf, Familie und anderen Stressoren besonders günstige Bedingungen für eine Harmonisierung von Körper, Seele und Geist.

2.4.1 Balneologische Heilmittel

Jeder Kurort zeichnet sich durch seine ortsüblichen Heilmittel aus. Dies sind alle vor Ort natürlich vorkommenden Heilmittel. Sie werden in drei Gruppen unterteilt:

- **Ortsgebundene Heilwässer:** Z.B. Chlorid-, Sulfat-, Hydrogencarbonat-, Radon- und Thermalwässer. Anwendung als Bäder, Trinkkuren und zur Inhalation. **Heilwässer** müssen gelöste Stoffe (Mineralien, Ionen) in einer Konzentration von mind. 1 g/kg Wasser enthalten. Alternativ müssen die wirksamen Bestandteile in bestimmten Mindestkonzentrationen vorliegen, z.B. 1g/kg CO_2 bei Kohlensäure-Wässern. **Thermalwässer** müssen eine natürliche Temperatur von > 20 °C aufweisen. Eine Sonderform der Heilwässer ist das Meerwasser
- **Ortsgebundene Heilgase:** Z.B. Radon, Schwefelwasserstoff, CO_2-Anwendung in Bädern, Trinkkuren und zur Inhalation
- **Peloide:** Feinkörnige Substanzen, die durch natürliche (biologische oder geologische) Vorgänge entstanden sind. Peloide werden als Bäder, Packungen, Tampons und Knetungen angewendet, z.B.:
  - **Moor:** Enthält als Hauptbestandteil Torf, d.h. durch Luftabschluß aus abgestorbenen Pflanzen entstandenes Material mit hoher Wasserbindungskapazität
  - **Schlick**: Wasser- und salzhaltiger Meeresschlamm, vermischt mit organischen Resten; hat sehr hohe Dichte
  - **Fango:** Feines Gesteinspulver, das vor Gebrauch mit Wasser zu einem Schlamm gerührt wird.

2.4.2 Balneologische Maßnahmen

Inhalationstherapie

Definition

Zerstäubung von Medikamenten und Heilwässern sowie deren Transport in die Atemwege mit Hilfe der normalen Inspiration. Ziel ist die Sekretolyse, Spasmolyse, Befeuchtung und Abschwellung der Bronchialschleimhaut. Man unterscheidet:

- **Sprays** (Tröpfchengröße 10 – 40 μm)
- **Aerosole** (Tröpfchengröße 0,5 – 5 μm).

Erforderliche Tröpfchengröße für das Erreichen der einzelnen Abschnitte der Atemwege:

12 μm	Rachen, Mund und Nase
6 – 12 μm	große Bronchien
3 – 4 μm	mittlere bis kleine Bronchien
1 – 3 μm	kleinste Bronchien bis Alveolen

Allgemeine Wirkungen

- Verbesserung der Ziliartätigkeit und der bronchialen Sekretion
- Beruhigung der bronchialen Hyperreagibilität

- Verbesserte Verteilung von Wirkstoffen in den Atemwegen.

Indikationen
Entzündliche und chron.-degenerative Erkrankungen der Atemwege.

Kontraindikationen
- Status asthmaticus
- Lungenödem
- Irreversibles Lungenemphysem ohne Bronchitis
- Kardial bedingte oder ätiologisch ungeklärte Dyspnoe.

▒ Trinkkur

Definition
Als Trinkkur bezeichnet man die ärztlich verordnete tägliche Aufnahme dosierter Mengen mineralienhaltigen Wassers.

Allgemeine Wirkungen
- Substitution von Mineralien und Spurenelementen
- Motorische, sekretorische und resorptionsfördernde Effekte auf den Darm
- Verdünnungseffekte auf den Wasser- und Elektrolythaushalt
- Anregung der Nierentätigkeit, je nach Zusammensetzung auch direkte physiologische Wirkungen auf pH und Zusammensetzung des Harns, dadurch Litholyse
- Allgemein adaptive Prozesse im Sinne einer Reiztherapie, dadurch Aktivierung nervaler und endokriner Funktionen.

Indikationen und Kontraindikationen
Sie ergeben sich aus den Inhaltsstoffen (☞ 2.4.3).

▒ Vollbad ☞ 2.5.2

2.4.3 Merkmale der Balneotherapeutika

Heilwässer und gelöste Gase

▒ Chlorid-(Sole-)Wässer

Wirkungen
- *Inhalation:* Bei > 3% Sole Sekretionsreiz auf die Schleimhäute (bes. Atemwege)
- *Trinkkur:* Förderung der Magensaftsekretion (v.a. isotonische Lösungen); gesteigerte Darmperistaltik (v.a. hypertonische Lösungen durch osmotische Volumenzunahme)
- *Bad:* Entschuppung der Haut, Verstärkung der Wirkung von UV-Licht.

Indikationen
- *Inhalation:* Bronchitische Erkrankungen, Sinusitiden, Asthma bronchiale
- *Trinkkur:* Magen-/Darmkrankheiten; Magnesiumchloridwässer bei Oxalatsteinen der Harnwege
- *Bad:* Rheumatische Erkrankungen, funktionelle gynäkologische Leiden, in Kombination mit UV-Therapie bei Psoriasis und anderen entzündlichen Dermatosen.

Kontraindikationen
- *Trinkkur:* Hypertoniker, wenn diese auf erhöhte NaCl-Zufuhr mit Blutdrucksteigerung reagieren
- *Bad:* Allgemeine Kontraindikationen des Vollbades (☞ 2.5.2).

▒ Meerwasser

Wirkungen
Je nach Konzentration und Zusammensetzung Wirkungen wie bei Chlorid-Wässern. Wird i.d.R. nur als Bädertherapie durchgeführt.

Indikationen
Bronchitisches Syndrom, Hypotonie, dermatologische Erkrankungen (chron. Ekzem, Neurodermitis, Psoriasis vulgaris, Akne vulgaris).

Kontraindikationen
Allgemeine Kontraindikationen des Vollbades (☞ 2.5.2).

Schwefel - und Sulfatwässer

Wirkungen

In Schwefelquellen sind meist Mischungen aus Sulfaten, Schwefelwasserstoff, Hydrosulfiden und kolloidalem Schwefel enthalten. Sie haben v.a. lokale Wirkungen an Haut und Schleimhäuten wie z.B. Durchblutungssteigerung und Senkung der Entzündungsaktivität.

Indikationen

- *Trinkkur:* Magen-/Darmerkrankungen, Cholezystopathie (galleanregende und -entleerende Wirkung), magnesiumreiche Sulfatwässer bei Oxalatsteinen
- *Bäder:* Degenerativ-entzündliche Gelenkerkrankungen, entzündliche Hauterkrankungen, bes. chronische Stadien von Psoriasis, Neurodermitis und anderen Ekzemen, Akne vulgaris und anderen seborrhoischen Erkrankungen.

Kontraindikationen

Im Bad ist bei akut-entzündlichen Hauterkrankungen eine Verschlimmerung möglich.

Hydrogenkarbonat- und kohlensäurehaltige Wässer

Wirkungen

- *Trinkkur:*
  - **Hydrogencarbonat:** pH-Pufferung, Neutralisierung von Säuren. Erhöhung des Harn-pHs und damit bessere Löslichkeit von Harnsäure, Zystin und (bei Na^+-Hydrogencarbonat) Oxalat. Bei Ca^{2+}/Mg^{2+}-Hydrogencarbonat durch verminderte Oxalat-Resorption noch bessere Prophylaxe von Oxalat-Steinen
  - **CO_2**: Dehnungsreiz für den Darm und damit Anregung der Peristaltik, verstärkte Sekretion, beschleunigte Passage. Hyperämisierung der Schleimhaut und damit beschleunigte Resorption (vgl. beschleunigte Alkoholaufnahme bei Sektgenuß!)
- *Kohlensäure-Bad:* Blutdrucksenkend und frequenzmindernd.

Indikationen

- *Trinkkur:*
  - **Hydrogencarbonat:** Funktionelle Magen-/Dünndarmstörungen, Prophylaxe von Harnsteinen (je nach vorherrschendem Salz, vgl. Wirkung)
  - **CO_2:** Verdauungsstörungen (allgemeine Anregung der Verdauung)
- *Kohlensäure-Bad:* Hypertonie (WHO-Stadium I und II), chron. ischämische Herzkrankheit, periphere arter. Durchblutungsstörungen und neurovegetative Herz-/Kreislaufbeschwerden.

Kontraindikationen

- *Trinkkur:* Na^+-Hydrogencarbonat: Bei Alkalisierung über Neutralpunkt hinaus Gefahr von Harnwegsinfekten sowie Ausfällung von Phosphaten und Karbonaten.

Thermalwasser

Wirkungen

Im Vordergrund steht die thermische Wirkung (☞ 2.6 Thermotherapie). Je nach Art der zusätzlichen Inhaltsstoffe weitere Effekte.

Indikationen

Degenerative und chron.-entzündliche Erkrankungen des Bewegungsapparates, z.B. M. Bechterew, rheumatoide Arthritis, Arthrosen.

Kontraindikationen

Allgemeine Kontraindikationen des Vollbades (☞ 2.5.2).

Radonwässer

Wirkungen

Schwache ionisierende Strahlung. Die therapeutische Wirksamkeit dieser Form von Strahlentherapie (z.B. anti-entzündliche Wirkung) wird kontrovers diskutiert.

Indikationen

Radioaktive Quellen werden in Form von Trinkkuren, Inhalationen und Bädern bei entzündlichen und degenerativen Gelenkerkrankungen, Herz-/Kreislauferkrankungen und Gefäßleiden therapeutisch genutzt.

Peloide

Wirkungen

Peloide zeichnen sich durch hohe Wärmespeicherung bei nur mäßiger Wärmeleitung aus. Dadurch kommt es zu einer langsamen, gleichmäßigen Erwärmung des Körpers, die bei Ganzpackungen oder Vollbädern zu einer Erhöhung der Kerntemperatur um 0,5 bis 1 °C führen kann. Neben ihrer direkten thermischen Wirkung haben sie auch umstimmende Wirkung durch unspezifische Reizeffekte. Chemische Wirkungen einzelner Inhaltsstoffe sind wahrscheinlich, jedoch nicht einzeln definiert.

Indikationen
- Degenerative und entzündliche Erkrankungen des Bewegungsapparates im subakuten bis chron. Stadium
- Z.n. Traumen am Bewegungsapparat
- Periphere, funktionelle Durchblutungsstörungen
- Chron. und spastische Entzündungen des Gastrointestinal- und Urogenitaltraktes
- Funktionelle gynäkologische Störungen.

Kontraindikationen
- *Vollbad:* Allgemeine Kontraindikationen des Vollbades (☞ 2.5.2).
- *Teilbäder und Packungen:* Geringere Kreislaufbelastungen.

Bädertherapie ☞ 2.5

2.5 Hydrotherapie

Unter Hydrotherapie versteht man die therapeutische Anwendung von Wasser als Bad, Saunabad, Guß oder Wickel. Die Hydrotherapie ist in erster Linie eine Reiztherapie.

2.5.1 Allgemeines

Die Hydrotherapie in ihrer heutigen Form lehnt sich unter anderem an die Erkenntnisse Pfarrer Kneipps an, der diese Therapie als eine seiner fünf Therapiesäulen verstand (☞ 1.1).

Beeinflussende Faktoren der Reizstärke

Die Reizstärke eines hydrotherapeutischen Verfahrens wird an das Befinden und die Erkrankung des Patienten angepaßt. Einflußfaktoren auf die Reizstärke sind:
- Umfang des behandelten Körperbezirkes
- Wassertemperatur
- Dauer der Anwendung
- Zusätzliche mechanische Reize, z.B. beim Schöpfbad, Bürstenbad, Fächerdusche, Unterwassermassage
- Chemische Reize von Badezusätzen.

Die **Wirkmechanismen** der Hydrotherapie sind unter ☞ 2.5.2 Vollbad zusammengefaßt.

Anwendung der Hydrotherapie

Hydrotherapie kann sehr vielseitig als Mono- oder Kombinationstherapie in Akut- und Kurkliniken, Arzt- und Massagepraxen oder auch zu Hause angewendet werden.

Kombinationstherapie

Kombinationen verschiedenartiger Reize – wie sie bei der balneologischen Therapie natürlicherweise vorliegen – haben sich auch bei der Hydrotherapie bewährt. Hierzu gehört die Kopplung von Solebädern mit UV-Bestrahlung, die besonders bei der Psoriasis und seborrhoischen Hauterkrankungen bewährt ist. Ein weiteres Beispiel ist das Wassertreten, eine Kombination aus Hydro- und Bewegungstherapie. Sein Schwerpunkt liegt in der Therapie kardiovaskulärer Erkrankungen.

Auch in Verbindung mit Phyto-, Ernährungs- und Ordnungstherapie ergeben sich bei der Hydrotherapie synergistische Effekte.

2.5.2 Bäder

Vollbad

Definition

Ein Vollbad ist ein Bad, bei dem der gesamte Körper bis auf den Kopf vom Wasser bedeckt ist.

Allgemeine Wirkungen

Das Vollbad bei Körpertemperatur induziert eine große Vielfalt physiologischer Reaktionen. Es hat insgesamt eine beruhigende, antiödematöse und wasserausscheidende, blutdrucksenkende und zugleich durchblutungssteigernde Wirkung. Synergistische Wirkungen mit körperlicher Aktivität nutzt man im Bewegungsbad aus.

Die Wirkungen im einzelnen:
- *Bewegungsapparat:* Entlastung von Skelett und Haltemuskulatur durch Schwerelosigkeit, Trainingseffekt durch erhöhten Bewegungswiderstand, Muskelrelaxation durch Wärmewirkung
- *Herz und Kreislauf:* Mobilisierung und Zentralisierung venösen Blutes, Durchblutungssteigerung durch Senkung arterieller peripherer Widerstände und durch erhöhtes Herzzeitvolumen, bei Hypertonikern evtl. auch Senkung des arteriellen Blutdruckes (*Cave:* Herzinsuffizienz)
- *Blut:* Hämodilution mit verminderter Plasmaviskosität durch erhöhten hydrostatischen (und damit auch transkapillären) Druck
- *Atmung:* Erhöhte Atemarbeit durch erhöhten thorakalen und abdominalen Druck, Trainingseffekt für die Atemmuskulatur (*Cave:* respiratorische Insuffizienz)
- *Niere:* Über Aktivierung des atrialen natriuretischen Peptids vermehrte Diurese, erhöhte Natrium- und Kaliumausscheidung
- *Hormonstatus:* Senkung der Plasmaspiegel von Streßhormonen wie Adrenalin und Cortisol.

Allgemeine Indikationen
- Degenerative und chronisch-entzündliche Erkrankungen des Bewegungsapparates
- Posttraumatische Zustände
- Leichte Formen von Hypertonie und Durchblutungsstörungen
- Spätbehandlung des Herzinfarktes (gemäß der Belastbarkeit des Kreislaufs)
- Neurovegetative und psychosomatische Erkrankungen
- Allgemeine Umstimmung und Roborierung
- Weitere Indikationen je nach Inhaltsstoffen des Badewassers (☞ 2.4.3).

Allgemeine Kontraindikationen
- Schwere fieberhafte und infektiöse Erkrankungen
- Herzinsuffizienz NYHA-Stad. III und IV
- Z.n. Herzinfarkt (bis zu 3 Monaten), Endo-, Myo- und Perikarditis
- Höhergradige, v.a. pulmonale und renale Hypertonie
- Aneurysmen und Emboliegefahr
- Thrombophlebitis im entzündlichen Stadium
- Nässende, großflächige Ekzeme, Ulzera und Hautverletzungen
- Roemheld-Symptomenkomplex
- Leberzirrhose.

Teilbäder

Teilbäder sind Bäder, die Teile des Körpers benetzen. Sie werden als kalte (Temperatur des Leitungswassers), warme (36 – 38 °C) oder wechselwarme Bäder durchgeführt.

✔ Wirkungen

Ansteigende Teilbäder führen nach einer lokalen Durchblutungsverbesserung auch zu erhöhter Durchblutung an den mit dem Segment verbundenen inneren Organen sowie schließlich an der gesamten Körperoberfläche.

▒ Ansteigendes Halbbad

Der Patient sitzt in einer handbreit mit körperwarmem Wasser (36 °C) gefüllten Wanne, in die langsam heißes Wasser bis auf Bauchnabelhöhe hinzufließt. Die Endtemperatur beträgt ca. 39 – 40 °C, die Dauer 15 – 30 Min. Anwendung max. 3x/Wo. Bei Gewöhnung kann nach dem Bad ein temperierter oder kalter Guß erfolgen, danach soll sich der Patient warm einwickeln und ins Bett legen.

Indikationen

Beginnende und abklingende Infekte, Ischialgien, Muskelverspannungen.

▒ Ansteigendes Fußbad

Der Patient hält seine Füße in eine Fußwanne mit 35 °C warmem Wasser, in das langsam heißes Wasser hinzufließt. Die Endtemperatur beträgt ca. 39 – 40 °C, die Dauer 10 – 15 Min. Es kann tägl. durchgeführt werden. Bei Gewöhnung sollen die Füße nach dem Bad kalt abgespült, dann abgetrocknet und warm gehalten werden.

Indikationen

Durchblutungsstörungen und kalte Füße, beginnende Infekte, vegetative Entspannung.

Kontraindikationen

Varikosis, Lymphödeme.

▒ Ansteigendes Armbad

Prinzip wie bei ansteigendem Fußbad.

Indikationen
Angina pectoris (bes. im Anfall), spastisch-obstruktive Atemwegserkrankungen, AVK Stad. I-IV nach Fontaine.

Sitzbäder
Sie werden in speziellen Sitzbadewannen als kaltes, warmes oder ansteigendes Sitzbad durchgeführt. Sonderform: *Reibesitzbad* = Sitzbad, währenddessen die gebadeten Hautpartien mit der flachen Hand abgerieben werden.

Indikationen
Kaltes Sitzbad: Hämorrhoiden und perianale Entzündungen. Dauer: 5 – 10 Sek.
Warmes und ansteigendes Sitzbad: Spondylogene Beschwerden, Reizblase, Schwangerschaftsvorbereitung. Dauer: 10 – 15 Min.

Kontraindikationen
Warmes Sitzbad: Hämorrhoiden.
Kaltes Sitzbad: Entzündungen der ableitenden Harnwege.

Sonderformen

Zusatzbäder
Allen Teil- und Vollbädern können auch Zusatzstoffe beigefügt werden, die den erwünschten therapeutischen Effekt intensivieren. Viele werden über die Haut gut resorbiert, so daß im Blut oft ähnlich hohe Wirkspiegel erzeugt werden wie bei oraler Aufnahme der Substanzen. Zu den Zusatzbädern zählen z.B.:

- **Beruhigungsbäder:** Meist warme Vollbäder mit Zusatz vegetativ beruhigender Substanzen, z.B. Baldrian, Fichtennadeln oder Johanniskraut
- **Rheumabäder:** Ebenfalls meist warme Vollbäder mit Zusatz durchblutungsfördernder Mittel, z.B. Lavendelblüten, Wacholder und Heublumen. Warme Bäder werden selten im akuten rheumatischen Schub, sondern eher bei chronischen Formen angewendet (durch Überwärmung Verstärkung der Entzündung möglich)
- **Bäder bei Hauterkrankungen:** Über Bäder ist die Haut pharmakologisch gut beeinflußbar. Dies macht man sich z.B. bei der Psoriasis-Therapie mit Sole-Bädern zunutze, deren hoher Salzgehalt die entzündlichen Hyperkeratosen bremst und zugleich die Resorption anderer antipsoriatischer Pharmaka fördert. Bei infektiösen Hauterkrankungen kommen auch antiseptische oder adstringierende Badeextrakte mit hohem Gerbsäureanteil zum Einsatz, z.B. Eichenrinde. Besonders bei Ekzemen werden Ölbäder zur Rückfettung und Pflege eingesetzt.

Überwärmungsbad
Das Überwärmungsbad ist ein medizinisches Vollbad, bei dem der Patient ausgehend von ca. 36 °C Wassertemperatur durch dosiertes Zulaufenlassen heißen Wassers einer Temperatur von bis zu 43 °C ausgesetzt wird. Hierdurch kommt es zu einer Hyperthermie zunächst der Körperschale, später kann sich auch die Kerntemperatur bis auf ca. 39 °C erhöhen. Die Behandlung erfolgt unter strenger Kontrolle der Herz- und Kreislauffunktionen wie auch der rektalen Körpertemperatur.

Indikationen und Kontraindikationen
☞ 2.6.2 Systemische Hyperthermie.

2.5.3 Saunabehandlung

Aufenthalt in feuchter, heißer Luft mit nachfolgendem Abkühlungsreiz.

Wirkungen
- Steigerung der Pulsfrequenz auf 100 – 140/Min., des Herzminutenvolumens auf 150% des Ruhewertes
- Erniedrigung der peripheren Kreislaufwiderstände, dadurch verbesserte periphere und koronare Durchblutung, Senkung des diastolischen Blutdrucks
- Steigerung der Hautdurchblutung und Schweißsekretion, Sekretionssteigerung der Schleimhäute
- Erweiterung der Bronchien, Spasmolyse, Herabsetzung der Atemwiderstände
- Anregung der inneren Sekretion und des Stoffwechsels
- Anregung der unspezifischen Immunabwehr
- Entspannung der Muskulatur

- Verbesserung der Dehnbarkeit des Stützgewebes sowie der Gelenkbeweglichkeit
- Gesteigertes subjektives Wohlbefinden und psychische Entspannung.

Trainingseffekte
Die Trainingseffekte bei der Serienanwendung der Sauna ähneln denen bei sportlichem Training:

- Training von Vasomotorik, Sekretion und Stoffwechsel der Haut
- Training der Herz- und Blutdruckregulation (Senkung der Puls- und Atemfrequenz sowie des erhöhten Blutdrucks, Erhöhung des erniedrigten Blutdrucks)
- Anregung von Nierentätigkeit, Stoffwechsel, Endokrinium und Immunvorgängen.

Indikationen
- **Chronische Erkrankungen des Bewegungsapparates,** z.B. schmerzhafte Muskelverspannungen, chron. rheumatoide Arthritis, Spondylitis ankylosans
- **Chronisch rezidivierende Erkrankungen der Atemwege,** z.B. chron. Bronchitis, Asthma bronchiale
- **Leichte Herz-Kreislauf-Erkrankungen,** z.B. Hypertonie Stadium I und II (nicht fixiert), periphere arterielle Durchblutungsstörungen (Stadium I-II nach Fontaine), Angina pectoris, Z.n. Herzinfarkt (der früheste erlaubte Zeitpunkt für das Saunabaden ist individuell festzulegen)
- **Allgemeine Indikationen,** z.B. als „Abhärtungsmaßnahme" bei verminderter Infektresistenz, zur Gesundheitsförderung und Leistungssteigerung.

Absolute Kontraindikationen
- Herz-Kreislaufdekompensation
- Koronarinsuffizienz mit Ruhestenokardie
- Herzinfarkt Phase I (Hospitalisationsphase)
- Herzerkrankungen mit pulmonaler Hypertonie (Pulmonalsklerose, Cor pulmonale, Mitralstenose)
- Fixierter (bes. „blasser", renaler) Hypertonus
- Akut-entzündliche Erkankungen des Bewegungsapparates oder innerer Organe
- Akute Infektionskrankheiten
- Epilepsie und andere Krampfleiden
- Hyperthyreose
- Malignome
- Schwere neurovegetative Störungen
- Florides Ulcus ventriculi oder duodeni.

Relative Kontraindikationen
- Ausgeprägte Hypotonie mit Kollapsneigung (Saunabad nur unter Aufsicht)
- Chronisch-venöse Insuffizienz (Hochlagerung und Wickeltherapie erforderlich)
- Schwangerschaft (nur bei Komplikationsgefahr).

2.5.4 Güsse

Güsse werden als Knie-, Schenkel-, Unter-, Arm-, Brust-, Ober-, Rücken-, Voll-, Nacken- und Gesichtsguß eingesetzt. Das Wasser (Temperatur: Kalter Guß 10 – 12 °C, temperierter Guß 20 °C, warmer Guß ca. 40 °C) wird vom Behandler aus einem weitlumigen Schlauch (ca. 2 cm Durchmesser) mit geringem Druck auf die gewünschten Körperstellen gespritzt. Die stärkste Wirkung ergibt sich bei kalten Güssen. Die Gußführung erfolgt von der Peripherie zum Herzen hin, an den Beinen lateral nach oben und medial nach unten. Die Anwendung erfolgt – je nach Indikation – meist täglich.

Wichtig: Kalte Güsse nie bei Kältegefühl oder auf kalte Haut applizieren – ggf. vorher durch Bewegung oder warme Kleidung aufwärmen.

Knieguß

Wirkungen
Kreislaufanregend auf die Organe des kleinen Beckens, v.a. Geschlechtsorgane. Ausgleichende Wirkung auf Durchblutung von Kopf-, Hals- und Brustorganen, Leber und Magen.

Indikationen
- Gehäufter Urindrang, Blasenschwäche, Bettnässen
- Kolitis
- Kalte Füße, örtliche Entzündungen der Haut, Venen, Muskulatur, Sehnen, Sehnenscheiden, Gelenke
- Krampfadern, Hämorrhoiden

- Akuter Gichtanfall
- Steigerung der Abwehrkraft
- Kopfschmerzen bei Kongestionen, Migräne, Augenentzündungen, Kopfneuralgien
- Katarrhe (Schnupfen, Pharyngitis), Bronchitis.

Schenkelguß

Wirkungen
Örtliche Kreislaufanregung, Regulierung gestörter Zirkulation.

Indikationen
- Krampfadern
- Muskelrheumatismus und Lähmungen der unteren Extremität
- Coxalgie, aktivierte Coxarthrose
- Gesäßmyogelosen.

Unterguß

Der Unterguß umfaßt die Behandlung beider Füße, Beine und des Unterleibs bis zum Bauchnabel und Rippenbogen in aufsteigender Richtung.

Wirkungen
Beseitigung von Stauungszuständen im Magen-Darm-Bereich.

Indikationen
- Hyperazidität, Spasmen der Magen-Darm-Muskulatur
- Pfortaderstauung (Meteorismus, Leberschwellung, Gallenblasenvergrößerung, Grieß- und Steinbildung)
- Diabetes mellitus.

Kontraindikationen

Frieren, Zystitis, Pyelonephritis, akute Ischialgie, Menstruation.

Armguß

Wirkungen
Kreislaufanregung der Arme, ableitende Wirkung. Anregende Wirkung auf Herz und Atmung (Puls wird gleichmäßig, Herzmuskelkraft verbessert, Atmung tiefer und voller).

Indikationen
- Kalte Hände, marmorierte Haut
- Rheumatische Erscheinungen der Arme
- Nervöse und organische Herzstörungen
- Nervöse Muskelstörungen (Schreibkrampf), Neuralgien und Lähmungen
- Bei Stauungsvorgängen an Kopf und Hals (Druck-Schwindelgefühl, Kopfschmerzen)
- Schleimhautkatarrhe von Hals und Nase.

Brustguß

Indikationen
Nach vorherigen Armgüssen bei:
- Stenokardischen Beschwerden (bei Neigung zu Gefäßkrämpfen wechselwarm)
- Chron. Bronchitis und Asthma bronchiale.

Oberguß

Der Oberguß umfaßt die Behandlung der Arme und Hände, des Kopfes sowie des Thorax von vorn und hinten.

Wirkungen
Starke örtliche und allgemeine Wirkungen, Verbesserung der Durchblutung der Organe des Thorax (Lunge, Rippenfell, Herz). ***Cave:*** Nicht bei Blutstauungen im Lungenkreislauf (Cor pulmonale) geben. Ableitende Wirkung.

Indikationen
- Steigerung der Abwehrkraft
- Bei Neigung zu Katarrhen der oberen Luftwege, akute und chron. Bronchitis (nicht bei Fröstelgefühl)
- Asthma bronchiale und Emphysem, Anregung des Abhustens
- Schmerzlinderung bei Pleuraschwartenbildung
- Kehlkopf- und Stimmbanderkrankungen
- Anregung der Herz- und Atemtätigkeit
- Kopfschmerzen, Benommenheit und nervöse Erregungszustände
- Krampfadern der Beine
- Stauungen der Beine und des Bauchraumes.

Rückenguß

Wirkungen
Durchblutungsverbesserung des Rückens und Rückenmarkes, Anregung der Atmung, der Tätigkeit von Herz und Baucheingeweiden.

Indikationen
- Schwäche der Rückenmuskulatur, Skoliosen
- Rückenschmerzen bei Spondylosis deformans
- Rückenmarkserkrankungen (MS)

- Bronchialasthma (Anregung des Auswurfes)
- Bei fast allen Lungenerkrankungen wohltuend und erleichternd
- Bei Adipositas starke Stoffwechselanregung.

Kontraindikationen
Schwächezustand, Nervosität.

Vollguß

Nur bei gutem Allgemeinbefinden nach vorherigen kleineren Güssen.

Indikationen
- Bei Adipositas
- Steigerung der Abwehrkraft
- Nervenberuhigung nach angestrengter geistiger Tätigkeit.

Kontraindikationen
Arteriosklerose, Herzkreislaufinsuffizienz.

Nackenguß

Indikationen
- Vasomotorischer Kopfschmerz, Migräne, Kopfschmerz bei Muskelverspannungen im Schulter- und Nackenbereich
- Zervikobrachialsyndrom
- Epikondylalgie
- Polyarthrosen der Hand- und Fingergelenke
- Vertigo und Tinnitus
- Wetterfühligkeit
- Depressive Stimmungslagen.

Kontraindikationen
Hypertonie, Struma und Hyperthyreose, Glaukom und grauer Star.

Gesichtsguß

Indikationen
- Anregung der Durchblutung von Haut und Schleimhaut des gesamten Kopfes
- Straffung schlaffer Haut („Schönheitsguß")
- Gesichtsneuralgien, Migräne
- Erschöpfung
- Augenmüdigkeit nach längerem Lesen.

Sonderformen

Wassertreten

Kurzzeitiges Gehen in eiskaltem Wasser.

Wirkungen
Abhärtung (ähnliche Wirkung wie Knieguß), Ableitung zu den Füßen.

Indikationen
- Hämorrhoiden (abends anwenden)
- Angina pectoris vasomotorica
- Angstneurose (abends anwenden)
- Chron. kalte Füße
- Hypotonie.

Waschungen

Kalte Waschungen werden bevorzugt morgens als milde Reiztherapie eingesetzt. Dazu tränkt man ein Leinenhandtuch in kaltem Wasser, wringt es aus und wäscht den gesamten Körper (oder nur Ober- bzw. Unterkörper) mit schnellen Bewegungen ab.
Danach läßt man den Körper sich ohne Abtrocknen im Bett anwärmen.

Indikationen
Als mildes Regulationstraining zur Abhärtung und Durchblutungsförderung, bei Kreislaufstörungen und Atemwegsinfekten.

2.5.5 Wickel

Wickel sind feuchte Umschläge aus Leinen oder Baumwolle mit oder ohne weitere Zusätze.

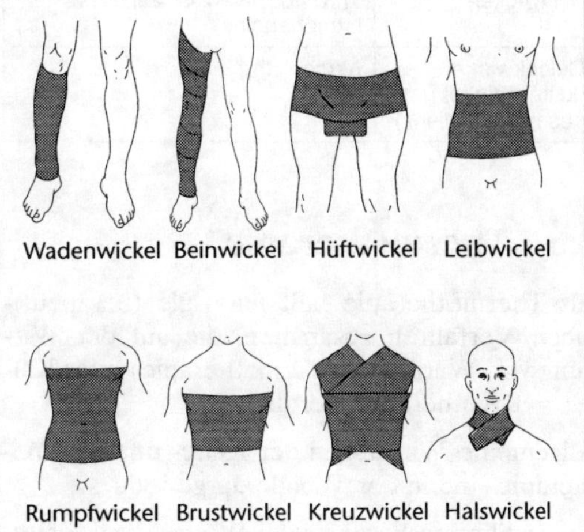

Abb. 2.7: Formen des Prießnitzumschlages

Viele der heute gebräuchlichen Umschlagformen wurden von Prießnitz (1799 – 1851) systematisiert (☞ Abb. 2.7). Ihre Einsatzmöglichkeiten liegen bes. in der adjuvanten Therapie von lokalen Entzündungen und Fieber (☞ Tab.). Die Anwendungsdauer des Wickels beträgt ca. 45 – 60 Min., zur Ausnutzung eines schweißtreibenden Effektes läßt man ihn 1 – 3 Stunden liegen, zum Wärmeentzug nur 10 – 20 Min.; Wickel werden normalerweise kalt appliziert.

Indikationen der Wickel nach Prießnitz	
Wickel	**Indikationen**
Halswickel	Angina, Pharyngitis, Laryngitis
Brustwickel	Bronchitis, Asthma bronchiale, Pleuritis, Pneumonie, Karditis
Kreuzwickel	Schultermyogelosen
Leibwickel	Entzündliche Erkrankungen des Oberbauches, Ulcus ventriculi und duodeni, Enteritis, Kolitis
Rumpfwickel	Versorgung hochfiebernder Patienten
Hüftwickel	Beckenraumentzündungen, Proktitis, Prostatitis, Hämorrhoiden, Analekzem, Vulvitis
Wadenwickel	Fieber, Thrombophlebitis, Zellulitis, Ulcus cruris, zur Nacht bei Schlaflosigkeit
Beinwickel	Thrombophlebitis, Zellulitis, Lymphangitis
Gelenkwickel (kalter Wickel um gesamtes Gelenk)	Akute Arthritis

2.6 Thermotherapie

Als Thermotherapie faßt man alle therapeutischen Verfahren zusammen, die auf der Wirkung von Wärme (= Wärmetherapie) oder Kälte (= Kryotherapie) beruhen.

Allgemeine Wirkungen der Kälte- und Wärmetherapie sind in der Tabelle dargestellt:

Die Indikationsbereiche der Wärme- bzw. Kältetherapie enthalten erhebliche Überschneidungen. Häufig zeigen erst das klinische Bild bzw. die individuelle Reaktion des Patienten, ob Kälte oder Wärme besser vertragen wird (z.B. bei Schmerzzuständen einer rheumatoiden Arthritis). Auch kann im Verlaufe einer Behandlung die gute Verträglichkeit von Kälte in ein besseres Befinden unter Wärme übergehen und umgekehrt.

2.6.1 Kältetherapie (Kryotherapie)

☞ auch Therapie chronischer Schmerzen 3.4.4

Allgemeines

Kälte wird lokal in Form von Eis oder Kühlpackungen angewendet, systemisch als Exposition in Kälteräumen oder im Freien bei kühler Außentemperatur.

Indikationen (nur bei sachgerechter Dosierung)
- Oberflächliche und tiefe Schmerzen
- Entzündliche Prozesse und Verbrennungen
- Ödem, venöse Stauungen, chronisch-venöse Insuffizienz
- Kontrakturen
- Ermüdung, Konzentrationsschwäche
- Hypotone Dysregulation
- Tachykarde Herzrhythmusstörungen
- Flachatmung, Bradypnoe.

Kontraindikationen
- Arterielle Durchblutungsstörungen und koronare Herzkrankheit
- Akute Nieren- und Blasenerkrankungen
- Kryoglobulinämie, Kalteagglutininkrankheit und Raynaud-Syndrom
- Kälteurtikaria
- Thermolabilität bei vegetativen Dystonien.

Verfahren

Lokale Kältetherapie

Mit Eiswürfeln, Eisbeuteln oder Kühlpackungen werden einzelne Körperteile gekühlt. Die Anwendungsdauer richtet sich nach der Verträglichkeit und dem Krankheitsverlauf. Bei akuten Erkrankungen (z.B. Z.n. nach Zahnextraktion) wird die einzelne Behandlung oft länger durchgeführt, insgesamt jedoch nur über einen kurzen

Zeitraum (oder einmalig) behandelt. Bei chronischen Erkrankungen (z.B. chronische rheumatische Schmerzen) behandelt man pro Sitzung kürzer, jedoch über längere Zeiträume.

Indikationen
Vor allem akut-entzündliche Prozesse, Schmerzbehandlung, Traumen, postoperative Schwellungen, auch bei chronisch rheumatischen Beschwerden.

Kontraindikationen
Allgemeine Kontraindikationen der Kältetherapie (s.o.).

Körpertiefe Kühlungen

Bei besonderen Indikationen kann eine Ganzkörperexposition in Kälteräumen zur Schmerzlinderung und Entzündungshemmung beitragen. Die Temperatur beträgt bis zu –110 °C, die Aufenthaltsdauer wenige Minuten.

Indikationen
Chronisch-entzündliche Gelenkerkrankungen, weichteilrheumatische Erkrankungen, Kollagenosen und andere Autoimmunerkrankungen.

Kontraindikationen
Allgemeine Kontraindikationen der Kältetherapie (s.o.).

2.6.2 Wärmetherapie

Allgemeines

Die Zufuhr von Wärme ist eine der häufigsten therapeutischen Anwendungen und hat dementsprechend ein weites Spektrum von Indikationen und Applikationsformen. *Wasser* ist der am häufigsten verwendete Wärmeträger und zugleich Grundlage der Hydrotherapie (☞ 2.5). Wärme wird ferner in trockener Form als *Wärmestrahlung* oder durch Umsetzung von elektrischer Energie in Wärme (Heizkissen, Heißluft in Heizkästen) angewendet. Schließlich ist die gezielte Konzentration von *Hochfrequenzwärme* im Körper bei der Elektrotherapie von Bedeutung (Kurzwelle, Dezimeter- und Mikrowelle ☞ 2.7).

Dosierung und Anwendung der Wärmeapplikationen richten sich nach der Grunderkrankung und ihrer individuellen Verträglichkeit.

Wirkungen der Kälte- und Wärmetherapie		
Wirkort	**Kältetherapie**	**Wärmetherapie**
Aktivität der Formatio reticularis	Erhöhung →„Weckeffekt“	Erniedrigung → Ermüdung, Konzentrationsschwäche
Muskeltonus	Erhöhung → Krampfneigung; z.T. auch Verminderung → Relaxation	Senkung → Muskelrelaxation
Peripherer Gefäßwiderstand	Steigerung → antihypotone Wirkung	Senkung → antihypertensive Wirkung
Venöser Rückfluß	Förderung →antiödematöse Wirkung	Senkung → vermehrte Ödembildung, Gefahr der Kreislaufinsuffizienz
Herzaktion	Kältebradykardie, Frequenzzunahme	Wärmetachykardie, verringerte Koronardurchblutung
Atmung	Atemvertiefung	Beruhigung und Atemvertiefung, Anregung der bronchialen Sekretion
Glatte Muskulatur		Spasmenlösung an Magen/Darm, Gallenwegen, Blase
Analgesie, antiischämische Wirkung	Durch Kälteanästhesie und reaktive Hyperämie	Durch Hyperämie und Stoffwechselanregung
Antiphlogistische Wirkungen	Durch Hemmung der Gefäßreaktion und der Extravasation von Entzündungszellen	Durch Förderung der Resorptionsvorgänge: Intensivierung der akuten, aber Hemmung der chronischen Entzündung

Arten der Wärmezufuhr

Der Übergang von Wärme in den Körper geschieht durch Leitung (Konduktion), Konvektion oder Strahlung:

- **Konduktion:** Übertragung von Wärmeenergie zwischen zwei festen Körpern durch direkten Kontakt
- **Konvektion:** Übertragung von Wärmeenergie über eine Flüssigkeit oder Gas
- **Strahlung:** Übertragung von Wärmeenergie in Form von elektromagnetischer Strahlung. Grundlage ist die Eigenschaft aller Materie, in Abhängigkeit von ihrer Temperatur permanent Wärmestrahlung abzugeben.

Indikationen

- Allgemeine Erregbarkeit
- Spastische und funktionelle Erkrankungen innerer Organe
- Zustände von Muskelhypertonus
- Chron. entzündliche und degenerative Erkrankungen des Bewegungsapparates
- Posttraumatische Schmerzzustände
- Hypertonie.

Kontraindikationen (je nach Ausmaß der Wärmeapplikation):

- Grundsätzlich wenn die Gefahr besteht, daß Erwärmung den pathologischen Prozeß verschlimmert
- Ödemneigungen, schwere arterielle Verschlußkrankheit (Stad. II-IV nach Fontaine)
- Frische Blutungen
- Kreislaufinsuffizienz und höhergradige Herzerkrankungen
- Malignome (außer bei Versuchen mit gezielter hyperthermischer Behandlung des Tumorgewebes)
- Akute Entzündungsphasen der rheumatoiden Arthritis und Spondylitis ankylosans
- Osteomyelitis
- M. Sudeck I und II
- Aktive Tbc
- Stärkere, länger dauernde Erwärmung der Knochen-Wachstumszonen Jugendlicher.

Formen der Wärmetherapie

Ultraschalltherapie

Sonderform der Mechanotherapie, bei der mit hochfrequenten Schallwellen (800 Hz) eine Massage- und Wärmewirkung erzielt wird.

Wirkungen

Analgetisch, hyperämisierend und muskelrelaxierend, Gewebetrophik verbessernd, sympathikusdämpfend.

Indikationen

- **Bewegungsapparat:** Entzündliche und schmerzhafte Prozesse der Gelenke, Sehnen und Muskeln, auch zur Verbesserung der posttraumatischen Heilung
- **Dermatologische Erkrankungen:** Dupuytren-Kontraktur, Narbenkeloide mit Kontrakturen, Ulcus cruris.

Kontraindikationen: Allgemeine Kontraindikationen der Wärmebehandlung, ferner:

- Rückenmarkserkrankungen
- Koronarsklerose (bei Behandlung der Herzregion)
- Keine Anwendung an: Jugendlichen Knochen, Hoden, Ovarien, Augäpfeln, Laminektomienarben.

Aktive Fiebertherapie

Aktive Fiebertherapie ist die Induktion von Fieber durch Zufuhr von Pyrogenen, z.B. Endotoxin, in geringen Mengen.

Diese Therapie geht auf Beobachtungen schon des Altertums zurück, daß manche Patienten mit Krebserkrankungen nach schweren Infektionen (z.B. Tbc) anhaltende Regressionen des Tumorleidens zeigen. Offenbar kommt es im Rahmen der Abwehrreaktion gegen die Infektionserreger auch zu einer starken Immunstimulation der Tumorabwehr.

Statt kompletter Infektionserreger hat man seit dem letzten Jahrhundert abgeschwächte Erreger und später auch gereinigte Pyrogene (Zellwandanteile von Bakterien mit immunstimulierender Wirkung) verwendet. Eine Schwierigkeit des Verfahrens ist die schlechte Steuerbarkeit der

Fieberreaktion, die ggf. durch Antipyretika gebremst werden muß.

Im Rahmen der modernen onkologischen Zytokintherapie hat auch die Fiebertherapie eine neue Bedeutung bekommen, da ihre Effekte u.a. über Tumor-Nekrose-Faktor und Interleukin-1 vermittelt werden.

Indikationen
Immunstimulation, bes. bei Tumortherapie.

Kontraindikationen
Allgemeine Kontraindikationen der systemischen Wärmeapplikation.

▒ Systemische Hyperthermie

Hierunter versteht man die Anhebung der Körperkerntemperatur durch physikalische Maßnahmen, z.B. extrakorporale Bluterwärmungen, heiße Ganzkörperbäder mit Temperaturen zwischen 39 und 43 °C (☞ 2.5.2 Überwärmungsbad), Infrarot- und Hochfrequenzbestrahlungen oder das Einwickeln in Heizdecken oder Überwärmungsanzüge.

Wie bei der Fiebertherapie nutzt man auch bei der Hyperthermie die immunstimulierende Wirkung einer erhöhten Körperkerntemperatur aus. Angestrebt werden je nach Indikation Kerntemperaturen zwischen 38 °C („kleine" Hyperthermie) und 41 – 42 °C („Extrem"-Hyperthermie).

Indikationen
Wird v.a. in der Tumortherapie eingesetzt, ferner in milderer Form bei arteriellen Durchblutungsstörungen, entzündlichen Atemwegserkrankungen, Allergien, chronisch-entzündlichen Erkrankungen des Darmes und der Haut, rheumatische Erkrankungen und nach Traumen.

Kontraindikationen
Allgemeine Kontraindikationen der systemischen Wärmeapplikation.

2.7 Elektrotherapie

Elektrotherapie ist die therapeutische Applikation elektrischer Ströme auf umschriebene Areale des Körpers.
Neben dem Wärmeeffekt des elektrischen Stromes ist bei manchen Verfahren auch die neuronale Depolarisation mit nachfolgender Muskelaktivierung erwünscht.
Eine Übersicht über die verschiedenen Formen der Elektrotherapie gibt die Tabelle.

2.7.1 Niederfrequenzverfahren

Die Niederfrequenzverfahren beruhen auf Gleichströmen.

Gleichstromtherapie (Galvanisation)

Unter Gleichstromtherapie versteht man die Anwendung von konstanten Strömen gleicher Richtung, die zu keiner Erregung von motorischem Nerv und Muskel führen, sondern nur sensible Fasern beeinflussen.

Wirkungen
Schmerzlinderung, Förderung der Durchblutung von Haut und Muskulatur, Verbesserung der Gewebetrophik und des Zellwachstums, der Heilung und der Regeneration.

Formen
Ein konstanter Gleichstrom wird angewendet als:
- **Körperdurchflutung:** Direkte Stromdurchflutung des Körpers zwischen zwei Kontaktelektroden
- **Iontophorese:** Applikation von Salben und Gelen mit ionisierbaren Inhaltsstoffen, die – dem angelegten elektrischen Feld folgend – in die Haut eindringen
- **Hydroelektrische Bäder:** Teil- oder Vollbäder, bei denen der Strom über das Wasser geleitet wird. Im *hydroelektrischen Vollbad* (= *Stangerbad*) Durchflutung des gesamten Körpers, im Zellenbad Durchflutung von Körperteilen, die isoliert in das Wasser gehalten werden.

Indikationen
- Neurologische Erkrankungen: Neuralgien, Radikulärsyndrome, schlaffe und spastische Paresen, Polyneuropathien, Myalgien, M. Sudeck
- Erkrankungen des Bewegungsapparates: Arthralgien, Arthritiden, posttraumatische Zustände
- Arterielle Durchblutungsstörungen.

Kontraindikationen
- *Zellenbäder:* Herzschrittmacherträger, größere Hautdefekte bei Verletzungen, metallische Implantate
- *Stanger-Bad:* Allgemeine Kontraindikationen des Vollbades (☞ 2.4.2) und der Zellenbäder.

Reizstromtherapie

Dies ist die intermittierende Applikation von Gleichströmen, und zwar im Gegensatz zur Gleichstromtherapie auch über der Schwelle neuromuskulärer Erregbarkeit.

Wirkungen
Wie bei der Galvanisation, zusätzlich Trainingseffekt auf die Muskulatur.

Diadynamischer Strom (Bernard-Ströme)

Therapie aus 2 Strömen: Einem galvanischen Strom als „Basisstrom" und Sinushalbwellen als Impulsstrom.

Wirkungen und Indikationen: Schmerzbehandlung bei
- Akuten und chron. Schmerzsyndromen aus dem neurologischen, internistischen, rheumatologischen, chirurgischen, traumatologischen und geburtshilflich-gynäkologischen Bereich
- Amputationsschmerzen, Phantomschmerzen, Kausalgien, Herpes-zoster-Neuralgie.

Kontraindikationen
- Frische Frakturen und Luxationen
- Neuritis
- M. Sudeck I
- Herzschrittmacherträger.

Ultrareizstrom nach Träbert (Reizstrommassage)

Reizstromtherapie mit Rechteckimpulsen von 2 ms Dauer und 5 ms Pause.

Wirkungen und Indikationen
Schmerzlinderung und Förderung der Durchblutung bei akuten und chron. Schmerzsyndromen.

Kontraindikationen
- Herzschrittmacherträger
- Psychogene Schmerzen, larvierte Depressionen (Physiotherapie festigt die neurotische Fehlhaltung; hier ist statt dessen Psychotherapie angezeigt)
- Relative Kontraindikationen: An Stellen mit Hautirritationen oder Hypästhesie (da schlechtere Kontrolle einer Überdosierung)
- Extreme Stromempfindlichkeit.

Reizstrom zur Übungsbehandlung geschwächter Muskulatur

Ein auch *Elektrogymnastik* oder *Schwellstrombehandlung* genanntes Elektroverfahren, bei dem geschwächte (z.B. inaktivierte) Muskulatur mit schwachem Reizstrom zu Kontraktionen angeregt und auf diese Weise trainiert wird.

Wirkungen

Formen der Elektrotherapie		
Niederfrequenz-Bereich (0 – 1 kHz)	**Mittelfrequenz-Bereich (1 – 100 kHz)**	**Hochfrequenz-Bereich (300 kHz)**
• Gleichstromtherapie (Galvanisation, konstante Stromapplikation) • Reizstrom-(Impulsstrom)-Therapie (intermittierende Stromapplikation) – Diadynamischer Strom (= Bernard-Ströme) – Ultrareizstrom nach Träbert (= Reizstrommassage) – Reizstrom zur Übungsbehandlung geschwächter Muskulatur – Reizstromtherapie bei Paresen – Reizstromtherapie der glatten Muskulatur – Transkutane elektrische Nervenstimulation (= TENS)	• Interferenzstrom (nach Nemec)	• Kurzwellentherapie • Dezimeterwellentherapie • Mikrowellentherapie

Kräftigung der Muskulatur bei Erkrankungen mit abgeschwächter, atrophischer, jedoch nicht denervierter Muskulatur, z.B. Inaktivitätsatrophien nach Immobilisation im Gips.

Kontraindikationen
- Komplett denervierte Muskeln
- Myositis.

Reizstromtherapie bei Paresen

Wirkungen und Indikationen
„Künstliche“ neuromuskuläre Erregung bei komplett oder partiell denervierten Muskeln sowie peripheren Nervenläsionen (z.B. posttraumatisch, operativ).

Kontraindikationen
- Fehlende Aussicht auf Reinnervation (z.B. Wurzelausriß)
- Länger als 1 Jahr bestehende Denervierung.

Reizstromtherapie der glatten Muskulatur

Serien langsam ansteigender Exponential- (Dreieck-) Impulse zur Stimulierung glatter Muskulatur.

Wirkungen und Indikationen
Aktivierung der Aktivität glatter Muskulatur bei chron. Obstipation.

Transkutane elektrische Nervenstimulation (TENS)

☞ Therapie chronischer Schmerzen 3.4.3

Elektroanalgesieverfahren insbesondere zur Heimbehandlung mit kleinen batteriebetriebenen Geräten in Taschenformat.

Wirkungen und Indikationen: Wie diadynamischer Strom.

Kontraindikationen: Herzschrittmacherträger.

2.7.2 Mittelfrequenzverfahren

Bei den Mittelfrequenzverfahren erfolgt die Änderung der Stromrichtung schneller als die sensiblen Nervenfasern depolarisieren können (mind. 1000x/s bei 1 kHz).

Daraus folgt die Regel, daß mittelfrequente Ströme eine geringere Reiz- und damit auch Schmerzwirkung ausüben als niedrigfrequente. Daher kann man bei den Mittelfrequenzverfahren stärkere Ströme applizieren, was eine bessere Tiefenwirkung ermöglicht.

Daß Mittelfrequenzverfahren trotz der eigentlich geringen Reizwirkung ihrer Wellen eine sensible Wirkung zeigen, liegt an den sog. *Summationseffekten*. Dies sind Übereinanderlagerungen von Sinusschwingungen von zwei oder mehr Mittelfrequenzen, die langsamere, quasi neue Summationswellen (auch *Schwebungen* genannt) erzeugen (☞ Abb. 2.8). Nur die Summationswellen vermögen dabei, sensible Fasern zu depolarisieren.

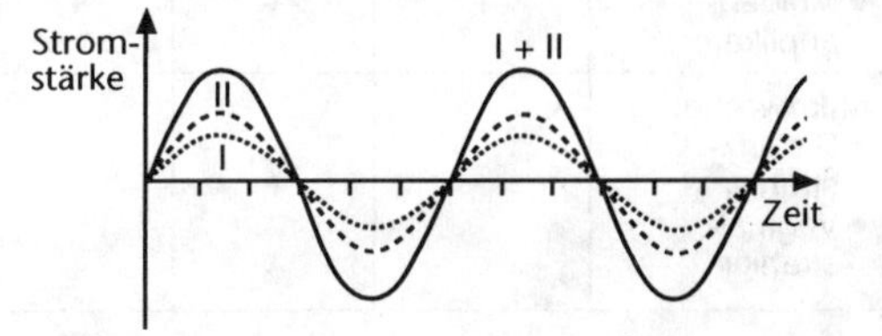

Abb. 2.8: Verstärkte Intensität zweier synchroner Wechselströme

Interferenzstrom nach Nemec

Wirkung und Indikationen
Dieses auf Summationseffekten beruhende Mittelfrequenzverfahren wird wegen seiner analgetischen, hyperämisierenden Tiefenwirkung gern bei orthopädischen und angiologischen Erkrankungen angewendet, z.B. Arthritiden, Myalgien, Durchblutungsstörungen.

Kontraindikationen: Diadynamischer Strom (☞ 2.7.1).

2.7.3 Hochfrequenzverfahren

Hochfrequenzverfahren werden zur Wärmebehandlung eingesetzt. Auch hier kommt es je nach Frequenz zu einer unterschiedlichen Tiefenwirkung (☞ Tab.). Der Unterschied zu anderen Formen der Wärmebehandlung (z.B. heißes Bad) liegt darin, daß mit Hochfrequenzströmen nur die angezielten Gewebe, jedoch nicht die

Haut darüber erwärmt wird, was manchmal als angenehmer und subjektiv weniger belastend empfunden wird.

Eindringtiefe der Wärmewirkung von Hochfrequenzverfahren und ihre Applikationsformen			
Verfahren	Haut/ s.c.Fett	Muskulatur	tiefere Gewebe
Kurzwelle:			
• Kondensatorfeld	+++	+	(+)
• Spulenfeld	+	+	–
Dezimeterwelle:			
• Distanzstrahler	+	+	–
• Muldenapplikator	+	+	+
Mikrowelle:			
• Distanzstrahler	+	+	–
• Vaginalstrahler	–	–	+

Die Einteilung der Hochfrequenzverfahren richtet sich nach ihrer Wellenlänge (☞ Tab.).

Einteilung der Hochfrequenztherapien		
Therapie	Wellenlänge	Frequenz
Kurzwellentherapie	11,06 m	27,12 MHz
Dezimeterwellentherapie	69 cm	433 MHz
Mikrowellentherapie	12,4 cm	2400 MHz

Kurzwellentherapie

Bei der Kurzwellentherapie werden hochfrequente Ströme im Gewebe erzeugt. Dazu gibt es grundsätzlich zwei Möglichkeiten:
Zum einen durch ein sog. *Kondensatorfeld,* bei dem zwei stromdurchflossene Kondensatorplatten auf beiden Seiten des zu behandelnden Körperteils ein hochfrequentes Wechselfeld erzeugen.
Zum zweiten durch ein sog. *Spulenfeld,* bei dem mit einer wechselstromdurchflossenen Spule ein Magnetfeld erzeugt wird, das im Gewebe Wirbelströme induziert.

Wirkungen: Wärmeeffekt.

Indikationen
- Schmerzhafte, nicht-akute Zustände des Bewegungsapparates, z.B. rheumat. Arthritis, Arthrosen
- Nachbehandlung von Distorsionen, Frakturen, Luxationen
- Chron. Bronchitis
- Adnexitis, Parametritis, Endometritis, Mastitis: Chron. Stadien
- Dysmenorrhoe
- Chron. Otitis media, Sinusitis, Tubenkatarrh, Pharyngitis, Laryngitis.

Kontraindikationen: Wie bei der Wärmetherapie (☞ 2.6.2), ferner:
- Hämorrhagien, Blutungsgefahr, Thrombosen, akute Thrombophlebitis
- Frische Gelenkergüsse und Blutergüsse
- Gravidität, während der Menstruation (gilt nur für Kurzwelle des Unterbauches)
- Verlust des Wärmeempfindungsvermögens
- Metallfremdkörper im elektrischen Feld (z.B. Endoprothesen, Schrauben)
- Herzschrittmacherträger
- Unmittelbar nach ionisierender Strahlentherapie
- Kleinstkinder, psychisch Gestörte, Bewußtlose, Anfallskranke.

Dezimeter- und Mikrowellentherapie

Dies sind Hochfrequenzverfahren, bei denen elektromagnetische Wellen über einen „Strahler" antennenartig ausgesendt werden. Anders als bei der Kurzwellentherapie beruht die Wärmewirkung nicht auf einem fließenden Strom im Gewebe, sondern auf der Absorption elektromagnetischer Schwingungen.

Wirkungen: Wie bei der Kurzwellentherapie, jedoch größere Eindringtiefe (☞ Tab.).

Indikationen und Kontraindikationen
Wie bei der Kurzwellentherapie.

3 Ernährungstherapie

Definition: Ernährungstherapie (= Diätetik) ist die Lehre von der Ernährung des kranken Menschen einschließlich der krankheitsvorbeugenden Ernährung (DGE = Deutsche Gesellschaft für Ernährung, 1984).

In diesem Kapitel sollen kurz die Grundlagen der Ernährung und die ernährungsbedingten Erkrankungen dargestellt werden. Anschließend wird die naturheilkundliche Ernährungstherapie ausführlich behandelt.

3.1 Grundlagen der Ernährung

Durch die Ernährung sollen ausreichend Energie, Eiweiß, Fett, Kohlenhydrate, Vitamine und Mineralien zugeführt werden, um die biologischen Funktionen des Körpers in optimaler Weise aufrecht zu erhalten.
Zum von außen zuzuführenden Bedarf an biologischen Substanzen gibt es noch keine einheitlichen Richtlinien. Die Tabelle berücksichtigt die Empfehlungen der DGE und der amerikanischen RDA-Kommission (Recommended Dietary Allowances) für Erwachsene. Der erhöhte Bedarf in besonderen Situationen (z.B. Schwangerschaft, Krankheit) sowie geschlechtsspezifische Unterschiede (z.B. erhöhter Bedarf von Eisen oder Folsäure bei Frauen) sind hier nicht differenziert aufgeführt.

Der Bedarf des Individuums kann von diesen Durchschnittsempfehlungen erheblich abweichen (z.B. mehr als doppelter Bedarf an Vitamin C bei Rauchern, größerer Bedarf an Mineralien bei Ausdauersportlern durch Verluste über den Schweiß).

Nährstoff	Erwünschte Zufuhr mit der täglichen Nahrung
Eiweiß	0,6 – 0,8/kg Körpergewicht
Kohlenhydrate	50 – 60% der Gesamtzufuhr (nach Energiegehalt)
Fett	< 30% der Gesamtzufuhr (nach Energiegehalt)
– mehrfach unges. Fettsäuren	≥ 1/3 der Gesamtfettsäuren
Ballaststoffe	≥ 30 g
Vitamin A	4000 – 5000 IE
Vitamin B1	1,0 – 1,4 mg
Vitamin B2	1,2 – 1,7 mg
Vitamin B6	1,6 – 2,0 mg
Vitamin B12	2 μg
Vitamin C	60 – 75 mg
Vitamin D	200 IE
Vitamin E	8 – 12 IE
Vitamin K	65 – 80 μg
Biotin	30 – 100 μg
Folsäure	160 – 200 μg
Pantothensäure	4 – 7 mg
Chrom	50 – 200 μg
Eisen	10 – 18 mg
Jod	150 – 200 μg
Kalium	3000 – 4000 mg
Kalzium	800 – 1200 mg
Magnesium	280 – 350 mg
Mangan	2 – 5 mg
Molybdän	75 – 250 μg
Selen	55 – 70 μg
Zink	12 – 15 mg

3.2 Störungen der Nahrungsaufnahme

☞ GK Pädiatrie, Kap. 6, Innere Medizin, Abschn. 5, Kap. 7 und Abschn. 10, Kap. 3.

3.3 Ernährungsbedingte Erkrankungen

☞ GK Innere Medizin, Abschn. 5, Kap. 7, GK Sozialmedizin 1.2 – 1.4, GK Hygiene, Abschn. 1

Ernährungsbedingte Erkrankungen werden durch eine Fehlernährung verursacht (z.B. die meisten Fälle von Adipositas durch kalorische Überernährung) oder ungünstig beeinflußt (z.B. zusätzliche Steigerung des Serumcholesterins durch cholesterinreiche Ernährung bei familiärer Hypercholesterinämie).

Zu den ernährungsbedingten Erkrankungen zählen z.B. (Häufigkeit ihres Auftretens innerhalb der deutschen Bevölkerung in Klammern):

- Adipositas (30 – 50%)
- Hyperlipoproteinämien (10 – 20%)
- Cholezystolithiasis (10 – 30%)
- Obstipation (ca. 30%)
- Divertikulose, Divertikulitis
- Diabetes mellitus Typ II (3 – 5%)
- Gicht (ca. 3%)
- Alkoholkrankheit
- Hypertonie (10 – 20%)
- Arteriosklerose und Folgekrankheiten (über 50%)
- Malignome (z.B. Kolonkarzinom)
- Nahrungsmittelallergien
- Karies (96 – 100%)
- Rheumatische Erkrankungen.

Die Komplexität des Bereiches Ernährung/Krankheit mag daran veranschaulicht werden, daß z.B. bei Adipositas die Ursachen dieser Erkrankung nicht allein in der Fehlernährung, sondern auch im psychosozialen Bereich gesucht werden müssen.

Nicht bei allen Malignomen ist eine so starke Korrelation zur Ernährung wie z.B. beim Dickdarmkarzinom gefunden worden.

Bei den meisten Krankheiten (z.B. KHK) ist eine falsche Ernährung ein Risikofaktor neben anderen.

Die Kosten durch ernährungsabhängige Erkrankungen wurden bereits 1980 auf ca. 42 Mrd. DM geschätzt. Dies unterstreicht die Bedeutung der Ernährungstherapie, zumal sich ca. 50 – 75% der Kosten durch eine adäquate Ernährung einsparen ließen (R. Kluthe, 1988).

Zahlreiche weitere Erkrankungen können durch geeignete Ernährung günstig beeinflußt werden (z.B. Asthma, Colitis ulcerosa, Migräne, Neurodermitis, Pollinosis).

3.4 Naturheilkundlich orientierte Ernährungstherapie

3.4.1 Vorstellungen zu ernährungsbedingten Krankheiten

Darm-Dysbiosen (Störungen der Darmflora) führen zu vielfältigen **immunologischen Reaktionen**, die gekoppelt sind an die Bildung von toxischen Substanzen wie z.B. Ammoniak, Skatol, aromatische und aliphatische Amine, Indol, Phenole, Kadaverin, Putrescin, Fuselalkohole und Gärungsgase mit zytotoxischen, hepatotoxischen, immunotoxischen, neurotoxischen, mutagenen, karzinogenen und kokarzinogenen Effekten.

Ursachen für die Störung der Darmflora

Die Ursachen für eine Störung der Darmflora sind äußerst vielfältig:

- Falsche Ernährung und Nahrungsgifte, z.B.:
  - Nahrungsmittelallergien
  - Denaturierte Lebensmittel wie weißer Zukker und gebleichtes Mehl
  - Glutenentropathie, einheimische Sprue
  - Farbstoffe
  - Konservierungsmittel
  - Aflatoxine

- Einseitige Ernährung
- Iatrogene Einflüsse (z.B. Antibiotika, Kortikosteroide, ionisierende Strahlen)
- Funktionelle Störungen (z.B. Hypazidität, Pankreatopathien)
- Anatomische Ursachen (z.B. gastrointestinale Fistel, Ileostomie)
- Umwelttoxine (z.B. Schwermetallbelastungen)
- Intestinale Infektionen (z.B. Typhus, Darmmykosen, Protozoen, Rotaviren)
- Psychische Belastungen.

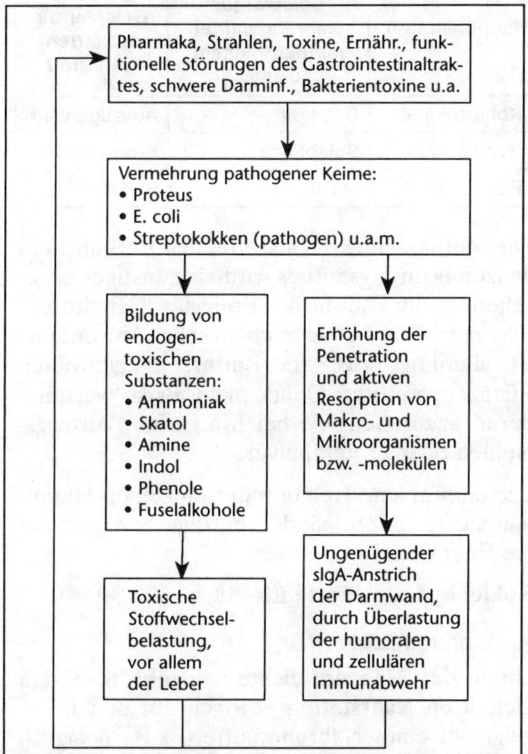

Abb. 3.1: Schematische Darstellung des Circulus vitiosus der Dysbiose

Einseitige Ernährung hat nicht nur eine Störung der Darmflora zu Folge, sondern kann zu einem Mangel an bestimmten Nährstoffen führen. Ein Nährstoffmangel kann nicht nur direkt Krankheiten verursachen (z.B. Herzrhythmusstörungen bei Magnesiummangel), sondern auch die normale Reaktions- und Kompensationsfähigkeit des Organismus negativ beeinflussen (z.B. leichtere Infektanfälligkeit bei Vitamin C-Mangel).

Lokale Symptome sind vor allem:
- Meteorismus
- Flatulenz
- Darm-Tenesmen
- Roemheld-Symptomenkomplex.

Als Fernwirkung beeinflußt **Ammoniak** den Hirnstoffwechsel mit den Symptomen Müdigkeit und Leistungsabfall.

Indol, Skatol und Aminoverbindungen haben auf den Leberstoffwechsel eine serotoninähnliche Wirkung und führen zu einem Anstieg von Harnsäure, Cholesterin und Leberenzymen im Serum mit Triggerfunktionen insbesondere für Migräne und Kopfschmerz.

Phenole und Fuselalkohole belasten den Leberstoffwechsel, sind karzinogen und fördern die Mastzelldegranulation und den Anstieg der Leberenzyme im Serum. Sie verschlechtern das Erkrankungsbild (bes. bei degenerativen Erkrankungen) und verstärken allergische Reaktionen.

Die *immunologischen Fehlreaktionen* werden über eine Erhöhung der Penetration und der aktiven Resorption von Makro- und Mikroorganismen bzw. -molekülen (Antigene) ausgelöst. Daraus resultiert eine Erschöpfung des intestinalen Immunsystems, die zusammen mit einer verminderten Stimulation der T-Lymphozyten zu einer ungenügenden Produktion von IgA führt, das als Schutz vor Antigenen die gesamte Darmschleimhaut bedeckt.
IgA unterdrückt nicht nur die Bakterienadhärenz, so daß sich Bakterien nicht mehr anheften können, sondern verhindert auch die Pinozytose, so daß das massive Eindringen von Antigenen oder Bakterien nicht mehr möglich ist. Tierexperimentelle Untersuchungen zeigten darüber hinaus, daß die T-Lymphozyten der Darmschleimhaut die lokalen B-Zellen zur Antikörperproduktion anregen. Dabei werden die IgA-sezernierenden Zellen stimuliert, dagegen IgG-sezernierende Zellen supprimiert; auch die IgM-Bildung wird unterdrückt.

Bei autoimmunologischen, autoaggressiven und allergischen Erkrankungen wie z.B. M. Crohn, Colitis ulcerosa, Pollinosis, allergischem Asthma bronchiale, Neurodermitis und postinfektiösen reaktiven Arthritiden bewirkt die Dysbiose eine Verschlechterung der Symptome.

3.4.2 Methoden der Ernährungstherapie

Gesundheitswert der Nahrung

Bei der Beurteilung des Gesundheitswertes der Nahrung lassen sich folgende Aspekte unterscheiden:

Den Gesundheitswert der Nahrung beeinflussende Faktoren
• Gehalt essentieller Nährstoffe • Gehalt an Hauptnährstoffen • Nährstoffdichte • Energiegehalt • Energiedichte • Verträglichkeit • Keimgehalt • Schadstoffgehalt • Frischezustand • Appetitlichkeit

Gehalt essentieller Nährstoffe:

Essentielle Nährstoffe sind Substanzen aus der Nahrung, ohne die der Mensch nicht leben und die er nicht selbst synthetisieren kann. Nach dem gegenwärtigen Stand der Forschung zählen hierzu:

- Vitamine
- Viele Mineralstoffe (z.B. Eisen, Magnesium, Kalium)
- Einige Aminosäuren (Valin, Leucin, Isoleucin, Methionin, Threonin, Phenylalanin, Tryptophan, Histidin, Arginin, Lysin)
- Linolsäure, eine mehrfach ungesättigte Fettsäure.

Es gibt zahlreiche Substanzen, die einen nachgewiesenen gesundheitsfördernden Effekt haben, aber nicht zwingend lebensnotwendig sind (z.B. Ballaststoffe). Die Liste der heute als essentiell angesehenen Nährstoffe ist wahrscheinlich nicht vollständig, da auch in den letzten Jahren noch die Essentialität einiger Nährstoffe nachgewiesen wurde (z.B. Selen, Chrom).

Hauptnährstoffe

Unter Hauptnährstoffen versteht man diejenigen Substanzen, aus denen der Organismus Energie gewinnen kann (außer Alkohol, welcher quantitativ mittlerweile mit 6% zur Energiebilanz beiträgt, aber nicht zu den Hauptnährstoffen gezählt wird). Es sind dies im Folgenden:

Hauptnährstoffe		
Hauptnährstoff	Beispiel für Nahrungsmittel mit natürlichem Gehalt	Beispiel für isolierten Nährstoff
Kohlenhydrat	Getreide	Auszugsmehl
Protein	Sojabohne	Proteinpulver
Fett	Milch	Butter

Die Zufuhr eines Nährstoffes im Verbund des ganzen Nahrungsmittels wird als günstiger angesehen als die Zufuhr des isolierten Nährstoffes. Die mechanische oder chemische Abtrennung ist allerdings z.B. bei Butter, kaltgepreßten Pflanzenölen oder Quark nicht als so wertmindernd anzusehen wie bei Margarine, Auszugsmehlen oder Proteinpulver.

Die empfohlene Relation der einzelnen Hauptnährstoffe untereinander beträgt bezogen auf die Energiemenge:

Kohlenhydrate : Fett : Eiweiß = 60 : 30 : 10

Nährstoffdichte

Unter der Nährstoffdichte versteht man den Gehalt an Nährstoffen bezogen auf den Energiegehalt eines Nahrungsmittels, z.B. in mg/kJ. Diese Größe ermöglicht eine bessere Vergleichbarkeit unterschiedlicher Nahrungsmittel. So weisen z.B. Gemüse und Vollkornprodukte in Bezug auf die meisten essentiellen Nährstoffe eine wesentlich höhere Nährstoffdichte als raffinierte Nahrungsmittel und Fleischprodukte auf.

Energiegehalt

Der Energiegehalt der Nahrung wird in Kilo-Kalorien bzw. seit 1978 in Kilo-Joule angegeben. Er sagt aus, ob ein Nahrungsmittel energiereich oder -arm ist. Über den Gesundheitswert sagt der Energiegehalt allein noch nichts aus. Ein energiereiches Nahrungsmittel kann für einen Unterernährten einen hohen, für einen Übergewichtigen aber einen niedrigen Gesundheitswert haben.

Energiedichte

Die Energiedichte gibt den Energiegehalt eines Nahrungsmittels in Bezug auf das Volumen an, z.B. kcal/Kubikzentimeter. Er ist insofern von Bedeutung, als eine Nahrung mit hoher Energiedichte (konzentrierte, meist ballaststoffarme Nahrungsmittel) eine quantitative Überernährung begünstigt.

Verträglichkeit

Die Verträglichkeit oder Bekömmlichkeit eines Nahrungsmittels ist individuell sehr unterschiedlich (☞ 3.4.3).

Keimgehalt

Nahrungsmittel dürfen nicht mit schädlichen Mikroorganismen oder deren Stoffwechselprodukten in einer gesundheitsgefährdenden Konzentration kontaminiert sein. Viele Keime sind allerdings unschädlich, manche sogar nützlich (z.B. bestimmte milchsäurebildende Bakterien im Joghurt).

Schadstoffgehalt

Schadstoffe in der Nahrung können folgende Substanzen sein:

- **Rückstände von Chemikalien**, die in der Nahrungserzeugung eingesetzt werden (z.B. Düngemittel, Pestizide sowie aus der Tiermast z.B. Antibiotika, Hormone, Psychopharmaka)
- **Verunreinigungen aus einer belasteten Umwelt** (z.B. Blei, Quecksilber, Schwefeldioxid, Staub, Abgase, Nitrate, Pestizide, radioaktive Substanzen)
- **Natürliche Gifte**, die sich in Nahrungsmitteln befinden (z.B. Solanin in grünen Kartoffelteilen, Hämagglutinine in Hülsenfrüchten)
- **Gifte**, die durch Lagerung oder Verarbeitung der Nahrungsmittel entstehen können (z.B. Nitrosamine, Aflatoxine)
- **Zusatzstoffe**, die nach dem Gesetz der Nahrung zugesetzt werden dürfen (z.B. Konservierungs-, Bleich-, und Dickungsmittel, Antioxidantien, Farbstoffe, Geschmacksstoffe, natürliche, naturidentische oder synthetische Aromastoffe, Emulgatoren).

Bei der Beurteilung der Schadstoffbelastung wird meist nur ein Schadstoff isoliert betrachtet, die Komplexität der möglichen Kombinationswirkung und damit die toxische Gesamtwirkung bleibt unberücksichtigt, da alle möglichen Interaktionen der Schadstoffe sowie ihrer Abbauprodukte aus prinzipiellen Gründen naturwissenschaftlich gar nicht erfaßt werden können.

Angesichts der bereits bestehenden Schadstoffbelastung der Nahrung (z.B. wäre die Muttermilch der meisten Mütter in Deutschland aufgrund der Pestizidbelastung als Lebensmittel nicht verkehrsfähig) ist jede nur mögliche Vermeidung von Schadstoffen unbedingt anzustreben.

Frischezustand

Je frischer ein Nahrungsmittel ist, umso größer ist der Gehalt an essentiellen Nährstoffen. Jede Lagerung, Konservierung oder weitere Verarbeitung vermindert diesen Gehalt und beeinträchtigt damit den Gesundheitswert der Nahrung. Tiefgefrorene Produkte sind noch am ehesten der frisch geernteten Nahrung vergleichbar.

Appetitlichkeit

Neben objektiv meßbaren Parametern wie Vitamingehalt oder Schadstoffbelastung bestimmen nicht zuletzt auch subjektive Faktoren wie Bekömmlichkeit, Geschmack, Geruch und Aussehen darüber, mit welchem Appetit ein Nahrungsmittel verzehrt wird. Das hierdurch erzielte subjektive Wohlbefinden beim Verbraucher kann den Gesundheitswert mit beeinflussen.

Vollwertkost

Man unterscheidet verschiedene Formen der Ernährungstherapie:

- Vollwertkost
- Rohkost
- Vegetarische Kost.

Dazu kommen noch verschiedene Formen des Fastens sowie verschiedene spezielle Ernährungsformen, die sich nicht in erster Linie am Vollwert der Nahrung, sondern an anderen Aspekten orientieren z.B. Makrobiotik, F.-X.-Mayr-Kur, Schroth-Kur.

Unter **Vollwertkost** versteht man überwiegend ovo-lacto-vegetabile Nahrung in höchstmöglichem biologischen Wertzustand, der durch möglichst geringen Einsatz chemischer Hilfsmittel bei der Erzeugung und durch Verzicht auf übermäßiges Verfeinern bei der Verarbeitung erreicht wird. Die Nahrung sollte also so natürlich wie möglich sein (Hippokrates, Kollath). Isolierte und raffinierte Nahrungsmittel sollten weitgehend gemieden werden.

Prinzipien der Vollwertkost

- Bevorzugung ovo-lacto-vegetabiler Kost (Eier, Milch, pflanzliche Kost)
- Geringe Zufuhr tierischer Nahrungsmittel wie Fleisch oder Fisch
- Verzicht auf isolierte und raffinierte Produkte (Zukker und Auszugsmehle sowie Nahrung, die große Anteile davon enthält, Genußmittel)
- Bevorzugung von Nahrungsmitteln aus kontrolliertem biologischen Anbau
- Geringer Verarbeitungsgrad der Nahrungsmittel durch mechanische und chemische Prozeßtechniken
- Zufuhr von ganzen Nahrungsmitteln anstelle von einzelnen Nährstoffen (z.B. Orange statt Vitamin-C-Präparat).

Die Vollwertkost ist eine Synthese aus bewährten Erfahrungen und neuen naturwissenschaftlichen Erkenntnissen. Sie berücksichtigt gesundheitliche, ethische, ökonomische und ökologische Aspekte.

Ziele der Vollwertkost

- Möglichst optimale Versorgung des Organismus mit essentiellen Nährstoffen
- Primäre Prävention durch Stärkung des Körpers gegenüber schädlichen Noxen und Krankheiten, langfristig Senkung der Kosten im Gesundheitswesen
- Bei eingetretener Krankheit Stärkung des Körpers zur Unterstützung der körpereigenen Krankheitsabwehr
- Ökologische und ökonomische Vorteile für die Volkswirtschaft durch Vermeidung von Verlusten bei übermäßiger Verarbeitung und durch Schonung der Umwelt.

„Die Ordnung unserer Nahrung“ nach Kollath

Kollath (1892 – 1970) postulierte, daß die Wahrscheinlichkeit, daß eine Gesamtnahrung alle essentiellen Inhaltsstoffe in genügender Menge enthält, umso größer ist, je frischer und unverarbeiteter, d.h. natürlicher und naturbelassener die Nahrung ist. Da es hiervon auch Ausnahmen gibt (z.B. natürliche Giftigkeit mancher Pilze oder nichterhitzter Hülsenfrüchte) formulierte er:

> „ Laßt unsere Nahrung so natürlich wie möglich.“

Da der Verbraucher nicht Nährstoffe, sondern ganze Nahrungsmittel zu sich nimmt, arbeitete er ein System mit 6 Wertstufen aus, welches eine rasche und einfache Orientierung ermöglicht (☞ Tab.). Die **6 Wertstufen** sind:

- a) Natürliche Lebensmittel
- b) Mechanisch veränderte Lebensmittel
- c) Fermentativ veränderte Lebensmittel
- d) Erhitzte Nahrung
- e) Konservierte Nahrung
- f) Präparate.

Die 6 Wertgruppen wurden von Kollath in 2 Obergruppen unterteilt:

- a)-c): Lebensmittel
- d)-f): Nahrungsmittel

Nach Kollath sind ***Lebens*mittel** noch lebendig (z.B. keimfähige Getreidekörner) oder zeigen noch Enzymreaktionen (z.B. in frischem Kopfsalat).

Dagegen sind ***Nahrungs*mittel** tot (z.B. gebratenes Fleisch). Die Nahrung sollte einen möglichst hohen Anteil an Lebensmitteln enthalten.

Empfehlungen zur Vollwertkost

Die Hälfte der Nahrungsmenge sollte aus Lebensmitteln im Sinne Kollaths bestehen, die andere Hälfte der Nahrungsmenge kann erhitzt sein. Konservierte oder präparierte Nahrung sollte nur in Ausnahmefällen zugeführt werden. Weitere Empfehlungen im einzelnen:

- Bevorzugen:
  - Vollkorngetreide und deren Produkte
  - Pflanzliche Lebensmittel
  - Roh- bzw. Vorzugsmilch
  - Naturbelassene Öle und Fette (kaltgepresstes Öl, Butter) maßvoll verwenden
- Meiden:
  - Auszugsmehle und deren Produkte
  - Isolierte Zucker und damit hergestellte Produkte
  - Genußgifte
  - Extrahierte und raffinierte Öle und Fette (die meisten gewöhnlichen Öle und Margarinen)
- Fleisch, Fisch und Eier nur als gelegentliche Beigaben
- Bei einer Mahlzeit erst die rohe, dann die erhitzte Nahrung zu sich nehmen
- Die Nahrung nicht zu heiß und nicht zu kalt verzehren
- Nur essen, wenn man Hunger hat
- Einfach und mäßig, jedoch abwechslungsreich und schmackhaft essen
- Die Nahrung gründlich kauen.

Rohkost

Bircher-Benner (1867 – 1939) setzte als erster vegetarische, rohe Kost in breitem Umfang therapeutisch ein. Unter Rohkost (Synonym: *Frischkost*) versteht man eine Nahrung aus pflanzlichen Produkten, die möglichst alle Teile der Pflanze umfaßt (Wurzel, Stengel, Blätter, Kerne, Samen, Früchte), die sich in frischem Zustand befindet und die keinen Substanzveränderungen, Verlusten durch Erhitzen oder enzymatischen Prozessen unterlag (nach Kämmerer).

Sie schließt Gemüse, Obst, Körner, Früchte, Kräuter und kaltgepreßte Pflanzenöle ein. Ein erweiterter Rohkostbegriff umfaßt außerdem frische, nicht erhitzte, tierische Produkte wie z.B. Vorzugsmilch.

Der bereits bei der Vollwertkost empfohlene fünfzigprozentige Rohkostanteil wird bei einer reinen Roh- oder Frischkost auf einhundert Prozent ausgedehnt. Dies hat folgende Vorteile;

- Hohe Dichte an essentiellen Nährstoffen
- Hoher Ballaststoffgehalt
- Geringe Energiedichte
- Hoher Sättigungswert.

Die Ordnung der Nahrung (nach Kollath)

Lebensmittel			Nahrungsmittel		
a) natürlich	**b) mechanisch**	**c) fermentativ**	**d) erhitzt**	**e) konserviert**	**f) präpariert**
Nüsse	Öle	Sojamilch, -käse	–	–	Kunstfette
Getreide	Vollmehl, Schrot, Kleie	rohe Vollkornbreie	erhitzte Vollkornbreie	Weißbrot, Gebäck, Konfekt	Stärke, Zucker
Früchte, Honig	Salat, Natursäfte	Gärsäfte, Most, Met	–	Fruchtkonserven, Marmeladen	Aromastoffe, isolierte Vitamine, Fruchtzucker,
Gemüse, Kräuter	–	Gärgemüse	erhitzte Gemüse	Gemüsekonserven	Nährsalze, Fermente
Tierisch: Eier	Blut	Schabefleisch (Tatar)	erhitztes Fleisch, Fisch	Tierkonserven	Fleischextrakt, Hormone, Eiweiß, Fette
Tierisch: Getränke: Milch	Milchprodukte (z.B. Magermilch, Butter)	Gärmilch (z.B. Joghurt, Quark, Käse)	erhitzte Milch	Milchkonserven	Milcheiweiß, -zucker
Getränke: Quellwasser	Leitungswasser	Gärgetränke (Bier, Wein)	Extrakte (Tee, Brühe)	Kunstwein, Likör, gechlortes Wasser	Künstliches Mineralwasser, Branntwein

Eine zumindest zeitweise Ernährung ausschließlich mit Rohkost bzw. eine Vollwertkost mit besonders hohem Rohkostanteil stellt eine besonders intensive ernährungsmedizinische Maßnahme dar und kann ernährungsabhängige Krankheiten günstig beeinflussen (Bircher-Benner).

Die Verträglichkeit von Rohkost ist individuell sehr unterschiedlich und hängt auch mit der Konstitution zusammen.

Vegetarische Ernährung

Vegetarische Kost ist eine Nahrung ohne tierische Produkte. Bereits die Vollwertkost ist eine überwiegend bis ausschließlich vegetarische Kostform (Fleisch, Fisch und Eier sind in geringen Mengen zulässig, aber nicht notwendig). Da es zahlreiche Unterarten vegetarischer Ernährung gibt, sind Begriffsklärungen notwendig, um Mißverständnisse zu vermeiden:

- **Rein vegetarische Kost (veganische Ernährung):** völliges Fehlen tierischer Produkte
- **Lakto-vegetabile Kost:** zusätzlich Milchprodukte
- **Ovo-lakto-vegetabile Kost:** zusätzlich Ei- und Milchprodukte
- **„Pudding-Vegetarismus“:** Fehlen von Fleischprodukten, aber keine Ausrichtung der Ernährung auf Grundsätze der Vollwerternährung, daher nachteilig gegenüber einer fleischhaltigen, vollwertigen Kost.

Es gibt ethische, religiöse, ökonomische, ökologische und gesundheitliche Gründe, sich vegetarisch zu ernähren. Bei zahlreichen ernährungsabhängigen Krankheiten (z.B. Fettstoffwechselstörungen, Gicht, koronare Herzerkrankung, rheumatische Erkrankungen) ist der Nutzen vegetarischer Ernährung belegt.
Rein vegetarische Ernährung kann möglicherweise zu Mangelerscheinungen führen (Mangel an Protein, Eisen, Kalzium und Vitamin B12 sind denkbar). Bei ovo-lacto-vegetabiler Kost sind in der Regel keine Mangelerscheinungen zu befürchten.

Makrobiotik

Die makrobiotische Ernährungslehre ist Bestandteil einer Weltanschauung. Der geistige Ursprung liegt im ZEN-Buddhismus.

- Die Nahrung wird in YIN und YANG eingeteilt
- Ziel ist der ausbalancierte, harmonische Mensch
- Produkte aus kontrolliertem biologischen Anbau werden bevorzugt
- Einheimische Erzeugnisse werden bevorzugt
- Die Nahrung wird in 10 Koststufen (-3 bis 7) eingeteilt.

Während die Stufe -3 eine Mischkost (u.a. 30% tierisches Eiweiß, 30% Gemüse, 10% Getreide) darstellt, besteht die Stufe 7 zu 100% aus Getreide. Die Stufen 3 bis 7 sind aus ernährungsphysiologischer Sicht wegen der Gefahr der Entwicklung von Mangelerscheinungen (z.B. an Vitamin A, B12, C, Folsäure, Eisen, Calcium und Jod) als Dauerkost nicht geeignet.

Fasten

Beim Fasten handelt es sich um einen freiwilligen, seit Jahrtausenden als Heilverfahren bekannten Nahrungsverzicht.

Der menschliche Körper besitzt die Fähigkeit, für gewisse Zeit schadlos ohne Nahrungszufuhr zu leben. So beinhaltet unser zirkadianer Rhythmus nachts eine ca. zwölfstündige „Fastenperiode“ (im Englischen: breakfast = Fastenbrechen). Bei akuten Krankheiten (z.B. grippaler Infekt) verweigert der Kranke die Nahrung oftmals spontan. Hierdurch mögen die Menschen (bzw. schon unsere tierischen Vorfahren) die Idee freiwilligen Fastens auch erworben haben, da die Fähigkeit, Nahrungsunterbrechungen zu überstehen, einen klaren Selektionsvorteil darstellt.

Die Umschaltung des Organismus auf das Fasten erfolgt bei einer Zufuhr von < 500 – 600 kcal/die über mehrere Tage. Alle Diätformen, die diese Voraussetzung erfüllen, lassen sich somit unter das Fasten subsumieren. Es sind dies:

- **Null-Kalorien-Diäten:** Reines Wasserfasten, Null-Diät (mit Zugabe von Vitaminen und Mineralstoffen) und Teefasten (ohne Honig)
- **Fastenformen mit geringer Nahrungszufuhr:** Schleimfasten (bes. bei Magen- und Darmempfindlichen), Fasten nach Heun (mit Säften), Molkefasten und Fasten nach Buchinger (mit Säften, Gemüsebrühe und Kräutertees mit wenig Honig).

Fastenwirkungen

- In den ersten Fastentagen Umschaltung der hauptsächlichen Energiegewinnung von Kohlenhydratstoffwechsel auf Eiweiß- und später auf Fettstoffwechsel. Nach einigen Tagen wird der Energiebedarf fast ausschließlich aus Fett gedeckt. Die im Fasten stets negative Eiweißbilanz sinkt von -100 auf -15 g ab
- Bei längerem Fasten (> 14 d): Durchschnittliche tägl. Gewichtsreduktionen von ca. 350 (Frauen) bzw. 450 g (Männer) (Buchinger-Fasten). Beim 0-Kalorien-Fasten weitere Steigerung um 40 – 50 g/d möglich, subjektives Wohlbefinden jedoch meist beeinträchtigt
- Gesteigerte Natriurese u. Diurese → Na ↓, extrazell. Flüssigkeits- und Plasmavolumen ↓
- Dadurch Vor- und Nachlastsenkung, Ruhepuls u. RR ↓
- Bei Übergewichtigen: Vitalkapazität ↑
- Cholesterin, Triglyzeride und Blutzucker ↓, mäßig erhöhte Leberwerte normalisieren sich, Harnsäure ↑. Abbau von Gefäßendothelanlagerungen wird diskutiert
- Kohlenhydratstoffwechsel bei Diabetes mell. II deutlich verbessert
- Kapillar-zellulärer Stoffaustausch verbessert (Abbau der Eiweißspeicher in Basalmembranen, dadurch Diffusionsstrecke ↓)
- Statische Entlastung der Gelenke und WS
- Bei körperlichem Training während des Fastens Steigerung der körperlichen Leistungsfähigkeit möglich
- Der Fastende gewinnt durch das Fasten in der Regel an Selbstvertrauen
- Das Fasten kann ein starker Impuls für die Neuordnung eines gesünderen Lebensstils sein.

F.-X.-Mayr-Kur

Die Mayr-Kur (nach Franz-Xaver Mayr) ist ein Heilfastenverfahren, bei dem nach einigen Tagen Teefasten abgelagerte Semmeln und Milch gegeben werden. Ein sehr intensives Kauen sowie eine gründliche Darmreinigung mit Bittersalz sind wichtige Bestandteile der Kur. Hinzu kommen eine spezielle Bauchdiagnostik und -therapie mit Inspektion, Palpation und Massagegriffen. Wichtigste Indikationen sind gastrointestinale Erkrankungen, Erkrankungen des Skelettsystems, chron. Hauterkrankungen, KHK, AVK, Fettstoffwechselstörungen, Hypertonie und Übergewicht.

Schroth-Kur

Bei der Schroth-Kur (nach Johannes Schroth) handelt es sich um eine kohlenhydratbetonte und unterkalorische Kur-Diät mit ca. 500 kcal/d. Es werden Gemüsesuppen, Kurgebäck und Frischkost gegeben. Je nach Menge der Flüssigkeitszufuhr wechseln sich sogenannte Trockentage, kleine und große Trinktage (mit Kurwein, Tee oder Fruchtsaft) ab. Die Diät wird durch feucht-kalte Ganzpackungen ergänzt. Wichtigste Indikationen sind Stoffwechselerkrankungen, Herz-Kreislauf-Erkrankungen, chron. entzündliche Erkrankungen (z.B. solche des rheumatischen Formenkreises), Allergien, Hautkrankheiten.

3.4.3 Grenzen der Ernährungstherapie

Verträglichkeit

Eine Vollwertkost wird vom Menschen im allgemeinen gut vertragen. Bei einer Umstellung der Ernährungsgewohnheiten von einer jahre- oder jahrzehntelang verzehrten Zivilisationskost (ballaststoffarm, hoher Anteil an isolierten Zuckern, hoher Fleischanteil) auf eine Vollwertkost können allerdings Probleme auftreten (z.B. verstärkter Meteorismus, Diarrhoe, gelegentlich auch Obstipation). Hierfür sind Anpassungsstörungen der Darmflora, aber auch Beibehalten falscher Eßgewohnheiten (z.B. ungenügendes Kauen) verantwortlich.

Klinische Beobachtungen (Bruker) zeigen, daß Unverträglichkeit von Vollwert- oder Rohkost in der Regel rasch verschwindet, wenn auf folgende Nahrungsbestandteile völlig verzichtet wird:

- Isolierte Zucker
- Gekochtes Obst
- Alle Arten von Säften.

Schwierigkeiten können außerdem bei Menschen mit Kauproblemen (z.B. Gebißträger; Abhilfe: Gebißsanierung, pürierte Vollwert- oder Rohkost) sowie bei zu rascher Umstellung von Milchkost auf Vollwertkost bei Kleinkindern auftreten.

Grenzen der Ernährungsumstellungen

Der gesundheitliche Wert von Ernährungsumstellungen bei ernährungsabhängigen Erkrankungen auf z.B. Vollwertkost oder vegetarische Kost ist belegt. Es kann jedoch Monate bis Jahre dauern, bis sich positive Effekte einstellen – insbesondere nach jahrelanger Fehlernährung.

Neben dem Zeitfaktor ist zu bedenken, daß die richtige Ernährung nur selten als alleiniges Therapieverfahren einen ausreichenden Behandlungserfolg sicherstellen kann (z.B. ist eine Regression von Koronarstenosen durch vegetarische Ernährung nur in Verbindung mit Bewegungstherapie und Entspannungsmaßnahmen belegt). Als Basistherapie ist eine gute, gesundheitserhaltende oder -fördernde Ernährung allen kranken Menschen zu empfehlen.

Motivation der Patienten

Ernährung kann nicht wie ein Medikament verordnet werden. Durch umfassende Aufklärung über Notwendigkeit und Inhalte einer gesunden Ernährung muß beim Patienten häufig erst das Bewußtsein für die Zusammenhänge zwischen Ernährung und Gesundheit geschaffen werden. Eine weitere Patientenschulung kann optimal durch geeignete DiätassistentInnen sowie durch das selbständige Erlernen neuer Kostformen, z.B. in einer Lehrküche, erfolgen. Das Gefühl der Verantwortung für die eigene Gesundheit und Gesundung ist beim Patienten durch seine Mitarbeit zu wecken und zu stärken.

Mangelernährung bei konsumierenden Erkrankungen

Gerade bei konsumierenden Erkrankungen (z.B. Malignome) kann es durch die Krankheit selber, aber auch durch therapeutische Maßnahmen (z.B. Medikamente, Operationen, Bestrahlungen) zu Mangelzuständen an essentiellen Nährstoffen kommen, die das Fortschreiten der Erkrankung begünstigen.

Die oft geübte Praxis, einer drohenden Kachexie mit einer möglichst kalorienreichen Diät ohne Berücksichtigung des Nährstoffgehaltes zu begegnen, ist als einseitig und falsch abzulehnen. Vielmehr sollte gerade bei konsumierenden Erkrankungen eine Vollwertkost mit hohem Rohkostanteil bevorzugt werden, um eine Versorgung mit essentiellen Nährstoffen (auch solchen, die möglicherweise noch nicht als solche erkannt sind) weitestgehend sicherzustellen. Gegebenenfalls ist das Pürieren der Nahrung (z.B. bei Kau- oder Schluckbeschwerden) sinnvoll. Eine fein pürierte Nahrung kann auch über eine Magensonde zugeführt werden. Oft ist aber trotz dieser Maßnahmen die zusätzliche Zufuhr essentieller Nährstoffe auf medikamentösem Wege (Tabletten, Säfte, Injektionen, Infusionen) erforderlich.

Nebenwirkungen einseitiger Diäten

Wie oben schon angeführt, sind weder bei Vollwertkost noch bei ausgewogener ovo-lacto-vegetabiler Kost Nebenwirkungen zu erwarten - im Gegenteil ist hierbei sogar eine bessere Versorgung mit essentiellen Nährstoffen als bei üblicher Zivilisationskost zu erwarten. Lediglich bei einigen extremen Diätformen (z.B. veganische Ernährung, höhere Stufen der Makrobiotik, reine Rohkost über mehrere Monate) ist mit Mangelerscheinungen zu rechnen.

4 Phytotherapie

4.1 Allgemeines

Definition

Unter Phytotherapie im Sinne der Arzneimittelgesetzgebung (AMG §3 Abs. 2) wird die **Therapie mit Arzneimitteln** verstanden, die ausschließlich aus **Pflanzen, Pflanzenteilen, Pflanzeninhaltsstoffen** oder **deren einfachen galenischen Zubereitungen** bestehen.

Nach dieser Definition handelt es sich sowohl bei der Therapie einer Gastritis mit einem Tee aus Kamillenblüten (Pflanzenteil) als auch bei einer Analgesie eines akuten Herzinfarktes mit Tinctura Opii (Inhaltsstoff Morphium) um Phytotherapie. *R. F. Weiß* unterschied daher zwischen sog. **„mite"**-(mild) und **„forte"**-(stark) **Phytotherapeutika**. „Forte"-Phytotherapeutika enthalten Stoffe, welche als Reinsubstanzen isoliert dargestellt werden können. Mit diesen Reinsubstanzen können z.B. in Tier- oder Laborversuchen Wirkungen experimentell nachgewiesen werden. Das Wirkprinzip ist meist bekannt. **Beispiele** sind:

- Tinctura Opii aus *Papaver somniferum,* Schlafmohn (Inhaltsstoff Morphium)
- Tinctura Belladonnae aus *Atropa belladonna,* Tollkirsche (Inhaltsstoff Atropin)
- Preßsaft aus *Digitalis purpurea,* Roter Fingerhut (Inhaltsstoff Digitoxin).

Bei „mite"-Phytotherapeutika ist die für die Wirksamkeit verantwortliche Reinsubstanz oft nicht bekannt. Es handelt sich hier in vielen Fällen um einen Wirkstoffkomplex, wobei die einzelnen Komponenten in ihrer Gesamtheit den therapeutischen Effekt zustande bringen (**Beispiel:** *Valeriana officinalis,* Baldrian). Die Phytotherapie in der Naturheilkunde setzt überwiegend diese „mite"-Phythotherapeutika ein.

Verbreitung

In nennenswertem Umfang sind ca. 400 Pflanzenarten in medizinischem Gebrauch. Der Gesamtanteil von Präparaten mit pflanzlichen Inhaltsstoffen am Arzneimittelmarkt in Deutschland beträgt ca. 20 – 30% bzw. 3 – 4 Mrd. DM.

Von den insges. 126 000 Arzneimitteln auf dem deutschen Markt sind ca. 70 000 Phytotherapeutika (davon ca. 40 000 Teepräparate bzw. -mischungen, ca. 5 000 Monoextraktpräparate, die übrigen Mischungen versch. Extrakte).

Qualität

Die Qualität von Phytotherapeutika bestimmt, wie wirksam die Therapie ist. Sie wird vom Wirkstoffgehalt und der galenischen Zubereitungsform des Arzneimittels beeinflußt. Der Wirkstoffgehalt hängt u.a. von klimatischen, regionalen, Ernte- bzw. Sammelbedingungen, der Lagerung und der Weiterverarbeitung der verwendeten Pflanze ab. Um eine standardisierte Qualität zu gewährleisten, kann mit modernen analytischen Methoden ein Mindestgehalt der Hauptwirksubstanz (soweit bekannt) gewährleistet werden (**Beispiel:** Silibinin bei Präparaten aus *Carduus marianus,* Mariendistel; Hypericin bei Präparaten aus *Hypericum perforatum,* Johanniskraut).

Ist der Hauptwirkstoff nicht bekannt, bedient man sich einer sog. Leitsubstanz, die ein für die Pflanze typischer Inhaltsstoff ist und als qualitätsbestimmendes Hilfsmittel anzusehen ist. Diese Leitsubstanz ist zwar bezüglich der pharmazeutischen Qualität aussagekräftig, hat aber oft keine Beziehung zur therapeutischen Wirksamkeit.

Zubereitungsformen

An Zubereitungsformen unterscheidet man:

- **Dekokt:** Abkochung mit Wasser, meist bei harten Pflanzenteilen (z.B. Wurzeln, Rinden)

- **Elixier:** Weingeistige Tinktur mit Zusätzen (z.B. Extrakten, ätherischen Ölen)
- **Extrakt:** Konzentrierter Pflanzenauszug mit wässrigen, alkoholischen oder ätherischen Lösungsmitteln. Man unterscheidet **Fluidextrakt, Spissumexktrakt** (konzentriert) und **Trockenextrakt** (stark konzentriert)
- **Infus:** Aufguß mit kochendem Wasser, meist bei zarten Pflanzenteilen (z.B. Blüten, Blätter, Samen)
- **Liniment:** Flüssige oder feste Mischungen aus fetten Ölen und Seifen zum äußerlichen Gebrauch
- **Mazeration:** Kaltwasserauszug, meist bei schleimhaltigen Drogen sowie Baldrian
- **Paste:** Salbe, in der pulverförmige Bestandteile enthalten sind
- **Pulver:** Pulverisierte Pflanzen oder Pflanzenteile
- **Sirup:** Dickflüssige Zuckerlösung mit Wasser, Wein oder Alkohol und Drogenauszügen
- **Species (Teegemisch):** Mischung zerkleinerter oder ganzer Pflanzenteile, Zubereitung meist als Infus, je nach verwendeter Droge aber auch als Dekokt oder Mazeration; ein Teerezept sollte genaue Angaben über Bestandteile, Zubereitungsform, Dosierung und Dauer der Anwendung enthalten
- **Tinktur:** Dünnflüssiger Drogenauszug, entspricht einer länger dauernden Mazeration
- **Unguentum (Salbe):** streichfertige Zubereitung zur äußeren Anwendung; Salbengrundlagen sind z.B. Fette, Öle, Vaseline, Glycerin, Wachse oder synthetische Massen.

Daneben gibt es noch zahlreiche vom pharmazeutischen Gewerbe industriell hergestellte **Fertigpräparate** als **Dragees, Tabletten, Suppositorien, Inhalationslösungen** und **Injektionslösungen.** Viele dieser Fertigpräparate liegen als **Kombinationspräparate** mit Bestandteilen mehrerer Pflanzen, teilweise auch in Kombination mit homöopathischen Mitteln oder synthetischen Substanzen vor.

Abgrenzung zu anderen Therapierichtungen

✔ Die Phytotherapie befaßt sich mit der Charakterisierung, Isolierung und Wirkungsbeschreibung von pflanzlichen Stoffen. Im Gegensatz zu anderen Naturheilverfahren (z.B. Bewegungstherapie, Ernährung, Akupunktur) kann ein Phytotherapeutikum wie ein schulmedizinisches Arzneimittel verabreicht werden, da es pharmakologischen Dosis-Wirkungs-Beziehungen unterliegt.

Prinzipiell kann daher die Wirksamkeit in Arzneimittelstudien bestimmt werden. Gerade „milde"-Phytotherapeutika entfalten ihre Wirksamkeit aber oft erst nach längerer Zeit und in Bereichen, die sich mit objektiven Meßverfahren kaum oder gar nicht beurteilen lassen (z.B. Appetit-Stimulantien, Antidepressiva, Sedativa). Dies führte dazu, daß manche klinischen Mediziner diesen Arzneimitteln nur eine Placebo-Wirkung unterstellten. In vielen Fällen konnte jedoch durch Studien, die entsprechende subjektive Parameter ausreichend berücksichtigen, dieser Erklärungsversuch als nicht hinreichend widerlegt werden.

4.2 Bevorzugte Anwendungsgebiete

Bevorzugte Indikationsgebiete von Phytopharmaka
• Katarrhalische Atemwegserkrankungen • Magen- und Darmerkrankungen (v.a. Laxantien, Leber-, Gallemittel, Karminativa) • Erkrankungen des Herz-Kreislauf-Systems • Beschwerden des Urogenitaltraktes • Psychovegetative Störungen und Schlafstörungen

Im folgenden werden Einzelpflanzen, verwendete Pflanzenteile, Indikationen, Gegenanzeigen, Nebenwirkungen, Wechselwirkungen (soweit bekannt) und Art der Zubereitung vorgestellt. Kombinationen (z.B. Teemischungen verschiedener Pflanzen) finden aus Platzgründen keine Erwähnung und sind in entsprechenden Arzneimittellisten oder Phytotherapiebüchern nachzulesen. Zu jeder Pflanze wird – soweit möglich – beispielhaft ein Fertigpräparat angegeben.

4.2.1 Atemwegserkrankungen

Muzilaginosa

Es handelt sich um schleimhaltige Hustenmittel, die Mittel der Wahl bei akuten Entzündungen der Atemwege sind und auch bei akuten Exazerbationen einer chronischen Bronchitis eingesetzt werden können.

- ***Althaea officinalis,* Eibisch**
  Indikation: Innerlich zur Milderung des Hustenreizes, äußerlich zum Gurgeln bei Halsentzündungen
  Zubereitung: innerlich Sirup, äußerlich Abkochung von Eibischwurzel, Fertigpräparate (z.B. in Atmulen K® für Kinder)

- ***Cetraria islandica (Lichen islandicus),* Isländisch Moos**
  Indikation: Zur Reizlinderung bei Katarrhen der oberen Atemwege, akute Reizerscheinungen chronischer Bronchialkatarrhe, auch zur Tonisierung von durch die chronische Bronchitis geschwächten Patienten
  Wechselwirkungen: Die Resorption anderer, gleichzeitig eingenommener Medikamente kann verzögert werden
  Zubereitung: Teeabkochung der Flechte (Lichen), wegen des starken Bitterstoffgehaltes kann eine Kombination mit anderen Pflanzen in einer Teemischung sinnvoll sein, Fertigpräparate (z.B. in Isla-Moos Pastillen®)

- ***Plantago lanceolata,* Spitzwegerich**
  Indikation: Zur Reizlinderung bei Katarrhen der oberen Atemwege
  Zubereitung: Tee aus dem ganzen Kraut (Herba), Sirup, Pressaft (z.B. in Kneipp® Spitzwegerich Pflanzensaft)

- ***Tussilago farfara,* Huflattich**
  Indikation: Milderung des Hustenreizes.
  Nebenwirkungen: Wegen des Gehaltes an Pyrrolizidinen hepatotoxische Wirkung, kanzerogene Wirkung (Tierversuch) wird diskutiert.
  Zubereitung: Tee aus Blättern oder Blüten, nicht mehr als 5 g Droge/die über mehr als 4 Wochen im Jahr anwenden, Pressaft (z.B. in Kneipp® Huflattich Pflanzensaft).

Expectorantia

Expektorantien sind auswurffördernde Hustenmittel, die der Verflüssigung dickflüssigen Sputums dienen und das Abhusten erleichtern. Viele Expektorantien sind Saponindrogen (seifenartige Drogen), aber auch Pflanzen mit ätherischen Ölen fördern die Expektoration.

- ***Pimpinella anisum,* Anis**
  Indikation: Zur Förderung der Schleimlösung bei Katarrhen (☞ 4.2.2)
  Zubereitung: Tee aus den gequetschten Früchten, Fertigpräparate (z.B. in Aspecton®)

- ***Primula officinalis,* Primel, Schlüsselblume**
  Indikation: Katarrh der Luftwege
  Nebenwirkungen: Vereinzelt Magenbeschwerden und Übelkeit
  Zubereitung: Tee, Dekokt, Tinktur oder Extrakt aus der Wurzel (z.B. in Expektysat®)

- ***Pulmonaria officinalis,* Lungenkraut**
  Indikation: Erkrankungen der Atmungsorgane
  Zubereitung: verwendet wird das Kraut. Lungenkraut ist Bestandteil vieler Hustentees und -tropfen, keine alleinige Verwendung (z.B. in Atmulen K® für Kinder)

- ***Saponaria officinalis,* Seifenkraut**
  Indikation: Katarrh der Luftwege
  Zubereitung: Teeabkochung der zerkleinerten Wurzel, Fertigpräparate (z.B. in Hanopect®).

Krampflösende Hustenmittel

- ***Drosera rotundifolia,* Sonnentau**
  Indikation: Krampf- und Reizhusten
  Zubereitung: Tee aus Kraut, Extrakt (z.B. in Thymipin®)

- ***Hedera helix,* Efeu**
  Indikation: Katarrh der Luftwege, Keuchhusten
  Zubereitung: Nicht zur Bereitung eines Tees geeignet, Extrakt aus Blättern (z.B. in Prospan®).

- ***Thymus vulgaris,* Echter Thymian**
  Indikation: Katarrh der oberen Luftwege, Keuchhusten
  Nebenwirkungen: Bei innerer Anwendung in

hohen Dosen gelegentlich Leibschmerzen, Kollaps
Zubereitung: Tee aus dem Kraut, Thymianöl, Sirup (z.B. in Bronchicum®).

Äußerliche Anwendung von Hustenmitteln

Für Inhalationen und Brustsalben werden überwiegend **ätherische Öle von Latschenkiefer, Eukalyptus, Pfefferminze, Thymian und Rosmarin** verwendet.

Gegenanzeigen: Wegen Gefahr des reflektorischen Atemstillstands nicht im Gesicht und Halsbereich von Säuglingen und Kleinkindern verwenden!

4.2.2 Magen- und Darmerkrankungen

Amara

Amara sind Bitterstoffe mit tonisierender und appetitanregender Wirkung.

- ***Centaurium minus,* Tausendgüldenkraut**
  Indikation: Appetitlosigkeit
  Zubereitung: Tee, Fertigpräparate (z.B. in Kneipp® Magentrost)

- ***Gentiana lutea,* Enzian**
  Indikation: Zur Anregung der Speichel- und Magensaftsekretion, bei Völlegefühl und Blähungen, zur Tonisierung
  Gegenanzeigen: Magen- und Darmgeschwüre
  Nebenwirkungen: Kopfschmerzen
  Zubereitung: Dekokt aus Wurzel, Extrakt, Tinktur (z.B. in Sedovent®).

Amara aromatica

Amara aromatica sind Bitterstoffdrogen, die neben Bitterstoffen auch ätherische Öle enthalten und damit über die tonisierende Wirkung der Amara hinaus auch spasmolytisch, karminativ oder choleretisch wirken.

- ***Acorus calmus,* Kalmus**
  Indikation: *Innerlich:* Appetitlosigkeit. *Äußerlich:* Zur Erfrischung bei Überlastungsbeschwerden
  Gegenanzeigen: Magen-Darm-Geschwüre (nur bei innerlicher Anwendung)
  Zubereitung: Tee aus dem Rhizom (Wurzelstock), Extrakt, Tinktur (z.B. in Carvomin-Tropfen®), bei äußerlicher Anwendung Kalmusspiritus

- ***Angelica archangelica,* Angelika, Engelwurz**
  Indikation: Appetitlosigkeit, leichte Magen-Darm-Krämpfe, Völlegefühl, Blähungen
  Gegenanzeigen: Magen-Darm-Geschwüre
  Nebenwirkungen: Photosensibilisierung
  Zubereitung: Tee oder Dekokt aus Wurzel, Tinktur (z.B. Carvomin®)

- ***Artemisia absinthium,* Wermut** (☞ 4.2.2 Cholagoga).

Karminativa

Als Karminativa bezeichnet man pflanzliche Zubereitungen zur Therapie des Meteorismus.

- ***Carum carvi,* Kümmel**
- ***Foeniculum vulgare,* Fenchel**
- ***Pimipinella anisum,* Anis**
  Indikation: Völlegefühl, Blähungen, leichte Magen-Darm-Krämpfe, Verdauungsbeschwerden bei Säuglingen
  Zubereitung: Tee aus zerstoßenen Früchten, Öl (verdünnt auch zur äußeren Anwendung), Fertigpräparate (z.B. Carminativum Hetterich®).

Digestiva

Digestiva sind verdauungsfördernde pflanzliche Zubereitungen. In Frage kommen – je nach Symptomatik bzw. beabsichtigter Wirkung – Amara, Amara aromatica und Karminativa.

Laxantien

(☞ auch GK Klinische Pharmakologie 14.7)

Laxantien wirken direkt auf den Darm stimulierend, u.a. durch aktive Sekretion und Hemmung der Resorption von Elektrolyten und Wasser.

- ***Senna,* Sennespflanze**
  Indikation: Obstipation, Krankheiten, bei denen ein weicher Stuhl erwünscht ist (z.B. Analfissur), zur Vorbereitung diagnostischer Eingriffe (z.B. Koloskopie)
  Nebenwirkungen: Kolik, Melanosis coli, Elektrolytverluste, Albuminurie, Hämaturie
  Gegenanzeigen: Ileus, Stillzeit

Wechselwirkungen: Verstärkter Kaliumverlust bei gleichzeitiger Anwendung von Diuretika, Kortikoiden, verstärkte Digitaliswirkung durch Kaliummangel
Zubereitung: Tee aus Blättern oder Schoten, Sirup, Fertigpräparate (z.B. in Agiolax®)

- ***Rhamnus frangula,* Faulbaum**
  Indikation, Nebenwirkungen, Gegenanzeigen, Wechselwirkungen: ☞ Senna
  Zubereitung: Tee aus Rinde, Dekokt, Fertigpräparate (z.B. in Laxherba® N)

- ***Rheum,* Rhabarber**
  Indikation, Nebenwirkungen, Gegenanzeigen, Wechselwirkungen: ☞ Senna
  Zubereitung: Extrakt, Tinktur, Sirup, Fertigpräparate (z.B. in Hanolax®).

Keine Laxantien im eigentlichen Sinne, aber mit zuverlässiger, wenn auch nicht so schneller Wirkung, sind ballaststoffhaltige Pflanzen, die nur über den mechanischen Reiz durch vermehrtes Stuhlvolumen wirken, wie

- ***Semen Lini,* Leinsamen** (z.B. in Linusit®)
- ***Semen Psyllii,* Flohsamen** (z.B. in Agiocur®)
  Gegenanzeigen: Ileus.

Antidiarrhoika

(☞ auch GK Klinische Pharmakologie Kap. 14.6)

- ***Potentilla tormentilla,* Tormentillwurz, Blutwurz**
  Indikation: *Innerlich:* Diarrhoe. *Äußerlich:* Gingivitis, Stomatitis
  Nebenwirkungen: Selten Magenbeschwerden
  Zubereitung: Tee aus dem Rhizom, Tinktur, Extrakt, zur äußerlichen Anwendung spülen oder gurgeln, Fertigpräparate (z.B. in Cefadiarrhon®)

- ***Vaccinium myrtillus,* Heidelbeere**
  Indikation: Diarrhoe
  Zubereitung: getrocknete Früchte, Saft.

Gastritis, Ulkus

- ***Matricaria chamomillae,* Kamille**
  Indikation: *Innerlich:* Entzündliche Erkrankungen des Magen-Darm-Traktes. *Äußerlich:* Haut- und Schleimhautentzündungen
  Zubereitung: Tee aus Blüten, innerlich als Rollkur (eine große Tasse starken Tee einnehmen, dann je 5 – 10 Minuten auf Rücken, linker Seite, rechter Seite und Bauch liegen), äußerlich für Umschläge und Spülungen, Fertigpräparate (z.B in Kamillosan® Lösung)

- ***Glycyrrhiza glabra,* Lakritze**
  Indikation: Gastritis, Ulkus
  Nebenwirkungen: Natrium- und Wasserretention, Hypokaliämie, Ödemneigung, Bluthochdruck
  Gegenanzeigen: Hypokaliämie, Hypertonie, Leberzirrhose, Cholestase
  Zubereitung: Extrakt, Lakritzstangen, Fertigpräparate (z.B. in Ulgastrin® neu)
  Cave: Nicht länger als 6 Wochen anwenden!

Cholagoga und Choleretika

Cholagoga bewirken eine Steigerung der Galleproduktion, **Choleretika** bewirken einen besseren Abfluß der produzierten Galle. Eine scharfe Trennung ist nicht möglich, da viele choletrope Pflanzen beide Effekte in unterschiedlicher Ausprägung besitzen.

- ***Achillea millefolium,* Schafgarbe**
  Indikation: Dyspeptische Beschwerden, Appetitanregung
  Gegenanzeigen: Überempfindlichkeit gegenüber Korbblütlern
  Zubereitung: Tee aus Kraut, Fertigpräparate (z.B. in Kneipp® Schafgarbe Pflanzensaft)

- ***Artemisia absinthium,* Wermut**
  Indikation: Anregung von Gallefluß, Appetitanregung, Steigerung der Magensaftproduktion
  Gegenanzeigen: Magen-Darm-Geschwüre
  Nebenwirkungen: In hohen Dosen Erbrechen, Durchfälle, Harnverhalt
  Zubereitung: Tee aus Kraut, Tinktur, Extrakt, Fertigpräparate (z.B. in Gastricholan®-N)

- ***Chelidonium majus,* Schöllkraut**
  Indikation: Krämpfe im Gallen- und Magenbereich, Anregung von Gallefluß
  Zubereitung: Tee aus Kraut, Tinktur (z.B. in Panchelidon®)

- ***Curcuma longa,* Gelbwurz**
  Indikation: Dyspeptische Beschwerden, Anregung von Gallefluß und -produktion
  Gegenanzeigen: Verschluß der Gallenwege
  Zubereitung: Infus, Pulver aus dem Rhizom (z.B. in Choleodoron®)
- ***Cynara scolymus,* Artischocke**
  Indikation: Dyspeptische Beschwerden, Hypercholesterinämie, Anregung von Gallefluß und -produktion
  Gegenanzeigen: Verschluß der Gallenwege, Gallensteine
  Zubereitung: Tee aus Kraut, Extrakt (z.B. in Cynarix®)
- ***Silybum marianum (Carduus marianus),* Mariendistel** (☞ 4.2.2 Lebertherapeutika).

Lebertherapeutika

Das bewährteste und am besten untersuchte Mittel (wird als Reinsubstanz *Silybinin* selbst in der Notfallmedizin verwendet, z.B. bei Knollenblätterpilzvergiftung) ist:

- ***Silybum marianum (Carduus marianus),* Mariendistel**
  Indikation: Toxische Leberschäden, chronisch-entzündliche Lebererkrankungen, Leberzirrhose, leichte Verdauungsbeschwerden
  Zubereitung: Tee aus Früchten, Extrakt (z.B. in Legalon®)

4.2.3 Herz- und Gefäßsystem

(☞ auch GK Klinische Pharmakologie Kap. 3.2)

Digitaloide

Digitaloide unterscheiden sich im Wirkungsprinzip qualitativ nicht von den klassischen Herzmitteln Digitalis und Strophantin, sind jedoch schwächer wirksam. Neben- und Wechselwirkungen sind daher weitgehend identisch.

- ***Adonis vernalis,* Adonisröschen** (z.B. in Miroton®)
- ***Convallaria majalis,* Maiglöckchen** (z.B. in Convacard®)
- ***Scilla maritima,* Meerzwiebel** (z.B. in Clift®)
  Indikation: leichte bis mittelschwere Herzinsuffizienz
  Nebenwirkungen: Magenbeschwerden, Diarrhoe, Erbrechen, Übelkeit, Herzrhythmusstörungen
  Gegenanzeigen: Therapie mit Digitalis
  Wechselwirkungen: Saluretika, Laxantien, Kortikoide, Chinidin, Kalzium (i.v.)
  Zubereitung: Tinktur, wegen besserer Standardisierung und Dosierung sind industrielle Fertigpräparate zu bevorzugen.

Hypertonie

Phytotherapeutika sind bei milder Hypertonie indiziert. Deutlich erhöhte Blutdruckwerte oder Blutdruckkrisen bedürfen der üblichen synthetischen Arzneimittel.

- ***Crataegus oxyacantha,* Weißdorn** (☞ 4.2.3 Arteriosklerose)
- ***Rauwolfia serpentina,* Schlangenwurz**
  Indikation: Essentielle Hypertonie
  Nebenwirkungen: Verstopfte Nase, depressive Verstimmung, Müdigkeit, Potenzstörungen
  Gegenanzeigen: Depression, Magen-Darm-Geschwüre, Phäochromozytom, Schwangerschaft, Stillzeit
  Wechselwirkungen: Digitalis (Bradykardie), Neuroleptika (Wirkungsverstärkung), Barbiturate (Wirkungsverstärkung), Levodopa (Wirkungsverminderung)
  Zubereitung: Extrakt, Fertigpräparate (z.B. in Rivadescin®).

Arteriosklerose

- ***Allium sativum,* Knoblauch**
  Indikation: prophylaktisch über eine Senkung der Lipide, Thrombozytenaggregationshemmung und Steigerung der fibrinolytischen Aktivität
  Nebenwirkungen: Geruchsbelästigung, selten Magen-Darm-Beschwerden
  Zubereitung: Frische Zehen, Tinktur, Frischsaft, Fertigpräparate (z.B. in Knoblauch-Pflanzensaft Kneipp®)
- ***Crataegus oxyacantha,* Weißdorn**
  Indikation: Leichte Herzinsuffizienz, leichte Hypertonie, Angina pectoris, bradykarde Herzrhythmusstörungen

Zubereitung: Tee aus Blättern und Blüten, Tinktur, Extrakt (z.B. in Crataegutt®)

- ***Ginkgo biloba,* Ginkgobaum**
Indikation: Periphere und zerebrale Durchblutungsstörungen, diabetische Angiopathie, variköser Symptomenkomplex (z.B. Varikosis, Ulcus cruris)
Nebenwirkungen: Sehr selten leichte Magen-Darm-Beschwerden, Kopfschmerzen
Zubereitung: Tinktur, Extrakt (z.B. in Tebonin®).

Erkrankungen des Venensystems

- ***Aesculus hippocastanum,* Roßkastanie**
Indikation: Varikosis, venöse Ödeme, postthrombotisches Syndrom, Ulcus cruris
Nebenwirkungen: Selten Magen-Darm-Beschwerden
Zubereitung: Keine Teezubereitung, Fertigpräparate aus dem Samen (z.B. in Venostasin®)

- ***Melilotus officinalis,* Steinklee**
Indikation: ☞ Roßkastanie
Nebenwirkungen: Selten Kopfschmerzen
Zubereitung: Tee aus Kraut, Fertigpräparate (z.B. in Venalot®)

- ***Ruta graveolens,* Raute**
Indikation: ☞ Roßkastanie
Nebenwirkungen: Kontaktdermatitis, Photosensibilisierung, Schlafstörungen
Gegenanzeigen: Schwangerschaft, Photodermatosen, Kontaktallergie gegen Raute
Zubereitung: Tee aus Kraut, Fertigpräparate (z.B. in Rutinion®).

4.2.4 Niere und ableitende Harnwege

Pflanzliche Diuretika können bei Harnwegsinfekten und leichten nicht-kardialen Ödemen eingesetzt werden. Bei kardialen Indikationen und in der Notfalltherapie sollten synthetische Präparate verwendet werden.

Diuretika

- ***Equisetum arvense,* Ackerschachtelhalm**
Indikation: Diuretikum bei Entzündungen der Harnwege
Gegenanzeigen: Ödeme durch Herz- oder Niereninsuffizienz
Zubereitung: Tee aus Kraut, Dekokt, Mazerat, Fertigpräparate (z.B. in Solidagoren®)

- ***Juniperus communis,* Wacholder**
Indikation: Diuretikum, Harndesinfiziens, Verdauungsbeschwerden
Nebenwirkungen: Bei langer Anwendung oder hoher Dosierung Nierenschäden
Gegenanzeigen: Schwangerschaft, Nierenentzündungen
Zubereitung: Tee aus Beeren, Wacholderöl (z.B. in Wacholder-Kapseln Roleca®)

- ***Ononis spinosa,* Hauhechel**
Indikation: Diuretikum bei Entzündungen der Harnwege
Zubereitung: Tee aus Wurzel, Fertigpräparate (z.B. in nephro-loges®)

- ***Solidago virgaurea,* Goldrute**
Indikation: Diuretikum bei Entzündungen der Harnwege
Gegenanzeigen: Chronische Nierenerkrankungen, Ödeme durch Herz- oder Niereninsuffizienz
Zubereitung: Tee aus Kraut, Pulver (z.B. in Solidagoren®).

Harndesinfizientien

- ***Arctostaphylos uva-ursi,* Bärentraube**
Indikation: Adjuvante Therapie bei Entzündungen der Harnwege
Nebenwirkungen: Bei Magenempfindlichen und Kindern Übelkeit und Erbrechen, bei hoher Dosierung Leberschäden möglich
Wechselwirkungen: Ausreichende Wirkung nur bei alkalischem Harn
Zubereitung: Tee aus Blättern, Extrakt (z.B. in Uvalysat®)

- ***Herniaria glabra,* Bruchkraut**
Indikation: Adjuvante Therapie bei Entzündungen der Harnwege

Zubereitung: Tee aus Kraut, Fertigpräparate (z.B. in Herniol®)

- ***Juniperus communis*, Wacholder** (☞ 4.2.4 Diuretika).

4.2.5 Benigne Prostatahyperplasie

Phytotherapeutika wirken weniger über eine Abnahme der Prostatagröße als über eine Verbesserung der funktionellen Verhältnisse. Da eine Operation nicht immer verhindert werden kann, sollte der günstigste Zeitpunkt für diese nicht verpaßt werden.

- ***Cucurbita pepo*, Kürbis**
  Indikation: Miktionsbeschwerden
  Zubereitung: Getrocknete Samen (z.B in Kürbis Granufink Granulat®)

- ***Populus tremula*, Zitterpappel**
  Indikation: Prostatahyperplasie, Prostatitis
  Zubereitung: Extrakt (z.B in Prostamed®)

- ***Sabal serrulata*, Sägepalme**
  Indikation: Miktionsbeschwerden
  Nebenwirkungen: Selten Magenbeschwerden
  Zubereitung: Tee aus Früchten, Extrakt (z.B. in Remigeron®)

- ***Urtica dioica*, Brennessel**
  Indikation: Prostatahyperplasie, Diuretikum, zur Stoffwechselaktivierung
  Zubereitung: Tee aus Kraut und Wurzel, Pulver (z.B. in Bazoton®).

4.2.6 Erkrankungen des Endokriniums

Die angebenen Phytotherapeutika können bei leichteren Funktionsstörungen eingesetzt werden. Massive Erkrankungen (z.B. thyreotoxische Krise) sollten nicht mit Phytotherapeutika behandelt werden.

Hyperthyreose

- ***Lycopus virginicus*, Wolfstrapp**
  Indikation: Hyperthyreose, thyreogene Funktionsstörungen
  Zubereitung: Extrakt aus Kraut (z.B. in Thyreogutt®).

Gynäkologische endokrine Störungen

- ***Cimicifuga racemosa*, Wanzenkraut**
  Indikation: Prämenstruelles Syndrom, Dysmenorrhoe, klimakterische Beschwerden
  Zubereitung: Extrakt aus dem Rhizom (z.B. in Feminon®)

- ***Vitex agnus castus*, Mönchspfeffer, Keuschlamm**
  Indikation: Gelbkörpermangel, Menstruationsstörungen, Mastodynie, prämenstruelles Syndrom, ungenügende Menge an Muttermilch, klimakterische Beschwerden
  Nebenwirkungen: Veränderung der Zyklusdauer möglich, selten Exantheme
  Zubereitung: Extrakt aus Früchten (z.B. in Agnolyt®).

4.2.7 Immunsystem

Immunsteigernde Wirkungen durch Echinacea sind inzwischen gut belegt. Bei schweren Infektionen (z.B. Pneumonie) sollten pflanzliche Immunstimulantien adjuvant eingesetzt werden.

- ***Echinacea purpurea*, Roter Sonnenhut**
- ***Echinacea angustifolia*, Schmalblättriger Sonnenhut**
  Indikation: *Innerlich:* Adjuvante Therapie von Infekten, Immunstimulans. *Äußerlich:* Wundheilungsstörungen
  Nebenwirkungen: Dosisabhängig Schüttelfrost, kurzfristige Fieberreaktion, selten Übelkeit und Erbrechen
  Gegenanzeigen: Tuberkulose, Leukosen, Kollagenosen, multiple Sklerose, Allergie gegen Korbblütler, Schwangerschaft (nur bei Injektion)
  Zubereitung: Tee aus Wurzeln und Kraut, Extrakt, Preßsaft (z.B. in Echinacin®)

- ***Eleutherococcus senticosus*, Eleutherokokk**
  Indikation: Erhaltung und Aktivierung der körpereigenen Abwehr, zur Stärkung bei außergewöhnlichen seelischen, geistigen oder körperlichen Belastungen

Zubereitung: Extrakt aus Wurzeln (z.B. in Eleu-Kokk®).

4.2.8 Erkrankungen des Nervensystems

Gute Wirkung von Phytotherapeutika bei leichten Unruhezuständen, Schlafstörungen oder Depressionen, keine Abhängigkeitsgefahr.

Sedativa

- ***Humulus lupulus,* Hopfen**
  Indikation: Schlafstörungen, Unruhe- und Angstzustände, nervöse Magenbeschwerden
  Zubereitung: Tee aus Zapfen (meist in Teegemischen), Extrakt, Pulver (z.B. in Euvegal®)

- ***Melissa officinalis,* Melisse**
  Indikation: Nervöse Einschlafstörungen, nervöse Magen-Darm-Beschwerden
  Zubereitung: Tee aus Blättern, Melissenwasser, Melissengeist (Spiritus) (z.B. in Klosterfrau Melissengeist®)

- ***Valeriana officinalis,* Baldrian**
  Indikation: Einschlafstörungen, nervöse Erregungszustände
  Zubereitung: Tee aus Wurzel, Mazerat, Tinktur, ätherische Tinktur, Extrakt (z.B. in Baldrisedon®).

Antidepressiva

- ***Hypericum perforatum,* Johanniskraut**
  Indikation: Depressive Verstimmung, Angst oder Unruhe
  Nebenwirkungen (sehr selten): Photosensibilisierung mit irreversiblen Hyperpigmentierungen
  Zubereitung: Tee aus Kraut, Extrakt, Öl (z.B. in Hyperforat®)
  Cave: Wirkung setzt oft erst nach zwei Wochen ein!

Anxiolytika

- ***Piper methysticum,* Kava-Kava, Rauschpfeffer**
  Indikation: Nervöse Angst-, Spannungs- und Erregungszustände
  Gegenanzeigen: Schwangerschaft, Stillzeit, endogene Depression
  Nebenwirkungen: Bei langer Einnahme Gelbfärbung von Haut und Hautanhangsgebilden möglich, selten Akkomodationsstörungen, Pupillenerweiterungen
  Zubereitung: Trockenextrakt aus dem Rhizom (z.B. in Kavosporal®).

4.2.9 Hauterkrankungen

Wundheilungsstörungen

- ***Calendula officinalis,* Ringelblume**
  Indikation: Förderung der Wundheilung, Entzündungshemmung
  Zubereitung: Feuchte Umschläge mit Dekokt aus Blüten, Salbe (z.B. in Calendumed® Salbe)

- ***Echinacea purpurea,* Roter Sonnenhut**
- ***Echinacea angustifolia,* Schmalblättriger Sonnenhut**
  Indikation: Wundheilungsstörungen, Insekten- und Schlangenbisse
  Zubereitung: Salbe mit Frischpflanzenextrakt (z.B. in Echinacin® Salbe)

- ***Hamamelis virginica,* Hamamelis, Virginische Zaubernuß**
  Indikation: Wundbehandlung, lokale Entzündungen, Hämorrhoiden
  Zubereitung: Feuchte Umschläge mit Extrakt aus Blättern und Rinde, Salbe mit Extrakt (z.B. in Hametum® Salbe)

- ***Matricaria chamomillae,* Echte Kamille**
  Indikation: Haut- und Schleimhautentzündungen, entzündliche Erkrankungen der oberen Luftwege
  Zubereitung: Feuchte Umschläge oder Spülungen mit frischem, abgekühltem Tee aus Blüten, Dampfbäder (Inhalationen), (z.B. in Kamillosan® Salbe, Rekomill Kamillen-Konzentrat Liquidum®).

Ekzeme

- ***Betula pendula,* Birke**
  Indikation: Chronisches, trockenes Ekzem
  Gegenanzeigen: Nässende Dermatose, langdauernde, großflächige Anwendung, großflächige Anwendung bei Nierenfunktionsstörung
  Nebenwirkungen: Nierenschäden, Photosensi-

bilisierung
Zubereitung: Teer (Pix Betulina, auch Teer anderer Hölzer wird verwendet) in steigender Konzentration auf betroffene Haut auftragen, Anwendungshinweise beachten!

- ***Quercus,* Eiche**
  Indikation: Nässendes Ekzem, Zahnfleischentzündungen, Analfissuren
  Gegenanzeigen: Großflächige Hautschäden
  Zubereitung: Feuchte Umschläge, Spülungen oder Sitzbäder mit Dekokt aus Rinde (z.B. in Silvapin® Eichenrinden-Extrakt)

- ***Viola tricolor,* Stiefmütterchen**
  Indikation: Leichte seborrhoische Hauterkrankungen, Milchschorf
  Zubereitung: Tee aus Kraut, Pulver (z.B. Dolexaderm® S Salbe).

Nebenwirkung aller genannten pflanzlichen Externa: Kontaktsensibilisierung, besonders bei Anwendung auf offenen Ulzera.

4.2.10 Stumpfe Traumen

- ***Aesculus hippocastanum,* Roßkastanie**
  Indikation: Posttraumatische oder postoperative Weichteilschwellungen, venöse Abflußstörung
  Nebenwirkungen: Bei innerlicher Anwendung selten Magen-Darm-Beschwerden
  Zubereitung: Extrakt aus Samen, innerliche und äußerliche Anwendung möglich (z.B. in Venostasin®, Essaven® Gel)

- ***Arnica montana,* Arnika, Bergwohlverleih**
  Indikation: Zerrungen, Prellungen, Verstauchungen, Hämatome
  Gegenanzeigen: Allergie gegen Korbblütler
  Zubereitung: Feuchte Umschläge mit verdünnter Tinktur aus Blüten

- ***Symphytum officinale,* Beinwell, Wallwurz**
  Indikation: Zerrungen, Prellungen, Verstauchungen, Knochenverletzungen
  Zubereitung: Extrakt aus Wurzeln, nur äußerliche Anwendung (z.B. in Kytta Salbe®).

4.2.11 Stütz- und Bewegungsapparat

- ***Capsicum annuum,* Spanischer Pfeffer**
  Indikation: Muskel-, Gelenk- und Nervenschmerzen, lokale Rheumatherapie, stumpfe Traumen
  Nebenwirkungen: Juckreiz, pustulöse Hautveränderungen
  Zubereitung: Fertigpräparate (z.B. in Nicodan® Salbe)
  Cave: Nicht mit Schleimhäuten und Augen in Verbindung bringen!

- ***Rosmarinus officinalis,* Rosmarin**
  Indikation: Frostschäden, posttraumatische Schwellung, rheumatische Affektionen
  Nebenwirkungen: Kontaktekzem
  Gegenanzeigen: Geschädigte Haut, Überempfindlichkeit gegen ätherische Öle, bei Säuglingen und Kleinkindern nicht im Gesicht anzuwenden
  Zubereitung: Öl (z.B. in Dracodermalin® Salbe).

4.3 Unerwünschte Wirkungen

Pflanzen und daraus hergestellte Arzneimittel sollten eine hohe **Qualität** aufweisen. Neben einem ausreichenden Wirkstoffgehalt, der möglichst standardisiert sein sollte (☞ 4.1), ist auf eine möglichst geringe Schadstoffbelastung zu achten. Die galenische Zubereitung sollte eine gute Verträglichkeit sowie eine ausreichende Bioverfügbarkeit gewährleisten.

Wie bei jedem therapeutisch wirksamen Arzneimittel können auch bei Phytotherapeutika **Nebenwirkungen** auftreten. Grundsätzlich kann es bei allen Phytotherapeutika zu allergischen Reaktionen aufgrund der enthaltenen Pflanzen kommen.

Die Nebenwirkungen der eingesetzten stark wirksamen „forte"-Phytotherapeutika sind bekannt und werden im Rahmen des pharmakologischen Stoffgebietes vermittelt (☞ GK Klinische Pharmakologie, z.B. Kolchizin aus *Colchicum autumnale,* Herbstzeitlose, zur Therapie des akuten Gichtanfalles). Die milder wirkenden „mite"-Phytotherapeutika zeichnen sich durch eine große therapeutische Breite aus. Akute Vergiftungen sind daher selbst bei Überdosierungen kaum zu erwarten. Bei bestimmungsgemäßem Gebrauch sind Nebenwirkungen selten oder meist harmloser Natur. Bei langem Gebrauch können aber auch diese Mittel mitunter sogar vital bedrohliche Nebenwirkungen (z.B. Laxantien) hervorrufen.

Beispiele:

- **Johanniskraut:** Photosensibilisierung
- **Pflanzliche (anthrachinonhaltige) Laxantien:** Elektrolytstörungen bei Dauergebrauch (Gefahr von Herzrhythmusstörungen bis zum Kammerflimmern!)
- **Rauwolfiapräparate:** Verstopfte Nase, Müdigkeit, depressive Verstimmung, Potenzstörung (enthält Reserpin)
- **Roher Kartoffelsaft:** Wegen Solaningehalt atropinartige Nebenwirkungen, z.B. Sehstörungen
- **Süßholzsaft:** Bradykardie, Ödeme, Blutdruckerhöhung (enthält Glycirrhizinsäure)
- **Wacholderbeeren:** Nierenreizung (enthält nephrotoxische Öle).

Aus den Nebenwirkungen ergeben sich bereits die meisten **Gegenanzeigen.**

Daneben gibt es aber auch noch andere **Kontraindikationen:**

- **Digitaloide** (z.B. Adonis, Meerzwiebel): Therapie mit Digitalis, Hypokaliämie
- **Enzianwurzel:** Magen-Darm-Ulzera
- **Petersilie** (in hoher Dosierung): Entzündliche Nierenerkrankung, Schwangerschaft
- **Pflanzliche Laxantien:** Schwangerschaft (hier nur Aloe), Ileus
- **Rauwolfiapräparate:** Depression, Magen-Darm-Ulzera, Phäochromozytom
- **Weidenrinde:** Hämorrhagische Diathese, Magen-Darm-Ulzera.

Phytotherapeutika können in **Wechselwirkung** mit vielen anderen Pharmaka treten:

- **Digitaloide:** Saluretika, Laxantien, Kortikoide, Chinidin
- **Pflanzliche (anthrachinonhaltige) Laxantien:** Digitalis, Diuretika, Kortikoide
- **Rauwolfiapräparate:** Digitalis, Neuroleptika, Barbiturate, Levodopa
- **Süßholzwurzel:** Saluretika, Digitalis
- **Weidenrinde:** Antikoagulantien, Kortikoide, nichtsteroidale Antirheumatika (enthält Salizylat).

Wegen des Alkoholgehalts sollten bestimmte Zubereitungen (z.B. Tinkturen, Alkohol-Extrakte) bei Kindern und Alkoholikern bermieden und auf alkoholfreie Zubereitung (z.B. Pulver, Tees) zurückgegriffen werden.

Der verantwortungsvoll mit Phytotherapeutika behandelnde Arzt muß die Gegenanzeigen der von ihm eingesetzten Mittel genau kennen. Bei Beschwerden unter der Behandlung sollte er gewissenhaft prüfen, ob gegebenenfalls Nebenwirkungen oder Wechselwirkungen mit anderen Medikamenten als Ursache in Frage kommen. Unter diesen Voraussetzungen sind die Risiken einer Behandlung mit Phytotherapeutika als sehr gering zu bezeichnen.

5 Weitere Verfahren

5.1 Konstitutionsmedizin

Konstitution ist die körperliche und seelische Verfassung eines Menschen. Sie umfaßt angeborene wie auch erworbene Merkmale und ist eine Basis für sein Verhalten und seine Empfindungen, für seine Neigung zu bestimmten Erkrankungen wie auch für seine Reaktionen auf eine Therapie.

Die vermehrte Neigung zu einer bestimmten Erkrankung wird *Diathese* genannt.

Zu allen Zeiten haben Mediziner und Anthropologen versucht, aus bestimmten vorhandenen physiologischen Merkmalen eines Menschen Aussagen über sein Verhalten und seine Erkrankungen zu treffen. Auch in vielen Bereichen der heutigen Medizin gehen in die Diagnostik und Therapieplanung – häufig unbewußt – auch Merkmale der Konstitution des Patienten ein. Besonders ist man jedoch in der Naturheilkunde mit ihrem ganzheitlichen, sehr individuellen Konzept auf die Erfassung konstitutioneller Merkmale des Patienten angewiesen.

Versuche zur Gruppierung von Menschen nach konstitutionellen Merkmalen nahmen u.a. **Kretschmer, Aschner und Sheldon** vor. Sie fanden auf verschiedenen Beobachtungsebenen statt, zu denen gehören:

- Allgemeine Merkmale
  - Geschlecht
  - Alter
- Morphologische Merkmale
  - Dimension und Proportion
  - Komplexion
- Humorale Ebene
- Neural-vegetative Ebene
- Psychische Ebene.

Allgemeine Merkmale

Geschlecht

In der ganzheitlichen Medizin genügt es nicht, zu wissen, daß der Patient männlich oder die Patientin weiblich ist. Bei jedem Menschen sind stets Züge beider Geschlechter ausgeprägt. In der traditionellen chinesischen Medizin werden die männlichen bzw. weiblichen Polaritäten als Yang und Yin bezeichnet. Typische Eigenschaften des Yang sind z.B.: männlich, aktiv, zentripetal, hart, heiß, gebend; typische Eigenschaften des Yin: weiblich, passiv, zentrifugal, weich, kalt, nehmend. Diese Zweiteilung ist nur plausibel, wenn man bedenkt, daß jeder Mensch in verschiedener Stärke Elemente beider Polaritäten in sich trägt, ob in seinem Aussehen, seinem Gefühl oder seinem Verhalten.

Alter

Mit zunehmendem Alter bilden sich nach aller Erfahrung besondere Erkrankungsneigungen aus, z.B. eine verminderte Infektresistenz. Humoralpathologisch erkennt man auch eine vermehrte Dyskrasie (☞ 1.4). Die Reaktionen des älteren Körpers auf Reize schwächen sich ab, Medikamente werden z.T. schlechter metabolisiert und wirken damit stärker, z.T. schwächt sich ihre Wirkung auch ab.

Morphologische Merkmale

Dimension und Proportion

Kretschmer (1888 – 1964) hat dazu grundlegende Arbeiten publiziert und eine Unterteilung vorgenommen in:

- **Leptosom-asthenisch:** Große Höhen-, wenig Breiten- und Tiefenausdehnung, Feingliedrigkeit. Schizothym-introvertiert, Neigung zur Schizophrenie

- **Normosom-muskulär-athletisch:** Große Höhen-, Breiten- und Tiefenausdehnung, normal- bis grobgliedrig
- **Eurysom-pyknisch:** Große Breiten- und Tiefen-, geringe Höhenausdehnung, grobgliedrig. Zyklothym-extravertiert, Neigung zur manisch-depressiven Psychose.

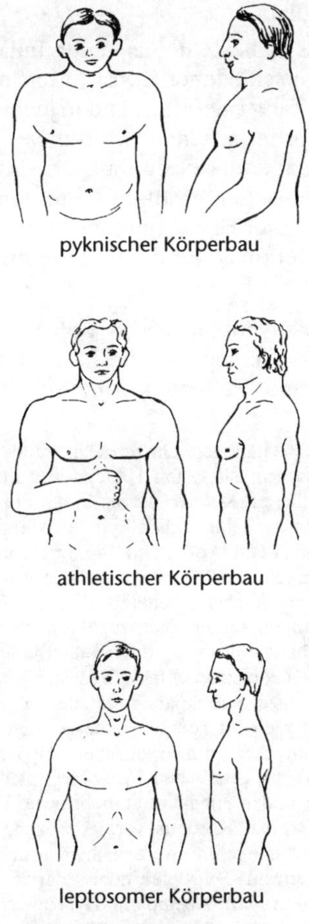

Abb. 5.1: Konstitutionstypen nach Kretschmer

Diesen Typen werden folgende somatische Erkrankungen zugeordnet:

Tabelle 5.1:

Typ	Vorherrschende Erkrankungen
Leptosom-asthenisch	**Ektoblastischer Typ:** Dominanz und vermehrt Erkrankungen von Nerven und Haut
Normosom-muskulär-athletisch	**Mesoblastischer Typ:** Dominanz und vermehrt Erkrankungen von Muskulatur, Herz und Kreislauf
Eurysom-pyknisch	**Endoblastischer Typ:** Dominanz und vermehrt Erkrankungen der Bauch- und Stoffwechselorgane

Komplexion

Ebenfalls auf morphologischer Basis wurden Konstitutionsunterschiede bezüglich der *Komplexion* herausgearbeitet. Komplexion ist die zusammenfassende anthropologische Bezeichnung für Augen-, Haut- und Haarfarbe eines Menschen. Brünette, dunkeläugige Typen sollen tendentiell mehr an Gallen- und Leberleiden erkranken. Blonde, blauäugige und hellhäutige Menschen sollen ihre „Schwachpunkte" in Form von Überempfindlichkeitsreaktionen gegen Medikamente oder chemische Reize haben.

Humorale Ebene

Nach der Humoralpathologie kann unterschieden werden:

- **Plethorischer Typ:** Fülletyp, Neigung zum Überschuß (Yang-Typ)
- **Anämischer Typ:** Leeretyp, Neigung zum Mangel (Yin-Typ).

Auch auf dieser Ebene können den Typen vorherrschende somatische Erkrankungen zugeordnet werden (☞ Tab. 5.2).

Neural-vegetative Ebene

Auf dieser Ebene unterscheidet man entsprechend der vegetativen Tonuslage:

- **Sympathikotoniker:** Schnelle Erregung, kurze Reaktionsdauer, geringe Reize führen zu Erregung, „Bewegungstyp", Wärmeüberschuß
- **Parasympathikotoniker:** Langsame Erregung, länger anhaltende Reaktionsdauer, erst stärke-

re Reize führen zu Erregung, „Lagetyp“, Wärmemangel.

Vorherrschende Erkrankungen sind in Tab. 5.3 dargestellt.

Tabelle 5.2:

Typ	Vorherrschende Erkrankungen	Günstige Therapie
Plethorischer Typ	Polyglobulie, Hypertonie, Thrombose, Fettansatz (guter Futterverwerter)	Wasseranwendungen, ausleitende Verfahren, Fastentherapie
Anämischer Typ	Anämie, Hypotonie, Gerinnungsstörun, Magerkeit (schlechter Futterverwerter)	Sonnen- und Luftanwendungen, Wärmetherapie, milde Ableitungsdiäten

Tabelle 5.3:

Typ	Vorherrschende Erkrankungen	Günstige Therapie
Sympathikotoniker	Entzündungen („itis“-Krankheiten), exsudative Erkrankungen	Ähnlich dem Plethoriker; geringere Reizdosierung, kürzere Therapiedauer
Parasympathikotoniker	Degenerative („ose“-Krankheiten) und spastisch-atrophische Erkrankungen	Ähnlich dem Anämiker; höhere Reizdosierung, längere Therapiedauer

Psychische Ebene

Zu allen Zeiten gab es Versuche, Menschen auch nach ihrer psychischen Grundhaltung zu klassifizieren, so unterschied die Humoralpathologie beispielweise:

- **Sanguiniker:** Lebenslustiger, hypomanischer Typ (*Blut*)
- **Phlegmatiker:** Emotional langsamer, eher indifferenter Typ (*Schleim*)
- **Choleriker:** Zu Gefühlsausbrüchen neigender Typ (*Galle*)
- **Melancholiker:** Zu Depressionen neigender Typ (*schwarze Galle*).

Konstitution in der Homöopathie

In der klassischen Homöopathie wird jedem Patienten seine „Konstitution“ entsprechend dem Mittel zugesprochen, auf das er am besten reagiert oder dessen Eigenschaften seinen Symptomen am nächsten kommen, z.B. „Pulsatilla-Typ“ (☞ Simile-Prinzip 6.1).

Praktische Konsequenzen aus der Konstitutionsmedizin

Jeder Mensch besteht aus einer individuellen Mischung verschiedener Konstitutionsmerkmale („in jedem Yang ist ein Yin und in jedem Yin ein Yang“). Vorherrschende Merkmale in einer Person zeigen daher bestenfalls Tendenzen auf, haben jedoch selten absolute Bedeutung. Unter Beachtung dieser Einschränkung können konstitutionelle Merkmale für das therapeutische Vorgehen durchaus hilfreich sein.

In der Praxis wird man sich weniger auf eine Ebene festlegen, sondern die hervorstechenden Merkmale eines Patienten in mehreren Ebenen suchen.

Beispiele: Eine 45jährige, sehr zurückhaltende Frau von magerem Aussehen mit kalten Händen und Füßen sowie blasser Haut, die mit Kopfschmerzen in die Praxis kommt, zeigt Merkmale des asthenischen Typs, sie wirkt anämisch, ist also eher ein „Leere“- oder Yin-Typ, ferner herrscht der Parasympathikotonus vor. In der Therapie wird man von einer Fastentherapie eher absehen und ihr zu einer milden Aufbau-Diät raten, ferner eher zu Wärmeanwendungen und Sonnenbehandlung als zu starker Kältetherapie. Ausleitende Verfahren können ebenfalls ungünstig sein.
Im Gegensatz dazu eine 48jährige lebenslustige Frau mit deutlichem Übergewicht, rundem, dauergerötetem Gesicht, leichter Kurzatmigkeit und erheblichem Hypertonus. Sie zeigt Merkmale des pyknischen Typs, wirkt plethorisch, ist also ein „Fülle“- oder Yang-Typ in mehrfacher Hinsicht, es herrscht der Sympathikotonus vor. Hier kann z.B. eine Fastentherapie durchgeführt werden, auch ausleitende Verfahren mit (blutigem) Schröpfen oder Aderlaß sind wahrscheinlich indiziert, dazu Kneippsche Hydrotherapie, wobei die Reize jedoch kurz und fein sein sollten, da die Gegenreaktion des Organismus heftig sein könnte.

Als auf die Konstitution abgestimmte Maßnahmen sieht der GK vor:

Konstitutionsverbessernde ausleitende Therapiemethoden
Dem ausleitenden Prinzip (☞ 1.4) liegt die Vorstellung zugrunde, daß die Verfassung des Pa-

tienten durch den Entzug belastender oder schädlicher Stoffe seiner Körperflüssigkeiten verbessert werden kann. Diesen Entzug nennt man Ausleitung oder Ableitung. Er kann erfolgen durch:

- **Diät** (reduzierende, deplethorische Ernährung)
- **Blutentzug** (Aderlaß, Schröpfen, Blutegeltherapie)
- **Diaphorese** (vermehrte Schweißabsonderung)
- **Derivation** (Ausleitung über die Haut durch Eiterung oder Blasenbildung)
- **Purgation** (Abführen)
- **Diurese** (vermehrte Urinausscheidung)
- **Emmenagoge Maßnahmen** (Anregung der Blutung bei Oligo-/Amenorrhoe)
- **Emetische Verfahren** (Erbrechen)
- **Ableitung über die Nasenschleimhaut.**

Konstitutionsumstimmende Therapiemethoden
Im GK werden für die ausleitenden Verfahren folgende Wirkungen genannt:

- **Antidyskratisch:** Besserung einer „Dysbalance der Körpersäfte"
- **Antiphlogistisch:** Entzündungshemmend
- **Antispasmodisch:** Krampflösend
- **Resolvierend:** (Schleim-)Lösend
- **Tonisierend:** Die körperliche Spannkraft steigernd
- **Roborierend:** Allgemein stärkend.

Diese Wirkungen werden durch einzelne oder kombinierte Anwendung von ausleitenden Verfahren, Diät, physikalischen Verfahren und pflanzlichen Präparaten erreicht.

5.2 Ordnungstherapie

„Ordnungstherapie" bezeichnet kein einzelnes Behandlungsverfahren, sondern die Summe der Maßnahmen, die den Patienten über gesunde Lebensführung und aufeinander abgestimmte Behandlungen zur Gesundung bringen. „Ordnungstherapeutisch" tätig sein, heißt den Patienten zur aktiven Erhaltung seiner Gesundheit anzuleiten, seine Beschwerden in körperlich-geistig-seelischer Ganzheitlichkeit zu sehen und die einzelnen Behandlungsmaßnahmen individuell aufeinander abzustimmen.

Der Begriff „Ordnungstherapie" ist eine der 5 Therapiesäulen der klassischen Naturheilverfahren, wie sie von Pfarrer Kneipp geprägt wurden. Er umschrieb sie als Versuch, nach der Ordnung der Natur zu leben. Historisch geht diese Idee bis in das Altertum zurück, wo Krankheit bereits als eine Abweichung von gesunder Lebensführung verstanden wurde. Krankheiten wurden von den Ärzten durch Änderung der Ernährung, durch pflanzliche Mittel und durch eine gemäßigte Lebensweise behandelt. Diese Maßnahmen wurden unter dem Begriff „diaita" zusammengefaßt, der also erheblich mehr umfaßte als die heutige Bezeichnung „Diät".

Im heutigen Sinne dient die Ordnungstherapie nicht nur der Vermittlung von Einsicht in gesunde Lebensführung, sondern sie koordiniert auch die einzelnen Behandlungsmaßnahmen für einen Patienten. Zur Ordnungstherapie gehört auch die gezielte Wahl psychotherapeutischer Verfahren. Die Ordnungstherapie stellt somit die unerläßliche Basis ganzheitlich-naturheilkundlichen Behandelns dar.

5.3 Akupunktur

Die **Akupunktur** (lat. acus = Nadel, pungere = stechen) ist eine Heilweise der alten chinesischen Tradition, bei der mit Gold-, Silber- oder Stahlnadeln bestimmte „Akupunkturpunkte" angestochen werden. Diese Punkte wurden über viele Jahrhunderte empirisch gefunden und werden bestimmten Organen oder auch Körperfunktionen zugeordnet.

Energetisch oder organisch zusammengehörige Punkte sind durch sog. **Meridiane** miteinander verbunden (☞ Abb. 5.2). Dies sind Längslinien durch den Körper, denen eine bestimmte energetische Eigenschaft zugesprochen wird. Bekannt sind *12 Hauptmeridiane* mit Bezug zu jeweils einem Organ, ferner *8 Sondermeridiane* mit Bezug zu bestimmten Körperfunktionen.

Die Meridiane werden als Energielinien verstanden, über die lebenserhaltende Energie in stetem Fluß durch den Körper strömt. Krankheit beruht demnach auf einem gestörten Energiefluß, der durch das Einstechen von Nadeln an den Akupunkturpunkten wiederhergestellt wird.

Hierbei ist ein Zuviel an Energie ebenso möglich wie ein Zuwenig. Ein Überflußzustand von Energie, Körperausscheidungen oder Aktivität wird als **Yang**-Zustand bezeichnet, einen Mangelzustand nennt man **Yin**-Zustand. Beide werden mit bestimmten Eigenschaften auf anderen Ebenen verbunden (☞ 5.1). Gesundheit ist ein dynamischer Balancezustand zwischen Yin und Yang. Die Akupunktur vermag je nach Art des Stechens einen Energieüberfluß abzuleiten wie auch die Bildung mangelnder Energie anzuregen.

Die Akupunktur ist in der traditionellen chinesischen Medizin (TCM) keine isoliert verwendetete Therapieform, sondern nur ein Teil der Heilkunst, zu der auch innere Therapien z.B. mit pflanzlichen Mitteln gehören. Beiden liegt ein für westliche Verhältnisse oft schwer verständliches Konzept von Leben und Krankheit zugrunde. In diesem Jahrhundert wurde deswegen ausgehend von der chinesischen Akupunktur eine pragmatischere europäische entwickelt, die die alten Lehren der TCM mit westlichen Diagnosen und Krankheitsvorstellungen verknüpft.

Wirkungen der Akupunktur

Zwar ist die Wirksamkeit dieser Behandlungsmethode einwandfrei gesichert, doch gibt es für die Akupunkturpunkte noch keine allgemein anerkannten anatomischen und physiologischen Korrelate. Nach neueren Erkenntnissen besonders des Anatomen Heine (Universität Witten-Herdecke) findet man jedoch an den Akupunkturpunkten regelhaft feine Durchtrittsstellen von Nerven-/Gefäßbündeln.

Die **lokale** Wirkungsweise der Akupunktur beruht danach auf der Einwirkung auf die vegetativen und sensiblen Nervenfasern in der Haut. Ferner werden an den Einstichstellen vasoaktive Reaktionen und im Blut veränderte Hormonspiegel (z.B. Endorphine) gefunden. Eine **reflexbezogene** Wirkungsweise über einen entsprechenden Meridian auf innere Organe oder bestimmte Körperfunktionen wird ebenfalls angenommen. Nach dem Modell der Regulationstherapie wird hierbei ein therapeutischer Reiz gesetzt, auf den der Körper mit einer Reihe von Gegenregulationen reagiert (☞ 1.3).

Indikationen zur Akupunktur

Mit der Akupunktur können grundsätzlich nur **funktionelle Störungen** beseitigt werden, keine organisch manifesten. Als **palliative Maßnahme** ist die Akupunktur jedoch auch bei vielen organischen Erkrankungen wirksam. Bewährte Indikationen sind:

- **Schmerzzustände** wie Kopfschmerzen, Migräne, Schmerzsyndrome bei Tumoren
- **Störungen des Bewegungsapparates,** soweit nicht irreversibel, d.h. insbes. Schmerz- und Verspannungszustände, Bindegewebsveränderungen, posttraumatische Heilungsverbesserung

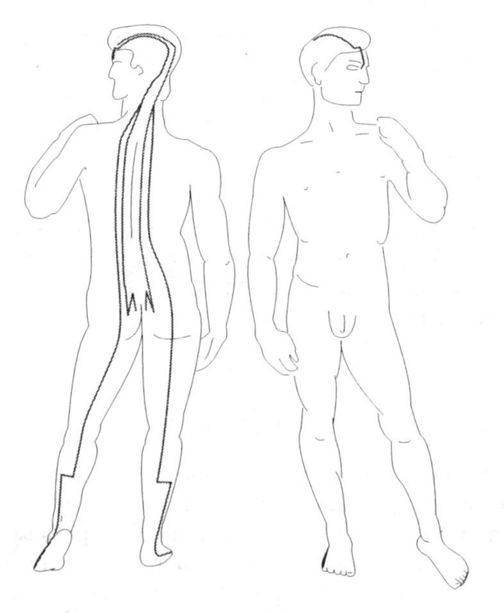

Abb. 5.2: Blasenmeridian der Akupunktur

- **Verdauungsbeschwerden:** Meteorismus, Obstipation, Reizdarmsyndrom oder Diarrhoe

- **Herz- und Kreislauf:** Funktionelle Herzbeschwerden, Hyper- und Hypotonie
- **Gynäkologische Erkrankungen:** Menstruations- und Schwangerschaftsstörungen, Geburtserleichterung
- **Suchterkrankungen:** Raucherentwöhnung, Freßsucht, adjuvant bei der Drogentherapie.

Kontraindikationen

Strenge Kontraindikationen bestehen nicht, jedoch sollte die Akupunktur bei manifesten Organerkrankungen, z.B. Malignomen, nur adjuvant eingesetzt werden und keinesfalls die erforderliche interventionelle Therapie verzögern.

5.4 Neuraltherapie

Definition

Die **Neuraltherapie** ist eine Injektionsbehandlung, bei der Lokalanästhetika an Schmerz- und Reflexpunkten sowie an Störfeldern und Nervengeflechten injiziert werden. Ihre Wirkung ist nicht nur eine lokale, sondern auch eine übergeordnete auf vernetzte Regelkreise.

Vorläufer der Neuraltherapie entwickelten sich in der ersten Hälfte dieses Jahrhunderts, als das frisch entdeckte Procain erstmals versuchsweise zur lokalen Schmerztherapie eingesetzt wurde. Sie wurde jedoch erst durch die Gebrüder Huneke systematisiert, die in den Vierziger Jahren das *Sekundenphänomen* beschrieben: Bei der Injektionstherapie einer schmerzenden Knienarbe stellten sie nämlich fest, daß die Patientin nicht nur von den lokalen Schmerzen am Knie, sondern auch von langbestehenden Schmerzen an der Schulter befreit worden war.

In weiteren systematischen Untersuchungen bemerkten sie, daß die Injektion eines Lokalanästhetikums an einem geeigneten Ort, z.B. einer Narbe oder einem Akupunkturpunkt, nicht nur eine lokale, sondern auch eine sekundenschnelle übergeordnete Wirkung auf andere Körperbereiche und Regelkreise hat. Sie stellten insbesondere die Bedeutung von *Störfeldern* wie Narben, chronisch-entzündeten Geweben und veränderten Bindegewebszonen heraus, von denen negative Wirkungen auf innere Organe ausgehen. Durch Injektion von Lokalanästhetikum in diese Störfelder kommt es offenbar zu einer anhaltenden Durchbrechung derart gestörter Regelkreise, denn die Aufhebung von Schmerzen oder anderen Beschwerden überdauert die Wirkung des Lokalanästhetikums zeitlich deutlich.

Als Ergebnis seiner Arbeit stellte Ferdinand Huneke drei Lehrsätze auf:

- Jede chronische Krankheit kann störfeldbedingt sein
- Jede Stelle des Körpers kann zum Störfeld werden
- Die Procaininjektion in das schuldige Störfeld heilt die störfeldbedingten Krankheiten, soweit dies anatomisch möglich ist, über das Sekundenphänomen (= die Heilung in der Sekunde der Injektion).

Inzwischen ist die Neuraltherapie in der Naturheilmedizin wie die Akupunktur als wichtige Therapieform zur Behandlung funktioneller Beschwerden und zur Beseitigung von Regulationsblockaden (☞ 1.3.4) anerkannt.

Eine reflexbezogene Wirkung der Neuraltherapie wird von der „Schulmedizin" bestritten. Statt dessen wird in diesen Kreisen für die nachgewiesenermaßen wirksame lokale Schmerztherapie der Begriff „therapeutische Lokalanästhesie" verwendet.

Formen

Unterschieden werden bei der Neuraltherapie:

- **Störfeldtherapie:** Behandlung übergeordneter Störzonen, z.B. Injektion in eine Blinddarm-Narbe bei bisher therapieresistenter Hypertonie
- **Segmenttherapie:** Lokale Behandlung im Bereich des Symptomes, z.B. Quaddelung der Haut im Schulterbereich bei muskulärer Verspannung
- **Große Neuraltherapie:** Injektionen an Grenzstränge, Nervenwurzeln, Gelenke und in die Tiefe der Körpergewebe, z.B. Injektion an das Ganglion stellatum bei bisher therapieresistenter Migräne.

Indikationen zur Neuraltherapie

Viele Indikationen der Neuraltherapie entsprechen denen der Akupunktur (☞ 5.3), z.B. **Schmerzzustände** und **funktionelle Organbeschwerden.** Darüber hinaus ist die Neuraltherapie bei **therapieresistenten Beschwerden jeder Art** indiziert, da sich hinter der Therapieresistenz nach naturheilkundlichem Verständnis ein Störfeld verbergen kann, das die Regulation des Organismus auf therapeutische Reize behindert. In diesem Falle ist eine umfassende *Störfelddiagnostik* indiziert, in deren Rahmen alle bekannten Narben sowie zu den Beschwerden passende Segmente und Akupunkturpunkte nacheinander angespritzt werden.

Kontraindikationen

Die Neuraltherapie ist wie die Akupunktur nicht in der Lage, organisch manifeste Veränderungen des Körpers zu beseitigen. Sie sollte hier bestenfalls adjuvant eingesetzt werden, z.B. als Schmerztherapie bei Karzinomen, nicht aber als Basistherapie. Auch ein gänzlich regulationsstarrer Organismus oder metabolische Mangelzustände können durch die Neuraltherapie nicht positiv beeinflußt werden. Echte Kontraindikationen sind:

- Allergien gegen Lokalanästhetika (eher selten)
- Injektionen in bakteriell entzündete Areale
- Schwere Infektionskrankheiten und immunologischen Erkrankungen (z.B. Tbc, MS)
- Kontraindikation für tiefe Injektionen: Gerinnungsstörungen und Antikoagulantien-Therapie
- Grundsätzlich jede Therapie, bei der sich der Behandler über die anatomischen Gegebenheiten des Injektionsgebietes nicht eindeutig im Klaren ist. Das Aspirieren vor der Injektion ist wichtiges Gebot zur Vermeidung intravasaler Gabe.

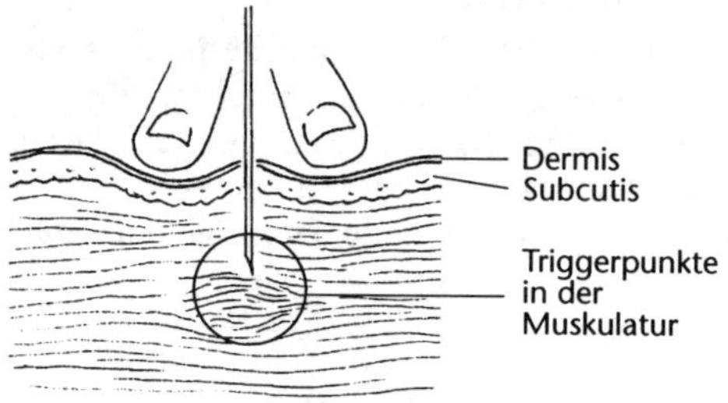

Abb. 5.3: Infiltration einer Myogelose mit Procain bei der segmentalen Neuraltherapie

Nebenwirkungen

Auch bei Einhaltung der Kontraindikationen können gelegentlich lokale Gefäßreaktionen sowie in selteneren Fällen systemische Kreislaufreaktionen auftreten. Die Häufigkeit schwerwiegender Nebenwirkungen wird von den Kritikern als relativ hoch eingeschätzt, von erfahrenen Anwendern jedoch für sehr gering gehalten. Hierzu gehören anatomische Schäden bei tiefen Injektionen und Nachblutungen bei Gerinnungsstörungen.

6 Homöopathie

6.1 Definition und Prinzipien

✔ Definition

Die Homöopathie ist eine spezifische Reiztherapie, deren Ziel die Stimulierung der selbstregulatorischen Aktivität des Organismus ist. Es handelt sich um eine gezielte und individuelle Arzneitherapie. Die drei Grundprinzipien der Homöopathie sind:

- Die Ähnlichkeitsregel
- Die Arzneimittelprüfung(☞ 6.3)
- Die Dosierungsregel(☞ 6.5.).

✔ Geschichte

Die Homöopathie geht auf den Arzt, Apotheker und Chemiker Samuel Hahnemann (1755 – 1843) zurück. Er beobachtete im Jahre 1790 in einem Selbstversuch mit Chinarinde mehr zufällig, daß diese Substanz bei ihm genau diejenigen Symptome erzeugte, zu deren Behandlung sie bei Kranken eingesetzt wurde. In zahlreichen weiteren Versuchen untersuchte er viele Substanzen pflanzlichen, tierischen oder mineralischen Ursprungs und kam immer wieder zu dem Ergebnis, daß Arzneien an Gesunden charakteristische Symptome hervorrufen, die sie bei Kranken wiederum heilen können. 1796 stellte Hahnemann seine Erkenntnisse erstmals der wissenschaftlichen Öffentlichkeit vor („Versuch über ein neues Prinzip zur Auffindung der Heilkräfte der Arzneisubstanzen“ in „Hufelands Journal“).

Aus seinen Experimenten leitete er folgenden Lehrsatz ab:

> „Wähle, um sanft, schnell, gewiß und dauerhaft zu heilen, in jedem Krankheitsfall eine Arznei, welche ein ähnliches Leiden erregen kann als sie heilen soll!“

✔ Ähnlichkeitsregel

Die *Ähnlichkeitsregel* bildet die Grundregel jeder homöopathischen Therapie, nach der sie auch den Namen *Homöopathie* trägt (gr.: homoios = ähnlich und pathos = Leiden). Sie besagt:

- Die Behandlung mit demjenigen Arzneimittel, welches beim gesunden Menschen die meisten ähnlichen Symptome erzeugt, vermag – in besonderer, potenzierter Form verabreicht – die Krankheit zu heilen *(similia similibus curentur)*
- Die Therapie mit „Gegenmitteln“ (*contraria contrariis,* z.B. Schmerzen, Schlaflosigkeit oder Diarrhoe mit Opium) wird wegen der Gefahr der langfristigen Verschlimmerung oder der Entstehung neuer Krankheiten abgelehnt, sie ist in Notfällen allerdings ausdrücklich erlaubt.

Beispiel: Ein Patient berichtet über körperliche Schwäche mit Kollapsneigung. Die weitere Anamnese ergibt eine starke Kälteempfindlichkeit, merkwürdigerweise aber gleichzeitig ein großes Verlangen nach frischer Luft. Darüber hinaus fällt eine starke Abneigung gegen fette Speisen auf. Der homöopathisch arbeitende Arzt vergleicht diese Symptome mit den Symptomen der ihm bekannten homöopathischen Arzneimittel und stellt fest, daß *Carbo vegetabilis* (Holzkohle) diesen Symptomen am nächsten kommt, weil *Carbo vegetabilis* bei Gesunden zu Kälteempfindlichkeit, Verlangen nach frischer Luft und Abneigung gegen Fett führt. Es wird also versucht, eine Analogie zwischen Patientenschilderung und Befunderhebung einerseits und dem Arzneimittelbild andererseits herzustellen. In ganzheitlicher Weise werden Krankheitsbild (☞ 6.4) und Arzneimittelbild (☞ 6.3) zur Deckung gebracht.

6.2 Indikationen, Kontraindikationen, Risiken

▒ Indikationen

Alle Krankheiten, die der Selbstregulation des Organismus zugänglich sind, können homöopathisch behandelt werden, insbesondere:

- **Funktionelle Erkrankungen** (z.B. Colon irritabile)
- **Psychosomatische Erkrankungen** (z.B. Migräne)
- **Psychische Erkrankungen** (z.B. Depression)
- **Infektionskrankheiten** (z.B. Masern)
- **Chronisch entzündliche Erkrankungen** (z.B. Colitis)
- **Bei organisch manifesten Erkrankungen** (z.B. Arthrose) kann zwar nicht der Organschaden behoben, aber die Symptomatik gelindert werden.

Kontraindikationen

Als absolute Kontraindikation gilt:

- **Allergie** z.B. gegen Bienengift; hier darf das Mittel (Apsis) nicht als Tiefpotenz (☞ 6.5) gegeben werden (gefahrlos ab D12).

Relative Kontraindikationen

- Erkrankungen, die eine Substitutionstherapie erfordern (z.B. Diabetes mellitus Typ I)
- Akute Krankheitszustände, die aus vitaler Indikation oder zur Vermeidung von Spätkomplikationen eine rasche suffiziente Therapie erfordern und für die es bewährte Therapieverfahren in der Schulmedizin gibt (z.B. akuter Herzinfarkt)
- Erkrankungen, die aufgrund der Schwere des Krankheitsbildes oder aus vitaler Indikation eine Suppressionstherapie erfordern (z.B. schwerer, therapierefraktärer rheumatischer Schub, allergischer Schock)
- Hochpotenztherapie (☞ 6.5) von Erkrankungen, bei denen eine *Erstverschlimmerung* (☞ Nebenwirkungen) nicht tolerabel ist (z.B. Neurodermitis nicht als erstes mit Sulfur C30 behandeln!)
- Unzureichende Reaktionsfähigkeit des Organismus durch Alter, lange, schwere Vorerkrankung oder durch die Selbstregulation blockierende Prämedikation (z.B. Cortison, Immunsuppressiva); die Folge kann eine verminderte Wirksamkeit der homöopathischen Therapie sein
- Infauste organische Erkrankungen (z.B. Malignome).

Grundsätzlich kann jedoch bei allen genannten Krankheiten mit relativer Kontraindikation eine **adjuvante** homöopathische Therapie durchgeführt werden.

Nebenwirkungen und Risiken

- Gelegentlich kommt es nach der Gabe homöopathischer Mittel zu einer Verstärkung der Beschwerden. Es handelt sich dabei um die sogenannte **Erstverschlimmerung** oder **Erstreaktion,** die darauf zurückzuführen ist, daß das Arzneimittel in der Lage ist, die Symptomatik erst zu erzeugen (sonst wäre es nicht das passende Arzneimittel).
  Diese Verschlimmerung ist nur von kurzer Dauer, ihr Auftreten wird außerdem als prognostisch günstig angesehen. Das Arzneimittel ist bei vermuteter Erstverschlimmerung abzusetzen und die weitere Reaktion abzuwarten
- Nach längerer Einnahme können Krankheitssymptome im Sinne der Ähnlichkeitsregel entstehen (ungewollte Arzneimittelprüfung). Das Arzneimittel ist bei vermuteter ungewollter Arzneimittelprüfung abzusetzen und die weitere Reaktion abzuwarten
- Sehr toxische Mittel sollen nicht über längere Zeit in niedrigen Potenzen gegeben werden, da chronische Vergiftungen resultieren können (z.B. bei Arsen oder Quecksilber in D4)
- Zu lange dauernde frustrane homöopathische Behandlungsversuche können Komplikationen nach sich ziehen. Bei jeder homöopathischen Therapie ist zu fragen, ob die Krankheit einer homöopathischen Therapie überhaupt zugänglich ist (Gegenbeispiel: Diabetes mell. Typ I)
  Selbst wenn Homöopathie bei einer Krankheit indiziert ist, kann der Organismus aufgrund mangelnder selbstregulativer Fähigkeiten den beabsichtigten homöopathischen Reiz trotz korrekter Mittelwahl möglicherweise nicht adäquat beantworten
- Die besondere homöopathische Denkweise und die Methodik zur richtigen Mittelfindung können dazu verleiten, eine vor der Behandlung erforderliche schulmedizinische Diagnostik zu vernachlässigen (z.B. monatelang als Gastritis behandeltes Magenkarzinom ohne gastroskopische Untersuchung).

6.3 Arzneimittelprüfung

Jede wirkende Noxe (z.B. eine Arznei) hat zunächst für eine gewisse Zeit eine Befindensänderung zur Folge (**Erstwirkung**). Die selbstregulativen Mechanismen des menschlichen Organismus sind jedoch bestrebt, diese Wirkung zu kompensieren (**Nachwirkung, Gegenwirkung**). Die Folge einer solchen Wechselwirkung zwischen Arznei und Organismus ist gewissermaßen eine künstliche Krankheit. Um diese künstliche Krankheit und die Gesamtheit der dabei auftretenden Symptome zu erfassen, ist eine **Arzneimittelprüfung** für jede einzelne Arznei am gesunden Menschen erforderlich. Die Prüfungsrichtlinien sind bereits von Hahnemann genau festgelegt worden.

Bei der Arzneimittelprüfung nimmt eine größere Anzahl von Versuchspersonen *(Prüfer)* die zu prüfende Substanz mit definierter Potenz über einen festgelegten Zeitraum ein. Sie müssen alle Befindensänderungen während der Einnahme der Prüfsubstanz beobachten und dokumentieren. Ein Arzneimittel gilt dann als ausgeprüft, wenn bei den Prüfern immer wieder dieselben Symptome auftreten, die auch schon von anderen Prüfern berichtet wurden. Die Gesamtheit aller durch eine Substanz hervorgerufenen Symptome ergibt das **Arzneimittelbild** dieser Substanz. Alle geprüften Substanzen werden in der **Arzneimittellehre** *(= materia medica)* zusammengefaßt.

Die methodisch begründeten Unzulänglichkeiten dieses Verfahrens führten zu teilweise erheblicher Kritik an der Homöopathie. Das subjektive Testverfahren der Arzneimittelprüfung kann dazu führen, daß Symptome in das Arzneimittelbild aufgenommen werden, die während der Prüfung zufällig auftreten und in keinem Zusammenhang zur Testsubstanz stehen. Diese Fehlermöglichkeit kann durch die Auswahl geeigneter Prüfer, eine genügend große Zahl von Prüfern, Prüfungswiederholungen und Doppelblindversuche minimiert werden.

Darüber hinaus finden nicht nur die Ergebnisse der Arzneimittelprüfung Eingang in das Arzneimittelbild einer Substanz, sondern es werden auch pharmakologisch-toxikologische Erkenntnisse (z.B. Vergiftungssymptome) sowie die Erfahrungen bei der Behandlung von Kranken berücksichtigt.

Arzneimittelbild
• Arzneimittelprüfung (Versuch am Gesunden) • Pharmakologie/Toxikologie (Vergiftungssymptome) • Empirie (Erfahrung am Kranken)

Wirkung von Homöopathika

Je nach eingesetzter Substanz und Potenz (☞ 6.5) kann eine unterschiedliche Wirkungsrichtung homöopathischer Therapie erzielt werden. Es werden folgende Wirkungen unterschieden:

- Organotrope Wirkung
- Funktiotrope Wirkung
- Personotrope Wirkung.

Die **organotrope Wirkung** zielt auf das zu behandelnde Organ (z.B. *Carduus marianus,* Mariendistel bei Lebererkrankungen). Es werden Tiefpotenzen (D1, D2, D3, D4, D6) verwendet.

Die **funktiotrope Wirkung** zielt auf funktionelle Störungen (z.B. *Coffea,* Kaffee bei Schlaflosigkeit). Es werden mittlere Potenzen (D9, D12, D15) verwendet.

Die **personotrope Wirkung** zielt auf eine konstitutionelle Behandlung des ganzen Menschen.

Unter Konstitution (☞ 5.1) versteht man im allgemeinen die anlagebedingte individuelle Ganzheit des einzelnen Menschen – die in der Erbanlage begründete und unter Einbeziehung der Umwelt verwirklichte Gesamtverfassung des Organismus (Aschner). Unter Konstitution im homöopathischen Sinne versteht man eher die Geistes- und Gemütssymptomatik (☞ 6.4) als die körperliche Beschaffenheit, wobei eine einheitliche und allgemein anerkannte Definition des Konstitutionsbegriffes in der Homöopathie nicht existiert. Eine konstitutionelle Therapie wird unter Berücksichtigung dieser Gesamtverfassung durchgeführt, wobei hier nur eine begrenzte Anzahl von Mitteln in Frage kommt und meist Hochpotenzen (D30 und höher) in einzelnen Gaben verabreicht werden. Viele Patienten brauchen im Laufe ihres Lebens immer wieder einmal ihr Konstitutionsmittel (z.B. *Sulfur-Typ, Pulsatilla-Typ)*, die Konstitution kann sich aber auch wandeln und die Gabe anderer Konstitutionsmittel erforderlich machen.

6.4 Krankheitsbild

Unter dem Krankheitsbild versteht man die Gesamtheit aller Symptome, d.h.

- Alle für die Krankheit pathognomonischen Zeichen und Symptome
- Alle für den Kranken typischen, individuellen Merkmale.

Erst die Erhebung objektiver und subjektiver Parameter führt zu einem präzisen und umfassenden Krankheitsbild im homöopathischen Sinne. Nur ausnahmsweise kann direkt von der Indikation ein homöopathisches Mittel abgeleitet werden (z.B. *Arnica montana*, Bergwohlverleih bei stumpfem Trauma – sog. *bewährte Indikation)*.

Nur die Erhebung eines exakten, homöopathischen Krankheitsbildes ermöglicht es, durch einen Vergleich von Krankheitsbild und Arzneimittelbildern nach der Ähnlichkeitsregel das richtige Mittel zu finden. Bei der Vielzahl der in einer ausführlichen Anamnese erhobenen Symtome stellt sich immer die Frage, welche Symptome bei der Mittelwahl vorrangig zu berücksichtigen sind. Hierzu einige Anhaltspunkte:

- **Leitsymptome** (besonders auffallende, ungewöhnliche Symptome, z.B. „Verlangen nach frischer Luft, trotz Frieren" bei *Carbo vegetabilis*, Holzkohle, „Angst vor Gewitter" bei *Phosphorus)*, insbesondere wenn sie vom Patienten klar und spontan geäußert werden, deuten vorrangig auf ein Mittel hin
- **Gemüts- und Geistessymptome** (z.B. Reizbarkeit, Schwermut) sind wichtiger als Allgemeinsymptome oder Modalitäten (z.B. Verbesserung oder Verschlimmerung durch Stehen, Liegen, Bewegung oder Essen)
- **Andere Symptome** (z.B. Durst, Appetit, Schwitzen, Tageszeit der Beschwerden) sollten gleichwertig berücksichtigt werden, wobei hier die Stärke der Ausprägung ein Symptom mehr oder weniger wichtig erscheinen läßt
- Ein **sehr stark ausgeprägtes Symptom** sollte im Arzneimittelbild des richtigen Mittels immer vorhanden sein. Wenn ein Patient extreme Verschlechterung der Beschwerden durch Kälte angibt, dann muß diese Verschlechterung auch im Arzneimittelbild der Substanz vorhanden sein. Ein solches hervorstechendes Symptom kann mitunter sogar wichtiger als ein Gemütssymptom werden.
- Es darf **nur positiv gewertet** werden. Starker Durst z.B. spricht **für** ein Mittel, wenn im Arzneimittelbild Durst als Symptom vorhanden ist. Enthält das Arzneimittelbild jedoch Durst, der Patient gibt aber keinen Durst an, so spricht dies **nicht gegen** das Mittel.

Eine umfassende homöopathische Anamnese kann durchaus eine Stunde oder länger dauern. Dazu gehört:

- Den Patienten stillschweigend ausreden lassen und ihm zunächst einmal nur zuhören, da die spontan geschilderten Symptome oft die wertvollsten sind (außerdem erhält man einen Eindruck vom Verhalten des Patienten, z.B. ob er ängstlich, erregt oder verlangsamt ist)
- Anschließend durch genaues Nachfragen versuchen, die berichteten Symptome zu präzisieren (z.B. genauer Ort, genaue Zeit, Umstände des Auftretens der Beschwerden, begleitende Beschwerden, genauer Charakter der Beschwerden)
- Es folgt eine umfassende vegetative Anamnese, die Fragen zu Stuhl, Urin, Schlaf (auch Träume), Gemüt, Laune, Appetit, Durst, Schweiß, Vorlieben und Abneigung in Bezug auf Speisen und Getränke, Wetterfühligkeit und andere Besonderheiten an Kopf, Rumpf und Extremitäten beinhalten sollte.

Eine solche Anamnese stellt auch unter dem Aspekt der Arzt-Patient-Beziehung einen großen Gewinn für beide Seiten dar. Der Arzt lernt seinen Patienten wirklich gut und umfassend kennen, und der Patient, für dessen subjektive Beschwerdenschilderung sich viele Ärzte kaum interessieren, fühlt sich an- und seine Beschwerden ernstgenommen.

Viele Homöopathen wenden die Technik der **Repertorisation** an. In ausführlichen Symptomensammlungen (Repertorien) sind alle Mittel aufgeführt, die zu einem bestimmten Symptom passen. Der Therapeut schreibt für alle wichtigen bei der Anamnese erhobenen Symptome alle passenden Mittel heraus (wegen der teilweise immensen Datenmengen wird dies häufig mit Hilfe von Computern durchgeführt). Die Mittel, die am häufigsten in den Auflistungen genannt werden, sind vorrangig zu verwenden. Auf keinen Fall darf diese technische Hilfe der Repertorisation den Blick auf den Menschen verstellen.

6.5 Dosierungslehre

Die Homöopathie verwendet als Ausgangsstoffe folgende Substanzen:

- **Pflanzliche Stoffe** (z.B. *Atropa belladonna,* Tollkirsche)
- **Tierische Stoffe** (z.B. *Apis mellifica,* Honigbiene)
- **Mineralische Stoffe** (z.B. *Sulfur,* Schwefel).

Hahnemann arbeitete ursprünglich mit starken Verdünnungen seiner aufgrund der Ähnlichkeitsregel verordneten Arzneimittel. Später beobachtete er jedoch, daß durch eine besondere Art der Verarbeitung beim Verdünnen (**Potenzieren** oder **Dynamisieren**) eine deutliche Wirkungsverstärkung erzielt werden konnte. Er nahm an, daß nicht die materielle Substanz, sondern in der Substanz verborgene dynamische Kräfte, die durch das Potenzieren erst entwickelt werden, für die Heilwirkung verantwortlich sind.

Die Kombination aus *Verdünnung und Verschüttelung* (mit einem Wasser-Alkohol-Gemisch) oder *Verreibung* (mit Milchzucker) soll diese dynamischen Kräfte zutage fördern. Bei der Potenzierung oder Dynamisation wird also das Materielle verringert und die Wirkung gesteigert.

Verdünnung und Verschüttelung mit einem Wasser-Alkohol-Gemisch: 2 Tropfen einer Mischung von gleichen Teilen eines frischen Pflanzenpressaftes und Alkohol werden mit 98 Tropfen eines Wasser-Alkohol-Gemisches verdünnt und dann mehrmals stark geschüttelt, dann erhält man die erste Centesimal-Potenz oder C1 (= 1/100). Nimmt man von dieser C1-Lösung 1 Tropfen und verdünnt und verschüttelt ihn mit 99 Tropfen des Wasser-Alkohol-Gemisches, so ergibt das eine C2. Erneut 1 Tropfen von der C2 in der beschriebenen Weise potenziert führt zu einer C3. Diese C3 enthält nur noch 1/100 x 1/100 x 1/100 = ein Millionstel der Ausgangssubstanz. Hahnemann potenzierte gewöhnlich maximal bis zur C30.

Verreibungen mit Milchzucker: Diese werden analog hergestellt, z.B. für nicht lösliche Substanzen.

In fortgeschrittenem Lebensalter entwickelte Hahnemann noch die LM-Potenzen auf der Basis der Verdünnung 1:50 000 (auch als Q-Potenzen bezeichnet). In Deutschland sind heute die von Hahnemann nicht verwendeten *D-Potenzen* (Dezimalpotenzen auf der Basis der Verdünnung 1:10) gebräuchlicher als die C- oder LM-Potenzen. Andere als die in der Tabelle angegebenen Potenzen (z.B. D7, C16, LM X) sind als Sonderanfertigung durchaus möglich (nach Rücksprache mit Apotheker oder Pharmaziebetrieb).

Hochpotenzen sind jene Potenzen, die jenseits der Lohschmidt-Zahl (10^{23}) liegen und daher rechnerisch kein Molekül der Ausgangssubstanz mehr enthalten. Die Hochpotenzen beginnen bei D23, C12 und LM VI. Hochpotenzen werden gewöhnlich als Globuli oder Dilution verabreicht.

Potenzen		
Potenz	**Verdünnung**	**gebräuchliche Potenz**
Urtinktur	1:1	∅
D	1:10	1, 2, 3, 4, 6, 8, 12, 30, 80, 100, 200, 500, 1000
C	1:100	1 – 15, 30, 60, 100, 200, 500, 1000
LM, Q	1:50 000	VI, XII, XVIII, XXIV, XXX

Homöopathika sind als Wasser-Alkohol-Lösungen (*dilutio* oder *Dil.*), Milchzuckertabletten (*Tabl.*), Milchzuckerverreibungen (*trituratio* oder *Trit.*), Rohrzuckerkügelchen (*globuli* oder *Glob.*) und Injektionen (*Amp.*) erhältlich (☞ Tab.). Gewöhnlich werden Dil., Tabl. oder Glob. rezeptiert.

In der Kinderheilkunde haben sich Triturationen und Globuli besonders bewährt, die man gegebenenfalls auch in Wasser auflösen kann, was bes. bei Säuglingen eine bessere Applikation ermöglicht. Manche unlöslichen Substanzen liegen in niedrigen Potenzen nur in fester Form vor (z.B. *Aurum*, Gold), ab D6 sind aber alle Potenzen auch als Dil. erhältlich, ab D8 als Lösung für Injektionen.

Für die Dosierung von homöopathischen Arzneimitteln sind prinzipiell keine absolut geltenden Regeln möglich. Die zu wählende Potenz hängt von der erwünschten Wirkungsrichtung (organotrop, funktiotrop, personotrop, ☞ 6.3) sowie von empirisch gewonnenen Erkenntnissen ab. So enthalten viele homöopathische Lehrbücher zumindest grobe Angaben zur Potenz des Arzneimittels bei bestimmten Indikationen. Hahnemann selbst gab keine allgemein gültigen Dosierungsrichtlinien an. Er betonte, daß die richtige Dosierung nicht von theoretischen Mutmaßungen, sondern von der richtigen Erfahrung des Verordners und der individuellen Erregbarkeit des Patienten abhängig wäre. So gibt es einige Homöopathen, die ausschließlich mit C-Potenzen, LM-Potenzen oder Hochpotenzen arbeiten und dabei gute Erfolge erzielen.

Homöopathische Darreichungsformen			
Darreichungsform	**Abkürzung**	**übliche Verordnungen**	**übliche Einzeldosis**
Dilutio = Lösung	Dil.	D, C, LM	5 Tropfen (3 – 10)
Tabuletta = Tablette	Tabl.	D, C	1 Tablette
Trituratio = Verreibung	Trit.	D	1 Messerspitze
Globulus = Kügelchen	Glob.	D, C, LM	5 Globuli (3 – 7)
Ampulle = Injektionslösung	Amp.	D, C	1 Ampulle i.c., s.c., i.m., i.v.

6.6 Abgeleitete Heilsysteme

Klassische Homöopathie

Die Anhänger der Klassischen Homöopathie behandeln weitgehend nach den von Hahnemann vorgegebenen Richtlinien, wobei eine konstitutionelle Behandlung betont wird. Abgesehen von der alternierenden Therapie mit maximal zwei Einzelmitteln wird eine strenge Einzelmitteltherapie durchgeführt, da mögliche Interaktionen verschiedener Homöopathika untereinander als nicht vorhersagbar gelten. Intermittierende Gaben verschiedener Homöopathika sind möglich, wenn die Einzelmittel gemäß der Ähnlichkeitsregel indiziert sind.

Komplexmittelhomöopathie

Werden verschiedene homöopathische Einzelmittel mit ähnlicher Wirkungsrichtung in einem Präparat vereinigt, so bezeichnet man dieses als **Komplexmittel.** Eine synergistische Wirkung der verschiedenen Einzelmittel wird angenommen, ist aber nicht bewiesen. Auf dem Arzneimittelmarkt gibt es eine große Anzahl homöopathischer Komplexmittel als industriell hergestellte Fertigarzneimittel, die im Gegensatz zu den homöopathischen Einzelmitteln meist mit Indikationsangabe versehen sind. **Beispiele:**

- Arnika montana Similiaplex® bei Hypertonie
- Coffea Pentarkan® bei Schlaflosigkeit

- Calcium carbonicum oligoplex® bei Milchschorf.

Biochemie nach Schüßler

Im Jahre 1873 veröffentlichte *Wilhelm Heinrich Schüßler* den Artikel „Eine abgekürzte homöopathische Therapie", in dem er darlegte, daß man mit nur zwölf anorganischen Stoffen (z.B. *Kalium chloratum,* Kaliumchlorid) ebensogut wie mit dem umfangreichen, homöopathischen Arzneimittelrepertoire therapieren könne. Diese zwölf Schüßlerschen Funktionsmittel wurden später um zwölf biochemische Ergänzungsmittel sowie elf biochemische Salben erweitert.

Obwohl er homöopathische Potenzen verwendete (D3, D6 und D12), bezeichnete Schüßler sein Verfahren nicht als homöopathisch, sondern als biochemisch, da es sich nicht auf das Ähnlichkeitsprinzip, sondern auf die physiologisch-chemischen Vorgängen des menschlichen Organismus gründete. Die Therapie besteht darin, im Krankheitsfall ein Defizit an anorganischen Stoffen medikamentös zu substituieren. Unter „Substitution" wird hier keine nennenswerte materielle verstanden, sondern ein Reiz, der die Zellen befähigt, die fehlenden lebenswichtigen Salze wieder vermehrt aus der Nahrung aufzunehmen.

Nosoden

Der homöopathische Arzt *Konstantin Hering* berichtet schon 1831 über Nosoden als homöopathische Heilmittel. Nosoden sind homöopathisch potenzierte Präparate, die aus sterilisierten Krankheitsprodukten, Sekreten, Exkreten oder abgetöteten Mikrobenkulturen gewonnen werden. Daneben gibt es auch Toxine und Allergene, die zwar definitonsgemäß keine Nosoden darstellen, aber wie diese in Diagnostik und Therapie eingesetzt werden. Nosoden werden unter der Vorstellung eingesetzt, daß sie den Körper zur spezifischen Ausschwemmung belastender Toxine anregen.

Zusätzlich zur ermittelten Nosode sollte das komplementäre homöopathische Einzelmittel eingesetzt werden. Die durch die Nosode eingeleitete Toxinausschwemmung sollte zusätzlich mit entsprechenden Mitteln, die die Ausleitung über Leber, Niere, Darm, Lunge und Haut unterstützen, behandelt werden. Erstverschlimmerungen wie bei jeder homöopathischen Therapie, aber auch durch die vorübergehende verstärkte Toxinausschwemmung, sind möglich.

Nosoden, Toxine, Allergene	
Gruppe	**Beispiel**
Krankheitsprodukt	Nosode Appendizitis
Parasit	Nosode Tetanus
Arzneimittel	Phenacetinum
Stoffwechselprodukt	Cholesterinum
Toxin	Benzpyren

Spagyrik

Die Spagyrik ist ein besonderes homöopathisches Zubereitungsverfahren, welches von Graf C. Mattei und C. F. Zimpel entwickelt wurde. Die pflanzlichen Ausgangsstoffe werden nach dem Zerkleinern einer Hefegärung in wäßrigem Milieu unterzogen. Der anschließend gewonnene wässrige Extrakt wird homöopathisch potenziert. Der Preßrückstand wird einer alkoholischen Extraktion unterworfen. Der gewonnene alkoholische Extrakt wird ebenfalls homöopathisch potenziert. In der dritten Dezimalpotenz werden beide Extrakte vereint und bis zur gewünschten Dezimalpotenz gemeinsam potenziert.

Die spagyrische Herstellungsweise soll gewährleisten, daß sowohl die im Wasser als auch die im Alkohol löslichen Inhaltsstoffe, also das Gesamtspektrum der pflanzlichen Wirkstoffe, erfaßt werden. Es wird eine verstärkte Wirksamkeit spagyrisch hergestellter Homöopathika erwartet, wofür wissenschaftliche Beweise noch ausstehen.

6.7 Rechtliche Verankerung

Rechtliche Grundlagen für Herstellung und Zulassung homöopathischer Arzneimittel
Die Herstellung homöopathischer Arzneimittel ist im **Homöopathischen Arzneibuch (HAB 1, 1978)** festgelegt. Die Ausführungen beruhen im wesentlichen auf den Vorschriften Hahnemanns zur Gewinnung der Ausgangssubstanzen und deren Verarbeitung durch Potenzieren. Der Bundesminister für Jugend, Familie und Gesundheit berief 1976 eine homöopathische Arzneibuch-Kommission mit zwei beratenden Ausschüssen (Herstellungsregeln, Analytik). Die Monographien der Arzneimittel orientieren sich weitgehend am europäischen Arzneibuch (Ph. Eur.). Die normierten Herstellungsverfahren der Homöopathika sind für den Apotheker verbindlich. Nach dem Arzneimittelgesetz von 1976/78 sind homöopathische Arzneimittel mit anderen Arzneimitteln gleichgestellt. Beim Bundesgesundheitsamt existiert eine ständige Zulassungs- und Aufbereitungskommission (Arzneimittelkommission D).

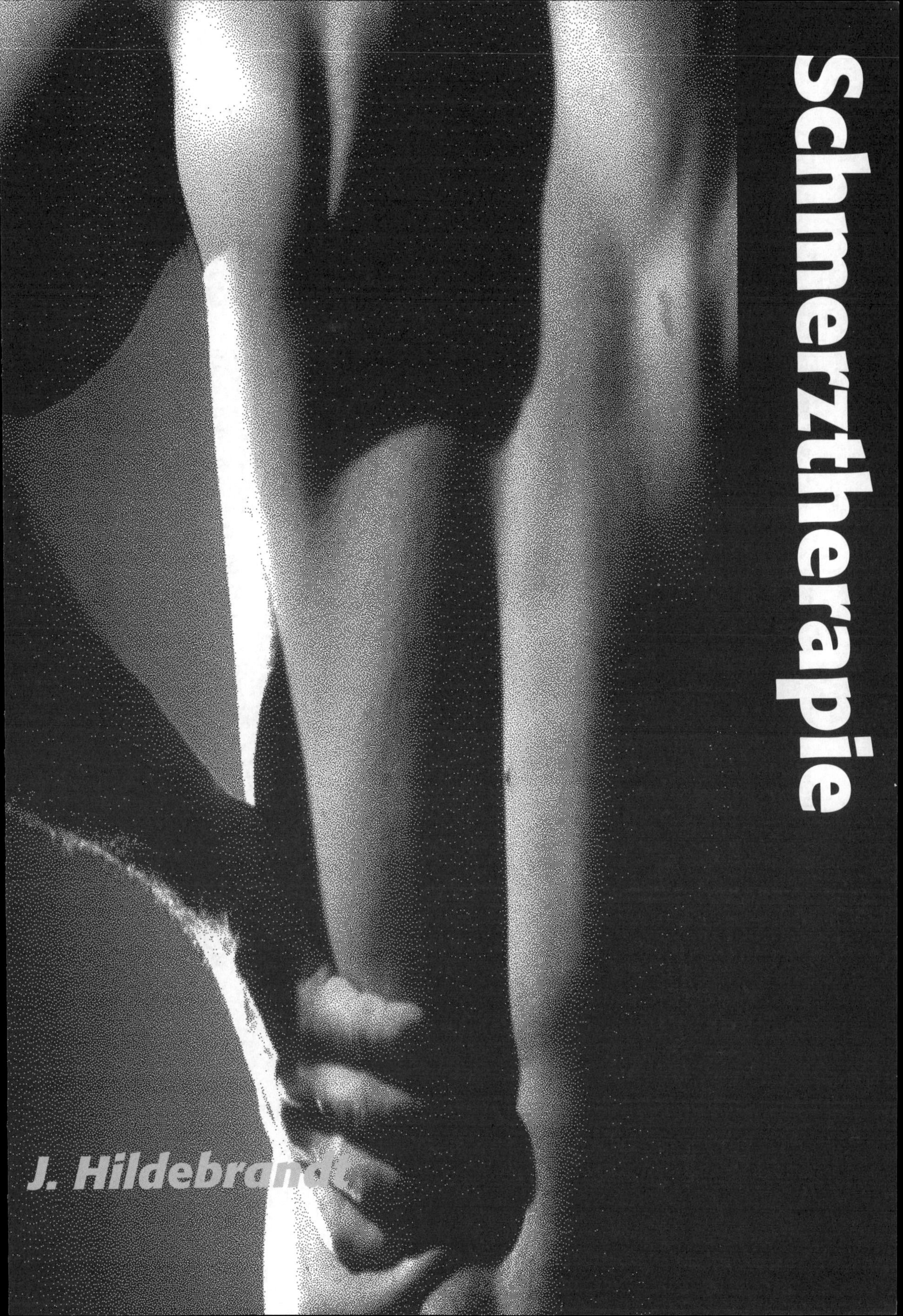
Schmerztherapie
J. Hildebrandt

Inhaltsverzeichnis Therapie chronischer Schmerzen

1 Physiologie und Pathophysiologie des Schmerzes

1.1 Begriffe

Definition des Schmerzes

Schmerz ist ein unangenehmes Sinnes- und Gefühlserlebnis, das mit einer Gewebeschädigung verknüpft ist, aber auch ohne sie auftreten kann oder mit Begriffen einer solchen Schädigung beschrieben wird.

Während **akuter Schmerz** immer mit einem Trauma oder einer Krankheit in Verbindung steht und mit fortschreitender Heilung wieder abklingt, kann **chronischer Schmerz** unabhängig von der ursprünglich zugrundeliegenden Ursache weiterbestehen und verliert seinen protektiven Charakter.

Daraus folgt, daß Schmerzen nicht ausschließlich organische Ursachen haben müssen.

Kodierung von Schmerzen

Eine ideale Kodierung der Schmerzen sollte folgende Punkte berücksichtigen:

- Charakteristik der Schmerzen (z.B. brennend, Dauerschmerz)
- Lokalisation der Schmerzen (z.B. Oberarm, in die Hand ausstrahlend)
- Betroffenes System (z.B. Nervensystem)
- Betroffene Struktur (z.B. peripherer Nerv, Sympathikus)
- Syndrom (Krankheitsbezeichnung)
- Subjektiv erlebte Schmerzstärke
- Dauer der Erkrankung
- Art und Ausmaß der somatischen Befunde
- Art und Ausmaß der psychosozialen Befunde.

Alle zur Zeit vorliegenden medizinischen Klassifikationssysteme erfüllen diese Bedingungen nicht. Ein wesentliches Problem der Kodierung von Schmerzen im Rahmen der International Classification of Diseases, Injuries and Causes of Death (ICD) ist die fehlende systematische Zuordnung von Schmerz- zu Krankheitsbildern. Eine Fülle unterschiedlicher Kodierungen für mit Schmerzen verbundene Erkrankungen sind in den einzelnen Kapiteln verstreut. Eine Berücksichtigung psychosozialer Anteile findet in der Regel nicht statt.

Nomenklatur

Allodynie: Schmerzauslösung durch einen Reiz, der normalerweise keinen Schmerz verursacht (z.B. bei leichter Berührung).

Analgesie: Fehlende Schmerzempfindung bei normalerweise schmerzhaften Reizen.

Anästhesia dolorosa: Schmerz in einem Gebiet mit völligem Ausfall der Oberflächensensibilität.

Kausalgie: Bezeichnung eines komplexen Syndroms, das durch einen brennenden Schmerz, Allodynie und Hyperpathie nach einer Nervenläsion gekennzeichnet ist und oft mit vasomotorischer und sudomotorischer Dysfunktion (gestörter Schweißbildung) einhergeht.

Dysästhesie: Sammelbezeichnung für eine unangenehme und abnorme Empfindung, die entweder spontan entsteht oder provoziert wird (z.B. durch Berührung). Die Abgrenzung einer Dysästhesie von einer Allodynie kann schwierig sein.

Hyperästhesie :Bezeichnung für eine verstärkte Empfindung auf schmerzhafte und nicht-schmerzhafte Reize (z.B. herabgesetzte Schwelle bei Temperatur- und Berührungsreizen).

Hyperalgesie: Bezeichnung für eine verstärkte Schmerzempfindung auf einen schmerzhaften Reiz.

Die Begriffe **Hypästhesie** und **Hypalgesie** umschreiben entsprechend die verminderte Reiz- und Schmerzempfindung.

Hyperpathie: Bezeichnung für ein schmerzhaftes Syndrom, das durch eine verstärkte Reaktion auf einen schmerzhaften oder nicht schmerzhaften Reiz gekennzeichnet ist, insbesondere als Antwort auf wiederholte Reize.

Parästhesie: Sammelbezeichnung für eine abnorme Gefühlssensation ohne unangenehmen Charakter für den Betroffenen.

Neuralgie: Schmerzen im Ausbreitungsgebiet eines Nervens.

1.2 Pathogenetische Mechanismen des Schmerzes

1.2.1 Nozizeptor-Schmerz

Schmerzen haben ihre Ursache häufig im Bereich des peripheren Nervensystems. Die Wahrnehmung dieser Schmerzen beruht darauf, daß Nachrichten in Form von Nervenimpulsen über afferente Fasern, sogenannte *nozizeptive Fasern*, zum zentralen Nervensystem gelangen.

Nozizeptive Afferenzen sind in einem peripheren Nerven sehr häufig (50% der afferenten Fasern eines Hautnerven sind nozizeptiv). Sie werden durch Reizung ihrer sensorischen Endigungen, der *Nozizeptoren*, erregt (**Nozizeptor-Schmerz**). Bei einem Nozizeptorschmerz liegt die Schädigung außerhalb des Nervensystems.

Nozizeptoren werden durch wiederholte thermische, mechanische und chemische Reize sensibilisiert. Darunter versteht man die Erniedrigung

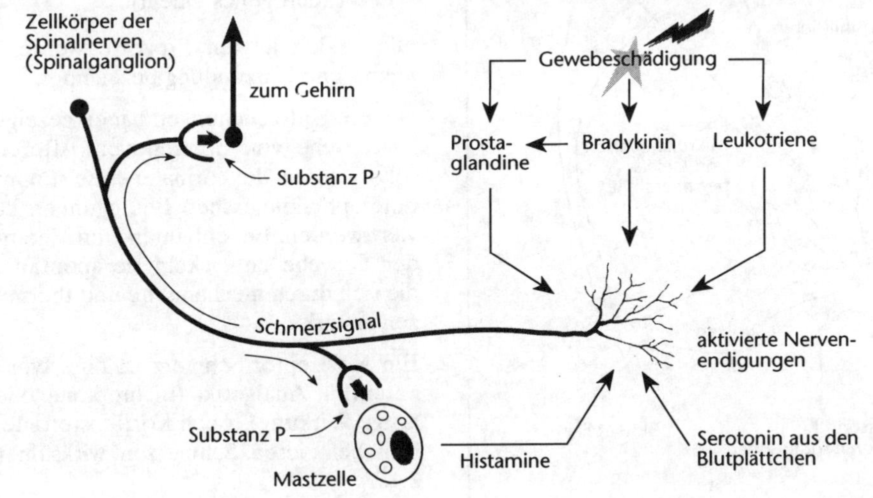

Abb.1: Periphere Schmerzentstehung

der Erregbarkeitsschwelle, die Erhöhung der Zahl der Impulsentladungen auf diese Reize und die Entwicklung von Spontanaktivität. Die Sensibilisierung von Nozizeptoren findet in allen Geweben statt (Haut, tiefe somatische Gewebe, Eingeweide, Hirngefäße).

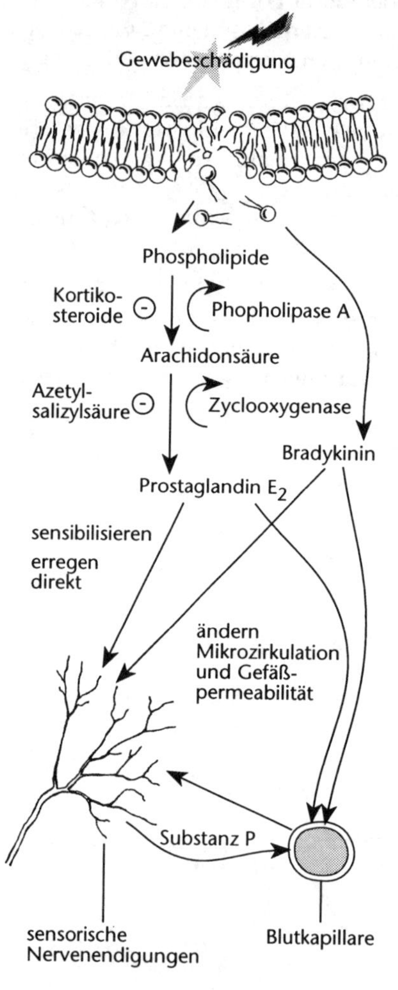

Abb. 2: Endogene algetische Substanzen und Therapieansätze

Zur pathophysiologischen Veränderung des Mikromilieus der Nozizeptoren kommt es v.a. durch erhöhte Freisetzung von körpereigenen Substanzen aus dem umliegenden Gewebe, wie z.B. KCl, H^+-Ionen, Leukotriene, Serotonin, Bradykinin und Prostaglandine. Es gilt als gesichert, daß diese Substanzen am Entzündungsschmerz und anderen chronischen Schmerzformen kausal beteiligt sind. Sie werden deshalb als **algetische Substanzen** bezeichnet. Diese endogenen algetischen Substanzen können in allen Organen Schmerzen auslösen und wirken auch in unterschwelligen Konzentrationen sensibilisierend. Sie sind sämtlich auch vasoaktiv und deshalb zusätzlich bei anderen Erscheinungen der Entzündung beteiligt.

Die andere Komponente der Nozizeptorensensibilisierung ist die Freisetzung von Neuropeptiden (vor allem Substanz P) aus den nozizeptiven Neuronen, von Histamin aus den Mastzellen und von Serotonin aus den Blutplättchen.

Substanz P
- Aktiviert die Mastzellen
- Erzeugt eine präkapilläre Vasodilatation
- Erzeugt eine postkapilläre Plasmaextravasation (neurogenes Ödem).

Die beiden letzten Prozesse werden auch als neurogene Entzündung bezeichnet.

Neuere Untersuchungen haben gezeigt, daß viele Gewebe von nozizeptiven Afferenzen versorgt werden, die normalerweise stumm sind und unter physiologischen Bedingungen kaum aktiviert werden. Bei entzündlichen Veränderungen der Gewebe entwickeln sie spontan Aktivität, die sich durch mechanische und thermische Reize verstärkt.

Ein Nozizeptor-Schmerz ist eine typische Indikation für Analgetika (nichtopioide oder opioidartige Wirkung). Auch Kortikosteroide sind zum Teil bei diesen Schmerzen wirksam (☞ 3.1.2, 3.1.3).

1.2.2 Neuropathischer Schmerz (Neuralgie)

Normalerweise sind Nervenfasern durch natürlich vorkommende Reize (mechanisch, chemisch, thermisch) nicht oder nur schwer erregbar. Unter pathologischen Bedingungen können Nervenfasern aber die Eigenschaften von Rezeptoren annehmen.

Neuropathische Schmerzen sind mit einer Schädigung des Rezeptors selbst oder der afferenten Leitungsbahnen verbunden und können in folgenden Strukturen lokalisiert sein:
- In peripheren Nerven, z.B. Neurom, Engpaßneuropathie, Polyneuropathie
- Im Spinalganglion, z.B. Wurzelkompression, postherpetische Neuralgie
- Im Rückenmark, z.B. Tabes dorsales, Syringomyelie
- Im Thalamus, zentraler Schmerz nach apoplektischem Insult.

Bei einem geschädigten Nerv können geringe mechanische (und wahrscheinlich auch chemische Reize) zu anhaltenden Impulsentladungen und somit zu Schmerzen führen. Charakteristischerweise treten die Schmerzen dabei im peripheren Innervationsgebiet des betreffenden Nerven auf (**projizierter Schmerz**). Morphologisch sieht man im Bereich der Schädigung Veränderungen der Myelinscheiden bis zur Demyelinisierung.

Ein neuropathischer Schmerz spricht wesentlich schlechter auf Analgetika an als ein Nozizeptorschmerz. Besser wirken membranstabilisierende Medikamente (Antikonvulsiva, Antiarrythmika), Antidepressiva und Kortikosteroide (☞ 3.1.4).

Traumen erzeugen häufig Verletzungen peripherer Nerven mit Unterbrechung der afferenten und efferenten Axone und biochemischer, morphologischer und funktioneller Veränderung des Neurons:
- Änderung der axoplasmatischen Transporte von Peptiden in die Peripherie und zum Rükkenmark
- Regeneration des peripheren abgetrennten Axons
- Regeneration (Sprossung) der Axone in die Peripherie
- Ektope Entstehung von Spontanaktivität, Mechano-, Chemo- und Thermosensibilität in den sprossenden Axonen und u.U. auch in den Spinalganglienzellen; ephaptische (künstliche Synapsen) und chemische Übertragung zwischen afferenten und efferenten Neuronen.

1.2.3 Schmerz bei Fehlregulation

Bei akuten Schmerzen sind protektive sympathische und motorische Reaktionen als Antwort auf Schmerzreize den noxischen Störungen entgegengerichtet. Solche Reaktionen können Reflexe sein, aber auch komplexere Verhaltensweisen wie Schonverhalten oder eine vorbeugende Vermeidung schädigender Situationen, insbesondere, wenn der Schmerz länger anhält. Bei vielen chronischen Schmerzzuständen kommt es im Rahmen der Rückwirkungen auf noxische Reize zu anhaltenden körperlichen Fehlregulationen (insbesondere sympathische und motorische Störungen).

Sympathische Störungen

Sympathische Reflexe können zu regionalen vaskulären Minderdurchblutungen führen. Daneben kann eine sympathische Fehlsteuerung zu einer erhöhten Erregbarkeit der Nozizeptoren beitragen (sympathische Reflexdystrophie, ☞ 4.5).

Zur Erklärung werden mehrere Mechanismen diskutiert:
- Störung der Mikrozirkulation
- Direktes elektrisches Überspringen efferenter Sympathikusaktivität auf afferente sensible Nervenfasern (Ephapsenbildung)
- Erregung und Sensibilisierung der Nozizeptoren durch die Neurotransmitter des Sympathikus.

Darüber hinaus kann die Erregung von regenerierenden Nervenfasern in einem Neurom durch sympathische Afferenzen begünstigt werden.

Diese Regelkreisstörungen lassen sich am besten durch Sympathikusblockaden, z.T. auch durch α-blockierende Substanzen behandeln.

Schmerzen durch abnormale Muskelkontraktion

Sie sind ebenfalls ein Beispiel für gestörte bzw. entgleiste Regelkreise. Schmerzen unterschiedlicher Genese führen häufig reflektorisch zu erhöhter muskulärer Spannung. Bei ständig erhöhter Muskelspannung kann es zu übermäßiger Erregung von Nozizeptoren in den Muskeln und in den dazugehörigen Sehnen und Gelenken kommen. Deren Rückmeldung über sensorische Neurone zum Rückenmark führt dann zur Erregung der Motoneurone, ein Prozeß, der zum Fehlregulationskreis *Schmerz-Muskelverspannung-Schmerz* beiträgt, z.B. Spannungskopfschmerz, Rückenschmerzen (☞ Abb. 4).

Diese Schmerzen werden durch physiotherapeutische Maßnahmen (z.B. Kälte, Dehnung der Muskulatur), Muskelrelaxantien, Infiltrationen mit Lokalanästhesie (z.B. an Triggerpunkten) oder psychologische Verfahren (PM, AT ☞ 3.6) behandelt.

Bei einer Migräne kommt es zu vaskulären Störungen: Spezifische Triggerfaktoren führen über kortikohypothalamische Verbindungen zu einer Aktivierung noradrenerger und serotonerger Hirnstammkerne mit konsekutiver Gefäßdilatation und Stimulation trigeminaler sensorischer Afferenzen. Die lokale Freisetzung vasoaktiver Neurotransmitter verstärkt diese Gefäßdilatation im Sinne einer sterilen Entzündung.

1.2.4 Zentraler Schmerz

Unter zentralem Schmerz (häufig *Thalamusschmerz* genannt) versteht man unilaterale, diffuse Schmerzen, die gewöhnlich brennenden Charakter haben. Oft besteht eine Allodynie, Hypästhesie und Hyperpathie in der betroffenen Körperhälfte.

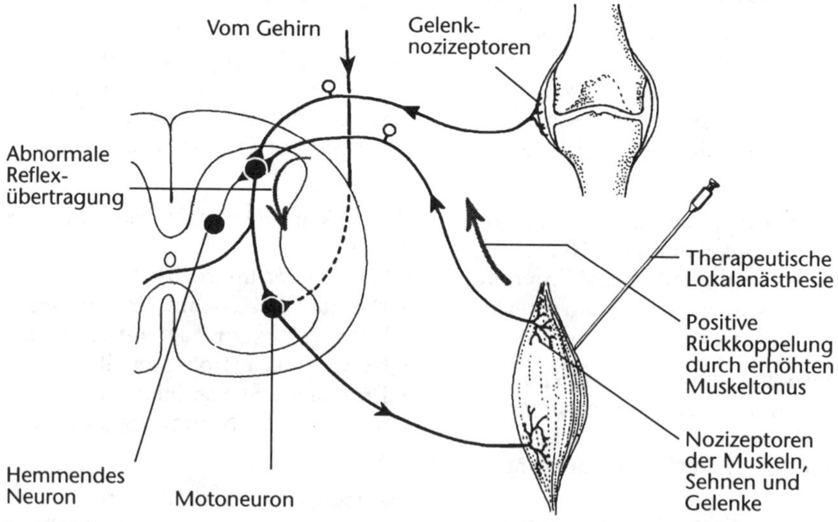

Abb. 3: Schmerz durch Fehlregulation im motorischen System

Im ZNS (meist Thalamus) sind Läsionen mittels MRT oder CT nachzuweisen. Die Schmerzen entstehen kontralateral zur Läsion, treten Wochen bis Monate nach der Läsion, z.B. nach einem Apoplex auf und sind entweder halbseitig, häufiger aber im Bereich einer, bzw. in oberer und unterer Extremität lokalisiert. Schmerzen im Kopf-/Gesichtsbereich sind selten.

Die Schmerzen sind als sehr schwer einzustufen und häufig therapieresistent. Linderung kann evtl. durch Antidepressiva, Neuroleptika, Antikonvulsiva oder psychologische Verfahren erreicht werden. Manchmal helfen auch Sympathikusblockaden. Analgetika sind in der Regel wirkungslos (☞ 3.1.4).

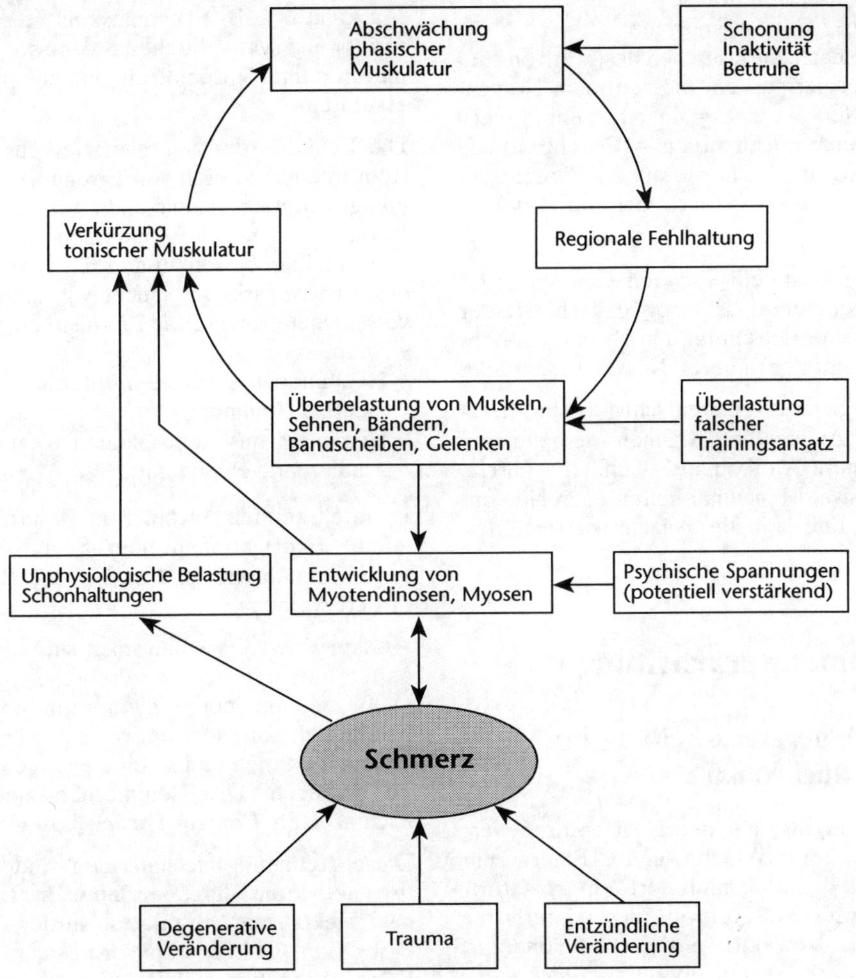

Abb. 4: Entstehungsbedingungen von Schmerzen muskulärer Genese

1.2.5 Deafferentierungsschmerz

Mit Deafferentierungsschmerz ist gemeint, daß nach partieller oder kompletter Durchtrennung des afferenten Nervensystems Schmerzen entstehen können.

Hierzu gehören klinische Bilder wie:
- Phantomschmerz nach Amputationen
- Schmerzen nach Ausriß zervikaler Wurzeln
- Postherpetische Neuralgie
- Ein Teil der Engpaßsyndrome
- Zustände nach chirurgischen destruktiven Eingriffen am peripheren und zentralen Nervensystem (Neurektomie = Durchtrennung peripherer Nerven; Rhizotomie = Durchtrennung der Hinterwurzel; Chordotomie = Durchtrennung des Vorderseitenstrangs im Rückenmark).

Der Schmerz hat teilweise den Charakter des zentralen Schmerzes, ist aber je nach Art der Läsion auf eine Extremität, ein Dermatom oder das Gebiet eines peripheren Nerven beschränkt.

Auch diese Schmerzen sind schwierig zu therapieren. Zur Anwendung kommen wie beim zentralen Schmerz Antikonvulsiva und trizyklische Antidepressiva. Manchmal helfen auch Nervenstimulation und opioide Analgetika (☞ 3.1.4, 3.3.3, 3.4.3).

1.3 Schmerzverarbeitung

1.3.1 Schmerzverarbeitung im Rückenmark

Die Nervenimpulse aus den Nozizeptoren werden über afferente A-delta- und C-Fasern zum Rückenmark geleitet und dort an exzitatorischen Synapsen auf Neurone des Hinterhorns umgeschaltet. Von dort werden die Schmerzinformationen zentralwärts über den *Vorderseitenstrang* (Tractus spinothalamicus) weitergeleitet.

Im Bereich des Hinterhorns konvergieren Afferenzen aus inneren Organen und bestimmten Hautarealen auf ein gemeinsames, nach zentral ziehendes Neuron. Zentral kann daher nicht mehr unterschieden werden, wodurch diese Erregung ausgelöst wurde: beim Wahrnehmungsprozeß werden so Erregungen aus inneren Organen auf die Haut fehllokalisiert. Es wird von **übertragenem Schmerz** gesprochen. Der zu einem inneren Organ gehörende Hautbereich wird als *Head'sche Zone* bezeichnet. Gleichzeitig kommt es häufig zu einer reflektorischen muskulären Verspannung der entsprechenden Muskulatur (z.B. Bauchmuskulatur bei Appendizitis) und sympathischen Störungen von Sudomotorik und Vasomotorik im entsprechenden Hautareal.

Die Funktion des zentralen Nervensystems besteht in einer Vielfalt von Erregungs- und Hemmungsprozessen. Hemmende Vorgänge bei der Verarbeitung von Informationen über Schmerzreize sind am besten an den hinteren Neuronen des Rückenmarks untersucht worden, wobei zwei verschiedene *hemmende* Einflüsse unterschieden werden:
- Hemmung aus spinalen Interneuronen (segmentale Hemmung)
- Hemmung aus supraspinalen Regionen (deszendierende Hemmung).

Dadurch können sowohl zum Gehirn weitergeleitete Informationen über Schmerzreize, als auch sympathische und motorische Reflexe reduziert werden.

An den Kontrollmechanismen sind monaminerge (serotonerge und noradrenerge), peptiderge (z. B. enkephalinerge, dynorphinerge) Systeme beteiligt, die die nozizeptive Impulsübertragung hemmen können und so eine endogene Analgesie erzeugen. Die Hemmechanismen werden auch als **Gate Control Theorie** bezeichnet.

Diese Hemmungsmechanismen sind therapeutisch aktivierbar durch **mechanische, thermische oder elektrische Stimulation** in der Peripherie (Vibration, Chirotherapie, Massage, Aktivität, Kälte, Akupunktur, TENS) oder zentral (SCS, DBS ☞ 3.3.3), sowie durch psychotherapeutische Verfahren (Entspannung, Hypnose, Verhaltenstherapie).

Die zentralen Mechanismen von Schmerzen sind wenig bekannt. Es existieren nur Modellvorstellungen zur Entstehung der Übererregbarkeit durch Membranprozesse und intrazelluläre Ereignisse in den Hinterhornneuronen, die tierexperimentell entwickelt wurden:

- Durch die Aktivierung von Hinterhornneuronen werden die Neurone übererregbar und vergößern ihre rezeptiven Felder
- Bei repetitiver Aktivierung peripherer nozizeptiver Neurone werden im Hinterhorn Ionenkanäle durch Glutamat mit nachfolgender Depolarisation geöffnet
- Die Endigungen der nozizeptiven afferenten Neurone im Rückenmark setzen bei starker Erregung Neuropeptide (Substanz P und „Calcitonin-Gene-Related Peptide", CGRP) frei, was zu extremer Depolarisierung der Neurone führt
- Unter pathologischen Bedingungen, z.B. nach Nervenläsionen, werden diese Depolarisierungen über eine Calciumüberladung der Neurone massiv verstärkt, was zu Funktionseinschränkung und Neuronenuntergang führen kann.

Hieraus resultiert im Sinne einer prophylaktischen Maßnahme die Notwendigkeit einer frühzeitigen Behandlung neuropathischer Schmerzen mittels Nervenblockaden und Analgetika.

1.3.2 Schmerzverarbeitung in Hirnstamm und Cortex

Während im Rückenmark die Informationen aus den Nozizeptoren zu motorischen und sympathischen Reflexen verarbeitet werden (☞ Abb. 6), werden im **Hirnstamm** diese Informationen in

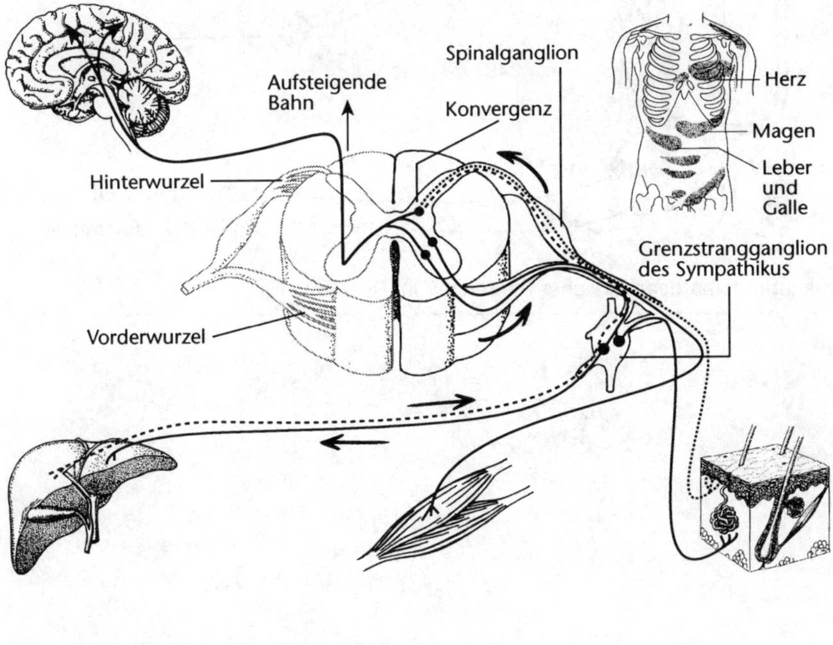

Abb. 5: Mechanismus übertragener Schmerzen

die Steuerung von *Kreislauf* und *Atmung* integriert. Hier kommt es auch zu Einflüssen auf das retikuläre aktivierende System, das *Wachheit* und *Aufmerksamkeit* bestimmt (☞ Abb. 7 und 8).

Der **Thalamus** im Zwischenhirn wird als eine Art Verteilerstation angesehen, von wo aus die Schmerzinformationen zum Endhirn, zum Hypothalamus und zur Hypophyse gelangen. Im Bereich des Hypothalamus erfolgt die Aktivierung *schmerzhemmender deszendierender* Bahnen, z.B. durch Bildung körpereigener Opioide (Endorphine).

Die Tätigkeit des **limbischen Systems** soll die *emotional-affektiven* Aspekte der Schmerzwahrnehmung bestimmen, während der **Großhirnrinde** die bewußte *Erkennung* und *Lokalisation* von Schmerzen und deren Beseitigung durch zielgerichtete *Handlungen* zugesprochen wird.

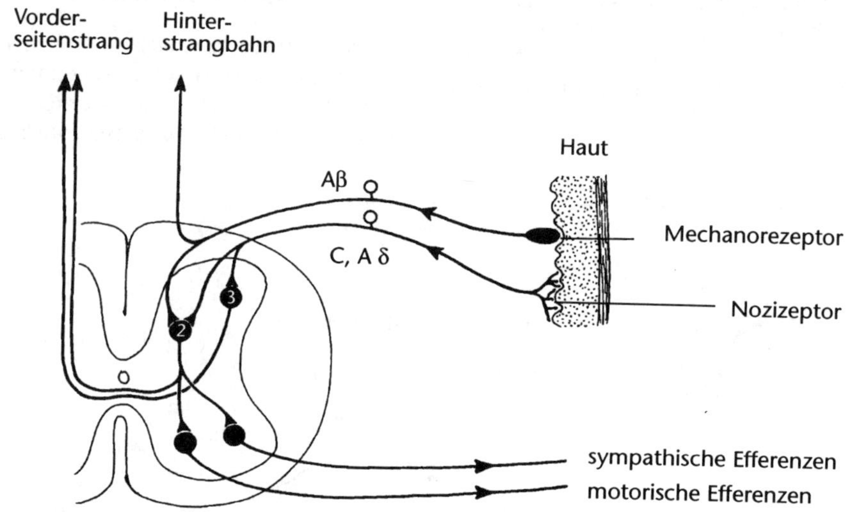

Abb. 6: Verschaltung somatosensorischer Afferenzen im Rückenmark

2 Schmerzdiagnostik

2.1 Anamnese und Analyse

2.1.1 Anamnese

Durch die **medizinische Anamnese** werden begleitende oder zugrundeliegende Krankheiten in Zusammenhang mit vorliegenden Befunden und der allgemeinen medizinischen Untersuchung differenziert.

Durch die **Schmerzanamnese** sollen *örtliche* (z. B. ganzer Arm, Oberkiefer links), *zeitliche* (z. B. Dauerschmerz, blitzartig einschießend), *qualitative* (z. B. brennend, elektrisierend) und *quantitative* (z. B. mäßig, stark) Aspekte der Schmerzwahrnehmung ermittelt werden.

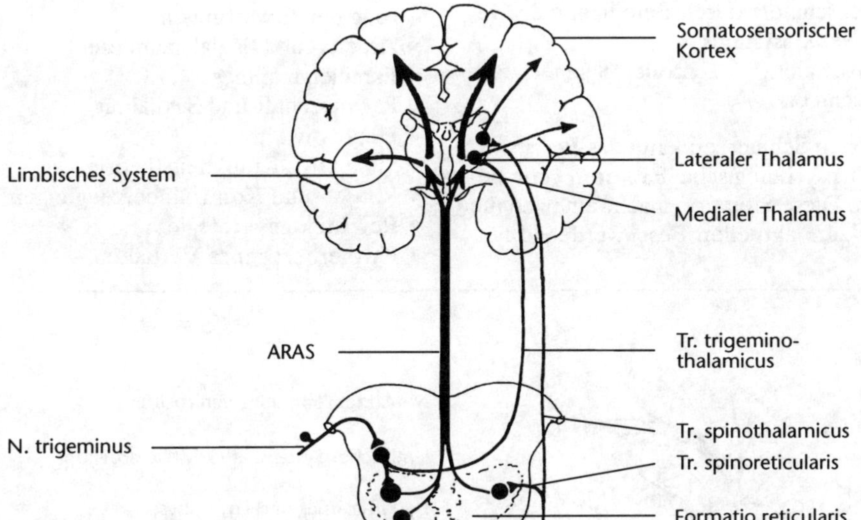

Abb. 7: Beteiligung des ZNS bei der Verarbeitung von Schmerzinformationen

Die Erfassung der Schmerzwahrnehmung erfolgt mit den Fragen:

- Wo tut es weh?
- Wann tut es weh?
- Wie tut es weh, womit sind die Schmerzen verbunden?
- Wie stark ist der Schmerz?

Mit der Erfassung von Lokalisation und Ausstrahlung der Schmerzen kann zum Teil schon eine strukturelle Zuordnung der Beschwerden erfolgen:

- Lokalisierter Schmerz = Rezeptorschmerz aus oberflächlichen Gewebestrukturen
- Übertragener Schmerz = Rezeptorschmerz aus tieferen Gewebestrukturen
- Neurogener Schmerz = Schmerz durch Affektion von Nerven und Nervenbahnen
- Quadrantenschmerz durch Beteiligung des vegetativen Nervensystems
- Halbseitenschmerz = zentraler Schmerz z.B. Thalamusschmerz.

Bei chronischen Schmerzen kann das Beschwerdebild durch psychologische Faktoren sehr beeinflußt sein. Diese Situation macht eine genaue Analyse der zum aktuellen Beschwerdebild beitragenden Komponenten notwendig (vgl. Tabelle Adler 1986). Für die Entstehung und Aufrechterhaltung chronischer Schmerzen spielen neben genetischen und somatischen Ursachen vor allem soziale und psychologische prädisponierende Faktoren eine große Rolle.

Deswegen kommt der **psychosozialen Anamnese** eine wichtige Bedeutung zu: Faktoren können Streß, länger andauernde Überforderungen, mangelnde Bewältigungsmöglichkeiten, depressive Verarbeitung der Krankheit und ggf. des Arbeitsplatzverlustes sein. Die Familie, der Partner und der Arbeitsplatz spielen in diesem Zusammenhang eine große Rolle.

Die psychosoziale Anamnese sollte folgendes beinhalten:

- Freie Schilderung der Beschwerden und Klärung der Erwartungen
- Arbeits- und Sozialanamnese
- Familienanamnese
- Partnerschaft und Sexualität
- Depressivität
- Subjektive Krankheitstheorie
- Kausal- und Kontrollüberzeugungen
- Bewältigungsstrategien
- Partnerbezogenes Verhalten.

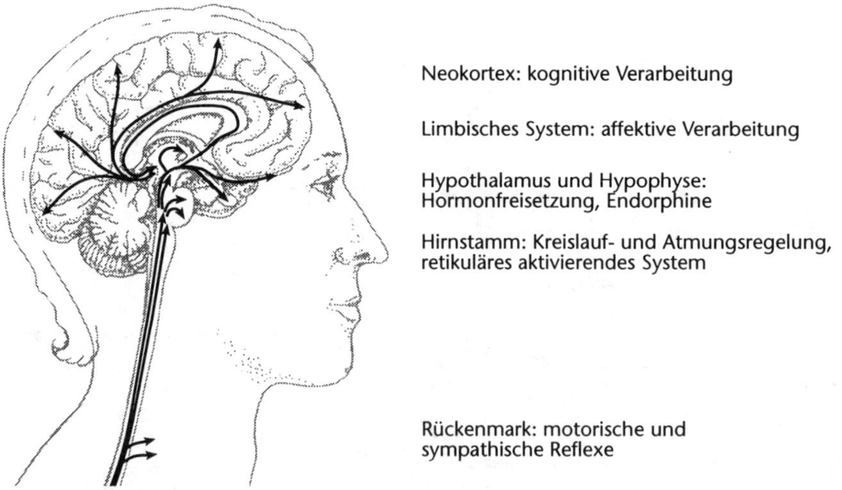

Abb. 8: Zentralnervöse Leitung von Schmerzinformationen

2.1.2 Körperliche Untersuchung

Die körperliche Untersuchung von Patienten mit chronischen Schmerzen sollte folgende Punkte beinhalten:

- Inspektion (Alltagsbewegungen, Haltung, Körperform, Hautbeschaffenheit, Hilfsmittel, Schmerzverhalten, Stimmung)
- Palpation (Haut und Unterhaut, Muskel-Sehnenapparat, Sehnenscheiden und Schleimbeutel, Knochen, Gelenke, Nerven, Gefäße)
- Funktionelle Untersuchung des Bewegungsapparates (Inspektion, aktive und passive Bewegungen, Palpation in Ruhe und Bewegung, translatorische Gelenktests, Traktion und Kompression, Muskeltests gegen Widerstand, Muskelverkürzungstests)
- Untersuchung der Muskulatur (Muskelhartspann, Muskelverkürzungen, Muskelschwächen). Untersucht werden: aktive Bewegung (Koordination/Kraft), passive Bewegung (Muskellänge, Schmerz bei Dehnung), Palpation (Ursprung, Ansatz, Muskelbauch), Widerstandsmessung, Leistungsvermögen
- Neurologische Untersuchung einschließlich elektrophysiologischer Verfahren
- Vegetatives Nervensystem (Vasokonstriktion/Vasodilatation). Sudomotorik = vermehrtes Schwitzen, Pilomotorische Reflexe, Trophödem, trophische Veränderung der Haut, Nägel und Haare
- Angiologische Untersuchung (Inspektion, Palpation, Auskultation, Funktionstests)
- Bildgebende Verfahren (Nativ-Röntgen, Kontrastmitteluntersuchungen, CT, Myelografie-CT, Diskographie, Magnetresonanz-Tomographie = NMR, Szintigraphie)
- Diagnostische Nervenblockaden insbesondere von: Nervenwurzeln (Spinalganglien), Wirbelbogengelenke, Bandscheiben, Iliosakralgelenk, Schulter / Hüftgelenk, periphere Nerven
- Laboruntersuchungen: Standarduntersuchungen sind: Blutbild, BKS, Urin, Serumeisen und -Kupfer, Harnsäure, alkalische Phosphatase, Gesamteiweiß, Elektrophorese, Immundiagnostik.

Merkmale „vorwiegend organisch" und „vorwiegend nichtorganisch" bedingter Schmerzen (nach Adler, 1986)

Merkmal	organisch	nichtorganisch
Schmerz-lokalisation	eindeutig, umschrieben	vage, unklar, wechselnd
Affekt des Patienten	paßt zu geschildertem Schmerz	inadäquat
Zeitdimension der Schmerzen	eindeutige Phasen von Präsenz und Fehlen bzw. deutliche Abnahme	dauernd da, etwa gleich intensiv
Abhängigkeit von Willkürmotorik	vorhanden	fehlt
Reaktion auf Medikamente	pharmakokinetisch plausibel	nicht verständlich
Schmerz und mitmenschliche Beziehung	unabhängig davon	damit verbunden
Schmerz-schilderung	Bild paßt	Bild inadäquat, z.B. dramatisch
Betonung der Ursache	psychisch betont	organisch betont
Sprache	einfach, klar, nüchtern	„intelligentlerisch", Ärztejargon
Affekte des Arztes	ruhig, aufmerksam, einfühlend, interessiert beim Zuhören	Ärger, Wut, Langeweile, Ungeduld, Lächeln, Hilflosigkeit, Verwirrung

2.2 Schmerzmessung und -dokumentation

Bei der Schmerzmessung *(Algesimetrie)* wird zwischen experimenteller und klinischer Schmerzmessung unterschieden.

Experimentelle Schmerzmessung

Die **experimentelle** Schmerzmessung arbeitet mit externalen nozizeptiven Stimuli unterschiedlicher Modalität (z.B. elektrische, thermische, mechanische Stimulation) und prüft das Verhalten der Probanden auf eine definierte Reizapplikation. Die Messung sensorischer Schmerzschwellen und -toleranzen, die Beurteilung von Reizgrößen und die Bewertung von Unterschieden zwischen zwei nozizeptiven Stimuli sind die klassischen Inhalte der experimentellen Algesimetrie.

Die experimentelle Schmerzmessung beim Menschen dient z.B. zur Feststellung des Wirkungsgrades von analgetisch wirkenden pharmakologischen Substanzen und der Diagnostik im Rahmen neurologischer Schädigungen durch neurophysiologische Verfahren. Hierzu gehören auch typischerweise die Untersuchungen *evozierter Potentiale*. Darunter versteht man die Ableitung elektrischer Aktivitäten im Cortex mittels EEG nach vorheriger schmerzhafter Stimulation eines peripheren Nervs oder Hautareals durch mechanische, elektrische oder thermische Reize.

Klinische Schmerzmessung

Die **klinische** Schmerzmessung bzw. Schmerzbeurteilung versucht, Schmerz, Schmerzwahrnehmung und Schmerzerfahrung quantitativ und qualitativ zu erfassen. Der Begriff der Messung bezieht sich hauptsächlich auf ein psychometrisches Testverständnis, d.h. Schmerz soll in bezug auf intra- und interindividuelle Vergleichbarkeit möglichst objektiv, zuverlässig und gültig quantifiziert werden.

Schmerz wird hier mit *Selbstberichtsmethoden* (Selbstbewertungsskalen, Fragebögen, Interviews), aber auch mittels *Veränderungs-Meßmethoden* (z.B. Tagebücher) und *Verhaltensbeobachtungen* analysiert. Selbstbewertungsskalen sind z.B. visuelle Analog-Skalen (VAS), numerische und verbale Rating-Skalen und Verhaltens-Rating-Skalen.

Schmerzzeichnungen und sog. *Adjektivlisten* sind weitere Selbstdarstellungen der Schmerzen. In der Schmerzzeichnung stellt der Patient seine Schmerzen graphisch dar, während er aus einer vorgegebenen Liste schmerzbezogener sensorischer (z.B. brennend, drückend, klopfend) und affektiver (bedrückend, lästig, entmutigend) Adjektive diejenigen auswählt, die seine Schmerzen charakterisieren. Auf diese Weise sollen die Schmerzen *mehrdimensional* dargestellt werden, insbesondere, um somatische und psychische Anteile des Schmerzes besser voneinander abzugrenzen.

Häufig sind in den Schmerzfragebögen psychologische Tests enthalten (i.d.R. eine Liste psychosomatischer Beschwerden und ein Depressionstest). Auch diese Meßinstrumente dienen dazu, das Ausmaß der oft mit chronischen Schmerzen verbundenen psychischen Veränderungen festzuhalten.

Zur Darstellung *globaler Beeinträchtigungen* (z.B. der täglichen Aktivitäten) dienen komplexere Fragebögen (z.B. Pain Disability Index, Funktionsfragebögen).

Schwieriger sind schmerzbedingte *funktionelle* Veränderungen, wie Bewegungseinschränkungen, Muskelverkürzungen und -schwächen oder globale Leistungsminderung zu erfassen und zu objektivieren. Einerseits fehlen hier häufig Normwerte und viele Untersuchungen sind validisiert. Andererseits werden Aussagen über eine Leistungseinbuße deshalb eingeschränkt, weil viele Patienten sich nicht optimal bemühen, die Tests durchzuführen, weil sie Schmerzen oder Angst vor Bewegung und Belastung haben.

Eine andere Möglichkeit, klinische Schmerzmessung zu betreiben sind **biologische** Verfahren wie:

- *Elektromyographie* (EMG) durch Oberflächenelektroden zur Messung bioelektrischer Muskelaktivität, z.B. bei Verspannungsschmerz
- *Evozierte Potentiale*
- *Endorphinbestimmung* in Blut oder Liquor
- *Thermographie* (Wärmemessung über die Haut)
- *Blutfluß- oder Blutvolumenregistrierung*
- Perkutane *Neurographie* (Messung von Erregungsgeschwindigkeit spezifischer Nervenfasern)
- *Reflexalgesimetrie* (Messung nozifensiver Reflexe in Abhängigkeit von der Reizcharakteristik).

Schmerzdokumentation

Die am meisten verwendeten Instrumente zur Dokumentation chronischer Schmerzen durch den *Patienten* sind Schmerzfragebögen. Erfaßt werden:

- Biografische Daten
- Soziale Daten
- Topographie des Schmerzes
- Schmerzintensität
- Schmerzqualität
- Psychophysiologische Parameter
- Verhaltensdokumentation
- Psychologische Tests
- Medikamenteneinnahme
- Verlaufsdokumentation durch den Patienten
- Verlaufsdokumentation durch den Arzt
- Am besten lassen sich alle Informationen durch ein Computersystem dokumentieren, wobei Stammdaten, diagnosebezogene Daten (Basisdaten) und behandlungsorientierte Datensätze (Verlaufsdokumentation) über eine Patienten-identifikationsnummer miteinander verknüpft sind
- Durch die Therapeuten sollte neben der Phänomenologie des Schmerzes somatische und psychosoziale Befunde sowie die Diagnose dokumentiert werden. Die in Schmerzfragebögen, psychologischen Testen oder Anamnesen erfaßten Daten ergeben zusammen mit den Befunden das Gesamtbild der Erkrankung.

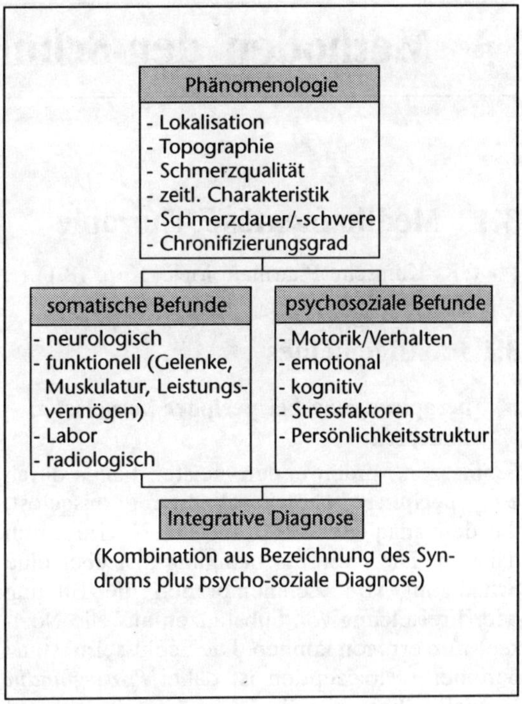

3 Methoden der Schmerztherapie

3.1 Medikamentöse Therapie

(☞ GK Klinische Pharmakologie, Kap. 18.1)

3.1.1 Allgemeines

Therapieansätze bei peripher ausgelösten Schmerzen

Schmerzen werden in den meisten Fällen durch eine **periphere Gewebsschädigung** ausgelöst, die den adäquaten Reiz für die Nozizeptoren darstellt. Die Gewebsschädigung löst über eine Schädigung von Zellmembranen die Bildung oder Freisetzung von Substanzen aus, die Nozizeptoren erregen können. Die Schlüsselsubstanz peripherer Nozizeption ist dabei *Prostaglandin* E_2. Fehlt Prostaglandin E_2 im Gewebe, so sind die Nozizeptoren kaum oder gar nicht mehr erregbar (☞ Abb. 1 und 2).

Kortikosteroide: Sie haben einen protektiven Einfluß auf Zellmembranen und verhindern über eine Hemmung der Phospholipase A2 die Entstehung von Prostaglandinen und Leukotrienen (☞ Abb. 2).

Nichtsteroidale Entzündungshemmer: Sie hemmen über eine Blockierung der Zyklooxygenase ebenfalls die Synthese von Prostaglandinen. Paracetamol hemmt die Synthese von Prostaglandinen im peripheren Gewebe nicht. Die analgetische Wirkungsweise dieser Substanz ist noch unbekannt (☞ Abb. 2).

Analgetika mit antipyretischer Eigenschaft haben neben einer **peripheren** Wirkung auch zentrale analgetische Mechanismen. Diese Wirkkomponenten beruhen vermutlich auf einer Aktivierung von Hemmungen, die vom periaquäduktalen Grau ausgehen und die synaptische Erregungsleitung in den Schmerzleitungsbahnen dämpfen.

Therapeutische Beeinflussung der zentralen Schmerzverarbeitung

Im zentralen Nervensystem teilen sich verschiedene Transmittersysteme die Aufgabe, einströmende nozizeptive Informationen zu kontrollieren. Das effektivste System für die Schmerzkontrolle sind die **Endorphine**, körpereigene Stoffe, die ähnlich wie Morphin wirken. Vermutlich werden sie bei starkem Stress und körperlicher Belastung in größeren Mengen gebildet, so daß starke Schmerzen fast vollständig unterdrückt werden. Durch die **externe** Zufuhr von **Morphin** kann das Schmerzkontrollsystem im Gehirn oder im Rückenmark – vermutlich auch am sympathischen Nervensystem oder in der Peripherie – imitiert werden, so daß eine Weiterleitung nozizeptiver Informationen zentralwärts verhindert wird.

Membranstabilisierende Medikamente (Lokalanästhetika, Antikonvulsiva, Antiarrhythmika): Bei einer peripheren oder zentralen Schädigung des Nervensystems mit resultierender Hyperaktivität der entsprechenden Neurone können sie zu einer Erregungsdämpfung im Nervensystem und somit zu Schmerzreduktion führen.

Antidepressiva: Sie hemmen zentral die Wiederaufnahme der Neurotransmitter Noradrenalin und Serotonin, führen dadurch zu höheren Gewebespiegeln und sollen so die deszendierenden hemmenden Mechanismen verstärken.

Betäubungsmittelverschreibungsverordnung (BtMVV)

Fast alle **Opioide** unterliegen der **Betäubungsmittelverschreibungsverordnung** (BtMVV).

Für sämtliche betäubungsmittelrezeptpflichtige Opioide gibt es eine Tageshöchstverschreibungsmenge. Für einen Patienten darf der Arzt an einem Tag eines oder im Rahmen eines besonderen Therapiekonzeptes auch zwei Betäubungsmittel für den Bedarf von 30 Tagen unter Einhaltung der angegebenen Verschreibungshöchstmengen rezeptieren. In begründeten Fällen darf auch mehr als die Höchstmenge oder länger als 30 Tage verschrieben werden (z.B. sehr starke Schmerzen, Tachyphylaxie, längerer Auslandsaufenthalt). In diesen Fällen muß die Bezirksregierung oder das Gesundheitsamt schriftlich innerhalb von 3 Tagen informiert werden. Auf dem Betäubungsmittelrezept ist zusätzlich der Buchstabe A in einem Kreis anzugeben.

Verschreibungsfähige Opioide		
	Höchstmenge bis 30 Tage	**je Anwendungstag bis zu**
Buprenorphin (Temgesic®)	150 mg	15 mg
Fentanyl (Fentanyl®)	120 mg	12 mg
Hydrocodon (Dicodid®)	1200 mg	120 mg
Hydromorphon (Dilaudid®)	600 mg	60 mg
Levomethadon (L-Polamidon®)	1500 mg	150 mg
Morphin (MST Mundipharma®)	20000 mg	2000 mg
Pentazocin (Fortral®)	15000 mg	1500 mg
Pethidin (Dolantin®)	10000 mg	1000 mg
Piritramid (Dipidolor®)	6000 mg	600 mg

3.1.2 Therapieprinzipien

Bei der medikamentösen Einstellung insbesondere von Patienten mit Tumorschmerz sind folgende Behandlungsprinzipien zu beachten:

- **Adäquat in bezug auf die Ursache**
- **Ausreichend dosiert**
- **Regelmäßig verordnet**
- Bevorzugung einer oralen Medikation
- Individuelle Dosisfindung
- Konsequente Behandlung von Nebenwirkungen
- Gezielter Einsatz von Ko-Analgetika (☞ 3.1.4)
- Behandlung der Schlaflosigkeit
- Sorgfältige Überprüfung des Therapieeffekts.

Eine orale Medikation ist anzustreben, da eine parenterale Medikation den Patienten von Arzt, Schwester oder Krankenhaus abhängig macht. Lediglich bei unstillbarem Erbrechen, Schluckstörungen oder bei moribunden Patienten sind manchmal mehrmalige Injektionen oder besser eine kontinuierliche Morphingabe über Perfusor notwendig. Die parenterale Dosis sollte ca. 30% der enteralen Dosis betragen. Neben einer intravenösen Zufuhr kann auch eine subkutane kontinuierliche Opioidzufuhr durchgeführt werden. Falls eine orale Einstellung nicht ausreicht und die Überlebenszeit länger ist, wird eine peridurale oder intrathekale Applikation über Katheter, Port (implantiertes Reservoir) bzw. implantierte Pumpen, notwendig.

Therapieziel ist insgesamt ein subjektiv ertragbares Schmerzniveau. Im Einzelfall können extrem hohe Dosierungen (bis über 2000 mg Morphin/Tag) notwendig werden.

Die **Dosistitration** kann entweder langsam mit niedrigen Morphindosen oder rasch mit hohen Dosen und eventueller Reduktion des Medikaments bei beginnender Überdosierung (im wesentlichen zu starke Müdigkeit bzw. Somnolenz) erfolgen.

Stufenschema zur Behandlung von Tumorschmerzen

Die Weltgesundheitsorganisation (WHO) hat 1986 für die Behandlung von Karzinomschmerz ein einfaches, auch in Ländern der Dritten Welt praktizierbares Schema, empfohlen (☞ auch 4.1.2 und Abb. 9):

Dieses Stufenschema ist in ca. 80 – 90% wirksam. Hauptproblem dieser Therapie ist weltweit die Unterdosierung von Opioiden (z.B. wegen mangelnder Verfügbarkeit).

Differentielle Therapie von Schmerzen

Die differentielle Therapie von Tumorschmerzen, aber auch anderer starker, somatisch bedingter Schmerzen, erfolgt nach folgendem Schema:

Medikamentöse Differential-Therapie	
Schmerzform	**Medikament**
Entzündungs-schmerz	• Antiphlogistische Analgetika (ASS, Diclofenac, Ibuprofen, Diflunisal)
Knochenschmerz	• Antiphlogistische Analgetika • Calcitonin
Kolikartiger Schmerz	• Metamizol, Propyphenazon • Spasmolytika (Butylscopolamin)
Muskulärer Schmerz	• Flupirtin • Muskelrelaxantien (Chlormezanon, Diazepam)
Hirnödem	• Dexamethason
Neuralgie	
Einschießend	• Antikonvulsiva (Carbamazepin, Phenytoin, Clonazepam)
Kontinuierlich	• Antidepressiva (Amitriptylin, Doxepin, Clomipramin)
mit Begleitödem	• Prednisolon

Opioide Analgetika wirken bei Weichteil- und Intestinalschmerzen gut, Knochen- und neuropathische Schmerzen teilweise und Muskel- und Deafferentierungsschmerzen nur schlecht.

3.1.3 Analgetika

Opioide Analgetika

(☞ GK Klinische Pharmakologie, 18.1.2)

Wirkungsmechanismus

Opioide vermitteln im Bereich der Schmerzleitung ihren Wirkeffekt über spezielle Bindestellen, die Opioidrezeptoren. Solche Bindestellen finden sich schon in der ersten Schaltstelle der Schmerzleitung, der Substantia gelatinosa des Rückenmarks. Im weiteren Verlauf der Schmerzleitung sind Opioidrezeptoren in den verschiedensten höheren Schaltstellen und Hirnnervenkernen anzutreffen.

Opioide können je nach Wirkung in *Agonisten*, gemischte *Agonisten/Antagonisten* oder in reine *Antagonisten* eingeteilt werden.

Die unterschiedlichen pharmakologischen Eigenschaften der verschiedenen Opioide sind durch die Wechselwirkung mit spezifischen Bindestellen, den Opioidrezeptoren zu erklären. So unterscheiden sich die verschiedenen Opioide einmal durch ihre Affinität zum Rezeptor, d.h. durch die Stärke, mit der sie sich an den Rezeptor binden. Je genauer ein Ligand den „Strukturvorschriften" genügt, die ihm der Rezeptor vorgibt, um so spezifischer ist die Bindung (Schlüssel / Schloß-Prinzip).

Daneben werden die Rezeptoren auch durch die „intrinsische Aktivität" des Rezeptors aktiviert.

Aus beiden Eigenschaften zusammen resultiert die analgetische Stärke der Opioide. Reine Antagonisten (z.B. Naloxon) weisen auch eine hohe Affinität zum Rezeptor aus, ihre intrinsische Aktivität ist aber gering. Ein Antagonist kann mit einer guten Affinität zum Rezeptor einen dort sitzenden Agonisten verdrängen (kompetitive Hemmung). Die Opiatantagonisten haben häufig eine kürzere Wirkzeit als die Opioide selbst.

Agonisten: Reine Agonisten, wie z.B. Morphin reagieren vor allem mit den μ-Rezeptoren (in geringem Maße auch mit den κ-Rezeptoren). Reine Agonisten entfalten nach Bindung an einen Rezeptortyp die maximale Wirkung und können deshalb hinsichtlich ihres analgetischen Effekts unbegrenzt gegeben werden.

Das Mittel der Wahl für stärkste chronische Schmerzen ist eindeutig Morphin.

Agonisten/Antagonisten: Von Partialagonisten (z.B. Buprenorphin) ist das Wirkungsmaximum geringer. Trotz weiterer Dosissteigerung kommt es bei den Partialagonisten relativ bald zu keiner Wirkungszunahme mehr, lediglich die Nebenwirkungen nehmen dann noch zu *(Deckeneffekt oder Ceiling-effect)*. Werden Partialagonisten mit hoher Rezeptoraffinität eingesetzt, nachdem vorher bereits ein reiner Agonist verabreicht wurde, so können sie unter Umständen den reinen Agonisten aus den Rezeptorbindungen verdrängen und ihre geringere Wirkung entfalten. Dadurch kann ein antagonistischer Effekt imponieren.

Opiod	Präparat	Wirkungsstärke [a]	Wirkungsdauer [h]
Morphin	Morphin®	1	4
Morphin-Retard	MST-Mundipharma®	1	8 – 12
Buprenorphin	Temgesic®	20	6 – 8
Levomethadon	L-Polamidon®	4	6 – 8
Piritramid	Dipidolor®	2/3	4 – 6
Pethidin	Dolantin®	1/8	2 – 3
Pentazocin	Fortral®	1/6	2 – 3
Tildin/Naloxon	Valoron N®	1/10	1 – 2
Tramadol Tramadol retard	Tramal® Tramundin retard ®	1/10 1/10	1 – 2 8 – 12
Dihydrocodein-Retard	DHC Mundipharma®	1/6	8 – 12

[a] Relative Wirkungsstärke im Vergleich zu Morphin

Antagonisten: Mit reinen Opioid-Antagonisten kann die Wirkung eines Opioids aufgehoben werden. Naloxon wirkt an den μ-, δ-, υ-, σ- und den κ-Rezeptoren antagonistisch.

Morphin, Piritramid, Levomethadon Pethidin, Tilidin, Tramadol und Codein sind reine Agonisten, die anderen Opioide Agonisten/Antagonisten.

Wirkungen und Nebenwirkungen

Sämtliche Opioide haben das gleiche Wirkungs- und Nebenwirkungsspektrum. Hauptwirkung einer **kurzfristigen Opioidtherapie** sind Analgesie und Sedierung. An zentralen Nebenwirkungen können Atemdepression, Hustendämpfung und Euphorie auftreten. Periphere Nebenwirkungen sind eine Kontraktion der glatten Muskulatur mit spastischer Obstipation und die Erhöhung des Muskeltonus im Bereich von Gallenblase, Blase und Magenausgang. Bei **chronischer Opioidtherapie** stehen Obstipation im Vordergrund und Atemdepression im Hintergrund.

Das Risiko, unter chronischer Opioidmedikation abhängig zu werden, ist eine wiederholt geäußerte Befürchtung, die zu ungenügender Versorgung von Schmerzpatienten, insbesondere mit Tumorschmerz, geführt hat. Die Häufigkeit, daß Schmerzpatienten unter chronischer Opioidmedikation süchtig werden ist aber anscheindend extrem gering.

Eine andere Befürchtung ist die Toleranzentwicklung gegenüber der Opioidwirkung bei chronischer Opioidtherapie. Während eine Toleranz gegenüber Sedierung und Übelkeit sich meist in kurzer Zeit einstellt, entwickelt sie sich selten bei Unterdrückung der Schmerzen durch regelmäßige Gabe gegenüber dem analytischen Effekt und gar nicht gegenüber der Mobilitätshemmung des

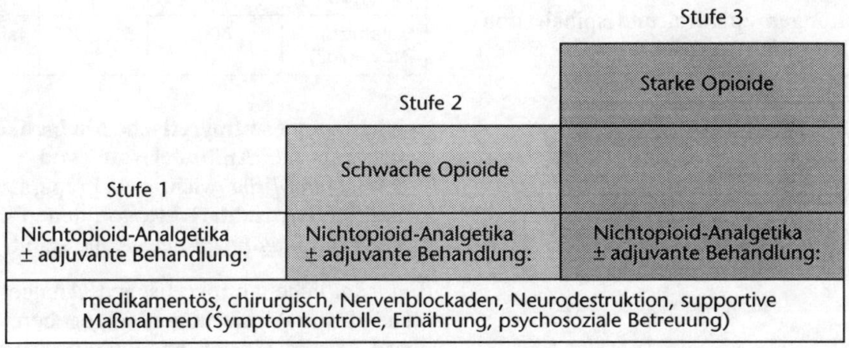

Abb. 9: Stufenschema zur Therapie von Karzinomschmerz

Darmes. Häufig kann sogar die Dosis im Verlauf der Theapie reduziert werden.

	Kurzfristige Opioidtherapie	Langfristige Opioidtherapie
Wirkung		
Analgesie	+++	+ +
Sedierung	+ +	(+)
Nebenwirkungen		
Atemdepression	+++	(+)
Obstipation	+	+++
Sedierung	+++	(+)
Übelkeit	+	(+)
Euphorie	+	(+)
Miosis	+	+
Abhängigkeit physisch psychisch	+ ∅	 +++ fraglich

Intraspinale Applikation von Opioiden

Da hohe Konzentrationen von Opioidrezeptoren in den Schichten des Hinterhorns festgestellt wurden, ist es verständlich, daß *intraspinal* applizierte Opioide eine viel stärkere schmerzhemmende Wirkung haben als systemisch verabreichte. **Vorteile** gegenüber systemischer Applikation sind bessere und längere analgetische Wirkung und geringere Dosis, **Nachteile** erhöhtes Risiko zentraler Wirkungen, technischer Aufwand, erhöhtes Infektionsrisiko, Wirkverlust.

Als **Nebenwirkungen** epidural und spinal applizierter Opioide werden beobachtet:

- Harnverhalt
- Pruritus
- Obstipation
- Übelkeit und Erbrechen
- Benommenheit
- Atemdepression (nicht bei Patienten mit Dauerschmerz).

Nichtopioide Analgetika

(☞ GK Klinische Pharmakologie, 18.1.1). Als nichtopioide Analgetika werden bei Schmerzen insbesondere antipyretische Analgetika eingesetzt. Diese werden in zwei große Substanzgruppen unterteilt:

- **Antipyretische Analgetika vom Säuretyp.** Hierzu gehören die *Salizylate* und die große Anzahl der jüngeren, nicht-steroidalen Antirheumatika (*NSAR*)

Äquipotenzliste und Dosierungsempfehlung für den Einsatz antipyretischer Analgetika

Präparat	Äquipotenzdosis zu 650 mg ASS [mg]	Einzeldosis [mg]	Dosisintervall
Acetylsalicylsäure (ASS)		600-1000	4stündl.
Diflunisal (Fluniget®)	500	500	12stündl.
Indometacin (Amuno®)	25	25-50	8stündl.
Flurbiprofen (Froben®)	100	50-10	8stündl.
Diclofenac (Voltaren®)	50	25-50	6stündl.
Ibuprofen (Anco®)	200	200- 400	4 – 6stündl.
Naproxen (Proxen®)	300	300- 600	8stündl.
Paracetamol (ben-u-ron®)	650	500-1000	4 – 6stündl.
Metamizol (Novalgin®)	500	500-1000	4stündl.

- **Nicht-saure antipyretische Analgetika.** Hierzu gehören die **Anilinderivate**, von denen das *Paracetamol* das wichtigste Präparat darstellt, und die **Pyrazolderivate**, von denen heute nur noch das *Metamizol* eine Rolle spielt.

Für sämtliche antipyretischen Analgetika werden Maximaldosierungen angegeben. Werden diese Maximaldosierungen überschritten, dann nimmt nicht mehr die Wirkung sondern nur noch die Nebenwirkung zu.

Nebenwirkungen: ☞ GK Klinische Pharmakologie 18.1.1

3.1.4 Arzneimittel zur Therapie bei besonderen Schmerzformen

Antidepressiva

Experimentell wurde nachgewiesen, daß Antidepressiva eine eigene schmerzstillende Wirkung haben, die unabhängig von der antidepressiven Wirkung ist und bereits nach wenigen Tagen Therapiedauer einsetzt.

Indikationen: Neben Depressionen und Angstzuständen insbesondere neuropathische Schmerzen, Spannungskopfschmerz, chronischer Rükkenschmerz, Parästhesien und Entzugssymptome.

In der Schmerztherapie werden im wesentlichen trizyklische Antidepressiva eingesetzt. Die Dosierungen sind niedriger als zur Behandlung einer Depression.

Dosierung
- Chlorimipramin (Anafranil®) 3 x 25 – 50 mg
- Amitriptylin (Saroten®) 25 – 75 mg abends
- Doxepin (Sinquan®, Aponal®) 3 x 25 – 50 mg.

Nebenwirkungen: V. a. anticholinerge Wirkungen wie: trockener Mund, verzögertes Wasserlassen, Verstopfung, Tachykardie und Herzrhythmusstörungen. Einige Präparate erniedrigen die zentrale Krampfschwelle. Schmerzpatienten tolerieren Antidepressiva wesentlich schlechter als Patienten mit Depressionen. Eine langsame Dosissteigerung ist deshalb notwendig.

Da der schmerzlindernde Effekt verhältnismäßig gering ist und die Nebenwirkungen insbesondere bei Schmerzpatienten oft als sehr störend empfunden werden, sollten Antidepressiva nicht routinemäßig eingesetzt werden.

Neuroleptika

Sie wirken antipsychotisch, anxiolytisch und sedierend. Eine analgetische Wirkung konnte bislang noch nicht nachgewiesen werden.

Indikationen sind Sedierung (Phenothiazinderivate) und antiemetische Wirkung. Haloperidol® wird bei Tumorschmerzen in erster Linie wegen seines antiemetischen Effektes eingesetzt.

Dosierung
- Levomepromazin (Neurocil®) 10 – 10 – 12 mg (stark sedierend)
- Haloperidol (Haldol®) 2 x 0,5 bis 3 x 1 mg (wenig sedierend).

Nebenwirkungen: anticholierge Wirkungen, sympathikolytische Wirkungen, erhöhte Krampfbereitschaft, extrapyramidal-motorische Störungen wie Frühdyskinesien, Parkinsonsyndrom, Spätdyskinesien.

Da die Nebenwirkungen erheblich sind, sollten Neuroleptika mit Ausnahme von Haloperidol bei Schmerztherapie nicht gegeben werden.

Tranquilizer, zentrale Muskelrelaxantien

Sie wirken zentral über eine Verstärkung des hemmenden Neurotransmitters Gamma-Aminobuttersäure (GABA). Sie gehören meistens zur Gruppe der Benzodiazepine.

Indikation: Muskelspannungen und Angstzustände. Diese Substanzen haben keine schmerzdämpfende Wirkung. Zentrale Muskelrelaxantien reduzieren einen durch ständig abnorm gesteigerte Tätigkeiten von Motoneuronen erhöhten Muskeltonus.

Dosierung
- Baclofen (Lioresal®) 30 – 75 mg/Tag
- Orphenadrin (Norflex®) 200 – 400 mg/Tag
- Chlormezanon (Muskel Trancopal®) 200 – 100 mg/Tag.

Nebenwirkungen: Müdigkeit, Abhängigkeit (Benzodiazepine), orthostatische Regulationsstörungen, z. T. Veränderungen des Blutbildes.

Glukokortikoide

Sie werden in der Therapie chronischer Schmerzen häufig eingesetzt. Sie wirken entzündungshemmend (☞ Abb. 2). Kortison hemmt die Bildung entzündungsauslösender Zytokine sowie die Bildung von Leukotrienen und Prostaglandinen.

Indikation: Die wichtigsten Indikationen sind Polymyalgia rheumatica und chronische Polyartritis sowie Kollagenosen. In der Therapie von Tumorschmerzen führen sie zur Verminderung des peritumorösen Ödems z. B. bei einem intrakraniellen Tumor oder Hirnmetastasen bzw. bei Nervenkompression oder Nerveninfiltration. Sie werden auch bei Leberkapselspannungsschmerz (Lebertumor oder Lebermetastasen) eingesetzt, ebenso bei Tumoren im Beckenbereich, beginnender Querschnittsymptomatik, bei Wurzelkompressionssyndromen und Atemwegsobstruktion, zur Verminderung eines strahlenbedingten Ödems sowie bei Knochenmetastasen und zur Verminderung von Nachtschweiß.

Sie werden außerdem als Depotpräparate intraartikulär, und im Bereich von Sehnen/Knochenübergängen sowie bei Wurzelkompressionsschmerzen periradikulär oder peridural appliziert und wirken an peripheren Nerven auch membranstabilisierend, z.B. bei neuropathischem Schmerz oder bei den Engpaßsyndromen.

Die Bedeutung der Kortikoidtherapie bei Schmerzen infolge einer Immunerkrankung kann noch nicht abschließend beurteilt werden.

Dosierung: Systemisch werden Kortikoide in der Schmerztherapie entweder als Bolus hoch dosiert (an 2 – 3 Tagen je 500 – 1000 mg Prednisolon i.v. in vierwöchigem Abstand) oder langfristig in niedriger Dosierung (etwa 5 – 7,5 mg täglich) gegeben.

Nebenwirkungen: ☞ GK Klinische Pharmakologie 10.2

▒ Kalzitoninpräparate

Durch Kalzitoninpräparate (Calcitonin®) kann die Aktivität der Osteoklasten gehemmt werden. Kalzitonin ist im Regelkreis des Kalziumhaushaltes der Gegenspieler zum Parathormon. Es senkt den durch Parathormon erhöhten Blutkalziumspiegel, hemmt die Osteolyse, erhöht die Kalziumausscheidung über die Niere und vermindert die Kalziumresorption im Darm. Daneben scheint Kalzitonin aber noch eine zentrale eigene schmerzlindernde Wirkung zu haben.

Als **Indikationen** werden z.B. Knochenschmerzen aufgrund von Knochenmetastasen oder einem Morbus Paget, aber auch Phantomschmerzen oder Schmerz durch Osteoporose angesehen.

Kalzitonin kann z.Z. nur parenteral verabreicht werden. Die **Dosierung** ist initial 100 – 200 IE i.v., danach alle 2 – 3 Tage 100 IE i.m.

▒ Biphosphonate

Biphosphonate, z.B. Clodronsäure (Ostac®) werden von den Kalziumsalzen im Knochen absorbiert. Dadurch wird deren Resorption verhindert.

Die **Indikationen** sind eine Knochenzerstörung mit gesteigertem osteoklastischem Knochenabbau, z.B. Knochenmetastasen oder hämatologische Neoplasien (Plasmozytom) sowie eine dadurch bedingte Hyperkalzämie.

Dosierung
- Oral: 4 bis (maximal) 8 Kapseln/Tag
- Parenteral: 1 Amp./Tag in einer Infusion über 2 Stunden.

Pamidronsäure (Aredia®) hemmt die Osteoklastenproliferation und -altivität.

Indikationen wie Clodronsäure.

Dosierung: In Abhängigkeit von Serumkalzium und Kreatintin 15 – 90 mg in mindestens 500 ml 0,9% NaCl, 15 mg/h alle 4 Wochen i.v.

▒ Muskelrelaxantien

Sie wirken zentral und gehören meistens zu der Gruppe der Benzodiazepine. Sie sollten nur kurzfristig im Rahmen eines muskulären Spasmus/Hartspanns bei Schmerzen im Bereich des Bewegungsapparats gegeben werden.

▒ Antikonvulsiva/Antiarrhythmika

Sie sind eine wichtige Substanzgruppe bei der Therapie chronischer neuropathischer Schmerzen insbesondere von einschießendem Charakter. Die Mechanismen der analgetischen Wirkung sind sehr wahrscheinlich dieselben, die für die Krampfhemmung verantwortlich sind. Bei den Antikonvulsiva sind für die Behandlung chronischer Schmerzzustände Carbamazepin, Clonazepam, Phenytoin und Valproinsäure in der Reihenfolge ihrer Nennung von Bedeutung.

Antiarrhythmika vom Lidocaintyp haben eine ähnliche Wirkung.

Indikationen: Einschießende Schmerzen, besonders Trigeminusneuralgie und andere Neuralgien einschließlich postherpetischer Neuralgien.

Prinzipiell kann durch eine Lidocaininfusion (3 mg/kg KG in 30 Min.) getestet werden, ob diese Substanzen wirksam sind. Da Clonazepam als Benzodiazepinderivat einen ganz anderen Wirkungsmechanismus hat, entfällt die Testung mit Lidocain hier.

Dosierung		
	Beginn (mg/d)	**Maximal (mg/d)**
Carbamazepin (Tegretal®)	2 x 100	4 x 300
Clonazepam (Rivotril®)	3 x 0,3	3 x 2,0
Phenytoin (Zentropil®)	100	500
Valproinsäure (Orfiril®)	3 x 200	1200
Mexiletin (Mexitil®)	2 x 200	4 x 200

Antikonvulsiva bei neurogenen Schmerzen		
Substanz	**Tages-dosis [mg]**	**unerwünschte Wirkungen**
Carbamazepin (Tegretal®)	600 – 1200	Müdigkeit, Leberschädigung, Hämatopoesestörungen
Phenytoin (Zentropil®)	300 – 500	Kleinhirnschädigung, Diplopie, Nystagmus, Schwindel, Ataxie, Gingivahyperplasie, Leberschädigung, Hämatopoesestörungen
Clonazepam (Rivotril®)	1,5 – 6	Vigilanzminderung, Abhängigkeit, Alkoholunverträglichkeit

3.2 Lokalanästhesie

(☞ GK Anästhesiologie u. Intensivmedizin, 1.3)

3.2.1 Allgemeines

Im Rahmen der Schmerztherapie werden häufig Lokal- und Regionalanästhesieverfahren eingesetzt. Ziel ist dabei, ein Lokalanästhetikum in die Nähe schmerzleitender Nerven zu bringen. Das Lokalanästhetikum diffundiert zu den Nerven und verursacht eine Membranstabilisierung. Dadurch können schmerzhafte Nervenimpulse nicht mehr weitergeleitet werden. Zur Blockade dünner Nervenfasern reichen niedrigpotente Lokalanästhetika aus. Um eine Blockade dicker Nerven zu erzielen, werden höherkonzentrierte Lokalanästhetika benötigt.

Man unterscheidet generell *diagnostische, prognostische* und *therapeutische* Blockaden. Prognostische Blockaden werden vor einem operativen Eingriff (z.B. Dekompression von Nerven) durchgeführt.

Diagnostische Blockaden sollen die Ursache von Schmerz bzw. deren auslösende Struktur nachweisen wie z. B. Wurzelblockaden bei einem Wurzelkompressionssyndrom, Anästhesie des N. cutaneus femoris lateralis bei einer Meralgia paraesthetica oder intraartikuläre Blockade bei einem unklaren Schulterschmerz.

In der Schmerztherapie werden Bupivacain (Carbostesin®), Mepivacain (Scandicain®), Lidocain (Xylocain®) und Prilocain (Xylonest®) ohne Adrenalin-Zusatz eingesetzt.

Wichtigste Kontraindikation für die Injektion eines Lokalanästhetikums ist eine Allergie. Werden rückenmarksnahe Anästhesien durchgeführt, müssen Gerinnungsstörungen vorher ausgeschlossen werden.

In der Schmerztherapie sind Nervenblockaden i.d.R. im Sinne von Unterbrechungen und Beseitigungen von Fehlreaktionen (☞ 1.2.3) und Unterbrechungen von Übererregbarkeit der Hinterhornneurone wirksam (☞ 1.3.1).

3.2.2 Nervenblockaden

Bei den Nervenblockaden unterscheidet man:
- **Oberflächliche** Lokalanästhesie (Quaddelung, subkutane Injektion)
- **Triggerpunktinfiltration** im Bereich der Muskulatur und der Sehnen (☞ 3.2.3)
- **Intraartikuläre** Anästhesie (z.B. Schulter-, Hüft-, Wirbelbogengelenke)
- **Blockade peripherer Nerven** (z.B. N. radialis, N.femoralis)
- **Plexusblockade** (Plexus brachialis, -lumbalis)
- **Rückenmarksnahe** Anästhesien (Periduralanästhesie, Kaudalanästhesie, Spinalanästhesie, Wurzelblockaden)
- **Sympathikusblockaden** (zervikale Ganglien, thorakale Ganglien, lumbale Ganglien und Anästhesie des Plexus coeliacus, ☞ 3.2.4).

Grundsätzlich gilt, daß für *diagnostische und prognostische Nervenblockaden* möglichst kleine Dosen Lokalanästhetika verwendet werden. Ein Nervenstimulator sowie im Bereich der Wirbelsäule nach Möglichkeit ein Bildwandler ist eine wichtige Hilfe, um eine exakte Anästhesie bestimmter Nerven oder Körperareale zu gewährleisten. Bei *therapeutischen Blockaden* können die Dosen höher gewählt werden; hier kommen zusätzlich Glukokortikoide als lokale entzündungshemmende Substanzen zum Einsatz.

Indikationen für Nervenblockaden sind insbesondere:
- Neurogene Schmerzen
- Postoperative, posttraumatische Schmerzen
- Ischämieschmerz (Sympathikusblockaden)
- Störungen des sympathischen Nervensystems, z.B. sympathische Reflexdystrophie
- Schmerzen im Bewegungsapparat (Triggerpunkte in Muskeln, Gelenken, Sehnen)
- Akute Rückenschmerzen.

Typische Lokalisationen peripherer Nervenblockaden:
- **Kopf:** Periphere Äste des N. trigeminus (N. supra- und infraorbitalis, N. mentalis), N. maxillaris und Ganglion pterygopalatinum, N. mandibularis, Nn. occipitales
- **Hals:** Plexus cervicalis superior, Spinalwurzeln (Paravertebralblockaden), Rami dorsales der Spinalnerven zur Anästhesie der Wirbelgelenke
- **Stamm:** Interkostalnerven, Spinalwurzeln, Rami dorsales
- **Obere Extremität:** Plexus brachialis, N. radialis, N. ulnaris, N. medianus, Interdigitalnerven (Oberstsche Anaesthesie)
- **Untere Extremität:** N. femoralis, N. cut.fem. lat., N. obturatorius, N. genitofemoralis, N. ilioinguinalis, N. peroneus, N. tibialis, Interdigitalnerven.

Komplikationen
- Nervenverletzungen
- Blutungen durch Gefäßverletzungen
- Subarachnoidale Injektion bei den Wurzelblockaden und Rami dorsales-Blockaden, sofern letztere nicht unter Röntgenkontrolle durchgeführt werde
- Pneumothorax bei den Intercostalblockaden
- Intravasale Injektion.

Peridurale und spinale Applikation von Opioiden

Anstelle von Lokalanästhetika können im Bereich des Peridural- und Spinalraums (anscheinend ebenso am sympathischen Grenzstrang) lokal **Opioide** in niedriger Konzentration gegeben werden.

Durch die Applikation in die Nähe des spinalen Wirkortes kann mit geringen Dosen eine große Effektivität erreicht werden (beim Morphin 1/40 der parenteralen Dosis spinal und 1/5 peridural). Bei der periduralen Opioidzufuhr geht langfristig durch Narbenbildung um die Katheterspitze die Effektivität verloren. Daher kann eine rükkenmarksnahe Opiatzufuhr nur relativ kurzfristig (postoperativ, Malignomschmerz) durchgeführt werden, während bei langfristiger Anwendung, insbesondere bei nichtmalignen Erkrankungen, praktisch immer ein intraspinales System verwendet wird, das in der Regel mit einer implantierten Pumpe verbunden ist.

Auch nichtopioide Substanzen können epidural oder spinal verabreicht werden. Dabei dürfen nur solche Substanzen verwendet werden, die nicht neurotoxisch sind und in wässriger Lösung mit einem pH von nahe 7,4 vorliegen. Zur Zeit können außer den Opioiden nur Clonidin (Catapresan®) als α_2-Adrenorezeptoragonist und Baclofen (Lioresal®) zur Behandlung einer Spastik bei spinaler Injektion als unbedenklich angesehen werden. Clonidin macht auch die Opioidrezeptoren für Opioide wieder empfindlich.

3.2.3 Triggerpunktinfiltration

Sogenannte Triggerpunkte stellen ein empirisch beobachtetes System von druckschmerzhaften Stellen in einzelnen Muskeln mit einem dazugehörigen Ausstrahlungsmuster des Schmerzes dar. Das pathomorphologische Substrat von Triggerpunkten ist noch unklar.

Triggerpunkte können auch in anderen Geweben des Bewegungssystems wie z.B. Bändern oder Gelenkkapseln auftreten. Myofasziale Schmerzen mit Triggerpunkten sind häufig nur eine Komponente der Störung des Bewegungssystems. Die Punkte sind als bandförmige Verdichtungen der Muskulatur an typischen Lokalisationen zu tasten.

Therapie: Triggerpunkte können sowohl physikalisch (Eis, Kältespray), als auch durch Infiltrationsanästhesie schmerzfrei gemacht werden. Diese Maßnahme stellt aber nur einen Teil des Behandlungskonzeptes mit aktiver Physiotherapie dar.

3.2.4 Sympathikusblockaden

Das sympathische Nervensystem kann an der Entstehung und Aufrechterhaltung von Schmerzen unter krankhaften Bedingungen beteiligt sein (☞ 1.2.2).

Blockaden des efferenten sympathischen Nervensystems führen zu einer Normalisierung pathologisch entgleister Veränderungen in der Peripherie und im ZNS. Beispiele: Sympathische Reflexdystrophie, Herpes zoster. Eine ganz andere Bedeutung hat die Unterbrechung afferenter (vegetativer) „sympathischer" Nervenfasern (z. B. bei Tumoren des Bauchraumes, AVK), da hier kurzfristig unmittelbar schmerzleitende Fasern blockiert werden.

Indikation
- Sympathische Reflexdystrophie (☞ 4.5)
- Sympathisch unterhaltenes Schmerzsyndrom (SMP)
- Ischämischer Schmerz (☞ 4.7)
- Herpes zoster (☞ 4.6)
- Posttraumatischer Schmerz
- Tumorschmerz (Pankreaskarzinom).

Komplikationen: Bei sorgfältiger Technik nicht zu erwarten. Anderenfalls können intraarterielle, intravenöse, intrathekale, intradiskale und intraurethrale Injektionen auftreten. Ansonsten gelten prinzipiell die Komplikationen der Lokalanästhesie (☞ GK).

Technik der Sympathikusblockade			
Blockade	**Erfolgsort**	**Technik**	**Dosierung**
Ganglion cervicale superius	Kopf	transoral	2 ml
Stellatumblockade	Kopf, Arme	prävertebral, bei C6 von ventral	5 ml (Kopf) 15 ml (Arm)
thorakaler Grenzstrang	Arme	Th 2/3 von dorsal neben Wirbelkörper	5 ml
lumbaler Grenzstrang	Beckeneingeweide (z.T.) Beine	L3/4 von dorsal, vordere Kante des Wirbelkörpers	10 ml
Plexus coeliacus	Eingeweide des Oberbauches (Pankreas!)	L1/2 von dorsal **vor** dem Wirbelkörper neben die Aorta oder von ventral mit Ultraschall (auf Höhe der A. coeliaca)	10 – 20 ml

3.2.5 Chemische und thermische Neurolyse

Neurolysen sind ablative, destruierende Verfahren mit dem Ziel der Unterbrechung von Nervenbahnen im Bereich des peripheren und zentralen Nervensystems. Prinzipiell kann man chemische und thermische Neurolyse (Kryoverfahren und Hochfrequenzläsionsverfahren) unterscheiden.

Chemische Neurolysen

Sie werden mit Alkohol oder Phenol durchgeführt. Diese haben zunächst einen lokalanästhetischen Effekt. Anschließend entsteht durch Proteindenaturierung eine irreversible, nicht selektive Blockade des Aktionspotentials aller Fasern. Die Destruktionen ergeben kein einheitliches Bild.

Techniken

- Neurolyse des Plexus coeliacus
- Neurolyse des lumbalen Grenzstrangs
- Neurolyse des Plexus hypogastricus sup.
- Intrathekale Neurolyse der Hinterwurzel
- Epidurale Injektion von Neurolytika über einen Katheter (Phenol)
- Kaudale Injektion von Neurolytika (Phenol)
- Neurolyse peripherer Nerven (z.B. Nn. intercostales)
- Neurolyse des Ganglion Gasseri.

Indikationen

Im wesentlichen haben heute nur noch die Neurolyse des lumbalen Grenzstrangs bei ischämischen Schmerzen, des Plexus coeliacus bei malignen Schmerzen des Oberbauchs und die partielle Neurolyse des Ganglion gasseri mit Glycerin bei Trigeminusneuralgie eine Bedeutung. Bei neurolytischen Blockaden ist eine Röntgenkontrolle obligatorisch.

Komplikationen

Da chemische Neurolytika nicht nervenspezifisch sind, können in Abhängigkeit von der Konzentration auch umliegende Strukturen zerstört werden. Allergische und toxische Wirkungen bei größeren Volumina sind bei Phenol möglich. Generell ist eine Neuritis (bei Alkohol häufiger und schwerer) die häufigste Nebenwirkung. Bei Blockade gemischter Nerven können Paresen entstehen. Bei intrathekaler Applikation Paresen und Blasenentleerungsstörungen.

Thermische Neurolysen

Kryoverfahren

Bei Kryoverfahren wird lokal über eine Spezialsonde unter Bildwandlerkontrolle Kälte (ca. -40 °C an der Sondenspitze) im Bereich der entsprechenden Nerven appliziert. Dies führt zu einer Unterbrechung der Nervenleitung im peripheren Nerven. Es kommt zu einer passageren (wochenlang anhaltenden) Blockade aller sensiblen, motorischen und vegetativen Fasern, ähnlich der Wirkung einer chemischen Neurolyse, wobei allerdings das Risiko einer Neuralgieentstehung und anderer Komplikationen wesentlich geringer sind. Das Ausmaß des Verlusts der Leitungsfunktion am peripheren Nerven ist abhängig von der Lokalisation der Kryosonde. Die Sonde muß wesentlich präziser an den Nerven geführt werden als eine Kanüle zur Injektion von Lokalanästhetika, da das Läsionsvolumen an der Spitze der Thermosonde relativ klein ist.

Kryoverfahren werden an folgenden Nerven angewandt:

- Periphere (bevorzugt Nn. intercostales)
- Sakralnerven im Kaudalkanal (sehr unsicher)
- Periphere Neurome
- Rami dorsales der Spinalnerven.

Die Bedeutung von Kryoverfahren zur Neurodestruktion kann noch nicht abgeschätzt werden. Die wesentlichste Bedeutung haben Vereisungen peripherer Nerven, z.B. nach Amputationen (Neurome).

Kryosonden sind im Vergleich zu Thermosonden wesentlich dicker.

Hochfrequenzläsions- (= Radiofrequenz) Verfahren unter Bildwandlerkontrolle

Bei den Hochfrequenzläsionsverfahren kann an der Spitze einer Spezialkanüle das Gewebe in einem definierten Areal auf beliebige Temperaturen erhitzt werden. Normalerweise werden Läsionen mit 65 – 80 °C gesetzt. Hierdurch können ebenfalls Nerven oder Nervenbahnen unterbrochen werden.

Folgende Verfahren werden angewandt:

- Perkutane Chordotomie (Läsion des Vorderseitenstrangs im Rückenmark) bei einseitigem Tumorschmerz
- Thermoläsion des Ganglion Gasseri bei Trigeminusneuralgie
- Denervation der Wirbelgelenke (Läsion der Rami dorsales)
- Perkutane Rhizotomie (Läsion der Spinalganglien)
- Unterbrechung des sympathischen Grenzstrangs.

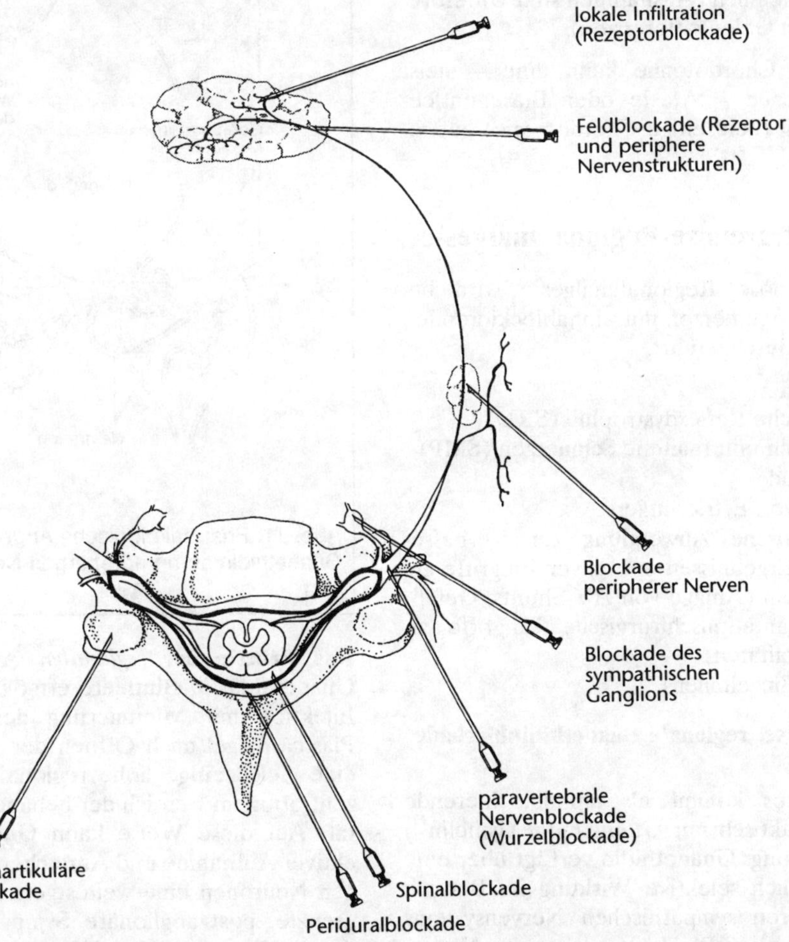

Abb. 10: Schematische Darstellung der Applikationsorte für diagnostische/therapeutische Nervenblokkaden

Radiofrequenzverfahren sind wesentlich präziser als Kryoverfahren, da sowohl die Größe der Läsion, als auch die Temperatur im Läsionsgebiet via Thermofühler genauer kontrolliert werden können.

Nebenwirkungen können in – meist vorübergehenden – Deafferentierungsschmerzen bestehen, sofern Spinalganglien, Ganglion gasseri oder periphere Nerven unterbrochen werden. Im letzten Fall ist das Auftreten von Dysaesthesien wahrscheinlich (Ausnahmen sind Unterbrechungen von Gelenkafferenzen).

Nach einer Chordotomie kann eine – meist vorübergehende – Ataxie oder Blasenentleerungsstörung (beidseitige Chordotomie) auftreten.

3.2.6 Intravenöse Regionalanalgesie

Die intravenöse Regionalanalgesie wird bei chronischen Schmerzen mit alphablockierenden Substanzen durchgeführt.

Indikationen

- Sympathische Reflexdystrophie (SRD)
- Sympathisch unterhaltene Schmerzen (SMP)
- M. Raynaud
- Therapie von Erfrierungen
- Prophylaktische Anwendung zur Verbesserung von Ergebnissen operativer Eingriffe am Gefäßsystem (Anlage von AV-Shunts, Gefäß- und Replantationschirurgische Eingriffe an den Extremitäten)
- AVK (in Einzelfällen).

Intravenöse, regionale Guanethidinblockade (IVRGB)

Medikamentös kommt als alphablockierende Substanz praktisch nur *Guanethidin* (Ismelin®) zur Anwendung. Guanethidin verfügt über eine außerordentlich selektive Wirkung im Bereich des peripheren sympathischen Nervensystems und führt zu einer Blockade adrenerger Neurone.

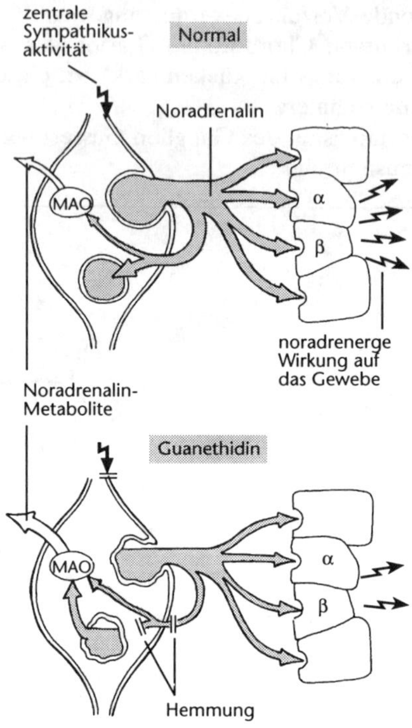

Abb. 11: Pharmakologische Angriffspunkte von Guanethidin an noradrenergen Nervenendigungen

Das Prinzip der *regionalen* Applikation von Guanethidin in Blutleere ermöglicht die lokale Injektion mit Minimierung der systemischen Plasmaspiegel nach Öffnen der Blutsperre und eine gleichzeitige hohe regionale Gewebekonzentration im Bereich der behandelten Extremität. Auf diese Weise kann Guanethidin nach aktiver Aufnahme und Anreicherung in adrenergen Neuronen eine weitestgehend regional begrenzte, postganglionäre Sympathikusblockade durch Hemmung der Noradrenalinfreisetzung und Verarmung der Noradrenalinspeicher erzielen.

Die Dauer der Sympathikolyse beträgt nach einmaliger IVRGB drei bis vier Tage. Nach repetitiven Blockaden scheint eine noch länger anhaltende Blockade möglich zu sein.

Technik

Die Technik der intravenösen regionalen Guanethidinblockade entspricht in ihren Grundzügen weitgehend der bereits 1908 bekannten intravenösen, regionalen Anästhesie nach *Bier*:

- Punktion und Dauerkanüle einer distalen Vene
- Anlegen einer Blutdruck-Manschette zur späteren Blutsperre
- Auswickeln der zu behandelnden Extremität mittels einer Esmarch-Binde zur Blutleere
- Aufblasen der Manschette auf einen Wert von 300 – 500 mm Hg
- Injektion von 10 – 20 mg Guanethidin am Arm und 20 - 30 mg am Bein in ca. 10 ml NaCl 0,9% über mind. 90 Sekunden
- Nachinjektion von 0,9% NaCl bis der Spontanschmerz bei der Injektion verschwindet.

Die Manschette sollte möglichst distal angelegt werden. Das Öffnen der Manschette erfolgt nach 15 - 20 Minuten. Zu diesem Zeitpunkt ist das Guanethidin weitgehend absorbiert, so daß mit nur minimalen, unmittelbar systemischen Nebenwirkungen gerechnet werden muß.

Komplikationen: Die IVRGB ist als sehr risiko- und nebenwirkungsarmes Verfahren zu bewerten. Aufgrund systemischer Effekte des Guanethidins nach Öffnen der Blutsperre durch Freisetzung von nicht ausreichend fixierten bzw. aufgenommenen Pharmakonresten in die Zirkulation wurde selten eine leichte Erniedrigung des arteriellen Mitteldrucks beobachtet.

3.3 Neurochirurgische Therapie

3.3.1 Dekompressionsverfahren

Dekomprimierende Verfahren sind im wesentlichen bei Engpaßsyndromen indiziert.

Die wichtigsten Engpaßsyndrome sind:

- Karpaltunnelsyndrom (CTS)
- Tarsaltunnelsyndrom (wesentlich seltener)
- Wurzelkompressionssyndrome im Bereich der Wirbelsäule (meist untere HWS und untere LWS).

Dekompressionen des N. medianus (CTS) und von Spinalganglien im Rahmen zervikaler und lumbaler Wurzelkompressionssyndrome durch Bandscheibenvorfälle und Stenosen sind bei weitem am häufigsten und am erfolgversprechendsten.

Atypisch verlaufende Gefäße können zur Kompression von Hirnnerven bzw. oberen zervikalen Wurzeln und damit zum Auslösen der entsprechenden Neuralgien führen. Am bekanntesten ist die Kompression des N. trigeminus im Kleinhirnbrückenwinkel. Auch hier ist ein dekomprimierender Eingriff möglich (☞ 4.3.4).

Weitere dekomprimierende Eingriffe werden im Bereich des N. ulnaris und N. radialis sowie im Bereich der das Leistenband durchquerenden Nerven (z.B. N. ilioinguinalis) durchgeführt.

3.3.2 Destruierende Verfahren

Offene destruierende Verfahren kommen heute nicht mehr zur Anwendung. Eine Ausnahme ist die über eine Laminektomie durchgeführte Radiofrequenz-Läsion des Hinterhorns im Rückenmark bei Wurzelausrissen oder Phantomschmerzen (DREZ = dorsal root entry zone lesion). Die Methode wird aufgrund einer maximalen Erfolgsquote von 50% und z.T. schweren Komplikationen (Parese, Ataxie) zunehmend kritisch beurteilt. Perkutane Verfahren werden abgesehen von Denervationen des sympathischen Nervensystems ebenfalls eher zurückhaltend angewandt (☞ 3.2.5 chemische und thermische Neurolysen). Perkutan durchgeführte destruierende Verfahren im Großhirn oder im Hirnstamm sind verlassen worden.

Die Neurodestruktion peripherer Nerven (Ausnahme Gelenkafferenzen) ist heute obsolet.

3.3.3 Neurostimulation

Ein weiteres Gebiet der invasiven, neurochirurgisch durchgeführten Schmerztherapie ist die Stimulation der Hinterstränge im Bereich des Rückenmarks mittels flexibler Sonden (**SCS= Spinal Cord Stimulation**, vgl. auch 3.4.3).

Die Implantation eines spinalen Reizsystems unter strenger Asepsis entweder perkutan oder mittels einer kleinen Laminektomie erfolgt nur nach sehr sorgfältiger Indikationsstellung.

Indikationen
- Schmerzen nach Bandscheibenoperationen und weiterbestehenden radikulären Symptomen
- Bei fortgeschrittener arterieller Verschlußerkrankung
- Bei therapieresistenter sympathischer Reflexdystrophie.

Weitere Stimulationsverfahren werden zentral im Bereich des periventrikulären/periaquäduktalen Grau und des lateralen somato-sensorischen Thalamus durchgeführt (sog. **DBS = Deep-brain-stimulation**). Als Indikation gelten in der Regel Schmerzen benigner Ursache (nozizeptiver oder neuropathischer Schmerz) bzw. Deafferentierungsschmerz zentraler Genese (Thalamussyndrom, postherpetische Neuralgie).

Selten werden Stimulationssysteme auch an periphere Nerven bei Neuralgien implantiert.

3.4 Naturheilverfahren und physikalische Maßnahmen

3.4.1 Akupunktur

(☞ GK Naturheilverfahren 5.3)

Unter Akupunktur versteht man das Einstechen dünner solider Nadeln durch die Haut in unterschiedliche Tiefen, meistens bis in darunterliegende Muskeln zur Stimulation von Nozizeptoren.

Es gibt folgende Methoden:
- Klassische Akupunktur (Körper- und Ohrakupunktur)
- Triggerpunkttherapie.

Akupunktur scheint das „antinozizeptive System“ zu aktivieren. Durch die Stimulation werden körpereigene Opioide aktiviert, die eine hemmende Funktion auf die Übertragung nozizeptiver Informationen haben. Der analgetische Effekt kann teilweise durch einen Opiatantagonisten aufgehoben werden. Eine weitere wichtige Wirkkomponente ist der suggestive Faktor.

Die Nadelung klassischer Akupunkturpunkte auf sogenannten *Meridianen* (Vorstellung der Chinesen als System für Energieflüsse im Körper) ist für eine optimale Therapie vermutlich nicht unbedingt notwendig. Wichtig ist, daß ein möglichst intensiver Reiz gesetzt wird. Zur Intensivierung des Reizes kann über die Nadel noch elektrisch stimuliert werden.

Die Akupunktur wird an bestimmten Punkten durchgeführt, die empirisch ermittelt worden sind. Vermutlich liegen dort relativ viele feine afferente Nervenendigungen, deren Stimulation besonders effektiv ist. Ausdruck dieser Stimulation ist das sogenannte *„De Qi Symptom“*, eine ziehende, elektrische Empfindung im Bereich der eingestochenen Akupunkturnadel.

Akupunktur ist bei Patienten mit hohem Analgetikaverbrauch nur sehr gering wirksam, ebenso bei Vorliegen einer Depression.

Indikationen
Indikationen zur Akupunktur sind sog. funktionelle Beschwerden wie z.B. Migräne und Schmerzen des muskulo-skelettalen Systems, während neuropathische Schmerzen wesentlich schlechter ansprechen.

Die WHO-Indikationsliste für Akupunktur nennt:
- Kopfschmerzen/Migräne
- Trigeminusneuralgie
- Periphere Neuropathie
- Ischialgien/Lumbalgien
- Rheumatoide Arthritis.

3.4.2 Traditionelle Verfahren

Die Einbeziehung von Naturheilverfahren in die Schmerztherapie geht im wesentlichen auf die sog. „einfachen ausleitenden, respektive ausleerenden“ Therapiemethoden der historischen Medizin zurück, die bis Mitte des 19. Jahrhunderts an unseren Universitäten gelehrt wurde.

Die wissenschaftstheoretische Basis der alten Medizin war die humorale oder Säftelehre.

Von den Standardverfahren, die aufgrund dieser Lehre zur „Reinigung des Körpers“ angewendet wurden, blieben nur die blutentziehenden und schweißtreibenden Maßnahmen sowie die Derivationen in der Schmerztherapie erhalten.

Blutentziehende Therapie

Neben dem heute wenig gebräuchlichen Aderlaß wird noch das *Schröpfverfahren* und das Anlegen von *Blutegeln* angewandt. Geschröpft wird bevorzugt über Reflexzonen und Muskelhartspann mittels Schröpfköpfen sowohl blutig als auch unblutig. Bei der Therapie chronischer Schmerzen sind das postthrombotische Syndrom und Arthrosen die Hauptindikation.

Diaphoretische Therapie

Die diaphoretische Heilmethode fördert die Hautdurchblutung durch Steigerung der Schweißabsonderung mittels sogenannter Tiefenwärmgeräte. Hauptindikationen sind neben Hautkrankheiten und rheumatischen Erkrankungen auch Schulterarmschmerzen und Nakken-Kopfschmerzen.

Derivationen bzw. Hautausleitungsmethoden

Diese bestehen aus den *hautrötenden* Mitteln, den *blasenziehenden* Mitteln und den Heilmethoden durch *pustelerzeugende* Mittel. Oftmals bedingt die Konzentration des Medikaments den Grad der Hautreizung und somit seine Zuordnung in die obige Einteilung. Hier finden Mittel aus dem Pflanzen- und Tierreich Anwendung.

Bevorzugte Indikationen von Hautreiz- und Derivationsmethoden sind:

- Ischialgie
- Lumbalgie
- Periarthritis humeroscapularis
- Rezidivierende Gelenkergüsse (besonders am Knie)
- Lokale Schmerztherapie bei Knochenmetastasen
- Chronische Gelenkveränderungen.

Kanthariden-Pflaster-Therapie

Die wichtigste Methode der hautausleitenden Verfahren ist die Kanthariden-Pflaster-Therapie (pulverisierte Insekten = spanische Fliege): Die schmerztherapeutische Wirkung des Kantharidenpflasters beruht vermutlich auf einer Gegenirritation. Andererseits führt die Kantharidentherapie nach Ausbildung einer intrakutanen Blase zur Ausleitung von Lymphe und einer nachhaltigen Hyperämie im Bereich des behandelten Segmentes.

Nach Vorstellungen mancher Therapeuten soll die Derivation auch einen direkten Abtransport nozizeptiver (schmerzerregender) Stoffwechselmetaboliten nach außen über den Entzug von Lymphe bewirken.

Baunscheidt-Methode

Ein anderes bekanntes hautreizendes und hyperämisierendes Verfahren ist die Baunscheidt-Methode. Mit Hilfe eines sog. Baunscheidt-Schnippers werden Hautareale je nach Eindringtiefe der Nadeln bis zu 3 mm tief verletzt und anschließend ein Hautreizöl aufgetragen. Es entsteht ein Ausschlag mit hirsekorngroßen Knötchen, die sich im Verlauf von Tagen mit Serum oder sterilem Eiter füllen und nach sieben bis zehn Tagen eintrocknen.

3.4.3 Transkutane Nervenstimulation (TENS)

Wirkungsweise

Das Prinzip der transkutanen elektrischen Nervenstimulation besteht in der Erregung von dikkeren sensiblen, nicht schmerzleitenden Nervenfasern (A-α- und A-β-Fasern). Dadurch soll im Bereich des Rückenmarks die Schmerzweiterleitung unterdrückt werden (Gegenirritationsverfahren). Mehrere Elektroden werden dabei so auf der Haut des Patienten befestigt, daß eine elektrische Stimulation im schmerzhaften Gebiet zu einer deutlichen, jedoch nicht schmerzhaften Vibration führt.

Arten der TEN-Stimulation

Die TEN-Stimulation kann *hochfrequent* als Dauerstimulation normalerweise über peripheren Nervenstämmen oder *niederfrequent* als Burst-Stimulation zumeist über der Kennmuskulatur des entsprechenden Segments erfolgen.

Bei der niederfrequenten, akupunkturähnlichen Stimulation mit hoher Reizintensität werden motorische Reaktionen ausgelöst. Die Schmerzlinderung beginnt verzögert.

Während die niederfrequente Stimulation durch Naloxon reversibel ist, gelingt dies bei der hochfrequenten Stimulation nicht.

Indikationen der TENS

Wichtigste Indikationen sind neuropathischer Schmerz sowie postoperativer und posttraumatischer Schmerz und Schmerzen des Bewegungssystems. Die Methode ist praktisch nebenwirkungsfrei.

3.4.4 Kryotherapie

Kryotherapie (**Kälteapplikation**) wird als Ergänzung zur krankengymnastischen Behandlung und als Notfallmaßnahme bei Traumen durchgeführt.

Die Kühlung der Haut führt zu einer Arbeitserleichterung der Muskulatur ohne Änderung der Ausdauerleistung. Bei kurzzeitiger Kälteanwendung (Sekunden bis zum Einsetzen des Kälteschmerzes) beeinflußt der Kältereiz über die Muskelspindeln das Gamma-System fördernd und führt über A-α-Efferenzen zur Erhöhung des Muskeltonus im gleichen Bereich. Eine längere intensive Kühlung (10 – 20 Min.) hemmt die Funktion der Muskelspindeln, beeinträchtigt die Innervation der Muskulatur, die Dehnungsreflexe und senkt die Schmerzempfindlichkeit.

Indikationen

Die Kryotherapie wird bei folgenden Beschwerden des Bewegungsapparats eingesetzt:

- Posttraumatische Schmerzen
- Postoperative Schmerzen
- Schmerzhafte Gelenkkontrakturen
- Schmerzhafte Bewegungseinschränkungen peripherer Gelenke
- HWS-Schleudertrauma
- Lumboischialgien
- Hypertonus der Muskulatur
- Spastik
- Entzündliche Reizzustände.

Durchführung

Eiswasser: Zerkleinertes Eis wird mit 50% Wasser verdünnt. Man unterscheidet:

- Teilbad: Eintauchen von einer Extremität bis zum Einsetzen des Kälteschmerzes
- Vollbad: Sitz in Eiswasser bis Gürtellinie für 5 – 20 Minuten
- Beim Eintauchen in Eiswasser wird eine Hauttemperatur von 8 – 6 °C erreicht.

Eismus: Zerkleinertes Eis (Eismaschine) wird mit 1/3 Wasser verdünnt. Ein feuchtes Handtuch wird in das Eismus getaucht und ausgewrungen. An dem Handtuch bleiben Eisstücke hängen; dieses wird dann auf den zu behandelnden Körperteil aufgelegt .

Kalte Umschläge kühlen die Haut auf 20-15-13 °C ab.

Eislolly/-ball: Im Handel erhältliche Behälter aus Plastik werden mit Wasser gefüllt und ein Stiel eingetaucht (im Eisfach über Nacht gefrieren lassen).

Dient der Kühlung von Teilbereichen und einzelnen Muskeln. Das Arbeiten wird so auch im Gesicht möglich.

Kalte Rolle: Die Kalte Rolle ist die Variante zur heißen Rolle (☞ 3.5)

Statt heißem Wasser wird hier kaltes Salzwasser in die zusammengerollten Handtücher gegossen; und im Eisfach gefroren.

Anwendung wie bei Eismus bzw. heißer Rolle.

Kältekissen: Im Handel erhältlich. Wird im Gefrierfach abgekühlt. Dient der Kühlung von Teilbereichen.

Kältesprays: Kältesprays sind im Handel erhältlich. Vorteil ist die rasche Anwendungsmöglichkeit (Sportverletzungen!). Nachteilig ist ein zu starkes Abkühlen der Muskulatur bei unsachgemäßer Anwendung.

Wärmeanwendungen ☞ 3.5.3

3.5 Physiotherapie

Definition: Wiederherstellen der Körperfunktion und -wahrnehmung mit einem breiten Spektrum von aktiven und passiven Techniken auf neurophysiologischer Basis unter Zuhilfenahme von physikalischen Maßnahmen.

3.5.1 Krankengymnastik

Indikationen für Krankengymnastik sind schmerzhafte Erkrankungen des peripheren Bewegungsapparates, wirbelsäulenbedingte Beschwerden, sympathische Reflexdystrophie, Myoarthropathie sowie neurologische Krankheitsbilder.

Propriozeptive neuromuskuläre Faszilitation (PNF)

Gezieltes Üben von Bewegungsmustern als Gesamtbewegung unter Einsatz von Faszilitation (Bahnungen) über proprio- und exterozeptive Reize und Hemmung zur Dehnung verkürzter Strukturen sowie Mobilisation. Der Körper wird in seiner Gesamtfunktion behandelt. Bei schmerzhaften Störungen wird zunächst fern von der Lokalisation des Schmerzes begonnen, um eine Verstärkung der Nozizeption zu verhindern und physiologische Muster zu bahnen.

Anwendungsprinzipien

- **Isometrie-Hold/Relax**: Die Anspannung einer Muskelkette hat eine anschließende reflektorische Entspannung zur Folge
- **Reflektorische Hemmung**: Jede Spannung einer Muskelkette bewirkt die reflektorische Hemmung eines Antagonisten
- **Reziproke Hemmung**: Eine Anspannung der Antagonisten bewirkt die Hemmung der Agonisten
- **Dehnung**: Längenzuwachs der Muskulatur mit reflektorischer Tonussenkung und Inaktivierung bestehender Triggerpunkte besonders in der Kombination mit Eis.
- **Bahnung**: Faszilitation über proprio- und exterozeptive Reize (Gelenkrezeptoren reagieren auf Druck oder Zug, Hautrezeptoren werden durch taktile Reize stimuliert), Bewegungswiederholung, Rhythmus.

Manuelle Therapie

Unter manueller Therapie in der Krankengymnastik versteht man die Mobilisation von Gelenken innerhalb der anatomischen Bewegungsgrenze mit Weichteiltechniken.

Indikation: Bewegungseinschränkung mit Gelenkbeteiligung.

Brügger

Die Brüggertechnik dient der Behandlung von Funktionsstörungen infolge eines nozizeptiven Reflexgeschehens vom muskulären System (z.B. Fehlhaltung oder Muskelverkürzungen). Die Ursache des Schutzmechanismus wird aufgespürt und beseitigt, um anschließend neue, physiologische Bewegungsmuster durch ständiges Üben zu festigen.

Indikation: Schmerzen bei Körperfehlhaltung.

Entspannungstherapie

Unter krankengymnastischer Entspannungstherapie versteht man z.B. die Atem- und Lösungstherapie nach Schaarschuch-Haase.

Wichtige Elemente sind:
Üben der Körperwahrnehmung unter Zuhilfenahme der Atembewegung zur Bewußtmachung von verschiedenen Spannungszuständen des Körpers.

Erarbeitung der Lösefähigkeit über Dehnungen von Bindegewebe, Muskulatur und Gelenken.

Indikation: Schmerzen im muskuloskelettalen System

3.5.2 Massagen

Massagen bewirken eine mechanische Lösung von verspanntem Gewebe mit Durchblutungsförderung und Tonusregulation durch Kneten, Walken, Verschieben, Abziehen und Reiben.

Bindegewebsmassage (BGM)

Mit den Fingern wird in Cutis und Subcutis ein strichförmiger Druck ausgeübt.

Über die Headschen Zonen (☞ 1.3.1) soll eine reflektorische Beeinflussung der Bezugsorgane und des vegetativen Nervensystems erfolgen.

Indikation: Vertebragene Schmerzen, Dyskinesien im Verdauungstrakt.

Lymphdrainage

Lymphdrainage ist eine manuelle rückflußfördernde Entstauungstechnik durch vorsichtige oberflächliche Kreisbewegungen proximal-distal-proximal, eventuell auch durch Bandage.

Indikationen: Lymphatische Ödeme nach Operationen und Traumen; sympathische Reflexdystrophie.

3.5.3 Wärmeanwendung

Fangopackung

Zur Durchblutungsförderung, Durchwärmung und Tonusregulation wird je nach Größe des zu behandelnden Gebietes eine Packung aus 54 °C heißem Paraffin (mit Vulkanerdezusatz) angepaßt. Ganz- oder Teilpackung möglich.

Indikation: Vorbereitend zur Massage oder Krankengymnastik, Unverträglichkeit von Kryotherapie, schmerzhafte Tonuserhöhung der Muskulatur.

Heiße Rolle

Zur Durchwärmung bestimmter Körperareale, Duchblutungsförderung und Lockerung wird in eine aus drei Handtüchern bestehende Rolle ca. 1/4 – 1/2 l kochendes Wasser gegossen und diese Rolle auf bestimmte Hautareale gelegt (z.B. über Muskelspannungen). Durch Abwickeln der äußeren Lage kann ständig intensive Wärme gezielt appliziert werden.

Indikationen: Unverträglichkeit der Kryotherapie, schmerzhafte Tonuserhöhung der Muskulatur, Vorbereitung für funktionelle Therapie.

3.6 Psychologische Therapieformen

Der Einsatz psychologischer Behandlungsverfahren ist nicht durch das Ausmaß organischer Veränderungen bestimmt, sondern durch psycho-soziale Auffälligkeiten, die sich im Gefolge von Chronifizierungsprozessen ergeben können (z.B. Depressionen, affektive Störungen, vegetative Reaktionen). Je chronifizierter der Schmerz ist, umso höher ist normalerweise der Anteil der psycho-sozialen Faktoren und desto notwendiger eine psychologische Intervention. In den meisten Fällen ist eine Kombination der einzelnen Verfahren indiziert. Generelle Voraussetzung ist die Motivation des Patienten.

Als psychologische Verfahren kommen zur Anwendung:

- Entspannungsverfahren (PM und AT)
- Imaginative Verfahren
- Biofeedback
- Hypnose
- Kognitive verhaltenstherapeutische Verfahren
- Tiefenpsychologische Verfahren.

Entspannungsverfahren

Zu den Standardinterventionen gehören die **Progressive Muskelrelaxation (PM)** nach Jacobson und das **Autogene Training (AT)**. Beide Verfahren dienen der Erhöhung der Kontrollfähigkeit über vegetative Körperreaktionen in belastenden Situationen.

PM: In der Progressiven Muskelrelaxation (PM) werden progressiv einzelne Muskelgruppen kurzfristig angespannt und dann wieder entspannt. Die Aufmerksamkeit richtet sich auf die Wahrnehmung der unterschiedlichen Spannungs-Zustände. So können schmerzverursachende Muskelkontraktionen schneller wahrgenommen und gezielt aufgehoben werden. Die PM wird als alleiniges Verfahren oder in Kombination mit kognitiv-behavioralen Verfahren bei Patienten mit chronischen Schmerzen bevorzugt, da die in ihrer Grundstruktur eher überaktiven Schmerzpatienten Schwierigkeiten haben, sich auf die passive Form des AT oder von Imaginationsverfahren einzulassen.

AT: Beim Autogenen Training (AT) führen konzentrative autosuggestive Prozesse (formelhafte Vorsatzbildung wie z.B. „Mein Arm wird warm") zur besseren Durchblutung und Entspannung. Das AT entfaltet seine Wirkung allgemein, während die PM gezielter eingesetzt werden kann (dies gilt auch für gezielte Imaginationen). Das AT kann als stressregulierende Technik nur von sehr geübten Patienten in aktuellen Situationen angewandt werden, wohingegen einzelne Übungen der PM dazu besser geeignet sind.

Kontraindiziert sind Entspannungsverfahren bei Patienten mit extrem ängstlich-hypochondrischer Selbstbeobachtung, Zwangsneurosen und Psychosen.

Imaginative Verfahren

Autosuggestive Möglichkeiten werden bei den situations- und reizverändernden Schmerzbewältigungsstrategien genutzt. Hierunter fallen auch imaginative Verfahren wie Temperaturvorstellungen, heilende Vorstellungen oder Phantasieren von angenehmen, mit Schmerz nicht kompatiblen Szenen.

Biofeedbackverfahren

Sie haben das Ziel, daß der Patient lernt, für die Symptomatik relevante physiologische Prozesse selbst zu modulieren. Hierbei werden die entsprechenden physiologischen Parameter (Herzfrequenz, Muskelspannung, Hautwiderstand) über ein elektronisches Gerät in ein akustisches oder optisches Signal umgesetzt. Der Patient wird dann durch eine entsprechende Technik dazu angeleitet, diese Parameter zu verändern, wobei ihm die Veränderung wiederum optisch und/oder akustisch zurückgemeldet wird. Am häufigsten wird das *EMG-Biofeedback* eingesetzt (insbesondere bei Spannungskopfschmerzen und Rückenschmerzen). Dem *Vasokonstriktionstraining* kommt bei der Migräne-Anfallskupierung Bedeutung zu.

Hypnotische Verfahren

Hypnotische Schmerzkontrolle hat im wesentlichen eine Veränderung kognitiver und perzeptiver Prozesse zum Ziel. Sie sind eher bei **akuten Störungen** angezeigt. Indikationen sind beispielsweise Schmerzen im Bereich der Zahnheilkunde und Geburtshilfe.

Kognitive verhaltenstherapeutische Verfahren

Sie zielen auf die Veränderung von unangemessenen Bewältigungsstrategien ab. Patienten lernen, schmerzbezogene Einstellungen („Mir kann nur der Arzt helfen"), Gedanken („Ich werde nie wieder schmerzfrei") und Werthaltungen („Schmerz ist Schicksal"), die das Verhalten steuern, zu verändern. Als Methoden werden Ablenkungstechniken, Entspannungsverfahren, Methoden zur Uminterpretation der Schmerzqualität, kognitive und behaviorale Bewältigungsstrategien, Medikamentenreduktion, Aktivitätsmodifikation (schrittweise Steigerung der Aktivität und Wiederaufnahme der Arbeit oder einer anderen sinnvollen Tätigkeit) angewandt (☞ 4.8).

Tiefenpsychologische Verfahren

Tiefenpsychologisch orientierte Verfahren richten die Aufmerksamkeit nicht auf das Symptom, sondern auf dahinterliegende Konflikte und deren Bearbeitung. Zur Behandlung der sich in der Regel erst im Gefolge der chronischen Erkrankung einstellenden psychosozialen Veränderungen (z.B. Depressivität aufgrund veränderter Lebensumstände, Arbeitsplatzverlust) werden analytische Verfahren bisher eher seltener eingesetzt (☞ Abb. 13).

4 Besondere chronische Schmerzsyndrome

4.1 Malignomschmerz

4.1.1 Ätiologie

Hinter der häufig gestellten Diagnose „Tumorschmerz" verbergen sich in Wahrheit eine Vielzahl verschiedener Schmerzursachen:

- Akuter Tumorschmerz
- Chronischer Tumorschmerz
- Tumortherapiebedingter Schmerz
- Andere Schmerzen (Migräne, Herpes zoster, bandscheibenbedingte Ischialgie).

Bei der Analyse von Schmerzen ist auch zu bedenken, daß viele Schmerzsyndrome unabhängig von der Tumorerkrankung auftreten können. Die Inzidenz von Varizella-Zoster-Infektionen ist bei Tumorpatienten etwa fünfmal höher. Eine postzosterische Neuralgie (PZN) kommt zwei- bis dreimal häufiger vor.

Infolge der vitalen Bedrohung und schwerwiegenden Veränderungen im psychosozialen Umfeld kommt es bei Patienten mit Tumoren oft zu psychischen Veränderungen mit Einfluß auf die Schmerzintensität.

Klinisch manifeste psychiatrische Störungen finden sich bei rund der Hälfte aller Tumorpatienten, wobei es sich bei mehr als zwei Drittel um reaktive Angstzustände und Depressionen handelt. Unzureichend behandelte Schmerzen sind nicht selten die Ursache psychischer Störungen.

Tumorbedingte Schmerzen

Sie entstehen durch Tumor-Kompression oder -Infiltration und können in einer breitgefächerten klinischen Symptomatik auftreten. Im Rahmen peritumoraler Entzündungsvorgänge werden zudem Mediatoren freigesetzt, die zu einer Sensibilisierung von Nozizeptoren führen und dadurch zur Entstehung und Unterhaltung der Schmerzen beitragen. Als charakteristisch wird auch die zirkadiane Rhythmik des Tumorschmerzes angesehen, mit einem Maximum in den Abend- oder Nachtstunden.

Als *Problembereiche* gelten bewegungsabhängige Knochenschmerzen und alle Formen neuropathischer Schmerzen.

Schmerzarten bei malignen Erkrankungen			
Charakter	Mechanismus	**Beispiel**	**Therapie**
somatisch			
Dauerschmerz, gut lokalisiert, nagend, drückend	Nozizeptoraktivierung	Knochenmetastasen	Antineoplastische Therapie (z.B. Radiatio), Analgetika (opioide und nicht-opioide)
viszeral			
Dauerschmerz, schlecht lokalisiert, drückend, ziehend, oft übertragen in Dermatome	Nozizeptoraktivierung projizieren in die Schulter via N.phrenicus)	Leber-/ Lungenmetastasen	Antineoplastische Therapie, Analgetika (opioide und nicht-opioide) Nerven-blockaden
neuropathisch			
einschießende Paroxysmen brennender Dauerschmerz, elektrisierend	spontane paroxysmale Entladungen im PNS + ZNS	brachiale und lumbosakrale Plexopathien durch Tumorinfiltration	Antikonvulsiva, Antidepressiva, TENS, Nervenblockaden, Analgetika

Therapiebedingte Schmerzen

Therapiebedingte Schmerzen bei Tumorerkrankungen sind Folge von:

- Chemotherapien (Polyneuropathien)
- Absetzen einer Kortikosteroidbehandlung (Arthralgien oder Myalgien)
- Brustoperationen (einschnürende und brennende Schmerzen in Arm, Axilla und vorderer Brustwand = Postmastektomiesyndrom bei vier bis zehn Prozent der Frauen durch Neurombildung des N. intercostobrachialis)
- Radikaler Neck-dissection (Verletzung des Plexus cervicalis sup.)
- Thorakotomien (Verletzung von Interkostalnerven = Postthorakotomie-Syndrom)
- Amputationen (Neurombildung und Deafferentierungsschmerz = Stumpf- und Phantomschmerz)
- Bestrahlung (Schädigung von Nervengewebe).

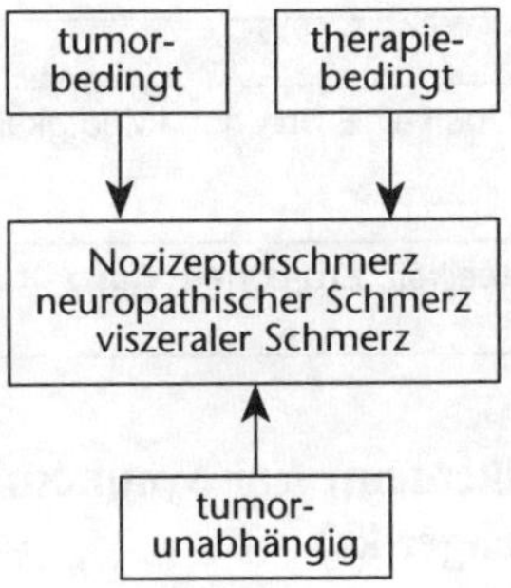

Abb. 12:
Pathophysiologie von Tumorschmerzen

4.1.2 Symptomatische Therapie

Wie bereits dargestellt, kommen eine Reihe von Interventionen bei Schmerzzuständen von Tumorpatienten zum Einsatz (☞ 3.1, 3.2 und 3.3). Ziel einer adäquaten Therapie bei Krebskranken ist, das Auftreten von Schmerzen zu verhindern oder diese erträglich zu machen.

Alle genannten Maßnahmen stehen nicht alternativ zueinander, sondern sollten komplementär eingesetzt werden. Der Schwerpunkt der symptomatischen Schmerzbehandlung liegt eindeutig bei der systemischen Pharmakotherapie. Mit deren Hilfe ist es möglich, bei 80 – 90% der Patienten eine befriedigende Schmerzkontrolle zu erreichen. Neurodestruktive Maßnahmen spielen heute nur noch eine untergeordnete Rolle (☞ 3.2.5).
Behandlungsprinzipien ☞ 3.1.2.

Stufenplan

Darunter versteht man die stufenweise Verordnung von Medikamenten zur Schmerztherapie:

- **1. Stufe:** Beginn mit einem nichtopioiden Analgetikum
- **2. Stufe:** Kombination mit einem Opioid mittlerer Stärke
- **3. Stufe:** Alleinige Gabe von starken Opioiden, evtl. in Kombination mit einem Nicht-opioid.

Auf jeder Stufe kann in Abhängigkeit vom Schmerzcharakter ein sog. Koanalgetikum = Adjuvante Medikamente (z.B. Antikonvulsiva, Kortikosteroide, Antidepressiva) gegeben werden oder es können zusätzliche Maßnahmen (z.B. Nervenblockaden, neurodestruktive Maßnahmen) durchgeführt werden.

Bei der Anwendung von Opioiden mittlerer Stärke gilt es zu beachten, daß viele verfügbare Präparate häufig nicht länger als zwei bis drei Stunden wirken. Bei einem gleichbleibenden Dauerschmerz ist es daher sinnvoll, die Patienten mit einem Retardpräparat zu versorgen. Stark wirksame Opioide sollten bei Patienten mit reduziertem Allgemeinzustand, hohem Lebensalter, mit obstruktiven Ventilationsstörungen, erhöhtem intrakraniellen Druck, eingeschränkter Nierenfunktion und erschwerter Blasenentleerung vorsichtig dosiert werden.

Durch Einsatz von adjuvanten Medikamenten kann der Bedarf an Opioiden reduziert werden.

Bei Tumorschmerzen liegt häufig ein dynamischer Krankheitsprozeß vor, so daß sich der Bedarf an Analgetika ändern kann. Eine regelmäßige Therapieerfolgskontrolle ist unerläßlich; Medikationsanpassungen sind bei Auftreten eventueller Nebenwirkungen vorzunehmen. Eine obere Dosisbegrenzung gibt es für reine Opiatagonisten nicht.

Stufenplan bei Tumorschmerzen		
Medikamente	**Dosis**	**Wichtigste Nebenwirkungen**
1. Stufe		
Acetylsalicylsäure (ASS®)	250-1000 mg alle 4 Std.	gastrointestinale Störungen, erhöhte Blutungsneigung
Diclofenac (Diclofenac®)	50-100 mg alle 6-8 Std.	gastrointestinale Störungen
Indometacin (Indocontin®)	75mg alle 12 Std.	gastrointestinale Störungen, Flüssigkeitsretention
Ibuprofen (Ibuprofen®)	400-1000 mg alle 6-8 Std.	gastroinestinale Störungen
Paracetamol (Paracetamol®)	500-1000 mg alle 4 Std.	Lebertoxizität bei Dosen > 10 g
Metamizol (Novalgin®)	500-1000 mg alle 4 Std.	AgranulozytoseAllergie
2. Stufe		
Codein (Codeinum phosphoricum®)	30-100 mg alle 4 Std.	Obstipation, Übelkeit, Erbrechen
Dihydrocodein (DHC Mundipharma®)	60-90-120 mg Retardform alle 8-12 Std.	
Tramadol (Tramal®) Tramadol retard (Tramundin retard ®)	50-100 mg alle 4 Std. 100-200 mg alle 8-12 Std.	
Tilidin (ValoronN®)	50-100 mg alle 2-4 Std.	
3. Stufe		
Morphin (MST Mundipharma®)	10-30-60-100-200 mg Retardtabl. alle 8-12 Std., Lsg. (1-4%), alle 4 Std.	Obstipation, Übelkeit Erbrechen, Müdigkeit
Methadon (Polamidon®)	Beginn 2,5-5 mg alle 6-8 Std.	Obstipation,Übelkeit, Erbrechen, ***Cave:*** Kumulation!

Koanalgetika		
Medikamenten-gruppe	**1. Wahl**	**Alternative**
Antikonvulsiva (bei Schmerz-paroxysmen)	Carba-mazepin (Tegretal®)	Clonazepam (Rivotril®)
Antidepressiva (bei Dysästhesien)	Amitriptylin (Saroten®)	Mianserin (Tolvin®)
Kortikoide (bei Hirndruck, Nerven-kompression, Le-berkapselschmerz)	Prednisolon (Decortin H®)	Dexamethason (Decadron®)
Neuroleptika (bei Übelkeit und Erbrechen)	Haloperidol (Haldol®)	Chlorpromazin (Megaphen®) Levomepromazin (Neurocil®)

Begleitmedikamente zur Symptomkontrolle (keine Koanalgetika)

Laxantien

Alle Tumorpatienten, die ein Opioid rezeptiert bekommen, sollten auf die Notwendigkeit der regelmäßigen Stuhlentleerung hingewiesen werden. Diese sollte mindestens alle 2 – 3 Tage erfolgen; dazu ist in der Regel die prophylaktische Verordnung eines Laxans empfehlenswert. Sollte es trotz der Anwendung von Laxantien zu einer Stuhlverhaltung kommen, ist die Durchführung von Klysmen bzw. Einläufen und ggf. die manuelle Ausräumung indiziert.

Medikamente
- Lactulose (Bifiteral®)
- Sennoside (Agiolax®)
- Paraffinhaltige Mittel (Obstinol®)
- Stimulantien (Laxoberal®)
- Förderung der Darmperistaltik, Bisacodyl (Dulcolax®).

Antiemetika
- Zentral wirksam: Haloperidol (Haldol®)
- Motilitätssteigernd: Metoclopramid (Paspertin®), Domperidon (Motilium®)
- Serotoninantagonistisch: Ondansetron (Zofran®).

Wenn Antiemetika nicht ansprechen, müssen auch andere Ursachen für Übelkeit und Erbrechen mit in die Überlegung einbezogen werden, wie z.B. Hirnmetastasen, Magenausgangsstenosen und Subileus.

Ulkusprophylaxe
- H_2-Rezeptorenblocker: Cimetidin (Tagamet®), Ranitidin (Zantic®), Famotidin (Pepdul®)
- Anticholinergika: Pirenzepin (Gastrozepin®)
- Prostaglandinderivate: Misoprostol (Cytotec®)
- Antazida: Sucralfat (Ulcogant®), Aluminium- und Magnesiumsalze, (Gelusil®, Maaloxan®).

4.1.3 Palliative Therapiemöglichkeiten

Die Heilung von Krebs ist der Wunsch aller Betroffenen und Ziel der Ärzte. Trotz großen Fortschritts in der Medizin sind aber die Heilungsraten bei vielen Tumoren noch nicht wesentlich gestiegen. So stellt die lindernde (palliative) Behandlung dieser Kranken eine der wichtigsten Aufgaben in der disziplinären Medizin dar.

Bei palliativer Zielsetzung kann unterschieden werden, ob eine langfristige Palliation mit Verlängerung der Überlebenszeit oder nur eine kurzfristige ohne Überlebenszeitgewinn möglich ist.

Tumorerkrankungen mit ***langfristiger* palliativer Zielsetzung** sind:
- Chronische lymphatische Leukämie
- Prostatakarzinom
- Multiples Myelom
- Metastasiertes Mamma-Karzinom
- Ovarialkarzinom
- Endometriumkarzinom
- Weichteilsarkome
- Plattenepithelkarzinome
- Medulloblastom.

Bei diesen Tumoren, die ca. 40% aller malignen Erkrankungen ausmachen, besteht eine mittlere Überlebenszeit bei Remission zwischen ein und drei Jahren.

Eine Reihe von Neoplasien sind nur unter kurzfristiger palliativer Indikation ohne wesentliche Verlängerung der Überlebenszeit behandelbar. Tumorerkrankungen mit ***kurzfristiger* palliativer Zielsetzung** sind:
- Adenokarzinom des Magens
- Übrige Adenokarzinome des Gastrointestinaltrakts
- Ureterkarzinome
- Nebennierenrindenkarzinom
- Malignes Melanom.

Hier beträgt die mittlere Überlebenszeit nur sechs bis zehn Monate. Sie machen ungefähr 30 % aller Neoplasien aus.

Palliative Strahlentherapie

Die **analgetische Bestrahlung** ist v.a. zur palliativen Behandlung von **Knochenmetastasen** indiziert.

Daneben sprechen gut an:
- Lymphknotenmetastasen
- Hautmetastasen
- Lymphangiosis cutis carcinomatosa
- Hirnmetastasen
- Orbita- und Aderhautmetastasen
- Obere Einflußstauung
- Bronchuskompression und/oder Obstruktionen
- Rektumkarzinom-Rezidive.

Für die Ansprechrate von Bestrahlung bei Knochenmetastasen besteht kein nennenswerter Unterschied zu den verschiedenen Primärtumoren. Differenzen finden sich in Abhängigkeit vom Metastasierungstyp, wobei osteoplastische, stabile Metastasen besser auf die Bestrahlung ansprechen als osteolytische Herde ohne pathologische Frakturen oder osteolytische Metastasen mit pathologischen Frakturen.

Da osteolytische Metastasen mit pathologischen Frakturen die ungünstigste Ansprechrate haben, müssen Patienten mit osteolytischen Metastasen prophylaktisch bestrahlt werden, bevor durch Instabilität verursachte Schmerzen eintreten.

Bei der **palliativen Bestrahlung** geht es nicht nur um die Behandlung von Schmerzen, sondern auch um **Besserung, Beseitigung und Verhinderung unterschiedlichster Befindlichkeitsstörungen und Symptome, z.B.:**

- Bewegungseinschränkung durch schmerzhafte Knochen- und Weichteilmetastasen
- Drohende Frakturen
- Druckgefühl durch tumoröse Raumforderungen mit Kompression von Gefäß- und Nervenstrukturen
- Hirndruckzeichen
- Exophthalmus, Visusminderung bzw. Visusverlust
- Kompression von Hohlorganen mit Abflußbehinderung
- Tumorblutungen
- Vermehrte Schleimsekretion, Exulzerationen.

Die Strahlenbehandlung sollte soweit als möglich ambulant durchgeführt werden.

Zur palliativen Strahlentherapie werden heute Megavolt-Techniken (Beschleuniger, Telekobald-Geräte) wegen ihres hautschonenden Effekts, der besseren Tiefendosis, der gleichmäßigeren Strahlenabsorption in Knochen und Weichteilen und der damit homogeneren Dosisverteilung bevorzugt. Die erforderliche Dosis liegt zwischen 30 und 50 Gy, appliziert in zwei bis fünf Wochen.

Palliative Zytostatika- und Hormontherapie

Die Wirksamkeit von **Zytostatika** oder **Hormonen** bei Schmerzen beruht einerseits auf der zytotoxischen Hemmung der Tumorzellproliferation und andererseits auf der Synthesehemmung von Mediatorsubstanzen, die Schmerzen induzieren können. Darüberhinaus haben die meisten Zytostatika eine antiphlogistische Wirkung.

Palliative chirurgische Therapie

Chirurgische Strategien der palliativen Behandlung werden sowohl bei Rezidiven als auch bei Metastasen eingesetzt.

Indikationen zu palliativen chirurgischen Maßnahmen sind z.B.:

- Umgehungsanastomosen im Magen-Darmtrakt
- Blasenfisteln
- Innere und äußere Nierenableitung
- Endotubus
- Tracheostoma.

Weitere Indikationen für chirurgisch-palliative Behandlung sind chirurgisch-plastische Behandlung bei malignem Melanom, primärpalliative Eingriffe mit Funktionsrekonstruktion (Oesophaguskarzinom, Mundbodenkarzinom, Strahlenschäden oder Dekubitalulcera).

Metastasenchirurgie dient in überwiegendem Maße der Tumormassenverkleinerung (Lebermetastasen, Lungenmetastasen). Die Indikationen sind jedoch von vielen Faktoren abhängig, wie z.B. von der biologischen Eigenschaft des Primärtumors, von Ort, Zahl und Größe der Metastasen, Stadium und Prognose des Primärtumors und vom Operationsrisiko.

4.1.4 Supportive Maßnahmen

Die **Pflege** von Schwerstkranken bis zum Tod erfordert einen intensiven Einsatz des Pflegepersonals, um den körperlichen Bedürfnissen sowie den seelischen, religiösen und sozialen Anliegen des Patienten gerecht zu werden. Da eine Besserung des Krankheitsbildes nicht mehr erwartet werden kann, liegt neben der psychischen Betreuung das Hauptaugenmerk auf der körperlichen Grundpflege mit ihren verschiedenen Prophylaxen.

Zu den wichtigsten Aufgaben gehören:

- Symptomkontrolle
- Ernährung
- Psychologische und psychosoziale Betreuung.

Am besten ist die Pflege dieser Schwerstkranken und Sterbenden auf einer *Palliativstation* zu gewährleisten.

Symptomkontrolle

Die Symptomkontrolle bezieht sich auf:

- Behandlung medikamentöser Nebenwirkungen, z.B. Übelkeit, Erbrechen, Sodbrennen
- Obstipation, Subileus, Ileus
- Kachexie
- Soor, Stomatitis, Gingivitis, Mukositis
- Luftnot
- Schlafstörungen
- Verwirrtheitszustände, Halluzinationen
- Infekte
- Probleme des Urogenitaltraktes (Tenesmen, Krämpfe, Koliken, Hämaturie).

Die Obstipation gehört insgesamt zu den häufigsten Symptomen bei terminal kranken Tumorpatienten und kann physisch und psychisch sehr quälend sein.

Ernährung

Bei zahlreichen Tumorpatienten kommt es im Verlauf der Krankheit zu mehr oder weniger ausgeprägten **Ernährungsproblemen.** Nahezu 40% der Patienten mit fortgeschrittenen Tumorerkrankungen leiden unter Appetitlosigkeit, Übelkeit und Erbrechen. Je nach Art des Tumors findet man einen mehr oder weniger ausgeprägten Gewichtsverlust. Eine ausreichende spontane Nahrungsaufnahme ist in fortgeschrittenen Krankheitsstadien oft nicht gewährleistet. Das gleiche gilt für Phasen intensiver Tumortherapie, d.h. nach ausgedehnten operativen Eingriffen, während Bestrahlung und onkologischer Chemotherapie.

Mit Ernährungsproblemen ist besonders häufig bei Prozessen im Gastrointestinaltrakt (Oesophagus, Magen, Pankreas), aber auch der Kopf-Halsregion sowie bei malignen Lymphomen zu rechnen. In vielen Fällen reicht eine orale Ernährung nicht aus; die Nahrung muß dann über Magen-Darmsonden oder parenteral zugeführt werden.

Patienten ohne Zeichen der Mangelernährung benötigen täglich zwischen 1 und 1,5 g Eiweiß pro Kilogramm-Sollgewicht. Der Energiebedarf des Grundumsatzes wird in der Regel mit 1 kcal/h und Kilogramm-Sollgewicht angenommen.

In Phasen des Stoffwechselstresses, d.h. während aggressiver Tumortherapie, bei rasch progredientem Tumorleiden, bei Infektion sowie bei offensichtlicher Mangelernährung steigt der tägliche Nährstoffbedarf auf über 1,5 g Eiweiß und ca. 35 kcal/kg in Form von Kohlenhydraten und Fett.

Psychologische/psychosoziale Betreuung

Viele Patienten mit fortgeschrittener Tumorerkrankung benötigen psychologische Hilfe. Psychosoziale Probleme bei fortgeschrittenen Tumorerkrankungen sind aus der Sicht von Patienten, Angehörigen und Therapeuten zu sehen.

Aus der Sicht des Patienten

Die zum Tode führende Erkrankung löst bei den betroffenen Patienten oft schwere psychische Reaktionen aus. Nach Kübler-Ross sollen die Patienten verschiedene Phasen der Erkrankung mit unterschiedlichen emotionalen Reaktionen durchlaufen. So stehen am Anfang mehr Angst und Verleugnung, im weiteren Verlauf Zorn und Auflehnung, schließlich eine Depression und eventuell am Ende die Zustimmung zum Tode.

Die vier Kernbedürfnisse sterbender Menschen sind nach Zech:

- Im Sterben nicht alleingelassen zu werden
- Im Sterben nicht unter starken körperlichen Beschwerden (besonders Schmerzen) leiden zu müssen
- Die Regelung letzter Dinge
- Das Stellen der Sinnfrage und das Erörtern der Frage nach dem „Danach“.

Angst, Verzweiflung, Depression, Trauer, Inaktivität und Vereinsamung können die Schwelle für Schmerzempfindungen drastisch herabsetzen.

Aus der Sicht der Angehörigen
Durch eine Krebserkrankung wird nicht nur der Patient in einen Zustand der Unsicherheit und Verzweiflung gebracht, sondern auch Angehörige sind hiervon erheblich mitbetroffen, da sie oftmals zu Langzeitbetreuern der Erkrankten werden.

Viele Angehörige fühlen sich durch die Verantwortung im Sinne von „helfen müssen" oder „sich nichts anmerken lassen dürfen" erheblich belastet. Es ist daher wichtig, Angehörige vom Beginn an mit in die Behandlung zu integrieren und ärztlich auch für sie als Ansprechpartner verfügbar zu sein.

Aus der Sicht der Therapeuten
Die Beziehung von Ärzten zu Patienten mit fortgeschrittener Tumorerkrankung erschöpft sich häufig in professionellen Gesprächen hinsichtlich Diagnose und Therapie. Dies genügt jedoch nicht. Vielmehr ist die eigene emotionale Einfühlung die wesentlichste Grundlage der Beziehung zu den Patienten. Hier ist auch die persönliche Auseinandersetzung des Arztes mit Leiden und Tod wichtig, um unheilbar Kranken zu helfen. Für den Kranken ist es wesentlich zu wissen, daß er von seinem Arzt kontinuierlich begleitet wird. Dies ist das wirksamste Mittel zur Verhinderung eines depressiven Rückzugs. Das Delegieren der psychischen Betreuung an einen Sozialpädagogen oder Psychologen ist nicht günstig, da es dabei zu einer stärkeren Trennung von somatischen und psychischen Anteilen der Betreuung kommt.

Hilfreich bei der Bewältigung dieser schwierigen Aufgaben sind Gruppengespräche im Behandlungsteam, nach Möglichkeit mit Supervision und Gespräche mit Kollegen in ähnlicher Situation, z.B. innerhalb von Balint-Gruppen.

4.2 Schmerzen im Bewegungsapparat

4.2.1 Chronische Nacken- und Rückenschmerzen

Haltungsstörungen der Wirbelsäule sind eine der häufigsten Ursachen von chronischen Schmerzen. Betroffene anatomische Strukturen sind Muskel-Sehnenapparat, Bandscheiben, Gelenke, Knochen und Nervenbahnen.

Vermutlich entstehen Schmerzen häufig primär arthrogen oder neurogen. Erst sekundär kommt es in diesen Fällen reflektorisch zu Störungen am Muskel-Sehnenapparat.

In den meisten Fällen ist es nicht möglich, eine ätiologisch exakte Diagnose von Nacken- oder Rückenschmerzen zu geben. Deshalb fehlen effektive Therapiekonzepte und es kommt schnell zu Chronifizierungsvorgängen, die einen multimodalen Therapiezugang notwendig machen.

Nackenschmerzen

Nackenschmerzen mit Ausstrahlung in den Kopf oder in die Schultern und Arme können halbseitig oder beidseitig und kontinuierlich oder anfallsweise auftreten.

Man unterscheidet daher:

- **Halbseitig und anfallsweise** auftretende Nacken-Kopfschmerzen weisen häufig auf eine neurogene Beteiligung hin, wobei die genaue Ursache schwierig festzustellen ist. Es kann diesen Schmerzen auch eine Irritation oberer zervikaler Wurzeln (C2) durch Gefäße analog der Trigeminusneuralgie (☞ 3.3.1, 4.3.4) zugrundeliegen
- **Kontinuierlich oder wellenförmig** auftretende Hemikranien sind vermutlich primär auf mechanische Strukturen zurückzuführen, deren genaue Differenzierung oft nicht möglich ist. Ätiologisch können ein Trauma, eine Funktionsstörung von Wirbelgelenken oder der Muskulatur, degenerative Prozesse der Wirbelgelenke oder Bandscheibenvorfälle (Reizung des Lig. post.) zugrundeliegen.

Diagnostisch kann man unterscheiden:
- Reflektorische segmentale Funktionsstörung (Hypomobilität, Hypermobilität)
- Irritationssyndrom (entzündliche Reizung von Wirbelbogengelenken und ligamentären Strukturen)
- Überlastungssyndrom (Fehlhaltungen von Kopf, HWS und BWS mit nachfolgenden muskulären und ligamentären Schmerzen)
- Myofasziales Syndrom (lokales Muskeltrauma und/oder Überlastung oft mit Triggerpunkten in der Muskulatur).

Beidseitige Kopfschmerzen lassen eher an Spannungskopfschmerzen denken (☞ 4.3.2).

Diagnostik
- Anamnese (Trauma, Schmerzbeginn, Schmerzverstärkung)
- Identifikation einer Bewegungseinschränkung der HWS in Neutralstellung, Ante- oder Retroflexion und bei einer Prüfung der translatorischen Beweglichkeit (Manuelle Untersuchung).
- Palpation über den mittleren oberen Wirbelgelenken (an der Hinterseite des M. sternocleidomastoideus); Identifikation von Hartspann und Triggerpunkten in benachbarten Muskelgruppen sowie Muskelverkürzungen
- Ausschluß neurogener Störungen
- Ausschluß spez. Schmerzursachen durch bildgebende Verfahren.

Bei der Diagnostik **anfallsartiger** Schmerzen kommen darüberhinaus Nervenblockaden (obere Spinalnerven) zur Geltung.

Bei chronischen Nacken-/Kopfschmerzen läßt sich die somatische Ursache i.d.R. nicht mehr feststellen.

Apparative diagnostische Möglichkeiten einschließlich bildgebender und elektrophysiologischer Verfahren treten im Gegensatz zu den manuellen Untersuchungstechniken und Nervenblockaden (Röntgenkontrolle!) diagnostisch in den Hintergrund.

Differentialdiagnostisch ist abzuklären: Migräne, Myoarthropathie, paroxysmale Hemikranie, Cluster Kopfschmerz oder Trigeminusneuralgie.

Therapie
Die Therapie von Nacken/Kopfschmerzen umfaßt nichtopioide Analgetika, Physiotherapie, Chirotherapie, Infiltration muskulärer Triggerpunkte, Nervenblockaden (z.B. der Rami dorsales, Nn. occipitales) und gegebenenfalls eine Anästhesie der Zwischenwirbelgelenke oder eine Denervation dieser Gelenke durch thermische neurodestruktive Verfahren. Bei chronischen Schmerzen sind komplexe Behandlungsstrategien analog der Behandlung von Rückenschmerzen angebracht.

Rückenschmerzen

Rückenschmerzen sind ebenso wie Nackenschmerzen ein Symptom und keine Krankheit. Das differentialdiagnostische Spektrum umfaßt eine große Anzahl von Krankheitszuständen, die über eine ätiologisch orientierte Diagnosestellung auszuschließen sind. Selten liegen aber Rückenschmerzen spezifische Krankheitsprozesse zugrunde, so daß in überwiegendem Maße degenerative Veränderungen und Funktionsstörungen die Ursache sind. In 60 – 80 % bleibt die Ursache unklar, so daß sehr häufig radiologisch sichtbare, schmerzirrelevante Veränderungen als Diagnoseersatz herangezogen werden.

Bei der differenzierten Diagnostik unklarer, akuter oder rezidivierender Schmerzen spielen provokationsradiologische Maßnahmen und Nervenblockaden eine herausragende Rolle.

Man unterscheidet grundsätzlich zwischen *nichtradikulären* und *radikulären* Schmerzen.

Ursachen idiopathischer Rückenschmerzen		
Radikulär	diskogen:	Prolaps, Sequester
	Stenose	subartikulär, lateral zentral Spondylolisthesis
	postoperativ (epidurale Narben, Arachnitis)	
Nichtradikulär	diskogen	
	Zwischenwirbelgelenke	
	lumbosakrale Bänder, Muskulatur und Iliosakralgelenk	

Nichtradikuläre Schmerzen

Nichtradikuläre Schmerzen, die vom Bewegungssegment (Gelenke, Bänder, Muskulatur) ausgehen, sind wesentlich häufiger als radikulär bedingte (ca. 90%). Sie sind dumpf, tiefsitzend, schlecht lokalisierbar und können nach proximal oder weit distal ausstrahlen, ohne daß ein eindeutiger pathologischer Befund zu erheben ist. Die Beschwerden werden einseitig oder beidseitig im Bereich des Rückens, des Gesäßes und der Hinterseite der Oberschenkel empfunden, manchmal auch in der Leiste, selten im Unterschenkel und Fuß.

Es besteht oft eine Schmerzzunahme bei einseitigen, meist statischen Belastungen. Die Schmerzen verstärken sich bei Lagewechsel, sind auch im Liegen häufig vorhanden oder treten nachts beim Umdrehen auf. **Bewegung bessert die Beschwerden fast immer**.

Große Probleme in der Diagnostik, auch in der Abgrenzung zu wirbelsäulenbedingten Beschwerden, machen **Beckenringfunktionsstörungen**, die teilweise mit Arthropathien des Iliosakralgelenks (ISG) verbunden sind. Hier kann einerseits eine ähnliche Schmerzprojektion wie bei radikulärer Kompression entstehen, andererseits können Beschwerden analog denen bei einer Coxarthrose vorliegen.

Dysfunktionen des ISG sind häufig auch im Zusammenhang mit Bandscheibenvorfällen zu beobachten.

Radikuläre Schmerzen

Diskogen radikuläre Schmerzen sind relativ einfach zu diagnostizieren:

- Stärkere Schmerzen im Bein (einschließlich Gesäß) als im Rücken
- Sensibilitätsstörungen in einem typischen Dermatom
- Paresen der entsprechenden Kennmuskulatur
- Lasegue-Zeichen < 50% des normalen, anderen Beines.

Die Diagnose kann gestellt werden, wenn mindestens zwei der vier möglichen Zeichen positiv sind. Sie wird durch Myelograpie, CT oder MRT bestätigt.

Bewegung verschlechtert diese Beschwerden eher, Sitzen ist oft bes. ungünstig, Liegen, insbesondere im Stufenbett, ist angenehm und entlastend.

Die Schmerzen sind durch eine Kombination aus mechanischer Kompression und Entzündung der Nervenwurzel zu erklären.

Radikuläre Schmerzen infolge einer Stenose: Sie sind schwieriger zu bewerten. Schmerzcharakter und Symptome sind sehr inkonstant, die körperlichen Befunde oft gering. Einen wichtigen Hinweis bietet die sog. *neurogene Claudicatio*, d.h. zunehmende Schmerzen und evtl. Sensibilitätsstörungen sowie motorische Schwäche nach einer kurzen Gehstrecke, während die Beschwerden z.B. beim Fahrradfahren nicht auftreten. Linderung tritt beim Vorbeugen des Oberkörpers ein (Entlordosierung der LWS).

Schmerzen und neurologische Symptome insbesondere bei zentrale Stenosen entstehen infolge Durchblutungsstörungen der Cauda equina bzw. der Wurzeln. Kombinationen mit Bandscheibenvorfällen sind möglich.

Differentialdiagnose chronischer Rückenschmerzen

Differentialdiagnostisch können durch die Anamnese und einfache Untersuchungsvorgänge sowie einige technische Untersuchungen (Röntgen Nativ in 2 Ebenen, Knochenszintigramm, Labor: BKS, Eryzahl, HB, Fe, Ca, alk. Phosphatase, Gesamteiweiß, α_2-, β-, γ-Globuline) die wesentlichen Gruppen von Wirbelsäulenerkrankungen voneinander abgegrenzt werden:

- Chronisch entzündliche Erkrankungen der Wirbelsäule
- Lumbale Wurzelreiz- und Kompressionssyndrome
- Mechanische, statisch bedingte Rückenschmerzen
- Maligne Erkrankungen.

Das Nativ-Röntgenbild trägt zur Abklärung nur in ca. 1,5% bei.

Psychosoziale Aspekte

Chronische Nackenschmerzen und Rückenschmerzen sind häufig Ausdruck einer psychosomatischen Störung bzw. neurotischen Entwicklung, was die Patienten in der Regel aber nicht akzeptieren. Oft entstehen im Verlauf einer Rückenerkrankung erhebliche psychosoziale Probleme.

Prognostisch ungünstige Bedingungen können sein:
- Die Arbeitssituation, v.a. schwere körperliche Arbeit, langes Sitzen, Vibrationsstreß, monotone langweilige Arbeit, Unzufriedenheit mit der Arbeit bzw. wenig qualifizierte Arbeit
- Die Lebenssituation, v.a. geringe Schulbildung oder sozial niedrige Schicht
- Das persönliche Verhalten, v.a. schlechte Kondition, schwache Rumpfmuskulatur, Mißverhältnis von körperlicher Leistungsfähigkeit und Arbeit, starkes Rauchen und passive Lebenseinstellung
- Das medizinische System, v.a. mangelhafte Information des Patienten über den günstigen Verlauf des Leidens, Empfehlung zu Schonung, passive Therapie oder zuviel Therapie, länger dauernde Krankschreibung, frühe Berentung, fehlende Rehabilitationskonzepte.

Therapie

Die Behandlung chronischer Wirbelsäulenschmerzen ist sehr aufwendig. Daher ist eine frühzeitige Intervention bei gefährdeten Patienten notwendig. Das Behandlungskonzept muß sich generell von einer Philosophie der Ruhe, Schonung und Erholung hin zu frühzeitiger aktiver funktioneller Wiederherstellung körperlicher Aktivitäten umkehren, bei der passive Behandlungen keinen Platz mehr haben.

Die Behandlung **chronischer, nicht-radikulärer Rückenschmerzen** setzt sich zusammen aus:
- Kraft-, Ausdauer- und Koordinationstraining der Muskulatur
- Training von Arbeits- und Gebrauchsbewegung (sog. work hardening)
- Veränderung des Arbeitsplatzes/Rückkehr zur Arbeit
- Psychotherapie (Verhaltenstherapie mit Schmerz- und Streßbewältigungsstrategien sowie Entspannungsverfahren)
- Patienteninformation und Heimübungsprogramme
- Systemische Medikation (meist antidepressiv)
- Transkutane Nervenstimulation (i.d.R. wenig wirksam)
- Bei vorliegender Instabilität in ganz ausgewählten Fällen Spondylodese.

Die Behandlung **chronischer Radikulopathien** (meist postoperativ) ist sehr schwierig und umfaßt:
- Nichtopioide Analgetika
- Opioide Analgetika
- Periradikuläre Kortikosteroide
- Antikonvulsiva bei Deafferentierungsschmerz
- Antidepressiva
- Neurostimulation (TENS, SCS, ☞ 3.4.3)
- Psychosoziale Maßnahmen (Veränderungen am Arbeitsplatz, Schmerz- und Streßbewältigung).

4.2.2 Schulter-Arm-Syndrom

Der Begriff Schulter-Arm-Syndrom beinhaltet eine Vielzahl unterschiedlicher Krankheitsbilder:
- Krankheiten der Halswirbelsäule (radikulär bedingte oder Bewegungs- und Funktionsstörungen mechanischer Teile der HWS mit sog. pseudoradikulärer Ausstrahlung)
- Arthropathie des Akromioklavikulargelenks oder des Schultergelenks
- Affektion der Schulterrotatorenmanschette
- Distale Engpaßsyndrome (z.B. Karpaltunnelsyndrom)
- Entzündliche Veränderungen an den Sehnen-Knochenübergängen, z.B. Epikondylitis humeri
- Tendosynovitis oder Arthrosen (z.B. Rhizarthrose).

Diagnostik

Der Untersuchungsgang bei Schulter-Arm-Beschwerden umfaßt die folgenden Schritte:
- Anamnese (Dauerschmerzcharakter bei sensorischer und autonomer Störung, Funktionsdefizite)

- Palpation (Sehnenansätze, Triggerpunkte, Gelenke)
- Neurologische Untersuchung (Reflexe, Sensibilität, Paresen)
- Elektrophysiologische Untersuchung (EMG, NLG, Evozierte Potentiale)
- Funktionelle Analyse des Bewegungsapparates (HWS und Gelenke)
- Untersuchung des vegetativen Nervensystems (Schweißtest, Thermographie, Hauttemperatur)
- Bildgebende Verfahren (Rö., CT, MRT).

Therapie

Die Therapie **neurogener** Störungen erfolgt durch:
- Antiphlogistika (einschließlich lokaler oder periradikulärer und periduraler Applikation von Kortikosteroiden)
- Physikalische Maßnahmen (weniger effektiv)
- Evtl. operative Dekompression
- Neurostimulation
- Nervenblockade, Sympathikusblockade.

Bei der Therapie **degenerativer mechanischer** Beschwerden im Bereich der HWS und der Schulter kommen zur Anwendung:
- Nichtopioide Analgetika
- Physiotherapie einschließlich Eisbehandlung, Muskeldehnung und Massage im Bereich der Sehnen (Friktionsmassage)

Differentialdiagnose von akuten und chronischen Schulter-Arm-Schmerzen		
Diagnose	**Symptome**	**Befunde**
Radikulärer Schmerz (Diskushernie/Stenose)	radikuläre Projektion, Verstärkung durch Bewegung des Kopfes zur Seite, Parästhesien im Bereich der Hand	neurologische Befunde +/–, Röntgen, CT, NMR, Myelographie +
zervikogene, mechanische Schmerzen	Schmerzen belastungsabhängig, Projektion eher proximal (Kopf/Schulter) und nicht segmental, keine Parästhesien	oft Bewegungseinschränkung der HWS, keine Bewegungseinschränkung der Schulter, Irritationszonen über den zervikalen Gelenken. Schmerzfreiheit nach Facettenblockade (Anästhesie der Wirbelgelenke)
Skalenus-Syndrom	Schmerzen im Plexus brachialis-Bereich, Kompression der A. subclavia (Adson-Manöver positiv)	Halsrippe, evtl. untere Armplexus-kompression mit Parese
Pancoast-Tumor	sehr intensiver Dauerschmerz, evtl. rasch Paresen, Störung des Sympathicus (Horner)	Neurologische Befunde positiv, CT, NMR der oberen Thoraxapertur
Neuralgische Schulteramyotrophie	akut, z.T. nach Infekt, sehr starker (reißender) Dauerschmerz, relativ rasch Paresen (gutartiger Verlauf)	Parese im Bereich des Schultergürtels und Oberarmes (obere Plexus-Parese) Liquor und Röntgen normal
Schulter-Hand-Syndrom	allmählich einsetzender, diffuser, z.T. distal projizierter Dauerschmerz im Bereich der Schulter mit Ausstrahlung in die Hand	deutliche Einschränkung der Beweglichkeit des Schultergelenkes, häufig Arthrose, z.T. Zeichen einer Algodystrophie, evtl. Osteoporose
Rotatorenmanschette	Schmerzen in der Schulter, bewegungsabhängig	Rö. und Neurologie negativ, muskuläre Tests positiv: meist Schmerz, bei Abduktion gegen Widerstand, schmerzhafter Bogen, Bewegungseinschränkung
Arthropathie des Schultergelenks	Schmerzen in der Schulter, bewegungsabhängig, nachts Verstärkung	Rö. z.T. negativ (bei Entzündung), z.T. positiv (Arthrose), Kapselmuster = Bewegungseinschränkung: Außenrotation >Abduktion >Innenrotation

- Chirotherapie (nur im Frühstadium)
- Lokale Infiltrationen im Bereich der Wirbelgelenke, Muskulatur und Sehnenansätze von Hand, Ellenbogen und Schulter, z.T. auch in Kombination mit Kortikosteroiden
- Intraartikuläre Applikation von Kortikosteroiden im Bereich des Akromioklavikular- oder Schultergelenks
- Blockade und perkutane Denervation der Wirbelgelenke
- Neurostimulation
- Komplexe Rehabilitationsprogramme (siehe Rückenschmerzen).

Massage und Wärme sind nur zu Beginn nützlich und sinnvoll und sollten in Kombination mit Krankengymnastik angewandt werden.

4.2.3 Schmerzen in Weichteilen und Gelenken

Die mehr als 100 verschiedenen rheumatischen Erkrankungen lassen sich drei Formenkreisen zuordnen: entzündlich-, degenerativ- und weichteilrheumatische Krankheiten und Störungen.

Entzündlich-rheumatische Krankheiten (☞ GK Innere Krankheiten)

Die entzündlich-rheumatischen Krankheiten manifestieren sich an den peripheren Gelenken und/oder an der Wirbelsäule und ihren Grenzgelenken. Man bezeichnet sie daher als *Arthritiden* oder *Spondylitiden* und auch als *Spondarthritiden*, wenn ein gleichzeitiger Befall von peripheren Gelenken und Wirbelsäule zu erkennen ist.
Am häufigsten und eingreifendsten im Rahmen der entzündlichen Veränderungen ist die **chronische Polyarthritis (cP)**. Unter den Spondylitiden und Spondylarthritiden (Spa) ist die **Spondylitis ankylosans (Morbus Bechterew)** am bedeutendsten.

Therapie
(☞ GK Klinische Pharmakologie 10.2).
In der **Therapie** von Kranken mit einer cP wird ein breites Spektrum von therapeutischen Verfahren eingesetzt. Eine kausale Therapie gibt es bisher nicht.

Einteilung und Nomenklatur rheumatischer Erkrankungen

- **Rheumatoide Arthritis (c.P.)**, Felty-Syndrom, Caplan-Syndrom, Sjögren-Syndrom mit Zwischenformen
- **Juvenile chron. Arthritis** mit Subtypen
- **Kollagenosen im engeren Sinne:** Systemischer Lupus erythematodes (SLE), systemische progressive Sklerodermie, Mixed Connective Tissue Disease (MCTD-Sharp-Syndrom), Eosinophile Fasziitis, Dermatomyositis (Polymyositis)
- **Seronegative Spondylarthritiden:** Ankylosierende Spondylitis (M. Bechterew), Psoriasis-Arthritis, reaktive Arthritiden, Reiter-Syndrom, enterokolische Spondarthropatien
- **Vaskulitissyndrome:** Panarteriitis nodosa, Wegnersche Granulomatose, Arteriitis temporalis, Polymyalgia, rheumatica
- **Behçet-Syndrom**
- **Kristallarthropathien:** Arthritis urica, Chondrokalzinose, Apaptit-Arthropathie
- **Infektiöse Arthritiden, Rheumatisches Fieber**
- **Symptomatische Arthritiden** bei primär nicht rheumatischen Erkrankungen.

Degenerative Rheumaformen
Arthrosis deformans: Finger-Polyarthrose (Heberden-Bouchard, Rhizarthrosis deformans), große Gelenke (Omarthrose, Koxarthrose, Gonarthrose), Wirbelsäule (Osteochondrose, Spondylosis deformans, Spondylarthrose)

Extraartikuläre Rheumaformen („Weichteilrheumatismus", Fibrositis)
Fibromyalgie-Syndrome, Tendomyopathien, Pannikulosen, Periarthropatien u.a.

(nach Siegenthaler 1987)

Die Basisbehandlung der cP umfaßt:

- Aufklärung und Begleitung des Kranken in kognitiver, emotionaler und lebenspraktischer Sicht
- Verordnung von physiotherapeutischen Maßnahmen
- Verordnung von lokalen Anwendungen (z.B. in Form von Kälte)
- Einsatz von entzündungshemmenden Medikamenten.

Zum Teil kommen kortisonhaltige Medikamente zur Geltung, sowie prophylaktische Gelenkeingriffe bzw. korrigierende, gelenkersetzende Operationen.

Eine Behandlung der cP ist ohne Mitarbeit des Patienten nur wenig erfolgreich. Hierbei kommen auch psychologische Schmerzbehandlungen zum Tragen.

Weichteilrheumatische Krankheiten

Am bekanntesten ist die **Primäre Fibromyaglie (FMA).**

Der Fibromyalgie Begriff kennzeichnet ein nicht entzündliches, generalisiertes Schmerzsyndrom im Bereich der Muskeln und des straffen Bindegewebes (auch *Tendomyopathie* genannt). Früher wurde der Ausdruck „Fibrositis" benutzt.

Nosologisch wird die primäre Fibromyalgie als eigenständige Erkrankung in der Gruppe der extraartikulären Störungen eingeordnet. Ätiologie und Pathogenese der FMA sind bisher unklar. Zur Zeit geht man davon aus, daß dieses Schmerzbild als ein psychosomatisch bedingtes, weichteilrheumatisches Krankheitsbild aufzufassen ist.

Klinisches Bild

Die Symptome der FMA sind chronisch-polytope Schmerzen, oft in Verbindung mit einer morgendlichen Steifigkeit. Am häufigsten betroffen sind der Schulter-Nacken-Bereich und auch Rücken, Knie, Ellenbogen und Hüften.

Als weitere Symptome, die bei einem Großteil der FMA-Patienten auftreten, werden genannt:

- Subjektive Schwellungsgefühle in Händen und Fingern
- Parästhesie und Taubheitsgefühle (bei unauffälliger neurologischer Untersuchung)
- Allgemeine Schwächegefühle und Müdigkeit
- Schmerzverstärkung durch klimatische Einflüsse, Inaktivität und körperliche Überanstrengung.

Begleitend treten ferner bei je einem Viertel der Patienten Spannungskopfschmerzen oder Migräne sowie bei mehr als einem Drittel Symptome eines Colon irritabile auf.

Bei der gezielten klinischen Untersuchung der Patienten ist eine größere Anzahl abgrenzbarer Schmerzdruckpunkte in Sehnen und Muskeln zu finden. Hierbei handelt es sich um definierte, anatomisch abgegrenzte Bereiche, die auch bei gesunden Patienten unter Palpation eine leicht erhöhte Schmerzempfindlichkeit aufweisen, bei FMA-Patienten jedoch auf leichten Druck hin extreme Schmerzen und motorische Reaktionen auslösen.

Charakteristisch bei der Fibromyalgie gilt der nicht-erholsame Schlaf, für den im EEG ein neurophysiologisches Korrelat definiert werden konnte. Eine spezifische Persönlichkeitsstruktur von FMA-Patienten konnte nicht gefunden werden.

Therapie

Da zugrundeliegende pathophysiologische Prozesse nicht bekannt sind, ist die Therapie der primären Fibromyalgie heute ausschließlich symptomatisch orientiert. Eingesetzt werden:

- Nichtsteroidale Antirheumatika
- Muskelrelaxantien
- Antidepressiva (meist Amitriptylin)
- Physiotherapie
- Generalisierte Aktivierungsstrategien
- Psychotherapeutische Verfahren.

Degenerative rheumatische Krankheiten

Hierunter versteht man im wesentlichen degenerative Gelenkerkrankungen (Arthrosen), die durch das gleichzeitige Vorkommen von Knorpel- und Bindegewebsveränderungen mit reaktiven Knorpelverknöcherungen und Knochenwucherungen gekennzeichnet sind. Am häufigsten tritt eine Arthrose an den Hüft- und Kniegelenken und im Bereich der Wirbelsäule = Spondylarthrose, Osteochondrose auf.

Insbesondere im Bereich der Wirbelsäule entsprechen die Schmerzen häufig nicht dem Ausmaß der degenerativen Veränderungen.

Die Therapie ist symptomatisch (Reduktion von Belastung, Physiotherapie, nichtsteroidale Antirheumatika, operative Eingriffe).

4.3 Kopf- und Gesichtsschmerzen

4.3.1 Migräne

Pathogenese

Der Migräne liegen keine manifesten morphologischen Veränderungen zugrunde. Ätiologie und Pathogenese sind noch weitgehend ungeklärt.

Nach dem derzeitigen Wissenstand gilt als gesichert, daß die klinische Symptomatik der Migräne Folge einer umschriebenen funktionellen zerebralen Krise ist, bei der Serotonin die Schlüsselsubstanz darstellt.

Verschiedene exogene und endogene Faktoren können zu einer Freisetzung von Serotonin führen, das eine Reizung von Schmerzafferenzen im Bereich zerebraler Gefäße bewirkt (neurogene Entzündung). Diese führt über einen axonalen Reflex mit Freisetzung von Substanz P zu einer extrakraniellen Vasodilatation. Intrazerebral kommt es zu einer Vasokonstriktion im Bereich der kortikalen Mikrozirkulation.

Ausgelöst wird die Migräne durch eine Vielzahl von Faktoren:

- Psychischer Streß
- Rascher Wechsel von Hormonspiegeln
- Bioklimatische Veränderungen
- Körperliche Anstrengung
- Nahrungsmittel, Gewürze
- Alkohol
- Hunger, Fasten
- Physikalische Auslöser (z.B. Lärm)
- Schlafstörungen
- Metabolisch-respiratorische Auslöser
- Erhöhte Sympathikusaktivität
- Abusus von Kopfschmerzmedikamenten.

Klinisches Bild

Das klinische Bild der Migräne ist geprägt durch einen attackenweise auftretenden Kopfschmerz mit einer Dauer von 4 bis 72 Stunden.

Typische Symptome der Migräne sind:

- Überwiegend einseitige Lokalisation
- Pulsierender Schmerzcharakter
- Mäßige bis starke Schmerzintensität
- Verstärkung durch körperliche Aktivität
- Begleitsymptome: Übelkeit und Erbrechen
- Lärm- und Lichtempfindlichkeit.

Die Kopfschmerzen nehmen üblicherweise langsam zu. Nicht selten erwachen die Patienten aber nachts oder am frühen Morgen mit einem voll ausgeprägten Migränekopfschmerz. Manchmal liegen sog. *Prodromalsymptome (Aura)* vor, die 15 – 60 Min. dem Kopfschmerz vorausgehen, aber auch begleitend vorkommen (Flimmerskotom, homonyme Hemianopsie).

Die Klassifikation der Migräne hat sich geändert. Inzwischen sind die fast 30 Jahre lang geltenden alten Begriffe abgelöst worden (☞ Tab. Klassifikation der Migräne).

Klassifikation der Migräne

Alt	Neu
Vasomotorischer Kopfschmerz, (gewöhnliche Migräne)	Migräne ohne Aura
Ophthalmische Migräne • Migraine accompagnée • Hemiplegische Migräne • Komplizierte Migräne • Klassische Migräne	Migräne mit Aura
Ophthalmoplegische Migräne	Ophthalmoplegische Migräne
	Retinale Migräne
	Periodische Syndrome (Kindesalter)

Therapie

Bei der Therapie der Migräne muß streng zwischen der Anfallsbehandlung und prophylaktischen Maßnahmen unterschieden werden.

Anfallskupierung der Migräne erfolgt mit folgenden Maßnahmen:

- Ruhe und Abdunklung von Räumen
- Antiemetika: Metoclopramid (Paspertin®) oder Domperidon (Motilium®)
- Analgetika: Azetylsalizylsäure oder Paracetamol 500 – 1000 mg

- Serotoninagonisten bei ungenügender Wirksamkeit obiger Mittel (in 30%): Ergotamin (Migrexa®) bzw. neuerdings bei Therapieresistenz Sumatriptan (Imigran®).

Migräneprophylaxe
Die Migräneprophylaxe erfolgt durch folgende Maßnahmen:
- Elimination auslösender Faktoren
- Medikamentöse Prophylaxe
- Psychotherapie (Streßbewältigung, Verhaltenstherapie).

Indikation zur medikamentösen Prophylaxe:
- Wenn mindestens zwei Migräneattacken pro Monat im Verlauf von drei Monaten auftreten
- Wenn eine Migräneattacke pro Monat länger als vier Tage andauert
- Wenn eine Entzugsbehandlung (von Ergotamin) durchgeführt wurde.

Medikamentöse Migräneprophylaxe	
1. Wahl	Metoprolol, max. 200 mg tgl. in der Retardform (Beloc ZOK®), Propranolol (Dociton®), max. 240 mg tgl.
2. Wahl	Flunarizin (Sibelium®), 5 bis 10 mg tgl. (nicht länger als 6 Monate) Verapamil (Isoptin®),3-4 x 80 mg tgl.
3. Wahl	Naproxen (Proxen®), 2 x 500 mg tgl. Lisurid (Cuvalit®), 3 x 0,025 mg tgl. Pizotifen (Sandomigran®), 1,5 mg tgl. abends
Letzte Wahl	Methysergid (Deseril®), maximal über drei Monate
Bei Kindern	1,5 mg/kg KG Metoprolol bzw. 2 mg/kg KG Propranolol tgl.
Bei menstrueller Migräne	je 2x 500 mg Naproxon (Proxen®) über 8 Tage, beginnend 2-3 Tage vor dem Kopfschmerz
Nicht geeignet sind Dihydroergotamin, Clonidin, Nifedipin, Nimodipin. Kombinationen von β-Blockern und Flunarizin sind möglich.	

Die Dauer der Prophylaxe sollte 6 – 9 Monate betragen, danach langsames Ausschleichen der Medikamente. Bei Langzeittherapie (2 Jahre) β-Blocker und Verapamil bevorzugen. Wenn möglich, Einleitung einer begleitenden Verhaltenstherapie.

In Anlehnung an die medikamentöse Anfallskupierung zielt auch die nicht-medikamentöse Behandlung auf einen direkten Eingriff in den Pathomechanismus der Migräne. So soll der Patient z.B. durch das sog. **Vasokonstriktionstraining** lernen, im Anfall die Schläfenarterien willkürlich zu verengen.

Kognitiv-verhaltensorientierte psychotherapeutische Verfahren sind ebenfalls bei Migränebehandlung, auch in Kombination mit dem Vasokonstriktionstraining, sehr wirksam. Schließlich spielt auch **Akupunktur** bei der Prophylaxe eine Rolle.

4.3.2 Spannungskopfschmerz

Der Spannungskopfschmerz ist ein eigenes Krankheitsbild und kann periodisch oder chronisch auftreten.

Pathogenese
Die Ursache ist vermutlich eine Erniedrigung der Schmerzschwelle durch ein funktionelles Versagen des schmerzabwehrenden antinozizeptiven Systems. Eine entscheidende, regulierende Rolle in diesem System wird biogenen Aminen (Serotonin, Dopamin, Noradrenalin), Neuropeptiden (Endorphine) und dem Hypothalamus-Hypophysen-Nebennierenrindensystem zugesprochen. Psychologische Faktoren (Belastungen) sind vermutlich mitverursachend.

Früher war der Begriff „vasomotorischer Kopfschmerz“ üblich.

Klinisches Bild
Das klinische Bild besteht typischerweise in einem stets bilateralen, entweder frontalen oder occipitalen oder einem von occipital nach frontal ausstrahlendem Schmerz von dumpf drükkendem Charakter. Zum Teil besteht ein Druckgefühl um und hinter den Augen. Im Frühstadium entsteht der Schmerz nur kurzfristig oder zu bestimmten Tageszeiten. Nach Jahren besteht kein Tagesrhythmus mehr. Es gibt den periodischen (nur Tage bis Wochen anhaltenden) und chronischen (andauernd bestehenden) Spannungskopfschmerz.

Initial ist noch eine eindeutige Zuordnung zur Konflikt- und Streßsituation nachvollziehbar, im späteren Verlauf nicht mehr. Fehldiagnosen mit Verwechslung von zervikal bedingten Kopfschmerzen sind häufig. Die erhöhte Muskelanspannung ist kein obligates Kriterium des Spannungskopfschmerzes, da der größte Teil der Patienten keine erhöhte Muskelanspannung der extrakranialen Muskulatur aufweist.

Treten Spannungskopfschmerz und Migräne gemeinsam auf, spricht man von einem **Kombinationskopfschmerz.** Das klinische Bild besteht aus einem täglichen Spannungskopfschmerz mit überlagernden Migräneattacken. Häufig werden bei typischen Kombinationskopfschmerzen fast täglich Schmerzmittel eingenommen, so daß die Abgrenzung gegenüber einem **Schmerzmittelkopfschmerz** (☞ 4.3.3) schwierig ist.

Unterschiede von Spannungskopfschmerz und Migräne

Spannungskopfschmerz	Migräne
stets bilateral	eher unilateral
okzipito-frontal	seitenbetont frontotemporal
dumpf-drückend, „Eisenband", „Helm- bzw. Lastgefühl" auf dem Schädel	auf dem Höhepunkt meist pochend, stechend, pulsierend, hämmernd
vegetative Symptome (+)	vegetative Symptome +++
visuelle Begleitsymptome –	visuelle Begleitsymptome + - ++
Muskelanspannung (+) - +++	Muskelanspannung (+) - +
tritt nie nachts auf	häufiges Auftreten nachts oder während der frühen Morgenstunden
keine Zunahme bei körperlicher Aktivität	Zunahme bei Positionswechsel, Kopfbewegung und Erbrechen
häufig täglich	immer attackenweise
gelegentlich schon im Kindesalter	schon im Kindesalter

Gemeinsamkeiten

- Frauen bevorzugt
- Familiäre Kopfschmerzbelastung
- Häufig in Kombination (Kombinationskopfschmerz)
- Erniedrigte thrombozytäre Serotonin-Spiegel
- Zentral neurogene Erkrankung
- Häufig Schmerzmittelmißbrauch

Keine spezifische Persönlichkeitsstruktur.

Therapie

Der **akute Spannungskopfschmerz** wird mit einfachen Analgetika (ASS oder Paracetamol, jeweils 500 – 1000 mg/die) behandelt.

In der medikamentösen Behandlung des **chronischen Spannungskopfschmerzes** werden trizyklische Antidepressiva vom Amitriptylintyp eingesetzt. Durch das Antidepressivum soll eine Beeinflussung der Schmerzschwelle und keine antidepressive Therapie im engeren Sinne angestrebt werden. Die Behandlung sollte auf jeden Fall mindestens sechs Monate betragen.

Die verhaltensmedizinische Behandlung des Spannungskopfschmerzes entspricht im wesentlichen dem Vorgehen bei Migränepatienten. Darüberhinaus, bzw. begleitend, sind muskelentspannende Verfahren (progressive Muskelrelaxation = Jacobson-Training) sowie EMG-Bio-Feed-Back, wirksam. Integriert in das psychotherapeutische Verfahren sind Streßbewältigungstraining und Konkordanztherapie.

Bei einem Kombinationskopfschmerz muß sowohl die Migräne- als auch die Spannungskopfschmerzkomponente behandelt werden. Am erfolgreichsten ist die Kombination einer Migräneprophylaxe (β-Blocker oder Flunarizin, gegebenenfalls Kombination der beiden Substanzen) mit einem trizyklischen Antidepressivum.

4.3.3 Medikamentös induzierter Kopfschmerz

Die regelmäßige, d.h. tägliche oder fast tägliche Einnahme von Analgetika, Ergotaminen, Analgetika- oder Ergotamin-Mischpräparaten, kann bei Patienten mit einem primären Kopfschmerzsyndrom wie der Migräne und dem Spannungskopfschmerz einen Dauerkopfschmerz verursachen, der als medikamentös induzierter Kopfschmerz bezeichnet wird. Medikamentös induzierter Kopfschmerz durch Analgetika-Monopräparate ist extrem selten, während diese Schmerzen bei Dauereinnahme von koffein- und kodeinhaltigen Medikamenten häufig auftreten.

Insbesondere die regelmäßige Einnahme von Ergotamin (mehr als 6 mg/Woche) kann zu Dauerkopfschmerzen und Entzugssymptomatik (schwere Kopfschmerzen, Übelkeit) führen. Ergotamin- und Analgetika-Mischpräparate, v.a. wenn sie Koffein oder Kodein enthalten, sollten deshalb nicht verschrieben werden.

Pathogenese

Zunächst liegt dem Krankheitsbild ein Schmerz zugrunde, der initial durch Schmerzmittel gut zu beeinflussen ist. Die Patienten steigern dann die Dosis pro Attacke und es werden stärkere Migränemittel, z.T. auch ergotaminhaltige, rezeptiert, was das Abhängigkeitspotential steigert. Schließlich nehmen die Patienten Schmerzmittel während des ganzen Tages, und zwar nicht nur während des Anfalls, sondern zunehmend auch prophylaktisch.

Jedes Absetzen der Medikamente oder eine Einnahmepause führt zwangsläufig zu einer Verstärkung der Kopfschmerzen. Der Patient weiß das Mißbrauchs- und Abhängigkeitspotential der Schmerzpräparate häufig nicht richtig einzuschätzen. Nur selten akzeptiert er, daß im medizinischen Sinne bereits eine Abhängigkeit besteht.

Klinisches Bild

Medikamentös induzierte Kopfschmerzen treten täglich ein- oder beidseitig sowohl seitenkonstant als auch seitenwechselnd auf. Der Schmerzcharakter ist dumpf oder pulsierend. Er wird von normalerweise gering ausgeprägten vegetativen (Übelkeit, Sicht- und Lärmempfindlichkeit) und visuellen (Schleier- und Flimmersehen) Symptomen begleitet.

Häufig ist es schwierig, die einzelnen Kopfschmerzformen voneinander abzugrenzen, da es fließende Übergänge, bzw. Mischformen gibt. Die Anamnese hat in jedem Falle eine große Bedeutung.

Therapie

Therapeutisch hilft nur das komplette Absetzen aller Schmerzmedikamente und Psychopharmaka. Dies ist häufig ambulant wegen des vermehrt auftretenden Kopfschmerzes nicht möglich, so daß, insbesondere wenn ergotaminhaltige Medikamente regelmäßig eingenommen wurden, ein stationärer Entzug durchgeführt werden muß. Der initiale Entzugskopfschmerz ähnelt einer ausgeprägten Migräneattacke.

Medikamentös kann der Entzug durch trizyklische Antidepressiva, z.B. Doxepin (Sinquan®), 3 x 25 mg, begleitet werden. Z.T. wird auch Naproxen (Proxen®), 2 x 500 mg über 10 Tage, rezeptiert.

Bei der chronifizierten Migräne wird zusätzlich zu Doxepin und Naproxen initial sofort ein Migräneprophylaktikum (überwiegend Betablocker) in aufsteigender Dosierung gegeben.

Bei einem chronifizierten Spannungskopfschmerz wird statt Doxepin Amitriptylin (Saroten ret.®), 25 – 75 mg abends, eingesetzt.

4.3.4 Trigeminusneuralgie

Bei der Trigeminusneuralgie treten meistens im Bereich des II. oder III. Astes des N. trigeminus anfallsartige, heftigste Schmerzen auf.

Pathogenese

Pathologisch-anatomisch liegt dieser Neuralgie vermutlich eine Nervenschädigung im intra- oder extrakraniellen Verlauf des Nervs, häufig in Verbindung mit einer Kompression der Nervenwurzel durch Gefäße, zugrunde. Stets müssen ein Tumor (z.B. ein Akustikusneurinom), eine Multiple Sklerose oder auch eine Aids-Erkrankung ausgeschlossen werden, die über eine direkte Schädigung des Nerven ebenfalls eine Trigeminusneuralgie auslösen können.

Klinisches Bild

Das Krankheitsbild, das bevorzugt in der dritten und vierten Lebensdekade auftritt, ist charakterisiert durch einseitige, blitzartig einschießende, meist Sekunden (selten Minuten) andauernde, unerträgliche Schmerzen im Versorgungsgebiet peripherer Trigeminusäste. Der Schmerz kann durch verschiedene Faktoren ausgelöst werden (z.B. Kauen, Schlucken, Sprechen, Berührung). Die Anfälle treten häufig sporadisch, zuweilen mit beschwerdefreien Intervallen oder in Serien (bis zu einhundertmal pro Tag) auf. Periphere neurologische Defizite finden sich nicht.

Differentialdiagnostisch sind insbesondere die Glossopharyngeus-Neuralgie (Entstehung analog der Trigeminusneuralgie im Bereich des N. glossopharngeus) und die chronisch-paroxysmale Hemikranie (CPH), eine ätiologisch noch unklare Kopf- und Gesichtsschmerzform mit heftigen, kurzen, einseitigen paroxysmalen Schmerzattacken, abzugrenzen.

Therapie

Medikamentös wirken Antikonvulsiva z.B. Carbamazepin (Tegretal®) bis zu 1200 mg/die in 3 Einzeldosen oder als Retardpräparat 1 – 2/die oder Phenytoin (Zentropil®) bis zu 500 mg/die. Vorübergehend wirken auch Blockaden mit Lokalanästhetika oder Opioiden am zervikalen Grenzstrang und Akupunktur.

Falls konservative Maßnahmen scheitern, kann eine Operation nach *Janetta* (mikrochirurgische Dekompression des Nerven am Kleinhirnbrükkenwinkel), eine selektive Thermokoagulation des Ganglion gasseri nach *Sweet* oder die Applikation von Glyerin am Ganglion gasseri durchgeführt werden.

Die Erfolgsrate der Operation nach *Janetta* wird mit bis zu 80% angegeben. Deshalb ist die Thermokoagulation des Ganglion gasseri nur inoperablen Patienten oder Rezidivfällen vorbehalten.

Nach Thermoläsionen des Ganglion gasseri kommt es in ca. 2 – 3% der Fälle zu einer Anästhesia dolorosa (brennender Schmerz im Ausbreitungsgebiet des entsprechenden Trigeminus-astes bei bestehender Anästhesie).

Periphere Analgetika und Opioide sind nicht erfolgversprechend.

4.3.5 Andere Kopf- und Gesichtsschmerzformen

Myofasciales Syndrom

Ätiologie

Unter den Schmerzzuständen im Kopfbereich nehmen die Kiefergelenksbeschwerden einen zentralen Platz ein. Für die funktionellen Störungen dieser Gelenke gibt es zahlreiche Bezeichnungen, von denen früher das *Costen-Syndrom* am bekanntesten war. In letzter Zeit hat sich der Ausdruck **„Myoarthropathien" (MAP)** durchgesetzt.

Die Kernhypothese für die Pathophysiologie ist die Hyperaktivität verschiedener Muskelareale, vorwiegend der Mm. masseter und der Mm. temporales. Streß soll die Aktivität triggern.

Diagnostisch kann zwischen drei unterschiedlichen Krankheitsgruppen unterschieden werden:

- MAP mit überwiegend peripher ausgelösten Dysfunktionen
  - Okklusale (den Gebißschluß betreffende) Primärfaktoren
  - Artikuläre Primärfaktoren (Kiefergelenk)
- MAP mit überwiegend zentral ausgelösten Dysfunktionen
- Symptomatische MAP.

MAP mit überwiegend peripher ausgelöster Dysfunktion: Hier besteht eine Fehlsteuerung im Kausystem durch eine Arthropathie der Kiefergelenke, Fehlstellung der Okklusion und/oder Abrasion der Zähne mit sekundärer muskulärer Reaktion.

Zentral ausgelöste MAP: Hier scheint eine primäre muskuläre Dysregulation in Form eines erhöhten Tonus vorwiegend in den Kaumuskeln, daneben aber auch in anderen Muskeln (z.B. Nacken- und Schultermuskulatur) aufzutreten, die der Patient willkürlich nicht beeinflussen kann.

Symptomatische MAP: Untersuchungen haben gezeigt, daß MAP häufig in Zusammenhang mit gesamtkörperlicher Fehlstatik und -dynamik einschließlich Beckenringfunktionsstörungen zu sehen sind.

Klinisches Bild

Die primären Symptome der MAP sind der Schmerz und die Empfindlichkeit gegenüber Bewegungen des Kiefergelenkes oder gegenüber Berührungen des temporo-mandibulären Gesichtsbereichs. Zum Teil ist die Kieferbeweglichkeit eingeschränkt. Beim Kauen können verstärkt knackende und reibende Geräusche auftreten, die von lokalen Schmerzen begleitet sind. Gelegentlich können auch Gehörminderung, Tinnitus, das Gefühl von Zungenbrennen und Schwindel auftreten.

Diagnostik

Die klinische Funktionsanalyse besteht in einer zahnärztlichen Untersuchung und nichtzahnärztlichen Untersuchung.

Die nichtzahnärztliche Untersuchung beinhaltet die Palpation der Kiefergelenke, der Mm. temporales und M. masseter. Zu achten ist auf Abschliff-Flächen der Zähne, ein Seitabweichen von Ober- und Unterkiefer beim Öffnen des Mundes und auf Kiefergelenksgeräusche. Zusätzlich erfolgt eine Untersuchung hinsichtlich Fehlhaltung, Muskeltonizität und Triggerpunkten im Bereich HWS, Schulter und Becken.

Therapie

Es können folgende Therapiemöglichkeiten angewendet werden:

- Aufbißplatten bzw. Bißführungsschienen zur Veränderung der Okklusion
- Maßnahmen zur Beeinflussung der Muskelaktivität, z.B. Applikation von Wärme, Selbst- und Fremdmassagen der Kiefermuskulatur
- Regulierung der Fehlstatik, z.B. Beinlängenausgleich
- Evtl. lokale Injektionen von Lokalanästhetika in Triggerpunkte der Kaumuskulatur
- Psychotherapeutische Maßnahmen (EMG-Bio-Feed-Back, progressive Muskelrelaxation, Verhaltenstherapie).

Bei diesem Gesichtsschmerz spielen psychologische Faktoren anscheinend eine große Rolle. Eine multimodale und interdisziplinäre Zusammenarbeit kann zum Erfolg führen, falls die lokalen zahnärztlichen (gnathologischen) Maßnahmen im Bereich der Okklusion ergebnislos bleiben.

Atypischer Gesichtsschmerz

Der sog. atypische Gesichtsschmerz beinhaltet ein bislang in der Literatur uneinheitlich beschriebenes Krankheitsbild. Er wird als andauernder Gesichtsschmerz beschrieben, der nicht die Schmerzcharakteristika der kranialen Neuralgien aufweist und bei dem keine anatomisch und pathophysiologisch nachweisbaren Ursachen zugrunde liegen. Häufig tritt er infolge einer Operation im Gesichtsbereich auf. Hinweise auf persönlichkeitspsychologische Auffälligkeiten lassen vermuten, daß psychologische Faktoren (Belastungen) mitverursachend sein können.

Dieser Gesichtsschmerz ist durch folgende Charakteristika gekennzeichnet:

- Dauerschmerz
- Meist Begrenzung auf eine Gesichtshälfte
- Keine neurologischen Veränderungen nachweisbar
- Schmerzcharakter dumpf, bohrend, brennend
- Vegetative Begleitsymptome sind häufig.

Da die Ursache unbekannt ist, kann die Therapie nur symptomatisch sein. Analgetika helfen in der Regel nicht. Besser wirksam sind trizyklische Antidepressiva (Saroten®, Sinquan®). Ein wesentliches Ziel der Betreuung dieser Patienten ist, sie vor unnötigen und schädigenden zahn- und kieferchirurgischen Eingriffen zu bewahren.

4.4 Stumpf- und Phantomschmerz

4.4.1 Stumpfschmerz

Bei Stumpfschmerzen handelt es sich um lokale Schmerzprobleme nach Amputation, die vermutlich in den meisten Fällen durch ein Neurom im Bereich der amputierten Nerven ausgelöst werden. Andere Ursachen sind schlecht sitzende Prothesen, Hautläsionen und Entzündungen durch die Prothese, knöcherne Appositionen, eine Osteomyelitis oder myofasziale Triggerpunkte. Stumpfschmerzen bessern sich im Laufe der Zeit und werden lediglich bei etwa 13% der Patienten nach Amputationen gefunden. Sie treten auch bei etwa 20% der Patienten mit Phantomschmerzen (☞ 4.4.2) auf.

Der Stumpfschmerz kann spontan auftreten oder durch Druck der Prothese. Der Schmerz ist unterschiedlich ausgeprägt, z.T. ist er scharf stechend, einschießend oder brennend.

Nichtinvasive Therapie: Sie besteht in einer Überprüfung der Funktionsfähigkeit und des Sitzes der Prothese, lokalen Injektionen mit Lokalanästhetika im Bereich von Nervenendigungen, Operationsnarben und muskulären Triggerpunkten. Zum Teil sind auch Sympathikusblockaden wirksam. Auch Akupunktur (☞ 3.4.1) oder TENS (☞ 3.4.3) werden erfolgreich angewendet. Schmerzhafte Neurome können durch lokale Kryotherapie (☞ 3.2.5) perkutan beeinflußt werden.

Operative Therapie: Sie ist notwendig bei Durchblutungsstörungen des Stumpfes oder bei Knochenappositionen bzw. bei Neuromen, die auf konservative Maßnahmen therapieresistent sind. Dies betrifft insbesondere Beinstümpfe.

Bei der operativen Revision von Neuromen gibt es diffizile Operationstechniken, die das Wiederauftreten eines neuen Neuroms verhindern sollen.

Die beste Prophylaxe von Stumpfschmerzen ist eine gute operative Technik bei der Amputation.

4.4.2 Phantomschmerz

Phantomgefühle sind Sensationen, die nahezu immer in der ersten Zeit nach einer Amputation auftreten. Das nicht mehr vorhandene Glied kann genau hinsichtlich Volumen und Länge beschrieben werden. Das Phantomglied wird allmählich kürzer und verschwindet normalerweise nach zwei bis drei Jahren.

Treten zu den Phantomgefühlen Schmerzen hinzu, spricht man von Phantomschmerz. Dieser tritt in 60 – 80% der Fälle nach Amputationen auf.

Ätiologie und klinisches Bild

Die Ätiologie der Phantomschmerzen ist nicht klar. Man geht davon aus, daß der Schmerz durch eine Hyperaktivität deafferentierter Neurone im Bereich des Hinterhorn im Rückenmark entsteht (☞ 1.1.5).

Phantomschmerzen werden normalerweise als brennend, drückend oder krampfartig beschrieben, z.T. haben sie auch einschießenden Charakter. Sie können durch einfache physikalische oder emotionale Trigger erheblich verstärkt bzw. ausgelöst werden.

Neurome im Bereich des Stumpfes werden lediglich in etwa 20% der Fälle gefunden.

Prophylaxe und Therapie

Die beste Prophylaxe von Phantomschmerzen ist ein regionales Anästhesieverfahren (spinal oder peridural) vor und während der Amputation.

Die **Behandlung** der Phantomschmerzen besteht in:

- *Physikalischer Therapie:* Frühe Belastung des Beines mit einer gut sitzenden Prothese, Stimulation mittels Ultraschall oder Vibration, Wärme und Kälte sowie Massage
- *Nervenblockaden:* im Frühstadium Sympathikusblockaden, später Blockaden am durchtrennten Nerv oder an Triggerpunkten
- *Neurostimulation:* TENS (☞ 3.4.3) oder SCS (☞ 5.3.3)
- *Medikamentöser Therapie:* Calcitonin (100 IU) v.a. bei Patienten mit einschießenden Phan-

tomschmerzen, trizyklische Antidepressiva (z.B. Amitriptylin) und Antikonvulsiva
- *Psychologischer Therapie:* begleitend, fraglicher Effekt
- Neuroablative Verfahren: wird außer Dorsal Root Entry Zone lesion (DREZ) in seltenen Fällen nicht mehr durchgeführt (☞ 3.3.2)
- Analgetika.

Die Wirksamkeit von Analgetika wird unterschiedlich beurteilt, wobei nichtopioide Analgetika wenig effektiv zu sein scheinen. Bei den opioiden Analgetika liegen sehr unterschiedliche Angaben vor, so daß eine endgültige Beurteilung der Bedeutung dieser Therapie noch nicht möglich ist.

Phantomschmerzen sind wie alle – insbesondere neurogene – Schmerzen in einem frühen Stadium wesentlich besser zu beeinflussen als nach längerer Dauer.

4.5 Sympathische Reflexdystrophie

Der Krankheitsbegriff der „Sympathischen Reflexdystrophie" (SRD) steht für eine Reihe von synonymen Krankheitsbezeichnungen:
- Morbus Sudeck
- Posttraumatisches Ödem
- Kausalgie
- Algodystrophie.

Die SRD ist durch autonome (sympathische), motorische und sensible Störungen in distal generalisierter Form an einer Extremität charakterisiert.

Diese Veränderungen treten nach einem schädigenden Ereignis, das nicht mit einer Nervenschädigung in Verbindung stehen muß (z.B. Radiusfraktur, Dystorsion einer Extremität, operativer Eingriff an einer Extremität, aber auch Herzinfarkt), auf.

Ätiologie

Der SRD liegt eine Störung im sympathischen System zugrunde: In der Peripherie (auf der Ebene der Zielorgane) kann eine funktionelle Koppelung zwischen efferenten, noradrenergen Fasern und afferenten nozizeptiven (und vermutlich auch nicht-nozizeptiven Nervenfasern) als Folge der peripheren Läsion entstehen. Bei einem Teil der Patienten kann eine funktionelle Störung der sympathischen Vasokonstriktorinnervation auf der arteriellen Seite (Hauttemperaturabweichung) und venösen Seite (Ödem) nachgewiesen werden. Insgesamt sind die pathophysiologischen Abläufe dieser Erkrankung noch weitgehend unklar. Vermutlich laufen mehrere Prozesse gleichzeitig ab, wobei auch zentral die Aktivität der sympathischen Neurone beeinflußt wird.

In neuerer Zeit wurde das Krankheitsbild des „sympathisch aufrechterhaltenen Schmerzes" (SMP) klinisch abgegrenzt, das aus den zwei Kernsymptomen (oberflächlicher) Spontanschmerz ohne orthostatische Komponente und Allodynie (Schmerz bei leichter Berührung) besteht. Dieses Krankheitsbild soll im Bereich eines partiell geschädigten Nerven auftreten. Kennzeichnend ist, daß die Schmerzen sowohl durch Sympathikusblockaden als auch durch Blockaden des entsprechenden Nerven verschwinden sollen.

Die gesamte Symptomatik der SRD – mit Ausnahme der trophischen Störungen – kann bereits beim ersten Auftreten der Krankheit, ohne vorherige Immobilisation, vorliegen.

Klinisches Bild

Kardinalsymptome bei dem meist akuten Beginn einer SRD sind:
- Schwellung sowie seitenabweichende Hauttemperaturen
- Bewegungseinschränkung und Kraftminderung sowie Tremor
- Diffuse, tiefe Spontanschmerzen (meist brennenden oder dumpfbohrenden Charakters). Diese Schmerzen haben anfangs eine orthostatische Komponente – Hängenlassen der Extremität verstärkt sie, Hochlagern vermindert sie.

Therapie

Die Therapie der SRD besteht in rechtzeitigen, konsequent durchgeführten Sympathikusblockaden, entweder im Bereich des Grenzstrangs oder postganglionär im Bereich der distalen Extremität durch Guanethidin (☞ 3.2.6).

Weitere wichtige therapeutische Maßnahmen betreffen die physikalische Therapie:

- Krankengymnastik
- Hochlagern der Extremität
- Eisbehandlung
- Lymphdrainage.

Prognose

Die Prognose der Erkrankung ist vom Verlauf der Krankheit selber (es können rasch schwerste Verläufe eintreten, z.T. aber auch Spontanheilungen) und von der rechtzeitigen konsequenten Behandlung abhängig.

Besteht eine SRD über Wochen und Monate, entwickeln sich in aller Regel trophische Störungen, zu denen neben den osteoporotischen Erscheinungen in den Knochen auch die passive Bewegungseinschränkung im Bereich der peripheren Gelenke gerechnet wird.

Weitere Zeichen sind gestörtes Nagelwachstum, vermehrtes Haarwachstum, Hyperkeratose und braune, indurierte Haut.

Sind diese trophischen Veränderungen entstanden, so kann dies dazu führen, daß auch bei adäquater Schmerztherapie mit Unterbrechung des Circulus vitiosus keine Restitutio ad integrum mehr erreicht wird.

4.6 Postherpetische Neuralgie

Neuralgische Schmerzen treten noch während des Bestehens von Hauterscheinungen bei akutem Herpes zoster auf. Bestehen die Schmerzen jedoch noch nach dem Abheilen der Hauterscheinungen, spricht man von einer Zoster- oder postherpetischen Neuralgie.

Die Entwicklung einer Zosterneuralgie ist in allen betroffenen Segmenten gleich wahrscheinlich.

Die Häufigkeit einer solchen Entwicklung ist vom Lebensalter abhängig, wobei in jüngeren Jahren eine weiterbestehende Neuralgie selten ist, während bis zu 65% der Patienten über 50 Jahre Neuralgien entwickeln.

Pathogenese

Pathogenetisch ist das Entstehen der Neuralgie dadurch zu erklären, daß das Zostervirus eine z.T. hämorrhagische, später kalzifizierende Koagulationsnekrose des sensorischen Spinalganglions verursacht. Dabei gehen auch die proximalen Ausläufer der Ganglienzellen zugrunde. Durch Degeneration, die nach zentral fortschreitet, werden Interneurone und primär afferente Neurone in den oberen Schichten des Hinterhorns geschädigt.

Insgesamt findet man mehr Hinweise auf einen zentralen Vorgang als für eine ausschließlich periphere Ursache.

Klinisches Bild

Die Schmerzen sind durch spontane, brennende oder stechende Mißempfindungen gekennzeichnet, haben teilweise einschießenden Charakter und sind begrenzt auf das Dermatom des Befalls. Typischerweise findet man eine Dysästhesie und Hyperpathie.

Therapie

Therapeutisch wurde eine große Anzahl von Maßnahmen zur Behandlung der postherpetischen Neuralgie erprobt. Keine hat sich als Methode der Wahl bis heute einheitlich durchsetzen können. Die Behandlung der akuten Zosterinfektion mit dem Virostatikum Aciclovir (5 x 800 mg oral oder 5-10 mg/kgKG i.v. über 5 Tage) muß grundsätzlich empfohlen werden.

Möglicherweise ergibt sich durch eine rechtzeitige Therapie ein Einfluß auf die entzündlichen Veränderungen. Allerdings ist bisher noch nicht bewiesen, ob die Aciclovir-Behandlung einen günstigen Einfluß hinsichtlich des Entstehens einer Zosterneuralgie hat.

Am günstigsten scheint die **Prophylaxe** einer Zosterneuralgie durch rechtzeitig applizierte Sympathikusblockaden oder Blockaden im Bereich des Epiduralraumes (mit und ohne Kortikosteroiden) zu sein. Nach Ablauf mehrerer Wochen wird die Prognose erheblich ungünstiger. Bei älteren Patienten ist die Prophylaxe wichtiger als bei jüngeren Patienten.

Die **Therapie der postherpetischen Neuralgie** ist schwierig und häufig frustran. Sie kann nur symptomatisch sein und stützt sich auf zentral eingreifende Stoffe, hauptsächlich Neuro- und Psychopharmaka. Besonders Amitriptylin scheint sich allein oder in Kombination mit einem Antikonvulsivum oder Neuroleptikum bewährt zu haben.

Im einzelnen haben sich folgende Medikamente bewährt:

- Antikonvulsiva, v.a. bei neuralgiformen Schmerzkomponenten
- Trizyklische Antidepressiva (bevorzugt Amitriptylin), insbesondere bei hyperpathischer Schmerzkomponente
- Medikamentenkombinationen einschließlich Neuroleptika (wenig gesichert)
- Transkutane Nervenstimulation (TENS)
- Lokal appliziertes Capsaicin in Salbenform mehrmals täglich.

Die Bedeutung von Opioiden (z.B. retardiertes Morphin) bei der Behandlung chronischer Zosterschmerzen kann noch nicht endgültig beurteilt werden.

4.7 Schmerz bei chronischer Ischämie

(☞ auch GK Klinische Pharmakologie 6.2)

Ätiologie

Chronisch-ischämischen Schmerzen liegen eine Vielzahl unterschiedlicher Krankheitsbilder zugrunde. Diese sind:

- Schmerz bei arteriellem Verschluß (z.B. AVK oder Angina pectoris)
- Schmerz bei entzündlicher Gefäßerkrankung
- Schmerz bei Durchblutungsstörung
  - In Folge operativer Eingriffe und Trauma
  - Bei substanzbedingter Durchblutungsstörung oder Verschluß
  - Bei anderen Erkrankungen mit Durchblutungsstörungen (z.B. Erythromelalgie oder Akrozyanose)
- Schmerz beim primärem/sekundärem M. Raynaud
- Schmerz bei venöser Erkrankung

Pathogenese

Die Schmerzentstehung beim ischämischen Schmerz ist noch nicht vollständig aufgeklärt. Vermutlich spielen die Aktivierung muskulärer Nozizeptoren sowie chemische Faktoren (Freisetzung von Bradykinin und Sensibilisierung durch Prostaglandin E2 oder Kalium-Ionen) eine größere Rolle. Möglicherweise können durch eine chronische Ischämie auch periphere Nerven selbst im Sinne einer chemischen Neuropathie geschädigt werden.

Arterielle Verschlußkrankheiten (AVK)

Klinisches Bild

Bei der **Claudicatio intermittens** treten zunächst belastungsabhängige Schmerzen auf, da die bei Muskelarbeit erforderliche Mehrdurchblutung eher eingeschränkt ist als die arterielle Ruhedurchblutung. Als typische Beschwerden werden Schmerzen vorgetragen, die zum zeitweiligen Stehenbleiben zwingen und dabei vollständig abklingen *(Schaufensterkrankheit)*. Die Beschwerden projizieren sich in die Etage unterhalb des Verschlusses. Das Ausmaß der Beschwerden hängt wesentlich von der Geschwindigkeit der Verschlußentstehung und der Verschlußlokalisation ab.

Diagnostik

Die Diagnose einer AVK läßt sich in 95% der Fälle allein anhand der Anamnese und körperlichen Untersuchung stellen.

Das wichtigste nicht-invasive Verfahren der apparativen Diagnostik von peripheren Gefäßerkrankungen ist die Dopplersonographie.

Die Laufbandergometrie hilft bei der Objektivierung der beschwerdefreien und maximalen Gehstrecke.

Bei Patienten mit Claudicatio, bei denen ein angioplastischer oder gefäßchirurgischer Eingriff geplant ist, muß eine angiographische Abklärung der Gefäßsituation vorgenommen werden.

Schweregrad der arteriellen Durchblutungsstörung nach Fontaine-Ratschow	
Stadium I	beschwerdefrei trotz nachweisbaren Verschlusses oder Stenose
Stadium II	Claudicatio intermittens als Ausdruck einer Belastungsinsuffizienz
Stadium III	Ruhe-Schmerz-Dauerinsuffizienz; die Restdurchblutung unterschreitet den Ruhebedarf
Stadium IV	Nekrose/Gangrän infolge Anoxie

Therapie

Die Prinzipien der Stufentherapie sind:

- Beeinflussung der Risikofaktoren (Nikotinabstinenz, Gewichtsreduktion, Behandlung von Hypertonie, Diabetes mellitus und Hyperlipoproteinämie)
- Verlangsamung der Progression durch Thrombozyten-Funktionshemmer (ASS)
- Medikamentöse Behandlung mit Vasodilatantien vom Typ der organischen Nitrate und der Kalzium-Antagonisten (v.a. bei Angina pectoris, bei AVK von geringerer Bedeutung)
- Ergotherapie (Erhöhung der Reservedurchblutung durch Gehtraining vom Intervalltyp)
- Lumeneröffnende Maßnahmen (transluminale Angioplastie, lokale oder systemische Fibrinolyse, gefäßchirurgische Therapie)
- Sympathikolyse bei AVK der unteren Extremitäten
- Intraarterielle Zufuhr von Prostaglandin E1
- Neurostimulation durch TENS und SCS
- Analgetika je nach Schweregrad der Schmerzen.

Das Stadium II spricht sehr gut auf Sympathikolysen an. Im Stadium III und IV der arteriellen Verschlußkrankheit sollte heute immer die Indikation zur operativen Rekonstruktion gestellt werden. Bei Kontraindikation zur Operation können ebenfalls Sympathikolysen des lumbalen Grenzstrang (allerdings mit geringerem Erfolg) angewandt werden.

Prognose

Prognostisch sind wesentlich mitbestimmend:

- Ausmaß der Beschwerden des Patienten
- Gefäßmorphologie unter Berücksichtigung der Anzahl der vorangegangenen Gefäßoperationen
- Lokalbefund an der durchblutungsgestörten Extremität
- Konstellation der Risikofaktoren
- Körperliches und seelisches Befinden insgesamt.

4.8 Psychosomatische Schmerzzustände

Hinsichtlich der Verwendung des Begriffes „psychosomatisches Schmerzsyndrom" müssen in Anlehnung an unterschiedliche Theorieverständnisse folgende Erklärungsmodelle unterschieden werden:

Psychoanalytisches Schmerzverständnis

Im Rahmen eines psychoanalytischen Verständnisses kann der Schmerz

- Als psychosomatisches Geschehen zur Vermeidung oder Begrenzung einer als subjektiv existenziell erlebten Krise des Selbstwertgefühls dienen (narzißtische Krise)
- Eine Konfliktentlastung durch körpersprachlich ausgedrückte Symbolisierung bewirken (*Konversionsneurosen-Modell*)
- Als in körperliche Spannungszustände transformierte Affekte interpretiert werden.

Einen Überblick über den Entwicklungsprozeß chronischer Schmerzsyndrome gibt Abb. 13.

Verhaltensmedizinisches Schmerzverständnis

Im Rahmen eines verhaltensmedizinischen Verständnisses sind psychosoziale Faktoren an der Genese und der Aufrechterhaltung bzw. am Chronifizierungsprozeß konstituierend beteiligt. Innerhalb eines psychobiologischen Modells wird die Schmerzempfindung durch die psychosozialen Rahmenbedingungen unmittelbar moduliert (*verhaltensmedizinisches Mehr-Ebenen-Modell*).

So werden z.B. die Stärke der Schmerzempfindung und seine affektiven Komponenten bestimmt durch die Bewertung des Geschehens (z.B. die Bedrohlichkeit des Schmerzes) und den emotionalen Zustand (Angst, Hilflosigkeit). Modulierend wirksam ist auch die operante Wirkung von Schmerzverhalten d.h. sein mitunter belohnender Charakter, z.B. durch Vermeidung von unangenehmen Tätigkeiten. Sind zu Anfang einer Schmerzepisode noch nozizeptive Inputs erforderlich, so können die Schmerzreaktionen mit zunehmender Dauer allein aufgrund von Umwelteinflüssen beibehalten werden.

Psychosomatische Differentialdiagnose von Schmerzzuständen

Bei allen **unspezifischen** Schmerzzuständen, deren Lokalisation, Ausbreitung und Schmerzqualität keiner bekannten Erkrankung oder anatomischen Struktur zugeordnet werden kann und deren Behandlung nur kurzfristigen Erfolg bringt oder fehlschlägt, liegt der Schwerpunkt in der Regel auf den psycho-sozialen Faktoren. Diese Kriterien erfüllen oft atypische Gesichtsschmerzen, unklare Brust- oder Bauchschmerzen, ebenso unklare Schmerzen im Anal- und Genitalbereich.

Eine eher mittlere Position hinsichtlich der Gewichtung psychosozialer/psychosomatischer Anteile nehmen myofasziale Beschwerden im Rahmen einer Kiefergelenksdysfunktion, Spannungskopfschmerzen oder chronische Nacken/Schulter- und Rückenschmerzen ein.

Bei der Migräne sind zwar häufig auch psychische Faktoren Auslöser eines Anfalls, dennoch ist die Migräne eine dem somatischen Pol zuzuordnende Erkrankung.

Weitere Kriterien sind:

- Exzessive Inanspruchnahme medizinischer Leistungen, v.a. auch unangenehmer diagnostischer und therapeutischer Maßnahmen
- Häufiger Arztwechsel („Koryphäenkiller"-Syndrom)
- Ausgeprägter Medikamentenkonsum
- Beeinträchtigung in allen Bereichen des täglichen Lebens
- Depressive Gestimmtheit mit Gefühlen der Hilf- und Hoffnungslosigkeit.

Es lassen sich funktionale Zusammenhänge zwischen Schmerz und Vermeidung unangenehmer Erfahrungen/Tätigkeiten/Ereignisse bzw. Erlangung positiver Zuwendung im weiteren Sinne explorieren. Dies sind durch Konditionierungsmechanismen entstandene bewußtseinsferne Prozesse und dürfen insofern nicht als bewußte Simulation interpretiert werden.

Therapie

Allgemeine Therapiestandards

Für Patienten mit einem nichtmalignen Grundleiden muß einerseits bei einem zugundeliegenden chronisch-degenerativen Leiden einer organspezifischen Behandlung Rechnung getragen werden. Die schmerzsyndromorientierten Verfahren wie medikamentöse, physikalische, physio-, manualtherapeutische oder lokal-invasive Techniken haben die Verbesserungen funktioneller oder struktureller pathophysiologischer Veränderungen zum Ziel.

Andererseits muß bei fehlendem oder nicht hinreichendem organpathologischem Korrelat eine latrogene Fixierung durch unötige – eher aus der „Hilflosigkeit" der Behandler resultierende – therapeutische medizinische Interventionen vermieden werden.

Für diejenigen Patienten, die dieses auffällige Mißverhältnis zwischen objektivierbaren Befunden und den Klagen über die „Unerträglichkeit" der Schmerzen aufweisen, ist ein therapeutisches Vorgehen erforderlich, das diese subjektive Leidensebene nicht als störend abstrahiert, sondern als eigentlichen Behandlungsgegenstand begreift.

Dies kann dem Patienten die oft versagte Akzeptanz seines Leidens zurückgeben. Unter anhaltender therapeutischer Zuwendung kann sich der Patient einem veränderten Paradigma der Bedingtheit seines Leidens stellen und eine schrittweise Veränderung anstreben.

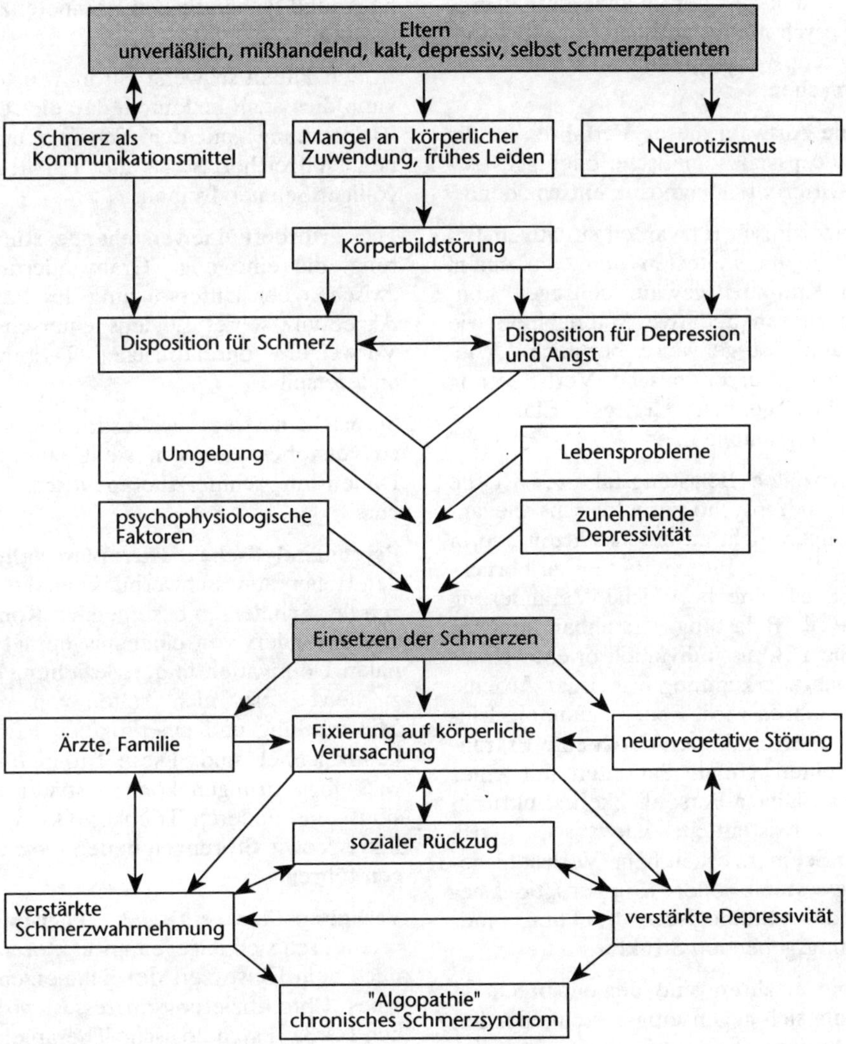

Abb. 13: Entwicklungsprozeß zum chronischen Schmerzpatienten (modifiziert n. Violon)

Dies kann bei dem einen Patienten hinreichend durch schmerzverhaltens-modifizierende Verfahren, Entspannungstechniken oder kognitive Strategien der Schmerz- und Streßbewältigung zu erzielen sein, kann aber im anderen Fall eine langfristige psychotherapeutische Einzelbehandlung mit tiefenpsychologischer Ausrichtung erforderlich machen.

Auch für die Auswahl dieser Verfahren ist die vorangehende psychosomatische oder ggf. psychatrische Differentialdiagnostik entscheidend.

Die sozialmedizinisch relevanten situativen Bedingungen, die im weitesten Sinne zu einem sekundären Krankheitsgewinn beitragen können, erfordern rehabilitative Maßnahmen wie Sozialbetreuung, stugenweise berufliche Wiedereingliederung, ergonomische Verbesserung der Arbeitsbedingungen oder ggf. Einleitung von Umschulungsmaßnahmen.

Bei diesen sozialen Belastungsfaktoren ist die Verquickung mit psycho-pathologisch relevanten Bedingungen nicht zu unterschätzen und in den therapeutischen Interventionen zu berücksichtigen. So ist eine berufliche Veränderung nicht per se als Belastung verstehbar, sondern erst wenn sie z.B. als individuell erlebte Kränkung der Nichtanerkennung bisheriger Arbeitsleistungen erfahren wird. Ebenso kann die Einbuße von Körperfunktionen durch eine Erkrankung oder einen Unfall Patienten mit einer bestimmten anfälligen Persönlichkeitsstruktur in eine schwere existentielle narzistische Krise stürzen. Der Schmerz erhält beim Verlust bisheriger Bezugssysteme oder Kompensationsmechanismen die pathologische Funktion einer neuen richtungsgebenden Struktur.

Die Therapieverfahren sind dementsprechend nicht in einem sich gegenseitig ausschließenden Sinne zu diskutiern, sondern komplementär einzusetzen. Dies erfordert daher eine enge Kooperation und Koordination aller beteiligten Therapeuten.

Letztlich besteht die für den Patienten individuell angepaßte Behandlung in einer flexiblen Gestaltung ambulanter, teil- oder vollstationärer Therapiemöglichkeiten unter Einbezug der haus- und fachärztlichen Kompetenzen und Kapazitäten .

In den Fällen schwerst chronifizierter Verläufe kann dies auch bedeuten, daß die realistischere Zielsetzuung „mit dem Schmerz leben zu lernen“ hilfreicher ist als die unhaltbare Zusage völliger Schmerzfreiheit.

Dies erfordert eine verstehende, stützende Führung, die eine enge Gratwanderung darstellt zwischen der Unterstützung des Patienten zur Akzeptanz seines Leidens einerseits und dem Verweigern unrealistischer Therapieangebote andererseits.

Sie ist keineswegs als Ausdruck des Scheiterns zu verstehen, sondern stellt eine wesentliche Dimension schmerztherapeutischen Handelns dar.

Psychoanalytische Therapieverfahren legen den Behandlungsschwerpunkt an die **vor** Einsetzen der Schmerzen bestehenden Konflikte, welche besonders von einer ausgeprägten emotionalen Deprivation in der Beziehung des Kindes zu den Eltern, nicht selten von körperlicher Mißhandlung und einer rigiden Erziehung gekennzeichnet sind. Diese frühkindlichen Entwicklungsstörungen können später zu Aggressions- und anderen Triebkonflikten, Selbstkonflikten sowie Störungen in den Objektbeziehungen führen.

Verhaltenstherapeutische Therapieverfahren orientieren sich dagegen an Faktoren, die meist **nach** dem Einsetzen der Schmerzen innerhalb eines Chronifizierungsprozesses wirksam werden (☞ 3.6 Psychologische Therapieformen).

Die Frage einer differentiellen Indikation ist zur Zeit nicht befriedigend zu beantworten. In den meisten Fällen ist ein multimodaler Ansatz, d.h. eine Kombination unterschiedlicher Verfahren indiziert.

Index

A

C

D

E

F

G

I

L

M

N

O

P